**Kohlhammer
Kunst- und
Reiseführer**

W0109580

Heinz Barüske

Norwegen

Kunst- und Reiseführer mit Landeskunde
mit 20 Fotos und 48 Karten, Plänen und Abbildungen

Verlag W. Kohlhammer
Stuttgart Berlin Köln Mainz

CIP-Kurztitelaufnahme der Deutschen Bibliothek

Barüske, Heinz:

Norwegen : Kunst- u. Reiseführer mit Landeskunde / Heinz Barüske. –
Stuttgart ; Berlin ; Köln ; Mainz : Kohlhammer, 1986.
  (Kohlhammer-Kunst- und Reiseführer)
  ISBN 3-17-008347-3

Alle Rechte vorbehalten
© 1986 Verlag W. Kohlhammer GmbH
Stuttgart Berlin Köln Mainz
Verlagsort: Stuttgart
Umschlagmotiv: Blick auf Ålesund vom »Stadtfelsen« Aksla /
Gerhard Klammet, Ohlstadt
Umschlag: hace
Vorsatzkarten und Textpläne: Johanna Dittmar und Anton Zell
Gesamtherstellung:
W. Kohlhammer Druckerei GmbH + Co. Stuttgart
Printed in Germany

Inhalt

Vorwort 11

I. Teil

Landeskunde 13

Lage S. 13 – Staatsform und Verfassung S. 14 – Geologie und Morphologie S. 16 –
Das Terrain S. 19 – Klima, Mitternachtssonne und Tageslängen S. 20 – Flora und
Fauna S. 22 – Bevölkerung S. 25

Die Norwegische Sprache 29

Geschichte des Landes 30

Norwegen im Mittelalter S. 30 – Die deutsche Hanse S. 40 – Norwegen kommt
unter dänische Krone S. 43 – Norwegen unter schwedischer Krone S. 45 –
Norwegen wieder ein Reich S. 46 – Norwegen wird von deutschen Truppen
besetzt S. 47 – Norwegen unter deutscher Besetzung S. 48 – Norwegen wieder
frei S. 53

Bildende Kunst und Architektur 57

Die Kunst der Vor- und Frühgeschichte S. 57 – Stabkirchen S. 61 – Steinkirchen
und Steinbauten S. 74 – Der Nidarosdom in Trondheim S. 77 – Die Håkonshalle
S. 85 – Skulpturen S. 86 – Renaissance S. 88 – Malerei S. 88 – Akershus S. 89 – Die
Bauten der Bürger und Bauern S. 91 – Die norwegische Renaissance S. 92 – Barock
S. 95 – Klassizismus und Empire S. 106 – Die Maler des Klassizismus und Empires
S. 109 – Die Architektur des Klassizismus und Empires S. 111 – Die Nationalro-
mantik S. 113 – Die Düsseldorfer Schule S. 114 – Naturalismus S. 119 – Impressio-
nismus S. 122 – Edvard Munch S. 123 – Der Weg in die Gegenwart S. 127 – Die

Bildhauer S. 130 – Gustav Vigeland S. 131 – Die Architektur der neuen Zeit S. 135 –
Kunsthandwerk S. 137

Norwegens Literatur 139

Norwegens altnordische Literatur S. 139 – Humanismus und Renaissance
S. 142 – Gemeinschaftsliteratur S. 143 – Die Nationalromantik S. 147 – Norwe-
gens literarische Großzeit S. 152 – Henrik Ibsen und die norwegischen Klassi-
ker S. 152 – Knut Hamsun S. 158 – Von der Neuromantik in die 30er Jahre
S. 161 – Die drei großen Romanciers S. 163 – Okkupation und Nachkriegszeit
S. 166

Norwegens Musik 170

II. Teil

Die großen Städte 174

Oslo 174

Akershus, Schloß und Festung S. 179 – Alte Aker Kirche S. 180 – Bogstad Hof
S. 181 – Botanischer Garten S. 182 – Damstredet und Telthusbakken S. 182 –
Deichmansche Bibliothek S. 182 – Deutscher Soldatenfriedhof S. 182 – Domkir-
che S. 182 – Ekeberg (Ekebergsfeld) S. 184 – Felszeichnungen S. 184 – Holmen-
kollbakken S. 185 – Hovedøya Klosterruinen S. 185 – Konzerthalle S. 186 –
Museen S. 186 – Nationaltheater S. 193 – Det Norske Theater S. 194 – Oper und
Ballett S. 194 – Rathaus S. 194 – Schloß S. 197 – Stortingsgebäude S. 197 –
Universität in Blindern S. 197 – Universitätsbibliothek S. 197

Bergen 198

Aquarium S. 200 – Bergenhus Festung S. 202 – Gemäldegalerie S. 202 – See-
fahrtsmuseum S. 202 – Bryggen S. 202 – Bryggens Museum S. 203 – Dankert
Krohns Stift S. 203 – Domkirche S. 204 – Fana-Kirche S. 204 – Fantoft Stabkir-
che S. 204 – Fischereimuseum S. 204 – Freskenhalle in Bergen Bank S. 204 –
Gamle Bergen S. 204 – Gamlehaugen S. 205 – Grieghalle S. 205 – Hanseatisches
Museum S. 205 – Holberg-Denkmal S. 206 – Hordan-Museum S. 206 – Kreuz-
kirche S. 206 – Lepra-Museum S. 207 – Lysøen S. 207 – Mariakirche S. 207 –
Nonneseter Klosterruinen S. 208 – Nykirken S. 208 – Rasmus-Meyers-Samm-

lungen S. 208 – Schrötstuben S. 208 – Stadttor S. 209 – Stenersens Sammlungen
S. 209 – Theatermuseum S. 209 – Troldhaugen S. 209 – Universität mit Sammlun-
gen S. 209 – Vesterlandsche Kunstgewerbemuseum S. 210 – Vesterlandsches
Setermuseum S. 210 – Weitere Sehenswürdigkeiten und Ausblick auf die Stadt
S. 210

Von Oslo nach Trondheim 210

Trondheim 215

Aquarium S. 218 – Byneset Kirche S. 219 – Erzbischöfliches Palais S. 219 –
Kristiansten Festning S. 219 – Lade Kirche S. 219 – Landwirtschaftliches Center
auf Tunga S. 220 – Leir-Fälle S. 220 – Munkholmen S. 220 – Musikhistorisches
Museum S. 220 – Nidarosdom S. 221 – Nordenfjeldske Kunstgewerbemuseum
S. 221 – Die kgl. Norwegische Gesellschaft der Wissenschaften S. 221 – Ravn-
kloa S. 222 – Seefahrtsmuseum S. 222 – Stiftsgården S. 222 – Trøndelag Folke-
museum, Sverresborg S. 224 – Trondheims Kunstverein S. 224 – Vår Frue Kirke
S. 224 – Weitere Sehenswürdigkeiten S. 224

Ausflüge von Trondheim 225

Aasen-Hof S. 228 – Johan-Falkberget-Haus Ratvolden S. 228 – Møllmannsdalen
Gård S. 228 – Olavsgrube S. 229 – Røros Kirche S. 229 – Sammlungen des
Kupferwerks S. 230

Mit der Sørlandsbahn nach der Stadt Stavanger 230

Stavanger 242

Aussichtspunkte S. 245 – Breidablikk S. 245 – Gamle Stavanger S. 245 – Herme-
tikkmuseum S. 246 – Kielland-Statue S. 246 – Kongsgård Skole S. 246 – Stavanger
Kunstforening S. 246 – Stavanger Museum S. 246 – Ullandhauggården S. 246 –
Utstein Kloster S. 247 – Vestlandsches Schulmuseum S. 247 – Vistehala S. 247

Von Stavanger nach Bergen 247

Mit der Hurtigrute von Bergen nach Kirkenes 250

Spitzbergen – Svalbard 275

Geschichte S. 275 – Wirtschaft S. 280 – Flora und Fauna S. 280 – Geologie
S. 281 – Mineralvorkommen S. 281 – Klima S. 282 – Eis S. 282 – Naturschutz-
gebiete S. 283 – Forschung S. 283 – Verwaltung S. 284 – Verkehr und Tourismus S. 284

Weitere Routen in Norwegen   286

Schiffstour Bergen-Flåm S. 286 – Bergen-Voss-Balestrand und Variationen S. 288
– Otta-Lom-Balestrand S. 293 – Lillehammer-Trondheim mit Peer Gynt-Weg
S. 304 – Trondheim-Bodø S. 314 – Fauske-Tromsø S. 332 – Narvik-Vesterålen-
Lofoten S. 339 – Nordkjosbotn-Kirkenes S. 344

III. Teil

Praktische Reisehinweise   357

Anreise mit der Bahn S. 357 – Anreise mit dem Autos S. 357 – Anreise mit dem
Flugzeug S. 358 – Autofahren in Norwegen S. 358 – Busreisen S. 359 – Norwe-
gens Staatsbahnen S. 359 – Reisezeit S. 360 – Kleidung S. 360 – Zoll- und
Devisenbestimmungen S. 360 – Souvenirs S. 363 – Medizinische Betreuung
S. 364 – Fremdenverkehrsämter S. 365 – Hotels, Gasthöfe, Hütten, Camping-
plätze, Jugendherbergen S. 365 – Die Mahlzeiten S. 366 – Freizeitgestaltung
S. 366 – Öffnungszeiten der Geschäfte S. 367 – Feiertage S. 367 – Festliche
Veranstaltungen S. 367

Kleiner Norwegischer Sprachführer   368

Diplomatische und konsularische Vertretungen der Bundesrepublik Deutschland in Norwegen 373

Hotels und andere Unterkünfte in großen Städten 376

Verzeichnis aller Informationskontore für Touristen in
Norwegen 391

Literatur- und Quellenverzeichnis 393

Ortsregister 395

Personenregister 399

Vorwort

Norwegen zu bereisen heißt, ein Land im hohen europäischen Norden aufsuchen, aus dem vor fast einem Jahrtausend die Wikinger in ihren kleinen aber seetüchtigen Drachenschiffen die Meere durchpflügten, hier und da die Küsten verheerten, aber auch staatenbildend und als Entdecker tätig waren. Nordatlantische Gemeinwesen wie Island, die Färöer, Grönland, Teile der Britischen Inseln legen davon Zeugnis ab. Die Wikinger waren aber auch Kaufleute, und es gab großartige Künstler unter ihnen. Norwegische Museen wissen davon zu berichten. Besonders die Exponate des Oseberg-Fundes lassen erstaunliche künstlerische Begabungen unter den alten Nordmännern erkennen.

Das Form- und Stilgefühl der alten Wikinger-Künstler setzte sich fort in den unbekannten Baumeistern der in ganz Europa einmaligen Stabkirchen, in den bäuerlichen Blockhausbauten auf dem Lande, in ihren Verzierungen aus geschnitztem Holz und in den Webarbeiten, von denen man bereits im Oseberg-Fund Beispiele hat.

Aus der anonymen Welt bäuerlichen und bürgerlichen Lebens stiegen schon im 18. Jahrhundert Männer zu europäischer Berühmtheit empor. Der Bauern-junge Magnus Berg wurde einer der bekanntesten Elfenbeinschnitzer, und Ludvig Holberg aus Bergen, Sohn eines Oberstleutnants, der sich vom Unteroffizier hochgedient hatte, wurde nicht nur der bedeutendste Aufklärer und Gelehrte seiner Zeit im Norden, sondern auch ein Komödiendichter größten Stils.

Als im 19. Jahrhundert die Dichtung der Nationalromantik einen einmaligen Höhepunkt in Henrik Wergeland erlebt, beginnen Forscher wie Asbjørnsen und Jørgen Moe die alten norwegischen Sagen und Märchen zu sammeln. Da wird auch die Geschichte von dem Jäger Per Gynt folkloristische Literatur, und an ihr entzündet sich Henrik Ibsen und läßt sich durch diese Geschichte zu seiner großen Dichtung *Peer Gynt* anregen. Ibsens Weltruhm auf dem Gebiet der Dramatik wird – was Norwegen betrifft – nur noch mit den Werken des großen Romanciers Knut Hamsun geteilt. Während er sich langsam dem Höhepunkt seines Ruhms entgegenarbeitet, hat schon in der Bildenden Kunst ein anderer Norweger die Aufmerksamkeit der Welt auf sich gezogen: der Maler Edvard Munch. Auch als Entdecker machten sich manche Norweger einen internationalen Namen. Von ihnen sollen hier nur Fridtjof Nansen und Roald Amundsen genannt sein. Nansens Name leuchtete weit in die Welt durch seine Tätigkeit als Leiter humanitärer Aktionen nach dem Ersten Weltkrieg.

Das norwegische Volk liebt seine Heimat über alles. Die Fjelle und Fjorde, das weite Meer und die zahllosen kleinen Inseln. Ihre Liebe zu ihrem Land ließ sie oft zu glühenden Patrioten werden, die nach jahrhundertelanger Bevormundung durch Monarchen und Beamte benachbarter Länder wieder neuen Mut schöpften, als am 22. Juni 1906 Haakon VII. im Nidarosdom zu Trondheim zum König des Norwegischen Reiches gekrönt wurde. Doch durch die schlimmste Epoche ihrer Geschichte mußten die Norweger, nachdem die Hitler-Truppen ihr Land okkupierten. Sie leisteten Widerstand, wo es ging, bis das Land wieder frei war und König Haakon in seine Hauptstadt zurückkehren konnte.

Heute ist das Norwegische Reich ein fester Bestandteil der europäischen Völkerfamilie, auch wenn es nicht zur EG gehört. Doch sein fester Wille, seinen westeuropäischen Charakter und seine nationale Eigenständigkeit zu bewahren, äußert sich sichtbar in Norwegens Mitgliedschaft in der NATO.

Das Land der Bauern und Fischer, der Seeleute und Waldarbeiter ist in unseren Tagen ein Industriestaat geworden, der nicht nur über moderne Technologien verfügt und eine der größten Handelsflotten der Welt besitzt, sondern auch durch seine Ölförderungen im Nordmeer weltweite Aufmerksamkeit erregt.

Doch trotz aller modernen Technik ist dieser Staat nach wie vor in der Wahrung und Mehrung der Fülle seiner kulturellen Schätze stark engagiert.

Norwegens mächtige Natur genießt heute mehr denn je die Aufmerksamkeit der Verantwortlichen dieses Staates.

Ihre Schönheiten kennenzulernen, dazu die seit einem Jahrtausend sichtbar gewordenen Kulturschätze, bedarf einer Wegweisung.

Sie zu erfahren – wenn auch in begrenztem Ausmaß – ist Aufgabe dieses Werkes.

In Norwegen – wie in allen nordischen Staaten – ist auf Wegweisern und vielen Karten das »St. Hans-Wappen« oder der »Ewigkeitsknoten« angebracht, der die Form ⌘ hat.

Dieses Zeichen soll auf eine kulturhistorische Sehenswürdigkeit weisen.

Bereits in vorgeschichtlicher Zeit war diese Marke vielerorts in Europa und Afrika bekannt, trat dann aber besonders im Norden auf. 1968 wurde sie in Finnland vom Ministerium für Kommunikation und Öffentliche Arbeiten offiziell anerkannt und verbreitete sich von dort über ganz Skandinavien als gemeinsames nordisches, wegweisendes Zeichen für kulturhistorische Sehenswürdigkeiten.

Heinz Barüske

I. Teil

Landeskunde

Lage

Norwegen erstreckt sich über den westlichen Teil der skandinavischen Halbinsel, deren Areal es zu 40% einnimmt. Sein norwegischer Name ist *Norge* (Kongeriket Norge) oder – nynorsk – *Noreg*. Der ursprüngliche Name war *Nordvegr*, was soviel wie »der Weg nach Norden« bedeutet, eine Bezeichnung, die die Seefahrt betrifft, weil die ersten größeren Fahrten in Richtung Norden längs der Küste mit Schiffen gemacht wurden.

Dieser »Weg nach Norden« besitzt eine Gesamtlänge von 2650 km und zwar ohne Einbeziehung aller Küstenlinien entlang der tief ins Land schneidenden Fjorde, der Buchten und Inselküsten. Eine solche Länge beträgt 21 112 km. Norwegens breiteste Stelle hat eine Länge von 430 km, während die schmalste nur 6,3 km beträgt.

An Bodenfläche verfügt das Land über ein Areal von 323 881 km², wozu noch die Bodenflächen der zu Norwegen gehörenden Inseln Svalbard (Spitzbergen) und Jan Mayen kommen, die eine Fläche von 62 049 km² und 372,5 km² besitzen. Hinzu kommen noch kleinere Inseln wie Bjørnøya, mitten zwischen der norwegischen Nordküste und Svalbard gelegen, sowie Dronning-Maud-Land in der Antarktis.

Zur Atlantikseite ist Norwegen seit 1976 von einer 200 sm-Wirtschaftsgrenze umgeben, die ein Seegebiet von 900 000 km² umfaßt. Mit dieser Ausdehnung ist Norwegen das fünftgrößte Land Europas, in dem auch die nördlichste Stadt der Welt – Hammerfest – liegt, auf 70° 39′ 48″ nördlicher Breite, während Norwegens Hauptstadt Oslo auf etwa 60° nördlicher Breite liegt. Dieser Breitengrad geht nicht nur durch das nördliche Schottland, durch Mittelkanada und Süd-Alaska, sondern auch durch das südliche Grönland.

Der Polarkreis, der in Grönland unterhalb des großen Flugplatzes Søndre Strømfjord verläuft, durchzieht Norwegen in seinem nördlichen Teil unterhalb Bodø und der Lofoten.

Vor der stark gegliederten Küste des Landes liegen 50 000 Inseln, von denen jedoch nur 2000 bewohnt sind.

Überhaupt sind in Norwegen nur 14% der Bodenfläche besiedelt, und das Land besitzt somit nach Island die geringste Bevölkerungsdichte aller europäischen Länder.

Begrenzt wird Norwegen im Osten von Schweden, Finnland und der Sowjetunion, im Norden, Westen und Süden von der Barentssee, dem Europäischen Nordmeer, der Nordsee und dem Skagerrak.

Die älteste Darstellung des Landes findet man auf einer Portolandkarte über Skandinavien, die *Giovanni da Carignano* um 1320 geschaffen hat.

Staatsform und Verfassung

Norwegen ist ein konstitutionelles Königreich. Regiert wird es auf parlamentarisch-demokratischer Basis. Der König übt vor allem repräsentative Funktionen aus, während die Legislative und Exekutive jeweils vom Parlament (Storting) und von der Regierung wahrgenommen werden.

An der Spitze der Regierung steht der Staatsminister (statsminister = Ministerpräsident). Die Regierung bildet den Staatsrat (statsråd), der unter Vorsitz des Königs regelmäßig zusammentritt. Zu diesen beiden Institutionen kommt ferner die Judikative, die richterliche Gewalt durch das Oberste Gericht (høyesterett) in höchster Instanz repräsentiert.

Dieses hat u. a. die Verfassung zu schützen, die am 17. Mai 1814 von der Nationalversammlung in Eidsvoll angenommen wurde.

Diese Verfassung, die mit Ausnahme von einigen Änderungen heute noch gültig ist, wird als eines der ältesten Grundgesetze der Welt bezeichnet, weil es jetzt noch die Grundlage für alles politische Leben im Lande bildet.

An der Spitze Norwegens steht seit 1957 König Olav V. Er wurde am 2. Juli 1903 geboren. In Norwegen besteht männliche Thronfolge.

Das *Parlament* (Storting) hat 155 Mitglieder. Sie werden alle vier Jahre in freier, geheimer Wahl als Repräsentanten der norwegischen Parteien gewählt, von denen die größten die Arbeiterpartei (eine sozialdemokratische Partei) und die Konservative Partei sind. Die Abgeordneten werden nach Regierungsbezirken (fylk, pl. fylker) gewählt.

Das Parlament (storting) besteht aus einer einzigen Kammer. Diese wird jedoch bei der Behandlung von Gesetzen und Angelegenheiten, die mit dem Grundgesetz in Verbindung stehen, geteilt, und zwar in das Odelsting und in das Lagting.

Die Regierung wird durch die Mehrheit im Storting gebildet. Sie stützt sich bei ihrer Arbeit auf den Beamtenapparat.

Der Staatsminister vertritt neben dem Außenminister sein Land häufig im Ausland. So treffen sich die Ministerpräsidenten aller nordischen Länder in gewissen Abständen zu Konferenzen (Nordisk Råd, gegr. 1952), in denen gemeinsame Fragen aller nordischen Staaten behandelt werden.

Eingeteilt ist Norwegen in 19 Regierungsbezirke, an deren Spitze je ein Regierungspräsident (fylkesmann) steht. Die Hauptstadt Oslo ist ein eigener Regierungsbezirk.

Die Landesverteidigung ist in Heer, Marine, Küstenschutzwache (gehört zur Marine), Luftstreitkräfte und Heimwehr gegliedert. Norwegen gehört der NATO an. Jedoch können die gesamten Streitkräfte nur in Krisen- und Kriegszeiten von der norwegischen Regierung dem Oberbefehlshaber des NATO-Kommandos Europa-Nord unterstellt werden, dessen Hauptquartier sich in Kolsås bei Oslo befindet.

In Friedenszeiten dürfen weder fremde Truppen – mit Ausnahme zu bestimmten kurzfristigen Übungen ins Land kommandierten –, noch Atomwaffen auf norwegischem Boden stationiert werden.

Oberster Befehlshaber ist der König. Jedoch hat diese Funktion nur formelle Bedeutung.

Norwegen hat allgemeine Wehrpflicht und kann im Kriegsfall ca. 300 000 Mann mobilisieren.

Das Land hat im Lauf seiner Geschichte verschiedene Flaggen gehabt. Sie zeigten bis 1814 die rein dänischen Farben (weißes Kreuz auf rotem Grund) und wurden später (Unionszeit) mit den schwedischen kombiniert.

Die norwegischen Farben und Formen – rotes Tuch mit weißem Kreuz und blauem Innenkreuz – erschienen zum erstenmal 1844, allerdings mit der Unionsmarke in der linken, oberen Ecke zum Flaggenstock hin.

1905 wurde dann die jetzige norwegische Flagge eingeführt und zwar in rechteckiger Form (Verhältnis des Kreuzes zum Flaggentuch – 8:11) als Handelsflagge und allgemeine Nationalflagge und in gesplitteter Form mit Zunge als Flagge der Seestreitkräfte (orlogsflagget), der anderen Streitkräfte und als Dienstflagge des Staates, wobei die Zoll- und Postbehörde in der Mitte des Kreuzes ein weißes Quadrat mit goldener Krone und der Aufschrift Toll bzw. Post in goldenen Buchstaben führt.

Das Reichswappen besteht aus einem roten Wappenschild mit goldenem, nach links aufrecht schreitenden Löwen, der eine Streitaxt in den Vorderpranken hält. Das Wappenschild wird oben von einer goldenen Krone abgeschlossen. Dieses heraldische Muster ist auf den norwegischen König Olaf den Heiligen (reg. 1016–30) zurückzuführen.

Das Reichswappen bildet auch den Kern des Königswappens, das sich in einem sogenannten Wappenzelt befindet, umgeben von der Kette des Großkreuzes vom Orden des Heiligen Olaf, des norwegischen Staats- und Verdienstordens, dessen oberster Ordensherr der König ist. Der Orden war am 21. August 1847 von König Oscar I. gestiftet worden. Diese Stiftung wurde am 9. Juni 1906 von

König Haakon VII. erneuert. Die jetzigen Statuten gehen auf den 15. März 1928 zurück.

Die Standarte des Königs zeigt den goldenen Löwen mit der Streitaxt auf rotem Tuch, die des Kronprinzen hat die gleiche Ausführung, ist jedoch gesplittet.

Das norwegische Wappen befindet sich auch auf verschiedenen Münzen, deren Einheit die Krone ist (1 Kr. = 100 Øre).

Geologie und Morphologie

Der norwegische Wissenschaftler Professor Sverre Steen hat in einem Aufsatz in dem Sammelwerk »Dette er Norge –1814–1964« u. a. folgendes geschrieben:

»Ein Fremder, der vom Westen her in sechs bis achttausend Meter Höhe an einem klaren Herbsttag über Norwegen fliegt, muß glauben, daß dort kein Mensch wohnen kann. Eine Mauer von Felsen zum Meer hin mit kleinen Granitsteinen davor gestreut, helle Streifen Wasser dazwischen und Fjorde wie blanke Bänder tief in den Felsmassen. Schneebedeckte Gipfel und Flächen oder schwarze Zinnen in Reihen und Haufen hintereinander. – Gewaltige nackte, öde Strecken mit langen blinkenden Wassern, meist gleich breite Flüsse, die still fließen. Dunkle Wälder breiten sich in tieferen Erdbereichen nach Osten und Süden aus. Dünne, weiße Streifen von Flüssen verbinden Wasser mit Wasser. Durch die Täler und über öde Strecken schlingern sich Wege und Eisenbahnlinien wie dünne Fäden. Aber nicht viele. Schmale Gürtel von Grün und Gelb folgen den Stränden und Wasserläufen an vielen Stellen, aber unterbrochen von schwarzen Abhängen und dunklen Wäldern. Hier und da liegen dicht an dicht kleine Punkte, Häuserhaufen. So sieht das Land für den Fremden aus, der darüber hinweg jagt, unterwegs nach breiten, bebauten Ebenen im Osten, nach volkreichen Städten hinter neuem Meer im Süden ...«

Dieser Eindruck, den jeder Besucher Norwegens haben muß, der das Land auf einem solchen Flug sieht, hat seine Ursache in der Geologie und Morphologie dieses nordeuropäischen Gebiets. Schon Bjørnstjerne Bjørnson spricht in seinem zum Nationallied gewordenen Gedicht von Norwegen als von einem Land, das »zerfurcht, vom Wetter zerbissen, über dem Waser mit den tausend Heimen emporsteigt« (... furet, værbitt over vannet, / med de tusen hjem).

Norwegen offenbart an seinen Felsen, Fjorden und Tälern überall seine geologische Vergangenheit.

Die Geologen bezeichnen das Land als einen Teil des Grundfelsgebietes von *Fennoskandien.*

Seine Bergsteinarten gehen heute u. a. in die Gebiete östlich des Oslofjordes, von Süd-Finnmarken, sowie Bergen-Trondheim, und zwar als Granit, Gneis und Glimmerschiefer, während man Sparagmit-Sandstein in Ost-Finnmarken sowie im nördlichen Teil des Gudbrandsdals und Østerdals findet.

Im *Kambrosilur* war der Grundfels vom Meer bedeckt, und es bildeten sich marine Ablagerungen.

Im *Silur* und *Devon* wurde der größte Teil der Ablagerungen gefaltet (Kaledonische Faltung), und gleichzeitig drangen erzhaltige Schmelzwasser, u. a. Schwefelkies und Kupferkies, vor.

Im *Devon* lag das Land über dem Meer, und die Faltkette war abbauenden geologischen Kräften ausgesetzt. Gleichzeitig wurden Süßwasserbildungen abgesetzt wie Sandstein und Konglomerat.

Vom *Perm* kennt man ähnliche Süßwasserbildungen. Im Oslofjord entstand beim Eindringen erzhaltiger Schmelzmassen, u. a. vom Silbererz bei Kongsberg, geologische Unruhe.

Aus der Zeit des *Trias*, des *Jura* und der *Kreidezeit* kennt man keine Ablagerungen, mit Ausnahme der limnischen und marinen kohleführenden Schichtserie auf Andøya (Lofoten), gebildet auf der Grenze des Jura und der Kreidezeit.

Im *Tertiär* ereigneten sich kräftige Erdrindenbewegungen, und es bildeten sich die jetzigen *Terrainformen*.

Im *Quartär* war Norwegen vom Inlandeis bedeckt; die jetzige Erddecke bildete sich hauptsächlich während und nach der letzten Eiszeit.

Vermutlich gab es in Norwegen wie im Alpengebiet vier Vereisungen. In den drei warmen Zwischenperioden war die Eisdecke jahrhundertelang ganz weggeschmolzen, und die vom Eis vertieften U-förmigen Täler, in die das Meer zu einem späteren Zeitpunkt eindrang, wurden zu den norwegischen Fjorden unserer Zeit, deren größte Tiefe sich ein Stück vor der Mündung befindet, wo das Eis am tiefsten ausgraben konnte.

Im Sognefjord beträgt die Maximaltiefe 1244 m, im Hardanger-Fjord 908 m, im Boknfjord 712 m, in den übrigen Fjorden durchschnittlich 500 m, im Finnmarksfjord jedoch nur 350 m. Nach Norden hin war das Eis nicht so mächtig wie jetzt in Grönland, weil die Niederschläge mit zunehmender Nähe des Nordpols geringer werden.

Die Seitentäler der großen Täler sind nicht so starken Eis-Erosionen ausgesetzt gewesen. Sie wurden zu »Hängetälern«, deren Sohle auf der Gebirgsseite in bedeutender Höhe über der Sohle des »Haupttals« mündet.

Die *Wasserfälle*, die man jetzt dort antrifft, wo die »Hängetäler« mit den »Haupttälern« zusammentreffen, liefern einen wesentlichen Teil der Wasserkraft, die Norwegen zur Energieversorgung zur Verfügung steht.

In den Perioden, in denen die Vereisung nicht ihren höchsten Stand erreicht hatte, ragten Teile der Berge und einige der jetzigen Inseln längs der

Küste, wie beispielsweise die Lofoten, über das Inlandeis als *Nunataks* heraus.

Lokale Kleingletscher auf diesen Bergen gruben »Zirkustäler« oder *Bodden* aus, die mit scharfen Kämmen aneinandergrenzen.

An solchen Stellen hat die Landschaft ein zerrissenes, alpines Aussehen, anders als im übrigen Norwegen.

Im östlichen und südlichen Teil Norwegens ist das Inlandeis nicht zu so gewaltigen Strömen zusammengepreßt worden wie zum Nordmeer hin, sondern bewegte sich langsam und zusammenhängend über das ganze Land. Doch sind auch hier Täler von gleicher Art entstanden wie die westnordischen Fjorde.

Solche »Fjordseen« sind Fyresvand, Bandak, Tinnsjøen, Krøderen, Sperillen, Randsfjord und der nördliche Teil von Mjøsa.

Die norwegische Landschaft aber wurde nicht nur durch die Erosion des Eises geprägt, sondern auch durch seine Ablagerungen.

Gebogene, rückenförmige Erhöhungen längs der Küste im Gebiet der Bänke werden als *Randmoränen* aus der Zeit der größten Vereisung erklärt. Auf Jæren gibt es Moränen aus der vorletzten und letzten Zeit der Vereisungen, abgetrennt von Bildungen der letzten Interglazialzeit.

Im Oslofjord markieren verschiedene *Stillstandslinien* den Platz des weichenden Eisrandes während des letzten Abschmelzungsprozesses wie »Ræne« von Halden über Horten nach Larvik, die Aas-Linie über Drøbak, die Aker-Linie nördlich von Oslo und Drammen und die Hauerseter-Linie um Hønefoss.

Bei Oslo liegen die höchsten Strandlinien in 220 m Höhe. An der Westküste befindet sich diese »marine Grenze« vor der größten Ausbreitung des Meeres im äußeren Schärengürtel ungefähr in Höhe des jetzigen Meeresniveaus.

Unterhalb der marinen Grenze gibt es zahlreiche Stellen mit in Schichten geteilten, lehmigen Meeresablagerungen, die den wichtigsten Teil von Norwegens landwirtschaftlichem Boden ausmachen. In den nördlichen Teilen von Østerdalen und Gudbrandsdalen wurden während des Abschmelzungsprozesses große *eisdämmende Seen* gebildet, deren Strandlinien man längs der Talseiten sehen kann. Helle Streifen an den Fjordrändern sind Anzeichen dafür, daß sich das ganze Land heute noch hebt. Ein Umstand, der im Zusammenhang mit der Gletscherbedeckung der Eiszeit steht; denn nach dem Abschmelzungsprozeß hat sich das Land zu heben begonnen, und zwar bis zu einem Meter in einem Zeitraum von hundert Jahren.

Das Terrain

Die charakteristischsten Merkmale der Oberfläche Norwegens bilden die *Fjellweiten*.
Das sind Reste des Landblocks, der in der Tertiärzeit in eine schräge Stellung gekippt wurde, und zwar so, daß sich die steile Seite zum Nordmeer und zur Nordsee wandte, der sanftere Abhang nach Südosten hin.
In Norwegen und Teilen Schwedens nennt man das den dortigen Relieftyp beherrschende Gebirgsland allgemein *fjell* (schwed. fjäll); das ist die von hohen Hängen abgesetzte Hochregion oberhalb der Baumgrenze.
Man unterscheidet dabei drei Fjelltypen: das *allgemeine Fjell*, mit Bergen und Hängen von mittlerer Höhe, das *Plateau-Fjell* mit leicht gewellter Oberfläche und das Hochgebirge mit alpinen Gipfelformen, also das *alpine Fjell*.
Äußerst charakteristisch für letztere Fjellform ist das alpine Fjell mit dem Jostedalsbre in Vest-Jotunheimen (Jotunheimen = Riesenheim).
Das Plateau-Fjell trifft man besonders in der Hardangervidda an. Es kommt jedoch auch an anderen Stellen Südnorwegens vor.
Norwegens Küste ist von *Fjorden* durchschnitten, wie beispielsweise vom Varangerfjord, Tanafjord, Porsangerfjord und Altafjord.
Die bedeutendsten Wasserläufe sind Tanaelva (*elv* = Fluß, Strom), und Altaelva, hoch oben in Norwegens Norden.
In nordsüdlicher Richtung wird die Wasserscheide südwärts durch die Langfjell-Kette und in ostwestlicher Richtung durch die Gebirgslandschaft von Dovre gebildet.
Dadurch kann man das Land in drei Teile gliedern: In das *Nordenfjelske* (Land nördlich der Berge), nördlich von Dovre, in das *Søndenfjelske* (Land südlich der Berge), südlich von Dovre. Im Verhältnis zur Langfjell-Kette wird dieser Teil auch das *Østenfjelske* (Land östlich der Berge) genannt. Westlich der Langfjell-Kette wird dann für den dort liegenden Teil der Name *Vestenfjelske* (Land westlich der Berge) benutzt.
Den höchsten Berg im Dovrefjell stellt die Snøhetta mit 2228 m Höhe dar, in Jotunheimen der Berg Galdhøpiggen mit 2469 m und die Glittertinden mit 2474 m Höhe (einschl. Gletscher).
Auf der *Hardanger-Vidda*, diesem relativ ebenen und seenreichen Plateau, liegt der Fjellrücken Hallingskarvet und zum Süden hin der Fjellgipfel Gausta (1883 m).
Die größten Fjorde im *Vestenfjelske* sind der Boknfjord, der Hardangerfjord, der Sognefjord, der Nordfjord und der Romsdalsfjord. Wegen der Höhe der großen Niederschlagsmengen gibt es dort eine Reihe von Gletschern, u. a. den Jostedalsbreen, Norwegens größten Gletscher, den Folgefonna und den Hardanger-Jøkulen.

Søndenfjelske ist durchfurcht von einer großen Zahl von Tälern mit bedeutenden Flüssen, die fast alle zum Oslofjord führen. Am südwestlichsten liegt das
Numedal mit dem Numedalslågen. Ferner das Hallingdal mit dem Halling-
dalselv, einem Nebenfluß der Drammenselva, einem der größten Flüsse
Norwegens, das Gudbrandsdal mit dem Lågen, der, nachdem er den See Mjøsa
durchflossen hat, den Namen Vorma annimmt und in die Glomma mündet,
Norwegens längstem Fluß (598 km), der das Østerdalen durchströmt.
Am östlichsten liegt der Femundsee, der durch den Fluß Trysilelva Wasser an
schwedische Flüsse abgibt.
Der größte von den vielen norwegischen *Wasserfällen* ist der Skykkjedalsfos-
sen (foss = Wasserfall) im Gebiet des Hardanger-Plateaus, der über eine Höhe
von 300 m verfügt.

Klima, Mitternachtssonne und Tageslängen

Norwegen ist dank seiner Meeresnähe mit einem verhältnismäßig milden
Klima bedacht. Das rührt vom *Golfstrom* her, der mit dem warmen Wasser aus
tropischen Gegenden die Luftströmung beeinflußt, so daß im Winter wär-
mere Luft aus südlichen Gegenden hinauf nach Norwegen gelangt.
Daher kommt es, daß das Temperaturmittel auf den äußeren Lofoten um 24° C
über dem Durchschnitt dieser Breitenlage liegt. Das ist die höchste Tempera-
turanomalie positiver Art in der Welt.
Selbstverständlich nehmen die günstigen Klimaverhältnisse der Küstengebiete
mit zunehmender Landnähe ab, wo sich das Gebirge mit den höchsten
Niederschlagsmengen und größten Gletschern des europäischen Festlandes
erhebt. Auch sind die Witterungsverhältnisse im Süden und Norden des
langgestreckten Landes äußerst unterschiedlich, so wie auch zwischen den
Küstengebieten und dem Binnenland Unterschiede bestehen. Zwar sind längs
der Küste die Winter milder und die Sommer kühler als im Binnenland. Dafür
aber sind die Niederschlagsmengen an der Küste größer und der Wind
stärker.
Oft frieren im Winter die am tiefsten im Land liegenden Fjordteile zu,
wohingegen die Küste von Süden nach Norden das ganze Jahr hindurch
praktisch eisfrei bleibt.
Das Innere des Landes und die Gebirge pflegen von Oktober bis April/Mai mit
Schnee bedeckt zu sein, während die Küstengebiete – ausgenommen der
äußere Norden – meist den ganzen Winter hindurch schneefrei bleiben.
Von September bis April wird Norwegens Wetter stark von den von der
atlantischen Polarfront ausgehenden *Zyklonen* beeinflußt und in Nordnorwegen von der Nähe der Artktisfront. In den inneren Teilen des Landes macht

sich im Winter auch der russisch-sibirische Hochdruck bemerkbar und bringt ruhiges, kaltes Wetter, wobei jedoch die Windstärke mit der Höhe zunimmt.

Die *niedrigsten Temperaturen* werden in den inneren Tälern gemessen, wobei gleichzeitig milderes Wetter auf den Hochfjellen eintritt.

Die *Jahresniederschlagsmenge* beträgt an der Mündung des Nordfjords 6000 mm, im Ottadal, einem Seitental des Gudbrandsdals, nur 250 mm.

Der wärmste Monat des Jahres ist der Juli, der in den folgenden Städten diese *Durchschnittstemperaturen* aufweist:

Oslo .... + 16,9°
Bergen .... + 14,2°
Trondheim .... + 13,6°
Tromsø .... + 11,4°

Eine allgemeine Temperaturübersicht, die für *alle* Jahreszeiten die Durchschnittstemperaturen der Jahre 1931–60 in den Städten Oslo, Bergen, Trondheim, Bodø und Vardø zeigt, sieht so aus:

Meteorologische Angaben – Lufttemperatur in °C (Durchschnitt 1931–60)

	Oslo	Bergen	Trondheim	Bodø	Tromsø	Vardø
Januar	−4,7	1,5	−3,1	−2,1	−3,5	−4,3
Februar	−4,0	1,3	−2,6	−2,4	−4,0	−5,2
März	−0,5	3,1	−0,4	−1,0	−2,7	−4,0
April	4,8	5,8	3,5	2,2	0,3	−0,8
Mai	10,7	10,2	8,2	6,2	4,1	2,6
Juni	14,7	12,6	11,6	9,9	8,8	6,2
Juli	17,3	15,0	14,7	13,6	12,4	9,1
August	15,9	14,7	13,6	12,7	11,0	9,7
September	11,3	12,0	9,8	9,4	7,2	6,8
Oktober	5,9	8,3	5,4	5,1	3,0	2,5
November	1,1	5,5	1,8	1,9	−0,1	−0,5
Dezember	−2,0	3,3	−0,7	−0,1	−1,9	−2,7
Jahr	5,9	7,8	5,2	4,6	2,9	1,6

Norwegen genießt einen Ruf als *Land der Mitternachtssonne*. Bedingt durch seine langgestreckte Lage im Norden, die über mehrere Breitengrade geht, ist dort der Stand der Sonne natürlich anders als in Mitteleuropa. So gibt es in Norwegen Gebiete, die, nördlich des Polarkreises gelegen, im Sommer eine Periode der Mitternachtssonne haben und im Winter eine Periode der Dunkelheit.

Ferner bedingt die langgestreckte Lage des Landes unterschiedliche Tages-
und Nachtdauer in südlichen und nördlichen Gebieten.
Die folgenden Tabellen lassen sowohl die Perioden der Mitternachtssonne und
Dunkelzeit als auch die Länge der Tage in Stunden und Minuten, gemessen in
verschiedenen Städten und Gebieten, erkennen:

Länge der Tage (Stunden und Minuten) 1980

Datum	Oslo	Trondheim	Tromsø
1/1	6 Stunden 3 Minuten	4 Stunden 44 Minuten	–
1/2	7 Stunden 58 Minuten	7 Stunden 13 Minuten	5 Stunden
1/3	10 Stunden 30 Minuten	10 Stunden 15 Minuten	9 Stunden 36 Minuten
1/4	13 Stunden 19 Minuten	13 Stunden 32 Minuten	14 Stunden 3 Minuten
1/5	16 Stunden	16 Stunden 43 Minuten	18 Stunden 48 Minuten
1/6	18 Stunden 17 Minuten	19 Stunden 44 Minuten	24 Stunden
1/7	18 Stunden 41 Minuten	20 Stunden 21 Minuten	24 Stunden
1/8	16 Stunden 49 Minuten	17 Stunden 43 Minuten	20 Stunden 52 Minuten
1/9	14 Stunden 8 Minuten	14 Stunden 29 Minuten	15 Stunden 23 Minuten
1/10	11 Stunden 28 Minuten	11 Stunden 22 Minuten	11 Stunden 7 Minuten
1/11	8 Stunden 42 Minuten	8 Stunden 8 Minuten	6 Stunden 32 Minuten
1/12	6 Stunden 30 Minuten	5 Stunden 20 Minuten	–

Mitternachtssonne, ganze Sonnenscheibe – Periode der Dunkelheit

	Breitengrad	Mitternachtssonne	Polarnacht
Svalbard (Longyearbyen)	78° 10′	20/4–21/8	26/10–16/2
Nordkap	71° 10′ 10″	13/5–29/7	18/11–24/1
Hammerfest	70° 39′ 48″	15/5–26/7	20/11–22/1
Tromsø	69° 39′ 10″	20/5–22/7	25/11–17/1
Bodø	67° 17′ 15″	3/6– 7/7	15/12–29/12

Flora und Fauna

Norwegens Flora ist reicher, als man allgemein annimmt. Es gibt im Lande ca.
2000 Blütenpflanzenarten. Jedoch sind die meisten von ihnen nicht speziell auf
Norwegen beschränkt.
Nur einige wenige Gebirgspflanzen sind für Norwegen eigentümlich. Den
auffallendsten und größten Teil der norwegischen Flora nehmen die Bäume
ein.
Die norwegischen Wälder bedecken ungefähr ¼ der Gesamtfläche des Landes.

In ihnen dominieren die *Fichten* und die *Kiefern*, während die *Birken* meist oberhalb des Nadelwaldes vorkommen.

Außer Birken (Zwergbirken) gibt es in den oberen Berglagen noch *Wacholder* und *Weiden*.

Hier und da kann im Hochgebirge auch Graswuchs auftreten, meist aber finden sich dort *Moose* und *Rentierflechten*.

Auch im norwegischen Hochgebirge können Blumen blühen, die größere Blüten und kräftigere Farben haben als im Tiefland.

Außer den genannten Baumarten gibt es noch andere. So können zwischen den Nadelbäumen auch *Espen* und *Ebereschen* stehen, während andere Laubbäume wie *Buchen, Eichen, Haseln, Linden, Ahorn, Ulmen* und *Eschen* wegen ihres großen Bedarfs an Sonnenwärme vorwiegend auf die Gebiete von *Vestenfjels* an den Fjordrändern und *Østenfjels* beschränkt bleiben.

Charakteristisch für Norwegens Flora ist das reiche Vorkommen von Beeren-

O. Wergeland: Norwegische Bärenjäger im 19. Jahrhundert.

arten. So wachsen in den Bergen die *Multbeeren*, die außerhalb Skandinaviens wenig bekannt sind. Während man in den Fichtenwäldern die *Blaubeere* antrifft, findet man in den Kiefernwäldern, die lichtdurchlässiger sind, die *Preiselbeere*.

Norwegens Westküste ist fast waldlos, an manchen Stellen tritt der nackte Fels hervor. Dort wechseln auch ausgedehnte *Heide- und Moorflächen* miteinander ab. An den Fjordrändern aber gedeiht, im Schutz hoher Bergketten, ein reiches Baum- und Blumenleben.

Die *Tangarten*, die sich im Meer längs der norwegischen Küsten befinden, reichen in eine Tiefe von bis zu 40 m hinab.

Die Fauna Norwegens ist in früheren Zeiten durch das Vorkommen von *Bären* für Zoologen und Jäger von großem Interesse gewesen. Jedoch ist dieser »König der Wälder« heutzutage nahezu ausgestorben oder, besser gesagt, ausgerottet. Nur einige dieser Tiere gibt es noch weit entfernt von menschlichen Siedlungen.

In Märchen, Sagen und Romanen, wie beispielsweise in der *Sage vom Jäger Per Gynt* (H. Barüske: Skand. Volksmärchen) spielt der Bär noch eine große Rolle, genau so wie in den volkstümlichen Romanen von Trygve Gulbranssen »Und ewig singen die Wälder« und »Das Erbe von Björndal« (Björn = Bär).

Es gibt aber auch heute noch eine Reihe anderer Raubtiere in Norwegen, wie *Wölfe, Füchse, Luchse* und *Ottern*.

Bären, Wölfe und Gebirgsfüchse stehen im ganzen Land unter Naturschutz. Der *Vielfraß* ist lediglich im südlichen Norwegen geschützt. An kleineren Raubtieren sind noch *Marder* und *Hermelin* zu nennen.

Wie in Schweden gibt es in Norwegen auch *Elche*, die vor allem in den Bezirken um Trondheim und im südlichen Norwegen vorkommen. Von den *Rentieren* gibt es zwei Arten, die zahmen, die in Finnmarken den Tierbestand der Samen (Lappen) bilden und das *Wildren*, das im Hochfjell umherstreift.

Hirsche gibt es nur in Vestland und Trøndelag, während *Rehe* rudelweise von Schweden nach Südost-Norwegen eingewandert sind. Dort, besonders im Süden, leben auch *Dachse, Biber, Hasen* und *Igel*, wohingegen der Norden des Landes die Heimat der *Schneehasen, Lemminge* und *Polarfüchse* ist.

In den norwegischen Wäldern kommen *Auerhahn, Birkhuhn* und *Haselhuhn* vor. *Schneehühner, Schnee-Eulen* und *Goldregenpfeifer* sind im Gebirge zu Hause und kommen nur im Norden bis an die Küste herunter.

In den Küstengewässern findet sich eine Vielzahl von Seevögeln verschiedener Arten wie *Möwen, Alke, Eiderenten, Seepapageien* usw., die auf den Vogelfelsen und an anderen Brutplätzen Nordnorwegens zu Tausenden nisten.

Singvögel halten sich während des Sommers in großen Mengen im norwegischen Tiefland auf. Unter ihnen befinden sich oft besonders schöne Arten.

Im Meer vor der Küste gibt es *Seehunde* und kleine *Wale*, ferner große Mengen verschiedenster Fischarten, von denen der *Dorsch* 20% der gesamten Seefische ausmacht. Einen guten Überblick über die Fauna des die norwegischen Küsten umgebenden Meeres bietet das Aquarium in Bergen.

Zu gewissen Jahreszeiten kommen riesige Schwärme von *Heringen* zu bestimmten Stellen der Westküste, während die *Makrelen* im Sommer meist die südlichen Gewässer aufsuchen. Der begehrte *Lachs* lebt zeitweise im Meer, wandert aber im Sommer die Wasserläufe hinauf, um zu laichen. Dieselben Gewohnheiten hat die *See-Forelle.* Von den übrigen Seefischen, die vor Norwegens Küsten in Tiefen zwischen 100 m und 600 m leben, müssen *Köhler* genannt werden, die identisch sind mit dem *Seelachs,* ferner der *Leng,* der *Heilbutt* und der *Ulk.*

Der wichtigste Flußfisch ist die *Flußforelle,* die in den meisten Flüssen und Seen des Landes zu finden ist.

An zahlreichen Stellen der Küste gibt es auch ein reiches Vorkommen an Schalentieren wie *Hummer, Krabbe* und *Garnele,* wohingegen sich der *Krebs* nur in einigen ostnorwegischen Gewässern aufhält.

Die Norweger sind am Schutz der Natur stark interessiert. Viele Gegenden mit seltener Flora und Fauna stehen unter Naturschutz.

Dieser zieht immer größere Kreise, und es liegen eine Reihe von Gesetzentwürfen vor, die den Naturschutz auf weitere Gebiete ausdehnen wollen. Bereits jetzt besitzt Norwegen 13 Naturparks, deren Erweiterung vorgesehen ist. Die berühmtesten sind *Rondane,* nördlich von Oslo (E 6) und *Børgefjell,* im Regierungsbezirk (fylke) Nordland gelegen.

Bevölkerung

Die älteste in Norwegen festgestellte Bevölkerung lebte vor etwa 11 000 Jahren an der damaligen Küste der Finnmark.

Sie repräsentierte die sogenannte *Komsa-Kultur.* Manches deutete darauf hin, daß diese Menschen Samen (Lappen) waren.

Die Bevölkerung im südlichen Norwegen ist vermutlich aus Süden und Osten gekommen.

An der Westküste Norwegens zur Nordsee hin, ist die Bevölkerung überwiegend kurzschädelig, wohingegen die Menschen in den inneren Tälern Südnorwegens meist lange Schädel haben.

Diese Verteilung der verschiedenen Rassentypen ist von einigen Forschern als Beweis vorhistorischer Einwanderungen zu verschiedenen Zeiten gewertet worden.

Der Schwerpunkt der Bevölkerung liegt um den Oslofjord herum. Von dort erstrecken sich dicht bevölkerte Gebiete in die Täler und längs der Küste nach

Stavanger. Ein weniger ausgedehntes dicht bevölkertes Gebiet liegt um den Trondheimsfjord.

Im übrigen wohnt die Bevölkerung längs der Küste auf einem schmalen Streifen mit Verzweigungen in die Fjordgebiete hinein. Bei Haugesund, Bergen und Ålesund gibt es bevölkerungsreiche Gebiete.

An ethnischen Minderheiten leben in Norwegen zwei Bevölkerungsgruppen, von denen die *Samen* (Lappen) mit ca. 20 000 Menschen (weitere ca. 20 000 Samen wohnen außerhalb der norwegischen Grenzen) die zahlreichsten sind. Sie besitzen immer noch eine relativ eigene Kultur, obwohl sie alle Christen sind. Ihre Sprache rechnet man zur finnisch-ugrischen Sprachenfamilie. Ihre Hauptsiedlungsgebiete in Norwegen sind die Regierungsbezirke Troms und Finnmark. Bis zu ihren Kontakten mit norwegischen Bauern waren sie Jäger und Fischer. Dann entwickelten sie sich zum großen Teil zu Viehzüchtern, die vornehmlich von ihren Rentierherden leben.

Die erste bekannte Begegnung eines Norwegers mit einem Samen hat in der ausklingenden Zeit des Urnordischen stattgefunden, nämlich gegen Ende des 9. Jahrhunderts. Damals gab der Großbauer Ottar aus Halogaland König Alfred dem Großen von England einen Bericht, in dem viel von der damaligen Lebensweise der Samen überliefert wird.

Die Samen verfügen auch über einen reichen Schatz an Märchen und Sagen, von denen ein Teil in vorchristliche Zeit hineinreicht, resp. vorchristliche Elemente (Stallo = menschenfressendes Ungeheuer) besitzt. In Norwegen wird die Kultur der Samen gepflegt und in wissenschaftlichen Institutionen erforscht.

Die andere ethnische Minderheit sind die *Kwänen* (Kvener). Diese Menschen – man zählt heute ca. 7000 – sind baltischen Ursprungs und aus Finnland eingewandert. Auch sie haben manche ihrer alten Eigenarten erhalten.

Nachdem sich in Norwegen die Menschen seit etwa 900 Jahren langsam zu einem Volk zusammenfügten, ist ihre Zahl trotz häufigem Auf und Ab, bedingt durch Kriege, Epidemien (Pest) und andere Einflüsse, im 20. Jahrhundert auf mehrere Millionen angewachsen. So betrug seine Einwohnerzahl in der ersten Hälfte der 80er Jahre des 20. Jahrhunderts gut 4 Millionen Menschen. Von ihnen wohnen ca. 55 % in Landgebieten, während ca. 45 % in den Städten oder in städteähnlichen Siedlungen ihr Zuhause haben. Untersucht man die Relation zwischen Einwohnerzahl und Gesamtfläche des Landes, kommt man zu der Feststellung daß 13,3 Einwohner auf einen km² kommen: jeder Norweger hat fast 100 000 km² zur Verfügung. Daß diese Zahl rein fiktiven Charakter hat, zeigt natürlich die Geographie des Landes. Der oben genannten Einwohnerzahl steht die Zahl der Norweger bei der ersten vollständigen Volkszählung im Jahr 1769 gegenüber. Sie betrug 723 618 Menschen. Damit hat sich die norwegische Bevölkerung in den vergangenen 200 Jahren knapp versechsfacht.

Der Fortschritt der Medizin und die allgemein besseren Lebensbedingungen haben auch in Norwegen den Menschen höhere Lebenserwartungen gegeben. So sank die Sterblichkeitsquote in der norwegischen Bevölkerung von 17–18‰ in den 50er Jahren des 19. Jahrhunderts bis auf 8–9‰ in den 50er Jahren des 20. Jahrhunderts.

In den 60er Jahren des 20. Jahrhunderts stieg die Ziffer wieder auf 9–10‰. Das lag daran, daß zum einen das Durchschnittsalter der Bevölkerung höher wurde, zum anderen an einer nachweislichen Erhöhung der Sterblichkeit von Männern aller Altersklassen ab dem 34. Lebensjahr.

Ein besonders großes Sinken verzeichnet die Säuglingssterblichkeit. So starben zu Beginn der 40er Jahre des 19. Jahrhunderts 118 von 1000 Säuglingen, während es zu Beginn der 60er Jahre des 20. Jahrhunderts nur noch 17 waren.

Da in Norwegen das Absinken der Geburtenhäufigkeit etwas schneller als das Absinken der Sterblichkeit war, hatte der Geburtenüberschuß in der 2. Hälfte des 19. Jahrhunderts langsam abgenommen. 1946 stieg er wieder auf 13‰ und sank zum Schluß der 60er Jahre auf 8‰. Dies ist ein etwas höherer Geburtenüberschuß als in den meisten westeuropäischen Ländern.

Die Auswanderung beeinflußte das Bevölkerungswachstum seit den 60er Jahren des vergangenen Jahrhunderts und erreichte einen Höhepunkt in den 80er Jahren. Sie lag 1882 und 1883 höher als der Geburtenüberschuß, d. h.: die Zahl der norwegischen Bevölkerung ging in diesen Jahren zurück. Dann sank die Auswanderungsquote bis zum Ersten Weltkrieg, stieg in den 20er Jahren wieder an und blieb fortan ohne größere Bedeutung auf die Entwicklung der norwegischen Bevölkerung.

Im Lauf seiner Geschichte hat das norwegische Volk eine Reihe von Einzelpersonen und Gruppen anderer Nationalität absorbiert. So kamen größere Gruppen von Finnen nach Norwegen; in älteren Zeiten blieben viele von den ins Land geholten deutschen Bergleuten, was auch für andere deutsche Handwerker gilt, die in den Perioden der deutschen Hanse in Norwegen Aufenthalt nahmen. Auch deutsche Emigranten der Hitlerzeit fanden in Norwegen – allerdings in geringem Maße – eine neue Heimat. Von ihnen ist wohl Max Tau der bekannteste. Schließlich hinterließen die deutschen Soldaten der Besatzungszeit (1940–45) ca. 9000 Kinder, die sie mit norwegischen Mädchen gezeugt hatten. Auch sie wurden vom norwegischen Volk – mit wenigen Ausnahmen – absorbiert. Das gilt auch für einige fremde Gastarbeiter der neuesten Zeit, die die norwegische Staatsangehörigkeit erwerben konnten.

Was das Verhältnis der Geschlechter zueinander betrifft, ist festzustellen, daß es in Norwegen einen gewissen *Frauenüberschuß* gibt, der allerdings im Lauf der letzten 200 Jahre abgenommen hat.

Die Reduzierung des Frauenüberschusses liegt in erster Linie daran, daß die

Sterblichkeit unter den Knaben und jungen Männern aufgrund besserer medizinischer und hygienischer Verhältnisse sank.

Das Erwerbsleben der norwegischen Bevölkerung ist nicht – wie oft angenommen wird – auf Seefahrt, Fischerei und Landwirtschaft fixiert. Laut Untersuchungen von 1970 arbeiten die meisten Norweger in der Industrie. In diesem Wirtschaftszweig kommen 390 Personen auf 1000 Einwohner. Gleich danach folgen die Beschäftigten in der Verwaltung und in den Dienstleistungsbetrieben. Sie machten in dem betreffenden Jahr 348 Personen auf 1000 Einwohner aus. Als dritte Position erscheint in dieser Aufstellung das Geschäftsleben in allen seinen Sparten. In ihm wurden auf je 1000 Einwohner 239 Personen gezählt. Erst an vierter Stelle steht die Forst- und Landwirtschaft. In diesem Erwerbszweig arbeiteten 183 Personen von 1000 Einwohnern. An 5. Stelle rangieren die Beschäftigten im Bau-, Wasser- und Energiewesen. Sie stellen 154 Personen auf je 1000 Einwohner, gefolgt an 6. Stelle von den Beschäftigten im Verkehrswesen, die 92 von 1000 Einwohnern ausmachen. Erst dann kommen die im Seetransportwesen tätigen Norweger, die mit 59 auf 1000 Einwohner beziffert werden. Ganz niedrig liegt die Zahl der in den Bergwerken Tätigen. Sie wurde mit 9 von je 1000 Einwohnern ermittelt. Damit ist zahlenmäßig belegt, daß Norwegen ein Industriestaat mit einer stetigen Höhenentwicklung im Zeitraum der letzten hundert Jahre geworden ist.

Die größte Rückentwicklung ist bei der Forst- und Landwirtschaft zu beobachten. 1875 kamen in ihr 348 Beschäftigte auf je 1000 Einwohner, eine Zahl, die 1970 auf 183 herabsank.

Die norwegische Sprache

Ursprünglich wurde im ganzen Norden eine gemeinsame nordische Sprache gesprochen, die sich aber bereits um 1000 n. Chr. in das *Ostnordische*, aus dem die dänische und schwedische Sprache hervorgingen, und in das *Westnordische* spaltete. Aus letzterer Sprachengruppe entwickelten sich das *Norwegische* (bestehend aus mehreren Dialekten), das *Isländische* und das *Färöische*.

Das *Nordische*, ein Zweig der germanischen und damit der indogermanischen Sprachenfamilie, hat sich vom *Älteren und Jüngeren Urnordisch* (ca. 200–800 n. Chr.) zu den heutigen nordischen Sprachen entwickelt. Dabei hat das Norwegische folgende Sprachgruppen gebildet:

1. Altnorwegisch (1050–1370)
2. Mittelnorwegisch (ca. 1370–1525)
3. Neunorwegisch (nach ca. 1525)

Vom 14. bis ins 19. Jahrhundert, als Norwegen mit Dänemark vereint war, war das Norwegische einer starken Beeinflußung des Dänischen ausgesetzt. Die Schriftsprache und die Sprache der Oberklasse wurden Dänisch mit einem besonderen Tonfall und Lehnwörtern aus den verschiedenen norwegischen Dialekten. Gleichzeitig hielten sich westnordische Dialekte bei der Landbevölkerung. Auf ihrer Grundlage und aus nationalen antidänischen Beweggründen schuf Ivar Aasen (1813–95) das *Landsmaal*, dessen Grammatik später vereinfacht wurde.

Ihm stand nur das *Riksmaal* gegenüber, und beide Sprachformen erhielten nach einem Stortingsbeschluß von 1929 die Bezeichnung *bokmål* (das frühere Riksmaal) und *nynorsk* (das frühere Landsmaal).

Beide Sprachformen bekamen offiziellen Charakter. Bedeutende Autoren haben sich des Landsmaals (nynorsk) bedient.

Eine Statistik der Jahre 1969/70 zeigt, daß 81,6% der norwegischen Schüler ihr Pensum in der Bokmål-Unterrichtssprache lernten, während ca. 18,4% das Nynorsk benutzten.

Es kann zu Recht gesagt werden, daß sich Norwegen permanent in einem friedlichen, latenten Sprachenstreit befindet. Die ethnischen Minderheiten der Samen und Kwänen haben ihre eigenen Sprachen (Samisch, dem Finnischen verwandt und Finnisch).

(Ein kleines norwegisches Vokabular sowie Aussprachehilfen finden sich im Kapitel »Praktische Reisehinweise«.)

Geschichte des Landes

Norwegen im Mittelalter

Harald Hárfagre (Schönhaar) gilt als Einiger und Gründer des Norwegischen Reiches, nachdem er in vielen Fehden, besonders in der Schlacht am Hafrsfjord (Bocksfjord), die Stammeshäuptlinge und Kleinkönige – nach älteren Forschungen im Jahr 872 vielleicht aber auch später – besiegt hatte.

Daß diese bedeutende Schlacht die Auswanderung vieler Norweger nach Island, den Färöern und anderen westatlantischen Gebieten auslöste – so wie Snorri Sturluson es in seiner *Heimskringla* schreibt – wird von der neueren Forschung in Frage gestellt. Sie führt die Gründung dieser neuen westatlantischen Gemeinwesen eher auf Strukturveränderungen (Überbevölkerung und daraus folgende Probleme) zurück. Fest steht jedoch, daß jetzt die *Wikingerzeit* begann, in der, vom Norden her, nicht nur die Gründung oben genannter Gemeinwesen stattfand, sondern auch die Entdeckung neuer Gebiete und Kontinente wie Grönland und Nordamerika. Ferner entfaltete sich in dieser Zeit die alte klassische nordische Dichtung der Edda, der Skaldenstrophen und der Sagas, Dichtungs- und Literaturformen, die allerdings erst später schriftlich in Island fixiert wurden, das von Norwegen her besiedelt worden war.

Die einmal von Harald Hárfagre begonnene Einigung Norwegens drohte durch besitzlüsterne Häuptlinge und Könige wieder zu zersplittern. Auch der dänische König Harald I. (Blauzahn) versuchte Norwegen in seine Hand zu bekommen und gewann tatsächlich, im Bund mit dem mächtigen norwegischen Häuptling *Hákon Jarl* (von Lade bei Nidaros), eine Zeitlang die Oberherrschaft über das Land. Jedoch konnte sich Hákon Jarl bald von Harald losreißen und dessen Jomsvikinger in der Schlacht von *Hjørungavaag* besiegen. Wenige Jahre später aber wurde er durch einen Bauernaufstand (ca. 955) gestürzt. Jetzt übernahm der große Wikingerhäuptling *Olav Tryggvason* (Olav I.) die Macht im Lande. Er regierte bis ca. 1000, versuchte das Christentum in Norwegen mit Gewalt durchzusetzen, wozu er sich englischer Missionare bediente, und gründete die Stadt Nidaros, das spätere Trondheim.

Nun hatte sich Olav, besonders in Trøndelag, viele Feinde durch seine gewalttätigen Christianisierungen verschafft. Das nutzten die beiden Söhne von Hákon Jarl, die ihren Vater rächen und selbst zur Macht kommen wollten, aus und schlossen mit dem dänischen und dem schwedischen König ein Bündnis mit dem Ziel, Olav Tryggvason zu stürzen. Den beiden Königen kam dies sehr zustatten, da sie Pläne hatten, Teile von Südost-Norwegen zu annektieren. Olav wiederum schloß ein Bündnis mit dem polnischen Fürsten Boleslaw, dem späteren König und Begründer des Polenreichs, und fuhr von dessen wendischem Gebiet mit einer norwegisch-wendischen Flotte seinen Widersachern entgegen, die er bei *Svolder* traf. Es kam zur Schlacht. Da Olav jedoch nicht seine gesamte Flotte bei sich hatte, unterlag er, sprang über Bord und ertrank. Das war im Jahr 1000, der ersten absolut sicheren Jahreszahl in der Geschichte Norwegens.

Nach Olavs Tod folgte eine Zeit des nationalen und religiösen Niedergangs in Norwegen, das jetzt vom dänischen und schwedischen König abhängig war. Von einer nationalen Einheit konnte nicht mehr die Rede sein, da die Söhne von Hákon Jarl, die beiden »Lade-Jarle«, nur in einem Teil des Landes ihre Macht ausüben konnten. Zudem begann man wieder an vielen Orten die alten heidnischen Götter zu verehren.

Dieser Zustand begann sich jedoch zu ändern, als ein neuer Nachkomme von Harald Hárfagre ins Licht der Geschichte trat: *Olaf Haraldsson*, später in Norwegen unter dem Namen König Olaf II. und im ganzen Norden, ja weit über Europa hin als *Olaf der Heilige* bekannt.

Eine ausführliche Darstellung seines Lebens und Wirkens finden wir in Snorris *Heimskringla*. (Eine hervorragende deutsche Ausgabe der »Legendarischen Saga« von Olaf dem Heiligen haben 1982 die Berliner Nordisten Anne Heinrichs und Hartmut Röhn zusammen mit anderen zweisprachig und kommentiert herausgegeben.)

Geboren wurde Olaf in Viken als Sohn eines Kleinkönigs, der früh starb, worauf sich seine Mutter mit Sigurd Syr, einem Kleinkönig in Ringerike, vermählte. Dort wuchs Olaf auf und zeigte schon als Knabe viele Eigenschaften, die ihn später als Mann kennzeichnen sollten. Schon in ganz jungen Jahren nahm er an Wikingerzügen in der Ostsee und im westeuropäischen Gebiet teil, besonders aber nach England, wo er nicht nur großen Ruhm als Krieger, sondern auch Reichtümer sammelte und – wie das damals üblich war – in den Dienst des englischen Königs trat, um diesem gegen die Dänen zu helfen. Nach manchem Sieg und dem Tod König Äthelreds zog Olaf mit seinen Kriegern weiter nach Frankreich und Spanien, von wo er sich nach Palästina begeben wollte. Da aber hatte er einen merkwürdigen Traum. In der »Heimskringla« heißt es darüber:

»Zu ihm kam ein ansehnlicher und stattlicher Mann, doch furchtbar anzuschauen. Der sprach zu ihm und gebot ihm, davon zu lassen, ferne Lande aufzusuchen – ›zieh zurück zum Lande deiner Geburt, denn du sollst für immer ein König in Norwegen sein‹. Er glaubte, der Traum künde ihm an, daß er König über jenes Land werden sollte und für lange Zeit danach auch seine Nachkommen.«

Diese Art Träume hatte Olaf auch später noch. Und der ansehnliche und stattliche Mann, der ihm erschien, ist wohl kein anderer als der im Jahr 1000 ertrunkene König Olav Tryggvason.

Olaf zog nun vorerst nach Frankreich und besonders in die Normandie, wo er mit der damals bereits hochentwickelten Staatsverwaltung bekannt wurde. Dies wurde ihm von großem Nutzen, als er 1015 die Königsherrschaft antrat.

Seine Residenz wird Nidaros, und von dort beginnt er sein Reich zu ordnen mit neuen Gesetzen, Weiterführung der Christianisierung, Selbsternennung zum obersten Kirchenherrn, strengen Durchführungen der alten Gesetze – Bestrafung von Verbrechen ohne Ansehen der Person –, Berufung von Häuptlingen und Großbauern zu Lehnsmännern. Fünfzehn Jahre führte er das weiter, was Harald Hárfagr einst begonnen.

Das alles verschaffte ihm Zustimmung in breiten Kreisen des Volkes. Aber seine dynamische Persönlichkeit löste bald unter den verschiedenen Großen des Reiches Opposition aus, und sie suchten Kontakt mit König Knut dem Großen, der über Dänemark und England herrschte; denn sie meinten, ein außerhalb des Reiches regierender König sei für sie bequemer als einer vor ihrer eigenen Tür. 1028 kam König Knut mit einer übermächtigen Flotte nach Norwegen, und Olaf mußte fliehen. Er zog nach Gardarike (Rußland), wo der Großfürst mit einer Schwester von Königin Astrid, Olafs aus schwedischem Königshaus stammender Frau, verheiratet war.

König Knut hatte sich inzwischen zum König von Norwegen gemacht und einen Häuptling aus dem Lade-Geschlecht zum Regenten bestimmt.

Nachdem Olaf ungefähr zwei Jahre in Rußland gelebt hatte, ertrank dieser Regent auf einer Reise nach England. Da Olaf um diese Zeit wieder einen Traum hatte, in dem ein Mann »in herrlicher Gewandung« ihm gebot, zurück nach Norwegen zu reisen, machte er sich mit seinem Gefolge auf und fuhr nach Schweden, wo er ein kleines Heer aus Norwegern und Schweden aufstellte, mit dem er über die Grenze marschierte. Bei Stiklestad stießen sie auf ein Heer von Bauernkriegern aus Trøndelag. Es kam zur Schlacht, und Olaf fiel.

Olafs Ende war auch das Ende seiner Krieger. Die Schlacht um Norwegen war verloren. Aber bereits zu dieser Stunde zeigten sich Zeichen eines posthumen Sieges des gefallenen Königs. Denn bald nach seinem Tod begann man sich von Mirakeln zu erzählen, die durch Olaf hervorgerufen sein mußten.

So berichtete Tore Hund, der ihm einen der Todesstöße versetzt hatte und darauf von einem Gefolgsmann Olafs verwundet wurde, daß er, als er ihm nach dem Kampf die »Totenhilfe« leisten wollte, mit seiner verwundeten Hand mit dem Blut des Königs in Berührung kam, worauf die Heilung schnell vonstatten ging, was er auch überall verkündete.

Damit war Tore der erste aus dem Lager der Feinde, der für die Heiligkeit des Toten eintrat.

Die Stabkirche von Gol. Freilichtmuseum Bygdøy ▷

Heimlich führte man nun des Königs Leiche nach Trondheim und begrub sie am Strand des Flusses Nidelva. Schon ein Jahr später grub man sie wieder aus, fand sie unversehrt vor und setzte sie auf dem Hochaltar der St. Clemens Kirche bei.

Die Menschen sahen in Olaf jetzt einen Heiligen, einen Nationalheiligen, den Vorkämpfer für die Freiheit Norwegens.

Als sich die Häuptlinge von Trøndelag in ihren politischen Erwartungen enttäuscht sahen und der mächtige König Knut gestorben war, führten zwei Häuptlinge Olafs in Gardarike hinterlassenen Sohn Magnus heim nach Norwegen, wo er 1035 zum König gewählt wurde, der in die Geschichte des Landes als *Magnus der Gute* (Magnus I.) einging und von 1035–47 regierte.

Der Olaf-Kult aber hatte sich inzwischen über ganz Europa verbreitet. An vielen Orten – besonders natürlich in Skandinavien – entstanden Kirchen und Kapellen mit seinem Namen – eine sogar in Rom.

Der norwegische Bischof Grimkjell hatte ihn für heilig erklärt, als er exhumiert wurde. Viele Wunder geschahen dort, wo er zuerst beigesetzt gewesen war. Pilger kamen von weit her, um von dem Wasser zu trinken, das aus der dortigen Quelle kam. Sie wirkte Wunder und heilte viele Gebrechen. Chroniken aus dem Mittelalter berichten, daß dort eine hölzerne Kapelle errichtet wurde. Später ließ Olav Kyrre (Olav III.), der Neffe des heiligen Olaf, in Nidaros an der Stelle der einstigen Holzkapelle ein Münster bauen.

Als Nidaros 1152 Erzbistum wurde, begann der Bau der berühmten Domkirche, die mit Hilfe englischer Baumeister und Steinmetze um 1300 fertig wurde und auf derem Hochaltar man den Heiligen Olaf in einem dreifachen Silberschrein bestattete. Dort ruhte er bis zur Reformation und zog jahraus, jahrein viele tausend Pilger an, bis die neue Konfession nichts mehr von Heiligen hielt und seine Gebeine irgendwo unter der Domkirche verschwanden.

Als man aber am 22. Juni 1906 den Nidarosdom nach seiner Wiederherstellung zur Krönungskirche der norwegischen Könige erhob, wurde der heilige Olaf das nationale Symbol für Volk und Reich, sein ewiger König, der *rex perpetuus Norvegiae*.

Nachdem 1035 Olafs junger Sohn Magnus norwegischer König geworden war, verfuhr er zuerst sehr streng mit den Gegnern seines Vaters, änderte dann aber auf den Rat seiner Skalden (Hofdichter und Ratgeber nord. Könige) seine Sinnesart und bekam nun seinen historischen Namen. Durch eine Absprache mit König Hardeknud (Sohn Knuts d. Gr.) wurde er nach dessen Tod auch König von Dänemark und bekriegte die Wenden, deren Ausbreitung im Norden er zum Stillstand brachte.

Der Nachfolger von Magnus war ein Halbbruder von Olaf dem Heiligen. Er hieß *Harald Sigurdsson*, hatte mit 15 Jahren an Olafs Seite die Schlacht von Stiklestad mitgemacht, war dann nach Rußland gezogen und schließlich nach

◁ *Rathaus von Oslo mit Teil des Hafengebiet und Kuppel der Dreifaltigkeitskirche*

Konstantinopel, wo er mit seinen 500 Vaeringern Oberbefehlshaber der kaiserlichen Garde wurde, sich als Heerführer auszeichnete und viel Gold erwarb.

Nach seiner Rückkehr nach Norwegen wurde er von Magnus als Mitkönig anerkannt und folgte ihm nach dessen Tod als Alleinherrscher, dem es aber nicht gelang, Dänemark zurückzugewinnen. Er fiel in der Schlacht bei Stamford Bridge in Yorkshire (1066) bei dem Versuch, seine Ansprüche auf England durchzusetzen.

Die Errichtung eines Großnorwegischen Reiches nach dem Muster Knuts des Großen war diesem König nicht gelungen. Er, der in die Geschichte unter dem Namen *Harald Hardráde* einging, mußte sich mit einer begrenzten Erweiterung Norwegens begnügen, indem er vor allem die Färöer und die Shetland-Inseln fester an Norwegen binden konnte.

Die Erinnerung an diesen König, den »Hartregierenden«, ist lebendig geblieben, weil er der Gründer Oslos war. Dort ließ er die Marienkirche bauen, in der der *heilige Hallvard* beigesetzt wurde, Ostnorwegens und besonders Oslos Schutzpatron. Sein Schrein kam später in die im 12. Jahrhundert errichtete Domkirche, und sein Bild befindet sich noch heute im Stadtsiegel von Oslo und am Rathaus der Stadt.

Von ihm berichtet die Legende, daß er eine Frau retten wollte, die des Einbruchs bezichtigt war. Sie flohen gemeinsam, wurden verfolgt und getötet, und Hallvard wurde im Drammensfjord versenkt, beschwert mit einem Mühlstein. Aber wie die Legende weiter zu berichten weiß, erschien Hallvards Leiche wieder an der Oberfläche des Fjords. Später wurde Hallvard heilig gesprochen.

Mit Haralds Nachfolger Olav Kyrre kam, wie sein Beiname (der Friedliche) besagt, eine Periode des Friedens über Norwegen. Er, der unter dem Namen *Olav III.* (1066–1093) in die Königsgeschichte eingegliedert wird, verbesserte die Kirchenordnung und richtete neue Bistümer ein. Einer der neuen Bischofssitze wurde die Stadt Bergen, die nach der Saga-Tradition von Olav Kyrre um 1070 gegründet wurde. Auch diese Stadt bekam ihren Heiligen, diesmal eine Frau, die *heilige Sunniva,* einst eine irische Prinzessin, die nach Norwegen geflohen war, um der Heirat mit einem heidnischen Fürsten zu entgehen. Sie kam zur Insel Selje und starb dort. Ihre Gebeine wurden nach Bergen gebracht, deren Schutzpatronin sie wurde.

Die Stadt wuchs mit der Zeit, wurde der wirtschaftliche Mittelpunkt Westnorwegens und zeitweise die größte Stadt des gesamten Nordens. Durch die deutsche Hanse bekam sie lange Zeit hindurch eine mächtige Sonderstellung im gesamten skandinavischen Raum.

Olavs Sohn *Magnus Berrføtt* (oder Berrlegg) – *Magnus III.* – vergrößerte sein Reich noch weiter, indem er die Orkneys, die Suderinseln (Hebriden) und die

Insel Man unterwarf. Norwegen war jetzt zu einem Großreich (Noregsveldet) geworden, zu dem auch eine Zeitlang Dublin gehörte. In Irland aber fand Magnus während eines Kriegszugs den Tod. Seine beiden Söhne *Eystein* und *Sigurd* (die »Königsbrüder«) stärkten weiter das Reich und den Wohlstand im Lande. Sie, die beide zugleich Könige waren, ließen die alten Gesetze in nordischer Sprache niederschreiben, führten Abgaben für die Kirche ein (den Zehnten) und sicherten der Kirche die Möglichkeit, Land zu erben. Sie kamen 1103 an die Regierung, die für Eystein (Eystein I.) bis 1125 währte, für Sigurd (Sigurd I.) bis 1130. Von diesen beiden Königsbrüdern ist die Gestalt Sigurds bis auf den heutigen Tag am lebendigsten geblieben. Vor allem durch den norwegischen Komponisten Edvard Grieg (1843–1907). Er schrieb das Orchesterwerk »Sigurd Jorsalfar« (1872). König Sigurd hatte nämlich den Beinamen *Jorsalfarer*, d. h. der Jerusalemfahrer, nach dem damaligen norwegischen Namen für Jerusalem (Jorsal) erhalten. Von 1108 bis 1111 dauerte Sigurds Kreuzzug, der ihn auch nach Jerusalem führte. Auf dem Wege dorthin eroberte er mit seinen Kriegern Lissabon, kam nach Sizilien, wo er von Fürst Roger, dem Sohn Robert Guiscards, prächtig empfangen wurde, fuhr dann über das Griechische Meer nach dem Heiligen Land und zog in Jerusalem ein. Dort herrschte König Balduin, der Nachfolger Gottfrieds von Bouillon. Auch er bereitete Sigurd einen großartigen Empfang. Über Zypern und Byzanz reiste Sigurd heim nach Norwegen. Sigurds Ruhm und Ansehen breiteten sich schon zu seinen Lebzeiten über den ganzen Norden, ja über Europa aus. Dieser Kreuzzug des norwegischen Königs war – wie norwegische Historiker zu Recht erklären – in praxi ein Wikingerzug auf neuer Grundlage.

Daß die kommende Zeit wieder von Machtkämpfen geprägt war, lag an dem Fehlen einer festen Erbfolgeregelung. Zwar sollte der norwegische Königsthron immer im Besitz von Männern aus dem Geschlecht Harald Hárfagres bleiben, aber derer gab es aufgrund der Zeugungsfreudigkeit des Stammvaters viele. Und alle Söhne eines Königs, ob sie nun in der Ehe oder außerehelich zur Welt gekommen waren, hatten gleiches Recht auf den Thron. Die Entscheidung trafen die Gesetzesthinge. Das hatte meist wenige Komplikationen zur Folge. Auch nicht, wenn es manchmal zwei oder drei Könige waren, die gleichzeitig zur Macht kamen.

Nach 1130 wurde dieser Zustand anders. Es tauchten Kronprätendenten auf, die behaupteten, Söhne irgendwelcher Könige zu sein. Und man wußte nie genau, ob dieser oder jener Herrscher mit diesem oder jenem Mädchen geschlafen hatte.

Daß solche Ansprüche von plötzlich aufgetauchten Männern des Reiches Machtgier bei Norwegens führenden Leuten auslöste, die sich vorstellten, einen solchen Thronbewerber für eigene politische Zwecke gut gebrauchen zu können, liegt auf der Hand.

Oft bildeten sich nun Parteien. Sie nutzten soziale Mißstände aus, spielten Pächter und Kleinbauern gegen Gutsbesitzer aus oder die Gegensätze verschiedener landschaftlicher Gebiete wie z. B. die zwischen Trøndelag und Westnorwegen, nur um ihre eigenen Interessen erfolgreich durchsetzen zu können.

Nach dreißig Jahren bürgerkriegsähnlicher Zustände taten sich die Führer der Gutsbesitzer mit den Bischöfen – dem Erzbischof von Nidaros an der Spitze – zusammen und schufen eine neue Thronfolgeordnung, die nur dem in einer Ehe geborenen Sohn eines Königs Erbrecht gab, wobei der Älteste das Erstrecht erhielt.

Da zu dieser Zeit der Thron wieder einmal ledig war, wurde der Sohn eines Lehnsmanns, *Magnus Erlingsson*, dessen Mutter eine Tochter von Sigurd Jorsalfarer war, zum König gewählt und vom Erzbischof von Nidaros gekrönt. Das war die erste Königskrönung im Norden im Jahr 1163.

Magnus, der der Vierte in der norwegischen Königsreihe mit diesem Namen wurde, regierte bis 1184. Jetzt schien alles wieder ins Lot gekommen zu sein. Als sich wieder ein neuer Kronprätendent meldete, wurde er geschlagen und getötet. Von seinen Anhängern, die man die »Birkenbeine« (birkebeinerne) nannte, weil sie in ihren Verstecken die Kleidung verschlissen und sich dann die Beine mit Birkenborke umwickelten, floh ein Rest nach Schweden, wo sie einen Mann trafen, der ihr Führer wurde. Er zog mit ihnen zurück nach Norwegen, kämpfte mit ihnen zusammen ein paar Jahre gegen die legale Königsordnung, stürzte sie schließlich und wurde selbst König. Der Mann hieß *Sverri Sigurdsson* (1184–1202). Er war in Kirkjuböur, dem Bischofssitz auf den Färöern, von seinem Pflegevater, dem Bischof Rói, erzogen worden und hatte eine Ausbildung als Priester bekommen. Ob, wie er selbst behauptete, er ein Königssohn war, liegt im Dunklen und kann vermutlich nie aufgeklärt werden. Jedenfalls wurde er ein tüchtiger König.

Er führte das Erbkönigtum wieder ein, machte sich auch zum Herrn der Kirche und setzte bedeutende Reformen im lokalen Verwaltungs- und Rechtswesen durch. Aber den Bischöfen mißfiel ein solcher Oberster Kirchenherr. Unter Führung des Bischofs Nikolas von Oslo schlossen sie sich zu der »Baglerpartei« (Bagler von *bagall = Bischofsstab*) zusammen, die nun in Opposition zu den »Birkenbeinen« trat, welche zu einer ansehnlichen Partei angewachsen war. Der Streit wurde zum Bürgerkrieg, der sich auch nach Sverris Tod (1202) fortsetzte, bis es zu einem Waffenstillstand kam und zu zwei Königreichen, dem Königreich der »Bagler« und dem der »Birkenbeine«.

Erst unter Sverris Enkel *Hákon Hákonsson* (Hákon IV.) zog wieder Frieden ins Land ein. Hákon war 13 Jahre alt, als man ihn zum König ausrief. Aber erst

6 Jahre später wurde er auf einer Reichsversammlung in Bergen (1223) rechtmäßig anerkannt. Hákon stieß zuerst auf Widerstand. Dieser wurde von seinem Ratgeber *Skule Jarl* gebrochen, der allerdings selbst Ansprüche auf den Thron erhob.

Um ihn zufriedenzustellen, gab ihm Hákon die Regierungsgewalt über ein Drittel des Reiches und heiratete dessen Tochter, die nun Königin von Norwegen wurde. Einige Jahre später mußte er ihm seine politische Macht wieder nehmen, ließ ihm aber die königlichen Einnahmen und verlieh ihm den Titel eines Herzogs, der in Norwegen nicht üblich war. Als Skule Jarl aber immer noch keine Ruhe gab, und es zum offenen Aufruhr gegen König Hákon kam, schlug der König zurück. Es kam zum Kampf, in dem Skule Jarl 1240 in der Nähe von Trondheim getötet wurde. Damit schloß die Periode der Bürgerkriege.

Unter Hákon Hákonsson erreichte das Norwegische Reich seine größte Ausdehnung. Zum Kernland gehörten die heute schwedischen Gebiete Bohuslän, Jämtland und Herjedalen, wohingegen Finnmarken, bewohnt von den Samen, nur ein Beiland der norwegischen Krone war, wo man Steuern eintrieb, wie es auch der Großfürst von Nowgorod tat.

Zu den schon unter norwegischer Krone stehenden Westmeergemeinwesen fügte Hákon durch friedliche Absprachen noch Island und Grönland hinzu, wobei er vertraglich gegen regelmäßige Lebensmittellieferungen das Recht erhielt, Steuern einzutreiben.

Das war im Jahr 1262, in dem das Ende des blühenden Freistaats Island gekommen war. Formell aber wurde erst Hákons Sohn Magnus Islands erster König.

Hákon war auch der Schöpfer einer gut ausgerüsteten Flotte, der sogenannten *Leidangsflotte* (leidang = alte norw. Wehrordnung). Er setzte sie allerdings erst am Ende seiner Regierungszeit ein, als er einen Kriegszug nach den Hebriden unternahm, um diese norwegischen Besitzungen gegen den schottischen König zu verteidigen. Der Kriegszug mißglückte, und auf der Rückkehr starb Hákon auf den Orkneys.

Unter Hákon Hákonsson war Norwegen zu einem geachteten Staat in Europa geworden, der mit vielen Ländern Freundschafts- und Handelsverträge einging und diplomatische Beziehungen zu ihnen pflegte. Was den Handel betraf, so schloß Hákon 1223 mit England, einem für den Handel mit Norwegen wichtigen Land, Verträge ab.

Aber in dieser Zeit wurde auch der Handel mit den *norddeutschen Hansestädten* begonnen und die Grundlage für das bedeutende Kontor der Hanse in Bergen geschaffen. Der Ausgangspunkt hierfür war der Handelsvertrag, den Hákon 1250 mit Lübeck schloß.

Doch auch die Festigung der inneren Verwaltung lag Hákon am Herzen. So organisierte er diese neu, indem er an seinem Hof die obersten Reichsbeamten ständig versammelte. Von ihnen war der Kanzler der wichtigste. Ihm oblag es, die Korrespondenz des Reiches zu führen. Da das in der internationalen Sprache jener Zeit, dem Latein, geschah, hatte diesen Posten meist ein Kleriker inne.

Aus den Ratgebern, die Hákon oft zu sich rief, wurde der sogenannte *Reichsrat* gebildet, der seine feste Form jedoch erst unter Hákons Sohn erhielt. Ferner wurde das Erbkönigtum gesetzlich verankert.

Hákons Residenz war Bergen, und dort wurde er auch 1247 von dem päpstlichen Legaten Kardinal *Vilhelm von Sabina* gekrönt.

Das Krönungsfest wurde in einem großen Bootsschuppen(halle) gefeiert, in dem nicht alle Gäste untergebracht werden konnten, so daß Zelte aufgeschlagen werden mußten. Schon damals stellte Hákon Überlegungen wegen einer neuen Festhalle an. Als sein Sohn Magnus mit der dänischen Königstochter Ingebjørg vermählt werden sollte, wird zum erstenmal auch etwas von einer Steinhalle berichtet. Die Hochzeitsfeierlichkeiten begannen am 11. September 1261. Da waren Hákon, Magnus, der Erzbischof, alle Bischöfe sowie das Gefolge und die Hirdmänner (Leibgarde des Königs) in der »Steinhalle« versammelt, die keine andere ist als das später unter dem Namen *Håkonshalle* bekannt gewordene mittelalterliche Bauwerk, das im Lauf der Jahrhunderte mehrfach zerstört wurde, jetzt aber wieder in seinem alten Glanz entstand und zu den berühmtesten Werken mittelalterlicher Architektur gezählt werden muß.

Unter Hákons Sohn *Magnus Hákonsson* (Magnus VI.) wurde eine das ganze Land umfassende Gesetzgebung erlassen, die für das Reich von solcher Bedeutung war, daß man König Magnus im Jahr 1274 den Beinamen Lagabøte (Gesetzgeber) verlieh.

Jetzt lag der Handel schon fest in den Händen der deutschen Hansekaufleute, die 1278 die ersten schriftlich festgelegten Privilegien in Bergen bekamen.

Die deutsche Hanse

Deutsche Kaufleute waren bereits gegen Ende des 12. Jahrhunderts nach Bergen gekommen, um Wein dorthin zu bringen. Vermutlich kamen sie aus Köln, vielleicht auch aus Utrecht oder flandrischen Städten. Belegt sind indes die Fahrten deutscher Kaufleute aus Hamburg und Köln nach Bergen in der späteren Regierungszeit König Hákon Hákonssons. Unsicher ist man jedoch bezüglich des Beginns des Handels deutscher Ostseestädte. Erst ein Friedensbündnis aus dem Jahr 1250, das zwischen König Hákon und Lübeck nach einer

Reihe von Streitigkeiten geschlossen wurde, gibt klare Auskunft über den deutsch-norwegischen Handel, der von diesem Zeitpunkt an zu einem Kontinuum wird. Nach diesem Vertrag sollten in Zukunft Norweger und Lübecker gegenseitig freien Handel treiben können, und die Rechte, die lübische Kaufleute bereits in einem gewissen Umfang besaßen, sollten künftig erweitert werden. Eindeutig ergibt sich aus diesem Vertrag, daß die Ostseestädte mit Lübeck an der Spitze jetzt den deutschen Handel mit Bergen – und dem übrigen Norwegen – in ihre Hand bekommen hatten. Von diesem Zeitpunkt an war für Bergen die Einfuhr von baltischem Roggen wichtiger als der Import englischen Weizens.

Ursprünglich kamen die Deutschen nur in den Sommermonaten, hielten sich seit ca. 1259 jedoch vereinzelt auch im Winter in der Stadt auf. Sie mieteten östlich von *Vågen*, im sogenannten Bryggen-Gebiet, sich in norwegische Stadthöfe ein, und es dauerte nicht lange, bis sie auch schon Grundstücke von den Norwegern käuflich erwarben.

Diese ersten Kaufleute, von denen man nicht weiß, ob sie selbstständig waren oder Vertreter größerer Unternehmen, wollten bei ihrem Überwintern gleichmäßige, günstige Ankäufe tätigen und im Frühling frühe Verschiffung erreichen. Vermutlich waren diese ersten »Überwinterer« rechtlich den norwegischen Bürgern gleichgestellt.

Die deutschen Kaufleute waren vor allem an Fischprodukten interessiert, an Stockfisch oder Bergenfisch, auch an Tran, getrocknetem Lachs und Seelachs, alles in reichen Mengen in Nordnorwegen von norwegischen Fischern nach Bergen transportiert. Aber sie kauften auch Wildfelle, Butter, Talg, Häute, Wolle, Wollgarn, grobes Wolltuch und spezielle Produkte wie Schwefel aus Island, Harz, Färbermoos und Haselnüsse. Am wichtigsten für die Norweger war die Einfuhr von Getreide (Roggen). Auch der deutsche Malzexport fand bei ihnen großes Interesse. Hopfen, Met, Salz und anderes waren ebenfalls gefragt, ferner Handwerkserzeugnisse sowie Wachs, Hanf, Leinen, schwedisches Eisen, Teer und Pech. Dies alles war für die Norweger wichtiger, als für die Deutschen die norwegische Einfuhr. Das lassen die historischen Quellen erkennen, aus denen zu entnehmen ist, daß die Lübecker Bergenfahrer – abgesehen von einigen wenigen Ausnahmen – nur mäßigen Wohlstand als Kaufleute erreichten und nur in geringem Maß Mitglieder des Rates der Stadt und des Patriziats wurden.

Nach einer Reihe von Streitereien in den folgenden Jahrzehnten, und nachdem die Deutschen sogar 1342 aus der Stadt vertrieben worden waren, beginnt der deutsch-norwegische Handel wieder einen kräftigen Aufschwung zu bekommen, und im Jahr 1360 läßt sich mit Sicherheit das Vorhandensein eines Hanseatischen Kontors in Bergen feststellen.

1668 stehen 88 deutsche Handelshäuser auf Bryggen gegenüber nur 5 norwegischen. Das war schon eine stark verminderte Zahl; denn noch um 1400 hatten die Deutschen 300 Häuser in ihrem Besitz!

In jener Zeit bekamen die Hanseaten die älteste Kirche, die große Marienkirche (Mariakirken), noch heute ein Glanzstück der Stadt und ihrer alten Architektur, übertragen (1408).

Feuersbrünste 1413 und vor allem 1476 zerstörten viel und ließen das durch den Brand von 1476 stark zerstörte Bryggen-Gebiet nur langsam wieder wachsen.

Dort lebte seit Beginn eine ausgesprochene Männergesellschaft in den mit der Giebelseite nach Vågen hin stehenden Häusern, die zu ihren besten Zeiten bis zu 3000 Menschen aufnehmen konnten. Nach strengen Regeln spielte sich das Leben dieser Hanseaten ab, die dort in einer bestimmten Rangordnung lebten, mit Meistern, Gesellen und Lehrlingen. Sie alle waren frauenlos; denn es war den Männern untersagt – auch den leitenden – Ehefrauen mit in das Bergen-Kontor zu nehmen. Kein Wunder, daß die Sitten dort oft nicht die besten waren. Alkohol und käufliche Frauen spielten in der Freizeit dieser Männer eine gewichtige Rolle. So hatten beispielsweise die Deutschen hinter ihren Handelshäusern Bordelle eingerichtet, die per Schiff aus ganz Norwegen – ja sogar von den Färöern – Nachschub erhielten.

Durch verschiedene norwegische Gesetze verloren die Deutschen allmählich ihre früheren Handelsbedingungen. Die Zahl der deutschen Kaufleute nahm immer mehr ab, im Jahr 1754 wurde das sogenannte Norwegische Kontor gestiftet, 1766 das letzte deutsche Handelshaus verkauft, und im selben Jahr wurde die Marienkirche nach fast 400 Jahren wieder norwegisch. Die Zeit der Hanse war vorbei.

Sie hatte in Bergen oft Reibereien mit den Norwegern gebracht, ist aber letztendlich zum Vorteil für die Entwicklung des Landes gewesen. Bereits vor dem festen Fußfassen der Hanse in Bergen und dann während ihrer Zeit waren auch deutsche Handwerker dorthin gekommen, die zwar hier und da von den Norwegern gegen die Kaufleute ausgespielt wurden, für die Stadt Bergen jedoch wegen ihrer Tüchtigkeit und qualifizierten Arbeit von Bedeutung waren. Ein Teil von ihnen wurde von diesem norwegischen Gemeinwesen absorbiert, woran heute dort noch deutsche Namen erinnern.

Dasselbe geschah auch in den Gebieten von Oslo und Tønsberg. Dort hatte die Hanse ebenfalls Niederlassungen – vor allem die Stadt Rostock –, und in diese Gebiete waren auch in hohem Grad deutsche Handwerker gekommen. Viele von ihnen ließen sich in den ostnorwegischen Städten als Handwerker und Kaufleute schon frühzeitig nieder und blieben dort. So werden beispielsweise Ratsherren in Oslo mit deutschen Namen häufiger erwähnt als in Bergen. Als 1508 den Rostockern die Privilegien genommen wurden, betonte man von norwegischer Seite, daß deutsche und andere ausländische Kaufleute – gleichberechtigt mit den Norwegern – Bürger in Oslo werden könnten. Vermutlich hat ein nicht geringer Teil der dort lebenden Deutschen von diesem Angebot Gebrauch gemacht.

Norwegen kommt unter dänische Krone

Von den beiden Söhnen, die König Magnus Lagabøte folgen, Eirik Magnusson (Eirik II., 1280–99) und Hákon Magnusson (Hákon V., 1299–1319), wird *Hákon V.* besonders dadurch bekannt, daß er Oslo nicht nur zur Residenzstadt macht, sondern auch zur Hauptstadt des Landes mit dem Sitz einer zentralen Regierung. Dort läßt er zum Schutz der Stadt die Festung Akershus, die gleichzeitig Königsschloß wird, und noch eine Reihe anderer Festungen im Lande bauen, wie Vardøhus, die Finnmarken gegen russische Angriffe schützen sollte.

Da Hákon keine direkten Erben hatte, fiel der norwegische Thron an den Sohn seiner Tochter Ingebjørg, die mit einem schwedischen Herzog verheiratet war. Hákons Enkel wurde auch in Schweden zum König gewählt, als man seinen Onkel abgesetzt hatte, und herrschte später unter dem Namen *Magnus Eriksson* (Magnus VII. in Norwegen u. Magnus II. in Schweden) in beiden Reichen.

Da man aber auf die Dauer mit dieser Lösung nicht zufrieden war, wählte der norwegische Reichsrat – mit Zustimmung des Königs – einen minderjährigen Sohn von Erik Magnusson, der, nachdem er mündig geworden war, unter dem Namen *Hákon VI.* (1355–80) norwegischer König wurde und auch in Schweden auf den Thron kam, bis ihn dort Albrecht von Mecklenburg vertrieb.

Unter Hákons VI. Regierung begann Norwegens Niedergang. Verheiratet war er mit Margrete von Dänemark, einer Tochter Waldemars IV. Atterdag. Einige Jahre vor Hákons Tod wurde ihr Sohn Olav zum König von Dänemark gewählt. Nach seines Vaters Tod kam er als *Olav IV.* an die Spitze des Norwegischen Reiches. Doch sein Leben währte nur kurze Zeit, so daß bald seine Mutter die Regierungsgeschäfte in die Hand bekam.

Ihr gelang es auch, Schweden mit in ein Bündnis zu bekommen. Nachdem sie es durchgesetzt hatte, ihren Großneffen *Erik von Pommern* (Erik VII.) zu ihrem Nachfolger zu bestimmen, wurde er König von Dänemark und Erbe des norwegischen Throns. Zum König über alle drei Länder wurde Erik 1397 im schwedischen Kalmar gewählt. Nach dieser Stadt bekam der Bund den Namen Kalmarer Union. Sie bstand bis 1523. Jedoch war während dieser Zeit Schweden in mehreren Perioden kein Mitglied des Bündnisses. Königin Margrete hatte diese Union nicht nur initiiert, sie war auch bis zu ihrem Tod die dynamische Kraft, die sie immer wieder zusammenhielt; denn sie wollte den gesamten Norden als gewichtiges Machtpotential in Europa wissen und die Königsmacht stärken.

Unter den folgenden Königen erlitt Norwegen allmählich den Verlust seiner Selbständigkeit. Dies kam am klarsten zum Ausdruck, als der dänische König Christian III. nach Aufforderung des dänischen Reichsrats 1536 erklärte, daß Norwegen als Reich zu existieren aufgehört hätte und zu einem Teil des Königreichs Dänemark geworden sei.

Mit der Reformation wurde der dänische Einfluß auf Norwegen weiter vergrößert; denn immer mehr dänische Geistliche kamen jetzt. Allerdings wurde gegen Ende des 16. Jahrhunderts Norwegens ökonomische Situation durch das stark einsetzende Interesse für Bauholz und Fische erheblich verbessert. *Christian IV.* (1588–1648) hatte eine besondere Vorliebe für Norwegen und versuchte auf verschiedene Weise, das Land wieder zu Wohlstand zu bringen. So begründete er den norwegischen Bergbau, der sich vornehmlich auf Røros und Kongsberg konzentrierte. Im Verlauf dieser Bemühungen kamen viele deutsche Bergleute nach Norwegen, die wesentlichen Anteil an dem Ausbau des neuen Erwerbszweiges hatten.

Als 1660 Dänemark den Absolutismus (Enevælde) einführt, wird Norwegen als gleichberechtigt mit Dänemark anerkannt, aber die Staatsführung bleibt zentral in Kopenhagen, und das Norwegische Gesetz (Norske Lov), das 1687 eingeführt wird, ist im wesentlichen identisch mit dem dänischen. Jedoch wird ein besonderes Statthalteramt begründet, das oft von tüchtigen Beamten zu Norwegens Wohl verwaltet wird.

Die Bauern wurden nach und nach Besitzer ihres Grund und Bodens, der Export von Bauholz und die Frachtschiffahrt nahmen erheblich zu. 1755 bis 1788 bekam Dänemark das Monopol für die Einfuhr von Eisen- und Glaswaren. 1700 brach der Große Nordische Krieg aus. Er dauerte bis 1720 und traf Norwegen hart. Aber von 1740 an erholte sich das norwegische Wirtschaftsleben wieder, und in der Zeit zwischen 1660 bis ca. 1800 verdoppelte sich die norwegische Bevölkerungszahl. In den Städten begannen Handel und Gewerbe zu florieren, ein Großkaufmannsstand und ein vermögender Schiffsreederstand bildeten sich. Religiöse Bewegungen wie Hans Nielsen Hauges Erweckungsbewegung traten hervor. Sie förderte auch die persönliche und nationale Selbstbesinnung besonders in Kreisen der Landbevölkerung.

Forderungen nach eigenen norwegischen Institutionen wurden laut – so bekam Norwegen 1811 eine eigene Universität in Oslo (damals Christiania) –, und die Dichter wurden von besonderer Vaterlandsliebe ergriffen. Als dann ein neuer Krieg zwischen England und Dänemark (1807–14) ausbrauch und auch Schweden sich gegen Dänemark stellte, kamen Blockade und Hungersnot über Norwegen, und man wurde sich der gegensätzlichen Interessen in aller Deutlichkeit bewußt. Der Kieler Frieden (1814) wurde geschlossen, und jetzt brach mit aller Macht das norwegische Nationalgefühl aus.

Norwegen unter schwedischer Krone

Im Kieler Frieden hatte der dänische König Frederik VI. Norwegen an Schweden abgetreten, was große Verbitterung unter den Norwegern hervorrief. Sie bestritten die Gültigkeit dieses Vertrages, und der dänische Statthalter in Norwegen, Prinz Christian Frederik, der spätere dänische König Christian VIII., schloß sich dem norwegischen Volkswillen an.

In Eidsvoll trat eine grundgesetzgebende Reichsversammlung zusammen und arbeitete in kurzer Zeit eine freie Verfassung aus.

Am 17. Mai 1814 wurde diese Verfassung angenommen und Christian Frederik zum norwegischen König gewählt. Das wollten weder Schweden noch die Großmächte anerkennen. Nach einem kurzen Krieg trat Christian Frederik zurück und übergab dem Storting die Macht.

Im August 1814 wurde in Moss ein Übereinkommen getroffen, dem zufolge Schweden mit Norwegen als selbständiger Staat mit eigenem Grundgesetz vereint werden sollte.

Darauf wählte das Storting den schwedischen Kronprinzen *Carl XIV. Johan* (Bernadotte) (reg. 1818–1844) zum norwegischen König.

Die Jahre, die nun folgten, waren von Armut geprägt. Aber nach 1830 ging es mit der norwegischen Landwirtschaft aufwärts, und die Industrie begann hier und da ihr Gepräge dem norwegischen Gemeinwesen zu geben.

Die politische Macht lag vorerst bei den Beamten, aber nach und nach rückten die Bauern ins Parlament ein, deren politischer Sinn durch den »Erwecker« mobilisiert war. Die Auseinandersetzungen zwischen ihnen und den Beamten führten zur Bildung der Intelligenzpartei (Intelligensparti) und der Bauernpartei (Bondeparti). Während die Bauern die kommunale Selbstverwaltung durchsetzen konnten, wurde die Intelligenzpartei zum Initiator einer neuen, liberalen Wirtschaftsgesetzgebung in den 40er Jahren.

Auch der Sprachenstreit spiegelte sich in den Bemühungen dieser beiden Parteien wieder, wobei die Sympathie der Bauernpartei natürlich dem Landsmaal galt, während sich die von dänischer Verwaltungskultur durchsetzte Beamtenpartei für das Riksmaal einsetzte (s. S. 29).

Die soziale und wirtschaftliche Entwicklung bestimmte in immer höherem Maß die politische Willensbildung. Sie kam wieder einmal im Lauf der 60er Jahre zur Geltung, als man eine demokratische »Linkspartei« ins Leben rief (Venstre), gebildet aus den Liberalen der beiden alten Parteien, die in Opposition zu der konservativen Rechten (Højre) stand. Diese repräsentierte die

städtische Oberklasse und die Großbauern. 1884 glückte es der Venstre-
Partei, den Parlamentarismus einzuführen, und man konnte eine Reihe demo-
kratischer Reformen durchsetzen.

Obwohl man in den ersten 45 Jahren nach Bildung der Union kaum große
Differenzen mit Schweden hatte, fühlte man in Norwegen doch immer mehr,
daß dieser Teil der Union der untergeordnete war. Nach 1860 wuchs das
Selbstständigkeitsgefühl der Norweger mehr und mehr, und es kam zu
verschiedenen Meinungsauseinandersetzungen, von denen der Streit um die
Vertretung der Auswärtigen Angelegenheiten und das Konsulatswesen die
entscheidende Wende in der politischen Entwicklung Norwegens herbeifüh-
ren sollte. Als König Oscar II. es ablehnte, ein den norwegischen Vorstellungen entsprechendes Gesetz zu unterzeichnen, erklärte das Storting 1905 die
Union für aufgelöst.

Norwegen wieder ein Reich

Norwegen war nach fast 600 Jahren wieder ein selbständiges Reich geworden,
gleichsam in letzter Minute; denn trotz nationaler Reformen und eines starken
Nationalbewußtseins drohte dem norwegischen Volk durch die großen Aus-
wanderungen nach Amerika neue Gefahr. So wanderten 1866 bis 1873 mehr als
100 000 Menschen vor allem nach den USA aus. In der zweiten Auswande-
rungswelle in den Jahren 1900–1910 waren es sogar 200 000. Im ganzen schätzt
man die Zahl der ausgewanderten Norweger in überseeischen Gebieten auf
rund 880 000 Menschen.

König des Norwegischen Reiches wurde der dänische Prinz Carl, ein Bruder
des späteren dänischen Königs Christians X. Bejubelt vom norwegischen Volk
zieht er, zusammen mit Königin Maud, seiner aus englischem Königshaus
stammenden Gattin, in einem Triumphzug in Trondheim ein, wo er am
22. Juni 1906 als Haakon VII. gekrönt wird.

Fürsten aus ganz Europa nehmen an dem Krönungsakt teil und werden
Zeugen des wiedererstandenen Reiches. Zum erstenmal seit 600 Jahren wird
wieder ein norwegischer König von einem norwegischen Bischof gekrönt. Seit
dem Brand von 1531 war der Nidarosdom in seiner Gesamtheit zum erstenmal
wieder für eine große Festlichkeit benutzt worden.

In dem neuen Königreich setzte eine starke Entwicklung der Schiffahrt und der
Großindustrie ein. Da man jetzt befürchtete, daß viel ausländisches Kapital ins
Land kommen könnte, gelang es der neu gegründeten Norwegischen Arbei-
terpartei (Norske Arbejderparti) zusammen mit der Mehrzahl der Venstre-
Partei, eine starke staatliche Kontrolle auf diesen für Norwegen so wichtigen
Wirtschaftsgebieten zu etablieren. Auch wurde eine umfassende Sozialge-

setzgebung eingeführt; Norwegen bekam schließlich das allgemeine Wahlrecht.

Der Erste Weltkrieg brach aus, in dem Norwegen zwar neutral bleiben konnte, sich aber mit großen Verlusten seiner Handelsflotte abfinden mußte, von der ein nicht geringer Teil deutschen U-Booten zum Opfer fiel.

Eine neue Bauernpartei etablierte sich neben den »Rechten« (Højre), die Venstre-Partei setzte ihren Weg in der Mitte fort.

1920 erkannte man Norwegen die Oberhoheit über Spitzbergen (Svalbard) zu, im selben Jahr wurde das Land Mitglied des Völkerbundes, in dessen Dienst der Polarforscher *Fridtjof Nansen* (1861–1930) weitreichende humanitäre Aufgaben bewältigte.

Schon längere Zeit war sich Norwegen mit Dänemark nicht über die Besitzverhältnisse in Ostgrönland einig, bis 1933 der Internationale Schiedsgerichtshof in Den Haag Dänemark die Souveränität über ganz Grönland zusprach.

Die große Weltwirtschaftskrise zu Beginn der 30er Jahre ging auch an Norwegen nicht spurlos vorüber. Aber das Land konnte sich davon erstaunlich schnell erholen.

Von 1927 an wurde die Arbeiterpartei die stärkste Partei im Storting, und in der Zeit von 1935 bis 1940 bildete sie die Regierung.

Norwegen wird von deutschen Truppen besetzt

Nach Ausbruch des Zweiten Weltkrieges hatten die Engländer Pläne, das Königreich Norwegen zu besetzen. Doch die Deutschen kamen ihnen zuvor. Gleichzeitig mit der Okkupation Dänemarks begann am 9. April 1940 die Invasion der Hitlerschen Wehrmacht in Norwegen (Operation Weserübung).

In der allgemeinen Verwirrung, die in Oslo herrschte, machte sich der Führer der kleinen nationalsozialistischen Partei Norwegens (Nasjonal Samling) *Vidkun Quisling* (1887–1945) auf den Weg zum Norwegischen Rundfunk (NRK) und unternahm einen Staatsstreich. Ohne Auftrag, weder von norwegischer noch von deutscher Seite, verschaffte er sich Einlaß und verlas seine »Regierungserklärung«, die über das ganze Land ausgestrahlt wurde, und in der er sich zum neuen Regierungschef ernannte.

An diesem Abend saßen wohl alle NS-Funktionäre Norwegens an den Apparaten und lauschten erstaunt ihrem »Führer«. Auch die neun Parteigenossen, die Quisling in dieser Proklamation zu Staatsräten ernannte, hatten von alledem keine Ahnung. Viele, besonders jüngere Mitglieder von Nasjonal Samling, meldeten sich zum norwegischen Militärdienst, um gegen die Deutschen und Quisling zu kämpfen. Ein anderer Teil reiste nach Oslo, um bei der neuen Regierung Dienst zu tun.

Alles dies vergrößerte das Chaos, in das das Land gestürzt worden war, noch mehr.

Die Deutschen versuchten vergebens, die Selbsternennung Quislings zu legalisieren. Der neu ernannte norwegische General *Ruge* versuchte hinhaltenden Widerstand zu leisten in der Hoffnung, von den Westalliierten entsetzt zu werden. Und tatsächlich gingen englische Verbände an Land. Sie waren bis zu 80 km nördlich von Trondheim und bis Lillehammer vorgedrungen, wurden dann aber von deutschen Truppen zurückgeworfen, so daß sie in den ersten Maitagen wieder an Bord ihrer Schiffe zurückweichen mußten.

Zur selben Zeit, als die Engländer gekommen waren, war die »Regierungszeit« von Quisling beendet. Verschiedene deutsche Instanzen waren durch ehemalige Freunde Quislings, angeführt von Rechtsanwalt *Hjort*, vor dem »Führer« gewarnt worden. Vermutlich hatte man auf seine gefährlichen Eigenmächtigkeiten aufmerksam gemacht.

Norwegen unter deutscher Besetzung

Nachdem Quislings erste »Regierungsperiode« beendet war, erkannten die Deutschen einen vom norwegischen Höchstgericht ernannten Verwaltungsrat für die von ihnen besetzten Gebiete an. Am 24. April ernannte Hitler *Joseph Terboven* (1898–1945) zum Reichskommissar für Norwegen. Zwei Monate später forderte das Stortingspräsidium König Haakon zur Abdankung auf, was der König am 3. Juli als nicht mit der Verfassung vereinbar ablehnte. Verhandlungen im Storting im September über die Bildung eines Reichsrats mit erweiterten Befugnissen scheiterten, obwohl das Storting relativ entgegenkommend war, um einen endgültigen Bruch mit den Besatzern zu vermeiden. Jetzt änderte sich die politische Szene in Norwegen radikal. Terboven proklamierte die Absetzung des Königs und der Regierung, die Aufhebung des Verwaltungsrats und die Auflösung der Parteien, mit Ausnahme von Quislings Nasjonal Samling. Gleichzeitig ernannte er einen neuen Reichsrat (Minister), der aus NS-Leuten und deutschfreundlichen Männern bestand, Quisling jedoch nicht berücksichtigte. Er bekam kein Amt. Das geschah am 25. September 1940, zu einem Zeitpunkt, als König Haakon und die rechtmäßige Regierung bereits in London waren.

In Oslo hatte der neue Reichskommissar alle Fäden der zivilen Administration in der Hand. Der Widerstand gegen die deutschen Okkupanten und die Nazifizierungsbemühungen von Nasjonal Samling begannen zu wachsen.

Im Dezember löste sich das Höchstgericht auf, im Februar 1941 protestierten die Bischöfe in einem Hirtenbrief gegen die Auflösung von Recht und Ordnung, verschiedene Organisationen lehnten die Zusammenarbeit mit Nasjonal

Samling ab, die von den Deutschen zu einer Art Staatspartei erhoben war, eine
»Heimatfront« (Hjemmefront) bildete sich unter Leitung des Höchstgerichts-
präsidenten Paal Berg zwecks Organisierung passiven Widerstands, und die
Gestapo begann ernsthaft ihre Arbeit.
Gefängnisse und Konzentrationslager – wie das berüchtigte KZ Grini bei Oslo
– waren überfüllt. Im September wurde der Ausnahmezustand in Oslo
ausgerufen, Deportationen nach Deutschland begannen, und die ersten Hin-
richtungen fanden statt. Außerdem wurden in ganz Norwegen die Rundfunk-
geräte eingezogen, um das Abhören von BBC London zu unterbinden. Nur
die Mitglieder von Nasjonal Samling durften die Apparate behalten.
Am 1. Februar 1942 wurde Quisling im Schloß Akershus zum Regierungschef
mit dem Titel eines Ministerpräsidenten ernannt, was ihm aber keine wirkliche
Macht brachte. Die blieb in den Händen von Terboven und seiner Gestapo.
»Deutschlands Kampf ist Norwegens Kampf«, erklärte Quisling und ließ ein
norwegisches »Regiment Nordland« unter deutscher Führung aufstellen, das
der SS-Division »Wiking« zur Verfügung gestellt wurde.
Als der Krieg mit der UdSSR ausbrach, entstand die »Norwegische Legion«
(Den Norske Legion), eine SS-Einheit mit norwegischen Flaggenabzeichen
auf den Ärmeln. Sie wurde mit 2000 Mann an der Ostfront eingesetzt. Noch
weitere norwegische Einheiten wurden aufgestellt und an die Ostfront verlegt,
so das »SS-Panzergrenadierregiment Norge«, das »SS-Skijägerbataillon Norge«, mehrere norwegische Polizeikompanien und ca. 400 norwegische Kran-
kenschwestern.
Im ganzen meldeten sich ca. 7000 Norweger zum deutschen Kriegsdienst,
5000 wurden angenommen, 1000 fielen. Sie alle wollten nach dem Angriff
Hitlers auf die UdSSR gegen den Bolschewismus zu Felde ziehen.
Auch an der »Heimatfront« gab es norwegische Militärverbände in deutschem
Dienst wie das »SS-Wachbataillon Norge«, das Bewachungsaufgaben wahr-
nahm, sowohl bei den vielen Lagern, als auch bei kriegswichtigen Objekten
wie Industriebetrieben u. a.
Für diese Organisation wie auch für die Verbände an der Ostfront kam der
Nachschub aus den »Hird-Verbänden« von Nasjonal Samling, in denen ca.
9000 Parteimitglieder während des Krieges Dienst taten. Schließlich sollten
die Hirdverbände rein militärischen Charakter haben, um so gemeinsam mit
den deutschen Truppen gegen eine eventuelle alliierte Invasion zu kämpfen.
Während aber alle diese Menschen freiwillig in diese Verbände eingetreten
waren, wollte Quisling nach seiner Ernennung zum Ministerpräsidenten eine
regelrechte norwegische Wehrpflicht einführen, eine »Zwangsaushebung« für
die deutsche Wehrmacht. 1943 wollte er 50 000 einziehen lassen, ein Jahr
darauf 75 000 oder fünf vollständige Jahrgänge. Er verfolgte damit das Ziel,
zwischen Norwegen und dem Großdeutschen Reich einen besonderen Frie-

densvertrag zu bekommen, der Norwegen volle Souveränität in einem künftigen Großdeutschen Reich sichern sollte. Doch die Deutschen lehnten ab. Dahingegen war es durchaus möglich, die Norweger zur Arbeit für die Deutschen zu holen. Das geschah auch bald. 1943 wurde das Ausheben von Arbeitskräften durch ein »Gesetz zum nationalen Arbeitseinsatz«, das die Quisling-Regierung auf Anregung des Reichskommissariats verabschiedete, genau geregelt.

Nachdem Quisling Ministerpräsident geworden war, reiste er sofort zu Hitler nach Berlin. Zusammen mit ihm kam auch Terboven in die Reichshauptstadt. Quislings Besuche bei Hitler wiederholten sich bis Kriegsende, wobei er versuchte, Hitler zu bewegen, einen Friedensvertrag mit Norwegen abzuschließen und Terboven zurückzurufen. Da das alles nicht glückte, versuchte er oft heftiger als das deutsche Besatzungsregime, jeden aufkommenden Widerstand zu ersticken.

Die Deutschen begannen nun auch eine britische Invasion zu befürchten, und der Kurs gegen die »Heimatfront« wurde verstärkt. Die Terroraktionen richteten sich vor allem gegen die Polizei und Offiziere, später auch gegen Studenten. Jedoch zeichnete sich der Zusammenbruch von Nasjonal Samling immer klarer ab.

Außerhalb der norwegischen Grenzen waren viele Norweger im Einsatz gegen Hitler, besonders in der britischen Luftwaffe und in der Handelsmarine. So wurde beispielsweise der norwegische Dichter *Nordahl Grieg* (1902–43) bei einem britischen Luftangriff über Berlin abgeschossen.

Der Krieg näherte sich seinem Ende. Im Herbst 1944 mußten sich die deutschen Truppen aus Finnmarken und dem nördlichen Teil von Troms vor den Sowjets zurückziehen. Als im Mai 1945 die deutschen Fronten zusammenbrachen, wurde Norwegen – wie Dänemark – in die Kapitulation der Deutschen gegenüber den Westmächten miteinbezogen.

Bis zum 14. Mai übernahm die Führung der Heimatfront die provisorische Regierung. Dann kam die Exilregierung aus London zurück. Gleichzeitig wurden die Verbände der Heimatfront mobilisiert, die jetzt überall aus dem Untergrund auftauchten. Ca. 40 000 Mann standen der norwegischen Staatsführung nun zur Verfügung.

Die Kapitulation der deutschen Besatzungstruppen – sie hatten eine Stärke von ca. 363 000 Mann – vollzog sich dank deutscher und norwegischer Disziplin relativ reibungslos. Sie wurden vorläufig interniert.

Verhaftet und gefangengesetzt aber wurden alle Quisling-Leute, Kollaborateure, Spitzel usw. Eine Welle von Verhaftungen, durchgeführt von Polizei und Heimatfrontverbänden, rollte über das Land.

92 000 Fälle wurden untersucht. In einem Land mit 750 000 Haushalten wurde ungefähr jede siebte oder achte Familie in diese Untersuchungen hineingezogen.

Madonna aus der Enebakk Kirche. Ca. 1250 ▷

25 Personen wurden erschossen, darunter Quisling, einige seiner Minister und Personen, die sich der Tortur schuldig gemacht hatten. Terboven hatte sich noch in letzter Minute der Verantwortung entzogen, indem er sich in seinem Bunker auf Skaugum in die Luft sprengte.

Ein besonderes Problem waren die norwegischen Mädchen, die sich mit deutschen Soldaten eingelassen hatten. Diese »tyskertøsene« waren verschiedentlich Übergriffen ausgesetzt.

Ungefähr 7 bis 8 Jahre dauerte es, bis die Rechtsverfolgungen norwegischer Kollaborateure, Landesverräter usw. abgewickelt wurden. Diese »Abrechnung« war u. a. motiviert durch die starken Emotionen, die sich eines großen Teils der norwegischen Bevölkerung bemächtigt hatten, wobei es gar nicht einmal so sehr um die Präsenz der deutschen Wehrmacht ging, als um die Tätigkeiten der mit Folter und Tod arbeitenden Gestapo und ihres norwegischen Werkzeugs, der Partei von Vidkun Quisling. Sein Name wurde zum Synonym für alle Landesverräter dieser Welt.

40 000 Verhaftungen hatte die Gestapo im Laufe der Besetzung vorgenommen. 17 000 Norweger hatten in Gefängnissen gesessen, 9000 waren zum Zeitpunkt der Kapitulation nach Deutschland deportiert, und ca. 10 000 waren ums Leben gekommen.

Schwerste ökonomische Verluste hatte Norwegen in dieser Zeit erlitten. Die Hälfte der Schiffstonnage ging verloren; denn bei Kriegsausbruch befand sich der größte Teil der norwegischen Handelsflotte – mehr als 1000 Schiffe (4 Mio. BRT) – auf den Meeren der Welt. Sie wurden in Englands Kampf gegen Hitler eingesetzt. Die deutsche Besatzung kostete Norwegen ca. 21 Milliarden Kronen.

Norwegen wieder frei

Am 7. Juni 1945 kehrte König Haakon nach fünfjähriger Abwesenheit wieder in sein Land zurück. Unter dem Jubel der Bevölkerung hielt er in Oslo seinen Einzug. Das vor 40 Jahren neugeschaffene Norwegische Reich hatte seine härteste Belastungsprobe bestanden. Der Neuaufbau konnte beginnen.

Am 12. Juni trat die ebenfalls zurückgekehrte Exilregierung Nygaardsvold zurück, und am 22. Juli bildete der Vorsitzende der Arbeiterpartei, Einar Gerhardsen, eine Sammlungsregierung und schrieb Wahlen aus. Sie fanden am 8. Oktober statt und gaben der Arbeiterpartei die absolute Mehrheit. Ein Untersuchungsausschuß stellte die Schuld an der Okkupation fest. Er kam zu dem Schluß, daß sie dem damals amtierenden Staatsminister Nygaardsvold mitangelastet werden müsse. Weder er noch sein Außenminister hatten den Warnungen der Norwegischen Gesandtschaft in Berlin Aufmerksamkeit ge-

◁ *Der Monolith in der Vigelandanlage im Frognerpark, Oslo*

schenkt. Zu einer Anklage aber kam es nicht, weil sein Einsatz in London als verdienstvoll gewertet wurde.

Noch im Jahr der deutschen Kapitulation, am 16. November 1945, ratifizierte das Storting Norwegens Beitritt zu den Vereinten Nationen (UN).

Nach anfänglichen großen wirtschaftlichen Schwierigkeiten begannen Industrie und Schiffahrt wieder normal zu fungieren. Der Landwirtschaft half eine umfassende Mechanisierung ihrer Betriebe.

1948 erhielt Norwegen Marshall-Hilfe, und das Land konnte seine wirtschaftliche Zusammenarbeit mit dem Norden und Westeuropa ausbauen. Nachdem Verhandlungen über eine gemeinsame nordische Verteidigungspolitik gescheitert waren, trat Norwegen 1949 – trotz der Proteste der UdSSR – der NATO bei. Der Sowjetunion wurde versichert, daß Norwegen keine fremden Militärbasen in seinem Land haben wolle, es sei denn, es würde angegriffen.

Obwohl eine interskandinavische Zusammenarbeit auf dem Gebiet der Verteidigung nicht zustande kam, versicherten die drei nordischen Regierungen, daß sie ihre Zusammenarbeit auf anderen Gebieten fortsetzen wollten.

Tatsächlich begann seit 1949 eine ununterbrochene Entwicklung der kulturellen, sozialen und anderweitigen Zusammenarbeit der skandinavischen Staaten. Auf nordischem Boden fand diese Zusammenarbeit 1952 ihren Ausdruck in der Bildung des *Nordischen Rats* (Det Nordiske Råd), in dem auch Finnland und Island Mitglieder wurden. Diese interskandinavische Institution hat allerdings – wie ihr Name auch sagt – nur beratende Funktion, konnte aber trotzdem gewichtige Maßnahmen initiieren. So hob man bereits 1952 aufgrund der Empfehlungen des Nordischen Rats den Paßzwang im interskandinavischen Reiseverkehr auf, 1954 wurde ein gemeinsamer Arbeitsmarkt etabliert und 1956 die Gleichstellung der Bürger aller skandinavischen Staaten in bezug auf soziale Rechte erklärt.

Den Nordiske Kulturkommisjon leistete Hervorragendes auf dem Gebiet kultureller Zusammenarbeit, die einen spektakulären Gipfel in der Schaffung des Literaturpreises des Nordischen Rats gefunden hat.

Aus einer Zusammenarbeit in Form eines »Gemeinsamen nordischen Marktes« wurde nichts. Obwohl Schweden daran stark interessiert war, glaubten Norwegen und Dänemark darin keinen Nutzen zu sehen, weil die wirtschaftliche Struktur der drei skandinavischen Länder zu gleich war.

Statt dessen hatten die Norweger, die sich 1959 der Europäischen Freihandelszone (EFTA) angeschlossen hatten, Interesse, der EWG beizutreten. Nach vielem Hin und Her – u. a. auch wegen de Gaulles ablehnender Haltung zu einem Beitritt Englands – scheiterte dieses Vorhaben. Ein im Jahr 1972 durchgeführter Volksentscheid lehnte Norwegens Beitritt zur EWG ab.

Da die norwegische Wirtschaft aber nicht völlig außerhalb der Europäischen

Wirtschaftsgemeinschaft stehen konnte, wurde 1973 ein Handelsabkommen mit der EWG ratifiziert.

Die politische Führung des Landes lag lange Zeit in den Händen der Arbeiterpartei. Sie bewahrte bei den Wahlen 1949, 1953 und 1957 ihre Majorität im Storting.

1957 starb König Haakon VII., und sein Sohn Olav V. (geb. 1903) folgte ihm. Er wurde in überaus kurzer Zeit ein populärer König, nicht nur bei seinen Landsleuten, sondern im ganzen Norden, was sich besonders stark bei seinem 25. Krönungsjubiläum zeigte. König Olav war mit der schwedischen Prinzessin Märtha verheiratet, die 1954 starb. Aus der Ehe gingen drei Kinder hervor, Ragnhild und Astrid, die beide bürgerlich verheiratet sind, und *Kronprinz Harald* (geb. 1937). Er heiratete 1968 die Norwegerin Sonja Haraldsen (geb. 1937) und hat zwei Kinder mit ihr, die 1971 geborene Prinzessin Märtha Louise und den 1973 geborenen Prinzen Haakon Magnus.

Während die Familie des Kronprinzen ihre Residenz ein paar Kilometer von Oslo auf Skaugum hat, residiert der König im Schloß mitten in der norwegischen Hauptstadt. Der norwegische König ist das Symbol für die Einheit des Reiches. Er regiert heutzutage nicht mehr im alten Sinn, sondern übt einige Funktionen aus, die allerdings auch von großer Bedeutung sein können. So führt er den Vorsitz im Staatsrat, und obwohl er keine eigentlichen politischen Aufgaben mehr hat, steht ihm doch das Recht zu, nach unklaren Wahlverhältnissen zum Storting vermittelnd einzugreifen. Ferner ist er Oberhaupt der norwegischen ev.-luth. Staatskirche, der er selber zusammen mit mindestens der Hälfte der Regierungsmitglieder angehören muß. Außerdem hat er ein aufschiebendes Einspruchsrecht gegen Gesetzesvorlagen und ist schließlich Oberbefehlshaber der Streitkräfte, was allerdings nur noch formelle Bedeutung hat, während noch Haakon VII. während des Zweiten Weltkrieges diese Funktion de facto ausübte.

Nachdem die Regierung Gerhardsen in vier Wahlperioden die Mehrheit im Folketing erringen konnte, verlor sie diese bei der Wahl 1961, und es kam zu einem Patt mit der Opposition. Das Zünglein an der Waage wurde die Sozialistische Volkspartei (SF) mit zwei Mandaten, und Gerhardsen konnte weiter im Amt bleiben, wurde jedoch im August 1963 durch ein Mißtrauensvotum des Højre-Führers John Lynge, der von der SF unterstützt wurde, gestürzt. Der Grund war eine Kritik an der Verwaltung der Kings-Bay-Grube auf Spitzbergen (Svalbard), wo es zu einem schweren Unglück mit Menschen-Opfern gekommen war.

Eine Sammlungsregierung bildete sich, die jedoch nur einen Monat im Amt bleiben konnte, bis auch sie wieder gestürzt wurde und Gerhardsen das Amt des Staatsministers von neuem übernahm. Gerhardsen erklärte nun, mehr Arbeiterpolitik in seiner Regierungsführung betreiben zu wollen, augenscheinlich, um ein erneutes Zusammengehen der SF mit den Rechten zu vermeiden. Er konnte auch einige Zeit im Amt bleiben, bis er nach der Wahl von 1965 von Per Bortsen mit einer bürgerlichen Sammlungsregierung abgelöst wurde.

Die weitere politische Entwicklung des Landes zeigte deutlich, daß es künftighin schwer sein würde, große absolute Mehrheiten für eine Partei zu schaffen, wie es noch nach dem Ende des Zweiten Weltkrieges möglich gewesen war.

Wirtschaftlich bestimmten zwei Faktoren das Leben in Norwegen seit den 70er Jahren. Zum einen die 1977 vollzogene Erweiterung der Fischereizone von bis dahin 12 sm auf nunmehr 200 sm, zum anderen die immer stärker ausgebaute Förderung von Erdöl und Erdgas aus dem Meer, die Norwegen eine führende Stellung unter den Ölproduzenten der Welt zu versprechen scheint.

Bildende Kunst und Architektur

Die Kunst der Vor- und Frühgeschichte

Bereits viele Jahrtausende vor Christi Geburt sind künstlerische Äußerungen der in Norwegen lebenden Menschen festzustellen. Es sind meist Felszeichnungen, Umrisse von Tieren, *helleristninger* genannt, die oft in naturalistischer Form und mitunter bis zur Lebensgröße auf glatten Steinflächen angebracht wurden.

Bisher hat man in Norwegen ca. 70 von Menschenhand bearbeitete Gesteinsflächen gefunden, eine Zahl, die sicherlich durch neue Entdeckungen noch vergrößert wird. Zu den berühmtesten dieser Felsbilder gehört das *Bøla-Ren* in Nord-Trøndelag, naturalistisch in Lebensgröße dargestellt und vermutlich 6000 Jahre alt.

Neben Tieren, Booten, Sonnenrädern u. a. fand auch der Mensch seinen Platz in dieser archaischen Kunst, die meist magischen Zwecken diente. Was den Menschen betrifft, so diente seine Abbildung u. a. der Fruchtbarkeitsmagie, wie das sehr deutlich an der Felswand vom Skavberget (Sør-Kvaløy, Troms) erkennbar ist. Dort befindet sich, inmitten anderer Felszeichnungen aus verschiedenen Zeiten, eine kopf- und fußlose 1,35 m hohe männliche Gestalt mit einem nach links gerichteten langen Penis, der sich nach rechts in kürzerer, dafür aber in kräftig gedrungener Form wiederholt. – »Die beiden verschiedenen Penisformen unserer Rasse«, wie R. Broby-Johansen in seinem Werk »Oldnordiske Stenbilder« (Altnordische Steinbilder, 1967) dazu schreibt.

Auch in der nun folgenden *Bronzezeit* gibt es Felszeichnungen, die sich jedoch von denen der Steinzeit unterscheiden. Sie stellen symbolisch und halb naturalistisch Figuren dar wie beispielsweise Menschen, Räder, Sonnenscheiben und Schiffe. Besonders eindrucksvoll ist die Felszeichnung von Bjørnstad bei Skjeberg (Südnorwegen), auf der man ein 4,5 m langes Schiff mit einem riesigen Mann im Vordersteven sieht, der eine Axt über einem im Koitus vereinten Paar schwingt. Vielleicht ist es der Thorshammer, der in ritueller Geste die Ehe weiht und Fruchtbarkeit heraufbeschwören soll. Fruchtbarkeitsmagie strahlt dieses Bild aus; denn die eine im Achtersteven stehende Person trägt einen starken Phallus zur Schau und wiederholt die Geste des Axt- oder Hammerschwingens.

Doch von den künstlerischen Äußerungen der Bronzezeit sind wohl die Geräte, die Waffen und der Schmuck mit ihren verschiedenen Stilarten am

Das Bøla-Ren. Vermutlich ca. 6000 Jahre alt. Felszeichnung am Bøla-Fluß (Stod in Nord-Trøndelag).

bedeutendsten. Dieser Stil findet seine Krönung in späterer äußerst kunstvoller Ornamentik, deren eigenartige Verschlingungen an den Skaldenstil der altnordischen Dichtung erinnern.

Einen Höhepunkt in der nun folgenden Wikingerzeit stellt die Kunst dar, die zusammen mit dem Oseberg-Schiff 1904 ans Tageslicht gefördert wurde.

Man spricht hier direkt von einem Oseberg-Stil und von den Oseberg-Künstlern; denn die Oseberg-Kunst zeigt sich nicht nur an den großartigen Schnitzereien der Schiffssteven und der eleganten Bauform des Schiffes, sie präsentiert sich auch an den anderen dort gefundenen Geräten, an dem Wagen, an den Betten, den Schlitten, ja sogar an Überbleibseln hervorragender Webarbeiten.

Der norwegische Archäologe Haakon Shetelig hat bei seinen Untersuchungen des Oseberg-Fundes nicht nur unterschiedliche Stilarten feststellen, sondern auch ein Bild von den Künstlern machen können. So rechnet er zu den ältesten Künstlern den »akademischen Meister« und den »Meister des Schiffs«. Sie arbeiten noch mit Hilfe einer reinen Flächenkunst mit Schwerpunkt auf der Linienführung und somit ohne plastische Modellierung. Gleichzeitig aber erscheint im »akademischen Stil« und auch bei anderen jüngeren Schnitzern ein neues Motiv, das im Tierstil bisher nie recht zur Geltung kam: eine regelmäßige, geometrische Dekoration, die Einteilung der Fläche in strenge Rhomben, Rechtecke und Medaillons. Dies läßt mit großer Wahrscheinlichkeit auf den Einfluß byzantinischer oder antikisierender karolingischer Kunst schließen.

Einen Höhepunkt in seiner Kunst erreicht der »akademische Meister« in einem der im Osebergfund entdeckten Tierkopfpfosten, in dem sich in unübertroffener Weise der phantastische, im Norden praktizierte Tierstil mit nahezu klassischer Formschönheit vereint.

Fünf Tierkopfpfosten hatte man gefunden, von denen einer jedoch nur sehr schlecht erhalten war. Wozu man sie benutzte, ist unklar. Da sie aber alle lange Schäfte besaßen, könnte man vermuten, daß sie bei religiösen Handlungen getragen oder in die Wände der Königshalle oder des Tempels gesteckt wurden, wo sie bei flackerndem Feuer mit ihren aufgesperrten Rachen wohl einen furchteinflößenden Eindruck gemacht haben.

Monumentaler als die Schnitzereien an diesen Tierköpfen wirken diejenigen an den beiden Steven des Schiffes, die dem »Meister des Schiffes« zugeschrieben werden. Zu den jüngeren Osebergkünstlern gehört der »Barockmeister«. Bei ihm ist die Linienführung des alten Stils (Vendelstils) mit dem neuen plastischen Stil zu einem phantastischen Ganzen vereint. Schon rein technisch sind diese Schnitzarbeiten Höhepunkte dieser Kunst überhaupt. So arbeitet der Barockmeister beispielsweise in einen seiner Tierkopfpfosten drei Reliefflächen übereinander ein, ovale Medaillons und zwei Schichten mit Greifen. Diese Art eines geometrischen Netzwerks, das als Einrahmung für Figuren dient, befindet sich auch auf dem Kasten des einen Schlittens.

Neben diesen geheimnisvollen Schnitzereien, in denen die Tierornamentik dominiert, finden sich im Osebergfund auch Bildwerke, deren Deutung möglich zu sein scheint. Das trifft vor allem auf den Vorderteil des Wagenkastens zu. Auch dort gibt es Tiere. Aber sie sind sofort zu erkennen. Es sind Schlangen, und ein Mann hält mit beiden Händen Schlangenleiber umklammert, während andere Schlangen an seinem Körper emporzüngeln. Vermutlich handelt es sich bei diesem Relief um die Darstellung des Sagenmotivs »Gunnar in der Schlangengrube«, das später im »Alten Atlilied« der Edda (Atlakvida) in Strophenform erscheint. Es gibt noch andere großartige Motive in diesem einzigartigen Fund. So beispielsweise der stilisierte Männerkopf am Osebergwagen oder die Reste der Webkunst, die man dort fand. Das Schiff hatte einer Königin und ihrer Dienerin als Grabkammer gedient und war deshalb mit einer Fülle von Beigaben versehen, so u. a. mit Fragmenten von Bildwebereien, von denen man allerdings nur bescheidene Reste fand. Dabei handelt es sich um kleine, schmale Webstreifen (revler), die eine Breite von 16–23 cm haben. Wie lang sie ursprünglich gewesen sind, kann nicht mehr bestimmt werden. Jedoch enthalten diese in einer komplizierten Technik hergestellten Gewebe, die auf einem hohen Können der Weberinnen basieren, kulturhistorische Darstellungen von großem Wert. Man sieht große Pferde kleine Wagen ziehen, Menschen in feierlichem Umzug und dazwischen in kleinen Formen Spieße, Hakenkreuze, Ewigkeitsknoten und Vögel. Auch erhängte Männer in »Odins Hain« kann man auf den »revler« sehen und Reiter sowie Männer und Frauen in einer Schildburg. Die Wikingerschiffshalle in Oslo hat – neben anderen Schiffen (Gokstadschiff, Tuneschiff) – zusammen mit der Altertumssammlung der Universität diese Werke, die den eigentlichen Anfang der norwegischen Kunstgeschichte bilden, der Öffentlichkeit zugänglich gemacht.

In der beginnenden christlichen Zeit erscheinen neue Stilarten in der norwegischen Kunst. So in der ersten Hälfte des 11. Jahrhunderts der *Ringerike-Stil* (eine Abwandlung des dänischen Jelling-Stils), der seinen Ausdruck in den großartigen Bildsteinen von Dynna im Hadeland, Alstad (Toten) und Vang in Valdres findet sowie in der prachtvollen vergoldeten Bronzewetterfahne der Kirche von Heggen. In diesem Stil beginnt die romanische Pflanzenornamentik den über 500 Jahre alten »Tierstil« zu verdrängen. Aber diese so spezifisch nordische Kunstart kommt noch einmal zur vollen Blüte, u. a. am Schnitzwerk der Stabkirche von Urnes in Sogn. Sie wurde Anfang des 13. Jahrhunderts errichtet. In die Nordwand dieser Kirche hatte man das Westportal einer Vorgängerkirche eingebaut sowie zwei geschnitzte Planken, die allem Anschein nach in der Südwand der ersten Kirche ihren Platz hatten. Diese erste Kirche von Urnes, die auf dem Platz der jetzigen stand, wurde wohl um 1100 gebaut. Ihr Schnitzwerk entstand vermutlich in der zweiten Hälfte des 11. Jahrhunderts (ca. 1050–70). Es ist das bedeutendste Zeugnis frühmittelalterlicher Kunst in Norwegen und führte zur Bezeichnung einer neuen Kunstrichtung unter dem Namen *Urnes-Stil*.

Das Urnes-Schnitzwerk zeichnet sich durch ein harmonisches, ja graziöses Linienspiel aus, mit Kreisen und Kringeln, die sich in- und umeinander verschlingen. Auch »das große Tier« erhebt hier sein Haupt. Es ist ungemein schlank, mit emporgestrecktem Kopf, gleicht mehr einer Gazelle als einem Löwen. Die schmalen Bänder in diesem Holzgeflecht werden von Schlangen oder verfremdeten Drachen gebildet und deuten auf das alte Tierkampfmotiv von Löwe und Schlange.

Noch weiteres Schnitzwerk hat die Stabkirche von Urnes von ihrer Vorgängerin übernommen, so beispielsweise einen Eckpfosten mit reichen Verzierungen, der als Nord-Ost-Eckpfosten im ursprünglichen Chor der jetzigen Kirche eingebaut wurde. Bruchstücke gleichen Stils sind auch von Hoprekstad in Sogn, Torpo im Hallingdal und Bjølstad im Heidal bekannt.

Mit dem Urnes-Stil klingt die vorchristliche Tierornamentik aus. Sie muß der romanischen Kunst weichen, hat aber noch die Kraft, ihre Motive mit denen der christlichen Kunst zu mischen. Der Kopf des »großen Tiers« von Urnes mit seiner merkwürdigen Schnauzenverzierung, dem Nackenkamm und den Ohrenzipfeln verwandelt sich in die Drachenköpfe, die mit klaffendem Maul und züngelnder Zunge zum Charakteristikum so vieler norwegischer Stabkirchen geworden sind und als Verzierung von Reliquienschreinen bis in die gotische Zeit verwendet wurden. Auch in verschiedenen Stabkirchenportalen klingt der Urnes-Stil nach, wo neben der Blattornamentik lange Zeit noch Tierkampfszenen erscheinen. Vorchristliche Vorstellungen haben sich also lange im norwegischen Volk gehalten und selbst in der Sakralkunst ihren Ausdruck gefunden.

Stabkirchen

Kunstgeschichtliche Erkenntnisse über die norwegischen Stabkirchen sind relativ jung. Erst im 19. Jahrhundert war man auf sie aufmerksam geworden, nachdem der norwegische Maler *Johan Christian Clausen Dahl* (1788–1857) sein Werk »Denkmale einer ausgebildeten Holzbaukunst aus den frühesten Jahrhunderten in den inneren Landschaften Norwegens« 1837 in Dresden veröffentlicht hatte.

Sein oben genanntes Werk leitete er wie folgt ein:

»Selten wohl hat die Baukunst in Holz über das Nothdürftige hinaus und zu höherer Schönheit und Zierde sich entwickelt, seltner noch haben aus uralter Zeit Denkmale dieser Art bis auf uns sich erhalten. Einige Aufmerksamkeit verdienen daher die zum Theil uralten Landkirchen meines Vaterlandes, Norwegens, deren merkwürdigste durch den Druck bekannt zu machen mir umso dringender erscheint, als der Geist der Aenderung und Neuerung auch diese Art von Denkmalen gegenwärtig mit nahem Untergang bedroht. Denn viele, die ich noch im Jahre 1826 gesehen, fand ich bei meiner Heimreise 1834 abgerissen, und durch Gebäude von gemeinem Zimmerwerk ersetzt ...«

Dahl äußert sich dann über den Stil dieser Holzbauten, erkennt Vorbilder der lateinisch christlichen Architektur, verweist aber auf »noch ältere heidnische Vorbilder des Nordens« und sagt:

»... deutlich zeigt es sich, dass die alten Scandinavier nicht nur eine Dichtkunst, sondern auch eine bildende Kunst gehabt haben ...«

In seinen weiteren Ausführungen weist Dahl darauf hin, daß das Interesse der Kirchenbesitzer (Bauern) an der Erhaltung dieser Kirchen nicht groß war, weil sie nichts einbrachten. Das hatte zwar einerseits den Abriß vieler dieser Baudenkmäler zur Folge, verursachte aber auch in einigen Fällen die Bewahrung der ursprünglichen Formen, da ja verfremdende Reparaturen Geld kosteten.

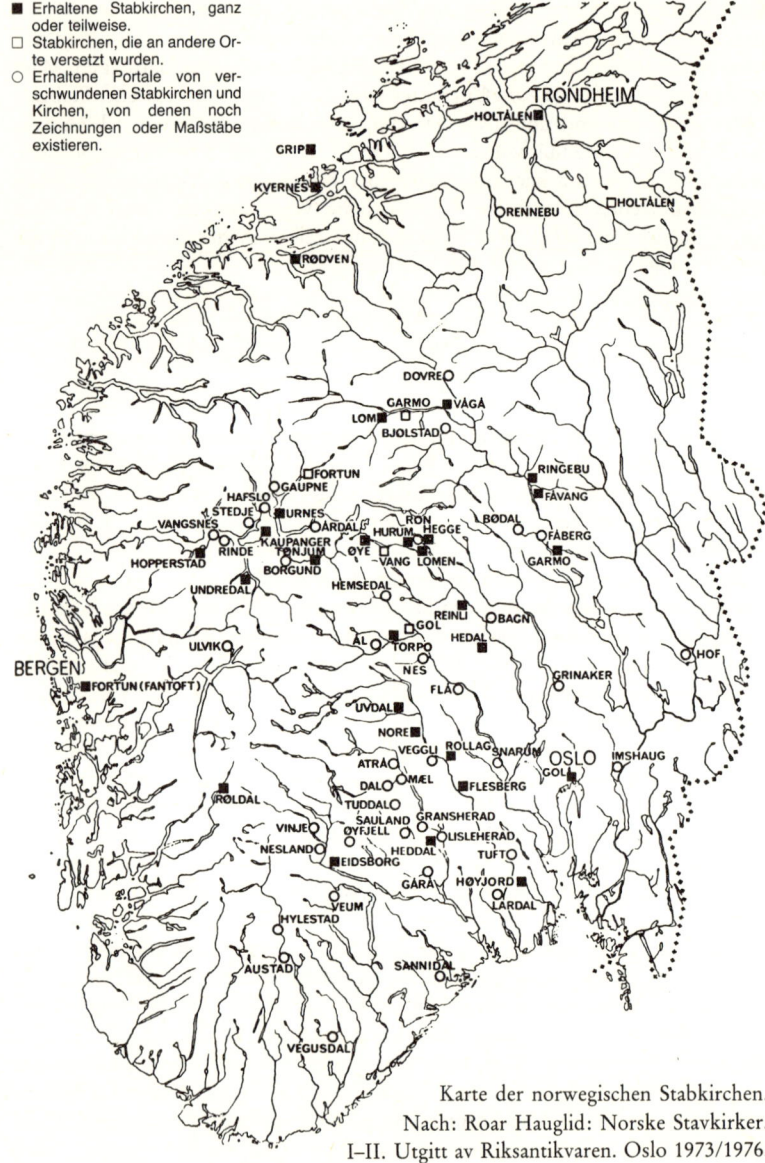

■ Erhaltene Stabkirchen, ganz
  oder teilweise.
□ Stabkirchen, die an andere Orte versetzt wurden.
○ Erhaltene Portale von ver-
  schwundenen Stabkirchen und
  Kirchen, von denen noch
  Zeichnungen oder Maßstäbe
  existieren.

Karte der norwegischen Stabkirchen.
Nach: Roar Hauglid: Norske Stavkirker.
I–II. Utgitt av Riksantikvaren. Oslo 1973/1976.

Von Deutschland ging also das Interesse für diese alten, dem Untergang geweihten Kulturdenkmale aus, und nach Deutschland kam auch die erste norwegische Stabkirche, die außerhalb ihrer Heimat errichtet wurde. Und daran wirkte auch J. C. C. Dahl mit.

Er hatte die um 1840 zum Abriß bestimmte Kirche von Vang in Valdres käuflich erworben, nachdem er sich vergeblich um eine Wiedererrichtung an anderer Stelle in Norwegen bemüht hatte, und schließlich König Friedrich Wilhelm IV. für dieses Bauwerk interessiert. Der fand Gefallen an Dahls Angebot und ließ die zerlegte Stabkirche per Schiff nach Preußen kommen, wo sie auf der Pfaueninsel bei Potsdam wieder aufgebaut werden sollte. Als die einzelnen Teile aber 1841 über Bergen und Stettin in Berlin anlangten, war es Winter geworden, und das Material kam zuerst einmal in den Hof des Berliner Museums. Des Königs Interesse an einem Wiederaufbau auf der Pfaueninsel aber hatte nachgelassen, und er stimmte deshalb dem Plan der Gräfin von Redern zu, die Kirche in Brückenberg im Riesengebirge wieder aufbauen zu lassen. 1843 wurde dort der Neuaufbau der Kirche in etwas veränderter Form abgeschlossen. Und seitdem wurde sie von vielen Menschen besucht und entwickelte sich zur wahren Touristenattraktion.

Von den ursprünglich ca. 1300 Kirchen, die es um 1300 in Norwegen gab, waren ungefähr zwei Drittel Stabkirchen. Von ihnen gibt es heute nur noch 31. Außer der Kirche von Vang mußten noch vier weitere ihren Standort wechseln. So die von Gol im Hallingdal, die heute den Mittelpunkt der großen Freilichtmuseumsanlagen auf Bygdøy (Oslo) bildet, die Fantoft Kirche aus Fortun im inneren Sogn, in der Nähe von Bergen wiederaufgebaut, und die Kirche von Garmo im Gudbrandsdal, deren Baumaterialien nach einer Versteigerung auf verschiedene Höfe kamen, nach mühevollem Suchen gefunden wurden, im Freilichtmuseum von Lillehammer (De Sandvigske Samlinger) wieder zusammenkamen und die dortige Stabkirche bilden.

Von den noch an ihrem ursprünglichen Ort stehenden Stabkirchen ist die von *Borgund* im Lærdal (Sogn) wohl die, welche am besten ihre ursprüngliche Form und Gestalt erhalten hat. Sie diente deshalb auch als Vorbild für die Wiederherstellung der Kirchen von Gol, Fortun und Hopperstad.

Ihr äußeres Charakteristikum sind die vielen schindelbedeckten Dächer, die sich von einer Galerie übereinander bis zum Dachreiter und dessen Turmspitze erheben und deren Firste mit klaffenden Drachenköpfen verziert sind.

Die Konstruktion der norwegischen Stabkirchen – der Name kommt von dem norwegischen *stav* = Stock, Pfosten – zeugt von hohem bautechnischen Können. Senkrechte Pfosten erheben sich von starken Bodenschwellen und tragen das obere Satteldach. Eine klug durchdachte Anordnung von Rahmenhölzern, Knaggen und Andreaskreuzen versteift das bauliche Gefüge so gut, daß es den nicht seltenen nordischen Stürmen gut standhalten kann. Das ganze

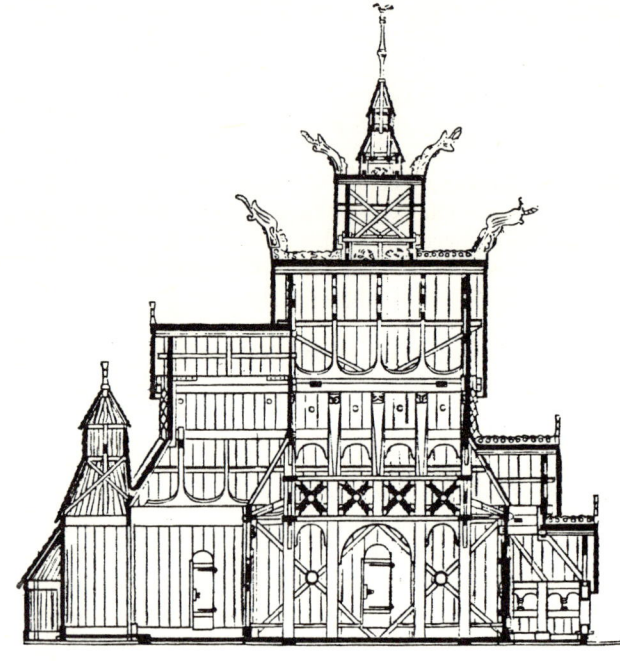

Stabkirche von Borgund. Längsschnitt (aus: L. Dietrichson, De Norske Stavkirker. Kristiania 1892).

Verstärkungssystem dieser Kirchen hat seine Parallele und, wie der norwegische Kunsthistoriker Leif Østby meint, vielleicht sein allernächstes Vorbild in den Schiffskonstruktionen der Wikingerzeit (Spanten).
Starke, runde Eckstützen stabilisieren die fensterlose Außenwand, die von dem Kircheninneren gelöst ist. Die Galerie wird von einem Pultdach bedeckt, das die unterste Stufe des Dachsystems bildet. Die zwischen den Pfosten und Pfeilern im Inneren der Kirche vorhandenen Rundbögen haben nicht den Zweck, die Last des Baus zu stützen so wie das bei den Steinkirchen der Fall ist, sondern sind Glieder in dem System der Abstützung, die der Kirche, zu deren Bau keine Eisenteile, auch keine Eisennägel verwendet wurden, den besonderen Grad der Biegsamkeit verleihen, so daß sie bei aufkommendem Sturm zuerst ächzt und stöhnt und dann allmählich sich ihm anpaßt wie ein Schilfrohr im Winde.
Über die Herkunft dieser Kirchen gibt es verschiedene Theorien. Allgemein

wird heute angenommen, daß die Stabkirchen in ihrer ältesten und primitiven Form zusammen mit dem Christentum nach Norwegen kamen – von Dänemark oder (und) Deutschland, ihre endgültige typische Gestaltung jedoch auf norwegischem Boden erfuhren. Jedenfalls scheinen sie gleichsam das »Endprodukt« einer uralten norwegischen Holzbautradition zu sein.

Direkte Beeinflußung von »draußen« spricht aus einer Reihe von Malereien, die sich in verschiedenen Stabkirchen Norwegens befinden.

Im Gegensatz zu Dänemark und Schweden (Kalkmalereien) gibt es in Norwegen nur wenig monumentale Malerei aus jener Zeit. Die Stabkirchen eigneten sich wegen ihres dunklen Inneren und ihres Baumaterials weniger für derartige Kunst.

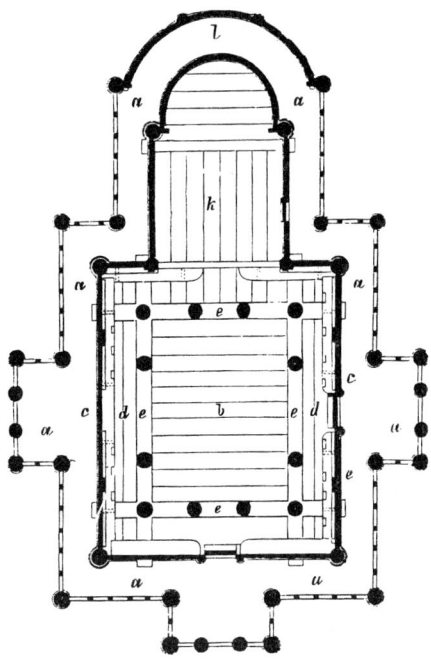

Stabkirche von Borgund. Grundriß (nach G. Bull, aus: L. Dietrichson).

Trotzdem besaßen einige der älteren Stabkirchen großartige gotische Wandmalereien (13. Jahrundert). So war die Kirche von Vang in ihrem Gewölbe reich bemalt. Von diesen Malereien sind jedoch nur noch Skizzen erhalten. Anders verhält es sich mit der Kirche von Torpo (Hallingdal). In ihr befindet sich ein Deckengewölbe, das reich bemalt ist. Es wölbt sich zwischen den Pfeilern im Hauptschiff, das es jedoch nur zum Teil ausfüllt: es hat mehr den Charakter eines Altarbaldachins. Mitten im Gewölbe, und dem Kirchenbesucher sofort ins Auge fallend, thront Christus als Herrscher der Welt. Unverkennbar ist hier der byzantinische Einfluß. Was man da oben sieht, könnte als norwegischer Pantokrator bezeichnet werden, der, umgeben von den Symbolen der vier Evangelisten (Engel, Adler, Löwe und Ochse), die rechte Hand beschwörend erhebt, während die linke ein Buch (Evangelium) auf das Knie stützt. Zu beiden Seiten sieht man die Apostel, die sich, im Gegensatz zu Christus, in Bewegung befinden, was noch mehr die feierlich stille Majestät Christi betont.

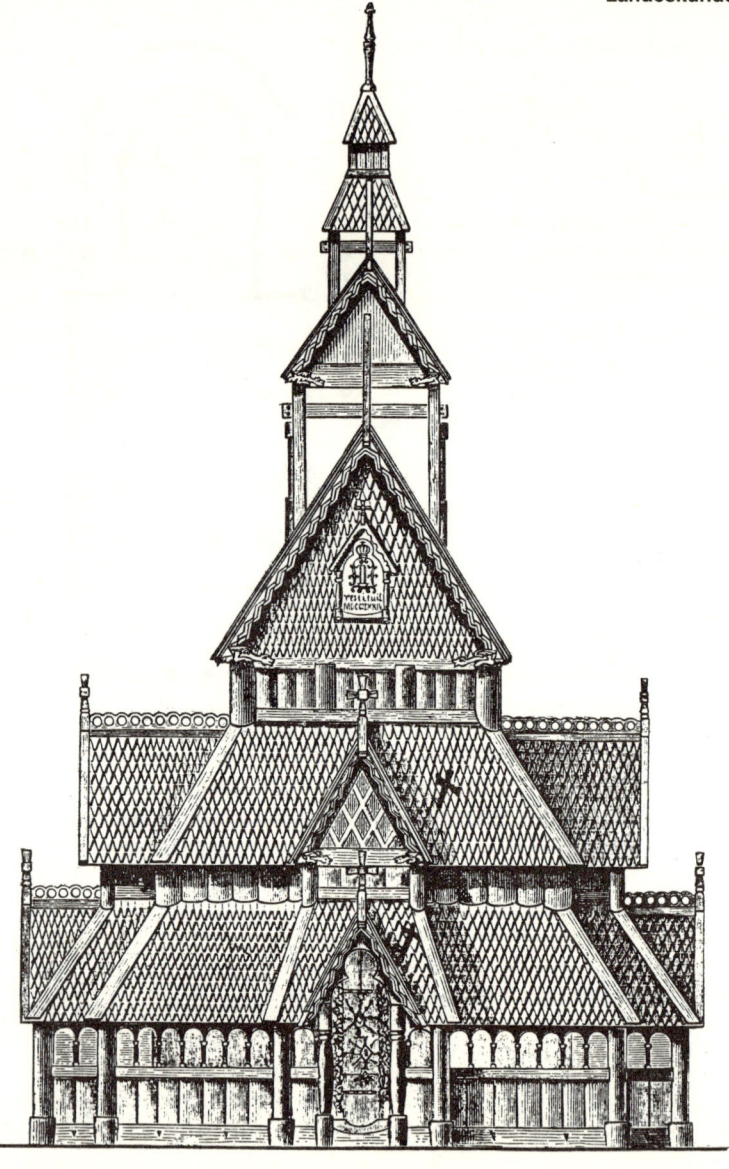

Stabkirche von Gol. Westfassade (aus: L. Dietrichson).

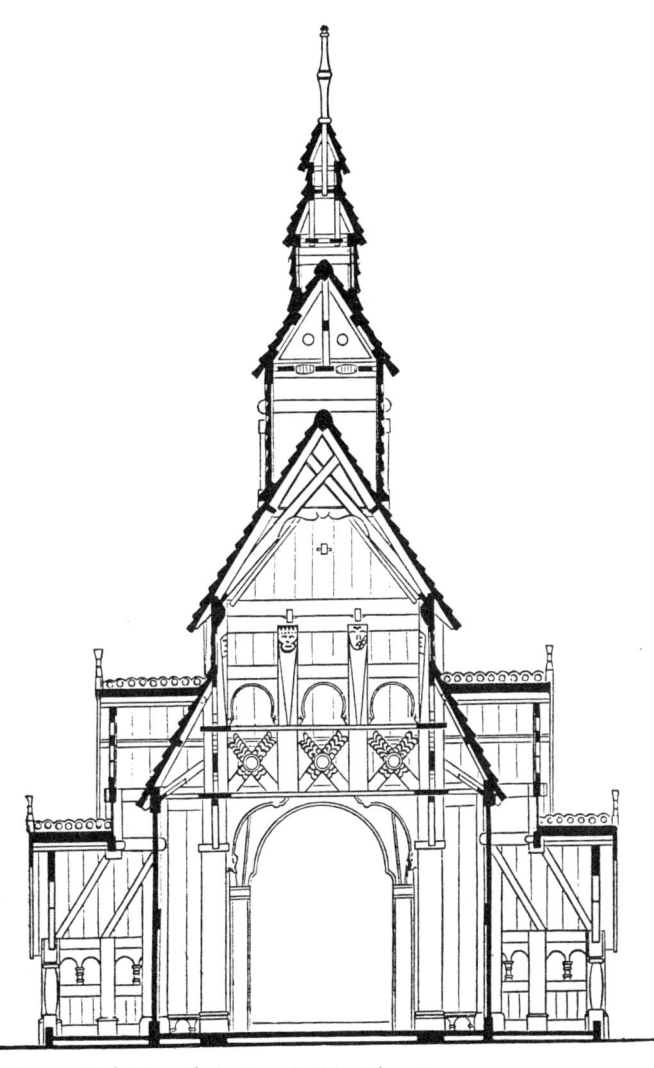

Stabkirche von Gol. Querschnitt (aus: L. Dietrichson).

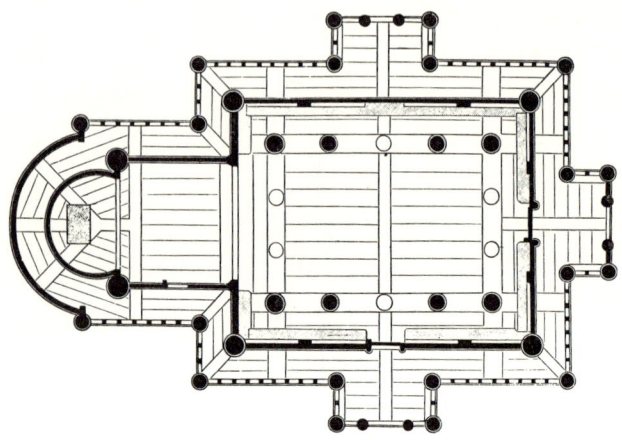

Stabkirche von Gol. Grundriß (aus: L. Dietrichson).

Die Farben dieser Wandbilder sind hell und leuchtend. Sie gleichen zeitgenössischen Glasfenstern und wiederholen sich ständig, wodurch eine zweidimensionale Wirkung erzeugt wird (das Grün der Mäntel der Apostel und das Rot ihrer Kapuzen vor dem hellen Blau des Hintergrundes). Besonders ist diese Wirkung am Haupt des Christus Majestas mit seiner roten Gloriole zu spüren. Unter den Aposteln hat der mittelalterliche Meister die Legenden der heiligen Margarethe von Antiochia in einzelnen Bildern dargestellt. Man sieht dort, wie der Statthalter Olibrius um sie wirbt. Er bietet ihr die Krone an, aber die Jungfrau hat bereits die Krone Gottes angenommen und muß bis zu ihrer Enthauptung der Rache des Statthalters verfallen, ein Martyrium durchstehen, und ihr Geist fliegt in Gestalt einer Taube zu Gott. Während sich der Teufel der Seele des Olibrius bemächtigt, sieht man Margarethe mit dem Pilgerstab in der Hand dem Himmel entgegenschreiten.

Der unbekannte Meister, der diese Bildfolge schuf, ist kaum unter den bäuerlichen Künstlern zu suchen. Man vermutet in ihm den Maler einer älteren Schule, die sich um Bergen herum entwickelte. Aus ihr kommen wohl auch die Maler der Wandbilder in den Stabkirchen von Ål, Vang, Hopperstad und einigen anderen Kirchen.

Nicht überall sind diese Malereien in den wenigen Kirchen, die solche besaßen, noch zu sehen.

So kamen das Deckengewölbe und das mit reichen Schnitzereien verzierte Portal der Stabkirche von Ål nach Oslo in die Sammlung der Altertümer der

Stabkirche von Gol. Malerei an der nördlichen Chorwand mit Darstellung der vier
Evangelisten (aus: L. Dietrichson).

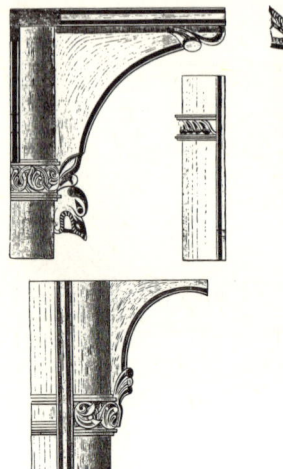

Stabkirche von Gol. Bank mit reichem Schnitzwerk,
u. a. mit einer Darstellung des altnordischen Sagenmotivs »Gunnar in der Schlangengrube«, das u. a. im
»Alten Atlilied« der Edda erscheint (aus: L. Dietrichson).

Stabkirche von Gol. Kapitelle
und Knecht (aus: L. Diet-
richson).

Stabkirche von Gol. Oberstück aus dem modernen Portal der Kirche (aus: L. Dietrichson).

Portal der Stabkirche von Hurum (aus: L. Dietrichson).

Portal der Stabkirche von Hedal in Valdres (kurz nach 1150) (aus: L. Dietrichson).

Portal der Stabkirche von Lomen (aus: L. Dietrichson).

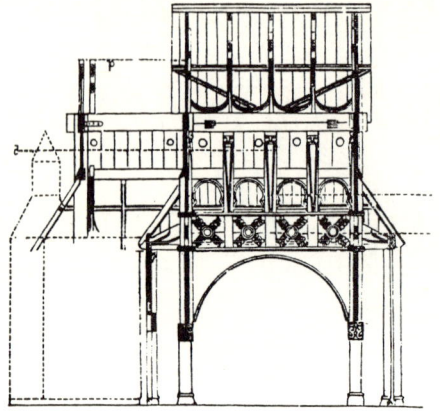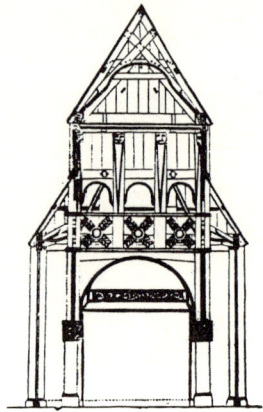

Stabkirche von Lomen. Querschnitt und Längsschnitt (aus: L. Dietrichson).

dortigen Universität (Universitetets Oldsaksamling). Auch andere Museen
nahmen Kunstwerke aus Stabkirchen auf.
Die norwegischen Stabkirchen stellen also einzigartige Denkmäler der Kulturgeschichte des Landes dar. Von ihnen sagt der norwegische Kunsthistoriker
Lorentz Dietrichson (1834–1917) in seinem Werk »De Norske Stavkirker«
(Die norwegischen Stabkirchen, 1892):
»Sie sind heilige Erinnerungen an die kraftvollen Jugendjahre unseres Volkes,
ernste Reste der Sagazeit, so wie die Eddastrophen und die Königssagas, wie
der Nidarosdom und die Haakonshalle.«

Steinkirchen und Steinbauten

Nidarosdom und Haakonshalle gehören bereits als architektonische Höhepunkte der norwegischen Gotik an.
Vermutlich die erste in dem neuen normannisch-romanischen Stil erbaute
Kirche war die Albanus-Kirche in Selje, kurz nach 1100 von den Benediktinern
errichtet.
Die sakrale Baukunst hatte durch die Einführung einer Abgabe (der Zehnte)
durch Sigurd Jorsalfarer und die Gründung des ersten Mönchsordens in Norwegen, dem der Benediktiner, einen spürbaren Aufschwung bekommen. Allerdings sind von der Albanus-Kirche wie auch von der Hallvardskirche in Oslo
(ca. 1130) und der Domkirche in Hamar (ca. 1160) nur Ruinen übriggeblieben.

Stabkirche von Vinje. Runeninschrift (aus: L. Dietrichson).

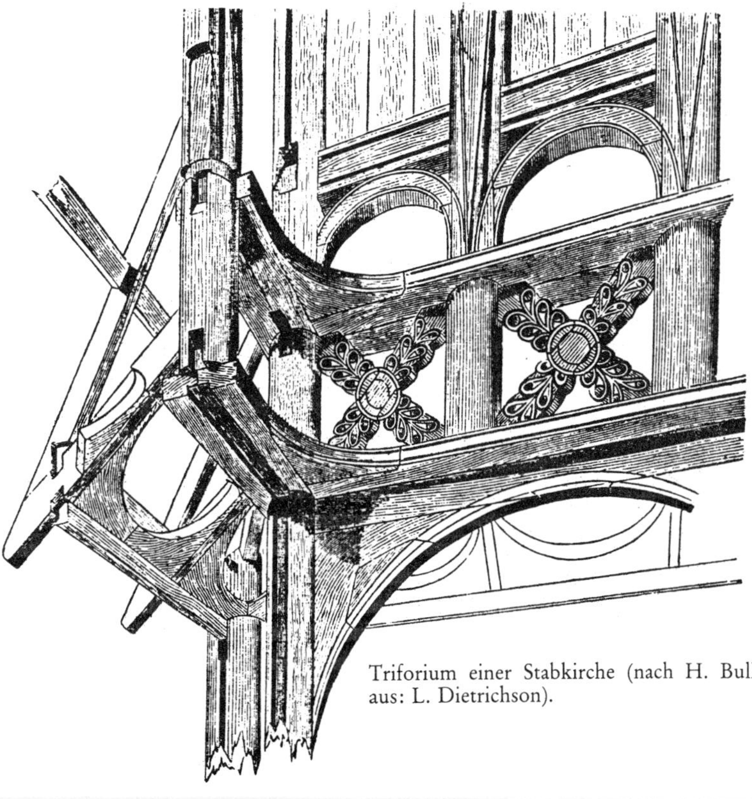

Triforium einer Stabkirche (nach H. Bull, aus: L. Dietrichson).

Erhalten ist indes der großartige romanische Bau des Langschiffs der Domkirche von Stavanger. Er ist stark englisch-normannisch geprägt und wurde Ende der 20er Jahre des 12. Jahrhunderts von Bischof *Reinald von Winchester* begonnen.

Schwere Pfeiler mit Faltenkapitellen verleihen – zusammen mit der Gleichmäßigkeit der Rundbögen – dem Schiff eine monumentale Ruhe.

Mehrere Jahre später wurde mit dem Bau der Marienkirche in Bergen begonnen. Sie ist in ihrem Stil rein romanisch, besitzt zwei hohe, schlanke Westtürme und im Inneren das für sie charakteristische Triforium, das es sonst in Norwegen nur im Nidarosdom gibt. So wie in der Domkirche von Stavanger sind auch in der Marienkirche – ihr norwegischer Name ist Mariakirken – die Portale in normannischer Art geformt, indem die Seitensäulen und die profilierte Rundbogenspanne über dem Eingang (Archivolte) nach innen in treppenförmige Absätze gearbeitet und mit Sternen, Zahnschnitt und ähnlichen geometrischen Mustern verziert sind. Wie alle diese alten Kirchen hat auch die Marienkirche – besonders in der Innenarchitektur – spätere Stilarten aufgenommen. So stammt das Triptychon über dem Altar vom Ende des 15. Jahrhunderts und wurde vermutlich in Lübeck geschaffen. Dieses spätgotische Meisterwerk wird oft Bernt Notke zugeschrieben, was jedoch nicht bewiesen ist.

In ihrer Pracht kaum zu überbieten ist die Kanzel der Kirche. Sie wurde, wie die Donatortafel in der Kirche berichtet, 1676 von einigen Kaufleuten der Deutschen Brücke gestiftet und vermutlich von ausländischen Künstlern in Bergen entworfen und gestaltet.

Diese barocke Kanzel erlangte schon früh große Berühmtheit. Sie wird als Norwegens schönste Kanzel bezeichnet, und als der dänisch-norwegische König Christian V. sich 1685 in Bergen aufhielt, betrat er die Marienkirche nur, um ihre Kanzel zu bewundern.

1408 hatten die Hanseaten diese Kirche für sich in Besitz genommen, wodurch sie auch den Namen Deutsche Kirche (Tyskekirken) erhielt.

Neben dieser Kirche hatte das Kontor der Hanseaten noch eine kleinere Kirche in ihrem Besitz, die Martinskirche, die 1702 abbrannte. In den Jahren zwischen 1860 und 1870 entfernte man aus der Marienkirche fast alle Einrichtungsgegenstände. Vieles wurde auf Auktionen versteigert und das Kirchensilber einfach umgeschmolzen. Vermutlich wollte man aus falsch verstandenem Nationalgefühl damit alle Spuren und Erinnerungen an die deutschen Hanseaten auslöschen.

In unserem Jahrhundert haben einige Gegenstände jedoch wieder ihren Platz in dieser Kirche gefunden und machen sie somit – zusammen mit der Architektur – zu einem der bemerkenswerten Sakralbauten des norwegischen Mittelalters.

Die Verstümmelung ihres Inneren in den Jahren 1860 bis 1870 wird heute als einer der größten Restaurierungsskandale in Norwegen bezeichnet.

Kleinere Kirchen im normannischen Stil wurden überall im Lande das ganze 12. Jahrhundert hindurch gebaut. So u. a. in Gran (Strecke Oslo–Lillehammer), wo im 12. Jahrhundert die beiden Schwesternkirchen entstanden, der Sage nach von zwei Schwestern erbaut. Die größte dieser Kirchen, die Nikolaikirche, dient heute noch als Gemeindekirche, während die kleinere Marienkirche (Mariakirken) jetzt als Leichenkapelle benutzt wird. Dort war im Mittelalter die Raststätte der Pilger aus dem südlichen Skandinavien auf dem Weg nach Nidaros.

Während bei den Kirchen im Vestlandet und in Trøndelag der westeuropäische Einfluß unverkennbar ist, kann man an den romanischen Kirchen in Ostnorwegen Einflüsse aus Sachsen feststellen, die über Dänemark dorthin kamen. Das erklärt sich aus der Tatsache, daß die norwegische Kirche vor 1152 den Erzbistümern Bremen und Lund unterstand. Eines der wichtigsten Merkmale für diesen südlichen Einfluß ist der Chor mit der halbrunden, überwölbten Apsis.

Der Nidarosdom in Trondheim

Der Nidarosdom aber ist nicht nur Norwegens schönster Sakralbau, er ist auch die größte Kirche des Mittelalters in ganz Skandinavien überhaupt.

Auch sie ist in ihren Anfängen romanisch geprägt, wie es der kurz nach 1150 gebaute Kreuzflügel zeigt. Knapp 100 Jahre früher hatte *Olav Kyrre* eine kleine Holzkirche, die an der Stelle stand, an der *Olaf der Heilige* zuerst beigesetzt worden war, abreißen lassen. Dort war auch die Quelle, durch deren Wasser viele Menschen von ihren körperlichen Leiden geheilt sein sollen.

Olav Kyrre begann nun eine neue Steinkirche zu bauen, die *Christkirche*, nachdem sein Vater Harald Hardráde, der Bruder Olafs des Heiligen, bei den Eroberungszügen in England gefallen und Olav mit dem Leichnam des Vaters nach Norwegen zurückgekehrt war, wo er den Vater in der Frauenkirche bestatten ließ. In Olavs Gefolge waren eine Reihe angelsächsischer Edelleute nach Norwegen gekommen. Aus diesem Kreis ist vermutlich der Baumeister gekommen, der den Plan der Christkirche entwarf; denn das überlange Langschiff verrät deutlich angelsächsischen Einfluß. Ob Olav Kyrre die Kirche zu Ende gebaut hat, ist zweifelhaft; es gibt keine Beweise, daß das Langhaus im Westen je fertiggebaut wurde. Die Grundmauern, auf denen die jetzigen Säulen stehen, sind nach Westen hin unvollendet.

Im Lauf des 12. Jahrhunderts wurde dann das romanische Querschiff sowie nach Westen hin ein weiteres Schiff errichtet, alles im romanischen Stil mit runden Bögen.

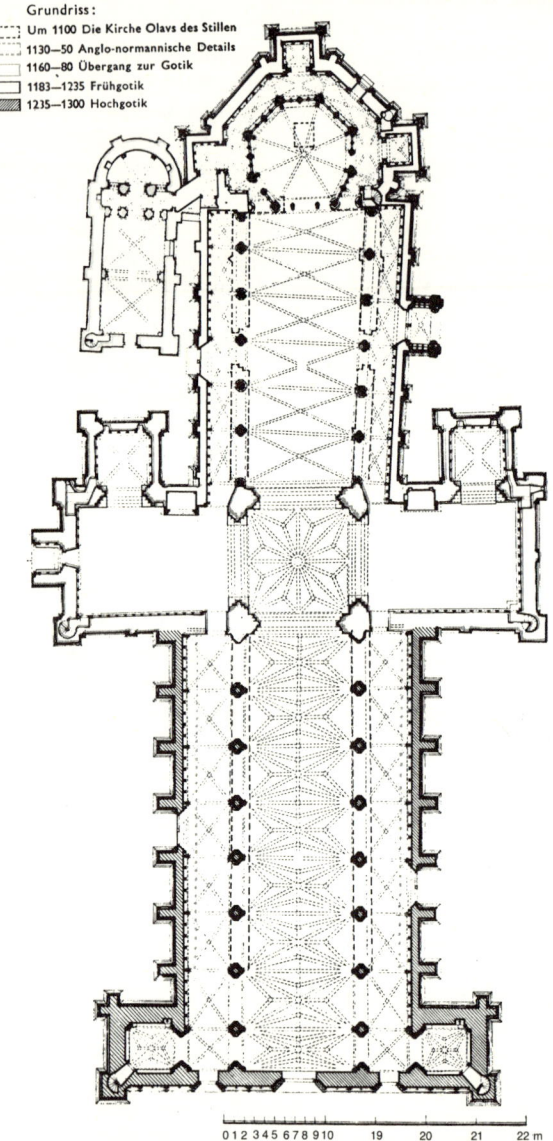

0 1 2 3 4 5 6 7 8 9 10   19   20   21   22 m

Trondheim, Nidarosdom. Grundriß (aus: D. P. Fischer, Der Dom zu Trondheim. Trondheim 1970).

Nachdem 1153 das Erzbistum Nidaros gestiftet wurde, machte sich ein reicherer, doch immer noch romanischer Stil am Dombau bemerkbar. Erst mit der Rückkehr des zweiten Erzbischofs von Nidaros, Eystein Erlandsson, von seiner Palliumreise nach Rom ändert sich der Stil in den damals international beliebten *Zisterzienserstil*, den auch die Zisterzienserklöster Lyse bei Bergen und Hovedøya in Oslo aufweisen, Bauwerke, die aus der Mitte des 12. Jahrhunderts stammen.

Es ist ein Übergangsstil zur Gotik, der jetzt die oberen Teile des Querschiffs und die Marienkapelle (Nordseite der Kirche) bestimmt, wobei die gotischen Rippengewölbe wohl die frühesten in Norwegen sind.

Ein Streit zwischen König Sverri und Erzbischof Eystein hat zur Folge, daß der Erzbischof drei Jahre landflüchtig werden muß. In Canterbury erlebt er den Wiederaufbau der dortigen Kathedrale unter Leitung eines französischen Baumeisters. Dort muß ihm der Gedanke gekommen sein, über dem Grab des heiligen Olaf eine ebenso prächtige Kirche zu errichten. Diesem Gedanken gilt nach seiner Rückkehr und Versöhnung mit dem König sein ganzes Leben. Er wird zum größten Kirchenbauer Norwegens.

Als er 1183 aus England zurückkehrt, hat er vermutlich Architekten und Steinmetze in seinem Gefolge und läßt bald mit den Arbeiten beginnen.

Um den Hochchor, rund um den Olafschrein, wird ein Achteck gebaut, ein Oktogon, das in seinem zierlichen, junggotischen Stil einmalig im Norden ist.

Der Erzbischof selbst aber konnte nur die unteren Teile mit ihren großartigen Details noch vollendet sehen. Er starb vor der Ausführung seiner Pläne und fand 1188 in der fertiggebauten Sakristei seine letzte Ruhestätte.

Ein neuer Streit zwischen König und Kirche hat eine weitere Pause in den Bauarbeiten an Norwegens Kathedrale zur Folge. Um 1210 aber werden die Bauarbeiten wiederaufgenommen, und die gotische Kathedrale wächst nun ihrer Vollendung entgegen. Um 1230 werden die oberen Teile des Oktogons fertig, die Gewölbe über dem Umgang und der gesamte neue Langchor. Es ist anzunehmen, daß dort Gewölbemeister aus Lincoln die Arbeiten ausführten. Auch wurde jetzt der Umbau des Zentralturms, der um 1100 entstand, und des großen Langhauses begonnen.

In den Jahren von 1235 bis 1248 gingen die gotischen Bögen und Triforien des Hauptturms sowie das gotische Sterngewölbe und die gotischen Seitenschiffe des Langhauses ihrer Vollendung entgegen.

Im selben Jahr legte Erzbischof Sigurd die Fundamente für die neue Westfassade, und zwar »so weit westwärts, wie sie jetzt steht«, wie es in einer Königschronik heißt.

Zwischen 1280 und 1290 ist die Kirche dann fertiggebaut worden und sah nun im großen und ganzen so wie heute aus. Ob aber die Türme damals schon vollendet waren, ist ungewiß.

Mehrere Jahrzehnte nach der Beendigung des Kirchenbaus verheerte der erste große Brand den Dom, wobei besonders die Chorbogenwand beschädigt wurde (1328). Danach folgten noch vier weitere große Brände, die der Kirche schweren Schaden zufügten. Nach der Reformation war das westliche Langhaus eine völlige Ruine.

Nachdem 1537 die Reformation nach Norwegen gekommen war, werden der Chor und Teile des Querschiffs in dem später zur protestantischen Pfarrkirche gewordenen Dom instandgesetzt. Fast alle Kirchenschätze waren aus dem Dom entfernt und manches davon nach Dänemark geschafft worden. So auch der silberne Schrein des heiligen Olaf. Jedoch blieb der innere Schrein in der Kirche, bis ihn 1564 die Schweden raubten. Er wurde später jedoch wieder nach Trondheim zurückgeholt und in einem gemauerten Grab beigesetzt, bis 1568 der König in Kopenhagen anordnete, das Grab heimlich mit Erde zu füllen, damit es in Vergessenheit gerate. So weiß heute niemand genau, wo der *rex perpetuus Norvegiae* seine letzte Ruhe gefunden hat. Man vermutet aber, daß er immer noch in der Nähe des Hochaltars liegt.

Dort, vor der Treppe, sind im Fußboden mehrere kleine Kreuze eingemeißelt. Sie sollen die Grabstätten von neun norwegischen Königen markieren, darunter auch die Olafs des Heiligen.

Der Raum um den Hochaltar herum ist auch anderweitig mit Erinnerungen an den heiligen Olaf erfüllt. So befindet sich hinter dem Hochaltar ein Antemensale, das die Geschichte des Heiligen in einzelnen Bildern darstellt. Es stammt aus dem 14. Jahrhundert. Man sieht auf ihm in roten und goldenen Farben König Olafs Traum vor der Schlacht von Stiklestad, seinen Ritt in den Kampf, seinen Tod und seine Grablegung. Mitten im Bild steht Olaf mit Krone, Reichsapfel und der Axt, die ihn tötete. Sie wird fortan das wichtigste Attribut seiner Person in den Darstellungen der bildenden Kunst und ging ins norwegische Reichswappen ein.

Zu dem Olaf-Antemensale gelangt man, wenn man in den Rundgang hinter dem den Hochaltar umsäumenden Oktogon kommt. Das Oktogon war im Mittelalter als Grabkapelle um den Schrein des heiligen Olaf gebaut, der auf dem damaligen Hochaltar stand (der jetzige ist neu). Mit seinen acht Ecken war es ein Symbol für die Ewigkeit.

Eine weitere Reminiszenz an den Heiligen ist der sich ebenfalls nahe dem Hochaltar befindliche Olafsbrunnen. Er ist eingemauert und 12 m tief, verfügt aber heutzutage kaum über Wasser. Ob er tatsächlich aus der Quelle gespeist wird, die dort zu sprudeln begann, wo der König zuerst bestattet wurde, ist nicht bewiesen.

Weitere Erinnerungen an Olaf den Heiligen finden sich im Nidarosdom in einigen Fenstern und Skulpturen. So gibt es z. B. eine von Gustav Vigeland geschaffene kleine Figur des Heiligen an der östlichen Kapelle des Oktogons.

1869 beginnen die großen Restaurierungsarbeiten. Sie stehen in den ersten Jahren – bis 1872 – unter Leitung des aus Deutschland stammenden Architekten *H. E. Schirmer* (1814–87), der schon lange vorher an Restaurierungsplänen gearbeitet hatte. Sein Nachfolger wird der Architekt *Eilert Christian Brodtkorb Christie* (1832–1906), unter dem das ganze Interieur in seinen Hauptzügen wiederhergestellt wurde; denn von dem mittelalterlichen Dom waren nur das Oktogon und das Querschiff vor dem totalen Verfall bewahrt worden. Wohl die großartigste Wiederherstellung war der neue Bau der Westfassade, die zu einem besonderen Charakteristikum des Nidarosdoms werden sollte. Als Christie 1906 starb, hatte man damit noch nicht begonnen. Erhalten geblieben – allerdings in einem sehr baufälligen Zustand – waren nur die unteren beiden Geschosse, in deren erster Skulpturenreihe noch fünf der großen, originalen Figuren vorhanden waren. Sie sind heute im Dommuseum zu sehen und lassen ein hohes künstlerisches Vermögen erkennen, das offensichtlich von der Skulpturenkunst von Notre Dame in Paris beeinflußt ist. Außer den fünf erhaltenen Figuren fand man noch eine größere Anzahl von Resten der alten Skulpturen, so daß man mit Sicherheit sagen kann, daß die alte Fassade einmal eine großartige Schauwand gewesen ist. Sie wiederherzustellen, verursachte begreiflicherweise eine Reihe von Auseinandersetzungen; denn die Meinungen über das neu Herzustellende gingen unter den Fachleuten oft weit auseinander. Eine gewisse Hilfe bildete der Kupferstich von 1661 des Klerikers J. Maschius, der zur Grundlage der Rekonstruktion des dritten Geschosses wurde.

Nach Christies Tod wurde dem jungen *Olaf Nordhagen* (1882–1925) 1909 die künstlerische Leitung des Wideraufbaus übertragen, nach dessen Plänen die oberen Teile des Langhauses, das dritte Geschoß der Westfront (2. Skulpturenreihe) und die große Fensterrose ausgeführt wurden. Nach Nordhagens Tod setzte man interemistisch seinen Assistenten als künstlerischen Leiter ein, und nach einem neu ausgeschriebenen Wettbewerb (1928), in dem der 30jährige *Helge Thiis* (1897–1972) mit seinem Westfassadenentwurf »Der Königsspiegel« den ersten Preis gewann, wurde dieser Architekt am 1. 6. 1930 künstlerischer Leiter des Wiederaufbaus.

Von diesem Jahr an bis in die jüngere Zeit sind schließlich die oberen Teile der Fassade und die Westtürme entstanden.

Hervorragende norwegische Bildhauer des 20. Jahrhunderts fertigten die Skulpturen in den drei Reihen der Westfassade und an anderen Stellen an. Von 1946 an wurde *Stinius Fredriksen* (1902–77) Berater für die Ausschmückung. Er schuf auch die erste Figur dieser großen Versammlung bedeutender christlicher Persönlichkeiten, Olav Tryggvason, Norwegens ersten Missionar-König und Gründer von Nidaros (997).

Fredriksen stellte für die Westfassade außer der figurenreichen Darstellung des

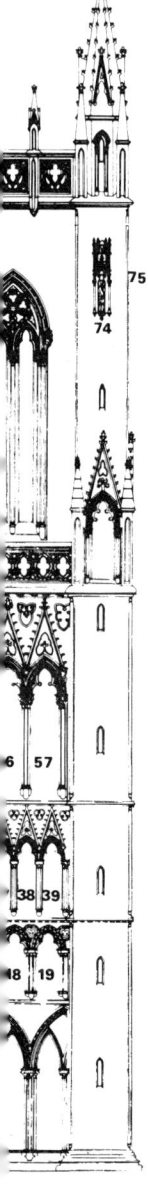

Trondheim, Nidarosdom, Westfassade (aus: Torgeir Suul: Der Dom zu Nidaros. Die Großskulptur der Westfassade. Trondheim 1982). Die Skulpturen der Fassade stellen folgende Personen dar (nach der Numerierung der Standorte in der Zeichnung):

1. Olav Tryggvason, der Gründer Trondheims.
2. Bischof Sigurd.
3. Der hl. Clemens.
4. Der Apostel Phillippus.
5. Der Apostel Thomas.
6. Der Apostel Bartholomäus.
7. Der Apostel Andreas.
8. Der Apostel Johannes.
9. Der Apostel Petrus.
10. Kreuzigungsgruppe mit Maria und Johannes.
11. Der Apostel Paulus.
12. Der Apostel Jakobus d. Ä.
13. Der Apostel Simon.
14. Der Apostel Matthäus.
15. Der Apostel Jakobus d. J.
16. Der Apostel Judas Thaddäus.
17. Der hl. Nikasius.
18. Der hl. Denis.
19. Der hl. Franziskus.
20. Der hl. Eystein.
21. Der hl. Hallvard.
22. Die hl. Sunniva.
23. Der hl. Olaf.
24. Symbolfigur Liebe.
25. Symbolfigur Hoffnung.
26. Symbolfigur Glaube.
27. Der Prophet Jesaja.
28. Der Engel Gabriel.
29. Die Jungfrau.
30. Der Engel.
31. Adam.
32. Eva.
33. Symbolfigur Wahrheit.
34. Symbolfigur Barmherzigkeit.
35. Symbolfigur Friede.
36. Symbolfigur Gerechtigkeit.
37. Bischof Thorlak.
38. Der hl. Magnus.
39. Bischof Erlendr (Färöer).
40. Abraham.
41. Der Prophet Samuel.
42. Der Prophet Jesaja.
43. Der Prophet Hesekiel.
44. Der Prophet Jona.
45. König David.
46. König Josaphat.
47. König Ezechias.
48. Johannes der Täufer.
49. Moses.
50. König Josias.
51. König Azarja (Uzzia).
52. König Salomo.
53. Der Prophet Zacharias.
54. Der Prophet Daniel.
55. Der Prophet Jeremias.
56. Der Prophet Elias.
57. Der Patriarch Jakob.
58. Das Jüngste Gericht.
59. Der Evangelist Matthäus.
60. Der Evangelist Markus.
61. Der Evangelist Lukas.
62. Der Evangelist Johannes.
63. Christus in den Wolken.
64. Die hl. Margaretha.
65. Die hl. Anna.
66. Die hl. Barbara.
67. Die hl. Apollonia.
68. Die hl. Laurentius.
69. Der Erzengel Michael.
70. Die hl. Katharina.
71. Die hl. Cäcilia.
72. Die hl. Gertrud.
73. Die hl. Birgitta.
74. Der hl. Martin.
75. Der hl. Swithun.
76. Die Jungfrau mit dem Kinde.

Jüngsten Gerichts im Wimperg der Front (über der im gotischen Stil neugeschaffenen Fensterrose) im ganzen 19 Skulpturen her, darunter auch die Olafs des Heiligen.

Er steht in der 2. Standbildreihe als vierte Figur (vom Beschauer aus gesehen) von links mit Streitaxt und Reichsapfel. Unter seinen Füßen liegt eine drachenähnliche Gestalt mit gekröntem Menschenhaupt, in dem man deutlich die Gesichtszüge des Königs erkennt. Dieses unter den Füßen des Heiligen dargestellte Drachenmotiv ist von anderen Darstellungen Olafs aus dem Spätmittelalter bekannt. Man findet es auch an der St. Olai Kirche in Helsingör in Dänemark. Das Motiv symbolisiert vermutlich den Sieg des Königs über sein eigenes Ich.

Diese Westfassade mit ihren 76 Skulpturen, darin eingeschlossen die große bronzene Figur des Erzengels Michael auf der Spitze des nördlichen Turms von *Kristoffer Leirdal* und die von *Arne Haukeland* geschaffene Figur Maria mit dem Kind über dem Wimperg, stellt wohl das großartigste, steingewordene Bilderbuch mittelalterlicher christlicher Geschichte des gesamten Nordens dar.

Dort sind neben den Propheten des Alten Bundes, die Apostel und Heiligen der Christenheit zu sehen, Symbolfiguren, Bischöfe und Könige des Nordens. Jede einzelne Figur hat ihre besondere Geschichte. Ob es nun der Bischof Erland von den Färöern ist, dessen Magnus-Kathedrale in dem kleinen Nordmeerort Kirkjuböur nie vollendet wurde oder der Isländer Thorlak, der Bischof von Skálholt, dessen mildes Gemüt so stark unter der Streitsucht seiner Landsleute litt. Alle Figuren wurden neu geschaffen. Von einigen wenigen alten konnten die Künstler exakte Kopien bilden (Johannes, St. Denis).

Bei der großen Einweihungsfeier im Olafsjahr 1930 war die Westfassade noch nicht fertig. Fertig war jedoch die große Orgel. Sie wurde von der deutschen Orgelfirma G. F. Steinmeyer 1929/30 gebaut, hatte bis 1962 ihren provisorischen Platz im nördlichen Querhaus und bekam schließlich ihren endgültigen Standort unter der großen Fensterrose der Westfassade mit dem restaurierten barocken Orgelprospekt.

Diese Orgel hat 79 Register mit 4 Manualen und Pedal, zusammen mit dem »Fernwerk« im Hauptraum und der Chororgel im südlichen Triforium verfügt sie über 118 Register und 9000 Pfeifen. Sie ist somit eine der größten Kirchenorgeln im gesamten skandinavischen Raum.

Der Domkirchenbau von Nidaros blieb natürlich nicht ohne Nacheiferung. So entstanden seit Ende des 12. Jahrhunderts zahlreiche Kirchenbauten wie beispielsweise in Sakshaug (1184), Stiklestad, Alstadhaug in Skogn und Tingvoll.

Aus der Mitte bis zum Ende des 13. Jahrhunderts stammen die Domkirche (St. Olavs Kirche) in Bergen, Teil eines Franziskanerklosters, die Kirche von

Trondenes, die nördlichste gotische Kirche der Welt, die Olavskirche von Avaldsnes, von König Hákon Hákonsson auf dem Grund eines alten Königshofs des Harald Hárfagre errichtet, die Kirche von Voss, wohl einer der schönsten gotischen Sakralbauten, die Kirche von Dale mit alten Fresken und einem prachtvollen frühgotischen Portal und einige andere. Weitere Kirchen erhielten reiche hochgotische Chöre, so der Dom von Stavanger, während der Chor der Marienkirche in Bergen, im Stil der französischen Hochgotik errichtet, nach einem Brand 1531 abgerissen wurde.

Nicht weit vom Nidarosdom befindet sich der Erzbischofshof, der, im Gegensatz zu der prunkvollen Kathedrale, sich dem Besucher von auffallender Nüchternheit zeigt. Er wurde im 12./13. Jahrhundert erbaut, wirkt aber durch seine Dimensionen und die dicken, niedrigen Mauern ungemein kompakt und bodenverwachsen wie das irdische, von weltlicher Macht kündende Pendant der Kirchenfürsten zu der himmelanstrebenden Gotik des nahen Sakralbaus.

Die Håkonshalle

Mit Profanbauten war Norwegen in jener Zeit nicht so gesegnet. Am bekanntesten ist die Festhalle König Hákon Hákonssons in Bergen, kurz Håkonshalle genannt. Sie war wie die Festhalle König Hákons VI. in Akershus der Kern in der Befestigungsanlage der Stadt.

1261 war die Håkonshalle in rein gotischem Stil fertiggestellt worden. Sie sollte für die Festlichkeiten – zusammen mit ein paar Holzhallen – anläßlich der Hochzeit von Hákons Sohn, König Magnus Hákonsson (Lagabøte) mit der dänischen Königstochter Ingebjørg dienen.

Drei Tage währte das Fest, das am 11. September begann und an dem ca. 2000 Gäste teilnahmen. Hákon Hákonsson, der mit dem kunstliebenden englischen König Heinrich III. befreundet war, hatte vermutlich dafür gesorgt, daß ein englischer Architekt und englische Steinmetzen die Halle gestalteten.

Der schottische Mediävist *W. Douglas Simpson* vermutet in einem der Architekten von Westminster Abbey, Henry of Reynes, den architektonischen Schöpfer der Håkonshalle.

1266 brannte die Halle nieder. Aber 1280 war sie wohl wieder errichtet, als sich Eirik Magnusson zunächst mit der schottischen Prinzessin Margreta, dann mit der Schottin Isabella vermählte. Nachdem aber Hákon Magnusson in Oslo gekrönt wurde, verlor die Halle ihre Bedeutung und verfiel.

Um 1840 war sie Kornspeicher, und wohl kaum jemand in Bergen wußte etwas von ihrer früheren Pracht. Da trat auch hier J. C. C. Dahl auf den Plan und lud zur Restaurierung mit einer zusammen mit Lyder Sagen verfaßten Abhandlung ein. Auch der große Dichter der norwegischen Nationalromantik *Henrik*

Wergeland forderte seine Landsleute zur Wiederherstellung des nationalen Monuments auf und benutzte in seinem Gedicht »Til Norges Storthing« zum erstenmal den Ausdruck Håkonshalle.

Aber erst als 1852 der neugegründete »Verein zur Bewahrung norwegischer Altertümer« die Sache in Angriff nahm, die Halle von Georg Bull vermessen ließ (1854) und einen Restaurierungsplan von Chr. Christie anforderte, kam Bewegung in die Dahlschen Ideen.

1880 begannen die Restaurierungsarbeiten unter Peter Blix, wurden von 1885 ab unter Christie und Adolph Fischer weitergeführt, und 1895 war alles fertig. 1898 wurde die Halle eingeweiht. Da sie aber allzu nüchtern ausgefallen, zudem praktisch kaum benutzbar war, beauftragte man 1910 *Gerhard Munthe* (1849–1928) mit der Ausschmückung.

Jetzt sah alles zwar sehr festlich aus, einen praktischen Anwendungszweck aber fand man immer noch nicht.

Da explodierte Jahrzehnte später (1944) ein deutsches Munitionsschiff im nahen Hafenbecken, und alles wurde wieder zerstört.

Nach 1945 faßte man den Plan, die Halle in ihrer alten gotischen Pracht neu auferstehen zu lassen, allerdings unter Einbeziehung moderner Einrichtungen wie elektrischer Heizungen, Toiletten, Gesellschaftsräumen, Küche und Garderobe, Beleuchtungsanlagen, Möbeln, Teppichen usw.

Heutzutage steht sie nun wieder und ist Mittelpunkt großer Festlichkeiten wie beispielsweise bei Königsbesuchen. Nach wie vor ist sie Zentrum der alten Verteidigungsanlage *Bergenhus festning* mit dem für die Stadt so charakteristischen 1560 errichteten Rosenkrantzturm, hoch über Vågen, der alten Hafenbucht der traditionsreichen Stadt.

Skulpturen

In der Zeit des normannisch-romanischen Stils hatte die Darstellung des Menschen untergeordnete Bedeutung. Das wurde mit den byzantinischen Strömungen, die in der Gotik ausmündeten, anders.

Die geometrischen Ornamente, die Fabeltiere und Masken wichen langsam Darstellungen des Menschen. Schon in den vom byzantinischen Stil geprägten Arbeiten des 12. Jahrhunderts wird ein empfindsames Einfühlen in menschliches Wesen spürbar. Das ist an Norwegens ältester Olaf-Gestaltung, der romanischen *Olaf-Statue von Værnes* (ca. 1150), zu erkennen. Sie befindet sich heute im Museum von Trondheim. Das bartlose Gesicht des Heiligen ist wie in tiefer Versenkung leicht geneigt – so wie das ebenfalls aus dem 12. Jahrhundert stammende *Mönchshaupt von Urnes* (Historisk Museum, Bergen) – und spiegelt in frappierender Schlichtheit das ganze Olaf-Mysterium wider.

Ungefähr 50 Jahre jünger ist die *Olaf-Statue von Lunne*. Sie ist ebenfalls bartlos und jugendlich, besitzt aber gotisch wogendes Haar und Mantelfalten. Einen bärtigen Olaf – die Legende berichtet von seinem roten Bart – stellt zum erstenmal in der norwegischen Skulpturenkunst die frühgotische Statue des *Olaf von Skedsmo* dar. Sie besitzt eine gewisse Naivität, die auf die Arbeit eines »Provinzkünstlers« schließen läßt. Erst die Skulptur des *Olaf von Fresvik* (jetzt in Nordiska Museet, Stockholm), um 1250 entstanden, läßt die verfeinerte seelische Haltung der Frühgotik spüren, die gepaart ist mit weisem, weltlichen Ausdruck. Dieser wird unterstrichen durch die stark ins Auge fallende Krone der *Olaf-Statue von Tanum* (ca. 1250), jetzt in Universitetets Oldsaksamling in Oslo.

Olaf-Statuen, Mariendarstellungen und Kruzifixe sind die drei Hauptmotive norwegischer Skulpturenkunst der Frühgotik.

Schon vorher – in der Zeit des romanischen Stils – hat es Madonnendarstellungen von hoher künstlerischer Qualität gegeben, wie es die berühmte Holzfigur der *Madonna von Urnes* (Historisk Museum, Bergen) vom Ende des 12. Jahrhunderts beweist. Die Himmelskönigin ist sitzend dargestellt, mit hoher Krone, symmetrischem Faltenspiel der Gewandung und darauf liegenden langen, zu den Hüften auslaufenden Zöpfen.

Von der reich aufblühenden frühgotischen Skulpturenkunst sind an Madonnendarstellungen noch zu nennen die *Enebakk-Madonna*, das fast klassisch-griechische Haupt der *Madonna von Lommen* und die goldstrahlende *Madonna von Hove*. Kreuzigungsdarstellungen von künstlerischem Rang sind die von *Røldal, Balke, Fresvik, Kaupanger* und das *Mosvik-Kruzifix*, das einen Höhepunkt dieses Genres bildet.

Nach 1250 erscheinen auch stehende Madonnen mit dem Jesuskind auf dem Arm. Sie sind Ausdruck des gotischen Strebens zum Vertikalen. Von diesen ist die *Madonna von Spydeberg* die älteste.

Von den alten Steinskulpturen des Nidarosdoms ist die bereits genannte *Johannes-Figur* die berühmteste. Dieses Werk der Hochgotik ist auch am europäischsten. Denn hier kommt das ganze Spirituelle einer kosmopolitischen Idealwelt zum Ausdruck, in der der Typus über das Individuelle dominiert, das sich dem Höfischen unterzuordnen hat.

Beachtenswert sind auch die ersten porträtähnlichen Darstellungen zweier gekrönter Häupter im Oktogon-Umgang des Nidarosdoms, die vielleicht König Sverri und Håkon Håkonsson sein sollen und ungefähr um 1200 geschaffen wurden. Hier finden wir bereits den sich später immer mehr durchsetzenden Realismus. Obwohl die norwegische Gotik eingebunden ist in die idealisierende Stilkunst Europas, macht sich hier doch manchmal eine auffallende Tendenz zu eigenständiger, realistischer, oft kräftiger Gestaltung bemerkbar.

Die Spätgotik (von ca. 1400 an) ist fast ausschließlich von Deutschland, besonders von Lübeck, importiert, nach 1500 auch von Brabant und den Niederlanden. Von dort kommen die oft vergoldeten oder bemalten Altartafeln, von denen die der *Ringsaker-Kirche* die prachtvollste ist.

Renaissance

Auf dem europäischen Kontinent hatte allmählich die Renaissance die Baukunst bestimmt und mit ihr alle weiteren Kunstarten. Sie war vor allem die Kunst der Fürsten und hatte deshalb in Norwegen nicht dieselben Voraussetzungen wie beispielsweise in Italien oder Deutschland. So ist es verständlich, daß in den norwegischen Städten nicht viel Renaissancearchitektur zu finden ist. Doch gibt es auch in Norwegen Ausnahmen. Das betrifft vor allem die Städte Bergen und Oslo.
In Bergen hatte der Lehnsherr Erik Rosenkrantz die alte Steinhalle von König Magnus Lagabøte auf dem Gelände der Bergenhus festning umbauen lassen, woraus dann der jetzige *Rosenkrantzturm* (1526–68) entstand. Dieser Turm besitzt 5 Etagen und ist mit seinen variierenden Fenstergrößen, den dicken Mauern und der stark betonten Mittelachse, die in den kleinen zwiebelförmigen Turm mit hochragender Wetterfahne ausmündet, ein klassischer Renaissancebau, dessen Stil noch unterstrichen wird durch die das Gesims einrahmende Mauerkrone. Der Rosenkrantzturm, der von schottischen Baumeistern gestaltet wurde, bildet ein würdiges Pendant zu der berühmten Håkonshalle. Beide Bauten – zusammen mit den Bauwerken der »Brücke« und der Marienkirche – verleihen der Stadt Bergen etwas Einmaliges.
Rosenkrantz ließ in Bergen noch mehr bauen: seinen eigenen Hof, einen Stadt-Hof, jetzt *Muren* (die Mauer) genannt, durch dessen gewölbtes, unter dem ersten Stockwerk liegendes Tor eine Straße geführt ist. Einen weiteren Stadthof baute Kristoffer Walkendorf. Von ihm sind aber nur die Reste im jetzigen Rathaus vorhanden.

Malerei

Nur wenig ist von der romanischen Malerei bewahrt. Die Maler der »Schule von Bergen« waren vermutlich von der angelsächsischen Buchmalerei inspiriert worden. Der Schwerpunkt ihrer Arbeiten lag in der künstlerischen Gestaltung von Antemensalen, von denen 33 bewahrt sind, die meisten im Historisk Museum von Bergen.
Von den gotischen Monumentalmalereien sind die schon besprochenen in den

Stabkirchen von Torpo und Ål die großartigsten. Aber auch in den Steinkirchen von Nes (Telemark), Dale in Sogn und Vestre Slidre wurden bedeutende Reste von Kalkmalereien gefunden.

In diesen Zusammenhang gehört auch der *Bildteppich der Baldishol Kirche* (jetzt im Osloer Kunstindustriemuseum) mit den eigenartigen Monatsbildern, der vom Ende des 12. Jahrhunderts stammt.

Akershus

Während Rosenkrantz in der Bergenhus festning seinen mächtigen Turm erstehen ließ, wurde in *Oslo*, auf Befehl Christians II., die Arbeit an der dortigen Festung Akershus fortgesetzt. Erhaltene Teile dieses bedeutenden Bauwerks besitzen wir jedoch erst von den Arbeiten *Peder Hanssøn Litles*, der im Dienst König Christians III. stand. Er begann die Arbeiten am Südflügel, wo er eine Etage errichtete, die später zur Kirche weitergebaut wurde. An der Westseite des Festungshofes baute er schließlich »Øvre og Nedre Romerike«.

Ein Blick auf die Geschichte dieser im gesamten Norden einmaligen Stadtburg zeigt nicht allein die verschiedenen Bauperioden, seitdem König Hákon V. um 1300 (vermutlich 1299–1304) die Burg zu bauen begonnen hatte, sondern spiegelt auch eine Fülle historischer Ereignisse wider, wie beispielsweise den Widerstand, den diese Festung 1368 dem großen Heer des schwedischen Herzogs Erik zu bieten vermochte. Die Festung entsprach damals bereits allen Anforderungen, die man in Europa an solche Anlagen stellte.

Um zwei Höfe, südlich und nördlich vom Hauptturm *Vågehals* (Wagehals) und dem kleineren Turm *Fuglesang* (Vogelsang), lagen verschiedene Säle, Stuben und andere Einrichtungen. Nordwestlich von diesem Komplex und durch eine hohe Mauer damit verbunden, stand *Knutstårnet* (der Knutsturm). Im Süden lag der *Jungfrauenhof* mit dem Torturm der Burg, *Jomfrutårnet* (der Jungfrauenturm). Dazu kamen noch mauerumgebene Gelände in Nord und West, sowie im Süden eine Vorburg mit Wasserturm, Ställen und Wirtschaftsgebäuden. Diese Anlage muß bereits von Hákon V. geplant sein und wurde vermutlich unter seiner Tochter Ingebjørg und ihrem Sohn Magnus Eriksson fortgesetzt und unter Hákon VI., der dort mit seiner Gemahlin ständig seine Residenz hatte, abgeschlossen.

Christian II. wohnte als Prinzregent von 1506 bis 1512 auf Akershus und ließ einige Erweiterungsbauten durchführen. 1527 brannte die ganze Anlage nördlich des Vågehals und Fuglesang ab, war als Festung aber immer noch so stark, daß sie dem inzwischen landflüchtig gewordenen König Christian II. 1531 Widerstand bieten konnte, was ihn wohl schließlich veranlaßte, alle seine Pläne für eine Wiedergewinnung der Macht aufzugeben.

Als die schwedische Belagerung von 1567 überstanden war, mußte die Festung modernisiert werden. Einige Arbeiten führte man sofort nach Plänen des Kgl. Baumeisters *Hans van Paschen* aus. Später plante *Hans van Steenwinckel*, die Anlage zu einer modernen Burg umzugestalten, die den Anforderungen einer neuen Kriegsführung entsprach.

Von 1593 bis 1604 und von 1616 bis 1646 wurde das Wesentlichste der Oberen Festung *(Øvrevoll)* nach italienischen Festungsbaumethoden mit steinbedeckten Erdwällen gebaut. Gleichzeitig ließ *Christian IV.* – der in dieser Zeit regierende baufreudige Monarch – die Mittelalterburg in ein Renaissance-schloß umgestalten, wobei manches Alte zu Gunsten von Neuem verschwinden mußte. Neu entstanden so der *Blaue Turm* und der *Romeriks Turm*. Wiederaufgebaut wurden u. a. der Schreibstubenflügel und Romerike.

Nun entsprach die Anlage auch als Residenz den Anforderungen der Zeit. Während Hannibal Sehested dort als Statthalter wohnte, wurde auch das Innere mit viel Neuem ausgestattet.

Nach 1662 (Erbhuldigung des späteren Königs Christian V.) wurde Akershus jedoch weder zu Huldigungszeremonien und Ständeversammlungen, noch als Königsresidenz benutzt.

Zwischen Mitte und Ende desselben Jahrhunderts legte man auf der Ostseite eine äußere Befestigungslinie an und baute den alten Niederwall *(Nedrevoll)* aus. 1704 bis 1721 hatte Norwegens interimistische Regierung *(Slottsloven)* ihren Sitz auf Akershus, das 1716 dem Angriff des Schwedenkönigs Karl XII. widerstand.

Christian VI. ließ den Südflügel restaurieren. 1742 wurde auch die neueingerichtete Kirche eingeweiht.

Das Oberhofgericht bekam Lokale auf dem Gelände der Stadtburg. Nach Beginn der Unionszeit schleifte man die Untere Festung. Die meisten Außenwerke verschwanden allmählich. Doch die Anlage behielt militärisches Gepräge; denn jetzt wurde eine Reihe militärischer Dienststellen dorthin verlegt, auch neue Lokale dafür eingerichtet.

Langsam aber mußte man wieder an umfassende Restaurierungsarbeiten denken, die dann 1905 bis 1925 unter Leitung von *H. Sinding-Larsen* durchgeführt wurden. 1928 bekam der Architekt *Arnstein Arneberg* den Auftrag zur Weiterführung der Restaurierungen, die in den Kriegsjahren 1940 bis 1945 ruhen mußten, bis sie nach 1945 nach Arnebergs Plänen wieder aufgenommen wurden. Dabei stellte sich heraus, daß Schloß und Festung Akershus weniger während der Kriegsjahre gelitten hatte, als man ursprünglich vermutete.

1962 konnte die gesamte Restaurierung abgeschlossen werden, auch war die Kgl. Grabkapelle vollendet worden.

1976 setzte man noch die Nordhalle instand, die den Namen *Olavs-Halle* erhielt. 1979 wurde auf dem alten Festungsgelände das Norwegische Verteidigungsmuseum, das zweite Kriegsmuseum neben dem Widerstandsmuseum, in der Nähe des Denkmals für die Widerstandskämpfer der Jahre 1940 bis 1945 (Nationalmonumentet), eröffnet.

Dies war für derartige Museen der rechte Platz; denn während der Besatzungszeit herrschten auf Akershus die Okkupanten; dort wurde auch eine Reihe norwegischer Widerstandskämpfer erschossen, aber auch Vidkun Quisling starb dort durch die Kugeln eines Hinrichtungspelotons.

Die Bauten der Bürger und Bauern

Zur selben Zeit, als unter Christian IV. das Schloß Akershus neu entstand, wurden im neuangelegten Christiania, das im Gegensatz zu den älteren norwegischen Städten Mauerzwang hatte, holländisch geprägte *Backstein- und Fachwerkhäuser* mit Erkern und Treppengiebeln errichtet, von denen einzelne noch stehen wie das des Ratsherrn Lauritz Hanssøn am Alten Markt (Gamle Torg).

Neue Backsteinkirchen, meist Kreuzkirchen, baute man in den Städten Bergen, Christiania, Skien, Lervik, Kristiansand und Drammen, während auf dem Lande neue Balkenkirchen gezimmert wurden – ebenfalls meist Kreuzkirchen –, und die alten Stabkirchen oft Kreuzarme angefügt bekamen.

Der in der damaligen Zeit sehr bekannte Kirchenbaumeister Werner Olsen erweiterte auf diese Art die Stabkirchen von Vågå, Lom und Ringebu und versah diese sowie die von Lesja, Nes, Ringsaker, Stange und Dale mit der für diese Kirchen so charakteristischen Turmspitze.

Wegen der Schwedenkriege, besonders nach dem unglücklichen Feldzug von 1657 bis 1660, wurden wichtige Grenzorte befestigt, so Fredrikstad durch General J. C. Cigignon, der auch Trondheim nach dem Brand von 1681 mit verschiedenen Bauten versah und das Festungswerk Kristiansten errichten ließ. Aus derselben Zeit stammen Frederiksten und Kongsten, Kongsvinger, Munkholmen und die Anlagen von Elverum und Kristiansand.

Diese Sakral- und Profanbauten, letztere von militärischem Charakter, waren nicht das einzige, was norwegische Bautätigkeit erstehen ließ.

Auf dem Lande hatten die Bauern in zäher Tradition den mittelalterlichen Baustil ihrer Höfe bis weit ins 17. Jahrhundert bewahrt. Aber die Renaissance, allerdings stark verspätet, änderte auch hier manches. Anstelle der mittelalterlichen Häuser mit offener Feuerstelle *(arestue)*, wie sie noch bewahrt sind in der *Raulandsstua* vom Numedal, in der *Stua von Uv* in Rennebu (beide ca. 1300) und anderen, wird die Feuerstelle als Kamin jetzt in eine Ecke verlegt, das Rauchloch, das auch das Licht durchließ, durch Fenster in den Hauswänden ersetzt und der Fußboden mit Dielen belegt.

Dies alles ist wegen des besseren Lichts und des nun relativ rauchfreien Inneren Voraussetzung für die künstlerische Ausschmückung des Hausinneren mit oft geschnitzten Paneelen, Türfüllungen und Möbeln, von denen vor allem die Schränke mit Holzschnitzereien und Malereien eine beachtliche Rolle spielen.

Was die Außenarchitektur betrifft, so war man wegen des Wegfalls der offenen Herdstelle nicht mehr auf ein Stockwerk angewiesen. Jedoch behalf man sich vorerst noch mit einem Teilaufbau. Und nun entwickeln sich aus diesen Bauweisen zwei Haustypen: die *ramloftstua* und die *barfrøstua*. Die »Ramloftstua«, ein Haus mit einer Kammer auf dem Dach (ram = Kammer, loft = Boden), hat an einem Giebel eine Kammer auf dem Dach, zu der eine Treppe von der Galerie *(svalgangen)* führt.

Die *Hjeltarstua von Skjåk* (De Sandvigske Samlinger) ist ein klassisches Beispiel für diesen bäuerlichen Haustyp, der 1763 (festgestellt von Roar Hauglid) entstand.

Im Gegensatz zu diesem Haustyp hat die *barfrøstua* (*barfrø* verwandt mit dt. Bergfried), das »Turmhaus«, nur in Østerdalen vorkommend, einen turmartigen Aufbau über der Galerie.

Einzig das *loftet* (oder *buret*), das Haus mit Vorratsraum und Schlafkammer, hatte sich als zweigeschossiges Gebäude vom Mittelalter her in die neuere Zeit herübergerettet.

Der obere Raum war meist als Schlafkammer den Frauen des Hofes vorbehalten. Eine Reihe gut erhaltener »Loft-Häuser« zeigt deutlich die Schönheit und Eigenart dieses norwegischen Bauernhaustyps, wie beispielsweise das *Rolstadloftet* (ca. 1300) aus Sør-Fron im Gudbrandsdal, das *Kravik-loftet* (1400) aus Nore im Numedal und das *Finneloft* (vor 1270) auf Voss mit dem großen Festsaal im zweiten Stock. Dieser Haustyp entwickelte sich später, im 16. Jahrhundert und danach, zu architektonisch reich ausgeformten Bauwerken in Siedlungen wie in Telemark, Setesdal, Numedal, Hallingdal und Gudbrandsdal, wo z. B. die Galerie (svalgangen) oft ganz um das Gebäude herumgeht oder zumindest auf drei Seiten entlangläuft. Das *loftet* (oder *buret*) trägt auch den Namen *stabburet,* weil das Blockhaus auf starken Rundhölzern ruht.

Die norwegische Renaissance

Die Renaissancemalerei ist wesentlich begrenzt auf Kirchendekoration und Porträts. Norweger selbst führten derartige künstlerische Arbeiten kaum aus. Es waren vor allem deutsche und dänische Maler, später auch holländische, schottische und schwedische, die diese Kunst in Norwegen pflegten. Sie hatten ihre Zentren in Oslo, Bergen und Stavanger, später auch in Trondheim.

Vor 1600 ist kein Künstlername bekannt, jedoch sind in Oslo Bischofsporträts bewahrt, die bereits beachtliches Können verraten. Auch gibt es Porträts von Pastoren der Marienkirche in Bergen, deren Maler anonym sind.

Der erste namentlich bekannte Maler in Norwegen war *Peter Reimers* (gest. 1626/28) aus Neustadt in Holstein. In der ersten Hälfte des 17. Jahrhunderts (1600–28) malte er Altarbilder und Porträts in Stavanger. Von besonderer Wirkung ist unter den Porträts das des Bischofs Jørgen Eriksønn (gest. 1604), das durch seine Monumentalität auffällt.

Künstlerisch bedeutender ist ein anderer deutscher Maler namens *Gottfried Hendtzschel*, der im zweiten Viertel des 17. Jahrhunderts wirkte. Er stammte aus Breslau und ist wohl der erste Maler in Norwegen, der seine Porträts mit »psychologischen Augen« zu erfassen sucht. Beispiele dafür geben die Bilder der Pastoren Marcus Pedersønn und Daniel Jørgensønn, beide mit ihren Frauen dargestellt, bei denen sich Hendtzschel beispielsweise nicht gescheut hat, Daniel Jørgenssønn mit seiner natürlichen Physiognomie wiederzugeben, die nicht gerade schmeichelhaft ist. Die kalten Augen und der fast brutale Mund lassen eher auf einen Despoten schließen denn auf einen frommen Seelenhirten.

Die Altarbilder und Kreuzigungsdarstellungen, die Reimers und Hendtzschel malten, wurden oft nach Stichen bekannter italienischer Künstler ausgeführt. Die Künstler mußten sich nach Vorlagen umsehen, die ihnen zugänglich waren. Dazu gehörte auch die Bibel Frederiks II. mit ihren deutschen Holzschnitten (1589).

Hendtzschel beherrschte die Farben mit einer gekonnten Pinselführung, was man an seinen Malereien in der Røldal Kirche sehen kann. Dort hat er nicht nur das Altarbild gemalt und die Kanzel malerisch gestaltet, sondern vermutlich auch die Wände des Chors und die Decke in vornehmer Form mit Ranken, Früchten und Blumen in regelmäßigen Feldern geschmückt sowie Medaillons mit Draperien darunter gestaltet.

Das *Altarbild von Årdal* aber ist sein persönlichstes Werk, dessen Wirkung besonders von den langgezogenen Figuren am Fuß des Kreuzes und der düsteren Landschaft mit ihren zerrissenen Wolken im Hintergrund ausgeht. Diese Darstellung verrät eine solche Leidenschaft, daß norwegische Kunsthistoriker Hendtzschel oft mit El Greco verglichen haben.

Auch andere Kirchen jener Zeit weisen eine reiche Ausschmückung auf, oft entwickelt aus der sich üppig ausbreitenden Bauernkunst. Doch gibt es in manchen Innenräumen so großartige Malereien, daß diese kaum von irgendwelchen Bauernmalern gemacht sein können, sondern von Meistern mit großem Stilgefühl.

Die Arbeiten dieser Kategorie stammen von zwei verschiedenen Gruppen, von denen die ältesten von einem Künstler aus Bergen ausgeführt wurden. Dazu gehören die *Kalkmalereien in Dale* (Sogn), sowie die Malereien im *Chor von Urnes* (1607) und im *Chor von Lom* (1608).

Die zweite Gruppe wurde vermutlich von Malern aus Ostnorwegen gebildet, die auch in der damaligen Zeit die Dekorationen in Akershus ausführten. Von Malern dieser zweiten Gruppe stammen die Dekorationen in den Stabkirchen von Eidsborg (1649), Gol (1652), Nore (1655) und Udval (1656).

Bekannt ist der Maler, der im *Erzbischofshof* (erkebispegården) von Trondheim die Ausschmückung vornahm. Es ist *Niels Maler*, der 1619 bis 1620 den Regaliensaal mit prachtvollen Gewölbemalereien dekorierte. Da kann man zwischen den Rippen der Gewölbe herrliche Akanthusranken bewundern, Früchte und Blumen, Jäger und bellende Hunde und flüchtendes Wild im Laubwerk. Die einzelnen Felder, die von den Rippen begrenzt werden, welche sich nach oben verjüngen und in einer Gewölberosette enden, gehören zum Besten, was norwegische Renaissancedekoration hervorgebracht hat und sind zudem die einzig bewahrte Schloßausschmückung älteren Ursprungs.

Das Akanthusblatt oder die Akanthusranke, die sich von ihrem klassischen Ursprungsland von neuem über Europa ausbreitete und in der bildenden Kunst zu einem überaus beliebten Motiv wurde, eroberte sich auch einen herausragenden Platz in der norwegischen Volkskunst.

Sie fand in Norwegen ihren besonderen Niederschlag in der *Bildteppichweberei*, deren dekorative Wirkung oft die eigentlichen Kompositionen und Figuren übertraf.

Es ist die Spätrenaissance Christians IV., die in diesen Bildwebereien ihren spezifisch norwegischen Ausdruck fand, obwohl dieses Genre des Kunsthandwerks bezüglich seines Ursprungs auf die europäische Gobelinkunst hinweist. Aber die norwegische Bildweberei hatte bereits beachtliche Tradition, die von den Webbildern des Osebergfundes über den berühmten Bildteppich der Baldishol-Kirche bis zu den Renaissanceteppichen mit oft biblischen Motiven (Herodes, Susanna, Kluge Jungfrauen, Heilige Drei Könige u. a.) reicht, und dann fortgesetzt wird bis in die jüngste Zeit.

Zu beachtlichen Kunstwerken dieses Genres entwickelten sich übrigens die Bildteppiche des Gudbrandsdals, die der norwegischen Teppichweberei internationalen Ruf verliehen.

Auch die anderen Zweige des Kunsthandwerks wie die Arbeiten in Zinn, Kupfer und Messing für Schüsseln, Kannen und Leuchter entwickelten sich jetzt im Übergang von der Renaissance zum Barock zu spezifisch norwegischen Kunstgegenständen.

Barock

Das Barock äußerte sich in Norwegen – wie in den anderen europäischen Staaten – am auffälligsten in den *Sakralbauten*. Von ihnen verdienen die Kirchen von Røros und Kongsberg besondere Beachtung.

Sie stellen die großartigsten Sakralbauten des 18. Jahrhunderts dar, die auf norwegischem Boden entstanden, und wurden zudem in kleineren, jedoch in früheren Zeiten bedeutenden Orten gebaut.

1784 entstand die *Kirche von Røros*. Sie war das Hauptwerk des bedeutenden Kirchenbaumeisters Sven Aspaas (1736–1816) und der einzige Steinbau in der ganz aus Holz errichteten alten Stadt, deren Bewohner seit den Tagen Christians IV. (1644) bis 1977 vom Kupferbergbau in den um den Ort herumliegenden Bergen lebten.

Der weithin in der Sommersonne leuchtende Kirchturm trägt über den Ziffernblättern der Turmuhr die gekreuzten Bergmannszeichen Hammer und Schlegel (norw. *hammer og bergjern*).

Im Inneren fallen die Emporen mit den schweren Holzsäulen und der Königsloge sofort ins Auge. Zu beiden Seiten des Altars befinden sich Nischen mit doppelten Porträts von Pastoren der Kirche. Über dem Altarbildwerk ist die Kanzel angebracht und darüber die Barockorgel. Von dieser Wand, die wie die Logen in weißen, goldenen und blau marmorierten Farben gehalten ist, leuchtet eine helle, fast südliche Tönung auf das Gestühl hernieder, das sich in dem achteckigen Kirchenraum befindet. Diese Kirche ist nach wie vor der Mittelpunkt jener alten Bergmannsstadt, die der norwegische Dichter Johan Falkberget durch seine Werke in der ganzen Welt bekannt machte, und die 1981 in der »World Heritage List« der UNESCO aufgenommen wurde, nachdem vorher schon die Stabkirche von Urnes und die »Brücke« *(bryggen)* auf dieser weltberühmten Liste Aufnahme gefunden hatten, die nur 17 Kultur- und Naturmonumenten unserer Erde einen Platz einräumt.

In *Kongsberg* wurde ein deutscher Berghauptmann, *J. A. Stukenbrock* (gest. 1756), Baumeister einer der schönsten Kirchen des Landes. Er hatte von vornherein eine besonders große Kirche geplant. Und sie wurde es schließlich auch mit ihren 2400 Plätzen! 1740 hatte man mit dem Bau begonnen, da Kongsberg nach seiner Gründung (1624) – ein Jahr nach dem ersten Silberfund – wegen des immer mehr zunehmenden Silberabbaus von Jahr zu Jahr an Bevölkerung zunahm und das erste Kirchengebäude abgebrannt war, während ein zweites zu klein wurde und verfiel.

Das, was Stuckenbrock nun baute, stand im völligen Gegensatz zu der konventionellen Architektur mit dem Altar im Chor am Ende des Langschiffs. Stuckenbrock durchbrach kühn diese mittelalterliche Bauweise, indem er in konzentrierter Form Altar, Kanzel und Orgel – ähnlich wie später in Røros –

übereinander bauen ließ. Im Gegensatz zur Røros-Kirche wurde diese zentrale Andachtsstätte jedoch mitten an einer Wand des Langschiffs errichtet, wo der dreifältige Aufbau sich effektvoll steigert und zusammen mit der Galerie zu einem glanzvollen Mittelpunkt der Kirche wird. Die Ausführungen dieser Arbeiten waren allerdings Stuckenbrocks Nachfolger *Michael Heltzen* vorbehalten, der Stuckenbrocks Pläne mit größter Pracht durchzuführen gedachte.

Daß Altar, Kanzel und Orgel übereinander plaziert wurden, hatte vermutlich seinen Ursprung in der Reformierten Kirche. Es gab diese selbe Anordnung in der Potsdamer Garnisonskirche, wo das preußische Königshaus reformiert war. Die Ausführung der prachtvollen Altarwand wurde dem norwegischen Tischler, Holzschnitzer und Architekten *Brede Rantzau* aus Drammen übertragen.

Wie ein römischer Triumphbogen ist die Altarwand mit ihrer Dreiteilung gearbeitet. Sie besitzt drei Öffnungen in denen links und rechts Skulpturen stehen, während die Mittelöffnung, durch die im Altertum der *imperator triumphans* ritt, von Altar und Kanzel bedeckt ist, gleichsam symbolisch das triumphierende Christentum verdeutlichend. Über der Kanzel – ein weiteres Symbol christlichen Triumphs – ist das Lamm Gottes mit der Kreuzesfahne in einer golden strahlenden Wolke zu sehen. Darüber erhebt sich dann ein Balkon, der die Orgel trägt.

Sie ist das Werk des deutschen Orgelbauers *Gottfried Heinrich Gloger* (1710-99), der für den Orgelbau in Norwegen ein königliches Privilegium bekommen hatte. Die hervorragenden Schnitzereien an der Orgel wurden wahrscheinlich von *Hendrich Bech* ausgeführt. Gloger brauchte fünf Jahre für den Bau der Orgel und mußte die Summe von 22 000 Reichstalern, für die er die fertige Orgel abzuliefern versprochen hatte, weit überziehen, so daß man ihm schließlich noch 4000 Reichstaler zugestand, »damit er nicht als ein kränklicher und gebrechlicher Mann der Berg-Casse zur Last fallen würde.«

Glogers Orgel wurde im Verlauf eines Dachstuhlbrandes Ende der achtziger Jahre des 19. Jahrhunderts stark durch Wasser beschädigt. 1890 erhielt die Kirche deshalb eine neue Orgel, die auf dem Platz des Königsstuhls aufgestellt wurde.

Durch eine großzügige Spende des Tinius Olsen in Höhe von 72 850 Kronen konnte man jedoch die wertvolle alte Orgel in den Jahren 1932/33 restaurieren und von 42 Stimmen auf 58 erweitern, ferner mit einer elektrischen Tastatur versehen.

Schnitzwerk an Kanzel und Orgel gehören schon dem *Rokoko* an wie manches andere in dieser Kirche.

Von den Malereien sind die zu erwähnen, welche vermutlich Johan Diderich »von Dram« (aus Drammen) ausgeführt hat. Es sind die Marmorierungen an der Altarwand und der Balustrade um den Altar, die durch ihren bräunlichen

Bergen. Ansicht von »Bryggen« mit dem Dreimaster »Statsraad Lehmkuhl« ▷

Ton bestechen und wirkungsvoll zu den Vergoldungen passen. Weitere Marmorierungen in den Füllungen der Brüstungen auf den Galerien, an ihren Profilen, an den Treppengeländern, Säulen und Rückwänden der Bänke stammen von dem Schweden *E. G. Tunmarck* (1729–89), der auch der Schöpfer des großen Bildes »Verklärung auf dem Berge« ist.

Tunmarck ist auch der Meister der beiden Darstellungen über den zwei Seiteneingängen der Kirche. Auf ihnen ist auf dem einen Bild »Jesus in Gethsemane« zu sehen, auf dem anderen die Auferstehung. Beide Bilder zeichnen sich durch feine dekorative Wirkung aus.

Mit zu den besten Bildern dieser Kirche gehören die 21 biblischen Darstellungen in den freien Feldern der Emporenwand und die vier prächtig gerahmten Bilder der Altarwand. Sie stammen alle von *Niels Thaanning* (gest. 1779).

Doch es sind nicht nur diese Malereien, die Schnitzereien und Skulpturen, die der Kongsberg-Kirche eine besondere Note verleihen.

Der festliche Eindruck, den man beim Betreten dieses Gotteshauses erhält, wird noch unterstrichen durch die drei Kronleuchter. Diese gläsernen Kunstwerke wurden in *Nøstetangens Glaswerk* angefertigt, das bei Hokksund lag, und zeugen von der hohen Glaskunst, die einst in Norwegen zuhause war.

Auch in dem reichen Silberschatz an Leuchtern, Kelchen und anderem Altargerät besitzt diese Kirche etwas Einmaliges genau so wie in den beiden in Frederiksværk auf Seeland (Dänemark) gegossenen Glocken, von denen die größte aus dem Jahre 1766 4958 Pfund wiegt, während die kleinere sich mit 482 Pfund begnügen muß.

12 Mann waren früher nötig, zudem noch in zwei Schichten, um die große Glocke zu läuten, deren Klang weit in die Berge hallte, um die verstreut lebenden Gemeindeglieder zum Gottesdienst zu rufen.

Außer den beiden hier beschriebenen Kirchen besitzt Norwegen noch eine Reihe anderer Gotteshäuser, die ebenfalls barocken Stil aufweisen. Dazu gehören u. a. die Domkirche von *Oslo* (1697), die Kirche von *Fredriksvern* (1756) und die Neue Kirche (Nykirken) von *Bergen* (1758–73). Sie alle sind in Kreuzform gebaut, eine Art, die auch für ländliche Bauten von Kirchen, besonders im Gudbrandsdal, angewandt wurde.

Auch in der *Profanarchitektur* weist Norwegen beachtliche und für den Norden charakteristische Bauten des 18. Jahrhunderts auf. Da sich die Architektur des Rokoko bereits um die Jahrhundertwende bemerkbar macht und sich eigentlich nur durch die Innendekoration und Einrichtung der Räume vom Barock unterscheidet, sollen die Profanbauten dieser Zeit hier nur im Rahmen des 18. Jahrhundert erwähnt werden. In dieser Zeit bildete sich die Bürger- und Beamtenkultur besonders heraus, was sich in den Häusern dieser Stände zeigte.

Man kann jetzt auch von »akademisch ausgebildeten« Architekten sprechen;

◁ *Detail des Portals der Hylestad Stabkirche. Regin schmiedet das Schwert. Ca. 1200.*

denn auf dem 1757 in Kongsberg neu eingerichteten Bergseminar wurde auch
Unterricht im Architekturzeichnen gegeben und zwar von dem in Island
geborenen Architekten *Olav Olavsen* (1753–1832). Das machte diese Akademie nach Ansicht norwegischer Kunsthistoriker zur »ersten Technischen
Hochschule der Welt.«

Aber auch in Christiania wurde auf der »Matematiske Skole«, die 1751
gegründet und später in die »Krigsskole« umgewandelt wurde, in Architektur
unterrichtet. Die Schüler (oder Studenten) waren Offiziere, vornehmlich
Pionieroffiziere, die bis weit ins 19. Jahrhundert hinein Baupläne zu manchen
Gebäuden entwarfen.

Eins der frühesten Bauwerke dieser Periode ist der *Stiftshof in Bergen* (Stiftsgården), der zusammen mit anderen Gebäuden nach dem Brand von 1702 in
den Jahren 1704 bis 1708 gebaut wurde. Ähnlich im Stil entstand um 1750 in
Christiania der *Mangelsgård*, der im Mittelfeld der Vorderfront einen Giebel
besitzt, und dessen Fassade durch Pilaster gegliedert ist. 1976 wurde im Norsk
Folkemuseum auf Bygdøy der *Collettgård* wieder aufgebaut. Er entstand
ungefähr 1716 und zwar ebenfalls mit einem Giebel an der Mittelfront und
einem ansehnlichen Portal, über dem eine an die Antike erinnernde Büste
steht. Dieses Haus läßt an ein französisches Palais denken, jedoch in überaus
vereinfachter Form. Zu den bedeutenden Bauwerken dieser Zeit gehören der
Treschowgård in Oslo mit seinen beiden neben dem Treppenaufgang hervor-
springenden Erkern (1710), *Christian Anchers Palais* (1744), das 1942 abbrannte, sowie der *Elingård* in Onsøy.

An dieser Architektur fällt die ruhige horizontale Linie auf, die wir bereits
beim *Bygdøy kongsgård* finden, an dem die behäbige Bauweise allerdings
durch den hohen Mittelgiebel und das steile Saaldach unterbrochen wird.

Von den verschiedenen Varianten dieses Stils, von denen noch das *Bergseminar in Kongsberg* (ca. 1786) zu nennen ist, bei dem sich der bei anderen Bauten
begonnene Mansardenstil voll durchgesetzt hat, ist hier besonders der *Stiftshof
von Trondheim* zu beachten. Er ist das zweitgrößte Holzhaus Norwegens, ein
repräsentatives Gebäude mit klarer Pilastergliederung und einem Mittelgiebel,
der eine überaus gelungene und stark vergrößernde Fortsetzung des Türgiebels
darstellt. Im Dreiecksfeld des Mittelgiebels ist das gekrönte norwegische
Wappen sichtbar, in den Giebelfeldern über den hochstrebenden Fenstern die
etwas derb geschnitzten Rokokoornamente. Ein besonderes Kunstwerk stellt
das von Ole Børting geschmiedete Treppengeländer dar, das die Gediegenheit
dieses einzigartigen norwegischen Holzbaus wirkungsvoll unterstreicht.

Der Stiftshof, der in Trondheims Munkegate nicht weit vom Markt liegt,
wurde von *Johan Berlin* für die Witwe des Kammerherrn Schøller gebaut
(1774–78). Allerdings soll sich auch der Schwiegersohn der Frau Schøller, der
General *G. F. von Krogh,* als Architekt an dem Bau beteiligt haben. Der

Holsteiner *Johan C. C. Michaelsen* (ca. 1750 – nach 1802) führte die Stuckarbeiten im Inneren des Hauses aus und malte die Tapeten. 1800 wurde der Hof vom Staat gekauft und dient seit 1815 als königliche Residenz, sobald sich der norwegische Monarch in Trondheim aufhält.

Neben den Stabkirchen einer früheren Zeit und einigen modernen Holzbauwerken unserer Tage ist der Stiftshof von Trondheim wohl das exzellenteste Beispiel für den hohen Rang und die Einmaligkeit norwegischer Holzarchitektur.

Mit dem Stifthof von Trondheim hatte sich das Rokoko in Norwegen einen hervorragenden Platz erobert. Nur war dieser Stil in seiner ganzen Verspieltheit, in seiner Freude am Asymetrischen und Verschnörkelten am Trondheimer Stiftshof nicht zu seiner vollen Entfaltung gekommen.

Das Rokoko, das sich von Frankreich über Europa und damit auch über Norwegen ausbreitete, hatte in diesem Land vor allem in den großbürgerlichen Handels- und Reederkreisen willkommene Aufnahme gefunden. Deren Kontakte mit England und Frankreich hatte diese Gesellschaftsschicht in eine so gute ökonomische Lage versetzt, daß sie gern diese neue Mode des Bauens aufnahm und auch andere Zweige dieser Kunst mit Interesse förderte.

An reinen Rokokobauten muß hier vor allem der *Damsgård von Bergen* (ca. 1770–95) genannt werden, an dem die verschnörkelten und gebogenen Linien der Fassade, zusammen mit den beide Seiten der Fassadenfront begrenzenden Bögen und dem koketten Turm auf dem Mittelgiebel mit seiner Barockhaube, dem Ganzen einen nahezu malerischen Charakter geben, der in einem gewissen Gegensatz zu der früher üblichen Bauweise mit ihrem strengeren, ins Klassische gehenden Äußeren steht.

Derartige Höhepunkte, wie sie die Baukunst des 18. Jahrhunderts in Norwegen aufzuweisen hat, gibt es in der *Malerei* nicht. Von ungefähr 1680 an lassen die Porträts die bis dahin gut erkennbare familiäre Auffassung vermissen. Sie werden mehr steif und äußerlich, wozu auch die jetzt aus Frankreich kommende Männermode mit den großen Perücken, den hohen Manschetten und Spitzenkragen nicht unerheblich beiträgt. Da gibt es kein psychologisches Eindringen des Malerauges in die zu Porträtierenden mehr, da wird nur noch Wert gelegt auf die Darstellung von Pomp und Pracht in der Kleidung, auf den wirkungsvollsten Effekt. Das wird erkennbar an den Porträts des Niederländers *Jacob Coning* von Christiania-Bürgern wie Collett, Rosenberg und Elieson (ca. 1700) oder an den Bildern von Tordenskjold, Wedel, Jarlsberg und Arnold, die martialischen Krieger und selbstbewußten Beamten darstellen.

Eine Ausnahme von dieser Malweise bildet das Porträt der Generalsgattin Hausmann (ca. 1740), das trotz der steifen Konturen eine weibliche Persönlichkeit voller Lebenswärme und Humor dem Beschauer präsentiert.

Eine auffallende Veränderung in der *Sakralkunst* zeigen die Altartafeln, bei denen die oft unruhig wirkende Vielfeldereinteilung des 17. Jahrhunderts einfachen Formen weichen muß mit einem großen, dominierenden Hauptfeld, das sich wie ein prächtiges Portal darstellt. Tatsächlich soll ein Portal – wie es Einar Lexow annimmt – Vorbild für die vermutlich älteste Tafel dieses Typs gewesen sein. Das stark aufkommende Interesse für die klassische Architektur hat zweifellos diese Neuerung in der Kunst der Altarbildschnitzer herbeigeführt. Das ging so weit, daß beispielsweise um die Mitte des 18. Jahrhunderts die Abhängigkeit von der Architektur solche spektakulären Ausmaße annahm, daß in der Kirche von Skjeberg die Altartafel aus Mauerstein und Stuck gefertigt ist, massive Säulen besitzt und oben ein ovales Fenster hat mit einem goldenen Stern, der von hinten sein Licht durch ein Chorfenster erhält.

Die großartigste Altartafel jener Zeit ist wohl die in der Frauenkirche von Trondheim. Eine Arbeit des Bildschnitzers *Henrik Kühneman,* des schwedischen Bildhauers *Jonas Granberg* und des Malers *J. N. Schavenius* (1742–45).

Eine ältere Barockform in der Kunst der Altarbilder findet sich noch in der *Domkirche von Oslo.* Dieses Werk, vermutlich von einem deutschen Meister geschaffen, besitzt zwei übereinanderliegende Reliefbilder, von denen das Hauptfeld mit seiner Abendmahlszene in ihrer naiven perspektivischen Wirkung echtes Barock wiedergibt.

Die in diesem Altarbildwerk eingearbeiteten Akanthusranken, die sich in allen bisherigen Stilarten fanden, tauchen nun in ihrer südeuropäischen und strotzenden deutschen Form wieder auf und werden zum Vorbild für viele spätere Kunstwerke.

Einer der ersten großen Bildschnitzer norwegischer Altartafeln war *Jakob Bergsveinsson Klukstad* (ca. 1715–73) aus Lesja, der Altartafeln und Kanzeln in Skjåk (1745–51), Lesja (1749), Heidal (1753–54) und Kors in Romsdal (1769) schuf.

Bekannt wurde der aus dem Volk stammende Bildschnitzer *Magnus Eliassøn Berg* (1666–1739), ein Bauernbursche aus Hedmarken (oder dem nördlichen Gudbrandsdal), doch vom Schicksal dazu ausersehen, europäischen Ruf zu bekommen.

Entdeckt wurde er von dem dänischen Statthalter Ulrik Frederik Gyldenløve, bei dem er Diener war und für den er einige Gartenskulpturen formte. Jedoch ist das älteste von ihm bewahrte Werk ein aus Bergahorn geschnitzter Pokal mit dem Bildnis von Christian V. (1690). Durch Gyldenløves Empfehlung kam Berg mit dem dänischen Hof in Kopenhagen in Verbindung, der ihn finanziell unterstützte und in die Lehre seines Landsmannes Peder Andersen Nordmand gab, der ihm oft übel zusetzte. Nach dessen Tod wurde Magnus Berg zur weiteren Ausbildung ins Ausland geschickt und kam auch als erster norwegischer Künstler nach Rom, wo er die Werke von Raffael und das spätere römische

Barock studierte. Auf seiner Rückreise machte er in Paris Station, wurde aber nach kurzem Aufenthalt 1699 von dort nach Kopenhagen zurückgerufen, wohin er eine Reihe von Zeichnungen mitbrachte. Er übernahm nun die Wohnung seines verstorbenen Lehrers, bekam auch nach der Thronbesteigung des neuen Königs Frederik IV. 400 Reichstaler weiter, wurde Kgl. Zeichenmeister und mußte in dieser Kunst die Prinzen und Pagen unterrichten. Einige Auftragsarbeiten, die er vom Hof erhielt, dienten der Ausschmückung von Schlössern, schienen den Künstler aber nicht recht zu befriedigen. Die Aufträge ließen nach, und er begann nach vielen Jahren zum erstenmal wieder zu schnitzen. Diesmal jedoch nicht in Holz, sondern in Elfenbein.

In den folgenden ca. 20 Jahren schuf er nun eine größere Reihe von Elfenbeinreliefs, die ihn zu einem der führenden europäischen Elfenbeinschnitzer jener Zeit machten.

Wirtschaftlich ging es Magnus Berg nicht schlecht, nachdem König Christian VI. sein Gehalt auf 600 Reichstaler erhöht hatte, weil Berg ihm alle seine Arbeiten mit Ausnahme des großen Reliefs »Frederiks IV. Apotheose« (jetzt Schloß Rosenborg, Kopenhagen) und des festlichen Pokals »Element des Wassers« (Vandets Element), geschenkt hatte. Die beiden letzteren Werke testamentierte Berg dem König.

Magnus Bergs Reliefs zeichnen sich durch große virtuose Behandlung des Elfenbeinmaterials aus. Bis ins kleinste Detail sind sie von einzigartiger Zartheit. Einmal bevorzugt es der Künstler, den Hintergrund ganz transparent auszuarbeiten, dann aber liebte er auch wieder ein starkes Hochrelief, wobei er Einzelheiten wie Ranken- und Blättergewinde oder eine Hand oft ganz frei herausarbeitete. Dies sind Kriterien seiner Elfenbeinreliefs, deren Motive malerischen Vorbildern, besonders denen italienischer akademischer Barockmaler, sowie Malereien in Modena und Bologna entnommen sind.

Der größte Teil seiner Werke befindet sich heute in Schloß Rosenborg in Kopenhagen. Aber auch im Kunsthistorischen Museum in Wien und im Hamburger Museum für Kunst und Gewerbe sowie in einigen anderen europäischen Museen ist er vertreten.

In seiner Heimat Norwegen findet man nur wenige seiner Werke. Außer einem Relief im Aust-Agder-Museet in Arendal, *Christi Gefangennahme in Gethsemane (Der Judaskuß)* darstellend, besitzt das Kunstindustriemuseum in Oslo die Reliefs *Der Sündenfall, Vertreibung aus dem Paradies* und das großartige, überaus fein gearbeitete Relief *Lesender Eremit mit Lupe.*

Selbstverständlich hat sich auch die kunsthistorische Wissenschaft eingehend mit Magnus Berg beschäftigt. Von den Kunsthistorikern, deren Forschungen ihm galten, sollen hier nur die Norweger Lorentz Dietrichson und aus jüngster Zeit Åshild Paulsen genannt werden. Besonders die Arbeiten von Åshild Paulsen haben viel zur Erhellung des künstlerischen Werkes dieses großen norwegischen Barockkünstlers beigetragen und die Echtheit mancher ihm zugeschriebener Reliefs zurückgewiesen.

Kleinkunst in Norwegen aber äußerte sich im Zeitalter des Barock nicht nur in Schnitzarbeiten. Sie machte sich auch geltend in den künstlerischen Arbeiten hervorragender Medailleure. Ihre Kunst war besonders gefördert worden durch die Verbindung zur Prägestätte norwegischer Münzen in Kongsberg. Dort in der Silberminenstadt stand die Wiege der norwegischen Medailleure. Einer ihrer bedeutendsten Vertreter war *Magnus Gustav Arbien* (1716–60), von dessen vielen Medaillen die dem großen aus Bergen stammenden Dichter und Gelehrten *Ludvig Holberg* (1684–1754) gewidmete wohl die bedeutendste ist. Auf ihrem Avers sieht man den ältlichen, vom Leben vielleicht ein wenig verbitterten Baron (Holberg war vom dänischen König geadelt worden) mit der Allongeperücke in einem nach links gerichteten En-Profil-Porträt, während das Revers eine sitzende Minerva mit lateinischer Umschrift zeigt (s. S. 145). In diesem Zusammenhang bedarf auch eine andere Kunstart, bei der Metall zur bildlichen Darstellung verwandt wird, der Erwähnung: die Reliefausschmückung an eisernen Öfen.

Sie reicht weit ins 17. Jahrhundert hinein und wurde in Verbindung mit den norwegischen Eisenwerken oft von eingewanderten Künstlern ausgeübt. Bereits in den Jahren 1630 bis 1650 fertigte der anonyme »Fossum-Meister« eine Reihe höchst dekorativer *barocker Ofenplatten* an, die sich in ihrem flachgearbeiteten Reliefstil augenfällig von den üppig schwellenden Formen seiner Zeit abheben. Ein wahres Meisterstück ist dem »Fossum-Meister« mit seiner Ofenplatte »Erschaffung Evas« gelungen. Auf ihr sieht man Gottvater als dominierende Gestalt der rechten Bildhälfte, den halb liegenden Adam links im Relief und die soeben aus ihm erschaffene Gefährtin in fließender Bewegung mit leicht gespreizten Beinen hinter ihm stehend.

Über hundert Jahre später kommt ein anderer Bildhauer aus Kopenhagen nach Norwegen und wird einer der großen Meister der dekorativen Ausschmückung, besonders in der Kirche von Kongsberg. Es ist *Henrik Bech* (gest. 1776), der ebenfalls eine Reihe hervorragender Ofenplatten schuf, oft mit eleganten Rokoko-Kartuschen, Girlanden und Amoretten. Noch weitere »Ofenkünstler« haben in Norwegen die für dieses Land so typischen Ofenplatten geschaffen und diese kunsthandwerkliche Tätigkeit zu einem besonderen norwegischen Kunstzweig ausgebildet, der auch heutzutage noch in diesem Lande lebendig ist.

Henrik Bech war ein Rokoko-Künstler, dessen Arbeit der Skulptur galt. Die Maler dieser Stilepoche, die das klassische aus Frankreich und Italien nach Norwegen gekommene Barock mit viel Munterkeit belebten, konnten dieses Genre weit mehr erneuern als das in der Architektur und Skulpturenkunst möglich war.

So schildert beispielsweise *Mathias Blumenthal* (ca. 1719–63) in Bergen, wohin er 1749 kam, in allegorischen Wandfeldern das Aufblühen der Stadt. Vorher hatte er bereits nach einem weit umherschweifenden europäischen Wanderleben in Halden vier Bilder der Stadt und Festung gemalt (1747–48), die mit ihren luftig bläulichen Farbtönen die ganze Leichtigkeit des Rokoko wiederspiegeln. Eine ähnliche Leichtigkeit zeichnet auch seinen Merkur aus, den er um 1760 malte. Leicht schwebend, in seinem blau- und rotgeränderten duftigen und faltenreichen Gewand, scheint dieser geflügelte Götterbote eine wahre Verkörperung norwegischen Rokokos zu sein.

Neben anderen Rokokomalern wie *Eggert Munch* in Ostnorwegen und *Jacob Lindgaard*, der die ostnorwegischen Handelsherren porträtierte, fällt besonders der deutsche Rokokomaler H. C. F. Hosenfelder (ca. 1722–1805) auf. Er war 1760 als Fayance-Maler nach Herrebøe gekommen und wurde später ein geschätzter Porträtmaler in Fredrikshald und Christiania. In ihm kommt das ganze Farbenraffinement des Rokoko zu einem hochkünstlerischen Durchbruch. Ist Hosenfelder Vertreter europäischen Rokokos in Norwegen, so vertritt ein anderer Maler dieser Zeit ganz und gar das norwegische nationale Moment in der Malerei des Rokoko: *Peder Aadnes* (1739–92). Er war Autodidakt. Zwar hatte er ein paar Monate (1770) bei Niels Thaanning das Zeichnen gelernt, sonst aber keine weitere Ausbildung genossen. Bei seinen Bildern ging er auf die alte Rosenmalerei, die in ihm den Sinn für das farbig Dekorative erweckt hatte, und deren Farben und Formen er nun im eigenen Sinn weiter zu entwickeln trachtete, zurück. So entstanden seine Wanddekorationen auf den Großhöfen in Ringerike und im Land und seine robusten Porträts.

Diese Rosenmalerei entwickelte sich zur norwegischen dekorativen Bauernmalerei, die eine beachtliche Seite der norwegischen Volkskunst ausmacht. Besonders in Hallingdal und Telemarken war sie zuhause, aber auch in Landschaften wie Numedal, Setesdal und West-Agder.

Truhen, Schränke, Betten und die Innenräume mit ihren Türen, Wänden und Decken boten ihre leeren Flächen zum Ausmalen mit dekorativen Mustern an. Der Ausgangspunkt waren die schwellenden Rosen und Früchte des Blumenbarocks, Kartuschen und Blattranken, aus denen sich seit Ende der 1760er Jahre die *Rocaille- und C-Formen* des Rokoko entwickeln. Auch Figurenmotive erscheinen, sind jedoch von geringerer Bedeutung. Kräftige und raffinierte Farben beherrschen diese Malereien, die von Meistern ausgeführt werden wie *Ola Hansson, Thomas Luraas, Knut Mevasstaul* und *Hans Glittenberg* (Telemarken) sowie *Truge Gunhildsgard, Kjetil Rygg, Herbrand Sata* und seinen beiden Söhnen *Nils Bæra* und *Embrik Sata*.

Man hat in jüngerer Zeit versucht, die alte Rosenmalerei wieder aufleben zu lassen, was nicht recht glückte. Jedoch war sie für Künstler unserer Zeit oft eine beachtliche Inspirationsquelle.

Auch die *Kunstindustrie* blühte damals bemerkenswert, vor allem die Glas-
und Fayanceindustrie. In der Nähe von Halden war 1758 von *Peter Hoffnagel*
die *Herrebøe-Fajancefabrik* gegründet worden. Sie existierte zwar nicht lange
– bis 1772 –, stellte aber in der kurzen Zeit ihres Bestehens beachtliche
Gegenstände wie Punschterrinen, Schüsseln und Tischaufsätze her, die sich
durch ihr blaues Dekor mit fließender Pinselführung auszeichneten und auf
gleicher Höhe mit manchen anderen europäischen Manufakturen standen, was
u. a. dem Mitwirken Hosenfelders zu verdanken ist.
Besonders berühmt wurde ein Tischaufsatz mit einem nackten Knaben, der
einen Korb hochhebt. Mit all dem ihm umgebenden Dekor ist dieser kleine
Junge gleichsam die Krönung eines Rokokokunstwerks der Fayance, wie es dies
in Norwegen zu jener Zeit kaum noch einmal gegeben hat.
Von den *Glaswerken* muß das in Nøstetangen (Eiker) genannt werden, das
auch nur eine relativ kurze Lebenszeit hatte (1741–1777), in diesen wenigen
Jahren aber erstaunliche Glaswerke schuf wie die schön gravierten Deckelpo-
kale mit Bilddarstellungen von *Villas Vinter* und dem Deutschen *H. G.
Köhler*.
Die großartigsten Werke – und damit Höhepunkte in der norwegischen
Glasbläsertechnik überhaupt – aber sind zweifellos die drei »venezianischen«
Glaskronleuchter in der Kirche zu Kongsberg.

Klassizismus und Empire

Die Freude am Leichten und Verspielten, die die Rokokokünstler zum
Durchbrechen der oft schweren und schwellenden Formen des Barock angetrieben hatte, mußte bald dem Ernst und Klaren des Klassizismus weichen, der
sich überall in Europa durchsetzte und dem geistige Vorboten wie Johann
Joachim Winckelmann (1717–68) mit seinem Postulat nach »edler Einfalt und
stiller Größe« gründlich den Weg geebnet hatten. Winckelmann war in Rom
eng mit dem dänischen Bildhauer *Wiedewelt* befreundet gewesen und auch
nach dessen Rückkehr nach Kopenhagen in korrespondierender, belehrender
Verbindung bis zu seinem tragischen Tod in Triest geblieben. Wiedewelt stand
erst am Anfang der neuen von Griechenland, aber auch von Rom geschöpften
Kunsterkenntnisse, die dann der aus Island stammende Däne *Bertel Thorvaldsen* (1770–1844) zur höchsten Vollendung bringen sollte.
Während Dänemark einen so großen Anteil an der klassizistischen Bildhauerkunst durch Thorvaldsen bekommen sollte, hatte Norwegen davon weniger
abbekommen. Das ist vielleicht erklärbar durch die Besonderheit der Skulpturenkunst, zu der – Thorvaldsen ist das beste Beispiel – vermögende Auftraggeber gehören. Die waren in Norwegen nicht vorhanden.

Andererseits ist das sparsame Vorhandensein norwegischer Bildhauer in jener Zeit insofern etwas eigenartig, weil seit ältester Zeit Norweger in der Skulpturenkunst Bemerkenswertes schufen, von den anonymen Meistern des Osebergfundes und der Stabkirchen sowie der alten Westfassade des Nidarosdoms und den Meistern der Olafs- und Marienstatuen bis hin zu dem einzigartigen Barockmeister Magnus Berg.

Der erste norwegische Bildhauer des Klassizismus, der den Mut hatte, sich in der armen Zeit nach 1814 zum Bildhauer ausbilden zu lassen, war *Hans Michelsen* (1789–1859).

»Geboren von Eltern des Bauernstandes (auf dem Hof Hegstad bei Leinstrand, nahe Trondheim, d. Verf.), war es mir in meiner Kindheit bestimmt, dieselbe Bahn wie sie selbst zu betreten. Die Natur hatte mir indes eine unüberwindliche Neigung zur Kunst mitgegeben, so daß ich mich ohne andere Anleitung als meine eigene Einbildungskraft, früh mit dem Schnitzen in Holz beschäftigte«, schreibt er 1828 in einem Brief an die »Gesellschaft für Norwegens Wohl«. 1815 war es ihm durch eine Erbschaft möglich gemacht worden, nach Stockholm zu reisen, wo er bald an der Kunstakademie aufgenommen wurde. Dort studierte er bei *Eric Gustaf Göthe* (1779–1838), einem Schüler von Sergel, der in Paris gewesen war, bekam eine Reihe Auszeichnungen, darunter die Erste Preismedaille (1820), und erhielt schließlich ein Staatsstipendium für einen längeren Aufenthalt in Rom, wo er im Spätherbst 1820 eintraf. Damals hatte er bereits die Büsten von Herman Wedel-Jarlsberg und seiner Frau Karen geschaffen (1819) sowie einige andere Arbeiten, die den Stempel des Empires der Carl-Johan-Zeit trugen.

In Rom wurde Bertel Thorvaldsen sein Meister, dem er wiederholt von Staatsminister Peder Anker empfohlen worden war. In Thorvaldsens großem Atelier am Palazzo Barberini sollte der junge Norweger nun ganze sechs Jahre arbeiten. Durch Thorvaldsen kam Michelsen mit einer Reihe skandinavischer und deutscher Künstler zusammen, so u. a. mit J. C. C. Dahl.

Ob Michelsen unter seinem großen Lehrer an dessen Werken maßgeblich mitgewirkt hat (Thorvaldsen übertrug oft die Arbeiten nach seinen Entwürfen seinen Schülern, die dann unter seiner Aufsicht das rein Handwerkliche ausführten), ist unbekannt.

Vermutlich hat er Thorvaldsens Schülern Pietro Tenerani und Emil Wolff bei der Arbeit an den zwölf Aposteln und der Christusfigur für die Kopenhagener Domkirche (Vor Frue Kirke) geholfen. Das war einer der größten Aufträge, die Thorvaldsen während Michelsens römischer Zeit erhalten hatte. Thorvaldsen lobte in einem Empfehlungsschreiben (1823/24) ausdrücklich Michelsens Fleiß, seine besonders guten Fortschritte und sein hervorragendes Talent, das sich in vier historischen Kompositionen für Basreliefs gezeigt hätte. Gemeint sind damit vier Marmorreliefs biblischer Thematik, die Kronprinz

Oscar bei Michelsen bestellt hatte. Das wesentlichste Ergebnis aber waren die vielen Zeichnungen, die Michelsen mit nach Hause brachte. Von ihnen besitzt jetzt die Nationalgalerie in Oslo mehr als 600 und das Nordenfjeldske Kunstindustriemuseum ca. 250.

1826 reiste Michelsen zurück nach Norwegen in der Hoffnung, Arbeit am neuen Schloß oder anderen »nicht unbedeutenden Bauwerken in Norwegen«, von deren Errichtung er gehört hatte, zu bekommen. Jedoch schlug alles fehl. Auch hinderte ihn wohl sein barsches Wesen und seine merkwürdige Kleidung, Kontakt zu den einflußreichen Kreisen Christianias zu bekommen, so daß er wieder nach Stockholm reiste und eine Zeitlang als Steinmetz bei dem gerade aus Italien zurückgekehrten Bildhauer Byström arbeitete.

Schließlich aber bekam er sein eigenes Atelier, stellte 1831 in der Kgl. Akademie aus, wurde Mitglied von Schwedens Allgemeiner Kunstvereinigung und hielt sich 1833 in der Stadt Trondheim auf, für deren Dom er 1834 von König Carl Johan den gewünschten Auftrag bekam, zwölf Apostel zu schaffen.

Sie waren als Gabe des Königs an den Nidarosdom gedacht. Fünf Jahre später waren sie fertig und fanden den Beifall des Königs, der noch weitere Apostelfiguren für andere Kirchen bei Michelsen bestellte. Eine geplante Christusfigur kam nicht zur Ausführung, da Thorvaldsen dem Dom einen Abguß seiner eigenen verehrte.

Michelsens Apostelfiguren unterscheiden sich wesentlich von Thorvaldsens. Sie sind mit ihren bis zu den Füßen reichenden, breitfaltigen Gewändern kompakter modelliert als die des großen Dänen. Zudem versuchte Michelsen die einzelnen Apostel mehr durch die äußere Haltung zu charakterisieren, wobei ihre Würde und der Ernst ihrer Mission stark unterstrichen wurden.

Ungemein viel Persönlichkeit steckt in der Andreas-Figur, wohl die geistvollste Arbeit dieses Auftrages. Daß von den Aposteln eine stark ins Auge fallende dekorative Wirkung ausstrahlt, scheint auf den Einfluß jener römischen barocken Apostelfiguren im Bernini-Geist zurückzugehen, die Michelsen in Rom studieren konnte.

Daß die Bernini-Tradition große Bedeutung für ihn hatte, geht auch deutlich hervor aus einem Entwurf für die Andreas-Figur, die in ihrer gebeugten Haltung einen fast wogenden Faltenwurf zeigt und deren Kopf das ganze grüblerisch fromme Wesen dieses Mannes wirkungsvoll empfinden läßt (Trondheim, Domkirche, gebrannter Ton, vergoldet).

Michelsens Apostel fanden zuerst im Nidarosdom Aufstellung und wurden später, in den sechziger Jahren des 20. Jahrhunderts, in den Erzbischofshof gebracht, wo Knut Skinnerland sie 1972 restaurierte.

An äußeren Ehren gebrach es Michelsen jetzt nicht mehr. 1839 wurde er Mitglied der Schwedischen Kunstakademie und bekam den Titel eines Kgl.

Hof- und Statuenbildhauers. Ein Jahr später stellte er die bedeutende Büste des Professors P. H. Ling aus, die an römische Kaiserbüsten erinnert und deutlich seinen Lehrmeister Thorvaldsen erkennen läßt. Diese Büste ist, was dieses Genre betrifft, Michelsens repräsentativstes Werk.

Bereits Ende der dreißiger Jahre hatte der Bildhauer sich mit nationalen Themen beschäftigt, die auf einen Übergang vom Klassizismus zur National-romantik verweisen. Zu den Motiven dieser Thematik gehören die Gestalten der alten norwegischen Könige und eine Statuette Odins. In Zink führt er davon für die Oscarshalle auf Bygdøv Harald Hárfagre, Olav Trygvason, Olaf den Heiligen und König Sverri aus (1849), jedoch lassen seine späteren Arbeiten deutlich künstlerische Kraft vermissen. Sie verblassen gegenüber früheren Werken.

Trotz solcher Schwächen muß Hans Michelsen als der erste bedeutende norwegische Bildhauer der neueren Zeit angesehen werden. Was Thorvaldsen für Dänemark bedeutete, bedeutet Michelsen für Norwegen. Jedoch blieb seine Kunst auf seine Heimat begrenzt, während Thorvaldsens Ruhm über ganz Europa strahlte.

Ein jüngerer Kollege von Michelsen ist *Ole Fladager* (1832–71), der Skulp-turen aus dem norwegischen Volksleben und der Geschichte seines Landes schuf. Bereits dem Spätklassizismus muß der Bildhauer *Julius Middelthun* (1820–86) zugerechnet werden, der mit seinem Hauptwerk, dem Schweigaard-Denkmal vor der Universität in Oslo, ein Bildwerk erstehen ließ, bei dem das allzu starke Bedürfnis des Künstlers nach strenger Klarheit die Gestalt des großen Rechtsgelehrten zu sehr formalisierte. Lebensnaher wirken dagegen einige seiner Büsten, von denen besonders die von J. S. Welhaven (1863) auffällt. Sie verbinden in beachtlicher Weise klassische Formgebung mit lebendigem Geist.

Die Maler des Klassizismus und Empires

Plastisch in ihrer Ausführung – und damit in großem Abstand zu Hosenfelders liebenswürdig graziösen und malerischen Konzeptionen – sind die Porträts der Maler *Frederik Petersen* (1759–1825) und *Johan Georg Müller* (1771–1822), der eine aus Drammen, der andere aus Bergen, die nach ihrer Ausbildung an der Kopenhagener Akademie nach Norwegen zurückgekehrt waren. Sie malten auch Landschaften. Aus einigen von Müllers Werken scheint bereits der berühmte J. C. C. Dahl herauszuschauen.

Vermutlich hatte er daran mitgearbeitet; denn Dahl, die Hauptgestalt der norwegischen Nationalromantik, war Müllers Schüler gewesen.

Ein weiterer Maler jener Zeit, *Johannes Flintoe* (1786/87–1870) wurde als

Sohn eines Norwegers in Kopenhagen geboren und kehrte in die Heimat seiner
Väter zurück. Er ist der erste norwegische Maler, der große Fjellwanderungen
unternahm und dort die Sujets seines Schaffens fand. Echt klassizistisch, weil
architektonisch im Aufbau, wirken seine Bilder manchmal zu konventionell,
atmen aber trotzdem in einigen Meisterstücken echte norwegische Natur mit
Tälern und Bergen, blitzenden Flüssen und schimmernden Gletschern. In
einigen seiner Werke kommt romantische Stimmung auf, wie beispielsweise in
dem Bild »Vøringfoss«! Der historische Umbruch Norwegens, der Übergang
von der verspielten, galanten Welt wohlhabenden Bürgertums des ausgehenden 18. Jahrhunderts, das den Profit von Schiffahrt und Handel reichlich
genoß, zu der neuen, durch die napoleonischen Kriege erzeugten spartani-
schen Zeit, in der das Land sein königliches Oberhaupt wechseln mußte,
hinterließ natürlich tiefe Spuren in der Kultur und speziell in der bildenden
Kunst.

Dies wird in der Porträtmalerei jener Zeit besonders deutlich bei *Jacob Munch*
(1776–1839). Von seiner Ausbildung her Offizier, war dieser Maler zwar nicht
von überragender Größe, besaß aber einen feinen Instinkt für Physiognomien
und deren farbige Wiedergabe. Auf seinen Studienreisen kam er auch nach
Paris, wo er in Davids Atelier und bei Gros starke Eindrücke empfing. Das
kam später in einem Selbstporträt (1809) und in dem kräftig durchgearbeiteten
Bildnis des Generals Hegermann (1816) zum Ausdruck. Nach seinem Aufenthalt in Paris reiste Munch nach Italien, kam im Frühling 1810 in Livorno an,
machte dort sofort die Bekanntschaft mit dem dänischen Gesandten Herman
Schubart und durfte den Rest des Jahres als Schubarts Gast in Montenero
wohnen. Dort lernte er Bertel Thorvaldsen kennen und wurde mit ihm so
vertraut, daß er dessen Bildnis malen durfte. Es ist jenes dekorative Gemälde,
das den ca. 40jährigen, bereits weitberühmten Bildhauer in der malerischen
Kostümierung eines Ritters des Dannebrogordens zeigt (Nasjonalgalleriet,
Oslo). Munch hat den Bildhauer inmitten einiger seiner Werke dargestellt,
einer Jason-Statuette und einem runden Relief mit einem antiken Motiv, das
angelehnt ist an einen Werktisch vor einem offenen, von faltenreichen Vorhän-
gen umrahmten Fenster. Durch die hochgeraffte Fensterpartie fällt der Blick
des Beschauers auf das römische Kolosseum und den Triumphbogen des
Konstantin. Das Bild wurde vermutlich in Rom gemalt, wo sich Munch von
Anfang 1811 ein Jahr lang aufhielt.

Skulpturenkunst und Malerei brachten keine Höhepunkte in der Epoche des
norwegischen Klassizismus und Empires. Das blieb der Architektur vorbehalten. Was den Malern und Bildhauern – mit einigen Ausnahmen – fehlte,
nämlich die vermögenden Auftraggeber, das bekamen die Baumeister im
neuen Norwegen; denn der Staat verlangte nach repräsentativen Bauwerken.

Die Architektur des Klassizismus und Empires

Schon 1802 hatte *Jørgen Henrik Rawert* (1751–1823), ein Schüler des Kopenhageners Harsdorff, seine Schrift »Fullstendige og fattelige forelesninger over bygningskunst« (Vollständige und verständliche Vorlesungen über die Baukunst) herausgegeben, mit dem Postulat nach vernünftiger Klarheit, Maßhalten und Ehrfurcht vor den großen griechischen Vorbildern.

Damit wurde Rawert der erste Theoretiker auf dem Gebiet der klassizistischen Baukunst in Norwegen. Er führte seine Ideen auch *in praxi* durch, indem er die Pläne für die 1783 errichtete (1886 abgebrannte) Kirche in Skien zeichnete, vermutlich auch den Entwurf für den Herrenhof Ulefos (1802–1807) lieferte mit seiner überaus harmonischen, kuppelüberdachten Mittelpartie.

Rawert war ursprünglich Ingenieuroffizier und als solcher auch Lehrer an der Kriegsschule von Christiania. Später wurde er Professor an der Kunstakademie zu Kopenhagen.

Ebenfalls Ingenieuroffizier, dazu noch Jurist, war der Däne *H. D. F. Linstow* (1787–1851), der Schöpfer des ersten monumentalen Profanbaus in Norwegen, des *Kgl. Schlosses*. Dieses Schloß steht in einer gewissen Nachfolge zu dem neu errichteten Schloß Christiansborg in Kopenhagen, dessen Architekt der wohl größte klassizistische Baumeister des Nordens war, der Däne *C. F. Hansen* (1756–1845). Aber auch Deutschlands großer Architekt des Klassizismus, *Karl Friedrich Schinkel* (1781–1845), sollte nicht ohne Einfluß auf Linstow bleiben. Auf seinen Studienreisen von 1835 bis 1837, die ihn nach München und Berlin führten, lernte er Schinkel kennen, dessen Ideen ihm nun seine eigenen Pläne bereicherten.

Das Schloß aber, das Linstow in den Jahren 1823 bis 1848 baute, war ursprünglich weit anspruchsvoller gedacht. Der Architekt wollte es als H-Anlage errichten, mit weit vorspringenden Seitenflügeln, die den hochragenden Mittelgiebel wirkungsvoller zum Ausdruck gebracht hätten, wodurch der Fassade viel von ihrer jetzigen Nüchternheit genommen worden wäre. Geldmangel machte diese Pläne zunichte. Dasselbe Schicksal traf Linstows Pläne für eine neue Repräsentationsstraße, die Karl Johans gate, an der vor allem der von ihm erdachte, von allen Seiten umschlossene Universitätsplatz nicht zur Ausführung kam.

Trotzdem gelang es Linstow, das Stadtbild von Norwegens Hauptstadt zu verändern und mit der Karl Johans gate – trotz der nicht durchführbaren Pläne – eine Verbindung zwischen Schloß und Stadt zu schaffen. Diese ist einzigartig im ganzen Norden. Zudem hat Linstow bestimmend auf die nachfolgenden Generationen der norwegischen Architekten gewirkt, von denen viele seine Schüler waren.

Von dieser neuen Generation gewann *Christian Heinrich Grosch* (1801–1865)

einen führenden Platz. Geboren war dieser Architekt als Sohn des Lübecker
Malers und Kupferstechers *Heinrich August Grosch* (1763–1843) in Dänemark. Aber der Vater ging bereits 1811 nach Norwegens Hauptstadt, um dort
norwegische Landschaften zu gestalten. In Christiania kam der junge Grosch
mit Linstow in Verbindung und lernte eine Menge von ihm. 1820 begann er an
der Kunstakademie in Kopenhagen bei Henrik Thyberg Architektur und bei
Hetsch Perspektive zu studieren und arbeitete neben seinen Studien im
Architektkontor von C. F. Hansen, für dessen großes Bildwerk über seine
Arbeiten er 19 Kupferplatten radierte. Im Frühling schloß er sein Kopenhagener Studium ab, nachdem er die kleine und große Silbermedaille der Akademie
erhalten hatte, und bekam in Christiania eine Stelle als Lehrer an der Zeichenschule.

Während der nun folgenden Zeit baute Grosch eine Reihe öffentlicher und
privater Gebäude, so u. a. die *Börse, Norges Bank* (jetzt Reichsarchiv), das
alte, inzwischen abgerissene *Reichshospital* und das *Observatorium* (1831–
1833). Charakteristisch für diese Bauten sind die von Grosch bevorzugten
kurzstämmigen, dorischen Säulen, wodurch beispielsweise ein Gebäude wie
die Börse ein niedriges, kompaktes Aussehen bekam. Das trifft nicht auf das
Observatorium zu, das aufgrund seiner Funktion die besten Voraussetzungen
für eine andere Bauweise hatte mit seinem kubischen Baukörper und dem
kreisförmigen Kuppelbau des eigentlichen Observatoriums.

Das größte und berühmteste Bauwerk aber, das Grosch schuf, ist die Osloer
Universität (1838–52). Steht man vor diesem an der Karl Johans gate etwas
zurückliegenden Bauwerk, fällt einem sofort die Mittelpartie, der *Portikus*,
auf, der einen an manches Klassizistische in Deutschland erinnert, vor allem an
die Alte Wache in Berlin. Und in der Tat hat hier auch derselbe Geist
mitgewirkt.

Als Grosch nämlich die Baupläne für die 1811 gestiftete Universität der
norwegischen Hauptstadt fertig hatte, wurden sie 1838 Schinkel vorgelegt,
dem sie für den neuen geistigen Mittelpunkt Norwegens nicht würdig genug
erschienen. Er schlug deshalb vor, Portikus und Eingangshalle in norwegischem Marmor ausführen zu lassen, eine Idee, die an dem Geldmangel in
Christiania scheiterte. Aber man wollte Schinkels Pläne doch so weit wie
möglich realisieren und nahm statt des Marmors behauenen Granit. Aus ihm
wurden nun die hohen, eindrucksvollen Säulen geformt, wodurch der Portikus weit wirkungsvoller ist als der Mittelrisalit des nahen Schlosses.

Grosch verließ später den Klassizismus und wandte sich einem neuen Back-
steinstil historisierender Art mit neuromanischen und neugotischen Einschlägen zu, wovon die *Bazarhallen* und die *Feuerwache* (1845–1858) in Oslo
beredtes Zeugnis ablegen.

Die Nationalromantik

In Norwegen hatte die Romantik aufgrund der politischen Entwicklung starke nationale Akzente bekommen, die in der Malerei in Erscheinung traten durch die Darstellungen norwegischer Landschaft und norwegischen Volkslebens. Damit hatten die Maler schon das vorweggenommen, was Jahrzehnte später Bjørnstjerne Bjørnson mit seinem zum Nationallied gewordenen Gedicht »Ja, wir lieben dieses Land« aussagen sollte.

Und so wie Bjørnson dichtete, so malte *Johan Christian Clausen Dahl* (1788–1857), Sohn eines armen Fischers aus Bergen und Schüler des dort wirkenden, aber in Kopenhagen ausgebildeten Johan Georg Müller, Norwegens urtümliche Landschaft auf die Leinwand. Dahl ging auch nach Kopenhagen, erlebte die dortige Romantik, studierte aber auch die alten Holländer und machte sich dann auf den Weg nach Dresden, wo er 1818 in einem Kreis von Künstlern, Dichtern und Gelehrten Aufnahme fand, die sich alle der Romantik verschrieben hatten und die auch lebhaft Goethes Rat für junge Landschaftsmaler diskutierten, die Formationen der Wolken, ihre Gesetze und die Phänomene der Atmosphäre zu studieren. Dahl blieb in Dresden, heiratete dort zweimal, befreundete sich eng mit *Caspar David Friedrich* und wohnte 20 Jahre mit ihm im selben Haus. 1824 war Dahl zum außerordentlichen Professor an der Dresdener Kunstakademie ernannt worden, und er ließ sich nicht bewegen, einem Ruf an die Kopenhagener Kunstakademie zu folgen. Auch Italien erlebte er, wo er sich endgültig von seinen Bindungen an die alten Holländer lösen konnte; denn die hellen Farben dieses Landes entwickelten in starkem Maß seinen Sinn für das Kolorit und änderten seine Maltechnik zu einer virtuosen und freien Pinselführung.

Obwohl die Landschaft um Dresden seinem Schaffen viele Sujets gab, galt sein Wirken doch vor allem seiner Heimat. Fünfmal besuchte er von Dresden aus Norwegen, brachte Skizzen mit nach Hause und führte sie dann zu seinen großen Bildern aus. Er selbst charakterisierte seine bevorzugten Motive als eine »Vorliebe für Küsten, Fjellgegenden, Wasserfälle, Schiffer und Häfen bei Tageslicht oder Mondschein«.

Aber seine Bilder stellen oft noch viel mehr dar. So beispielsweise das große Gemälde *Stalheim* (1842, 190 mal 246, Nasjonalgalleriet), eine »Fjellgegend«, aber welch eine! Da sieht man nicht nur die Berge, da öffnet sich einem der Blick von einer Anhöhe in ein Tal mit Wegen und winzigen Bauernhäusern, aus denen der Rauch steigt und wo in den Wipfeln der Bäume der Wind spielt. Es sind Birken, Dahls Lieblingsbäume, die auch im Vordergrund und teilweise auf den kargen Felsen sichtbar werden. Auf dem Weg, der schlangengleich aus dem Tal nach oben kriecht, plaudert ein Bauer auf einem gedrungenen norwegischen Pferd mit einem anderen, während auf der rechten Seite im

Vordergrund eine Ziegenherde zu sehen ist. Dahinter, weit unten, bricht sich ein *elv*, ein Fluß oder größerer Bach durch die gewaltigen, zerklüfteten Steinmassen seine Bahn. Eingeschlossen ist alles von mächtigen Bergen, über denen ein violetter Schimmer liegt, eine Farbe, die in Dahls späteren Werken, vielleicht als Folge einer beginnenden Augenschwäche, öfter in Erscheinung tritt. Über den Bergen aber, auf der rechten Seite des Bildes, spannt sich, bis tief ins Tal hinein, ein teilweise doppelter Regenbogen.

Dahl blieb bis zu seinem Lebensende Dresden treu. Diese Stadt mit ihrem ständig fließenden Fremdenstrom, angezogen durch die Fülle der Kunstschätze, bot ihm auch gute Möglichkeit, seine Bilder abzusetzen, von denen manche weite Wege in die Welt machten. Die größten geschlossenen Sammlungen seiner Werke aber befinden sich in der Nationalgalerie in Oslo, in der Städtischen Galerie in Bergen (Bergens Billedgalleriet) und in Rasmus Meyers Samlinger, ebenfalls in Bergen.

Eine eigentliche Schule konnte Dahl allerdings nicht bilden. Er hatte jedoch eine Reihe norwegischer Schüler, von denen *Thomas Fearnly* und *Peder Balke* wohl die bedeutendsten waren.

Die letzten Jahre seines Lebens waren ihm durch die neue Wende in der norwegischen Malerei vergällt. 1837 hatte Adolph Tidemand Düsseldorf mit seiner Akademie entdeckt und seinen jungen Kollegen den Weg dorthin empfohlen. Diese Empfehlung wurde von vielen jungen norwegischen Malern, die nun eine eigene Schule bildeten, befolgt. Gegen diese neue Akademierichtung versuchte Dahl bis zuletzt Front zu machen.

Die Düsseldorfer Schule

Obwohl die Düsseldorfer Schule in der Sicht späterer Kunsthistoriker kaum einen exponierten Platz in der Geschichte der europäischen Malerei erlangte, ist die norwegische Nationalromantik ohne sie undenkbar. Ihr erster bedeutender Maler war *Adolph Tidemand* (1814–76), der die neue Kunstrichtung eingeläutet hatte. Sein Generalthema waren Szenen aus dem norwegischen Volksleben mit den Bauern und Bäuerinnen und der bäuerlichen Jugend im Sonntagsstaat. Dieses Thema hing bei ihm und den anderen Künstlern eng zusammen mit dem Wiederentdecken norwegischen Volkslebens, mit der Erkenntnis, daß dies etwas Besonderes ist, Ausdruck der Eigenart des norwegischen Volkes, seiner Identität. Sie aber konnte in dieser Zeit nicht genug betont werden, galt es doch alle Mittel zu nutzen, die Norwegens Weg in die endgültige Selbstständigkeit frei machten. Willkommene Hilfe leisteten dabei Schriftsteller und Volkskundler wie Asbjørnsen, Moe, Faye und Welhaven. Und sie waren sich gegenseitig von Nutzen, wie das aus Bjørnsons Äußerung

Die Stabkirche von Urnes in Sogn. Ansicht von Südwesten ▷

hervorgeht, wonach er seine »Synnøve Solbakken« ohne Tidemands Bilder nicht hätte schreiben können.

Berühmt wurde Tidemand bald durch sein Bild der »Haugianer«. Das Werk erregte besonders auf einer der Berliner Ausstellungen große Aufmerksamkeit. Er malte das Thema mehrmals. Die erste Fassung (1848) hängt in der Städtischen Galerie in Düsseldorf. Die Fassung von 1852 (147 mal 183 cm), die eine in bäuerlichem Milieu stattfindende Andacht religiös tief ergriffener Menschen darstellt, besitzt die Nationalgalerie in Oslo.

Im selben Jahr, als die erste Fassung der »Haugianer« fertig war, vollendete Tidemand auch sein anderes großes Hauptwerk, das er zusammen mit *Hans Gude* (1825–1903) malte: »Brautfahrt in Hardanger (93 mal 130 cm, Nasjonalgalleriet, Oslo).

Dieses Werk stellt zweifellos einen Höhepunkt in der norwegischen Nationalromantik dar. Es war das erste von fünf in Düsseldorf zusammen mit Gude gemalten Bildern und wurde 1849 zum erstenmal in Norwegen ausgestellt. Es erweckte auch als Tableau bei den damaligen Festvorstellungen des Theaters in Christiania große Bewunderung, ja, sogar Jubel.

Die Hintergrundlandschaft dieses Bildes malte der junge Gude, während Tidemand die Personen in den auf dem ruhigen, grünlichen Wasser gleitenden Booten malte: die junge, glückliche Braut im alten Hochzeitsschmuck, den Bräutigam, der fröhlich den hohen Zylinder schwingt, den jungen Mann mit der Böllerbüchse, der die den tiefen Fjord umgebenden Berge zum Widerhall bringt und all die anderen Personen. Sogar das Dach einer alten Stabkirche ist zu sehen.

Man hat geglaubt, daß dieses Motiv vom Hardangerfjord stammt. Kenner der Gegend sind jedoch der Ansicht, daß sich Hans Gude dieses Motiv vom Sandvinvatn, 2 km südlich von Odda, geholt haben muß.

Hans Gude wurde die zentrale Gestalt der norwegischen Landschaftsmalerei des gesamten 19. Jahrhunderts und gleichsam das Bindeglied zwischen der damaligen Malerei und unserer Zeit. Er studierte intensiv das Hochfjell, war aber auch fasziniert von dem Spiel des Lichts an der See, wie das besonders gut an seinem Seestück »Frische Brise« (1876, 129 mal 202, Nasjonalgalleriet, Oslo) erkennbar wird.

Als Gude in Düsseldorf lehrte, war einer seiner norwegischen Schüler *August Cappelen* (1827–1852). Er wurde nur 25 Jahre alt, hinterließ aber unvergeßliche Werke, zu denen vor allem das Gemälde »Foss in Nieder-Telemarken« (1852, 77 mal 102,5 cm, Nasjonalgalleriet, Oslo) gehört.

Ein weiterer Gude-Schüler in Düsseldorf war *Johan Fredrik Eckersberg* (1822–1870), der so ganz bar aller romantischen Empfindungen war und ein scharfes Auge für die Wirklichkeit besaß, das ihn unter den »Düsseldorfern« zu einem frühen Landschaftsnaturalisten machte. Auch *Lars Hertervig* (1830–

◁ *Blick auf den Geirangerfjord*

1902) kommt von der Düsseldorfer Schule und besitzt wie Cappelen romantisches Empfinden, das seinen Ausdruck findet in phantasievollen Bildern wie dem Gemälde »Von Borgøya« (1867, 61,5 mal 69,5 cm, Nasjonalgalleriet, Oslo).

In eine nahezu innige Verliebtheit in ein warmes Kolorit geriet ein anderer Düsseldorfer, der für Tidemand große Verehrung zeigte: *Olaf Isaachsen* (1835–1893). Mit der Zeit wurde er immer unzufriedener mit dem Düsseldorfer Unterricht und ging 1859 nach Paris, um dort eine freiere koloristische Darstellungsweise zu lernen. Dort bekam er auch die Idee zu einer Darstellung »Tore Hunds an der Leiche Olafs des Heiligen«, ein Thema, das aber in der Tradition der norwegischen Düsseldorfschule seine Wurzeln hatte. Isaachsen kehrte wieder nach Düsseldorf zurück, reiste in Italien, hielt sich längere Zeit in Neapel auf und begeisterte sich besonders für die Malerei der Spätrenaissance und des Barock. Ganz stark fühlte er sich zu dem düsteren, mystischen, spanischbeeinflußten Barock der Neapolitaner hingezogen. Später zog er dann wieder nach Norwegen zurück, das er zwischendurch in den Sommern immer wieder aufgesucht hatte. Von dem geplanten Werk, das Tore Hund an Olafs Leiche darstellen sollte, kennt man nur eine hervorragende Ölskizze. Sie stammt aus dem Jahr 1881, hat eine Größe von 36,5 mal 26 cm und befindet sich in der Nationalgalerie in Oslo. Allein diese Skizze verrät einen tüchtigen Maler, der dieses Thema ergreifend zu gestalten weiß.

Isaachsen Arbeit war oft von tastendem Suchen geprägt. Ganz das Gegenteil ist bei *Carl Sundt-Hansen* (1841–1907) zu beobachten. Er verfolgte zielstrebig seine künstlerischen Vorstellungen, konnte Menschen malen, von denen man auf den ersten Blick glaubt, sie seien fotografiert. Das ist besonders zu merken an einer verkleinerten schwarz-weißen Wiedergabe seines Gemäldes »Beisetzung an Bord« (1890, 88 mal 145 cm, Nasjonalgalleriet, Oslo). Sundt-Hansen hat in seinen späteren Jahren auch oft Fotografien als Vorlage benutzt, um menschliche Gestalt und Physiognomie noch besser und konzentrierter studieren zu können.

Sundt-Hansen war ein Maler, den der Mensch am meisten interessierte. Aber er wurde kein echter Porträtkünstler.

Das war ein anderer Maler gewesen, ein Einzelgänger, der in der großen Epoche der »Düsseldorfer« lebte, aber nicht zu ihnen gehörte: *Mathias Stoltenberg* (1799–1871). Er stammte aus einer wohlhabenden Kaufmannsfamilie in Tønsberg, verlor nach schwerer Krankheit das Gehör und entwickelte nie die Fähigkeit zum Sprechen. Nach Kopenhagen geschickt, um dort Heilung von seinem Leiden zu finden, kam er, als alles fehlschlug, in die Tischlerlehre und machte seine Gesellenprüfung, worauf er bei Professor C. A. Lorentzen das Porträtmalen studierte und auch stark von der Porträtkunst C. A. Jensens beeindruckt wurde. Zurückgekehrt nach Norwegen

(1826), versuchte er vergeblich, sich in Christiania als Tischlermeister nieder-
zulassen, so daß er nun als Porträtmaler sein Brot verdienen mußte. Er reiste
kreuz und quer durch Norwegen, um Aufträge zu bekommen, ließ sich aber
schließlich in Vang in Hedmarken nieder und malte dort auch Landschaften
mit reinen, frischen Farben und saftigem Strich.
Eine Reihe großartiger Porträts stammt von seiner Hand wie beispielsweise
das Bildnis des Richters Thomas H. Møinichen (1831), das stark in dunklen
Tönen gehalten ist, oder das im nuancenreichen Blau ausgeführte Porträt der
Frau Delphin (1844). Beide Werke befinden sich in der Nationalgalerie in
Oslo. Am frischesten aber wirken Stoltenbergs Kinderbildnisse, von denen
das der kleinen Karoline Steen (1862, 67 mal 58, Nasjonalgalleriet, Oslo) durch
die lebendig blauen Farben des Kleides und das blonde, pausbäckige und
fröhliche Gesicht des Kindes geradezu besticht. Dieses Kinderbildnis ist wohl
das Schönste, welches norwegische Bildniskunst dieses Genres hervorgebracht
hat.

Naturalismus

Schon Maler der Düsseldorfer Schule wie Eckersberg, Sundt-Hansen u. a.
hatten in ihren Werken die neue Zeit angekündigt. Der Naturalismus hatte die
Maler gepackt. Das Zeitalter der Naturwissenschaften war im Kommen und
forderte auch von den bildenden Künstlern seinen Tribut.
Das Malerische, das Romantische großartiger Naturszenerien wich jetzt der
Darstellung des Realen, der schleierlosen Wirklichkeit mit ihren Menschen aus
der breiten, arbeitenden Bevölkerung. Und auch die Schattenseiten dieser oft
schwer schuftenden Männer und Frauen entkamen nicht den Augen der Maler.
So wurde geradezu ein klassisches Beispiel dieser neuen Richtung das Gemälde
von *Christian Krohg* (1852–1925) »Albertine im Wartezimmer des Polizei-
arztes« (1886–87, 211 mal 326, Nasjonalgalleriet, Oslo). Mit diesem Werk
gestaltete er das Schicksal einer Prostituierten, das er, der auch Schriftsteller
war, bereits in seinem Roman »Albertine«, der am 21. 12. 1886 beschlagnahmt
worden war, dargestellt hatte.
Nachdem die Düsseldorfer Schule langsam ihre Anziehungskraft auf die
norwegischen Künstler verloren hatte, öffneten andere Schulen ihre Pforten
für Norwegens junge, nach neuen malerischen Erlebnissen drängende Künstler. Wohl führte der Weg der meisten zuerst immer noch über Kopenhagen,
ging dann aber weiter über Karlsruhe, München, Berlin und schließlich Paris.
Krohg jedoch kam – im Gegensatz zu seinen anderen Künstlerkameraden – gar
nicht erst nach München. Er reiste von Gudes Atelier in Karlsruhe, zusammen
mit dem deutschen Maler Gussow, nach Berlin, wo er sich von 1875 bis 1879

aufhielt. Das hektische Leben der neuen Reichshauptstadt mit all seinen Schattenseiten übte nachhaltigen Einfluß auf ihn aus. Dort kam er auch mit dem Dänen Georg Brandes zusammen, der von 1877 bis 1883 seinen festen Wohnsitz in Berlin hatte und die starke Vertiefung von Krohgs sozialem Engagement energisch förderte. Auch mit Max Klingers Kunst wird Krohg in Berlin konfrontiert.

1879 beginnt Krohgs Aufenthalt in der dänischen Künstlerkolonie Skagen. Dort entwickelt er nun die koloristische Seite seines Naturalismus in überzeugender Weise. Befreundet mit den dänischen Malern *M. Ancher* und *P. Krøyer* und deren Kreis, malt er wie sie die Menschen dieser von den Meeren umspülten Nordspitze der zimbrischen Halbinsel: die Fischer, die Lotsen, die Leuchtturmwärter, Menschen, die im schweren, oft todbringenden Kampf mit den Elementen stehen.

Als Krohg seine Skagen-Bilder später in Norwegens Hauptstadt ausstellt, weckt er damit keine Bewunderung. Krohgs Menschen waren dem kunstinteressierten Publikum zu grob, zu plump, zu wenig ästhetisch. Statt gefälliger Schönheit waren die Gesichter von harter Arbeit gezeichnet, den Körpern fehlte die »schöne Linie«, sie waren zu vierschrötig, zu derb wie auf dem Gemälde »Frau, die Brot schneidet« (1879, Bergens Billedgalleriet).

Krohg ging später nach Paris (1901–09), wo seine Malweise in einen immer breiter und kühner werdenden realistischen Stil überging.

In die norwegische Kunstgeschichte aber zog dieser Maler, dessen kompaktes (und etwas lebloses) Denkmal, geschaffen von *Per Hurum* und *Asbjørg Borgfelt,* sich im Herzen von Oslo an der Karl Johans gate befindet, als der große Schilderer der einfachen Menschen ein, angetrieben durch ein sozialhumanes Empfinden, das dieser Mann, der aus wohlhabendem bürgerlichen Haus stammte und ein abgeschlossenes Jura-Studium hinter sich hatte, selbst mit den Worten »Wahrheit – Menschlichkeit« umschrieb.

Noch weitere große Namen brachte der Naturalismus in Norwegen hervor. So gehörte *Eilif Peterssen* (1852–1928) zu den beachtenswerten Begabungen des Kolorits. In München hatte er die historischen Kompositionen »Corfitz Ulfeldts Tod« und »Christian II. unterschreibt Torben Oxes Todesurteil« (1874–1876, 141,5 mal 200 cm, Nasjonalgalleriet, Oslo) gemalt, von denen letzteres Bild, bei dem deutlich der Einfluß von Tizian, Rubens und Holbein festzustellen ist, das Hauptwerk der norwegischen Historienmalerei darstellt. Norwegen konnte, vor allem durch Eilif Peterssen, dieses Genre in die Geschichte seiner Kunst aufnehmen.

Weitere Maler jener Zeit sind *Hans Heyerdal* (1857–1913), dessen Meisterwerk der kleine Halbakt »Das Champagnermädchen« bildet, ferner *Erik Werenskiold* (1855–1938), so wie Heyerdal stark dem Zeichnerischen verhaftet, *Frits Thaulow* (1847–1906), ein Meister sorgfältig gemalter Landschaften,

Jørgen Sørensen (1861–1894), der von Thaulows berühmter »Freiluftakademie
auf Modum« kam, *Halfdan Strøm* (1863–1949), der nach naturalistischen
Bildern aus dem großstädtischen Handwerker- und Arbeitermilieu helle und
farbenreiche Sommerlandschaften mit weißgekleideten Frauengestalten schuf,
und *Kitty Kielland* (1843–1914) mit ihren feingetönten Landschaftsbildern
von Jæren.

Eine besondere Stellung aber nimmt *Gerhard Munthe* (1849–1928) ein, der,
aus der Münchener Schule kommend, mit naturalistischen Landschaftsbildern
begann, den dann aber sein Sinn für alles Volkstümliche, für die nationale
Geschichte seines Volkes, zu hervorragenden Darstellungen auf diesen Gebieten brachte. Eine hohe Begabung für das Dekorative tat ein übriges. So
zeichnet er bereits in den 70er und anfangs der 80er Jahre Motive aus der
norwegischen Märchen- und Sagenwelt sowie nationale Phantasie-Motive.
Munthes Phantasiekunst bescherte der norwegischen Kunstgeschichte im zu
Ende gehenden 19. Jahrhundert einen einmaligen Höhepunkt. Neben großar-
tigen Aquarellen wie »Angst in der Dunkelheit« (Mørkredd), widmete sich
Munthe auch mit seinem charakteristischen Strich der Illustration. Volksballa-
den, Snorris Königssagas sowie Kartons zu von Frida Hansen gewebten
Teppichen, auf denen u. a. Motive aus der Saga von Sigurd Jorsalfar zur
Ausführung kamen, zeugen davon.

G. Munthe: König Sigurd Jorsalfarer und König Baldewin im Heiligen Land.

Den Höhepunkt seines dekorativen Schaffens aber stellt wohl die Ausschmük-
kung des Festsaals der restaurierten Håkonshalle in Bergen (1916) dar. Diese
Arbeiten wurden 1944 – zusammen mit der Håkonshalle – zerstört, als ein in
der Nähe liegendes deutsches Munitionsschiff in die Luft flog.

Die reiche norwegische Märchenwelt und die der Sagen aber hatte noch andere
Künstler jener Zeit stark inspiriert. So u. a. *Theodor Kittelsen* (1857–1914).
Dieser Maler war auch einmal stark sozial engagiert, als er das Bild »Streik«
(1878) schuf. Dann aber widmete er sich bald seinen phantastischen Märchen-
figuren. Seine Technik war zuerst ganz und gar von Werenskiolds Strichstil
beeinflußt. Später wird er freier, als er Aufenthalt nimmt in der einsamen,
wilden Naturwelt der Lofoten. Nun entstehen seine berühmten Zeichnungen
unter dem Titel »Troldskab« (Zauberei, 1887–1888, hrsg. 1892) und das
Meisterwerk »Svartedauen« (Der schwarze Tod/Pest), das 1900 fertig ist, eine
Serie von Bildern aus der norwegischen Sagentradition, die den Schwarzen
Tod zum Thema hat.

Wesentlich mildere Thematik schlägt der Künstler in der »Jomfruland-Serie«
an, wo über den Darstellungen eine feine Schärenstimmung liegt, ähnlich der,
welche uns in der Lyrik von Kittelsens Zeitgenossen Knut Hamsun und
Vilhelm Krag entgegentritt.

Die Maler und Zeichner dieser Epoche, die sich vom baren Naturalismus
lösten, gehören schon alle der *Neuromantik* an, so wie auch *Christian Skredsvig* (1854–1924), der sich nach einem Aufenthalt in Paris wieder in die Heimat
begab und dort phantasievolle Bilder wie die »Valdrisvisa« (1894/96) und
religiöse Kompositionen wie »Des Menschen Sohn« (1891) schuf. Jedoch
konnte Skredsvig nie ganz seine naturalistische Herkunft leugnen.

Impressionismus

Die Entwicklung zum Impressionismus zeigt sich besonders gut bei der
Malerin *Harriet Backer* (1845–1932). Bereits während ihrer Münchener Zeit
(1874–1878) fällt ihr großes Einfühlungsvermögen in das Sujet der Interieurs
auf, das sie später – nachdem sie von 1878 bis 1889 in Paris wohnte und
Bonnats Schülerin wurde – zu höchster Meisterschaft führen sollte. Das wird
besonders sichtbar an den Kircheninterieurs, die sie zum dominierenden
Bestandteil ihres Motivkreises werden ließ, nachdem sie von 1891 an der
Religion einen bevorzugten Platz in ihrem künstlerischen Schaffen einräumte.
Bei manchen ihrer Kircheninterieurs werden die Wände oft von ihren nüchter-
nen und starren Formen und Farben befreit und transponiert in ungemein
fließende Farben wie beispielsweise in dem Bild »Kircheninneres der Stabkirche von Uvdal im Numedal« (1909/10, 114,7 mal 134,8 cm, Rasmus-Meyers-

Sammlungen, Bergen). Das ist ein Bild, auf dem auch die Rosenmalerei, jenes alte norwegische Genre, ihren prächtigsten Ausdruck findet. Eine Symphonie von Farben, die in ihrem wohlabgetönten Kolorit hineinfließt in das gedämpfte Braun des Kirchengestühls, in dem sich die Menschen andächtig über ihre Gesangbücher neigen. Harriet Backer hat auch Landschaften und Porträts gemalt, wobei die Farben noch den verhaltenen Ton ihres 80er-Jahre-Stils aufweisen. Das Porträt von Kitty Kielland (1883), der Malerin und Schwester des Schriftstellers, ist dafür ein gutes Beispiel.

Harriet Backers Einfluß reicht – durch ihr Beispiel und ihre Lehrtätigkeit – bis weit in die Zeit der heutigen Künstler hinein.

Naturalismus und Impressionismus sind für manche norwegischen Künstler Ausgangspunkt einer freien Phantasie- und Farbenkunst geworden, die die oft eng gezogenen Grenzen der verschiedenen Schulen durchbrachen, um die sie bewegenden Probleme, das sie Umgebende umzusetzen in Formen und Farben und zu einer Confessio ihres Seins werden zu lassen.

Edvard Munch

Der Maler *Edvard Munch* (1863–1944) stammte aus einer berühmten, in Norwegen weit verzweigten Familie. Des Historikers P. A. Munch jüngerer Bruder, der Militärarzt Christian Munch, hatte sich in Løten (Hedemark) niedergelassen, wo Edvard als zweites Kind von fünf Geschwistern am 18. 12. 1863 geboren wurde. Kurze Zeit danach kam der Vater nach Christiania, und dort wuchs Edvard auf. Doch der Fünfjährige verliert die Mutter, und neun Jahre später liegt die Lieblingsschwester Sophie auf dem Totenbett. 1889 stirbt plötzlich der Vater, und sechs Jahre danach der Bruder Andreas, nur 30 Jahre alt. Der Tod hinterläßt tiefe Spuren im Denken und Fühlen des Malers, der nach anfänglichem Ingenieurstudium die Kgl. Zeichenschule besucht hatte und dessen Bilder Christian Krohg korrigierte (1881–1882).

Aber nicht nur der Tod bemächtigt sich – zusammen mit der Angst – seiner künstlerischen Persönlichkeit. Die Antwort auf ihn, das Leben, seine Entstehung, die Vereinigung von Mann und Frau, die Liebe, eingebettet in ein für ihn oft unfaßbares Geheimnis, mit all ihren Sonnen- und Schattenseiten, mit dem Glück der Verliebtheit und der Qual der Eifersucht, all dieses immerwährende Anziehen und Abstoßen, läßt ihn Zeit seines Lebens nicht los und findet mannigfaltigen Ausdruck in seinem künstlerischen Schaffen.

Die Formen und Farben lehrenden Schulen des Naturalismus konnten auf die Dauer für den nach Ausdruck dieser Dinge drängenden Künstler keine Richtschnur mehr sein. Er schließt sich den jungen Avantgardisten in Kristiania an und malt nun seine ersten Fassungen der später so berühmten Bilder

»Das kranke Kind«, »Pubertät«, und »Der Tag danach« (1886). Diesen Arbeiten war ein dreiwöchiger Aufenthalt in Paris vorangegangen. Paris sollte dann später in den Wintermonaten der Jahre 1889 bis 1892 wieder Aufenthalt für Munch werden, wo er sich in starke Stilkonflikte zwischen Impressionismus, Symbolismus, Synthetizismus und Jugendstil hineingezogen fühlt und sich schließlich – auch stark beeinflußt von van Gogh und Gauguin – von den letzten naturalistischen Details befreit.

Bald aber läßt den bis dahin nicht sonderlich bekannten Namen des Künstlers ein Ereignis in der europäischen Kunstwelt schlagartig aufleuchten: der Skandal von Berlin.

Der Verein Berliner Künstler, der 1891 sein fünfzigjähriges Bestehen feiern wollte, hatte u. a. mit Franzosen und Norwegern eine große Jubiläumsausstellung in Berlin geplant. Die Franzosen kamen nicht – Sedan war noch nicht vergessen –, und die Norweger stellten bei der Konkurrenz in München aus, wo auch Munch mit vier Bildern vertreten war. Aber in den Münchener Besprechungen wurde noch nicht einmal sein Name erwähnt. Er war überhaupt nicht beachtet worden.

Merkwürdigerweise aber wurde Munch ein Jahr später vom Verein Berliner Künstler zu einer Ausstellung eingeladen, die am 5. 11. 1892 mit 55 seiner Bilder eröffnet wurde. Doch da kam es zum Eklat.

Man verstand die Bilder nicht. Viele konservative Künstler des unter dem Einfluß des Hof- und Schlachtenmalers Anton von Werner stehenden Vereins, des »Uniform- und Stiefelmalers«, wie ihn die oppositionelle Jugend bezeichnete, fühlten sich durch diese Malereien beleidigt. Scharf ziehen die konservativen Kritiker vom Leder. Anton von Werner erklärt die Ausstellung als einen Hohn auf die Kunst, als Schweinerei und Gemeinheit. Mit 120 gegen 105 Stimmen wird die Schließung der Ausstellung durchgesetzt. Die 105 rebellierten weiter gegen die Unterdrückung der Meinungsfreiheit, was schließlich zur Spaltung und Gründung der Berliner Sezession führte, die Munch dann 1902 ausstellte. Da allerdings war der Norweger schon zum halben Berliner geworden. Nachdem der Berliner Skandal seine Wellen über ganz Deutschland getrieben hatte, wurde Munch fast unmittelbar danach nach Düsseldorf und Köln eingeladen. Die dortigen Ausstellungen waren die ersten, die in den folgenden Jahren in Deutschland stattfanden.

Mit aller Macht versucht er jetzt ein offizielles Comeback in Berlin zu erlangen: er bewirbt sich bereits im März 1893 um die Mitgliedschaft im Verein Berliner Künstler, wird aber abgelehnt. In diesem Jahr wohnt er schon fest in Berlin, stellt dort die Serie »Ein Menschenleben« aus, verkehrt in einem Kreis, der sich um die Zeitschrift »Pan« geschart hat. Viele in Berlin lebende skandinavische Künstler und Schriftsteller gehören zu seinem Umgang. Der norwegische Bildhauer Vigeland, der sich auch in Berlin aufhält, fertigt von ihm eine Büste an (1895), und ein Jahr davor beginnt Munch mit graphischen Arbeiten.

Nach vorübergehendem Aufenthalt in Italien, Paris und Norwegen (1899), einem Hauskauf in Åsgårdstrand (Norwegen, 1897) und der Bekanntschaft mit Dr. Max Linde in Lübeck, der das Buch »Edvard Munch und die Kunst der Zukunft« veröffentlicht und mit seiner Familie in Lübeck von Munch gemalt wird (1903), beschickt Munch verschiedene europäische Ausstellungen u. a. in Wien, Oslo und Prag. Dann aber ist er wieder in Berlin und malt für Max Reinhardt Dekorationen zu Henrik Ibsens »Gespenster« (1906) und den Lebensfries für das Foyer der Berliner Kammerspiele (1907). 1907 kauft er die Besitzung »Ramme« in Hvitsten und arbeitet an Dekorationen für die Ausschmückung der Universitätsaula in Oslo, die schließlich 1916 nach langem Streit angebracht werden. Im selben Jahr erwirbt er die Besitzung Ekely bei Oslo, wo er sich später (1929) ein sogenanntes Winteratelier baut.

Munch ist nun bereits ein international bekannter und berühmter Künstler, dem auch seine Heimat große offizielle Ehrungen nicht versagt. So wird er 1933 zu seinem siebzigsten Geburtstag mit dem Großkreuz des St. Olav-Ordens ausgezeichnet, und Jens Thiis und Pola Gauguin geben Munch-Biographien heraus. Doch 1933 beginnt auch in Deutschland die Kultur eine böse Niederlage durch den Beginn der Hitler-Diktatur zu erleiden. Deutschland, das Land, dem Munch seinen Durchbruch zu internationaler Größe verdankt, wird für ihn zum Trauma. 1935 stellt man Bilder von ihm in der berüchtigten Ausstellung »Entartete Kunst« aus, und zwei Jahre später werden 82 seiner Werke in deutschen öffentlichen Sammlungen beschlagnahmt und im Ausland verkauft. Drei Jahre danach – es ist das Jahr der Okkupation Dänemarks und Norwegens durch Hitler-Truppen – vermacht Munch alle sich in seinem Besitz befindlichen Kunstwerke der Stadt Oslo. Er erlebt noch seinen 80. Geburtstag, stirbt dann aber bald darauf, am 23. Januar 1944.

Munchs Werk ist innerhalb seiner drei Gestaltungsarten, den Gemälden, den graphischen Blättern und den Monumentaldekorationen mannigfaltig geschaffen. Der vom Naturalismus kommende Meister ging durch verschiedene Stilarten hindurch, paßte oft seine Thematik dem Stil an, fand jedoch seine größten Möglichkeiten im Symbolismus und im Expressiven. Ausdrucksformen, die meist zusammenflossen: aus denen Formen und Farben entsprangen.

In den Berliner Jahren, als er in den progressiven Künstlerkreisen im »Ferkel« verkehrte, wurden seine Motive in großem Ausmaß bestimmt vom Mystizismus und Okkultismus jener Zeit, verbunden mit Munchs eigener Sensibilität, den Angstneurosen, dem Sexuellen, wovon u. a. Bilder wie die »Madonna« (Liebende Frau, 1894/95), »Der Schrei« (Gemälde, 1893), »Der Kuß« (Rad. 1895) und »Die Eifersucht« (Lith. 1896) zeugen, Motive, die Munch oft variierte.

Von solchen Variationen sei hier die farbige Litographie der »Madonna«
(1895) erwähnt, die in Komposition und Pose dem Gemälde von 1894/95
ähnelt, die Farben jedoch auf dunkle und helle Blautöne reduziert, in denen
sich der helle Frauenkörper mit dunklem Haar und geschlossenen Augen wie
in einem Tanz nach übersinnlicher Musik wiegt.

Ganz das Gegenteil scheint das Gemälde »Asche« (1894) auszudrücken. Auch
ist dort die Frau nicht allein. Der Mann figuriert ebenfalls auf dem Bild. Aber
in welcher Situation! Verzweifelt kauert er im linken Winkel des Bildes,
während die hell gekleidete rothaarige Frau mit aufgeknöpftem Kleid ihrer
Verzweiflung Ausdruck gibt. Spermien am linken Bildrand deuten – wie auf
dem Madonna-Bildnis – an, daß diese Verzweifelungsszene *post coitum* festge-
halten ist. Aber während dem Madonna-Bildnis ein Embryo beigefügt ist, gibt
es hier nur kahles Gestein. Symbol des Unfruchtbaren.

Doch auch das sich liebende Paar ist nicht allein in der Welt. »Der Tanz des
Lebens« (1899/1900, 125,5 mal 190,5 cm, Nasjonalgalleriet, Oslo) zeigt es.
Eifersucht und Mitfühlen flankieren das junge, tanzende Paar. Symbolisiert
durch eine dunkle und eine helle Frauengestalt.

Auch der Landschaft wandte sich Munch zu. Er verstand es nicht nur, ihre
bizarren Formen und Farben ins Expressive zu transponieren, sondern wußte
auch verträumte Stimmung in seine Ausdrucksformen hineinzubringen, wie
das an seinen Gemälden »Eisenbahnrauch«, 1900 am Oslofjord gemalt, und
»Weiße Nacht« (1901) großartig zu erkennen ist.

Ein anderes Genre, das jetzt auffallend in Munchs Kunst sichtbar wird, ist das
Arbeiterbild. Zu diesem Kreis gehören Werke wie »Der Holzfäller« (1913),
die »Arbeiter im Schnee« (1912) oder »Grabende Arbeiter« (1920).

Munch ist der Meinung, daß diese Arbeiter, die, wie er einmal sagte, mit Recht
um ihre Menschenrechte kämpfen, monumentalen Wandbildern in Zukunft
ihren Inhalt geben müßten. Das Monumentale hatte Munch schon lange
gefesselt, und er hat auch mit seinen verschiedenen Friesen und den Dekorationen in der Aula der Osloer Universität seine Meisterschaft auf diesem Gebiet
unter Beweis gestellt.

Von seinen Porträts fesseln besonders seine Selbstbildnisse, von denen es
zahlreiche gibt. Erschütternd wirkt das »Selbstporträt am Fenster« (1940/42)
und die Selbstdarstellung »Zwischen Standuhr und Bett« (ca. 1940). Das eine
zeigt einen Mann mit resignierender Physiognomie, vor dem Hintergrund des
Fensterausblicks mit dem verschneiten Wald, das andere, lebhaft, ja bunt in
den Farben, stellt den Meister stehend dar, zwischen Zeit und Tod, zwischen
Uhr und Bett.

Munchs Wirken ist abgeschlossen. Das spürt der Beschauer deutlich bei
Betrachten dieser Werke. Der Ring hat sich geschlossen.

Der Weg in die Gegenwart

Viele andere Künstler blieben von Munchs Werk nicht unberührt. Einer von ihnen war *Ludvig Karsten* (1876–1926). Nach anfänglich nervösem Tasten und Suchen entfaltete sich sein besonderer malerischer Stil um 1905, nachdem er 1904 und 1905 mit Munch zusammen in Åsgårdstrand war. 1907 wird Karstens ergreifendes Bild »Schwindsucht« fertig, die Darstellung einer alten, sich scheinbar in ihr Schicksal ergebenen Frau, die vom Leben nichts mehr zu erwarten hat. »Die erste große und souveräne stehende Ganzfigur nach Munch«, wie der norwegische Kunsthistoriker Leif Østby bemerkt. Karstens Hauptwerk aber wird sein »Liegender Rückenakt« (1909) und der sitzende »Rote Akt« (1911). Der Rückenakt, der in Paris entstand, besticht durch sein starkes Kolorit, durch das kräftige Rot und das dazu in Gegensatz gebrachte Grün. Aber es ist nicht nur die Farbe, die dieses Meisterwerk so beachtenswert macht. Es ist die ganze Atmosphäre, aus der heraus man spürt, daß dem Künstler ein stark erotisches Erlebnis Antrieb für seine Gestaltung gab. Koloristische Meisterwerke sind auch die drei Interieurs von 1913/14: »Die rote Küche«, »Die blaue Küche« und »Vor dem Spiegel«. Ludvig Karsten war auch ein Meister im Kopieren alter Gemälde (Ribera, Rembrandt, Watteau), und die Erkenntnisse, die er aus dieser Arbeit zog, wirkten maßgebend bei der Vollendung seiner eigenen künstlerischen Persönlichkeit mit. 1920 ließ sich Ludvig Karsten in Skagen nieder. Dort lösen sich die Formen seiner Bilder mehr auf, und die Farbgebung bekommt einen fast flimmernden Charakter, so wie es an der sommerlichen See an Dänemarks nördlichster Spitze oft wahrgenommen wird und auch künstlerisch erfaßt wurde. Mit fünfzig Jahren stirbt dieser Maler, der, wie Pola Gauguin in seiner Karsten-Monographie (Stockholm, 1949) sagt, einer der Klassiker einer goldenen Epoche norwegischer Kunst war, »in der er Christian Krohgs und Edvard Munchs Spuren folgt.«

Aus der Schule der Neuromantik kamen u. a. die Maler *Halfdan Egedius* (1877–99), ein früh dahingegangener Maler, der ganz dem Nationalen verschworen war, und *Harald Sohlberg* (1869–1935), der die Landschaft am liebsten als festliches Geschenk erleben wollte.

Auch *Olaf Gulbransson* (1873–1958) kam aus dieser Schule. Er ließ sich in Deutschland nieder und wurde wohl der berühmteste Karikaturist des »Simplizissimus«.

Die neue Generation norwegischer Künstler, die nun auf sich aufmerksam macht, ist vornehmlich in die Schule von Henri Matisse gegangen, der damals noch zu den »Fauves« gehörte. Es sind Maler wie *Jean Heiberg* (1884–1976), *Axel Revold* (1887–1926), *Henrik Sørensen* (1882–1962) und *Per Krohg* (1889–1965).

Schon bei Matisse wurde das Wandbild analysierend betrachtet. In Deutschland hatte Oskar Schlemmer in seiner Klasse des Weimarer Bauhauses die Kunst des Wandbildmalens gelehrt. Die Norweger wollten jedoch in diesem Kunstzweig etwas ihnen Eigenes schaffen.

So entwickelte eine Reihe von Malern ein Genre, an dessen Wiege Edvard Munch nicht nur Pate gestanden hatte, sondern es auch zu eigener, fast unerreichbarer Größe hatte emporwachsen lassen können. Von ca. 1920 an bildete sich mit diesen und anderen Künstlern wie u. a. *Alf Rolfsen* (1895–1979) eine Art Schule der dekorativen Wandmalerei. Die Arbeit, die Munch im Osloer Rathaus nicht mehr ausführen konnte, übernahmen nun Krohg, Rolfsen und Revold sowie Henrik Sørensen, der das größte Wandbild lieferte. Revold hatte schon vorher die Börse in Bergen ausgemalt, und von Alf Rolfsen stammten die Wandbilder im Osloer Telegraphengebäude sowie die monumentalen Fresken im neuen Osloer Krematorium. Viele andere öffentliche Gebäude stellten ihre Wände den Fresken der Wandmaler zur Verfügung, so daß es so aussah, als seien die Maler auf dem Wege, Munchs Worte von der eventuellen großen Zukunft des Wandbildes in die Tat umzusetzen.

Doch Norwegens Künstler sind zu ausgeprägte Individualisten, als daß sie nun vorwiegend nur einer Kunstart den Vorzug gegeben hätten. Neben den Fresken wurde auch weiter »das kleine Bild« gemalt, das nach 1930 unter den Einfluß einer fast gewaltsamen Radikalisierung mit Impulsen von Picasso, dem Surrealismus, dem deutschen Expressionismus und der Kunst der Naturvölker kam.

Der deutsche Kirchner-Schüler *Rolf Nesch* (1893–1975) hatte 1933 Hitler-Deutschland verlassen müssen und war norwegischer Staatsbürger geworden. Seine »Materialbilder«, zusammengesetzt aus Steinen, Holz, Kork, Glas, Glimmer, Nägeln, Tau und Drähten sowie Metallplatten, gewannen langsam internationale Aufmerksamkeit. Und seine »Metallgraphik«, phantastische Darstellungen norwegischer Natur, wie es u. a. der Metalldruck »Lofoten« (1936) zeigt, blieb nicht ohne Einfluß auf seine norwegischen Kollegen.

Sigurd Winge (geb. 1909) gehörte dazu. Sein großer »Materialfries« mit dem Namen »Die Fischerflotte« (1939), eine Arbeit für den norwegischen Pavillon in New York, seine Mosaiken aus bemaltem Glas und Schiefer (»Vertreibung aus dem Paradies«, »Dämmerung« und »Find den Weg, Engel«, alle 1945/46) zeugen vom Einfluß Neschs genau so wie der große Fries aus farbigen Terrakottafliesen im Osloer Handelsgymnasium.

Selbstverständlich hatte sich in Norwegen auch – seit den 20er Jahren – die gegenstandslose Kunst Geltung verschafft. Aber sie ist nicht immer so stark abstrahiert, daß sie überall zuhause sein könnte; denn sie hat Titel, die oft auf die norwegische Landschaft hinweisen, und Fjord und Fjell lassen sich nicht selten durch Formen und Farben hindurch ahnen.

Unter den modernen Künstlern unserer Zeit aber gibt es einige, die trotz aller

Modernismen sich zu einem ureigenen, für sie besonders charakteristischen Stil hingearbeitet haben. Zu diesen Künstlern gehört Kai Fjell (geb. 1907). Sein Schaffen ist besonders der Frau gewidmet. Vom Surrealismus kommend, mit seinem Interesse für das Unterbewußte, hat er schließlich dieses Thema in einem Stil geformt, der sich wohltuend über alle engen Bindungen bestimmter Kunstrichtungen emporhebt, nachdem er seine anfänglich dunkle und farbarme Malweise mit ihrer tristen und zum Teil makabren Thematik verlassen hatte.

Das Weib in seiner Kunst – und hier spürt man manchmal eine gewisse Verwandtschaft mit Munch, denn auch Kai Fjell zieht das »ewig Weibliche hinan« – wird mit weicher Pinselführung und unter Beigabe mancher Attribute vielfältig variiert. Die Attribute, Dinge, die Assoziationsmöglichkeiten auslösen können, bezieht er oft aus der Volkskunst, der Bauernmalerei, der Rosenmalerei. Die Frau stellt er dar als ganz junges Mädchen, das aus der Dämmerung langsam zum werdenden Weib erwacht, wie er es auf dem Gemälde »St. Hansabend« (1942) gestaltet hat.

Es ist jenes Bild, dessen linke Hälfte zwei Personen ausfüllen: die dunkel gekleidete Mutter und die hell gekleidete junge Tochter. Die Mutter nestelt, hinter der Tochter stehend, noch etwas an deren Kleid herum.

Ein anderes Bild stellt »Mutter und Kind« dar. Wieder sind die Personen in die linke Seite des Bildes gesetzt, während einen großen Teil des Hintergrundes das Fenster mit seinem Durchblick auf eine Winterlandschaft ausfüllt. Einer der Bäume, der dicht vor dem Fenster steht, trägt Symbolisches in sich so wie die Gardine an der rechten Bildkante. Es sind Vulven und Spermien, die auf das Wunder des Werdens hindeuten. Die junge Mutter sitzt in einem phantasievollen Gewand mit großem, haubenähnlichen Gebilde auf dem Kopf vor einem Tisch, auf dem eine Schale mit Brot steht, und schaut regungslos vor sich hin, während ihr Kind, nackt auf ihrem Schoß sitzend, die Hände – in der Rechten einen Ring – wie aus Freude erhoben hat.

Ein anderes, 1943 gemaltes Bild, nennt der Künstler »Die Witwe«. Eine junge, nackte Frau, den Kopf wieder mit diesem für Fjells Bilder so typischem Haubengebilde bedeckt, dazu mit großer, goldener Kette um Hals und Schultern, zieht sofort den Blick des Beschauers auf sich, während eine zweite, dunkel gekleidete Frau etwas tiefer sitzt und einen ebenfalls dunkel gekleideten Jungen auf dem Schoß hat, der mit den Blumen auf dem Tisch zu spielen scheint. Auf der Treppe, die nach oben führt, drängen sich die Trauergäste hinter einer großen, blau bemalten Urne, während am Fuß der Treppe ein Fiedler mit gesenktem Kopf sein wohl trauriges Lied in den Raum tönen läßt.

Immer hat Kai Fjell seine Frauen mit zarten, kindhaften Zügen versehen, sie gleichsam zu Kindfrauen gemacht und mit untergründiger Erotik ausgestattet. Durch Pose und Kleidung hat er ihnen oft etwas Madonnenhaftes gegeben, sie zum Urquell allen Lebens gemacht.

Die Bildhauer

Der Mensch ist auch das Hauptthema der norwegischen Bildhauerkunst. Ihre große Tradition, von der Holzschnitzkunst der unbekannten Stabkirchenmeister über die Steinskulpturen des Nidarosdoms bis hin zu dem »norwegischen Thorvaldsen« Hans Michelsen, war in diesem Land stark gehemmt durch den Mangel an großen Mäzenen. Zwar hatte Hans Michelsen Aufträge von König Carl Johan erhalten, und auch Brynjulf Bergslien hatte öffentliche Aufträge bekommen, aber es fehlte in der norwegischen Gesellschaft noch eine breitere Schicht bürgerlicher Mäzene, die der Bildhauerkunst die ökonomische Basis hätte geben können.

Brynjulf Bergslien (1830–1898) schuf die ersten, öffentlich in Auftrag gegebenen Statuen der norwegischen Hauptstadt, von denen das »Reiterdenkmal Carl Johans« (1868/75) mit dem in majestätischer Haltung zu Pferde sitzenden Monarchen – schon durch seinen Standort vor dem Kgl. Schloß – wohl Bergsliens bedeutendstes Werk wurde.

Sechzehn Jahre nach Bergslien war der Bildhauer geboren, der zu seiner Zeit europäische Berühmtheit erlangen sollte: *Stephan Sinding* (1846–1922).

Angeregt durch Rodins Werk »Der Kuß«, schuf er die Skulptur »Zwei Menschen« (1889), jenes Werk, das, heute in der Osloer Nationalgalerie steht und immer noch viele Besucher anzieht.

Aber Sinding, der in Berlin bei einem Rauch-Schüler des Spätklassizismus in die Lehre gegangen war, schuf auch ein Werk, das zu den bedeutendsten Skulpturen des Naturalismus der 80er Jahre gehört: die »Barbarenfrau, die ihres Sohnes Leiche aus der Schlacht trägt« (1883). Fünf Jahre vor Vollendung dieser Arbeit stellte Sinding in Paris sein erstes selbständiges Werk, den »Gefesselten Sklaven« aus, das mit seiner an Michelangelo erinnernden Ausdruckskraft mit zu seinen besten Frühwerken gehört. Weniger zustimmend verhielt sich die Kunstkritik bei Sindings großen Statuen von Ibsen und Bjørnson vor dem Nationaltheater in Oslo (1899) und der von Ole Bull (1901) in Bergen.

Die strenge Formgebung des Spätklassizismus so wie sie bei Middelthun zu beobachten war, ging in den 90er Jahren zu einer formauflösenden Ausdruckskunst über.

Sie wurde wieder zurückgedrängt von *Ingebrigt Vik* (1867–1927), der das Formgefühl Middelthuns wieder aufleben läßt, es jedoch in einen weicheren, mehr modernen, von der zeitgenössischen französischen Kunst geprägten Stil transponiert. Sein »Stehendes Mädchen« (1909) in der Osloer Nationalgalerie ist der beste Beweis dafür und läßt erkennen, daß Vik der Generation von Maillol angehört.

Unter den Bildhauern, die die Figuren an der Westfassade des Nidarosdoms neu gestalteten, fanden sich Namen von Künstlern, die in der norwegischen Bildhauerkunst unserer Zeit beachtliche Werke schufen.

Dazu gehören u. a. *Stinus Fredriksen* (1902–1977), der sich in klassizistisch inspirierten Formen der 20er Jahre versuchte, wie es sein »Mädchenkopf« von 1926 zeigt und Skulpturen schuf, die die Formen vereinfachten und schließlich abstrahierten. Er beherrschte aber auch den monumentalen Statuenstil und das lebensnahe Porträt, wovon die Porträtbüste Alfred Maurstads (1961) zeugt.

Auch *Nicolai Schiøll* (geb. 1901) arbeitete lange am Nidarosdom und schuf 1933 den *Relieffries* in der Gedächtnishalle zu Stavern und die gewichtige *St. Hallvard-Skulptur* am Rathaus zu Oslo.

Das Umfeld zu diesem 1950 fertiggestellten Monumentalbau, besonders zum Hafen hin, bildete den idealen Standort für moderne Skulpturen. Und so hat dann *Emil Lie* (1897–1976) diese Aufgabe mit üppigen weiblichen Figuren zu meistern versucht. Sie weisen allerdings nicht die Geschlossenheit im Stil auf wie beispielsweise seine »Stehende Frau« (1938) im Osloer Freia-Park oder seine »Liegende Frau« (1940).

Die Architektur des Osloer Rathauses aber forderte noch eine Reihe weiterer skultureller Attribute.

So schuf *Dyre Vaa* (1903–80) die »Schwanengruppe« vor dem Haupteingang des Rathauses, die über einem Springbrunnen steht, und hoch darüber, zwischen dem westlichen und östlichen Turm, erhebt sich groß und schlank das goldene »Oslo-Mädchen« von *Joseph Grimeland* (geb. 1916), das 1951 dort seinen Platz fand.

Gustav Vigeland

Von all diesen Bildhauern schuf einer das gigantischste Werk: *Gustav Vigeland* (1869–1943). Als Sohn eines Tischlermeisters in Mandal am 11. April 1869 geboren in einer Familie, in der das Tischlern und Holzschnitzen zum täglichen Leben gehörten und auch die Landwirtschaft nicht fremd war, fiel der junge Gustav schon früh durch sein Talent für das Zeichnen und Schnitzen auf, weshalb man ihn 1884 in die Lehre des Holzschnitzers Fladmo in Kristiania schickte. Mehrere Jahre später (1889/90) war Gustav in der Lehre von Bergslien und wechselte dann zu dem Bildhauer Skeibrok über. 1891 durfte er nach Kopenhagen reisen und bei C. G. V. Bissen arbeiten. Ungefähr ein Jahr hielt er sich in Kopenhagen auf, kehrte kurz nach Norwegen zurück und war 1892 schon wieder in Paris. Nach seiner Rückkehr in die Heimat (1893) arbeitete er bis 1902 in Oslo und Trondheim und machte in dieser Periode lange Studienreisen nach Deutschland, Italien, Frankreich und England. Dann blieb er zuhause und reiste nur noch gelegentlich ins Ausland.

Seine immer stärker werdende Produktivität erlaubte ihm keine größeren Reisen mehr. Allmählich zog er sich auch fast gänzlich vom gesellschaftlichen Leben zurück, um sich ausschließlich der Arbeit an seinem Lebenswerk, der gigantischen »Frogneranlage«, zu widmen, bis ihn am 12. März 1943 der Tod aus seinem unermüdlichen Schaffen riß.

Schon als Vigeland 1891 mit einer Empfehlung von Professor Dietrichson nach Kopenhagen zu Bissen reiste, wird in dem Werk, das er dort schuf und den Namen »Verbannt« trägt, viel von seinem späteren Anliegen, dem Gestalten des allgemein Menschlichen, deutlich – und auch von dem Gespaltenen, das sein Werk einmal charakterisieren sollte. Die Gruppe »Verbannt«, einen Mann und eine Frau mit zwei Kindern und einem Hund darstellend, erregte auf einer Ausstellung in Kopenhagen (Charlottenborg) schon damals großes Aufsehen und zugleich starke Kritik. Die Gruppe sollte zuerst »Kain« heißen und widerspiegelt auch die Seelenqual des ersten Mörders. Gespalten scheint dieses Werk, weil zwischen der stark realistischen Ausführung des Mannes und der im fast klassizistischen Stil gehaltenen Formung der jungen Frau eine Kluft aufgebrochen ist, die keine Stileinheit mehr erlaubt.

Ein Jahr später ist Vigeland in Paris und läßt die Kunst Rodins auf sich wirken. Und obwohl er nie sein Schüler war und es gar nicht liebte, vom Einfluß des großen Franzosen auf sein Schaffen reden zu hören, läßt sich ein gewisses Orientieren bei Vigeland an Rodins Kunst nicht verleugnen. Auch hatte der junge Norweger mehrmals Rodins Atelier in Paris aufgesucht.

Sein nächstes größeres Werk wird die »Hölle«. Eine Darstellung, die die Scharen Verstorbener im Reich des Teufels zeigt. Aber als Vigeland nach Italien kommt, beginnt er an der künstlerischen Qualität dieses Werkes zu zweifeln und beschließt es umzugestalten. Als 1897 die neue Version fertig ist, schreibt er an Dietrichson u. a.:

»Die antiken Bronzen in Neapel hatten vielleicht noch mehr als die Renaissancearbeiten, die ich in Florenz mit größtem Interesse studiert hatte, meine Auffassung der Form ziemlich verändert ...«

Die neue Version – sie wurde von der Nationalgalerie angekauft – hebt sich stark von der ersten ab, die zu viele Diskrepanzen zwischen dem Gedanklichen und dem Formalen aufwies. Jetzt konzentriert sich die Komposition auf den Satan, der grübelnd über seinem Reich thront, während hinter ihm traumhaft die Menschen vorbeischweben, flach im Relief ausgeführt, und unten sich die Leiber – hoch im Relief modelliert – in den Abgrund wälzen, während die linke Bildseite von einem Galgen abgeschlossen wird, an dem drei Männer hängen. Das Werk wurde in Bronze ausgeführt.

Mann und Frau, die schon in der Gruppe »Verbannt« Vigelands Thematik waren, sollten ihn als künstlerische Inspirationsquelle sein ganzes Leben lang nicht loslassen. Dieses Thema nahm im Lauf seines Schaffens die verschiedensten Formen an. 1893 finden wir es wieder in der Skulptur »Trost«, 1896 in einer Zeichnung, die in Florenz entstand und ein nacktes, in einem Sessel sitzendes Paar darstellte, 1898 sind es »Die Herabgebeugten«, eine Skulpturengruppe, die eine kniende, sich auf die Ellbogen stützende Frau zeigt, die von hinten von einem Mann umfangen wird, während sie ihr Gesicht versteckt.

Vigelands Einstellung zur Frau war damals stark bestimmt von den intellektuellen Ideen jener Zeit, die sich bessonders – was seinen Kreis betrifft – bei dem polnischen Schriftsteller Przybyszewski äußerten, den Vigeland – wie auch Munch – in Berlin traf. Der Pole sah die Frau als Ursprung allen Übels an, eine Auffassung, die er auch damals mit Munch teilte und vielfältig in literarischer Form von sich gab. Vigeland war wohl in diesen Kreis mithineingezogen worden. Das hatte der Pole ihm auch in seinem kleinen Buch attestiert, das er über den Bildhauer geschrieben hatte, und in dem er eine düstere Schilderung der norwegischen Landschaft gab.

»Über allem, was er geschaffen hat«, so heißt es darin, »ruht der schwere bleierne Himmel und Jehovas rächender Zorn. Und aus allem lugt das düster grübelnde Auge eines Pessimisten hervor, der im Leben nichts als Schmerz und Brutalität zu sehen vermag.«

Vigeland hatte sicher in seinem ganzen Wesen eine pessimistische Grundhaltung gehabt, aber der überzüchtet intellektuelle Kreis im Berliner Lokal »Zum schwarzen Ferkel« war letztendlich nichts für ihn. Nach drei Monaten reiste er bereits nach Florenz und ließ andere Eindrücke auf sich wirken. Sicherlich hat er noch eine Zeitlang unter dem Einfluß der Auffassung von der Frau als dämonischem, alles vernichtenden Wesens gestanden. Aber sie hatte nicht ganz von ihm Besitz ergriffen.

Das große Thema Mann und Frau wurde bei ihm überaus facettenreich. Da finden wir seine Gruppe »Orpheus und Eurydike« (1899), die einen Mann zeigt, der verzweifelt versucht, die Frau festzuhalten, die unaufhaltsam in den Abgrund gleitet. Dann aber schuf er auch die Gruppe »Frau in den Armen des Mannes« (1905), die einen sitzenden Mann darstellt, der liebevoll seine Frau in den Armen birgt, in denen sie – fast embryonenhaft – geborgen ruht.

Ein Jahr später ist seine berühmte Skulptur »Mann und Frau« (1906) fertig, jene Marmorgruppe zweier Menschen, bei denen der Mann das Mädchen umfaßt, es an sich zieht, wobei es ihm entgegenkommend ihren Schoß hinhält. Er versucht in ihren Augen auch ihre seelische Bereitschaft zu erkennen. Aber ihr Blick erreicht ihn nicht, sie sieht woanders hin. Durch das Geschlechtliche werden sie eins, aber als Mensch bleibt jeder allein.

Zu Vigelands umfangreichem Schaffen gehören auch seine vielen Porträtbüsten, zu denen nicht nur die von Bjørnson, Ibsen, Obstfelder, Hamsun und Lie zählen, wobei letztere wohl die künstlerisch am tiefsten empfundene darstellt, sondern noch viele andere mehr oder weniger bekannter norwegischer Persönlichkeiten.

Vigelands Zwischenspiel in Trondheim in der Zeit zwischen 1897 und 1907 ist sein Beitrag zum großen Restaurierungswerk an Norwegens Nationalheiligtum, dem Nidarosdom, der u. a. resultierte in der Kreuzigungsgruppe in einem Chorbogen, Wasserspeiern und Schimären. Direkte Kopien, wie es Christie wollte, fertigte er nicht an. Ihm war es »unmöglich in einem anderen Stil als dem der eigenen Zeit zu arbeiten«, wie er es 1923 in einem längeren Brief ausdrückte.

Was er aber von seinem Trondheimer Intermezzo nach Hause brachte, war vor allem sein dort erwachtes Interesse für Ungeheuer, Drachen und Schimären. Das fand seinen späteren Niederschlag in seinem Hauptwerk, der riesigen »Frogneranlage«, jenem Skulpturenpark, der nach seiner Auffassung ein steingewordenes Gleichnis des Lebens werden sollte und dessen Ausgangspunkt die sogenannte Fontäne wurde.

Nach vielem Hin und Her unterschreibt er 1921 einen Vertrag mit der norwegischen Hauptstadt, in dem er seine ganze künstlerische Produktion Oslo vermacht und als Gegenleistung ein Atelier und alles das zur Verfügung haben will, was er zur Vollendung seines Riesenwerks benötigt. Er erhielt alles, was er brauchte. Außer dem Atelier im Stadtteil Frogner wird ihm 1924 das Gelände zur Verfügung gestellt, auf dem sich heute die Vigeland-Anlage befindet.

Den Mittelpunkt dieser gewaltigen Anlage bildet ein fast 17 m hoher Monolith, um den eine kreisrunde, terrassenförmige Treppe mit 36 Granitgruppen geht. Zu dieser Säule führt, vom Haupteingang am Kirkevei ausgehend, eine 850 m lange Achse, die die ganze Anlage teilt und auf der und an der Skulpturen plaziert sind.

Eingehauen in den Monolith sind 121 nach oben zum Licht strebende menschliche Gestalten. Frauen, Mädchen und Kinder im letzten Abschnitt.

Die Säule ist oft als gigantischer, in den Himmel ragender Phallus gedeutet worden, als Fruchtbarkeitssymbol, Ursprung allen Lebens, das hier in so vielfältigen Formen steinerne und bronzene, manchmal zu kolossal wirkende Gestaltung gefunden hat.

Die letzte Skulptur an der Achse ist das große Menschenrad aus Bronze, das aus 4 erwachsenen Personen und 3 Kindern besteht und von Vigeland 1933/44 modelliert wurde, aber erst 1950 aufgestellt wurde. Damit hat sich der Ring geschlossen; denn der Anfang von diesem Ende ist das Rad auf der Brücke, über die man nach dem Eintreten in diesen Skulpturenpark kommt. In ihm drehen sich ein Mann und eine Frau. Dort beginnt gleichsam das rollende Rad der Mann-Weib-Beziehungen.

1943 starb Norwegens größter Bildhauer. Zusammen mit Munch und Ibsen hat er Norwegens Kultur zu größtem Ansehen verholfen.

Die Architektur der neuen Zeit

Eine kritische Frage des deutschen Kunsthistorikers Kamphausen im Zusammenhang mit Vigelands Werk, ob die Übersteigerung der Maße norwegisch oder ein Fluch Oslos sei, zielte auf den 1950 fertiggewordenen Mammutbau des neuen Osloer Rathauses. Er entstand in einer Periode des Funktionalismus, repräsentiert ihn aber nicht konsequent.

Vor diesem Stil durchlief die norwegische Architektur noch andere Stilarten, die ihr nicht immer zu Ansehen verhalfen.

Nachdem der Klassizismus einen Höhepunkt durch den Universitätsbau von Grosch erfahren hatte, ging dieser zu einer neuen, romantisch geprägten Backsteinarchitektur über (Basarhallen, Brandwache). Die Zeit des *Historizismus* in der Baukunst hatte begonnen.

Der Hamburger Architekt *Alexis Chateauneuf* (1799–1853) restauriert die Osloer Domkirche und baut den etwas überdimensionierten Turm, der aber gut in dieses Viertel paßt. Der führende Architekt in Christiania aber wird der wegen der Restaurierungsarbeiten am Nidarosdom nach Norwegen gekommene *Heinrich Ernst Schirmer* (1814–1887), der sich eine gute Kenntnis der gotischen Bauweise aneignete, zu einer Zeit, als überall in Europa die Neugotik die Arbeit der Architekten bestimmte. Schirmer hatte eine glückliche Hand, als er den unverputzten Backstein als Baumaterial wählte. Er legte auch Wert auf echtes Material und solide handwerkliche Arbeit. Durch derartige Techniken vermochte er seinem Stil oft eine malerische Note zu geben. So ließ er beispielsweise die warme Backsteinfarbe durch graue Sandsteinkanten durchbrechen, was sich besonders gut bei den breiten Treppengiebeln seines »Gaustad Asyls« (1849–1855) ausnimmt. Noch eine ganze Reihe anderer Bauten hat dieser Meister entworfen, so u. a. das sogenannte »Bußgefängnis« in Oslo (1843–1849), das Reichshospital (1875–83), die Nationalgalerie (zusammen mit *Adolf Schirmer,* Mittelbau 1881) und viele Kirchen, Gefängnisse und Privathäuser überall im Lande. Die Gotik blieb lange Vorbild für die Architekten, besonders für die, welche aus Hannover kamen.

Aber auch andere Stilarten wie Renaissanceformen (Nationalgalerie) machten sich bemerkbar. In dieser Zeit entstand auch das Stortingsgebäude, das 1866 fertig wurde, entworfen von dem Schweden *Emil Victor Langlet* (1824–1898), und mit seiner Rotunde als zentrales Fassadenmotiv nicht gerade formvollendet erscheint. Architektonisch geglückter ist dagegen die *Dreifaltigkeitskirche*, die der Hamburger *A. F. W. von Hanno* (1826–1882) nach Chateauneufs Plänen vollendete.

Das Bauwerk, das den romantischen Idealen jener Zeit am nächsten kam, war zweifellos die von dem Dänen *Johan Henrik Nebelong* (1817–71) entworfene

Oscarshalle (1847–52). Jenes Lustschloß auf Bygdøy (Oslo), von dem der
norwegische Kunsthistoriker Leif Østby sagt:
»Wie bezeichnend ist es doch, daß hier in der norwegischen Natur ...,
Nebelong als Rahmen eine verträumte Architekturphantasie baute mit Zügen
sowohl vom englischen als auch vom deutschen und italienischen Palaststil,
nicht ohne rührende Anmut und in seiner Art eins der vielsagendsten Kultur-
denkmäler, die unser Land besitzt.«
Stärkere nationale Kriterien dieser Vielstilzeit – es traten später auch neubar-
ocke und neurokokohafte Formen auf wie bei dem Bau des Nationaltheaters
von *Henrik Bull* (1864–1953) – erscheinen erst mit Herman Schirmers und
Holm Munthes Beschäftigungen mit der alten norwegischen Holzarchitektur.
Letzterer baute u. a. die *Frognerhütte* und das jetzt abgebrannte *Holmenkollen
Touristhotel* und gründete den Drachenstil, der auch auf Steinarchitektur
übertragen wurde, aber wenig Anklang fand.
An der Spitze einer neuen Generation, die teilweise ihre Ausbildung in
Schweden genossen hatte, standen *Arnstein Arneberg* (1882–1961) und *Magnus Poulsson* (1881–1958) mit einem klaren nationalen Programm, aber auch
mit dem Hang zur Monumentalität.
Sie erhält ihren bedeutendsten Ausdruck in dem Bau des neuen *Osloer
Rathauses* (1931–1950). Der Durchbruch des Funktionalismus und die nun
einsetzende Verwendung von Beton veranlaßte diese beiden Architekten,
ihren ursprünglichen Rathaus-Plan von 1916, einen Entwurf, der noch romantisch inspiriert war und den Ausschreibungspreis davongetragen hatte, ziemlich radikal umzuändern.
Der Gesamtbau sollte jetzt Ausdruck geben für die beiden Funktionen, die ein
Rathaus hat: der tiefere Mittelblock für Feste und Repräsentation mit den
hohen, zum Meer blickenden Fenstern und die massigen Blöcke der Türme mit
den Kontoren der Administration. Fest und Arbeit, das sollte dieses neue
Haus monumental ausdrücken.
Nach einer kurzen Periode in der norwegischen Architektur, in der eine neue
klassizistische Strömung zum Durchbruch kam (ca. 1920–1927), setzte sich
1927 der Funktionalismus mit dem Skansen Restaurant in Oslo durch. Es war
von *Lars Backer* (1892–1930) entworfen worden, jenem Architekten, für den
Bauen, wie er erklärte, nicht Architektur im alten Sinn sei, sondern das
Fertigstellen eines Bauwerks, das voll und ganz seinem Gebrauchszweck
gerecht wird. Sein Beispiel machte Schule. Manche schon vorher entworfenen
Pläne wurden umgestaltet wie die für die neu zu errichtende *Universität in
Blindern,* ein Werk der Architekten *Finn Bryn* (1890–1975) und *Johan Ellefsen*
(1895–1969). Dieser Gebäudekomplex zeichnet sich durch ein ausgewogenes
Zusammenspiel von Architektur und Gelände und der großartigen Ausgewo-
genheit zwischen den mächtigen kubischen Blöcken (1934) aus.

Von den Architekten der jüngeren Zeit, die in moderner Weise bauten, müssen hier noch – anstelle von vielen anderen – *G. Fougner* und *E. Myklebust* Erwähnung finden, die in Oslo das Munch-Museum (1963) schufen, sowie *Jon Eikvar* und *Svein-Erik Engebretsen*, die das Henie-Onstad-Museum in Bærum vollendeten.

Kunsthandwerk

Mit zur norwegischen Kunstgeschichte zählt auch das Kunstgewerbe und das Kunsthandwerk, in Norwegen Gebrauchskunst *(brukskunst)* genannt. Wie in anderen skandinavischen Ländern ist dieses besondere Genre der Kunst zu hohem Ansehen und internationalem Ruf gekommen. Davon zeugen beispielsweise die Goldschmiedearbeiten von *Jacob Prytz* (1886–1962), der im Jugendstil arbeitete. Auch die Meister der Glasmalerei (Nidarosdom und Osloer Dom) *Gabriel Kielland* (1871–1961) und *Emanuel Vigeland* (1875–1948) gehören hierher. Besonders charakteristisch bis auf den heutigen Tag sind für das norwegische Kunstgewerbe die Emaillearbeiten. Auf diesem Gebiet errang *Grete Prytz Korsmo* (geb. 1917) einen hervorragenden Platz. Aber es verdienen im Rahmen dieser Gattung noch andere genannt zu werden wie Sigurd *Alf Eriksen* (geb. 1899) und *Tias Eckhoff* (geb. 1926). Das norwegische Kunstgewerbe bildete auch ein Zentrum, das die Bezeichnung PLUS trägt und sich in Gamlebyen in Fredrikstad befindet. Gegründet wurde es 1958. Dort hat *Grete Lein* (geb. 1926) mit ihren Textilarbeiten Großartiges geleistet, und *Tone Vigeland* (geb. 1938) stellte dort ihren archaisch inspirierten Silberschmuck her.

Eine Erneuerung der traditionsreichen norwegischen Glaskunst führte *Sverre Pettersen* (1884–1959) durch. Er war von 1928 bis 1949 künstlerischer Leiter von Hadelands Glassverk. Seine Arbeit an diesem führenden Werk wurde u. a. von *Arne Jon Jutrem* (geb. 1929) weitergeführt, einem vielseitig begabten Künstler, der auch zusammen mit *Mons Omvik* großartige Arbeiten in Zinn ausführte.

Schließlich muß in diesem Zusammenhang noch ein Mann genannt werden, dessen Kunst in die Hände aller Norweger kam. Es handelt sich um den Medailleur der Kgl. Norwegischen Münze (Den Kongelige Mynt) in Kongsberg, *Øivind Hansen* (geb. 1925). Er schuf nicht nur die Entwürfe vieler norwegischer Umlauf- und Gedenkmünzen, sondern auch großartige – ebenfalls von der Kgl. Münze geprägte – Medaillen. Von diesen sei besonders die zum 350. Stadtjubiläum von Kongsberg 1974 geschaffene Medaille genannt, deren Avers den vor einem Stolleneingang wachend stehenden Janus (Figur des Stadtwappens) zeigt mit der auf das Jubiläum deutenden Umschrift, während

der Revers das in die erste Fundgrube *(Kongens gruve)* primitiv eingehauene
Monogramm Christians IV. mit einer Krone und der Jahreszahl 1624 aufweist. Dieser Revers besticht besonders durch seine Einfachheit (s. S. 242).
Ein Blick auf die norwegische Kunstgeschichte zeigt, daß die Künstler dieses
Landes zu allen Zeiten beachtliche Leistungen hervorgebracht haben. Jedoch
ist die Einordnung in die Geschichte der europäischen Kunst relativ spät
geschehen. Zwar schrieben in früheren Jahrhunderten einige Verfasser bereits
über den Nidarosdom wie *Absalon Pederssøn Beyer* (1528–75) in seinem
Werk »Om Norgis Rige« (1567), dem später noch andere Autoren folgten.
Der erste Autor aber, der methodisch kunstgeschichtliche Betrachtungen
publizierte, war *Lyder Sagen* (1777–1850), Lehrer an der Kathedralschule zu
Bergen, der durch seinen Unterricht in der Muttersprache großen literarischen
Einfluß erzielte. In der Zeitschrift »Minerva« veröffentlichte er 1800 einen
Aufsatz »Beiträge zu Norwegens Kunstgeschichte« und unterstützte darüber
hinaus auch Künstler wie J. C. C. Dahl und andere.

Norwegens Literatur

Norwegens altnordische Literatur

Die ersten Literaturwerke wurden in Stein gehauen. Sogar in Versform wie auf dem *Tunestein* (5. Jh.), auf dem vier Zeilen mit Stabreim und Rhythmus stehen, nach Art der alten germanischen Poesie, so wie man sie auch in den Eddastrophen wiederfindet.

Ein wesentlich größeres Literaturdenkmal jener Zeit stellt der *Eggjumstein* (ca. 650) dar, dessen lange Inschrift ähnliche Stilkriterien aufweist wie die des Tunesteins. Diese Inschriften und die anderer Steine sind in Runen gehauen. Vom 9. Jahrhundert an findet man *Edda-* und *Skaldenstrophen*, die von einer reichen Dichtkunst aus vorchristlicher und vorhistorischer Zeit zeugen. Bewahrt sind diese Dichtungen auf *isländischen Handschriften* des 13. Jahrhunderts. Es ist nicht immer festzustellen, ob diese Strophen in Island oder in Norwegen entstanden. Die ältesten Eddalieder sind die Heldengedichte *Atlakvida, Hamdismál, Volundarkvida* und das *Alte Sigurdslied*. Sie setzen in Form und Inhalt die epische Dichtung der Völkerwanderungszeit fort. Während die Dichter der Eddalieder unbekannt sind, kennt man die Verfasser der *Skaldendichtung*. Das ist eine äußerst kunstvolle Dichtart, die von Isländern, aber auch von Norwegern ausgeübt wurde.

Olaf der Heilige und *Harald Hardráde* waren Skalden. Es ist der isländischen Tradition zu danken, daß Strophen norwegischer Skalden von ca. 850 bis um 1150 bekannt sind. Der Älteste von ihnen ist *Brage*, der die mythischen Bilder eines Schildes besang (9. Jahrh.). Das tat auch *Tjodolv von Kvines* (ca. 900). Er dichtete ferner »Ynglingatal«, Strophen über das norwegische und schwedische Königsgeschlecht, das von Fjolnir abstammte (Ynglingergeschlecht). *Torbjørn Hornklove* dichtete im echten Wikingergeist über die Schlacht am Hafrsfjord, und *Øyvind Skaldaspiller* (10. Jahrh.) huldigte mit warm empfundenen Worten und Versen Hákon dem Guten nach seinem Tod in der Schlacht von Stord (Hákonarmál). Er ist der größte der norwegischen Skalden.

Nach 1000 scheint in Norwegen die Skaldenkunst langsam zu verebben. Als 1955 die »Brücke« in Bergen brannte, wurden auf den verbrannten Höfen archäologische Grabungen gemacht, bei denen man mehr als 400 Reneninschriften fand. Von diesen waren mehrere in skaldischer Versform gehalten. Sie stammten von ca. 1200 bis ca. 1330. Das war keine große Poesie, aber Beweis, daß die Skaldenkunst unter den Bürgern von Bergen nicht vergessen war.

Schon bald nach dem Tod Olafs des Heiligen entstanden Geschichten über ihn, von denen die älteste, erhaltene Fassung die »Olafs Saga hins Helga« ist, auch die »Legendarische Saga über Olaf den Heiligen« genannt.

»Aufgrund ihrer rein tröndischen Sprachform und paläographischer Kriterien läßt sich die Hs. als eine um die Mitte des 13. Jahrhunderts in Norwegen (Trondheim) entstandene Abschrift einer älteren Vorlage bestimmen ...«, heißt es u. a. in der Einleitung in der zweisprachigen deutschen Ausgabe »Olafs Saga hins Helga«.

Um 1200 entstand das älteste norwegische Buch, das überliefert ist, »Gammel norsk homiliebok«, eine Sammlung meist übersetzter Predigten und der Version einer Olafs-Legende, die älter ist als die von dem Erzbischof Øystein erweiterte und umgearbeitete Olafslegende für das Werk »Passio et miracula beati Olavi« (80er Jahre d. 12. Jahrh.)

Des isländischen Historikers Snorri Sturlusons »Heimskringla« (Weltkreis), in der er die norwegischen Könige darstellt, behandelt norwegische Verhältnisse und ist auch auf norwegischer Tradition aufgebaut.

Das Hauptwerk des Mittelalters indes ist der »Königsspiegel« (Konungs skuggjá), auch lateinisch »Speculum regale« genannt, der in den späteren Jahren Hákon Hákonssons geschrieben wurde, womöglich als Lehrbuch für seine Söhne.

Unter Hákon Hákonsson (1217–1263) tritt schließlich ein Umbruch im norwegischen Geistesleben der höheren Bevölkerungsschichten ein. Die Ritterzeit beginnt, und ein verfeinerter Geschmack verbreitet sich. Die Literatur wird sentimental und betont oft erotische Momente. Viel französische epische Dichtung wird übersetzt wie beispielsweise die Sagen von Tristan, Parzifal und Yvein nach Chrestien de Troyes Versromanen, auch die »Karlamagnus saga« nach einer Dichtung über Karl den Großen und seine Helden. Von manchen Übersetzungen heißt es, daß sie auf Befehl König Hákons zustande kamen.

All diese Literatur ist jedoch ausschließlich für die höchste Aristokratie bestimmt, wohingegen die ebenfalls damals entstandene »Didriks saga« mehr bürgerlich in Anlage und Entstehung ist. Ihre Hauptperson ist Dietrich von Bern, identisch mit Theoderich dem Großen. Das inhaltsreiche Werk beschreibt Helden, die bereits aus der Eddadichtung, dem Nibelungenlied und der Vǫlsunga saga, einer der bedeutendsten »fornaldarsǫgur« (Sagas mit Stoff aus frühgeschichtlicher Zeit), bekannt sind.

Sie ist vermutlich in Bergen um 1250 »zusammengesetzt« worden und zwar nach deutschen Dichtungen und Erzählungen. Ein Neffe von Snorri Sturluson, *Sturla Tórdarson*, schrieb auf Geheiß von Magnus Lagabøte (1263–1280) Hákon Hákonsons und Magnus Lagabøters Sagas. Sturla dichtete auch Skaldenstrophen über die Könige.

Aber in Norwegen starb nun das Verständnis für die alte Stabreimpoesie und

man begann sich mit einem neuen Dichtungsgenre zu befassen – der *Ballade*.
Nachdem im 12. Jahrhundert schon bestimmte Strophenformen, die zum
Tanz gesungen wurden, von Frankreich über England in den nordischen
Raum vorgedrungen waren, hielt im 13. Jahrhundert das erzählende Lied, die
Ballade, ihren Einzug in diesem Gebiet und zwar zuerst in Dänemark.
Von dort breitete sich diese Dichtungsgattung über die nordischen Nachbar-
länder aus. Teils brachten sie eigenen Stoff mit, teils behandelten sie altbekann-
ten epischen Stoff, dem sie ihren eigenen Stil gaben.
Die Vermutung liegt nahe, daß die lyrische und die erzählende »vise« zusam-
mengeschmolzen ist zu der sogenannten *Folkevise* (Volksballade), die für den
gesamten Norden typisch ist und deren Charakteristikum im Kehrreim (norw.
omkvedet) liegt. Für den ganzen Norden ist das traditionelle Schema für die
»Folkeviser« anwendbar. Jedoch gibt es zwischen dem ostnordischen Gebiet
Dänemark und Schweden und Finnland und dem westnordischen Norwegen,
Island und den Färöern eine Trennungslinie. Zu den westnordischen Folkeviser gehören vor allem die meisten *Trollballaden* (Trollvisene) und *Heldenbal-
laden* (kjempevisene). Dabei stehen diese oft in einer Tradition, wie beispielsweise »Sigurd svein« Beziehungen zu »Sigurd Fáfnisbani« und der »Vǫlsunga
saga« hat.
Allgemein bilden die *Ritterballaden* (riddervisene) die größte Gruppe. Sie sind
jedoch im westnordischen Gebiet nicht so stark vertreten wie im ostnordischen. Und die wenigen norwegischen Ritterballaden haben ihren Stoff oft
von Dänemark bezogen wie die Ballade »Bendik und Årolilja«. Ihr Stoff
stammt teilweise von der dänischen Ballade »Hagbard und Signe«.
Ein weiteres Genre bilden die »Historischen Balladen« (historiske viser), von
denen es allerdings in Norwegen aufgrund seiner Randlage wenige gab. Die
wichtigste dieser Balladen dürfte die von »König Eirik und Hugaljo« sein, die
einen Teil ihres Stoffes von der dänischen Ballade von Königin Dagmars Tod
bezogen hat.
Die *Religiösen oder legendarischen Balladen* (religiøse eller legendariske vise-
ne), die ebenfalls meist von den Nachbarländern kamen, haben in Norwegen
allerdings auch etwas Eigenständiges hervorgebracht, wovon die »Traumbal-
lade« (draumkvedet) zeugt, eine mächtige und zugleich merkwürdige Ballade,
eine Visionsdichtung, verwandt mit westeuropäischer Dichtung dieser Art.
Die Ballade berichtet von der Reise eines Mannes namens Olav Asteson ins
Jenseits. Erschütternde Erlebnisse hatte er, konnte aber auch einen Blick ins
Himmelreich werfen. Den Höhepunkt bildet die Schilderung von den Seelen,
die zum Gericht geführt werden. Die Reise geht weiter zum Fegefeuer und in
die Hölle. Die Art der Strafe entspricht den Untaten der Sünde, so wie das auch
bei Dante und der schwedischen Heiligen Birgitta geschieht. Diese Ballade, die
vielleicht um 1300 entstand und die man nur aus Norwegen kennt, ist

inhaltlich und stimmungsmäßig weit verschieden von anderen Volksballaden. Sie besitzt jedoch die gleiche Form und hat auch den Kehrreim.

Neben den Volksballaden spielte in dieser Zeit auch das *Märchen* eine Rolle. Das Märchen an sich ist in der ganzen Welt zu Hause. Die Motive haben oft große Wanderungen angetreten. Doch die Szenerie der norwegischen Märchen stammt aus dem Land und Volk. Da gibt es die norwegischen Fjelle, die tiefen, dunklen Wälder, das Meer mit seinen Klippen, und der König gleicht oft einem Großbauern wie sein Schloß einem Großbauernhof.

Volksballaden und Märchen bilden die hauptsächliche ungeschriebene Literatur in Norwegen von ungefähr den 20er Jahren des 14. Jahrhunderts bis hin zur Reformation. Dieses Literaturgenre lebte in den Erzählungen und Deklamationen der Menschen und wurde von Generation zu Generation mündlich tradiert, bis im 19. Jahrhundert Forscher wie *Jørgen Moe* (1813–1882) und *P. Chr. Asbjørnsen* (1812–1885) die Märchen aufzeichneten, so daß sie zum allgemeinen Lesestoff wurden und stellenweise großen Einfluß auf die Literatur ausübten, die damals neu im Entstehen war. Zur selben Zeit wurden auch die ersten umfassenden Sammlungen norwegischer Volksballaden herausgegeben, so die von *M. B. Landstad* (»Norske Folkeviser«, 1852/53) und *Sophus Bugge* (»Gamle norske folkeviser«, 1858), nachdem die ersten Aufzeichnungen allerdings schon im 17. Jahrhundert begonnen hatten.

Humanismus und Renaissance

Von ca. 1370 an löst sich allmählich die alte norwegische Sprache auf. Mit der Reformation dringt die dänische Schriftsprache ins Land, die durch die dänische Administration dort bereits Fuß gefaßt hatte, und durch die dänische Bibel Christians III., den Katechismus und Hans Thomesens Dänisches Gesangbuch nun weitere Bastionen eroberte.

In literarischer Hinsicht aber ist für die Entwicklung der norwegischen Literatur der Humanismus wichtiger als die Reformation. *Anders Sæbjørnssøn* übersetzte das Landesgesetz (landsloven, 1520–1530), *Laurids Hanssøn* in Stavanger und *Mats Størsson* in Bergen übertrugen die Königssagas. Um ca. 1550 entsteht das erste Originalwerk, die »Hamar Chronik« (Hamarkrøniken), verfaßt von einem anonymen Kanoniker in Hamar, der der alten Zeit wehmütige Gedanken schenkt. Im Kreis um *Gjeble Pederssøn*, einem feingebildeten Humanisten an der Kathedralschule zu Bergen, die er umorganisiert hatte, entstand ein neues Nationalgefühl. Sein Schüler *Absalon Pederssøn Beyer* (1528–1575), der in Kopenhagen und Wittenberg studiert hatte, schrieb 1567 sein Buch »Om Norgis Rige« und führte von 1552 bis zum Jahr 1572 das für die Nachwelt überaus wichtige Tagebuch »Bergens Kapitelbog« (Liber Capituli Bergensis).

Während die Humanisten in Bergen in ihrer Muttersprache schrieben, waren die Werke der Humanisten in Oslo, die besonders um die Jahrhundertwende in Erscheinung traten, in lateinischer Sprache abgefaßt. Trotzdem gab es dort auch einige Werke in norwegischer Sprache. So die »Visitasbøker« des Bischofs *Jens Nilssøn* (1538–1600), die erst 1885 herausgegeben wurden, und *Hallvard Gunnarssøns* (ca. 1548–1608) »Geistliches Fragebuch« (Aandelig Spørgsmaalsbog), populär »Prestepina« (Pastorenqual) genannt, eine Übersetzung nach dem gleichnamigen Werk des Deutschen Michael Saxe.

Der größte Autor des 16. Jahrhunderts aber ist *Peder Claussøn Friis* (1545–1614). Er war ein Autodidakt, was seine Wissensbildung betraf, und übte das Amt eines Pastors in Lista (südliche Westküste) aus. Er schrieb über Island, Grönland, über »Tiere, Fische, Vögel und Bäume in Norwegen« (Diur, Fiske, Fugle, og Traeer udi Norrige, I–IV, geschr. um 1590) und schließlich ein großes Werk »Norwegens und der umliegenden Inseln wahrhaftige Beschreibung« (Norriges oc omliggende Øers sandfærdige Bescriffuelse, gedr. 1632). Von großer Bedeutung aber waren seine Übersetzungen von Snorris Königssagas, die allerdings erst 1633 von Ole Worm unter dem Titel »Snorre Sturlesøns Norske Kongers Chronica« (neue Ausg. 1757) herausgegeben wurden, und die erkennen lassen, daß Friis versucht hat, den besonderen Sagastil wiederzugeben.

Im 17. Jahrhundert wird auch die erste norwegische Druckerei in Christiania errichtet (1643). 1657 gibt der Pastor *Mikkel Pedersøn Escholt* seine »Geologia Norvegica« heraus, die bereits 1662 in englischer Übersetzung erscheint. Escholt war wohl der erste, der das Wort Geologie in wissenschaftlicher Bedeutung anwandte.

Gemeinschaftsliteratur

Von der zweiten Hälfte des 17. Jahrhunderts an kann man von einer Gemeinschaftsliteratur sprechen, einer gemeinsamen dänisch-norwegischen Literatur (dansk-norsk felleslitteratur). Zu ihren Vertretern gehört auch eine Frau, *Dorothe Engelbretsdatter* (1634–1716), eine norwegische Pastorengattin, von der 1678 eine Sammlung Lieder erschien unter dem Titel »Lieder-Opfer der Seele« (Siaelens Sang-Offer). 1685 kam ihre Sammlung »Tränen-Opfer« (Taare-Offer) heraus. Ihre Kirchenlieder sind in ausgeprägtem Barockstil geschrieben, mit kühnen Vergleichen und starken Wortformulierungen. Es sind immer die gleichen Töne, die sie anschlägt und die ja auch in der Zeit liegen: die Vergänglichkeit der Welt, der unabwendbare Tod. Mit den »Tränen des Glaubens« hofft sie, sich in den Himmel »hineinweinen« zu können, um mit verklärten Augen den Erlöser zu sehen.

Der einzig wirkliche Dichter jener Zeit aber war *Petter Dass* (1647–1707). Der
große Dichter des norwegischen Barock, in dessen Werk sich das Akademische mit dem Volkhaften wie nirgendwo anders in der norwegischen Dichtung
traf, hatte schottische Vorfahren. In Alsthaug wurde er Pfarrer und bekam
damit eine der reichsten Pfründen der damaligen Zeit, deren Haupteinnahmen
sich durch Fischverkäufe nach Bergen ergaben. Durch diese Stellung hatte er
ausgezeichnete Kenntnisse der Lebensverhältnisse in Nord-Norwegen, was
seinem Hauptwerk, der »Nordlandtrompete« (Nordlands Trompet, geschr.
1678 – ca. 1700, gedr. 1739) zugute kam. Auch seine geistliche Dichtung –
Kirchenlieder, durchsetzt mit starkem Obrigkeitsglauben, doch auch mit
kraftvoll poetischen Bildern – weist ihn als beachtliche Größe des norwegischen Barock aus, wird aber weit überflügelt von der »Nordlandtrompete«.
Das Werk ist eine topographische Dichtung, das die Beschreibung Nord-
Norwegens zum Gegenstand hat. Gewidmet wurde es keinem Herrscher,
sondern dem einfachen norwegischen Volk.
Die volkstümlichen Strophen der »Nordlandtrompete« sind nicht nur Anfän-
ge einer allerdings erst später beginnenden norwegischen Nationalliteratur, sie
stellen auch Meilensteine zur nationalen Selbstständigkeit des norwegischen
Volkes dar.
Das wirtschaftliche Emporkommen des Landes im 17. Jahrhundert griff auch
auf das 18. Jahrhundert über, wodurch die Stellung Norwegens in der Doppel-
monarchie gestärkt wurde. Gleichzeitig begannen die Norweger eine größere
Rolle in der Literatur zu spielen, deren Vertreter oft nach Dänemark gingen
und dort weiter schrieben.
Wohl die größte Gestalt – nicht nur in der dänisch-norwegischen Gemeinschaftsliteratur des 18. Jahrhunderts, sondern überhaupt im Geistesleben des
gesamten Nordens jener Zeit – war *Ludvig Holberg*, geboren am 3. 12. 1684 in
Bergen als Sohn eines Oberstleutnants. Da er sich nur für Bücher interessierte,
ermöglichten ihm Verwandte – er war inzwischen mit seinen 11 Geschwistern
Waise geworden – den Besuch einer höheren Schule in Bergen und Kopenhagen, so daß er anschließend die Universität besuchen konnte. Nach Beendigung seiner Studien 1704 mit einem philosophischen und einem theologischen
Examen geht er nach vorübergehender Tätigkeit als Hauslehrer in Norwegen
auf Reisen, die ihn später nach Oxford zur Bodleian Library und dann nach
Paris, Rom und Holland führten. Schon 1711 hatte er sein erstes Buch
»Einführung in die Geschichte der vornehmsten europäischen Reiche«, die
erste in dänischer Sprache geschriebene Weltgeschichte, herausgegeben. Ein
Werk, das bis in Holbergs Gegenwart führte. Als Anhang erschien dann 1713
ein »politisches Buch«, das noch mehr als das erste den wachen politischen
Geist des Autors zeigt und ihn als Vorläufer der modernen Politologen
ausweist. Ein Jahr später wird er a. o. Professor an der Kopenhagener Univer-

sität und 1717 schließlich ordentlicher Professor, wodurch seine schlechte ökonomische Situation endlich Aufwind erhält. Er mußte seine Lehrtätigkeit zuerst in Metaphysik ausüben, die er nicht mochte, dann in lateinischer Beredsamkeit und schließlich in Historie. Jetzt konnte er in aller Ruhe sein großes Werk »Geschichte des dänischen Reiches« (Dannemarks Riges Historie, I–III, 1732–35) vollenden, dem schon einige Jahre davor »Dänemarks und Norwegens Beschreibung« (Dannemarks og Norges Beskrivelse, 1729) vorausgegangen war. Seiner Heimat widmete er auch die Schrift »Beschreibung der berühmten Handelsstadt Bergen« (Den berømmelige Norske Handel-Stad Bergens Beskrivelse, 1737).

Doch diese Werke sind nur ein Teil seiner belehrenden Schriften, zu denen sogar »Die jüdische Geschichte« (Den jødiske Historie, 1742) gehört. Holberg hat sich mit ihnen nicht allein zu einem großen Aufklärer seiner Zeit gemacht, sondern sich auch in die Literaturgeschichte des Nordens als der erste große Sachbuchautor skandinavischer Sprache eingeschrieben.

Noch während dieser Tätigkeit wurde er plötzlich von der Lust am Komödienschreiben überfallen, von seinem »poetischen Raptus«, wie er das nannte, der ihn in einem Zeitraum von noch nicht einmal zehn Jahren zum berühmtesten Komödiendichter des Nordens werden ließ und zugleich zu einem bedeutenden Erneuerer der dänischen Sprache. Im ganzen verfaßte er 33 Komödien, davon allein 27 während seines »poetischen Raptus«. Mit zu den berühmtesten dieser Komödien des »nordischen Molière«, wie Holberg auch genannt wurde, gehören »Der politische Kannegießer« (Den politiske Kande-

Avers   Revers

Medaille Ludwig Holberg (1684–1754) von Arbien, geprägt anläßlich des Todes des Dichters.

støber), »Jeppe vom Berge« (Jeppe paa Bierget), Jean de France (J. d. F.) und
»Die Wochenstube« (Barselstuen) sowie »Erasmus Montanus« (E. M.) und
»Der Ruhelose« (Den Stundesløse). Alle in der Zeit von 1723 bis 1731
erschienen.

1741 gab er den in lateinischer Sprache geschriebenen phantastischen Roman
»Niels Klims unterirdische Reise« (Niels Klims underjordiske Reise, dän.
1742) heraus. Sein eigenes Leben stellte er – ebenfalls in lateinischer Sprache –
in seinen drei Episteln dar, Briefe, gerichtet an »den berühmten Mann N. N.«
(ad Virum Perillustrem ...), zweifellos eine fingierte Adresse. Die Episteln
stammen aus den Jahren 1728, 1737 und 1743. Bei seinem Tod im Jahre 1754
hinterließ Holberg eine vierte, in dänischer Sprache geschriebene Epistel, die
als »eine Fortsetzung meines Lebens und meiner Lebensgeschichte« gedacht
ist. Der dänische Literaturwissenschaftler und verdiente Holberg-Forscher
F. J. Billeskov Jansen (geb. 1907) gab diese Episteln 1943 in einer hervorragenden kritischen, kommentierten Ausgabe unter dem Titel »Ludvig Holbergs
Memoirer« (mit zeitgenössischen Illustrationen) in Kopenhagen heraus.

Das Interesse an Neuem, an Fremdem war Holberg in hohem Grad zu eigen.
Er suchte es oft in zeitgenössischen Büchern, so auch in den Schriften des
norwegischen Pastors *Hans Egede* (1686–1758), der 1721 nach Grönland
gereist war, um die Nachkommen der Isländer zu reformieren, die dort einmal
gesiedelt hatten. Da diese schon seit ein paar hundert Jahren ausgestorben
waren (was Egede nicht wußte), wurde Egede zum Missionar der grönländi-
schen Eskimo, zum Grönlandapostel.

In der Nummer 350 seines großen Werks der »Episteln« beschreibt Holberg
ein Grönlandbuch mit dem Titel »Des alten Grönlands neue Perlustration«
(Det gamle Grønlands nye Perlustration eller Naturel-Historie, Kjøbenhavn,
1741), von dem er sagt, daß er es mit Vergnügen gelesen habe. Neben diesem
Werk hatte Egede bereits vorher seine »Nachrichten aus Grönland« (Relatio-
ner fra Grønland, 1721–1736) herausgegeben. Hans Egede, der wie Holberg
ebenfalls nicht nach Norwegen zurückging, gehört zu den wichtigsten
Schriftstellern, die in den Werken jener Zeit Aufklärung verbreiteten.

Andere Norweger, die in Kopenhagen lebten, meist jüngere Studierende,
gründeten dort 1772 eine »Norwegische Gesellschaft«. Aus ihr sind Dichter
und Schriftsteller hervorgegangen, die in die norwegische Literaturgeschichte
gehören.

Johan Herman Wessel (1742–1785) war einer der führenden Köpfe der »Nor-
wegischen Gesellschaft«. Sein satirischer Witz und seine Kunst des Improvi-
sierens waren kaum zu übertreffen. Sein dichterisches Glanzstück war seine
»Tragödie in fünf Akten«, die er »Liebe ohne Strümpfe« (Kierlighed uden
Strømper, 1772) nannte, in Wirklichkeit gar keine echte Tragödie, sondern die
Parodie auf eine solche. Neben Wessel war *Johan Vibe* (1748–1782) wegen

seiner melancholischen Trinklieder berühmt. Ein anderer Norweger, *Claus Frimann* (1746–1829) schrieb Gedichte, die in einfacher Form das Leben der Norweger zu Lande und zu Wasser schildern. Gemeinsames mit Frimann hatte *Edvard Storm* (1749–1794), dessen Gedichte jedoch schon viel Romantisches haben. Seine wertvollsten Lieder befinden sich in der Sammlung »Talweisen« (Døleviser), die erst 1802, post mortem, im Druck erschienen. In diesen Gedichten verwendet Storm Dialektwörter aus dem Gudbrandsdal, ähnlich wie sein Landsmann *Thomas Rosing de Stockfleth* (1743–1808) es in seinen Gedichten tat.

Wenig begabt war der norwegische Theatermann *Niels Krog Bredal* (1732–78), dessen 1771 aufgeführtes Singspiel »Die Thronfolge in Sidon« völlig verrissen wurde.

Als er in einem literarischen Preisausschreiben eine dänische Tragödie suchte, schickte ihm sein junger Landsmann *Johan Nordahl Brun* (1745–1816) zwei Stücke zu: »Zarine« und »Einer Tambeskielver«. Von diesen wurde jedoch nur »Zarine« aufgeführt (1772), eine Tragödie im Voltaireschen Stil. »Einer Tambeskielver« hingegen ist ein norwegisches Stück. Sein Stoff stammt aus Snorris Königssagas, und der Titelheld ist in Trøndelag zu Hause, in der Heimat des Dichters. Dieses Stück wurde das erste norwegische Saga-Drama. Mit ihm wollte der Dichter – wie später der junge Bjørnson – den Anfang einer historischen Ahnengalerie für sein Volk schaffen.

Brun schrieb auch das erste norwegische Nationallied »Für Norwegen, der Helden Geburtsland« (For Norge, Kiæmpers Fødeland) und benutzte in seinen Gedichten Motive und Stoff aus der norwegischen Natur und dem Volksleben.

Die »Norwegische Gesellschaft« erlebte um 1790 eine kurze Nachblüte. Mittelpunkt dieses Kreises war damals *Jens Zeitlitz* (1761–1821). Er begann mit Landschaftsschilderungen, Jahreszeitengedichten und verfaßte auch Satiren in Holbergs Geist. Er wurde dann durch seine Trinkweisen »der muntere Sänger der Freude«, womit er in eine Art Nachfolge zu Johan Vibe trat. Von den kritischen Geistern dieses Kreises muß auch *Claus Fasting* (1746–91) erwähnt werden. Er ist in die Literaturgeschichte als »Norwegens erster Literaturkritiker« eingegangen.

Die Nationalromantik

Um die Jahrhundertwende ebbte das literarische Leben der »Norwegischen Gesellschaft« aus. Die napoleonischen Kriege, die Gründung einer norwegischen Universität, die Auflösung der Union mit Dänemark und die im Zusammenhang damit in Kraft getretene neue, freie Verfassung gaben den meisten geistig Schaffenden anderes zu bedenken. Trotzdem schrieben noch einige Norweger weiter. Doch die neue, sich nun auch über die nordischen Länder ausbreitende Literatur der Romantik wuchs auf norwegischem Boden relativ spät.

In Dänemark hatte bereits 1802 der in Norwegen geborene *Henrich Steffens* (1773–1845) durch seine epochemachenden Vorträge die Ideen der deutschen Romantik vermittelt und in *Adam Oehlenschläger* seinen gelehrigsten Schüler gefunden. Mit seinem Werk wurde dann sehr schnell die dänische Romantik begründet.

In Norwegen bekam diese Epoche den Namen Nationalromantik, kam aber erst um 1830 ganz zum Durchbruch. Sie verarbeitete dabei manches aus der Zeit der Aufklärung und des modernen Liberalismus. Dabei hat sie ihren Werken eigene, kraftvolle und farbige Züge gegeben. An ihrem Anfang steht *Henrik Wergeland* (1808–1845). Er wird in der norwegischen Literaturgeschichte als einer der genialsten Dichter seines Landes bezeichnet. Gleichzeitig war er ein sozialer Vorkämpfer für das Recht der Armen, ein glühender Patriot, ein Aufklärer und Bauernfreund, ein typischer Vertreter des radikal liberalen Bürgertums, ein führender Kopf zukunftsweisender und progressiver Ideen der europäischen Romantik. Viele dieser Eigenschaften hatte Wergeland von zu Hause mitgebracht, aus dem Pfarrhaus in Kristiansand und später in Eidsvoll. 1829 machte Henrik sein theologisches Staatsexamen, wurde aber nie Pastor, sondern bekam 1840 das Amt des Reichsarchivars, nachdem er schon vorher private Unterstützung von König Carl Johan erhalten hatte.

Nach seinem Examen hatte Wergeland Reisen in Norwegen unternommen, Vorträge gehalten, Bücher verteilt, Volksbibliotheken errichtet und war immer wieder für die Armen eingetreten.

Sein Kampf um die Loslösung vom geistigen Leben Dänemarks führte zu einem jahrelangen Streit mit dem norwegischen Dichter *Johan Sebastian Welhaven* und der von ihm dirigierten »Intelligenzpartei«.

In den 30er Jahren gab Wergeland seine »Hefte für das Volk« (Hæfter for Almuen) heraus und von 1838 bis zu seinem Tod das Blatt »Für die Arbeiterklasse« (For Arbejderklassen). Zu Beginn der 40er Jahre kämpfte er mit seinen Gedichten und Prosaschriften für den Zugang der Juden nach Norwegen. Aber erst sechs Jahre nach seinem Tode, 1851, siegte er in dieser Sache. Das Storting öffnete den Juden den Zugang ins norwegische Land.

Nach seinem Tod sollte er auch mit seinen patriotischen Ideen siegen, der völligen Loslösung vom dänischen Kulturleben, der Festigung eigenständiger Kultur und der Wiederherstellung des selbstständigen Norwegischen Reiches.

Wergelands erstes größeres literarisches Werk war der Zyklus »Gedichte – Erster Kreis« (Digte-Første Ring, 1829), dessen tragende Gestalt Stella ist,

Henrik Arnold Wergeland (1808–45). Zeichnung von J. Möller, 1839.

jenes junge Mädchen, in das er sich einmal hoffnungslos verliebt hatte. Sie ist
darin ein schöner Stern, der sich im Wasser des Flusses spiegelt wie die
Schönheit der Geliebten in des Dichters Seele. Aber obwohl des Mädchens
Herz »voll von Erde« ist, seine »himmlische Harfe« nicht versteht, kann er sie
nicht lassen, muß sie in einen weiblichen Geist verwandeln, den er in der
Ewigkeit treffen will. In dem abschließenden Gedicht »An Stella« (Til Stella),
das denselben Titel trägt wie das einleitende Gedicht, treffen sich das Geistige
und Sinnliche im Himmel. Farbenreich und kühn ist dieser Zyklus, der von
Zeitgenossen und späteren Kritikern als chaotisch bezeichnet wurde, während
neuere Forscher in ihm den logischen Versuch sehen, philosophische Erkenntnisse durch Ausforschung der Sprachmöglichkeiten zu gewinnen. Der Kritik
der Zeitgenossen war auch seine dramatische Dichtung »Die Schöpfung, der
Mensch und Messias« (Skabelsen, Mennesket og Messias, 1830) ausgesetzt.
Und es ist auch ein unebenes Werk, doch voller großartiger Passagen und
genialer Einfälle. Von seinem Ursprung, der »Stella-Dichtung« weitet es sich
aus zu einer »kosmologischen und welthistorischen Ideendichtung von großen
Dimensionen«.

Wergeland hat mit dieser Dichtung, deren Ausgangspunkt die biblische
Schöpfungsgeschichte ist, ein »Weltepos« schaffen wollen vom Kampf des
Menschengeistes und Freiheitswillens empor zum Licht, durch Erniedrigung
und Unterdrückung. Wergeland nannte dies Werk »Bibel der Republikaner«.
Sprachlich wird es durch außerordentliche Phantasie charakterisiert und zeichnet sich durch eine Spannweite der Assoziationen aus, die kaum zu übertreffen
ist.

Der Gedichtszyklus »Spaniolen« (1833) ist gegen die Reaktion in Spanien
gerichtet, und der Zyklus »Gedichte – Zweiter Kreis« (Digte – Anden Ring,
1834) bringt nicht nur Universelles zum Ausdruck, sondern auch Programma-
tisches für die nordische Romantik.

Im Herbst 1838 veröffentlicht Wergeland in der Zeitschrift »Bien« Gedichte
unter dem Titel »Poesier«, die zum Schönsten gehören, was norwegische
Liebeslyrik hervorgebracht hat. In den späteren Jahren wird Wergelands Lyrik
gedämpfter. Von diesen Dichtungen ist »Jan van Huysums Blumenstück« (Jan
van Huysums Blomsterstykke, 1840) ein erzählendes Gedicht, das das Verhältnis von Kunst und Künstler zum wirklichen Leben behandelt, ein Höhepunkt.

»Der Jude« und »Die Jüdin« (Jøden und Jødinden, 1842 u. 1844) stellen
weitere Höhepunkte dar, die allerdings agitatorische Absichten verfolgen.
Seine Autobiographie »Haselnüsse, mit und ohne Kern, doch zum Zeitvertreib, gepflückt von meinem hinwelkenden Lebensbusch« (Hassel-Nødder,
med og uden Kjerne, dog til Tidsfordriv, plukkede af min henvisnede Livs-
Busk, 1845), schreibt er – den Tod vor Augen – auf dem Krankenbett. Der

schwer an Tuberkulose erkrankte Dichter scherzt in diesem Werk mit dem Tod wie mit einem guten Freund.

Wergelands Werke, zu denen auch eine Reihe Farcen und Schauspiele gehören, sind noch immer lebendig im norwegischen Volk. In den Jahren 1918 bis 1940 erschien eine wissenschaftliche Standardausgabe von 23 Bänden, die später noch mit dem Band »Briefe an Henrik Wergeland, 1827–1845« suppliert wurde. Dieser großen kritischen Ausgabe folgten mehrere kleinere und volkstümliche Ausgaben sowie eine Fülle wissenschaftlicher Untersuchungen.

Wergelands Widersacher *Johan Sebastian Welhaven* (1807–1873) war Dichter und Wissenschaftler zugleich. 1807 in Bergen geboren als Sohn eines Pastors, wurde ihm schon in der Schule das Interesse für dänische Literatur vermittelt. Seine Kritik an Wergeland galt vor allem dem »Chaotischen« und »Rohen« in dessen Dichtung; denn Welhaven vertrat das Klassische, das Durchdachte und Formvollendete. Doch der eigentliche Grund dieser gegensätzlichen Einstellung war Welhavens starke Abhängigkeit von der dänischen Kultur. Jahrelang dauerte die literarische Fehde mit Wergeland an, bis sie Ende der 30er Jahre allmählich aufhörte.

Seine Lyrik umfaßt vier Sammlungen von Gedichten, herausgegeben in der Zeit von 1839 bis 1860. In einzelnen seiner kleinen Gedichte glückt es Welhaven, eine außerordentlich gut gelungene Vereinigung von Gedanken, Stimmungen und Wohlklang zu schaffen. Welhavens größte Bedeutung als Wissenschaftler aber liegt in seinen literarhistorischen Arbeiten über Dass, Holberg und das Verhältnis der norwegischen Dichter zu dem Dänen Johannes Ewald (1743–1781).

Auch einzelne von Welhavens jüngeren Zeitgenossen schrieben Gedichte, die heute noch lebendig sind. Dazu gehören *Andreas Munch* (1811–1884), *Jørgen Moe* (1813–1882), Ivar Aasen (1813–1896) und *P. C. Asbjørnsen* (1812–1885), dessen in Prosa verfaßte Natur- und Volkslebensschilderungen auch heute noch zu den lesenswerten Schriften des 19. Jahrhunderts gehören.

Um die Mitte des 19. Jahrhunderts vollzieht sich dann etwas, das dem nationalen Bedürfnis der Norweger stark entgegenkommt: das Sammeln und Herausgeben norwegischer Märchen und Sagen durch *Asbjørnsen* und *Jørgen Moe* nach dem Vorbild der Brüder Grimm, das Aufzeichnen alter norwegischer Volksballaden durch *M. B. Landstad* (1802–1880), die 1853 erscheinen, in denselben 50er Jahren des 19. Jahrhunderts, in denen Norwegens großer Historiker *Peter Andreas Munch* (1810–1863) seine »Geschichte des norwegischen Volkes« (Det norske Folks Historie, I–VI, 1851–63) herauszugeben beginnt.

Norwegen hatte wieder sein nationales Gesicht erhalten. Die Verbindung mit seiner historischen Vergangenheit – bis hin zur Saga-Zeit – war geschaffen. Der Weg zur vollkommenen Selbstständigkeit konnte beschritten werden.

Norwegens literarische Großzeit

Bevor die Norweger ihr endgültiges, politisches Ziel erreichen, sollte ihr Land
noch eine große Blüte seiner Literatur erleben. Norwegens literarische Klassik
nahm erst in der zweiten Hälfte des 19. Jahrhunderts seinen Anfang. Man
nennt diese Zeit – im Hinblick auf die großen Namen wie Bjørnson, Ibsen,
Hamsun – wohl mit Recht eine Periode der klassischen norwegischen Literatur.
Zu den neuen Dichtern, die um und nach 1830 geboren wurden, gehörte
Wergelands Schwester *Camilla Collett* (1813–1895), die mit ihrem Roman *Die
Töchter des Amtmanns* (Amtmandens Døttre, 1855) die realistische Gesell-
schafts- und Problemdichtung einleitete und zur Vorkämpferin der Frauensa-
che wurde, ferner *Aasmund Olafsson Vinje* (1818–1870), der erste große
Dichter des Landsmål.

Henrik Ibsen und die norwegischen Klassiker

Doch wohl kein anderer norwegischer Dichtername ist so weit in die fernsten
Winkel der Welt gedrungen wie der von *Henrik Ibsen* (1828–1906). Nachdem er
nach dem Bankrott der väterlichen Handelsfirma in Skien die Apothekerlehre
durchmachen mußte, obwohl er gern Maler geworden wäre, konnte er sich doch
noch aufs Abitur vorbereiten, schrieb neben Gedichten ein Drama (»Catilina«,
1850) und den Einakter »Das Hünengrab« (Kjæmpehøjen, 1850), machte sein
Examen und war dann sechs Jahre Theaterregisseur. Nach Dänemark und
Deutschland auf Reisen geschickt, um dort die Bühnentechnik zu studieren,
machte er Bekanntschaft mit Hermann Hettners Werk »Das moderne Drama«
(1852), das starken Einfluß auf sein dramatisches Schaffen nehmen sollte.
Ibsens erstes großes Meisterwerk war das von Shakespeare beeinflußte Drama
»Die Kronprätendenten« (Kongsemnerne, 1863), das er selbst ein realistisches
Drama in historischer Verkleidung nannte. Dann folgten 1866 und 1867 die
dramatischen Werke »Brand« und »Peer Gynt«, großangelegte Schauspiele
philosophisch-symbolischer Prägung.
1864 war Ibsen mit einem Stipendium nach Italien gereist, wo er vier Jahre
blieb und auch später noch mehrmals dorthin zurückkehrte. In Rom wird
Lorentz Dietrichson sein Cicerone, und er pflegt Umgang mit vielen Künstlern und Schriftstellern. Bei einem Besuch des Petersdoms wird ihm endgültig
die Form klar, in der er seine Brand-Dichtung gestalten soll, jenes Stück,
dessen Titelheld einer der konsequentesten Individualisten und Idealisten der
dramatischen Literatur überhaupt ist. Der Petersdom sagte es ihm: »... eine
starke und klare Form für das, was ich zu sagen habe.«

Schon ein Jahr später folgt die dramatische Dichtung »Peer Gynt«, geplant in Rom und zum großen Teil geschrieben auf Ischia und in Sorrent in ein paar Wochen voller Inspiration.

»In alten Zeiten lebte in Kvam ein Jäger, und der heißt Per Gynt.« So beginnt die Sage bei Asbjørnsen in seinen »Norwegischen Märchen und Volkssagen«, dem Ausgangspunkt dieses Mammutstücks. Viele große Geister waren bei der Schöpfung dieser Dichtung zugegen: Goethe (Faust), Oehlenschläger (Aladin), Holberg, Cervantes, Kierkegaard, Runeberg, Andersen u. a. Trotzdem wurde sie ganz und gar ein echtes Ibsen-Stück, das facettenreichste der norwegischen Literatur. Denn in ihm ist nicht nur das Märchenspiel enthalten, die satirische Märchenkomödie, in ihm stecken auch eine lyrische Charaktertragödie, ein Traumspiel und zugleich eine pausenlose Revue, eine Abrechnung mit der Zeit und mit sich selbst, ein Ideendrama und ein antiromantisches Werk, durchsetzt von romantischen Partikeln.

1871 erscheint ein Band Gedichte, persönliche Gedichte aus verschiedenen Zeiten, denen dann Programmgedichte folgen, zeitkritische, von denen der Reimbrief an Georg Brandes »Die Leiche in der Ladung« (Liget i Lasten, 1874) den Übergang zu Ibsens moderner Dichtung bildet, die die größte und weitgehendste Wirkung im Gefolge hatte.

Mit »Stützen der Gesellschaft« (Samfundets Støtter, 1877) beginnt der revolutionär sozialkritische Prozeß in Ibsens dramatischer Dichtung. In »Nora oder ein Puppenheim« (Et Dukkehjem, 1879) wird die Rechtlosigkeit der Frau durchleuchtet. Auch die »Gespenster« (Gengangere, 1881) behandeln die Stellung der Frau und fordern ihre Persönlichkeit. »Ein Volksfeind« (En Folkefjende, 1882) greift den Glauben an das Recht einer sogenannten Mehrheit an, einer »demokratisch getarnten Herrschaft einer Minderheit«.

Nun wendet sich Ibsen von den direkten Angriffen auf die Gesellschaft ab, und mit dem Stück »Die Wildente« (Vildanden, 1884) beginnt seine letzte Schaffensperiode, in der er Werke mit oft symbolistischen und manchmal mystischen Einschlägen schafft. In der »Wildente« prangert er die Durchschnittsmenschen an, die nicht ohne die Lebenslüge leben können in ihrer morbiden Gesellschaft.

In den folgenden Schauspielen »Rosmersholm« (1885), »Die Frau vom Meer« (Fruen fra Havet, 1888), »Hedda Gabler« (1890), »Baumeister Solness« (Bygmester Solness, 1892), »Klein Eyolf« (Lille Eyolf, 1894) und »John Gabriel Borkman« (1896) geht es Ibsen um die menschliche Persönlichkeit, um ihren Wahrheitsgehalt. Zweifellos hat Nietzsche hier seine Wirkungen ausgestrahlt. Borkman, der sich das Recht des »Übermenschen« angemaßt hat, wird als »Überschurke« verurteilt. In seinem Werk »Wenn wir Toten erwachen« (Naar vi Døde vaagner – En dramatisk Epilog, 1899) ist das Verhältnis des Bildhauers Rubek zu seinem Modell, das Verhältnis von Kunst und Leben, der dramatische Kern, der in einer Einheit gipfelt. Dies war Ibsens letztes Werk. Er stirbt nach längerer Krankheit am 23. Mai 1906 in Kristiania und erhält ein Staatsbegräbnis.

Während Ibsen vor allem als dramatischer Dichter hervortrat, war *Bjørnstjerne Bjørnson* (1832–1910), der andere Große der norwegischen Klassik, auf verschiedenen Gebieten seines dichterischen Schaffens tätig. Er wurde am 8. 12. 1832 in Kvikne im nördlichen Østerdalen als Sohn eines Pastors geboren, jedoch wohnte seit 1837 die Familie in Nesset (Romsdalen). Nach dem Besuch eines Privatgymnasiums in Christiania war er Journalist und danach Theaterleiter in Bergen und Christiania. Von 1860 bis 1863 und 1873 bis 1875 lebte er in Deutschland und Italien, 1880 bis 1881 in den USA und von 1882 bis 1887 in Paris. Zwischendurch hatte er das Gut Aulestad im Gudbrandsdal gekauft, das zu einem geistigen Zentrum in Norwegen wurde. Bereits anderthalb Jahre nach seinem Studentenexamen (Abitur, 1852) griff er die Spätromantik und damit auch Welhaven an und prophezeite ein neues Dichtergeschlecht, das einen Umsturz im Land der Literatur schaffen würde. Gleichzeitig erklärte er sich als Anhänger Wergelands. Sein Leben lang war er sowohl Dichter und Schriftsteller als auch Politiker und Publizist, der als nationaler Norweger nicht nur an den politischen Kämpfen seiner Zeit teilnahm, dabei die Ideen der alten norwegischen Bauerndemokratie mit den Zielen der liberalen Fortschrittspartei verschmelzend, sondern auch für die Unterdrückten und Ausgebeuteten eintrat. Als Dichter erwarb er sich den größten Ruhm mit seinen »Bauernerzählungen« (Bondefortællingerne, 1850er u. 1860er Jahre), von denen die erste »Synnøve Solbakken« (1857) seinen literarischen Durchbruch erzeugte. Sie unterscheidet sich wesentlich von früheren Werken gleichen Genres. Sie glänzt gleichsam durch disziplinierte Prägnanz, durch kühne Bilder und volkstümliche Sprache, sowohl was die Wortwahl als auch was die Syntax betrifft. Der Einfluß der Sagas wird deutlich, aber auch der von Asbjørnsen und H. C. Andersen. Gewiß gibt es da manches Idyllische in der Erzählung, aber auch von dem, das ein paar Jahre vorher von ihm der »Naturalismus des Zeitgeistes« genannt wurde, bei dem es mehr um das Streben nach Wahrheit als nach Schönheit geht. Die Erzählung handelt von den wechselvollen Ereignissen, denen zwei junge Leute, die sich lieben, ausgesetzt sind.

Auch die anderen Erzählungen wie »Arne« (1859), »Ein fröhlicher Bursche« (En glad Gut, 1860), »Das Fischermädchen« (Fiskerjenten, 1868) und »Der Brautmarsch« (Brudeslaatten, 1872) weisen gleiche Kriterien auf.

Von ebenso großer nationaler Bedeutung sind seine volkshistorischen Schauspiele wie beispielsweise »Zwischen den Schlachten« (Mellem Slagene, 1857), mit dem er – zusammen mit »Synnøve Solbakken« – im Herbst 1857 debütierte. Von Schillers »Wallenstein« war seine große Trilogie »Sigurd Slembe« (1862) inspiriert, das größte Werk seiner Saga-Schauspiele.

Sein Gefühl für historische Ereignisse war in Rom durch sein Zusammensein mit P. A. Munch außerordentlich vertieft worden, und die Ewige Stadt hatte Bjørnson zum Klassiker gemacht. Es ist bezeichnend, daß er in Rom am stärksten von den klassischen griechischen Skulpturen beeindruckt war, während es bei Ibsen das Barock und die römischen Porträtbüsten waren. Doch beiden gemeinsam war die Begeisterung für Michelangelo.

So ist es nicht verwunderlich, daß zwischen dem 1861 geschriebenen historischen Schauspiel, »König Sverre« und »Sigurd Slembe« ein starkes Anwachsen von Bjørnsons künstlerischen Fähigkeiten zu beobachten ist und daß die erste Begegnung des Dichters mit Italien in den Jahren 1860–62 eine Zäsur in seinem dichterischen Schaffen erzeugt. In diesen Kreis dramatischer Arbeiten gehört auch das Schauspiel »Sigurd Jorsalfar« (1872), während weitere nationale Thematik in den Gedichten ihren Niederschlag gefunden hat, zu denen u. a. auch das zum Nationallied gewordene »Ja, wir lieben dieses Land« (Ja, vi elsker dette Landet, 1859, endgültige Form 1863) gehört.

Bjørnsons lyrische Produktion beschränkte sich aber nicht auf ausgesprochen nationale Lieder. Mit dem Schauspiel »Sigurd Jorsalfar« ist die Verdichtung der norwegischen Vergangenheit abgeschlossen.

Nachdem Bjørnson in den 70er Jahren sich mit dem Darwinismus auseinandergesetzt hatte, brach er mit dem Christentum grundtvigianischer Prägung seiner Jugendjahre und begann sozialkritische Stücke zu schreiben. In Rom wurden seine beiden Stücke »Ein Bankrott« (En Fallit, 1875) und »Der Redakteur« (Redaktøren, 1875) fertig, deren Angriffe der bürgerlichen Geschäftsmoral und der korrupten Presse gelten. Weitere Stücke folgen, bis sich wieder ein neuer Höhepunkt anbahnt.

Sein Drama »Über die Kraft« (Over Ævne, 1. Teil 1883; 2. Teil 1895) behandelt religiöse und soziale Probleme und legt die Ausbeutung des Menschen durch den Kapitalismus bloß.

Ein Forum für seine Auseinandersetzungen mit pädagogischen Problemen seiner Zeit findet er in seinen Romanen der 80er Jahre, von denen »Es flaggen Stadt und Hafen« (Det flager i Byen og paa Havnen, 1884), »Auf Gottes Wegen« (Paa Guds Veje, 1889) und der 1906 herausgekommene Roman »Mary« von besonderer Bedeutung bezüglich der Menschenschilderung sind.

Einige Schauspiele der späteren Jahre wie »Poul Lange und (og) Tora Parsberg« (1898) zeigen, daß sich Bjørnson in seinen letzten Jahren vom Sozialkritischen abgewandt und – wie Ibsen zuletzt – tiefer in das Seelische einzudringen versucht hat.

In der Geschichte der norwegischen Literatur steht Bjørnson, der als erster

Skandinavier 1903 den Nobelpreis erhielt – als große Führergestalt da, als bedeutender Dichter der historischen Vergangenheit seines Volkes, als einmaliger Gestalter der Darstellung bäuerlicher Menschen und als nimmermüder Verteidiger der Armen und Schwachen. Er starb am 26. April 1910 in Paris.

Jonas Lie (1833–1908) ist vor allem als Romanschriftsteller hervorgetreten. Nachdem er wirtschaftlich als Rechtsanwalt ein Fiasko erlitt, debütierte er 1870 mit dem Roman »Der Geisterseher« (Den Fremsynte), mit dem er großes Glück hatte. In den 80er Jahren gewann er mit Romanen wie »Die Familie auf Gilje« (Familjen paa Gilje, 1883) und »Die Töchter des Kommandeurs« (Kommandørens Døtre, 1886) Popularität und bekam den bezeichnenden Namen »Familiendichter« (Hjemmenes dikter). Von seinen übrigen Werken muß noch sein psychologischer Roman »Eine Ehe« (Et Samliv, 1887) genannt werden sowie die Erzählungen und Märchen des zweibändigen Werks »Troll« (Trold, 1891/92).

Jonas Lie lebte lange im Ausland. 1871 bis 1894 hielt er sich in Italien auf und 1878 bis 1906 meist in Deutschland und Paris. In den 80er Jahren hatte er eine impressionistische Erzählkunst entwickelt, die großen Einfluß auf das Schaffen des Dänen Herman Bang gewann. Aber auch andere nichtnorwegische Autoren verdanken Jonas Lie viel.

Der vierte »Große der norwegischen Klassik« ist *Alexander Kielland* (1849–1906). Er stammte aus einer wohlhabenden und vornehmen Kaufmannsfamilie in Stavanger, machte das juristische Staatsexamen, betrieb ein paar Jahre eine Ziegelei, machte Reisen nach Dänemark, Frankreich und Deutschland, betätigte sich als Journalist (1888), war von 1891 bis 1902 Bürgermeister von Stavanger und von 1902 bis 1906 Bezirkshauptmann (Landrat) in Molde. 1879 debütierte er mit seinen »Noveletten« (Noveletter), in denen er sich als geistreicher und ironischer Erzähler ausweist. Sie zeigen noch nicht viel von dem Einfluß von Georg Brandes, mit dem er sich stark beschäftigt hatte. Charles Dickens, I. S. Turgenjew und G. Flaubert werden dann seine Vorbilder, die ihn zu seinen großen kritisch-realistischen Romanen inspirieren, von denen die Werke »Garman & Worse« (1880) und »Schiffer Worse« (Skipper Worse, 1882) zu seinen bedeutendsten Büchern gehören. Nur bis 1891 reicht Kiellands schriftstellerische Tätigkeit. In diesem Jahr erscheint noch der Roman »Jacob«, die Satire auf einen Bauernburschen, einen Emporkömmling, der zu Geld und politischer Macht kommt. Sein ursprünglich leidenschaftliches soziales Engagement aber scheitert am Beharren eines satten Bürgertums an den überkommenen Formen.

Zu den weiteren Schriftstellern, die in der norwegischen Literatur dieser Zeit dem kritischen Realismus zum Durchbruch verhalfen, zählt *Kristian Elster* (1841–1881). Auch eine Frau gehört in die Reihe dieser Schriftsteller. Es ist *Amalie Skram* (1846–1905). In zweiter Ehe verheiratet mit dem dänischen

Schriftsteller Erik Skram, ließ sie sich in Kopenhagen nieder, wo sie 1885 ihren Debütroman »Constances Ring« herausgab, dessen offenherzige Schilderungen männlicher Unmoral sie in der Öffentlichkeit als unsittlich plazierten. Die Erlebnisse in ihrer geschiedenen Ehe stellte sie in dem Roman »Verraten« (Forraadt, 1892) dar. Ihr Hauptwerk aber sollte die Romantetralogie »Die Leute vom Felsenmoor« (Hellemyrsfolket, 1887–1898) werden, in der sie die engbegrenzte psychologische Methode verläßt und in einem großangelegten Werk die Geschichte und den Verfall einer Familie darstellt. Nach einem Aufenthalt in der Kopenhagener Nervenklinik schreibt sie zwei halb selbstbiographische Romane, in denen sie heftig mit der Art und Weise, Nervenkranke zu behandeln, abrechnet. Es sind die Bücher »Professor Hieronymus« (1895) und »In St. Jørgen« (Paa St. Jørgen, 1895). Amalie Skrams spätere Bücher sind weniger naturalistisch und tragen ein spirualistisch-christliches Gepräge.

Arne Garborg (1851–1924), Sohn eines Bauern, war Lehrer, Journalist und Staatsrevisor gewesen, bevor er sich – seit 1887 – als freier Schriftsteller betätigte, der sich vornehmlich des Landsmaals (Nynorsk) bediente. In seinem Roman »Bauernstudenten« (Bondestudentar, 1883) stellte er die soziale Situation der Jugend dar und zeigt, wie die Armut die Bauernstudenten zerbricht und sie zu willigen Dienern des Beamtenstaates macht. Die Romane »Männer« (Mannfolk, 1886) und »Bei Mama« (Hjaa ho Mor, 1890) sind mehr naturalistisch. Der erste Roman ist ein Versuch, das Geschlechtsleben der Männer offen zu behandeln, während der zweite zeigt, wie eine verquere Erziehung die Liebesfähigkeit einer jungen Frau zerstören kann. Für diesen Roman bekam er von der Berliner Freien Volksbühne einen Literaturpreis. Gegen Ende der 80er Jahre kommt es wegen seiner »unmoralischen Bücher« zu einem Konflikt mit der Venstre-Partei, der ihn seine Stellung als Staatsrevisor kostet. 1890 führt eine seelische Krise zum Bruch mit dem Naturalismus und dem doktrinären Atheismus, auf dem seine Verfasserschaft der 80er Jahre basierte. An dem Tagebuchroman »Müde Männer« (Trætte Mænd, 1891) und dem Roman »Frieden« (Fred, 1892) sowie den beiden neuromantischen Gedichtszyklen »Die Elfe« (Hautussa, 1895) und »In der Unterwelt« (I Helheim, 1901) wird dies sichtbar. In dem Drama »Der Lehrer« (Læraren, 1896) und den beiden Tagebucherzählungen »Der verschwundene Vater« (Den burtkomne Faderen, 1899) und »Der heimgekehrte Sohn« (Heimkomin Son, 1908) zeigt er ein Christentum der Tat auf, das unter dem Einfluß von Tolstoi seine Lebensanschauung wurde. In seinen späteren Jahren schrieb Garborg u. a. zahlreiche Schriften zur Förderung des Landsmaals (Nynorsk), literarische Studien und das erst posthum veröffentlichte »Tagebuch« (Dagbok, seit 1905). Bis zu seinem Tod kreisten seine Gedanken immer wieder um die zentralen Lebens- und Gesellschaftsfragen, die ihn sein ganzes Leben nicht losgelassen hatten. Gesellschaftsfragen beschäftigten auch in starker Form die Schriftsteller, die als Vertreter der sogenannten »Kristiania-Bohême« in die norwegische Literaturgeschichte eingingen. Von ihnen ist *Hans Jæger* (1854–1910) der markanteste, der mit seinem zweibändigen, 1885 herausgekommenen Werk »Fra Kristiania-Bohêmen« die bürgerlichen Gemüter so stark erregte, daß die Bücher sofort nach Erscheinen konfisziert wurden und ihr Autor wegen Verbreitung unzüchtiger Schriften zu 60 Tagen Gefängnis verurteilt wurde, die er auch geduldig absaß. Doch damit nicht genug. Ein ein Jahr später ausgesprochenes Zusatzurteil verhängt 160 Tage über ihn, denen er sich zuerst durch Flucht ins Ausland entzieht, später jedoch zurückkehrt und sie durch Wunsch nach verschärfter Strafe (Wasser und Brot) zu verkürzen sucht. Mit diesem Urteil war zugleich Jægers bürgerliche Existenz vernichtet.

Er hatte in seinem Werk die – nach seiner Meinung – verlogene Moral angegriffen, forderte freie Liebe und zeigte die Resultate, die nach seiner Auffassung die falsche Einstellung zum Geschlechtsleben zur Folge haben. Jæger geht später nach Frankreich und gibt dort seine drei autobiographischen Romane »Kranke Liebe« (Syk Kjærlighet, 1893) »Bekenntnisse« (Bekjendelser, 1902) und »Gefängnis und Verzweiflung« (Fængsel og Fortvivelse, 1903) heraus, die sofort in allen drei nordischen Ländern verboten werden.

Hans Jæger stand unter den norwegischen Schriftstellern mit seinen radikalen Anschauungen nicht allein. Auch andere schrieben ähnliche Bücher wie z. B. *Christian Krohg* (1852–1925) mit seiner »Albertine« (1886), ein Buch, das die Prostitution als soziales Phänomen darstellt und scharfe Angriffe gegen die Behörden enthält.

Keiner war jedoch so radikal wie Hans Jæger, und seine »Kristiania-Bohême« wirkte in den 80er Jahren und auch darüber hinaus weiter auf die intellektuellen »Aufrührer« und Schriftsteller.

Knut Hamsun

Knut Hamsun (1859–1952), der eigentlich Pedersen hieß, wurde am 4. August 1859 in Lom im Gudbrandsdal geboren, wo der Vater Schneider war. Schon 1862 zog die Familie auf den Hof Hamsund im Gebiet der Lofoten, und in dieser Nordlandnatur empfing Hamsun seine ersten tiefen Eindrücke, die er zeit seines Lebens bewahren sollte. Von seinem 9. bis 14. Lebensjahr war er in der Obhut eines streng pietistischen Onkels, zog aber mit 15 Jahren in die Welt, versuchte sich in vielen Berufen, hielt auch Vorträge auf Reisen und gab, noch bevor er zwanzig war, einige simple Bauerngeschichten heraus, die deutlich unter dem Einfluß von Bjørnson standen. In den 80er Jahren war er zweimal in Amerika und betätigte sich dort u. a. als Straßenbahnschaffner in Chikago und Landarbeiter in der Prärie. Doch er vergaß dabei nicht das Lesen, war von MarkTwain begeistert, aber auch von J. P. Jacobsen, Strindberg und von Hartmann. Gegen Ende dieses Lebensabschnitts las er ein paar Bücher von Dostojewski. 1889 kam dann die Schrift »Vom Geistesleben des modernen Amerika« (Fra det moderne Amerikas Aandsliv) heraus, in der er die »seelenlose« technisierte angelsächsische Kultur in ihrem kapitalistischen Gewand heftig kritisierte. Später versuchte er, von dieser Schrift Abstand zu nehmen, sie trägt jedoch viel zum Verständnis seiner späteren geistigen Haltung bei. Viel davon ist in dem Roman zu finden, mit dem er seinen eigentlichen literarischen Durchbruch errang: »Hunger« (Sult, 1890). Der erste Teil war bereits 1888 in der dänischen Zeitschrift »Ny Jord« (Neue Erde) gedruckt worden.

In diesem Roman summiert sich die ganze Palette seiner Wanderjahre, obwohl die eigentliche Handlung in Kristiania spielt. Die Hauptperson, ein Dichter, steht am Rande seiner Existenz, Hunger zermürbt ihn, treibt ihn in wilde Fieberphantasien, läßt durch sein Hirn eine Flut von Emotionen schießen, von Haß, Zärtlichkeit, Trotz, Leidenschaft, Frechheit, Liebe. Doch er besitzt immer noch zu viel Lebenskraft, um zu sterben. Lange ohne Arbeit und dem Hunger ausgesetzt, findet er schließlich den Weg aus dem Elend und der Stadt hinaus: er kann Heuer auf einem russischen Dampfer nehmen und verläßt »diese merkwürdige Stadt, die niemand verläßt, ohne von ihr vorher gezeichnet zu sein.«

Die Situation des hungernden Dichters hätte zu heftigem sozialen Engagement führen können. Dem ist nicht so. Hamsun geht es vor allem um das Psychologische, um die Seelenschwingungen seines Dichters; denn nach Hamsuns Meinung sollte gerade das »unbewußte Seelenleben« Domäne der Literatur sein.

Dies und der Stil des Buches, die überaus präzise Wahl der Worte und Wendungen bringen neue Elemente in die norwegische Literatur. Das Werk ist überaus fein und künstlerisch durchkomponiert und verrät in vielen Details, daß hier ein neuer und großer Dichter im Kommen ist. In seinem nächsten Roman »Mysterien« (Mysterier, 1892) geht ein seelisch zerrissener Mensch, Johan Nilsen Nagel, unter. Doch der Roman enthält auch viel Polemik, gerichtet gegen die »großen Männer«, besonders Ibsen, und weist auf das Ideal des Nietzscheschen Übermenschen hin. Dann folgen die beiden Werke »Redakteur Lynge« (Redaktør Lynge, 1893) und »Neue Erde« (Ny Jord, 1893), geschrieben in einem traditionell realistischen Stil und sich wendend gegen die Journalisten und jungen Künstler. Ein Jahr später erscheint das Buch, das Hamsun im Lauf der kommenden Jahrzehnte immer wieder neue Leser erschloß und seinen endgültigen Durchbruch zum großen Dichter besiegeln sollte: »Pan« (1894).

»In den letzten Tagen dachte und dachte ich an des Nordlandsommers ewigen

Tag. Ich sitze hier und denke an ihn und an eine Hütte, in der ich wohnte und an den Wald hinter der Hütte, und ich mache mich daran, einiges niederzuschreiben ...«

So beginnt dieses souverän komponierte, stimmungsvolle Buch, dieser Höhepunkt aller Naturpoesie, dieser Ich-Roman, in dem die Erinnerungen der Hauptperson, des Schwärmers, Jägers und Träumers Thomas Glahn, das Werk in lyrischem Ton durchziehen. Die Erinnerungen an Edvarda und Eva, an Äsop, seinen Hund, an den Wald mit all seinem wirklichen und unwirklichen Leben. Die Erinnerungen an ein schicksalhaftes Spiel zwischen Liebe und Liebestraum.

Nach »Pan« hatte Hamsun seine zweite weltberühmte, von stiller Wehmut durchdrungene Liebesgeschichte geschrieben: »Victoria« (1898). Wieder war es die Liebe, »der Welt Ursprung und der Welt Herrscher«, deren alle Wege »voll von Blumen und Blut, Blumen und Blut« sind.

In den 90er Jahren und auch nach der Jahrhundertwende war Hamsun viel gereist. In Paris war er gewesen, in Finnland, Rußland, Persien und in der Türkei und hatte seine Eindrücke in Reiseberichten niedergeschrieben.

In der Periode zwischen der Mitte der 90er Jahre und dem ersten Jahrzehnt des neuen Jahrhunderts schrieb Hamsun auch dramatische und lyrische Werke. Von letzteren weist die Gedichtssammlung »Der wilde Chor« (Det vilde Kor, 1904) ihn als großen Lyriker aus, dessen dichterische Kraft nicht ohne Einfluß auf die nächste Dichtergeneration blieb. Nach einer Reihe von Romanen wie »Schwärmer« (Sværmere, 1904), »Unter den Herbststernen« (Under Høststjernen, 1906), »Benoni« (1908), »Rosa« (1908), »Gedämpftes Saitenspiel« (En Vandrer spiller med Sordin, 1909) und »Die letzte Freude« (Den sidste Glæde, 1912) sowie »Kinder ihrer Zeit« (Børn av Tiden, 1913) und »Die Stadt Segelfoß« (Segelfoss By, 1915), kam dann 1917 der Roman heraus, der Hamsuns Weltruf weiter befestigte und ihm zugleich den Nobelpreis einbrachte (1920).

Hamsun hatte dieses Buch mit dem Titel »Segen der Erde« (Markens Grøde, 1917) unter dem Eindruck des Ersten Weltkrieges geschrieben als einen Lobgesang auf die Arbeit des Bauern mit seiner Erde, eine Huldigung der primitiven aber eigentlichen und ursprünglichen Kultur des Menschen. Es ist die Geschichte von dem Siedler Isak, der in der Einöde des Nordlands dem Boden seine Existenz abringt. Und es ist die Geschichte seiner Frau Inger, die eins ihrer Kinder tötet, weil es – wie sie – eine Hasenscharte hat und dadurch dem Spott der Menschen ausgesetzt sein würde. In den acht Jahren Zuchthaus, die sie als Strafe bekommt, sieht sie einen Sinn und nimmt sie bewußt auf sich, um später wieder ihr Haus und dessen Führung zu übernehmen.

In den besten Passagen dieses Romans erreicht Hamsuns Stilkunst einsame Höhepunkte. Da wechseln Humor und Pathos, sachliche Prosa und stimmungsvolle Lyrik, Einfachheit und Raffinesse in erstaunlicher Weise ab, verbinden sich zu immer neuen Kombinationen und verleihen dennoch dem Werk einen einheitlichen Guß.

In den beiden nächsten Romanen sind es wieder soziale Bitterkeit und Kritik, die zum Tragen kommen. Es sind die Bücher »Die Weiber am Brunnen« (Konerne ved Vandposten, 1920) und »Das letzte Kapitel« (Sidste Kapitel, 1923). Dann kehrt Hamsun wieder zu einem launigen Stil zurück, in dem das Wandermotiv im Vordergrund steht, doch ohne den Ton der Verzweiflung. Das sind die Romane »Landstreicher« (Landstrykere, 1927), »August Weltumsegler« (August, 1930) und »Nach Jahr und Tag« (Men Livet lever, 1933), eine Trilogie, deren Grundstimmung auch in dem Roman »Der Ring schließt sich« (Ringen sluttet, 1936) zu finden ist.

Es war anzunehmen, daß es das letzte Werk des greisen Dichters sein würde. Doch das Schicksal sollte Hamsun noch in heftige politische Turbulenzen werfen, die den alternden und halb tauben Dichter an den Abgrund seiner Existenz brachten. Seine Parteinahme während der Okkupation seines Landes durch die Hitlertruppen für das damalige Deutschland und dessen Führer stempelte ihn durch die zuständige Gerichtsbarkeit nach der Kapitulation zum Landesverräter. Er konnte dem Schlimmsten nur entgehen, weil man ihn für »dauernd seelisch geschwächt« erklärte. Sein letztes in einem Altersheim geschriebenes Werk »Auf überwachsenen Pfaden« (Paa gjengrodde Stier, 1949) indes zeigt auffallende Geistesfrische. Es sollte ein Buch der Rechtfertigung werden, ist aber bar aller Polemik. Verhaltene Wehmut durchzieht die Zeilen dieser erschütternden Dichtung. Die im Freiheitsjubel in den Maitagen des Jahres 1945 von Norwegern verbrannten Hamsun-Bücher werden wieder gelesen, man weiß wieder in Norwegen, daß Knut Hamsun einer der ganz Großen unter den europäischen Dichtern war.

Von der Neuromantik in die 30er Jahre

Nach neuromantischen Strömungen der 90er Jahre trat wieder der Realismus in Erscheinung, der nun zum Neurealismus wurde. Noch *Hans E. Kinck* (1865–1926), der eine Zeitlang ein gewisser Gegenpol zu Hamsun war und bei seiner Stoffwahl zwei Gebiete bevorzugte, das zeitgenössische norwegische Landmilieu und das Italien der Renaissance, schrieb Werke, die der Neuromantik zugerechnet werden. Dazu gehört u. a. die Novellensammlung »Fledermaus-Flügel« (Flaggermusvinger, 1895), mit dem Untertitel »Märchen von Westen«. Die Novellen wurden in Paris unter dem Eindruck von Lies »Trold« und Rembrandts Stil und seiner »erstaunlichen Eigenschaft, Mystik über ein realistisches Thema zu heben« geschrieben. In ihnen stehen die Menschen nicht mehr in einem Verhältnis zu ihrem Gemeinwesen und der Klasse, sondern allein gegenüber der Natur und den Mächten in und um sich. Mit diesem Werk leitet Kinck seine reichhaltige Novellendichtung ein, die er in Sammlungen herausgibt.

Der Gegensatz zwischen der Kultur der Landbevölkerung und dem Beamtenstand, so wie er bei Kinck in dem Werk »Junge Leute« (Ungt Folk, 1893) zum Ausdruck kam, ist auch das Hauptthema in seinen beiden bedeutendsten Werken, dem zweibändigen Roman »Herman Ek« (1923) und der Trilogie »Die Schneedecke barst« (Sneskavlen brast, 1918/19). Als einer der bedeutendsten Essayisten Norwegens widmete er seine Thematik vor allem Italien, diesem Land, das er sehr liebte und das ihn bereits 1899 zu seiner Novellensammlung »Zugvögel und andere« (Trækfugle og andre) inspiriert hatte.

Eine ganze Reihe anderer Schriftsteller und Dichter sind um diese Zeit am Werk. So profilierte *Gunnar Heiberg* (1857–1929) sich bald als Dramatiker und wird als der größte norwegische Dichter dieses Genres nach Ibsen angesehen. *Nils Collett Vogt* (1864–1937) ist einer der bedeutendsten Autoren des »lyrischen Durchbruchs« der Neuromantik. *Vilhelm Krag* (1871–1933) wurde zum typischen Neuromantiker und läßt in seinen Gedichten Norwegens Natur sprechen. *Sigbjørn Obstfelders* (1866–1900) Lyrik bricht formal durch freie Verse, Reimlosigkeit und unstrophischem Aufbau mit der Tradition. *Jens Tvedt* (1857–1935) ist wohl der bekannteste Name unter den Heimatdichtern der 90er Jahre. *Laura Kieler* (1849–1932) holte sich den Stoff zu ihren ersten Romanen aus Finnmarken. Ihre Ehegeschichte gab Ibsen die Gedanken zu seinem Schauspiel »Nora«. Sørlandsches Volksleben und dessen Geschichte stellten *Gabriel Scott* (1874–1958), der der Neuromantik nahe stand, den Stoff für seine Romane. Zur selben Zeit als Hamsun »Segen der Erde« schuf, schrieb Scott sein kleines prosalyrisches Meisterstück »Die Quelle oder der Brief über den Fischer Markus« (Kilden eller Brevet om Fiskeren Markus, 1918). Als sein Hauptwerk sah Scott selbst seinen Roman »Der Heilige« (Helgenen, 1936) an, ein Buch, in dem er mit seiner mystisch-religiösen Dichtung einen Höhepunkt erreichte.

Die Handlung dieses Romans spielt im 18. Jahrhundert in einem Sørlandstal und berichtet von dem Streit zwischen dem frommen, mildtätigen Even, der die Gabe des Zweiten Gesichts besitzt und dem Pastor der Gemeinde, der nichts dulden will, das von der Norm abweicht.

Der Roman kulminiert mit der Darstellung von Evens ekstatischer Verzükkung, die ihn in mystischer Weise mit dem All vereint.

Scott schrieb auch eine Reihe von Kinderbüchern, die als Klassiker ihres Genres angesehen werden. Auch *Johan Bojer* (1872–1959) kann hier schon genannt werden. Sein Roman vom Leben der Lofotfischer »Der letzte Wiking« (Den sidste Viking, 1921) fand im Ausland großes Interesse und gehörte auch eine Zeitlang in Deutschland zu den meistgelesenen Romanen (dt. Titel »Die Lofotfischer«, 1923). Jedoch hatte Bojer in Deutschland bei weitem nicht so viele Leser wie *Trygve Gulbranssen* (1894–1962) mit seinen Romanen »Und ewig singen die Wälder« und »Das Erbe von Björndal« (1935 u. 1936). Diese beiden Romane wurden übersetzt nach Gulbranssens Originalwerken »Og bakom synger skogene« (Und da hinten singen die Wälder, 1933) und »Det blåser fra Dauningfjell« (Es weht vom Dauningfjell, 1934) sowie »Ingen vei går utenom« (Kein Weg geht drumherum, 1935).

Diese in ihrer Handlung spannenden (und darum auch verfilmten) Romane, die mit ihren Bauerndarstellungen und der Schilderung einer urigen Natur den Ideologen des NS-Regimes bei ihrem Bemühen, ihren »nordischen Gedanken« zu verbreiten, geradezu wie gerufen kamen, werden allgemein von der Literaturkritik als Trivialromane charakterisiert. Speziell aber warfen norwegische Literaturforscher Gulbranssen, der in den 30er Jahren Korrespondent von Aftenbladet in Berlin war, vor, daß er von den Rassentheorien jener Zeit infiziert worden sei. Diese Vorwürfe trafen den Autor, der in 30 (!) Sprachen übersetzt wurde, regelmäßig. Gleichzeitig aber erhoben sich auch Stimmen in Norwegen gegen diese Angriffe. 1984 wurde bekannt, daß der norwegische Literaturforscher Tore Stubberud einen Roman geschrieben hat, der auf nachgelassenen Schriften und Briefen von Gulbranssen basiert und in dem Stubberud behauptet, daß die literarische Verurteilung des Autors auf Neid, Verleumdung und politisch motivierter Literaturkritik beruhe und diese Kritiker »Raubtiere in dem literarischen Dschungel« seien. Sicherlich wird dieses Werk Auftakt zu einer neuen Literaturfehde werden. Gulbranssen hat zweifellos mit seinen drei Büchern die Neuromantik wieder zum Leben erweckt, dadurch aber ein zu romantisches Bild von den Menschen jener, noch gar nicht so lange vergangenen Zeit gezeichnet. Ob er aber auch damit politische Ziele verfolgte, ist nach dem jetzigen Stand der Literaturforschung höchst zweifelhaft.

Die drei großen Romanciers

Bar allen Zweifels sind die Werke der großen Romanciers, die ebenfalls vergangenes norwegisches Leben verdichteten: Olav Duun, Johan Falkberget und Sigrid Undset. Es ist bezeichnend, daß die Domäne der großen norwegischen Erzähler, besonders der, die die Vergangenheit ihres Volkes erhellen, der breit angelegte Roman ist.

Olav Duun (1876–1939) ist einer von diesen Meistern der Epik. Seine Sprache ist das stark dialektgefärbte Landsmaal (Nynorsk), seine Motive stammen aus dem Bauern- und Fischermilieu. Schon in seinen ersten Büchern findet man Motive und Stoff, die wir später wieder in seinem Hauptwerk »Die Juwikinger« (Juvikfolke, 1918–1923) antreffen. Das ist eins der größten Romanwerke, die je in Norwegen entstanden sind. In sechs Bänden erzählt Olav Duun die Geschichte eines Geschlechts, das bis in die graue Vorzeit hineinreicht und von ungefähr 1814 bis 1918 kontinuierlich dargestellt ist. Eine Reihe markanter Hauptpersonen ist in diesem Werk neben vielen Nebenfiguren versammelt, an denen Duun die soziale und seelische Entwicklung des norwegischen Bauernstandes bis zur Schreibzeit dieser Romandichtung aufzeigt. Geschult an der Sagakunst und den Bauernerzählungen Bjørnsons, hat Olav Duun hier seinen eigenen, klar und leicht verständlichen Stil entwickelt, der einzelne Höhepunkte erreicht, die nicht zu vergessen sind, wie beispielsweise im zweiten Band »Mit Blindheit geschlagen«. Darin erkennt der mit Blindheit geschlagene Anders erst in seinem lichtlosen Zustand sein eigenes Ich und spürt das Walten einer höheren Macht. Noch andere großartige Romane schrieb Duun, doch sie erreichten nicht die kolossale epische Breite dieses Hauptwerks des norwegischen Dichters. Einige Jahre jünger als Duun war *Johan Falkberget* (1879–1967). Holte Duun seinen Stoff aus dem Bauern- und Fischermilieu, so waren es bei Falkberget die Arbeiter, genauer gesagt die Bergarbeiter, die er in seinen Werken darstellte. Geboren als Sohn eines Bergmanns, war er selbst fast zwanzig Jahre lang Grubenarbeiter, bis er Journalist für die Arbeiterpresse wurde sowie 1931 bis 1933 sozialdemokratischer Abgeordneter im Storting.

Schon als Bergmann in Røros hatte er volkstümliche Erzählungen geschrieben, von denen in den Jahren 1903 bis 1906 vier Bände herauskamen. Seinen literarischen Durchbruch erreichte er mit dem Roman »Schwarze Berge« (Svarte fjelde, 1907) in dem er das harte Los der Bergleute und Landarbeiter schilderte, wobei der Einfluß Zolas spürbar wird. Weitere Werke folgen, bis in den Jahren von 1927 bis 1935 sein großes dreibändiges Werk »Christianus Sextus« erscheint, das unter dem Titel »Im Zeichen des Hammers« (1938) einige Jahre später auf dem deutschen Buchmarkt vorliegt. Diese epische Dichtung, die das Leben der Bergleute von Røros in den ersten Jahren nach dem Großen Nordischen Krieg (1700–1721) zum Inhalt hat, zeugt von meisterhafter Fabulierkunst. In sie eingeblendet sind in gekonnter Weise Wörter aus dem Kanzleidänisch, der Bibel, dem heimatlichen Dialekt sowie schwedische, deutsche und lateinische Wörter und Wendungen, die die ganze kulturelle Palette dieser besonderen Bergmannskultur widerspiegeln.

In seinem nächsten großangelegten Werk, dem vierbändigen Romanzyklus »Brot der Nacht« (Nattens brød, 1940–1959), der in der zweiten Hälfte des 17. Jahrhunderts im und um den ersten Grubenbetrieb in Sør-Trøndelag spielt, schildert der Dichter das bunte Milieu von Erzfahrern, Bergleuten und merkwürdigen Existenzen aus aller Welt. In dieser phantastischen und zugleich überaus realen Welt steht die junge, reine An-Margritt, die liebende

Frau und Volksführerin, eine Symbolfigur, in deren Seele der Wille des Volkes zum Überleben wohnt.

Eine Frauengestalt steht auch im Mittelpunkt eines anderen großen histori-schen Romans der norwegischen Literatur: »Kristin Lavransdatter« (I–III, 1920–22) von *Sigrid Undset* (1882–1949), einer der größten Gestalten unter den weiblichen Dichtern des ganzen Nordens.

Geboren im dänischen Kalundborg als Tochter eines früh verstorbenen Ar-chäologen, kam sie mit 16 Jahren in ein Büro in Oslo, wo sie ca. 10 Jahre angestellt war. 1907 debütierte sie mit dem Roman »Frau Martha Oulie« (Fru Martha Oulie), einer Ehegeschichte in Tagebuchform, ein Thema, das sie in den Novellen des Bandes »Das glückliche Alter« (Den lykkelige Alder, 1908) und in ihrem ersten Mittelalterroman »Vigaljot und Vigdis« (Vigaljot og Vigdis, 1908) variiert, der um 1000 spielt. Eine Reise nach Italien verhilft ihr zum künstlerischen Durchbruch, der mit ihrem Roman »Jenny« (1911) er-kennbar wird. Nach weiterer schriftstellerischer Tätigkeit, aus der ein neuer Roman (»Der Frühling«/Vaaren, 1914) und ein Essayband (»Gesichtspunkt einer Frau«/Et Kvindesynspunkt, 1919) entspringt, in dem es u. a. um den deutschen Imperialismus, Nietzsche und Hegel geht, wendet sie sich zum Katholizismus. Verbunden mit ihrem immer wacher werdenden Interesse für die Geschichte ihres Landes, erwächst daraus die Romantrilogie »Kristin Lavransdatter« (1920–22), die sie in der ganzen Welt berühmt machen sollte. Die Handlung spielt im norwegischen Mittelalter, behutsam durch Sprache und Stil angedeutet. Der Stoff ist mit »historischer Pietät« dargestellt und zeugt von einem einzigartigen Wissen. Die Haupt- und Titelperson Kristin Lavransdatter könnte im Grunde eine Frauengestalt aus ihren modernen Romanen sein. Die Probleme ähneln einander sehr. Kristin bekommt ihren Geliebten Erlend und gerät dadurch in den Gegensatz zur Familie, zur Sippe, zum Milieu und zur Kirche. Ihre Sünde gegenüber den Menschen ist in Wahrheit eine Sünde gegen Gott. Der erste Band schilderte Kristins Liebesge-schichte, der zweite ihr Leben als Ehefrau und Mutter, der dritte die Versöh-nung, die Kristin durch ihre Hingabe zu Gott als Laienschwester in einem Kloster erreicht.

In dem Mittelalterroman *Olav Audunssøn* (I–II, 1925–1927) findet man viele der Motive aus der obigen Trilogie, nur tritt die religiöse Problematik in diesem Werk noch stärker hervor; denn nun war Sigrid Undset auch formal Katholikin geworden – sie konvertierte 1925.

Sie schreibt nun noch eine Reihe anderer Romane und kulturhistorischer Arbeiten. Von letzteren sei hier der Band »Nordische Heilige« (Originaltitel »Norske Helgener«, also Norwegische Heilige, 1937) genannt, der unter oben genanntem deutschen Titel auch in deutscher Übersetzung wie mehrere ihrer großen Werke herauskam.

Als die Hitler-Truppen Norwegen besetzten, floh sie nach den USA und schrieb dort noch zwei Erinnerungsbücher. Am 10. Juni 1949 starb Sigrid Undset.

Okkupations- und Nachkriegszeit

Sigrid Undsets Tod fällt in die ersten Jahre der Befreiung des Landes von der Hitler-Okkupation. Der Widerstand gegen das fremde Regime während der Jahre 1940 bis 1945 hat natürlich auch in Norwegens Literatur hervorgebracht, die in ihren besten Werken Norwegens Nationalliteratur zugerechnet werden muß.

Der bedeutendste literarische Einsatz war in jener Zeit die *Freiheitslyrik*. Norwegen hatte in seiner neuen Literatur bereits eine gewisse Tradition in der Lyrik. Da war *Herman Wildenvey* (1886–1959), wohl der erste der neuen Lyriker, der sich mit seinen Gedichten stark von der oft düsteren Melancholie neuromantischer Dichter abhob; *Olaf Bull* (1883–1933), wohl der größte Lyriker seiner Generation, sowie *Arnulf Øverland* (1899–1968), der 1911 seine ersten Gedichte herausgab und im Zweiten Weltkrieg vom sozialen Rebell zum nationalen Skalden wird. Aus seinen Gedichten der Besatzungszeit sprechen warmes National- und Freiheitsgefühl. Am bekanntesten aber von diesen Dichtern, die Widerstandslyrik schrieben, wurde *Nordahl Grieg* (1902–1943), der als Freiwilliger im Kampf gegen Hitler über Berlin abgeschossen wurde. Seine patriotischen Kriegsgedichte wurden in dem Band »Die Freiheit« (Friheten, 1945) gesammelt, seine nachgelassenen Prosastücke in dem Band »DieFlagge« (Flagget, 1946) und die nachgelassenen Gedichte in der Sammlung »Die Hoffnung« (Håpet, 1946).

Während die Lyrik in Norwegen einen beachtenswerten Platz einnahm und sich während der Okkupationszeit hervorragend geltend machte, fielen die Erzählungen nicht so sehr ins Auge. Die Norweger hatten eine zu große Tradition in dem breitangelegten Roman. Das blieb auch weiter so. In dieser Tradition finden sich bis zum heutigen Tag große Namen.

Zu ihnen gehört *Sigurd Hoel* (1890–1960), der 1924 mit seinem satirischen Roman »Das Siebengestirn (Syvtjernen) gegen das Bürgertum zu Felde zog, weitere Romane schrieb und während der Okkupation des Landes versuchte, seine Meinung historisch zu verkleiden – in den nordischen Literaturen kein Einzelfall –, indem er einen Roman mit dem Titel »Der Erbstahl« (Arvestålet, 1941) herausgab, der ein Bauernmilieu aus der Zeit Carl Johans zeigt. Dieses Werk wurde von den Machthabern im besetzten Norwegen stark kritisiert, und Hoel mußte nach Schweden fliehen. Nach seiner Rückkehr erschien 1947 der Roman »Begegnung am Meilenstein« (Møte ved milepelen), in dem sich Hoel mit der Mitschuld am Nationalsozialismus auseinandersetzt.

Aus Dänemark kam *Aksel Sandemose* (1899–1965) nach Norwegen. Ursprünglich ein Erzähler des Seemannslebens, ging er später zu Darstellungen über, die hohes psychoanalytisches Einfühlungsvermögen verraten wie beispielsweise der 1945 erschienene Roman »Der Teerhändler« (Tjerrehandleren).

Eine stark exponierte Stellung in der neueren norwegischen Literatur aber sollte *Tarjei Vesaas* (1897–1970) erreichen. Obwohl in altem bäuerlichen Geschlecht wurzelnd und in seiner in Nynorsk geschriebenen Dichtung oft provinzielle Züge zeigend, gelang es ihm doch, die allgemein menschliche Problematik unserer Zeit gemäß zu gestalten. Er veröffentlichte nach Kriegsende einen Roman, der auf den ersten Blick als eins der allgemeinen Bücher angesehen werden konnte, das die Zeit der deutschen Besetzung zum Gegenstand hat, sich bei näherem Hinsehen jedoch als eine großartige Verdichtung jener Jahre zeigt, die auf Norwegen so schwer gelastet hatten: »Das Haus im Dunklen« (Huset i mørkret, 1945) ist das besetzte Norwegen. Die Menschen aber, die in diesem Haus wohnen, das so viele Zimmer und Korridore hat, werden von Leuten beherrscht, die in der Mitte wohnen, von dem sogenannten Pfeilenvolk. Hier verdichtet Vesaas in knappem Stil die Stimmung der Norweger unter den Besetzern und transponiert alles auf eine allegorische Ebene. Vesaas zeigt sich hier als einer der großen Humanisten in der norwegischen Literatur.

Auch *Johan Borgen* (1902–1979) gestaltete die Konfrontation mit dem Ungeist in seinen vielen Werken. Bei *Torborg Nedreaas* (geb. 1906) ist ein ungemein starkes soziales Engagement vorhanden, das ihre Bücher prägt, das aber auch äußerst empfindsame Seiten hat, wie sehr deutlich an ihrem Roman »Musik aus einem blauen Brunnen« (Musik fra en blå brønn, 1960) zu erkennen ist. In diesem Roman nimmt Torborg Nedreaas die Gestalt des Mädchens Herdis wieder auf, das bereits in der Novellensammlung »Das Zauberglas« (Trylleglasset, 1950) eine zentrale Stellung hatte. Die Bücher, die dieses Mädchen zum Mittelpunkt haben, gehören zu den sublimsten Darstellungen moderner norwegischer Frauendichtung überhaupt.

Viel Aufsehen erregten in der norwegischen Nachkriegsliteratur *Agnar Mykle* und *Jens Bjørneboe*. Beide hatten sich in Bereiche begeben, die auch nach 1945 lange in Norwegen tabuisiert waren: die offene Darstellung des Geschlechtlichen.

Bei *Agnar Mykle* (geb. 1915) findet man sie in dem Roman »Das Lied vom roten Rubin« (Sangen om den røde rubin, 1956), dessen Hauptperson, Ask Burlefot, schon in dem 1954 erschienenen Roman »Das Lasso um Frau Luna« (Lasso rundt fru Luna) aufgetreten war. »Das Lied vom roten Rubin« wurde in einem 1957 begonnenen Prozeß aus Sittlichkeitsgründen verboten – man kannte das seit Krohg, Jaeger u. a. – und später vom norwegischen Reichsgericht wieder freigegeben. Das wirkte sich natürlich auf die Verbreitung des Buches positiv aus.

Jens Bjørneboes (1920–1976) Roman »Ohne einen Faden« (Uten en tråd, 1966) hatte in Norwegen nicht das Glück des »Roten Rubins«. Es wurde als Pornographie verboten und konnte zuerst nur in Dänemark erscheinen. Aus Bjørneboes Romanwerk aber heben sich Bücher wie »Jonas« (1955) heraus, in dem die Mängel des Schulwesens angeprangert werden, oder ein Roman wie »Der böse Hirte« (Den onde hyrde, 1960), der getragen wird von harter Polemik und Auseinandersetzung mit der norwegischen Jugendfürsorge und dem Strafvollzug. In dem Roman »Ehe der Hahn kräht« (Før hanen galer, 1952) prangert Bjørneboe die ärztlichen Experimente in den KZ's des Hitler-Deutschland an. Auch als Bühnenautor war der durch Freitod geendete Autor tätig, der sein großes Vorbild in Bert Brecht sah.

Manches aus der norwegischen Nachkriegsliteratur ist über die Grenzen ihres Entstehungslandes in die Welt gedrungen. Was aber außerhalb Norwegens so gut wie unbekannt blieb, ist das gewaltige »Volksepos« (Folkeeposet, 1933, neu herausgegeben 1965) von *Hans Henrik Holm* (1896–1980), das 1933 mit dem Band »Johannisnacht« (Jonsoknatt) beginnt und vom Dichter in sieben Bänden konzipiert wurde, deren Erscheinen sich über einen Zeitraum von ca. 40 Jahren erstreckte.

In jahrzehntelanger Kleinarbeit, die Holm in fast alle Teile seiner Heimat führte, ständig auf der Suche nach volkstümlichen Überlieferungen und Sprach- bzw. Dialektbesonderheiten, hat er eine mythische Dichtung geschaffen, deren Geschehen an Werke von Gerhard Munthe und Edvard Munch erinnert.

In diesem Mammutepos, das im 17. und 18. Jahrhundert angesiedelt ist, ist alles verschmolzen. Alles weist in die Tiefe, ins Kosmische. Da hinein sind die Menschen gestellt. Da müssen sie kämpfen, mit sich selbst, gegen andere, dunkle Mächte. Holm ist in diesem Epos Lebensmystiker, wobei das Erotische im weitesten Sinn eine bedeutende Rolle spielt, das schließlich ins Religiöse hinübergleitet.

Die Sprache dieser Dichtung, dieses mächtigen »Gobelin Norge«, wie H. J. Viestad dieses Werk bezeichnet, ist weder Bokmål noch Nynorsk. Holm hat dafür gleichsam seine eigene Sprache benutzt, die am besten als ein Gemisch von Nynorsk, alten Bauerndialekten und Altnorwegisch bezeichnet werden kann und selbst norwegischen Lesern nicht immer verständlich ist.

Die norwegische Literaturkritik ist in der Beurteilung dieses großen Werkes zwiespältig. Die einen weisen es völlig ab, die anderen sehen in Holm den größten Dichter Norwegens.

Fest steht jedoch schon jetzt, daß es vielen norwegischen Künstlern, Malern und Komponisten überaus fruchtbare Anregungen gegeben hat.

Der dänische Literaturhistoriker Erling Nielsen hat die für die norwegische Literatur so wichtige sprachliche Seite einmal so ausgedrückt: »Die Variationsmöglichkeiten der Sprache, der Mangel an festen Regeln und Normen wirkt auf den bedeutenden Schriftsteller wie eine Herausforderung, die ihn anspornt, eine originale Sprach- und Stilkunst zu entwickeln.« Norwegens Literatur, in der sich nicht nur das Land und seine Menschen widerspiegeln, sondern auch Allgemeinmenschliches, hat in seinen besten Vertretern Persönlichkeiten hervorgebracht, ohne die das Bild unserer Weltliteratur unvorstellbar wäre.

Norwegens Musik

In der norwegischen Musik gibt es Komponisten, die Weltruhm erlangten. Am spektakulärsten ist ihre Verbindung zur Literatur an dem Beispiel Ibsen/ Grieg. Griegs Musik zu »Peer Gynt« wurde für viele Menschen zu einem – wenn auch romantisierenden – Bild von Norwegen schlechthin (Solveigs Lied, In der Halle des Bergkönigs usw.). Die Wurzeln seiner Tonkunst gehen tief in die *Volksmusik* seiner Heimat hinein. Diese stand am Anfang aller musikschöpferischen Betätigungen. Jedoch ist ihre Geschichte immer noch nicht völlig erforscht. Fest steht, daß zu den ältesten Volksmusikformen diejenigen gehören, die im Zusammenhang mit der Almwirtschaft, mit dem Singen und Musizieren der Senne(seter) gehören und daß diese bis vor unsere Zeitrechnung zurückreichen.

Dabei handelt es sich besonders um Vokalmusik, die zur Kommunikation über weite Abstände und auch zur Äußerung der Lebensfreude diente.

Instrumentalmusik wurde mit Hörnern ausgeübt, die den Hirten dienten, um damit Zeichen und Signale für die Tiere und ihre Mitmenschen zu geben.

Die traditionellen Instrumente der Volksmusik sind Lure (für kultische Zwekke in vorchristlicher Zeit), Bockshorn, Weidenflöte, Holzflöte, Mundharfe, »Langeleik« (Hackbrettinstrument), Violine und Hardanger-Violine. Ferner wurden Trommel und Klarinette als Instrumente zur Tanzmusik gebraucht, oft im Zusammenspiel mit der Violine.

Für das *Singen* war die Straffung der Kehlkopfmuskulatur typisch, nasaler Klang und Ton ohne Vibrato, ein Stil, der auch andere Teile der Volksmusik geprägt hat wie das Singen der Volksballaden (folkeviser), der vierzeiligen Stegreiflieder(stev) und religiösen Volkslieder.

Die *Tanzmusik* ist der vitalste Teil der Volksmusik. Im Mittelalter wurde in Norwegen – wie in den anderen nordischen Ländern – der Kettentanz getanzt.

Wesentlich früher, in der Zeit vor und um unsere Zeitrechnung, sind in Norwegen auch rituelle und magische Tänze üblich gewesen. Felszeichnungen jener Zeit deuten darauf hin.

Aus dem bis in die vorchristliche Zeit hineinreichenden Tanz hat sich in den danach folgenden Jahrhunderten der *Volkstanz* entwickelt, der auch manche Formen aus dem Ausland übernahm (Deutschland/Österreich) und sich bis Ende des 19. Jahrhunderts auf dem Lande hielt. Kulturelle Organisationen haben ihn in neuer Zeit wieder zum Leben erweckt.

In der *Kunstmusik* hatte Norwegen nach der Reformation kaum etwas Eigenes aufzuweisen. Erst um 1600 werden die Namen zweier Komponisten bekannt: *Caspar Ecchienus,* der eine Motette über den 51. Psalm hinterließ, und der aus Bergen stammende *Johann Nesenius,* der Kantor in Göttingen war und von dem mehrere Chorwerke bewahrt sind.

Im 18. Jahrhundert bekamen zwei Deutsche große Bedeutung für das norwegische Musikleben: Georg von Bertouch, ein Offizier, der mehrere Kantaten und eine größere Sammlung von Triosonaten schrieb, und *Johan Daniel Berlin,* der als Stadtmusikant und Organist in Trondheim arbeitete und Orchesterwerke, Klavierkompositionen und Kantaten schrieb sowie ein Lehrbuch für Musik, »Musikalische Elemente«, herausgab.

Auch einige norwegische Komponisten gab es im 18. Jahrhundert, von denen der bedeutendste *Johan Henrik Freithoff* war, der meist in Kopenhagen als Violinist der Kgl. Kapelle lebte. Seine Kompositionen – Solo- und Triosonaten – passen sich dem Rokokostil an.

Gegen Ende des 18. und zu Beginn des 19. Jahrhunderts entwickelte sich in den größeren Städten des Landes ein reiches Musikleben. Verschiedene Musikgesellschaften wurden gegründet, die mit dramatischen Gesellschaften zusammenarbeiteten. Weit ins 19. Jahrhundert hinein stand das *Singspiel* im Mittelpunkt dieser Vereinigungen. *Johan Henrich Berlin* gehörte um die Jahrhundertwende zu den bekanntesten Musikern. Er war Trönder und hat an die 60 Werke geschrieben, von denen jedoch nur wenige bewahrt sind.

In der ersten Hälfte des 19. Jahrhunderts wurde *Ole Andreas Lindeman* zur zentralen Figur des Musiklebens in Trondheim und ganz Norwegen. Er war der *spiritus rector* des ersten, 1835 autorisierten norwegischen Gesangbuchs. Auch *Hans Hagerup Falbe* zählte zu den bekannten Musikern jener Zeit. Er schrieb u. a. eine Symphonie. In diese Zeit gehören *Lars Møller Ibsen* und *Waldemar Thrane.* Thrane schrieb das Singspiel »Das Fjellmärchen« (Fjelleventyret, 1824) zum Text von H. A. Bjerregaard. Hier geht ein norwegischer Komponist zum ersten Mal auf Töne der Volksmusik zurück, etwas, das später Schule machen sollte.

Die bekannteste Gestalt zu Beginn der *Nationalromantik*, die jetzt auch für die Musik angebrochen war, ist *Ole Bull* (1810–1880). Er wurde wohl der größte Geigenvirtuose des 19. Jahrhunderts. Seine Konzertreisen führten ihn nicht nur durch Europa, sondern auch nach Amerika, wo sein seelenvoller Ton und seine unübertroffene Technik alle bezauberten. Als Komponist war er Autodidakt und konnte seinen genialen Improvisationen keine feinere Detailgestaltung geben, die oft den norwegischen Volkston einzufangen suchten. Zu diesen Kompositionen gehört »Der Sonntag der Sennerin« (Sæterjentens Søndag), ein Werk, das immer noch gespielt wird.

Um 1850 begann mit *Ludvig M. Lindeman* das Aufzeichnen norwegischer

Volksmusik festere Formen anzunehmen. Weitere Komponisten wie *Halfdan Kjerulf*, der deutsche Vorbilder hatte, und *Rikard Nordraak* bereicherten das jetzt stark aufblühende norwegische Musikleben. Nordraak, der die große Bedeutung der Volksmusik hervorhob, sollte auch aus diesem Grund starken Einfluß auf *Edvard Grieg* (1843–1907) nehmen.

Edvard Griegs Schaffen trug zum erstenmal norwegische Musik weit über die Grenzen des Landes hinaus. Auf Empfehlung von Ole Bull wurde Grieg zur Ausbildung nach Leipzig geschickt (1858). 1862 setzte er seine Studien bei N. W. Gade in Kopenhagen fort. Dort traf er seine Kusine Nina Hagerup, die er 1865 heiratete. 1871 gründete er in Kristiania den »Musikverein«, den er bis 1880 leitete. Von da an wurde er Dirigent von »Harmonien« in Bergen, seiner Geburtsstadt, wo er zusammen mit seiner Frau 22 Jahre in seinem Haus »Troldhaugen« lebte und arbeitete, das 10 km außerhalb der Stadt liegt.

Griegs musikalischer Ausgangspunkt ist der »Volkston«, der entweder direkt für das Klavier verwendet wird oder zur Grundlage großer Kompositionen. Am größten ist Grieg in der kleinen Form, in seinen Liedern und Klavierstükken. Von seinen größeren Werken müssen die Violinsonaten (Op. 8, Op. 13, Op. 45) und das Klavierkonzert in a-moll (Op. 16) genannt werden. Zu den weltbekannten Vertonungen großer Werke gehören vor allem »Sigurd Jorsalfar« (1872) und »Peer Gynt« (1875). Griegs farbenreiche und lyrische Tonsprache beeindruckte und beeinflußte manche ausländischen Komponisten.

Ebenfalls in Bergen geboren war *Johan Svendsen* (1840–1911). Auch er studierte in Leipzig (Geige und Komposition), ließ sich in der Hauptstadt nieder, besuchte 1870 Paris und 1872 Wagner in Bayreuth und leitete von 1872 bis 1883 (unterbrochen von den Saisons 1877 bis 1880, wo er in Bergen wirkte), zusammen mit Grieg (bis 1880) den »Musikverein«. Seit 1883 war er Dirigent am Kgl. Theater zu Kopenhagen, wo er bis zu seinem Lebensende blieb.

Seine Kompositionen, die meist aus der Zeit vor Kopenhagen stammen, umfassen u. a. zwei Symphonien (D-dur, Op. 4 und b-dur, Op. 15), die »Festpolonaise« (Op. 12), vier »Norwegische Rhapsodien«, das Violinkonzert Op. 6, Violinromance, Orchesterphantasien, Kammermusik und anderes. Auch Svendsen erreichte internationalen Ruf. Seine Werke haben vielleicht nicht die Ursprünglichkeit und Tiefe der Griegschen Kompositionen, zeichnen sich dafür aber durch großartigen Formensinn und Eleganz aus.

Auch ein dritter Komponist dieser Jahre fand außerhalb Norwegens Grenzen große Beachtung: *Christian Sinding* (1856–1941). Wie Grieg und Svendsen studierte er in Leipzig (1879), ging dann aber von dort nach Dresden, München und Berlin, wo er einen großen Teil seines Lebens wohnte.

Sindings Stil hat ebenfalls tiefe Wurzeln in der nationalen Tonkunst seiner Heimat. Dazu war er stark beeinflußt von der deutschen Musik der Hochromantik (Wagner). Er liebte besonders die großen Formen (drei Symphonien,

Orchesterwerke, zwei Violinkonzerte, Kammermusik). Von den vielen Kla-
vierstücken wurde »Frühlingsrauschen« besonders populär. Ferner schrieb er
die Melodien zu mehr als 200 Liedern. Nach 1900 hat die norwegische
Tonkunst teils die nationale Linie von Grieg und Svendsen fortgesetzt, teils hat
sie sich beeinflussen lassen durch neuere internationale Strömungen. Unter
den Repräsentanten norwegischer Tonkunst der Zwischenkriegsjahre, finden
sich Namen wie Arne Eggen, David Monrad Johansen, Irgens Jensen, Bjarne
Brustad, Sparre Olsen, Harald Sæverud und Klaus Egge, während Pauline
Hall bereits zu den moderaten Modernisten gerechnet werden muß.

Der profilierteste unter den norwegischen Komponisten des Modernismus
aber ist *Fartein Valen* (1887–1952). Er wurde in Oslo und Berlin ausgebildet,
war von 1925 bis 1935 in der Musikabteilung der Osloer Universitätsbibliothek tätig und seit 1938 in Valevåg wohnhaft. Valens Kompositionen, die in
einem persönlich geprägten, atonalen und freien polyphonen Zwölftonstil
geschrieben sind, umfassen fünf Symphonien, Orchesterwerke, Solokonzerte,
Kammer-, Klavier- und Vokalmusik. 1949 wurde in Oslo eine Fartein-Valen-
Gesellschaft gegründet.

Die Tendenz der Modernisten der 60er und 70er sowie auch folgender Jahre
geht zu einem »milden Stil« hin. Unter diesen Komponisten hat sich *Kåre
Kolberg* profiliert.

Die Norweger sind ein sehr musikliebendes Volk. Daß das auch auf höchster
Ebene der Fall ist, zeigt die erst 1958 gegründete Oper, deren erste Leitung die
weltberühmte norwegische Sängerin *Kirsten Flagstad* (1895–1962) innehatte.

II. Teil

Die großen Städte

Oslo

Oslo ist die Hauptstadt des Königreichs Norwegen und bildet einen eigenen Regierungsbezirk (fylke). Die Stadt nimmt ein Gesamtareal von 453,7 km² ein und hatte am 1. 1. 1980 eine Bevölkerung von 454 832 Menschen. Der Name könnte »Hain der Götter« bedeuten; denn die altnorw. Form *Asló* und *Osló* besteht aus den beiden Silben *ass(óss)* = Gott, Ase und *ló* = *Lichtung, Ebene*. Gegründet wurde die Stadt 1048. Jedenfalls nimmt man das nach der Überlieferung durch Snorri Sturlusons »Heimskringla« (III, Kap. 58) an, in der es heißt: »*König Harald (Harald III., d. Verf.) ließ zu Oslo im Osten einen Handelsplatz errichten, und dort weilte er oft. Denn er lag günstig, um Lebensmittel dorthin schaffen zu können, und war der wichtigste Teil des Landes rings in der Runde. Das war der geeignete Platz zum Aufenthalt sowohl bei der Landesverteidigung wider die Dänen als auch, wenn er einen Angriff auf Dänemark vorhatte. Und dort pflegte er auch oft zu weilen, wenn er kein großes Heer aufgeboten hatte. (...)*« 1624 wurde Oslo in Christiania umbenannt, und 1925 bekam die Stadt ihren alten Namen zurück.

Seit Auflösung der Union mit Schweden ist Oslo wieder Residenz eines norwegischen Königs. Die Stadt ist Sitz des Parlaments (Storting), der Regierung, des Höchsten Gerichts (Høyesterett), der zentralen Administration, der meisten höheren Lehranstalten mit Norwegens ältester Universität als Mittelpunkt, des Nationaltheaters, vieler Museen und Kunstsammlungen. Die Galerien, Sammlungen und vielen Skulpturen haben Oslo den Namen »Stadt der Skulpturen und Galerien« eingebracht.

Weniger als 20% von Oslos großem Areal ist bebaut. Das Gebiet, das man Oslomarka nennt, ist wesentlich größer als das eigentliche Stadtgebiet und bietet viele Freizeitmöglichkeiten.

Die Stadt selbst liegt in einer Talsenke, umgeben von schönen Bergen und mit offener Aussicht auf den Oslofjord, an dessen Ende sie sich ausbreitet. Das heutige Stadtzentrum war ursprünglich das rechtwinklige, von Christian IV. hinter der Burg Akershus auf der Landzunge Akersnes erbaute *Christiania*, von dessen alten Häusern nur wenige übriggeblieben sind. Jedoch blieb die Straßenstruktur erhalten.

Das Zentrum der Stadt hat sich jetzt auf andere Wohngebiete wie Vika, Vaterland und Grønland ausgedehnt. Nach dem Zweiten Weltkrieg wurde die Aker Kommune eingemeindet, und die Wohngebiete der Stadt haben sich in alle Richtungen verbreitet, so daß es jetzt – wie überall bei den großen Städten der Welt – Trabanten- und sogenannte Schlafstädte gibt.

Die *Industrie* begann längs der Akerselva und verbreitete sich später am Frognerkilen und an den Straßen und Eisenbahnstrecken im Osten entlang. Ein Teil siedelte sich auch in dem ursprünglichen Oslo, jetzt *Gamlebyen* (die alte Stadt) genannt, an.

Oslo ist die wichtigste Industriestadt des Landes. Zu den Hauptindustriezweigen gehören der Schiffsbau, Schiffsausrüstungen, Elektroindustrie, Tabakindustrie, Nahrungsmittelindustrie und Elektrochemie. Die graphische Produktion und Verlagstätigkeit unterhält die meisten Betriebe. Von den 300 000 Erwerbstätigen arbeiten 90 000 beim Staat und in der Kommune, 50 000 in der Industrie, während sich die meisten Beschäftigten beim Handel, in den Banken und Versicherungen betätigen.

Von der Hauptstadt soll hier kurz ein Blick auf das ganze Land geworfen werden. Norwegen galt früher immer als ein Land, das von Forstwirtschaft, Fischerei und einigen Bodenschätzen lebte. Das hat sich geändert. Heutzutage ist Norwegen ein moderner Industriestaat. Trotzdem werden immer noch pro Jahr ca. 1 Mio. m³ Holz exportiert (1984). Die Existenz des Landes ist stark vom Außenhandel abhängig. So belief sich beispielsweise der Export von Waren und Dienstleistungen in den Jahren 1971 bis 1975 auf 43% des Bruttosozialprodukts. Davon machten ⅓ Bruttoeinnahmen der Schiffahrt aus; denn Norwegen gehört seit mehr als 100 Jahren zu den führenden Schiffahrtsnationen der Welt und nimmt jetzt hinter Liberia, Japan, Griechenland und Großbritannien die fünfte Stelle ein. 2672 Schiffe mit einer Gesamttonnage von 23,5 Mio. BRT (1979) machen diese Handelsflotte aus. Davon laufen 90% der Schiffe niemals norwegische Häfen an. Doch die größten Erwartungen setzt die norwegische Industrie auf die Öl- und Erdgasförderung aus dem Meer vor Norwegens Küste. Dort sind so große Fortschritte gemacht worden, daß Norwegen wohl noch vor Ende dieses Jahrhunderts mit einem großen Aufblühen seines Wirtschaftslebens rechnen kann.

Daß Oslo aufgrund seiner idealen Lage ein gewichtiges Wort beim Außenhandel mitzusprechen hat, ergibt sich ganz natürlich. Sein Hafengebiet entstand aus einem Naturhafen am Ende des Oslofjords und ist mit seinen 13 km Kaianlagen eines der größten in ganz Skandinavien. Das bedeutet, daß Oslo Norwegens wichtigste Handels- und Seefahrtstadt ist. Pro Jahr verzeichnet die Hafenbehörde 30 000 bis 40 000 Schiffsanläufe.

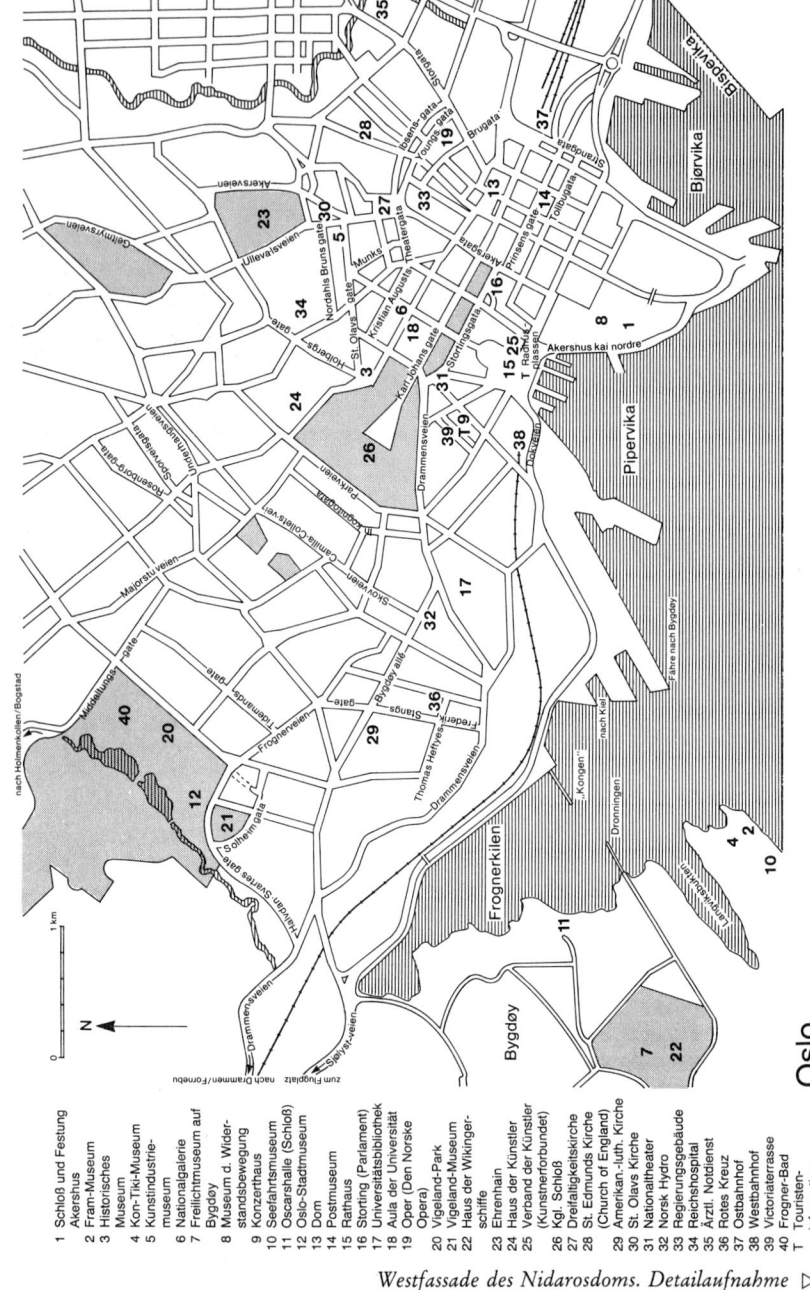

Oslo

1 Schloß und Festung
  Akershus
2 Fram-Museum
3 Historisches
  Museum
4 Kon-Tiki-Museum
5 Kunstindustrie-
  museum
6 Nationalgalerie
7 Freilichtmuseum auf
  Bygdøy
8 Museum d. Wider-
  standsbewegung
9 Konzerthaus
10 Seefahrtsmuseum
11 Oscarshalle (Schloß)
12 Oslo-Stadtmuseum
13 Dom
14 Postmuseum
15 Rathaus
16 Storting (Parlament)
17 Universitätsbibliothek
18 Aula der Universität
19 Oper (Den Norske
   Opera)
20 Vigeland-Park
21 Vigeland-Museum
22 Haus der Wikinger-
   schiffe
23 Ehrenhain
24 Haus der Künstler
25 Verband der Künstler
   (Kunstnerforbundet)
26 Kgl. Schloß
27 Dreifaltigkeitskirche
28 St. Edmunds Kirche
   (Church of England)
29 Amerikan.-luth. Kirche
30 St. Olavs Kirche
31 Nationaltheater
32 Norsk Hydro
33 Regierungsgebäude
34 Reichshospital
35 Ärztl. Notdienst
36 Rotes Kreuz
37 Ostbahnhof
38 Westbahnhof
39 Victoriaterrasse
40 Frogner-Bad
T Touristen-
   information

Westfassade des Nidarosdoms. Detailaufnahme ▷

Ein Bummel durch das zugängliche Hafengebiet ist immer ein Erlebnis. Vor der wuchtigen Kulisse des roten Rathauses mit seinen großartigen Skulpturen spielt sich an den Schiffsbrücken ein lebhafter Verkehr ab. Es sind meist kleinere, weiße Motorschiffe, die dort festmachen oder ablegen. Sie befördern die Menschen, die längs des Oslofjords in den vielen kleinen Siedlungen und Städtchen wohnen. Schaut man nach links, fällt das Auge auf die wuchtige Festung *Akershus*, die wie ein Wächter der Stadt an ihrer Einfahrt liegt. Gar nicht so weit von diesem so lebendigen Hafengebiet, das wie eine Lebensader der Stadt wirkt, verläuft von Oslos Hauptbahnhof, dem Ostbahnhof, bis hoch hinauf zum Kgl. Schloß, die *Karl Johans gate*, diese berühmte Straße unter den Straßen des ganzen Nordens, die sich wiederfindet in vielen Literaturwerken des Landes und auf manchen Malereien. Sie ist auch etwas einzigartiges, diese Straße, an der die Domkirche steht, das Gebäude des Stortings, die Universität, am Ende das Kgl. Schloß, etwas abseits das Nationaltheater. Zwischen den markanten Bauten dieser Straße aber liegen die Geschäfte und Hotels, die Oslo einen eigenen Reiz geben. Alt ist diese Straße nicht. Sie entstand im 19. Jahrhundert, als König Carl Johan nach einer repräsentativen Residenz Ausschau hielt. Damals war Oslo oder Christiania bereits eine größere Stadt und um die 800 Jahre alt. Als Harald nach dem Tod Magnus des Guten Alleinherrscher über Norwegen wurde und Oslo gründete, baute er die Marienkirche, in der Ost-Norwegens Schutzpatron, der hl. Hallvard, beigesetzt wurde. Später brachte man den Heiligenschrein in die Domkirche, die im 12. Jahrhundert erbaut und nach St. Hallvard benannt wurde. Die Grundmauern der alten Kirche sind noch heute in Gamlebyen zu sehen. Zu sehen ist auch noch das Bildnis des heiligen Hallvard im Stadtwappen von Oslo und als Skulptur an Oslos Rathaus.

Um in dieser Stadt alles Sehenswürdige in Augenschein nehmen zu können, braucht man mehrere Wochen. Die folgende Übersicht, alphabetisch geordnet, mag dabei ein Hilfsmittel sein.

Akershus, Schloß und Festung

Eines der wichtigsten Bauwerke des norwegischen Mittelalters. Angelegt um 1300 auf einer Landzunge (Akersnes) im heutigen Hafengebiet von Hákon V. Kgl. Residenz von 1319 bis 1380. Umgebaut zum Renaissanceschloß von Christian IV. Später restauriert. Die Säle des Schlosses werden von der Regierung zu Repräsentationszwecken benutzt. *Kgl. Grabkapelle* mit den Begräbnisstätten von Haakon VII., Königin Maud und Prinzessin Märta. Auf dem unteren Akershusgelände wurde 1979 ein *Norwegisches Verteidigungsmuseum* eröffnet, während sich in einem anderen Gebäude der Festung, nicht weit vom *Denkmal für die Widerstandskämpfer*, das *Widerstandsmuseum* mit

◁ *Vergoldete Silberspange mit Tierornamentik. 6. Jahrhundert Fonnås, Øvre Rendal. Universitetets Oldsaksamling*

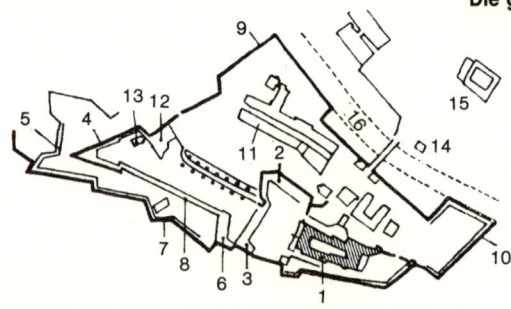

Schloß und Festung Akershus. Grundriß

(© Kunnskapsforlaget, Oslo)

1. Schloß Akershus (schraffiert, s. Aufriß)
2. Königsbatterie (1567–80)
3. Königinbatterie (1567–80)
4. Escarpe du Nord (1600–50)
5. Hornwerk (1600–50)
6. Die doppelte Batterie (ca. 1650)
7. Die neue »Tenalje« (1650er Jahre)
8. Lange Linie (1650er Jahre)
9. Kronprinzbastion (1618)
10. Prinz-Carl-Bastion (1648)
11. Gefängnis (1690–1787), noch nach 1945 benutzt
12. Pulverturm
13. Bleikeller
14. Nationaldenkmal
15. Festungsplatz
16. Königsstraße

Exponaten aus der Zeit des norwegischen Widerstands gegen die Hitler-Okkupanten befindet. Im Gelände der Festung wurden eine Reihe norwegischer Freiheitskämpfer von den Okkupanten hingerichtet. Ebenfalls dort wurde Quisling nach der Kapitulation und seiner Verurteilung zum Tode durch Erschießen hingerichtet.

Öffnungszeiten: 2. 5.–15. 9. werktags 10–16, sonntags 12.30–16. Führungen: 11, 13 und 15. Eintritt.

Verteidigungsmuseum: dienstags u. donnerstags 10–20; freitags, samstags 10–15; sonntags 11–16; montags geschlossen.

Widerstandsmuseum (Norges hjemmefrontmuseum): 15. 4.–30. 9.: werktags 10–16; 1. 10.–14. 4.: 10–15, sonntags 11–16 das ganze Jahr. Eintritt.

Alte Aker Kirche

Norw. Gamle Aker Kirke. Akersbakken 26 (Bus 17). Um 1100 erbaut. Älteste Steinkirche des Nordens. In dieser Kirche begegneten sich Kristin Lavransdatter u. Erlend Nikulausson (Sigrid Undsets Roman). Während der Besatzungszeit war in der Krypta der Kirche Königin Mauds Sarg versteckt. Immer noch im Gebrauch als Pfarrkirche.

Geöffnet: 15. 5.–31. 8., dienstags u. donnerstags 12–14. Sonst nach Vereinbarung.

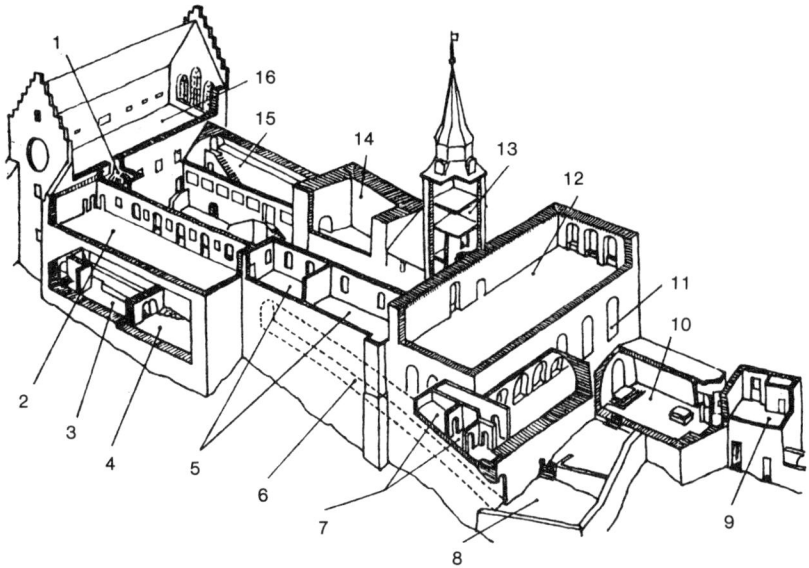

Schloß Akershus. Längsschnitt

(© Kunnskapsforlaget, Oslo)

1. Romikersturm (1632–33)
2. Romikersaal
3. Butterkeller
4. Salzkeller
5. Schreibstuben
6. Dunkelgang
7. Gefängniskeller
8. Jungfraugarten

9. Jungfrauenturm
10. Kgl. Mausoleum (1950er Jahre)
11. Schloßkirche
12. Christian IV. Saal
13. Blauer Turm
14. Wagehals
15. »Fatebur«-Galerie
16. Olavshalle

Amundsen-Haus

S. Roald-Amundsen-Haus

Bogstad Hof

Am Bogstadvannet, ca. 10 km von Oslos Zentrum. Einer der schönsten Herrenhöfe. Das Hauptgebäude mit Seitenflügeln bekam sein jetziges Aussehen zu Peder Ankers Zeit (1749–1824). Die Räume sind ausgestattet mit Möbeln, Gemälden, Leuchtern, Leuchtkronen, Porzellan und anderen kunstgewerblichen Gegenständen. Alter Wagenschuppen (selekammer). Park. Geöffnet: Mitte Mai – Mitte Sept. sonntags 12–18. Eintritt.

Botanischer Garten

Im Ostteil der Stadt, Sarsgate 1, zusammen mit dem Zoologischen und Mineralogischen Museum gelegen. Gehört zur Universität. Ganztägig bis zum Einbruch der Dunkelheit geöffnet. Montags und sonnabends sind die Gewächshäuser geschlossen. Sonst von 12–15 geöffnet.

Bygdøy

S. Museen

Damstredet u. Telthusbakken

Östlich vom Erlöser-Friedhof (Vår frelsers gravlund). Gut bewahrtes Baumilieu aus dem 19. Jahrh.

Deichmansche Bibliothek

Henrik Ibsens gate 1. Größte norw. Volksbücherei. Benannt nach dem in Dänemark geborenen und in Porsgrunn gestorbenen Eisenhüttenbesitzer und gelehrten Schriftsteller Carl Deichman (ca. 1705–1780), der seine kostbare Bibliothek (ca. 6000 Bände) und Handschriftensammlung sowie 2000 Reichstaler der Stadt Christiania vermachte. Die Sammlung wurde 1785 der Öffentlichkeit zugänglich gemacht, 1898 unter Haakon Nyhuus erweitert. 1933 bekam die Bibliothek ihre jetzige Gestalt. Sie verfügt über eine Reihe von Zweigstellen.

Deutscher Soldatenfriedhof

Strømsveien 286, Oslo 6. Busse (Linie 66) bis Haltestelle Alfaset. 3300 Gräber, auch aus dem Ersten Weltkrieg, auf einem Areal von 6–800 m².

Domkirche

An der Karl Johans gate gelegen. Vermutlich nach Zeichnungen des Etatsrats de Wiggers erbaut, der z. T. auch den Bauarbeiten vorstand, und am 7. Nov. 1697 eingeweiht. Teilweise umgebaut (1849–50) von dem Hamburger Architekten Alexis Chateauneuf (1799–1853), der auch Pläne für das Stortingsgebäude entwarf. Neue Änderungsarbeiten wurden 1948 begonnen. Wiedereinweihung am 14. Mai 1950 als Eröffnung zur 900-Jahr-Feier der Stadt Oslo. Die Kirche, die früher Erlöserkirche hieß, bekam jetzt den Namen Oslo

Domkirche. Sie ist die Bischofskirche der norw. Haupstadt. Oslos erste
Domkirche war die St. Hallvardskathedrale. Von ihr hat der jetzige Dom
vermutlich die Steinskulptur (um 1100) an einer Wand rechts vom Hauptportal, die Mächte des Bösen über die Menschheit darstellend. Ferner befinden
sich an den Giebeln des Querschiffs die Initialen König Christians V. (C 5)
und die Anfangsbuchstaben seines Wahlspruchs: P E I (Pietate Et Justitia =
Mit Frömmigkeit und Gerechtigkeit). Reiche Barockausschmückung im
18. Jahrh. Um 1820 wird das wertvolle Barockinterieur entfernt, und es
verblieb ab 1850 nur die alte Orgel in der Kirche. Bronzetüren (Hauptportal)
seit 1938. Ein Werk von Dagfin Werenskiold. Oben: Christus mit Vögeln in
der Luft u. Blumen auf dem Feld. In den 8 Feldern symbol. Darstellungen der
Seligpreisungen. Das Altarbild, das seit 1950 wieder – zusammen mit der alten
Kanzel u. dem Taufstein – in die Domkirche kam, stammt von einem
holländischen unbekannten Maler und wurde von dem norw. Holzschnitzer
Lars Sivertsen vollendet. Auch die Kanzel ist das Werk eines Holländers mit
Hilfe eines norw. Holzschnitzers. Altarbild und Kanzel wurden erstmalig
1699 in der Kirche angebracht. Die Kanzel zeigt Akanthusmuster, die Schule
machten. Der Taufstein kam erstmalig in den 1720er Jahren in die Kirche. 1930
erhielt der Dom auf dem alten Orgelaufbau eine neue Orgel mit 104 Stimmen.
Erbauer: Orgelfirma E. F. Walcker, Ludwigsburg. Die jetzige Orgel, 1976
fertiggestellt, hat 87 Stimmen auf 5 Manualen (erstmals in Norwegen) und
Pedal. Sie wurde von einer norwegischen und schwedischen Firma erbaut.
Königsstuhl aus dem Jahr 1700, jedoch jetzt umgebaut. Emanuel Vigeland
schuf die Glasmalereien, die 1910 in die Kirche kamen. Motive: Christi Geburt
bis Wiederkehr. Die auffallendsten Malereien im Kircheninneren sind indes
die Dekorationen der Gewölbe. Ein monumentales Kunstwerk, geschaffen
von Hugo Louis Mohr in den Jahren 1935–1950. Sie decken eine Fläche von
1500 m² und sind am Holzgewölbe der Kirche in Ei-Öl-Tempera ausgeführt.
Das Gesamtgewölbe ist in Feldern mit verschiedenen Motiven aufgeteilt. So
stehen im Eingangs- und Ausgangsgewölbe die vier großen Evangelisten und
die vier großen Propheten. Weitere Gewölbe: das »Schöpfungsgewölbe«, wo
jedes Feld mit dem gegenüberliegenden in Verbindung steht und Motive von
der Schöpfungsgeschichte bis zur Himmelfahrt des Eilas zeigt; das »Christus-
gewölbe« mit Bildern aus dem Leben Jesu; das »Gewölbe des Heiligen
Geistes«. Zum Exterieur ist noch zu bemerken, daß der um die Mitte des
19. Jh. geschaffene Neubau des Turms, einer der wenigen Türme der Stadt,
eine Turmuhr aus dem Jahr 1718 besitzt, die älteste noch funktionierende
Kirchturmuhr Norwegens.

Ekeberg (Ekebergsfeld, norwegisch Ekebergsletta)

Oslos größter Naturpark, südöstl. des Stadtzentrums, nahe Mosseveien (Kongsveien), 280 m ü. d. M. Mit Ekebergbahn (Linie 9, Ljabru) vom Stadt-zentrum bis Station Seemannsschule (Sjømannsskolen). Die Seemannsschule wurde 1845 gegründet, das jetzige Gebäude ist 1917 eingeweiht worden. Architekten: A. H. Bjerke u. C. Eliassen. In der Eingangshalle Fresken, die den Tierkreis vorstellen, gemalt von Per Krohg. Zwischen Schule und Kongs-veien liegt ein Gebiet mit 5000 Jahre alten Felszeichnungen. Von der Terrasse vor der Schule großartige Aussicht über Hafen und Inseln. An der Straße: Gunnar Utsonds Skulptur »Höllenpferd«. Spaziergang durch den Ekeberg-Park (Gesamtareal 425 000 m²). Dort befindet sich ein Campingplatz, ferner Übungswiesen, Sporthalle, Reitschule u. kleiner Tierpark sowie Restaurant. Der Name Ekeberg stammt von dem altnorw. Eikaberg (Eichenberg), da früher die Hügel mit mächtigen Eichen bedeckt waren. Dort finden sich auch interessante geologische Vorkommen. Im Südwesten »Svenskesletta« (Schwe-denfeld). Dort fand 1567 die Schlacht zwischen den Verteidigern von Akers-hus und den Schweden statt. Von einem Aussichtspunkt unterhalb des Cam-pingplatzes sind die Ruinen des alten Oslo zu sehen: die Marienkirche, ein Teil des Königshofs (Kongsgården), St. Hallvards-Kirche. Ferner der Lade-Hof (Ladegården), erbaut um 1725 auf den Ruinen der mittelalterlichen Bischofs-burg und die wiedererrichtete Kapelle des Bischofs Nikolas aus dem 13. Jahr-hundert. Im Lade-Hof, der restauriert wurde und zu besichtigen ist, befinden sich drei bewahrte Räume aus dem Olavskloster.

Felszeichnungen

Im Stadtgebiet von Oslo s. »Ekeberg« und im und außerhalb des Chemischen Instituts der Universität in Blindern (Blindernveien, nördl. des Stadtzen-trums), u. a. Fußsohlen, Sonnensymbole, Schiffe.

Fram-Haus

S. Museen

Frognerpark

S. Vigelandanlage

Geologisches Museum

S. Museen

Helleristninger

S. Ekeberg u. Felszeichnungen

Holmenkollbakken

Genannt nach dem Aker-Gut Holmen, nordwestl. des Stadtzentrums. Erreichbar mit Holmenkollbahn (Tunnelbahn, Zeichen T = U-Bahn) vom Nationaltheater (Endstation Frognerseteren). Bekannteste Sprungschanze der Welt. Schanzenrekord: 109,5 m, gesprungen von dem Jugoslawen Primoz Ulaga bei Weltmeisterschaftstraining 1981. Aussichtsturm 62 m ü. d. Berg, Fahrstuhl, Restaurant, Schwimmbassin, Wasserskischanze. Das Skimuseum zeigt Entwicklung der Skier, Stöcke u. Bindungen. Ältester Ski der Sammlung 2500 Jahre alt. U. a. Nansens u. Amundsens Polarausrüstung.
Geöffnet: 1. Juni–15. August, 10–22. Eintritt.
Von Holmkollen Station Spazierweg nach Frognerseteren. 433 m ü. d. M. an der berühmten Sprungschanze vorbei oder von der Frognerseteren-Station hinauf zur Tryvannshøgda. Restaurant, Cafeteria. Dort Tryvannstårnet. Er ragt 118,5 m über die Landschaft u. befindet sich 646,5 m ü. d. M. Die Publikumsgalerie liegt 588 m ü. d. M. und 60 m über dem Terrain. Optisch deckt er eine Fläche von 30 000 km^2. Fahrstuhl und Fernrohre. Bei klarem Wetter großartiges Panorama, u. a. Aussicht bis Norefjell, Gaustadtoppen, Jonsknuten, über den Oslofjord, über die schwedische Grenze hinaus.
Geöffnet: März–April: dienstags–sonntags, 10–18; Mai: tägl. 10–20; 1. Juni–15. August tägl. 9.30–22; 16. August–1. Sept. 10–20; Sept. tägl. 10–18; Okt.: dienstags u. sonntags 10–16. Eintritt.
Bei schlechtem Wetter kann der Turm geschlossen sein. Gleich neben der Holmkollenschanze liegt das neue, moderne Holmenkollen Park Hotel (Kongeveien 26, Oslo 3).

Hovedøya Klosterruinen

Insel, südlich vom Rathausplatz und Akersnes im Oslofjord gelegen. Reste eines Zisterzienser-Klosters von 1147. 1532 auf Befehl des Lehnsherrn auf Akershus abgebrannt. Auch bekannt für die dortige Flora. Bootsverbindung von Vipetangen (an der Fischhalle), im Sommer auch von Kai 4. Die Zisterzienser waren aus England gekommen. Sie erscheinen auch in Sigrid Undsets großem Roman »Kristin Lavransdatter«.

Kontiki-Museum

S. Museen

Konzerthalle

Im Stadtzentrum (Joh. Svendsen plass). 1650 Plätze. Kleiner Saal: 300 Plätze. Orgel ist die größte, die in den letzten Dezennien in Europa gebaut wurde.

Kunstindustriemuseum

S. Museen (Kunstgewerbemuseum)

Ladegården

S. Ekeberg

Minneparken in Gamlebyen

S. Ekeberg

Museen

Bygdøy-Museumsinsel

Einzigartige im Stadtgebiet von Oslo gelegene Halbinsel mit einer Reihe der wichtigsten Museen Norwegens und einem großen *Freilichtmuseum* mit alten Holzbauten und der wiederaufgebauten Stabkirche von Gol. Die einzelnen dort liegenden Museen sind in alphabetischer Reihenfolge im Kapitel »Museen« aufgeführt. Gute Bus- und Bootsverbindungen vom Zentrum der Stadt. Die auf der Museumsinsel liegenden Museen werden mit dem Hinweis »auf Bygdøy« oder »Bygdøy« versehen.

Fram-Haus

Auf Bygdøy mit dem berühmten Polarschiff »Fram« (Nansen, Sverdrup und Amundsen). Erbaut aus Eiche von Collin Archer 1892. Dreimastschoner. Ausrüstungen von den Polarfahrten.
Geöffnet: 16. Mai–1. Sept. 10–18. Sept. 11–17. Eintritt.

Geologisches Museum

Sarsgt. 1 (Tøyen). 2 Universitätsmuseen: das Mineralogisch-Geologische Museum zeigt die geologischen Prozesse, Norwegens geologische Geschichte mit geologischer Reliefkarte des Oslotals, Mineralien und Bergarten. Das

Paläonthologische Museum zeigt Versteinerungen, Fossilien, Pflanzen- und Tierleben durch die geologischen Zeiten, Dinosauerier und Vorzeitmenschen. Tägl. geöffnet v. 12–15. Montags geschlossen.

Historisches Museum

Frederiks gate 2 (hinter d. Universität). Verschiedene Sammlungen: Universitetets oldsaksamling zeigt Norwegens Altertum und Mittelalter, u. a. Exponate mittelalterl. Kirchenkunst u. Stabkirchenportale. Das Ethnographische Museum zeigt fremde Kulturen (Indonesien, Kongo, Eskimogebiete). Das Münzkabinett der Universität (Universitetets myntkabinett) zeigt Münzen, Geldscheine, Medaillen und Orden, darunter Nansens und Amundsens Ordensdekorationen. Zentrale Stelle für Wissenschaftler und Freunde der Numismatik und Phaleristik (Ordenskunde). Tägl. geöffnet v. 12–15; Juni–Aug. 11–15.

Kon-Tiki-Museum

Auf Bygdøy mit den Primitivfahrzeugen von Thor Heyerdahl, Kunst- und Gebrauchsgegenständen aus Südamerika und Polynesien. Steinskulpturen aus den geheimen Höhlen der Oster-Inseln. Trockenaquarium. Auch das Schilfboot »Ra II«, mit dem Heyerdahl von Marokko nach Barbados 1970 mit einer Mannschaft von 7 Mann in 57 Tagen fuhr, ist unter den Exponaten zu sehen. Der Bootskörper ist rekonstruiert, die Aufbauten sind original. Geöffnet: 15. Mai–1. Sept. 10–18; Sept. 11–17. Eintritt.

Kunstgewerbemuseum

Norwegisch: Kunstindustrimuseet, St. Olavs gate 1. Ältestes Kunstgewerbemuseum des Nordens. Gegründet 1876, um in dem industrialisierten Land »geschmackvolle und praktische Formen im norwegischen Handwerk und in der Industrie zu fördern, sowie den Sinn der Allgemeinheit dafür zu entwickeln«. Das Museum besitzt heute ca. 20 000 Exponate. Es ist seit seiner Gründung auf das norwegische Kunstgewerbe und auf das heimische Kunstgewerbe (husflid), aber auch auf die sich mit Gebrauchskunst befassende Industrie ungemein anregend gewesen und hat zu dem großen Ansehen beigetragen, das Norwegen auf dem Gebiet des Kunsthandwerks in der ganzen Welt genießt. Dieses starke Engagement innerhalb der lebendigen Produktion angewandter Kunst, von der Heimarbeit bis zum Industriedesign, charakterisiert die Arbeit dieses Museums. Zum Museum gehört eine umfassende Spezialbibliothek, die in Zusammenarbeit mit der Handwerks- und Kunstindustrieschule des Staates unterhalten wird und Wissenschaftlern und speziell Interessierten zugänglich ist. In den ersten Jahren hatte das Museum die Funktion eines Nationalmuseums. Das prägt auch die Sammlungen, in denen man nationale Kleinodien wie den Baldishol-Teppich, weitere norw. Bildteppiche, Trachten aus der Sammlung von Königin Maud, hervorragende Exponate der norw. Goldschmiedekunst, Nøstetangen-Gläser und Herrebø-Fayencen findet. Das Kunstgewerbemuseum hat es stets als eine seiner vornehmsten Aufgaben aufgefaßt, repräsentative Exponate aus dem Reichtum norwegischer Volkskunst zu bewahren und den Menschen des Landes sichtbar und vertraut zu machen. Aber neben der Volkskunst befinden sich in diesem Haus auch Exponate von hohem künstlerisch-internationalen Rang wie einige Elfenbeinreliefs des Norwegers Magnus Berg, einem der berühmtesten Künstler dieses Genres im europäischen Barock. In vier Etagen sind die Exponate untergebracht. In der ersten Etage werden wechselnde Sonderausstellungen gezeigt. Ferner befindet sich dort die Bibliothek mit ca. 30 000 Bänden Spezialliteratur, die die Besucher benutzen können, sowie eine Bar mit Kaffee, Tee und Schokolade. In der 2. Etage sind die wertvollsten Gegenstände norwegischen Kunsthandwerks aus einem Zeitraum von 400 Jahren zu sehen. In der 3. Etage kann man europäische Stilarten von der Renaissance bis zum Empire in schönen Interieurs besichtigen sowie eine ostasiatische Abteilung (Ausstellung). In der 4. Etage werden neue permanente Ausstellungen moderner nordischer Kunstindustrie die Besucher interessieren, Textilien, Trachten (Kgl. Trachtengalerie), Glas und Keramik. Dienstags 12–15 nimmt das Museum Gegenstände zur Beurteilung entgegen.

Öffnungszeiten: Museum: tägl. 11–15 sowie dienstags 19–21. Montags geschlossen. Bibliothek: 1. Sept.–30. Mai: montags, mittwochs, freitags 8.30–16.30; dienstags, donnerstags 8.30–19.30. 1. Juni–30. Aug. montags–freitags 11–15. Außerhalb der Öffnungszeiten des Museums wird der Eingang von Ullevålsveien 5 (Statens håndverks- og kunstindustriskole) benutzt.

Munch-Museum

Im Ostteil der Stadt, Tøyengt. 53, gelegen. Edvard Munch testamentierte 1940 seine reiche Sammlung der Stadt Oslo. Sie wurde durch Privatgeschenke vergrößert und bildet jetzt das Munchmuseet. Der Bau wurde 1960 unter Leitung der Architekten Gunnar Fougner und Einar Myklebust begonnen und am 29. März 1963 eingeweiht. Auf dem Innenhof steht eine Skulptur von Naum Gabo: »Konstruktion«. 1500 m² Ausstellungsfläche, Sitzungssaal, Bibliothek, Buchhandlung, Restaurierungsabteilung, Forschungsräume und ein Restaurant besitzt dieses Haus. Die Ausstellungsobjekte wechseln oft. Zu nicht ausgestellten Bildern ist Zugang über den Konservator möglich. Das

Museum hat die Aufgabe, Munchs Werk zu konservieren und es der Öffentlichkeit zugänglich zu machen. Es beteiligt sich an Munch-Ausstellungen im In- und Ausland. Daher können manchmal bestimmte Werke »unterwegs« sein. Das Museum umfaßt hinterlassene Gemälde, Aquarelle, Zeichnungen, graphische Arbeiten, Skulpturen, Bücher, Briefe und Dokumente, insgesamt 22 524 Registriernummern.
Geöffnet: werktags 10–20, sonntags 12–20. Montags geschlossen.

Nationalgalerie

Norw.: Nasjonalgalleriet, Universitetsgt. 13 (hinter der Universität). Gebaut von Adolf Schirmer (1850–1930), der den Mittelbau schuf, und Heinrich Ernst Schirmer (1814–1887). Neu-Renaissancestil. Eröffnet 1882. Zentrale Bildergalerie norwegischer und nordischer Künstler. Gemälde, Aquarelle, Zeichnungen, graphische Blätter und Skulpturen von ca. 1810 bis in unsere Tage. Ferner ältere europäische Kunst vieler bekannter Künstler. Neuere europäische Kunst ist repräsentiert u. a. durch Delacroix, Manet, Degas, Cézanne, van Gogh, Renoir, Gauguin, Matisse, Picasso, Rodin und Maillot. Die Nationalgalerie besitzt ferner eine russische Ikonensammlung sowie antike Skulpturen und Abgüsse von Skulpturen. Von den nordischen Bildern, die in der 2. Etage hängen, sind zu nennen die Schweden E. Josephson, Anders Zorn, Nils von Dardel, Siri Deckert, Rune Jansson, sowie die Dänen Jens Juel, Niels Larsen Stevns, Joachim und Niels Skovgaard sowie J. F. Willumsen. Was die in der Nationalgalerie gut vertretenen norwegischen Künstler – besonders die des 19. Jahrhunderts – betrifft, siehe auch Kapitel über die norwegische Kunst.
Ganzjährig geöffnet von montags bis freitags 10–16, mittwochs auch 18–20, sonnabends 10–15, sonntags 12–15.

Norwegisches Architekturmuseum

Josefinesgt. 34, Oslo 3. 34 Sammlungen mit Zeichnungen, wechselnden Ausstellungen. Bibliothek mit 8000 Bänden.
Geöffnet: ganzjährig (außer Juli) montags–freitags 9–14.

Norwegisches Pressemuseum

Helmerveien 11, Høvik. Anmeldung nötig. Bibliothek und Archiv ist Forschern zugänglich.

Norwegisches Seefahrtsmuseum

Auf Bygdøy. Hervorragendes maritimes Museum. Geschichte der Seefahrt
durch Modelle dargestellt, durch rekonstruierte Schiffsmilieus, Karten, Bilder
und maritime Ausrüstungen. Eigene Bootshalle mit Booten von der norw.
Küste. Abteilungen für Polarexpeditionen, Leuchtturmswesen und Rettungs-
wesen, Walfang, Fischerei und Seemannsmission. Vor dem Fram-Haus steht
das Polarschiff »Gjøa«, mit dem Roald Amundsen die Nordwestpassage in den
Jahren 1903 bis 1906 erzwang.
Geöffnet: 15. April–1. Okt. 10–20 tägl.; 1. Okt.–15. April tägl. 10.30–16
(dienstags u. donnerstags bis 21), sonntags 10.30–17. Eintritt.

Norwegisches Volksmuseum

Norwegisch: Norsk Folkemuseum. Auf Bygdøy. Es vermittelt ein großartiges
Bild norwegischer Kultur nach der Reformation. Das Freilichtmuseum besitzt
150 alte Häuser und die Stabkirche von Gol (um ca. 1200). »Gamlebyen« mit
Hans Nielsen Hauges Gefängnis. Museumsgebäude mit über 100 000 Exponaten.
ten. Ibsens Arbeitszimmer, der Stortingssaal, prachtvolle Kirchensammlun-
gen, große Spielzeugsammlungen, sowie eine Lappen(Samen)-Abteilung.
Apothekenmuseum.
Geöffnet: 15. Mai–14. Aug. 10–18, sonntags 12–18; 15. Aug.–4. Sept. 10–14,
sonntags 12–17. Eintritt.

Norwegisches Zollmuseum

Tollbugt 1 a, Oslo 1. Exponate zum norw. Zollwesen.
Geöffnet ganzjährig mittwochs 12–15. Sonst nach Vereinbarung.

Oscarshalle

Lustschloß auf Bygdøy. Oscar I. ließ es 1847 bis 1852 auf eigene Rechnung
und zu eigenem Gebrauch auf der Insel bauen, die sein Privateigentum war.
Der Architekt Johan Henrik Nebelong erhielt vom König Skizzen und
Entwürfe, vermutlich inspiriert von Schinkels Schloß Babelsberg (30er Jahre
d. 19. Jh.) für Kronprinz Wilhelm v. Preußen und vermutlich auch von
Domenico Quaglios Schloß Hohenschwangau (1833–1837) für Kronprinz
Maximilian von Bayern. König Oscars Vorliebe für den schwed. »Götiska
Förbundet« der 20er Jahre erklärte seine Begeisterung für den gotischen Stil.
Das Schloß wurde daher in einer Art neugotischem Stil erbaut. Neben der
sehenswerten Innenarchitektur ist ein Besuch der Oscarshalle auch zu empfeh-

len wegen der Gemälde aus der Zeit der romantischen Periode der norw. Kunstgeschichte.
Geöffnet: Mai–Sept. sonntags 11–16.

Polhøgda

Fridtjof Nansens Heim in Lysaker. Forschungsstätte und eigene Stiftung, begründet von der Norwegischen Geographischen Gesellschaft.
Eintritt nach Anmeldung.

Postmuseum

Dronningsgt. (Eingang Prinsensgt.). Größte Briefmarkensammlung des Landes, postalische Gebrauchsgegenstände, Verkehrsmittel und deren Entwicklung im Lauf von 300 Jahren.
Ganzjährig geöffnet von montags–freitags 10–15, sonnabends geschl., sonntags 12–15.

Roald-Amundsen-Haus

»Uranienborg«, Svartskog. Das Heim des Polarforschers Roald Amundsen (1872–1928). Völlig unverändert, so wie er es 1928 verließ, um Nobiles Expedition zur Hilfe zu kommen.
Geöffnet: 15. Mai–15. Sept. tägl. 11–17. Führungen jede Stunde. Letzte Führung 16. Eintritt.

Ruinenpark Sørenga

S. Ekeberg

Samvirkemuseum

Genossenschaftsmuseum. Gjettumvn. 66, Gjettum in Bærum. 2000 Exponate.
Geöffnet: montags, mittwochs u. freitags 13–15. Sonst nach Verabredung.

Sognsgrube

SW von Sognsvannet. 10 Min. Gang von Endstation der Bahn. Norwegens älteste Eisengrube.

Sonja Henies – Niels Onstads Kunstsenter

Høvikodden, 12 km v. Oslos Zentrum. Permanente Sammlung von Gemälden
d. 20. Jh. Stiftung von Sonja Henie und Niels Onstad. Wechselnde Ausstellungen von Bilderkunst sowie Konzerte, Theater, Ballett und Film. Bibliothek
und Auditorium. Amphietheater. In der Nähe: Sonnenskulptur von Arnold
Haukeland.
Ganzjährig geöffnet von 9–22, sonntags 11–22. Eintritt.

Theater-Museum

Nedre Slottsgt. 1 (Altes Rathaus). Neues Museum, das Oslos Theaterge-
schichte vom Anfang des 19. Jh. bis 1940/50 zeigt. Besondere Führungen
können arrangiert werden. Gebäude eines der ältesten in Oslo (17. Jahrh.).
Geöffnet: Ganzjährig mittwochs 11–15; sonnabends 11–14; sonntags 12–16.
Im Juli geschlossen.

Technisches Museum

Norwegisches Museum für Technik und Industrie. Sammlungen zeigen die
Entwicklung von der industriellen Revolution bis heute. Modelle verschiedener Verkehrsmittel, Musikautomaten, Ölproduktions-Plattform, Kernkraft-
reaktor. Das Museum zog 1982 nach Kjelsås um.

Universitätsaula

Im Gebäude der alten Universität, Karl Johansgt. 47. Monumentale Gemälde
v. Edvard Munch.
Geöffnet: Mitte Juni–Ende August.

Vigelandsanlage

Im Frognerpark. Auf dem Gelände (32 ha) befinden sich 192 Skulpturengrup-
pen. Die Anlage hat folgende Hauptteile: Schmiedeeisenpforten mit Ech-
senmotiven (Haupteingang), die Brücke mit 58 Bronzegruppen, flankiert von
symbolischen Echsengruppen und dem darunter liegenden »Kinderplatz«.
Die Fontäne besteht aus 60 Reliefs und 20 Baumgruppen, umgeben von
Steinmosaiks. Der Monolith ist gebildet aus einem 17 m hohen Granitblock
mit 121 Figuren, umgeben von 36 Granitgruppen. Das »Rad des Lebens« ist
die Motivgruppe, die die Achse der Anlage abschließt.
Ganzjährig geöffnet, Tag und Nacht.

Vigeland-Museum

Gleich am Frognerpark, Nobels gate 32. Atelier und Wohnung von Gustav Vigeland von 1924 an. Dort befinden sich ca. 1600 Skulpturen, ca. 1200 Zeichnungen und anderes.
Ganzjährig geöffnet (außer montags) 13–19.

Vigeland-Museum (Emanuel)

Emanuel-Vigeland-Museum, Grimelundsveien 8, Slemdal (Holmenkoll-Bahn bis Slemdal). Das Museum zeigt des Künstlers Hauptwerk, die Fresken-komposition »Vita«, sowie Gemälde, Porträts und Zeichnungen von Emanuel Vigeland (1875–1948), dem Bruder von Gustav Vigeland.
Geöffnet: Ganzjährig sonntags 12–15.

Wikingerschiffshalle

Auf Bygdøy. Dort befinden sich das Gokstadschiff, das Osebergschiff und das Tuneschiff. Alle am Oslofjord gefunden. Das Gokstadschiff ist das typische, seetüchtige Wikingerschiff. Das reich geschmückte Osebergschiff war eine »Vergnügungsjacht«, bestimmt für Küstenfahrten, und das Tuneschiff stammt ebenfalls aus der Wikingerzeit. Die Schätze des Osebergschiffs sind dort ebenfalls ausgestellt. Man findet darunter den Wagen einer Fürstin, Schlitten, Küchenausstattung, Nähzeug, Schuhe, Webstreifen. Die Halle birgt die be-rühmtesten noch erhaltenen und restaurierten Wikingerschiffe der Welt.
Geöffnet: 2. Mai–1. Sept. 10–18; Sept. 11–17; Okt. 11–16; 1. Nov.–31. März 11–15; April 11–16. Eintritt.

Zoologisches Museum

Sarsgt. 1 (Tøyenparken). Norwegische und ausländische Tiere. Tonwiederga-ben verschiedener Vögel, Säugetiere und Fische.
Täglich, außer montags, 12–15.

Nationaltheater

Stortingsgt. 15 (Studentenlunden), wurde am 1. Sept. 1899 eröffnet. Im allgemeinen beginnen die Theatervorstellungen um 20 Uhr, Premieren um 19.30. Das Repertoire in Zeitungen oder in »Oslo this Week«.

Det Norske Teater

Stortingsgt. 16. Aufführungen in Nynorsk. (Weitere Theater s. Bekanntgaben des Fremdenverkehrsvereins für Oslo und Umgebung, Rådhusgaten 19, Oslo 1.)

Oper und Ballett

Den Norske Opera, Storgt. 23 (Folketeater-Gebäude, Youngstorget). Beginn der Vorstellungen allgemein 19.30.

Oscarshalle

S. unter Museen

Rathaus

Rathausplatz am Hafen. Das Rathaus (Rådhuset) wurde 1933 bis 1950 nach Plänen der Architekten Arneberg und Poulsson errichtet. Im Hof über dem Brunnen die Schwanengruppe von Dyre Vaa, an der Fassade zwischen dem östlichen und westlichen Turm die Skulptur des »Oslomädchens« von Joseph Grimeland. Auch die zum Wasser gewandte Fassade weist Skulpturen auf, darunter die des hl. Hallvard (Oslos Schutzpatron) vor der Südseite, geschaffen von N. Schiøll, und des Stadtgründers Harald Hardráde zu Pferde (vor der Westseite) von Anne Grimdalen. Die Uhr am Ostturm zur Fjordseite hat einen Durchmesser von 8,5 m und ist Europas größte Turmuhr. Im Ostturm befindet sich auch ein Glockenspiel. Den monumentalen äußeren Dimensionen entspricht auch z. T. die innere künstlerische Ausstattung. 30 700 m² umfaßt das Grundareal. Norwegens beste Künstler haben dieses Haus mit Motiven der norwegischen Mythologie und Geschichte und dem Volksleben ausgeschmückt. In der Halle befindet sich das große Gemälde von Henrik Sørensen »Das Volk bei der Arbeit und beim Fest«. Es mißt 24×12 m. Ferner gibt es dort Fresken von Per Krohg, Axel Revold, Alf Rolfsen und Aage Storstein, Gemälde von Reidar Aulie, Karl Høgberg, Willi Midelfart, Agnes Hjorth und Edvard Munchs »Leben« (Livet). Gobelins und gewebte Bildteppiche schufen für das Rathaus Else Halling und Ulrike Greve, während Dagfin Werenskiold Friese aus bemaltem Holz fertigte. Oslos Rathaus wurde Norwegens größte »Monumentalaufgabe« seit dem Bau des Nidarosdoms.
Öffnungszeiten: Ganzjährig 1. Okt.–31. März 11–14; 1. April–30. Sept. 10–14, montags u. mittwochs auch 18–20, sonntags 12–15.

Olaf der Heilige. Ca. 1250. Tanum-Kirche. Jetzt in Universitetets Oldsaksamling ▷

Schloß

Norwegisch: Det kgl. Slott. Drammensvn. 1, am Ende der Karl Johans gt. auf einer Anhöhe mit Park gelegen. Das 1825 bis 1848 erbaute Schloß ist die Residenz des Königs. Bei ihm tagt jeden Freitag der Staatsrat. Vor dem Schloß tägl. Ablösung der Leibgarde. Keine Schloßbesichtigung. Zutritt nur zur Parkanlage, wo Wachablösung gesehen werden kann. Bei Anwesenheit des Königs weht auf dem Schloß die rote Königsstandarte mit dem goldenen Löwen mit Streitaxt.

Stortingsgebäude

Norwegens Parlament. Erbaut von E. V. Langlet (1857–1866), nach dem Zweiten Weltkrieg erweitert und restauriert. Eingang am Løvebakken. Moderne Wandteppiche schmücken die Innenräume. Porträts der Politiker von 1814, die die Eidsvoll-Verfassung unterzeichneten, in der Eidsvoll-Galerie. Im Historischen Saal befinden sich die Dokumente zur norwegischen Geschichte von Eidsvoll bis Elverum (Zufluchtsort von König, Regierung und Parlament nach der dt. Okkupation).
Juni–Mitte Sept. Führungen tägl. (außer sonnabends u. sonntags) 11, 12, 13.

Universität in Blindern

Oslos neue Universität. Blindern, Oslo 3. Umschrift im Siegel: Universitas Osloensis. Lehr- und Forschungsstätte für ca. 18 000 Studierende und Dozenten.

Universitätsbibliothek

Drammensvn. 42. Zentrale Wissenschaftliche Bibliothek Oslos. In der Halle Völuspa-Fresken von Axel Revold, Per Krohg und Emanuel Vigeland.
Am Drammensvei liegt auch das *Nobel-Institut* (nicht weit von der alten Universität und dem Schloß). Norwegen wurde von dem Schweden Alfred Nobel zur Verleihung des Friedens-Nobelpreises bestimmt. Der Preis wird alljährlich an eine Persönlichkeit verliehen, die sich um den Weltfrieden verdient gemacht hat. Ein Gremium von 5 Persönlichkeiten des Stortings wählt jedes Jahr den Friedensnobelpreisträger. Der Preis kann sowohl an Personen als auch an Institutionen verliehen werden. Er darf auch geteilt werden. Die erste Verleihung fand 1901 statt. Das Institut besitzt eine Bibliothek und zwei Büsten Alfred Nobels, geschaffen von dem Schweden Limberg und dem norwegischen Bildhauer Gustav Vigeland.

◁ *Bergen. Alte Holzbauten im Bezirk von »Bryggen«*

Bergen

Die schnellste Verbindung zwischen Oslo und Norwegens zweitgrößte Stadt Bergen (208 955 Einw.) geht durch die Luft. Ist man in Oslo, kann man gute Verbindungen von Oslos Flugplatz Fornebu bekommen. Natürlich erreicht man Bergen von Oslo aus auch mit dem PKW.

Ein besonderes Erlebnis aber vermittelt eine Reise mit der berühmten *Bergen-Bahn*. Sie fährt gleichsam über Norwegens Dach, bewältigt eine Strecke von 470 km, überquert den höchsten Punkt *Taugevatn* (1 301 m ü. d. M.) und durchläuft den *Ulriken* im größten Tunnel der Strecke mit einer Länge von 7 600 m. Das ist einer der ca. 200 Tunnel, die diese Bahn zu durchfahren hat. Sie wurde nach langjährigem Bau am 1. Dezember 1909 eröffnet, ist in neuerer Zeit auf den modernsten Stand gebracht worden und verfügt über die modernsten Wagen, die eine Fülle von Reisekomfort bieten. Die Bergenbahn, die seit Dezember 1964 ganz elektrifiziert ist, überquert auf ihrer Fahrt 300 Brücken und legt die Strecke von Oslo nach Bergen in gut 8 Stunden zurück.

Steigt man morgens auf Oslos Hauptbahnhof (Ostbahnhof) in den Zug, wird man bald in eine einzigartige Landschaft entführt. Endlose Wälder durchquert der Zug, fährt an glitzernden Seen vorbei, an sprudelnden Wasserfällen, durch enge Täler, in denen Gebirgsmassive die Weiterfahrt aufzuhalten scheinen, kommt über kahle und öde Hochebenen mit Gletschern und ewigem Schnee und weiter dem Meer entgegen, wo vor dem Hintergrund schneebedeckter Berge sich üppige Obstgärten ausbreiten und enge, tiefe Fjorde das Grün mit ihrem Blau durchbrechen. Nach fünf Stunden Fahrt, bei der man durch die breiten Panoramafenster des supermodernen Expreßzuges großartige Landschaftsaufnahmen machen kann, erreicht man – 300 km von Oslo entfernt – den Ort *Finse*. Vom Bahnhof Finse wird das ganze Jahr hindurch der Schnee systematisch bekämpft. Natürlich schneit es im Sommer nicht, aber dann sind die Arbeitskolonnen damit beschäftigt, die Schneezäune und künstlichen Tunnel – es gibt auf der Strecke 28 Kilometer, die künstlich übertunnelt sind – von den Schäden des Winters zu befreien. Schnee ist nun einmal ein großer Feind der Eisenbahn.

Ein überraschendes Bild aber bietet sich dem Reisenden in der Nähe von *Myrdal*. Durch Lichtöffnungen in der Tunnelwand sieht man plötzlich mehrere hundert Meter in die Tiefe hinab und hinein ins *Flåmtal*, das tief in die grünen, grauen und weißen Gebirgswände einschneidet. Durch dieses enge, wilde Tal fährt Norwegens interessanteste Eisenbahn: die *Flåmbahn*. Sie rollt von Myrdal hinunter nach Flåm am *Aurlandfjord*, einem Seitenarm des Sognefjords, Norwegens längstem Fjord. 867 m ü. d. M. liegt Myrdal, von dort geht es nach Flåm hinunter, das nur 2 m ü. d. M. liegt. Ganze 53 Minuten dauert diese Fahrt auf einer Strecke, die mit 55% das größte Gefälle im norwegischen Streckennetz hat.

Die Bergen-Bahn erreicht nach gut 8 Stunden den Bahnhof von Bergen.

Diese Stadt ist oft beschrieben und gerühmt worden. Eine heute schon klassische Beschreibung stammt aus der Feder von Ludvig Holberg in seiner »Bergens Beschreibung« (Bergens Beskrivelse, 1737). Es heißt dort zu Beginn:

»Wenn man Bergens Lage betrachtet, kann man sagen, daß sie ebenso heiter wie bequem ist; denn sie liegt um eine tiefe Bucht in Form eines Halbkreises oder besser gesagt eines Hufeisens, so daß man, sobald man in selbige Bucht kommt, die ganze Stadt mit ihren Festungswerken zu beiden Seiten vor Augen hat. Die Bucht ist manchmal so voller Schiffe und Boote, daß man dort nur mit Mühe hindurchkommen kann. Und ich erinnere mich nicht, ein solches Gewimmel von Fahrzeugen in irgendeinem anderen Hafen außer Rotterdam gesehen zu haben, obwohl sich die Zahl der Schiffe seit meiner Kindheit stark verringert hat.«

Diese ideale Lage wurde schon in frühesten Zeiten genutzt, und 1070 gründete Olav Kyrre dort die Stadt, die damit eine der ältesten in ganz Skandinavien wurde. Die ersten Bebauungen fanden auf Holmen, am Ostufer der Bucht, *Vågen* genannt, statt, wo später die Festung *Bergenhus* zum Schutz der Siedlung entstand. Von hier breitete sich der alte Namen »Bergvin« oder »Bjorgvin« aus, zusammengesetzt aus den altnord. Wörtern *berg* = Berg und *vin* = Wiese, Weide, woraus der Namen »Bergen« entstand, dessen ursprüngliche Bedeutung also soviel wie *Bergweide* besagt.

Im 11., 12. und bis ins 13. Jahrhundert wuchs der Ort zu Norwegens wichtigster Stadt und Residenz seiner Könige empor, bis 1299 Hákon V. Magnus als erster norwegischer Herrscher in Oslo gekrönt wurde.

Daß die Verlagerung der norwegischen Residenz von Bergen nach Oslo der Grund für das Eindringen und Festsetzen der hansischen Kaufleute gewesen sei, wie hier und da vermutet wurde, kann nicht stimmen. Denn Bergen war schon lange vorher ein großer Umschlageplatz für Waren aus aller Herren Länder. Ein Bericht von 1191 sagt beispielsweise, daß man in Bergen den Zustrom von Schiffen und Leuten aus allen Gegenden erlebt, »Isländer, Grönländer, Engländer, Deutsche, Dänen, Schweden und Gotländer und andere, die gar nicht aufzuzählen sind«, treffen sich dort. Und wie es weiter heißt, gibt es dort »eine große Menge Wein, Weizen, gute Kleidung, Silber und andere Handelsware, und man hat die Möglichkeit, von allem zu kaufen«.

Wenn sich z. B. die Engländer dort nicht fest niederließen, liegt das zweifellos an dem Fehlen einer so gut gebildeten und schlagkräftigen Organisation wie sie die Deutschen in der Hanse hatten.

Daß es zur festen, jahrhundertelangen Niederlassung der Deutschen Hanse in

Bergen kam, liegt vor allem daran, daß auf dem europäischen Festland der
Bedarf an Trockenfisch immer größer wurde. Die katholischen Länder
brauchten ihn als Fastenspeise. Es waren aber zum Einsalzen der Fische, die
meist von den Lofoten kamen und in Bergen umgeschlagen werden sollten,
riesige Mengen von Salz nötig. Das konnten nur die deutschen Ostseestädte
liefern. Hinzu kam, daß Norwegen in der ersten Hälfte des 13. Jahrhunderts
vor einer Hungersnot stand, so daß König Hákon IV. im Jahre 1248 den
Lübecker Rat bat, Getreide, Mehl und Malz zu liefern. Damit waren die
rechtlichen Grundlagen für die spätere Niederlassung der Hanse in Bergen
gegeben, die zu den ersten schriftlich festgelegten Privilegien für die Deutschen im Jahre 1278 führten. Das Bergen-Kontor der Hanse konnte in einer
wechselvollen Geschichte große Macht entfalten, die auch dem Wohlstand der
Stadt diente. Mehrere hundert Jahre dauerte die deutsche Zeit. Als 1754 das
Norwegische Kontor gestiftet wird, das seine Satzung vom Hanse-Kontor
übernimmt, 1766 das letzte deutsche Handelshaus verkauft und die deutsche
Marienkirche, Bergens älteste Kirche, norwegisch wird, beginnt eine neue
Blütezeit im Handel. In ihm spielen Persönlichkeiten eine Rolle, die oft
deutscher und niederländischer Herkunft waren. Die Stadt bekommt ein
kosmopolitisches Gepräge. In neuester Zeit spielt immer noch der Handel eine
gewichtige Rolle. Im Stadtbild Bergens erinnern viele Bauten immer noch an
die »deutsche Zeit«. Dazu gehören vor allem die Handelshäuser der *Deutschen
Brücke* (Tyskebryggen), seit 1945 – aus begreiflichen Gründen – *Die Brücke*
(Bryggen) genannt, und die prächtige Marienkirche.
Bergen hat neben seiner großen Handelstradition auch eine große Tradition im
norwegischen Kulturleben. Beides findet man in der modernen Stadt wieder,
Handel (dazu Industrie) und Kultur sind die Faktoren der modernen Stadt
Bergen, ohne die das dortige Leben undenkbar ist.
Die Pflege des Kulturerbes dieser Stadt geschieht in Bergen mit ganz besonde-
rer Sorgfalt. Hier folgen in alphabetischer Reihenfolge Bergens bedeutendste
Sehenswürdigkeiten:

Aquarium

Nordnespark. Zweitgrößte Sammlung von Meeresfischen und niederen See-
säugern, die Europa aufzuweisen hat, sowie die häufigsten norwegischen
Süßwasserfische. Die moderne Anlage besitzt 9 große und 40 kleinere Aqua-
rien. Robben in Bassins außerhalb des Hauses.
Ganzjährig geöffnet. Täglich 1. Mai–30. Sept. 9–20; 1. Okt.–30. April 10–18.
Eintritt.

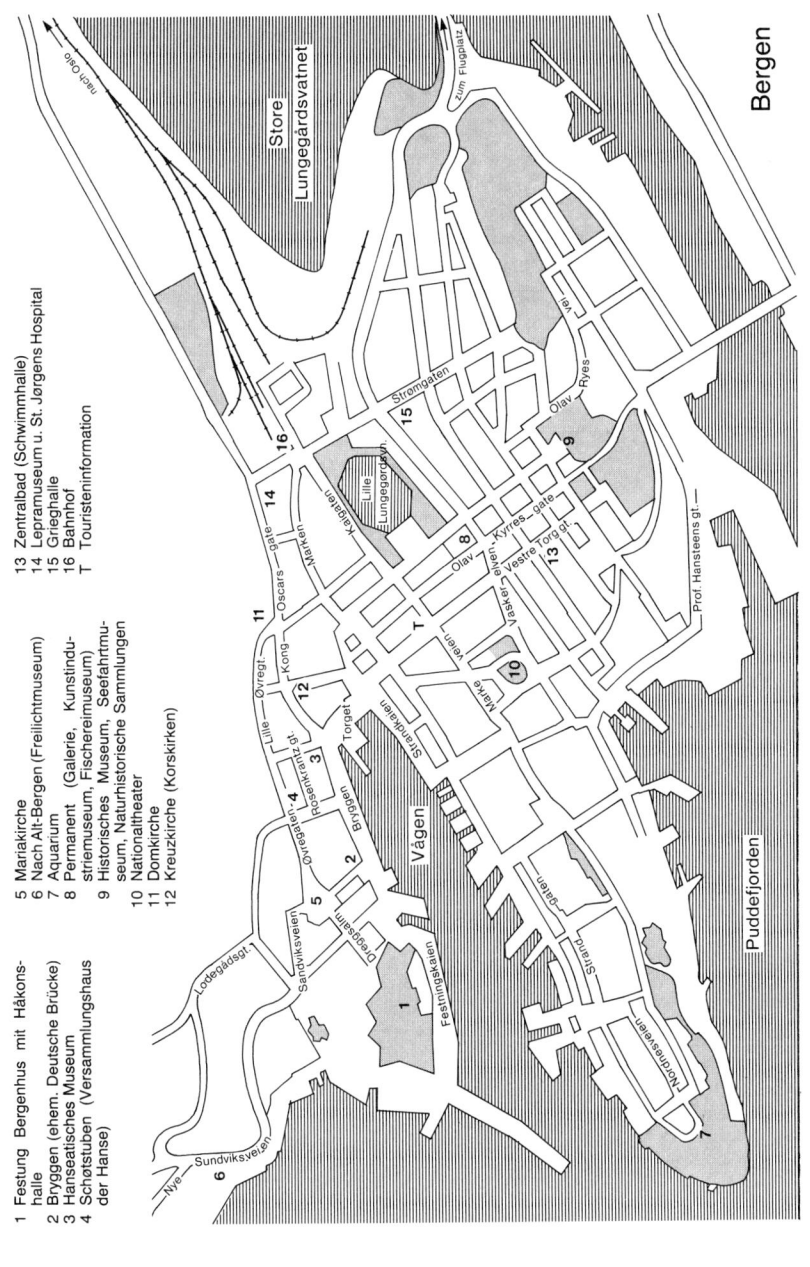

Bergen

1 Festung Bergenhus mit Håkonshalle
2 Bryggen (ehem. Deutsche Brücke)
3 Hanseatisches Museum
4 Schøtstuben (Versammlungshaus
  der Hanse)
5 Mariakirche
6 Nach Alt-Bergen (Freilichtmuseum)
7 Aquarium
8 Permanent (Galerie, Kunstindustriemuseum, Fischereimuseum)
9 Historisches Museum, Seefahrtmu-
  seum, Naturhistorische Sammlungen
10 Nationaltheater
11 Domkirche
12 Kreuzkirche (Korskirken)

13 Zentralbad (Schwimmhalle)
14 Lepramuseum u. St. Jørgens Hospital
15 Grieghalle
16 Bahnhof
T Touristeninformation

Bergenhus Festung

An der Spitze des Ostufers von Vågen gelegen. Mit *Håkonshalle* im gotischen Stil, erbaut zwischen 1248 und 1261, restauriert 1880 bis 1895 und 1958 bis 1961.
Geöffnet: 15. Mai–14. Sept. 10–16. Eintritt.
Rosenkrantzturm, erbaut 1562 bis 1568 um einen Kern aus dem Mittelalter.
Geöffnet: 15. Mai–14. Sept. 10–17. Eintritt.
Die Kapitänwachtmeisterwohnung, Kommandantenwohnung und das Stallgebäude sind aus dem 18. Jahrhundert. Um die Festung Grünanlagen.

Gemäldegalerie

Rasmus Meyers Allé 3. Repräsentative Sammlung norwegischer Gemälde des 19. und 20. Jahrhunderts. Stenersens Sammlung besitzt moderne internationale Kunst.
Geöffnet: 15. Mai–31. Aug. 11–16, sonntags 12–15, sonst täglich 12–15. Montags geschlossen. Außerhalb dieser Zeiten ist Zutritt nach telefonischer Anfrage (23 00 02) möglich.

Seefahrtsmuseum

Møhlenprisbakken 3. Schiffsmodelle, Bilder, Fotos, Schiffsausrüstungen wie Anker, Seekarten, Navigationsinstrumente usw.
Geöffnet (außer sonnabends) 11–14.

Bryggen

An der Ostseite von Vågen. Vor 1945 »Deutsche Brücke« (Tyskebryggen). Handelshäuser und Hanseatisches Kontor. Ältester Teil nach dem Brand von 1702 wieder aufgebaut. Noch 1955 zerstörte ein Brand mehrere Häuser. Ausgrabungen ergaben reiche Funde zur Erhellung der norwegischen Geschichte des Mittelalters. Dieses Material wurde in Bryggens Museum untergebracht.

Bryggens Museum

Auch Erling Dekke Næss' Institut für Mittelalterarcheologie. Dreggsalmenning (an der Mariakirche). Permanente Ausstellung, die auf Funden im Gebiet von Bryggen basiert und den Handel, das Handwerk, den Verkehr, das Wohnungs- und Sozialwesen, Verteidigung, Kirche, Klosterwesen, Ernährung und Zeitvertreib im Mittelalter der Stadt beleuchtet. Das Museum besitzt die größte Runensammlung der Welt, die teilweise in der permanenten wie auch in den wechselnden Ausstellungen zu sehen ist. Die einzelnen Sammlungen sind ausgestattet mit modernen audiovisuellen Hilfsmitteln, u. a. mit transportablen »miniguides«, die in der Rezeption geliehen werden können, wo man auch gedruckte Führer, Literatur, Kopien mit archäologischen Motiven (Souvenirs) u. a. erhalten kann. Ein Auditorium bietet Platz für 176 Personen. In ihm finden Vorträge und Filmvorführungen statt. Das Museum, das das jüngste der Stadt ist, verfügt auch über eine vorzügliche Cafeteria. Öffnungszeiten: 1. Mai–30. Sept. montags–freitags 10–16; sonnabends u. sonntags 12–16; Die. u. Do. auch 18–20. 1. Okt.–30. April Mo.–Frei. 11–15, sonnabends u. sonntags 12–15. Eintritt.

Nach einem Besuch des Museums sind es nur wenige Minuten zur Mariakirche, zur Festung Bergenhus mit Håkonshalle und Rosenkrantzturm, und in entgegengesetzter Richtung zu den Häusern der »Brücke«. In unmittelbarer Nähe des Museums befinden sich die Schötstuben (gegenüber der Mariakirche) und das Standbild von Snorri Sturluson, nicht weit von der Nordfront des Museums. Dieses Denkmal ist eine Schöpfung von Gustav Vigeland. Eine Wiederholung dieser Skulptur schenkte Norwegen der Republik Island. Sie steht jetzt neben einem modernen Schulgebäude dort, wo Snorri einst seinen Hof hatte, in Reykholt im Borgarfjördur-Gebiet, und wo er auch – vermutlich auf Befehl des norwegischen Königs Håkon IV., der Island unter seine Herrschaft bringen wollte – in der Nacht zum 23. September 1241 ermordet wurde.

Dankert Krohns Stift

Kong Oscarsgt. 56. Altenheim. Entworfen 1789 von dem Architekten Johan J. Reichborn, restauriert 1970 von dem Architekten Kjell Irgens. 1980 mit dem »Europa-Nostra-Preis« für hervorragende Wiederherstellung ausgezeichnet. Das Haus sollte 1964 abgerissen werden. Der Plan wurde jedoch wegen vieler Proteste nicht ausgeführt. Hinter dem Haus alte Armenschule der Domkirche von 1781. Heute Privatwohnung.

Domkirche

Erbaut auf den Grundmauern einer alten, dem hl. Olaf geweihten Kirche.
Ältester Teil aus der 2. Hälfte des 12. Jahrhunderts. Mehrfach umgebaut.
Chor und unterster Teil des Turms im gotischen Stil.
Geöffnet im Sommer von 11–14.

Fana-Kirche

Eine der 14 kgl. Kapellen des Mittelalters. Um 1250 erbaut. Wundertätiges
Silberkreuz gab der Fana-Kirche den Ruf für Heilungen. Tour dorthin kann
kombiniert werden mit Besuch des *Lyseklosters* (Ruinen) und des Fanafjells.
Lysekloster-Ruinen 26 km südlich der Stadt. Bus von Bergens Busstation oder
eigener Wagen. Wegen des Besuchs der Kirche Anmeldung beim Touristenkontor in Bergen nötig.

Fantoft Stabkirche

6 km vom Stadtzentrum entfernt. Vermutlich 1150 erbaut. Restauriert und
1883 von Sogn nach Fantoft versetzt.
Geöffnet: 15. Mai–1. Sept. sonntags, dienstags, donnerstags u. sonnabends
10–13. Tägl. 15–18. Eintritt.

Fischereimuseum

Nordahl Bruns gt. 9. Das Museum gibt einen Querschnitt der Fischereiwirt-
schaft und ihrer Entwicklung. Plastische Modelle illustrieren Fangmethoden
usw. Alte Geräte, Modellbootssammlung.
Geöffnet: 15. Mai–31. Aug. 10–15, sonntags 12–15. Sonst auf Anfrage
(21 12 49). Eintritt.

Freskenhalle in Bergen Bank

Vågsalm. Ursprünglich Bergen Börse (1862–60er Jahre des 20. Jh.). Eine
Sammlung ermöglichte 1923 Axel Revold die Vollendung seiner Fresken.
Große Bogenfelder mit Motiven aus der Fischerei, Seefahrt und Industrie.
»Nordlandswand«, »Bergenwand« und »Weltwand«.
Geöffnet: während der Öffnungszeiten der Bank.

Gamle Bergen

(Altes Bergen) Freilichtmuseum, Elsero in Sandviken. 30 charakteristische

Bergen-Häuser wurden hier zu einer Miniaturstadt wiederaufgebaut, mit Straßen, Winkeln, Markt und Eßlokal. Auch die Interieurs aus dem 18. u. 19. Jahrhundert sind dort zu besichtigen.
Geöffnet: Mitte Mai–Mitte Sept. 9–17.30. Führungen jede halbe Stunde. Eintritt.
Die Stadt besitzt außer den klassischen, alten Bauten wie denen von »Bryggen« und der Festung Bergenhus sowie der anderen hier angeführten, folgende sehenswerte Gebäude früherer Zeiten:
Altes Rathaus (1568 am Rådstuplatz; *Stiftshof* (Anfang des 18. Jh.); *Magistratsgebäude* (Anfang des 19. Jh.); das *Manufakturhaus* (1646) am neuen Rathaus; das *Asyl* (1752); *Sverresborg* (um 1650, umgebaut 1812), nördlich von Bergenhus. Ursprünglich errichtet auf den Überresten einer mittelalterl. Burg, genannt nach König Sverri. *Damsgård*, Rokokohaus und *Christinegård* (auf der Bergseite gegenüber Sandviken).

Gamlehaugen

Fjøsanger. Die »Burg«, die Chr. Michelsens Wohnung war, mit Erinnerungsstücken von 1905. Königswohnung der Stadt.
Geöffnet: 1. Juni–1. Sept. Mo.–Frei. 13–15. Der Park ist ganzjährig geöffnet.

Grieghalle

Die neue, großartige Musikhalle (Holzbau) der Stadt, südlich von Lille Lungegårdsvann. 1978 eröffnet.
Führungen 11–15, außer montags (im Sommer). Eintritt.

Griegs Haus

S. Troldhaugen

Håkonshalle

S. Bergenhus Festung

Hanseatisches Museum

Eingerichtet im *Finnegården* von »Bryggen« mit seinen alten Interieurs und Gebrauchsgegenständen.
Geöffnet: 1. Juni–1. Sept. 10–16. Mai u. Sept. 11–14. Sonst sonntags 11–14. Eintritt.

Historisches Museum

S. Universität mit Sammlungen

Holberg-Denkmal

1884 zum 200. Geburtstag des großen Dichters und Gelehrten im Zentrum der Stadt mit Blick auf den Hafen und den Fischmarkt enthüllt. Es ist möglich, daß Holberg an diese Stelle gedacht hat, als er in seiner Autobiographie schrieb: »Bergen in Norwegen, wo ich geboren wurde, kann man mit der Arche Noah vergleichen, in der alle nur möglichen Kreaturen waren; denn Leute von allen Enden der Welt strömen dorthin.«

Da Holbergs Geburtshaus an der Nordecke der Strandgate-Claus Ockens smug am 27. September 1686 abbrannte – Holberg war damals noch nicht ganz 2 Jahre alt –, gibt es dort kein Holberg-Haus, das als Museum und Gedenkstätte hätte eingerichtet werden können. Jedoch sind von dem Haus Kellermauern übriggeblieben, und es existieren Pläne, diese wieder soweit herzustellen, daß man darin ein kleines Holbergmuseum einrichten kann. Eine weitere Holberg-Reminiszenz ist die Gedenktafel, die der Holbergklub 1922 an der alten Lateinschule anbringen ließ, die Holberg von 1694 bis 1702 besucht hatte. Den Entwurf lieferte Johan Koren Wiberg. Das Holberg-Denkmal am Hafen ist eine Arbeit des Schweden John Börjeson, der die Ausschreibung der Stadt (1881) gewann. Weitere Entwürfe sind im Theatermuseum der Stadt zu sehen.

Hordan-Museum

Stend, ca. 16 km vom Stadtzentrum. Museum für Nordhordaland. Reiche Sammlungen, u. a. Ragna Breiviks Bildteppichserie »Osmund Frægdagjevar«. Freilichtmuseum.
Geöffnet: 12–15. Montags u. sonnabends geschl. Bus bis Stend u. 10 Min. zu Fuß.

Kreuzkirche

In der Nähe des Fischmarktes (Vågen). Aus der Mitte des 12. Jahrhunderts, jedoch ist wenig aus dieser Zeit erhalten. Heute prägt die Kirche der Renaissancestil des 17. Jahrh. Außen an der Kirche Bronzerelief von Hans Egede und seiner Frau Gertrud Rask als Erinnerung an den Aufbruch des »Grönlandapostels« nach Grönland, der 1721 von Bergen stattfand.
Die Kirche ist im Sommer in der Regel von 11–14 außer montags geöffnet. Mittwochs 11.45 Orgel- und Violinkonzert.

Lepra-Museum

(De medicinske-historiske Samlinger i Bergen.) St. Jørgens Hospital, Kong Oscarsgt. 59. Hospital aus dem Mittelalter für Aussätzige. Das Museum zeigt u. a. Norwegens Kampf gegen die Lepra, speziell den von Gerhard Armauer Hansen (1841–1912), der den Leprabazillus entdeckte. Armauer Hansen war Assistent von Daniel Cornelius Danielssen (1815–1894), dem Begründer der modernen Lepra-Forschung.
Geöffnet: Mitte Mai–Mitte Sept. 11–15. Eintritt.

Lysekloster-Ruinen

S. Fana-Kirche

Lysøen

Ole Bulls eigenartige Villa mit Musikhalle. 1872 bis 1873 als Sommerwohnung erbaut. Steht seit seinem Tod unverändert da.
Führungen im Sommer 11–15. Eintritt.
Das Ole-Bull-Denkmal von Stephan Sinding (1901), stellt den großen Geigenvirtuosen stehend beim Spiel dar und befindet sich in der Stadtmitte auf dem Ole-Bull-Platz.

Mariakirche

Dreggen (an der »Brücke«), früher auch Tyskekirken, Kirche der Deutschen, genannt. Ältestes Bauwerk Bergens. Romanischer Stil vom frühen 12. Jahrhundert. Chor im gotischen Stil im 13. Jahrhundert verlängert. 1408 übernahmen die Hanseaten die Mariakirche, die dann jahrhundertelang in ihrem Besitz war. Der älteste Einrichtungsgegenstand der Kirche ist der großartige spätgotische Altarschrein, der vom Ende des 15. Jahrhunderts stammt und vermutlich in Lübeck gearbeitet wurde. Die Barockkanzel gilt als schönste Norwegens. Die Donator-Tafel der Kirche berichtet, daß sie 1676 von einigen Bryggekaufleuten gestiftet wurde. In der Mariakirche befinden sich ferner 15 Heiligenstatuen, die vermutlich vom »Bildsnider« Søffren Oellsen aus Odense (Dänemark) gemacht wurden. Bei dem Apostel Andreas ist über der Skulptur die alte Namenskartusche zu sehen, auf der Konsole befindet sich die Angabe über den Stifter mit folgenden Worten: »OLDERM DIRICH PA-SCHE VOREHRED Ao 1634.« Die Figuren, die ursprünglich in starken Farben gehalten und vergoldet waren, wurden im 19. Jh. mit einer topfsteingrauen Farbe übermalt, die 1910 von dem Maler Arne Lofthus mit einer

polychromen Bemalung überdeckt wurde. Dirich Pasche war einer der beiden deutschen Älterleute des Hansischen Kontors. Diese Kirche gehört zu den berühmtesten Sakralbauten Norwegens. Mit ihr wurde die Buchserie des norwegischen Reichsantiquars über norwegische Kirchen im Jahre 1981 eröffnet. Nahe der Kirche das bereits erwähnte Snorri-Sturluson-Denkmal.
Geöffnet: 1. Mai–31. Aug. werktags (außer sonnabends) 11–16. Rest des Jahres 12–13.30 (außer Mo. u. Samst.).

Naturhistorische Sammlungen

S. Universität mit Sammlungen

Nonneseter Klosterruinen

Beim Bahnhof. Ruinen eines Zisterzienser-Klosters von ca. 1150. Dort auch Gedenkhalle für die Gefallenen des Zweiten Weltkrieges.

Nykirken

Die Neue Kirche. Erbaut im frühen 18. Jh. Zerstört durch die Hafenexplosion 1944. Wieder völlig aufgebaut.
Geöffnet: Mo.–Frei. im Sommer 10–15. Sonst nach Anmeldung. Gesang- und Musikmessen und Orgelspiel im Sommer.

Rasmus-Meyers-Sammlungen

Rasmus Meyers Allé 7. Ausgesuchte Sammlungen norwegischer Kunst. Repräsentative Edvard-Munch-Sammlung.
Geöffnet: im Sommer 11–16, sonntags 12–15, sonst tägl. (nicht dienstags) 12–15.

Rosenkrantz-Turm

S. Bergenhus Festung.

Schrötstuben

Gegenüber der Mariakirche (Øvregt. 50). Sie gehören zum Hanseatischen Museum. Die Zimmer waren Versammlungs- und Gesellschaftsräume der hansischen Kaufleute. Bis ca. 1840 im Gebrauch.
Geöffnet: 1. Juni–31. Aug. 10–16. Sonst sonntags 11–14. Weitere Öffnungszeiten zu erfragen im Hanseatischen Museum. Eintritt.

Seter-Museum

S. Vesterlandsches Setermuseum

Stadttor

Norwegisch: Stadsporten. Kalfarvn. Heutzutage einmalig im Land. Teil früherer Verteidigungswerke. Errichtet 1628. Seit Ende d. 18. Jahrh. kommunales Archiv.

Stenersens Sammlungen

Rasmus Meyers Allé. Sammlung mit Werken von etwa 200 bekannten Malern. Geöffnet: 11–16 tägl., sonntags 12–15. Eintritt.

St. Jørgens Hospital

S. Lepra-Museum

Theatermuseum

Villav. 5. 1980 wiedereröffnet. Sammlungen beginnen im 18. Jahrh. Entwürfe zum Holberg-Denkmal.
Vorläufig geöffnet sonntags 12–15.

Troldhaugen

Hop, Nordåsvannet, 8 km außerhalb Stadt. Edvard und Nina Griegs Heim mit Komponistenhütte. Haus im viktorianischen Stil, bewahrt als Museum. Im Park, in einem Felsen, Begräbnisstätte von Edvard und Nina Grieg. Konzerte während der Internationalen Musikfestspiele.
Geöffnet: 1. Mai–1. Okt. 11–14 u. 15–18. Eintritt.

Universität mit Sammlungen

Auf und an Nygårdshøyden. Folgende Sammlungen gehören zur Universität: Historisches Museum mit vielen Exponaten aus Altertum und Mittelalter, neuerer Bauern- und Stadtkultur, Kirchenkunst und Ethnographie. Das Zoologische Museum mit seltenen Exemplaren der ausgestorbenen norwegischen Fauna. Das Botanische Museum mit komplettem norwegischen Herbarium und Botanischem Garten, das Geologische Museum mit großen systematischen Sammlungen.

Geöffnet: 11–14 (Hist. Mus. nicht freitags, Naturhist. Museen nicht donnerstags).

Vesterlandsche Kunstgewerbemuseum

Nordahl Bruns gt. 9. Reiche norwegische, europäische und chinesische Sammlungen. Letztere ein Geschenk des Generals Munthe. Porzellan der Sung-, Ming- und Ch'ing-Dynastien. Alte Silberschmiedearbeiten aus Bergen und Empire-Möbel, Kopenhagener und Meißener Porzellan des 18. Jahrhunderts. Geöffnet: 15. Mai–31. Aug. 10–15, sonntags 12–15. Sonst tägl. 12–15 (außer montags).

Vesterlandsches Setermuseum

Auf dem Fanafjell, ca. 20 km von Bergen entfernt. Das Museum zeigt alte Sennhütten aus dem Vestland in natürlichem Milieu mit Ziegen und Schafen. Ganzjährig geöffnet.

Weitere Sehenswürdigkeiten und Ausblick auf die Stadt

Will man Bergen von oben sehen – bei klarem Wetter ein unvergeßlicher Anblick –, dazu die Berge, die um die Stadt herum liegen, Inseln und Fjorde, muß man mit der *Fløyen-Seilbahn* auf den Berg *Fløyfjell* fahren, der 320 m ü. d. M. liegt. Dort oben befindet sich auch ein gutes Restaurant. Wandert man weiter durch einen Naturpark, kommt man zu den Gipfeln des Blåmannen und des Rundemannen.

Die Nationalen Festspiele der Stadt Bergen finden im Mai statt. Spezielle Auskünfte erhält man im *Informationsbüro* der Stadt (Informasjons- og innkvarteringskontor), Torgalmenningen ((05) 21 14 87).
Geöffnet: 10–14, in der Touristensaison 8.30–22, sonntags 9.30–22.

Von Oslo nach Trondheim

Während die Reise von Oslo nach Bergen zuerst in Richtung Nordwesten und dann direkt in den Westen des Landes führt, fährt man von Oslo nach Trondheim direkt in den Norden. So wie die Bergen-Bahn den Reisenden durch großartige Naturgebiete bringt, so erlebt man mit der *Dovre-Bahn* –

falls man von Oslo nach Trondheim den Zug nehmen will – in supermodernen Wagen in einmaliger Weise die grandiose norwegische Natur. Diese Bahn, die als Expreßzug Norwegens Hauptstadt mit der Krönungsstadt und Stadt des heiligen Olaf verbindet, fährt jeden Morgen von Oslos Hauptbahnhof (Ost-Bhf.) ab.

Dem alten Verbindungsweg von Süd- nach Nordnorwegen folgend, führt einen die Bahn zuerst durch weite ländliche Gebiete, bis man nach einer Stunde **Eidsvoll** erreicht hat, die Stadt, in der 1814 das norwegische Grundgesetz ausgearbeitet und verkündet wurde. Das Herrenhaus, in dem damals die grundgesetzgebende Versammlung am 17. Mai 1814 stattfand, ist heute staatliches Museum und wurde seit 1814 nicht mehr verändert. Der sogenannte *Reichssaal* hat dieselbe Einrichtung wie im Jahr 1814. Das bekannte Gemälde von der gesetzgebenden Versammlung, das Oscar Wergeland malte und das heute im Storting hängt, zeigt diesen Reichssaal mitsamt den damaligen Volksvertretern. Im *Museum* hängen die Porträts von 60 der 112 Mitglieder der ersten grundgesetzgebenden Versammlung.

Geöffnet ist das Museum 1. Mai–14. Juni 10–15; 15. Juni–15. August 10–17; 16. August–30. September 10–15 Uhr und 1. Oktober–30. April 12–14 Uhr gegen ein geringes Eintrittsgeld.

Außer dem Eidsvoll-Gebäude mit Museum kann man dort auch das National-monument für Henrik Wergeland von Ottar Espeland und das Nationalmonu-ment für Carsten Tank Anker von Jo Visdal sehen.

Bei *Minnesund* trifft die Bahn auf Norwegens größten Binnensee *Mjøsa*, der ein Areal von 360 km² hat und über den noch immer ein über 100 Jahre alter Raddampfer die Reisenden von einem zum anderen Ufer bringt.

Die Stadt **Hamar** zeichnet sich durch eine großartige Lage am Mjøsa aus. Hier findet man die berühmten *Domkirchenruinen*, vier hochaufragende Bögen der ehemaligen Südarkaden, ferner die Sockelsteine einer dreiteiligen, zisterzien-sisch wirkenden Choranlage sowie die Reste eines vorgelagerten Querhauses. Es lohnt sich, hier die Fahrt zu unterbrechen und sich die 15 911 Einwohner zählende Stadt näher anzusehen. Der mächtige Kalksteinbau der alten Kathe-drale, deren Ruinen sich jetzt in einem Freilichtmuseum, dem *Hedmarksmu-seum* befinden, entstand, als 1152 ein Bischofssitz eingerichtet wurde. Man baute die Kathedrale als dreitürmige, dreischiffige und kreuzförmige Basilika. Daß hier ein Bistum mit Domkirche entstand, geht auf das Betreiben des englischen Kirchenfürsten Nicholas Breakspeare zurück, dem späteren Papst Hadrian IV., der 1155 Kaiser Barbarossa in Rom krönte.

Bekannt ist die Stadt für ihr *Eisenbahnmuseum* auf Storhamar, das die Entwicklung der norwegischen Eisenbahn zeigt und eine 300 m lange Eisen-bahnstrecke mit alten Stationsgebäuden besitzt. Auch das *Auswanderermu-seum* auf Domkirkeodden mit Siedlerhütten in den USA, eine Abteilung des

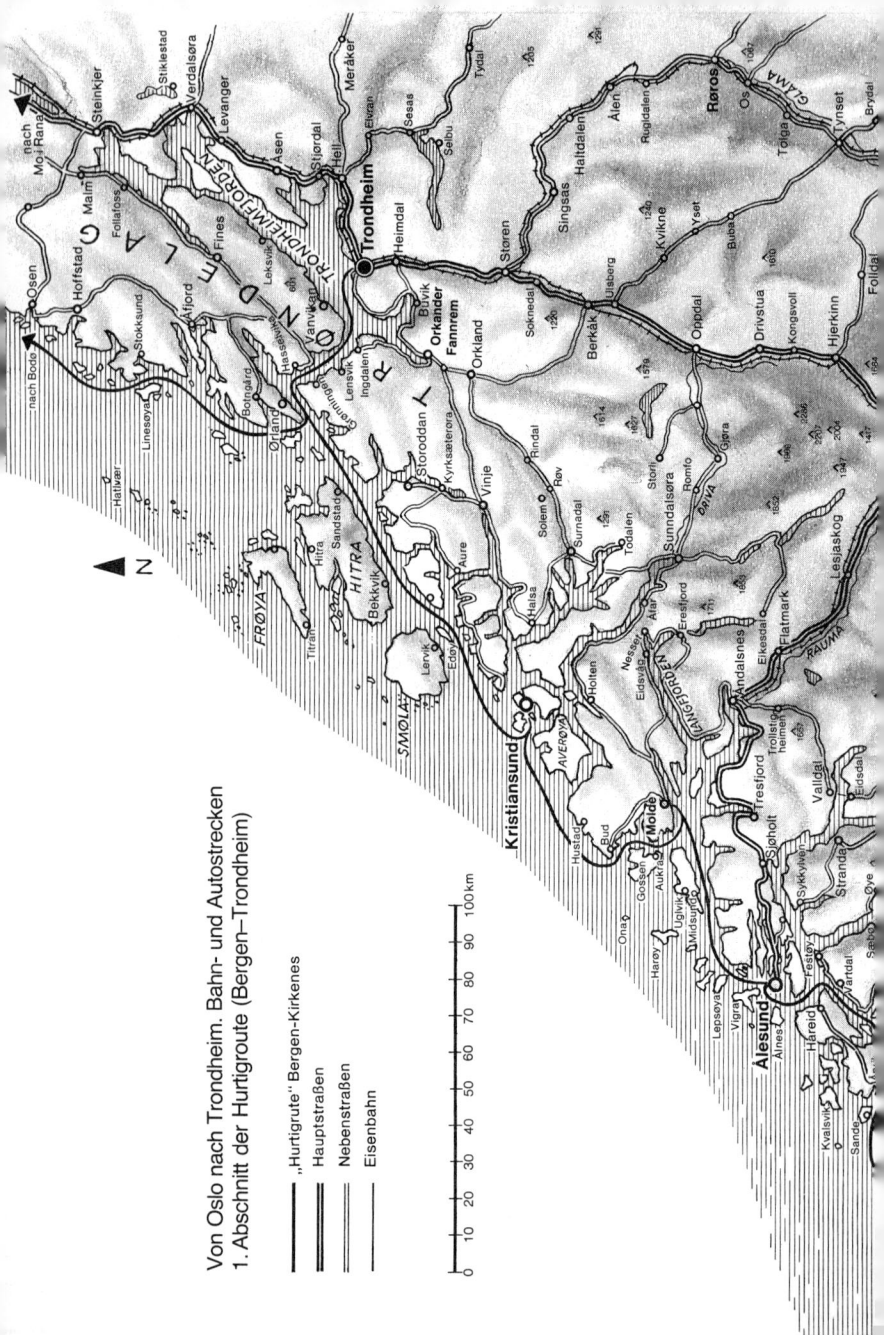

Von Oslo nach Trondheim. Bahn- und Autostrecken
1. Abschnitt der Hurtigroute (Bergen–Trondheim)

"Hurtigrute" Bergen–Kirkenes
Hauptstraßen
Nebenstraßen
Eisenbahn

Hedmarksmuseum, ist genau so wie die »neue« *Domkirche* von 1866 und die bei Hamar gelegene *Vang-Kirche*, eine achteckige Kirche von 1810 mit einem Mittelalterturm, einen Besuch wert. Jedem Gast der Stadt, der im Sommer auf der Fahrt nach Trondheim hier für einen oder zwei Tage die Reise unterbricht, ist eine Fahrt über den See Mjøsa mit dem alten Raddampfer »Skibladner« zu empfehlen, der nicht weit vom Bahnhof seine Anlegestelle hat.

Als nächstes kommt man nach *Lillehammer*, wo das Gudbrandsdal beginnt. Dort – auf *Maihaugen* – liegt auch das berühmte Freilichtmuseum (Sandvigsche Sammlungen) mit alten Bauernhöfen aus dem Gudbrandsdal. Die Bahn fährt durch eben dieses Tal. Dort hat sich bis auf den heutigen Tag der besondere Baustil (Blockhausstil) der Häuser erhalten, die bis hoch hinauf an den Berghängen stehen. Im Gudbrandsdal gibt es mehrere größere und sehr bekannte Ortschaften, von denen *Otta* zu nennen ist, und von wo es auch gute Verkehrsverbindungen nach Westnorwegen gibt.

Westlich von Otta liegen die sagenumwobenen Berge von *Jotunheimen* (Heimat der Riesen) und nord-ostwärts das mächtige Massiv des Rondane.

Bei *Dombås* trifft die Dovrebahn auf die *Raumabahn*. Doch es geht noch höher ins Gebirge hinauf und zudem noch durch einen 781 m langen Kehrtunnel (Grønbogen), in dem der Zug eine große Schleife macht. Kommt die Bahn wieder ins Freie, fährt sie im Bogen über die Moore von *Fokstua*, die für ihre vielfältige Vegetation und den Reichtum an seltenen Vögeln bekannt sind, weshalb sie unter Naturschutz stehen. Bald danach erreicht sie *Hjerkinn* und ist damit zu der höchst gelegenen Station dieser Strecke 1026 m ü. d. M. gekommen. Sie liegt halb so hoch wie die höchste Erhebung des grandiosen Gebirgspanoramas im Westen, das von der 2286 m hohen *Snøhetta* gekrönt wird. Hat man Glück, kann man sogar wilde Rentiere sehen, die manchmal aus den Bergen bis herunter an die Eisenbahnlinie kommen. Wo sie zuhause sind, gibt es auch Moschusochsen, die einmal dorthin gebracht wurden und sich in diesem Gebirgsgebiet gut eingelebt haben.

In der Ferne tauchen nun die Gebirgszüge von *Trollheimen* auf; denn der Zug fährt jetzt durch das wilde *Drivdal*. Tunnel nehmen hin und wieder die Sicht. Dazwischen faszinieren immer wieder die Landschaften, durch die der Zug seinem Ziel entgegen eilt. *Støren* ist erreicht, die Station, wo die Dovre- und die Rørosbahn zusammentreffen. Weitere Gebiete mit landwirtschaftlichem Charakter folgen. Häuser tauchen auf, erbaut im typischen *Trønder Stil*. Und nach kurzer Zeit läuft der Zug im Bahnhof von Trondheim ein.

Trondheim

Wozu die Pilger des Mittelalters Monate brauchten, die Strecke nach Trondheim, schafft die Bahn in Stunden. Und die unsagbaren Mühsale der alten Pilger sind abgelöst durch großartige Landschaftserlebnisse, hereingetragen und den Reisenden gleichsam serviert durch die breiten Panoramafenster der norwegischen Dovre-Bahn. PKW-Touristen können die Strecke Oslo-Trondheim auch auf der E 6 zurücklegen. Dabei werden u. a. die Orte Eidsvoll, Hamar, Lillehammer, Tretten, Ringebu, Vinstra, Otta, Dombås, Hjerkinn, Oppdal, Ulsberg, Berkåk und Støren angefahren.

Im Mittelalter ein hochberühmter Ort, hat Trondheim mit seinen 134 722 Einwohnern heutzutage ein modernes Gesicht. Maschinenbau und Schiffsbau sind wichtige Teile der dortigen Industrie. Exportiert werden vor allem Holz- und Fischereierzeugnisse. Da die morphographischen und damit auch die verkehrsgeographischen Verhältnisse dieser Stadt sehr günstig sind, hat sich Trondheim schon seit alten Zeiten ein weites Um- und Hinterland schaffen können, was selbstverständlich dem Handel zum großen Vorteil gereicht. Aber Trondheim ist nicht eine typische Industriestadt des Nordens geworden. Zu sehr florieren dort die Wissenschaften und Künste und vor allem die Architektur, die auch dem heutigen Stadtbild sein charakteristisches Äußeres gibt.

In aller Welt aber ist Trondheims Name mit dem *Nidarosdom* verbunden, jenem berühmten Bauwerk, das die Gebeine des norwegischen Schutzpatrons, des heiligen Olaf, barg und vermutlich heute noch birgt und die mächtigste Kathedrale im ganzen Norden ist.

Wer diese Stadt besucht, spürt wie in kaum einer anderen, besonders im Bereich der Domkirche, ihre Geschichtsträchtigkeit und wird vielfach angeregt, einen Blick in die Vergangenheit des Norwegischen Reiches und besonders dieser Stadt zu werfen, die seit der Verfassung von 1814 wieder Krönungsstadt der Monarchen dieses Landes ist.

Untersucht man die Bedeutung des Namens Trondheim (altnord. Þrondheimr, Þrandheimr), stellt man fest, daß das erste Glied möglicherweise ein Substantiv mit der Bedeutung »Üppigkeit« (üppiges Wachstum) ist, abgeleitet von der Wurzel des Verbums Þróask = gedeihen, während das zweite Glied auf das altnord. *heimr* – hier im Sinn von Land – zurückgeht. Somit könnte Trondheim *Üppigkeitsland* bedeuten.

Ursprünglich war dieser Name auch auf das Land bezogen; denn die Stadt war zuerst eine Siedlung, die man als *kaupangr* bezeichnete, was soviel wie *Handelsplatz* besagt. Dann bekam der Ort den Namen *Nidaros*, wohl von ihrem Gründer zusammengesetzt aus dem Genitiv singl. des Flußnamens *nidar* und dem Substantiv *ós* (Mündung). Also: *nidar-ós* = Mündung des (Flusses) Nid. Diesen Namen behielt die Stadt bis ins 15. Jahrhundert, als sie den dänischen Namen *Tronthjem* bekam, der 1929 wieder in Nidaros umgewandelt, 1930 von der Stadt aber wieder verworfen wurde, die sich seitdem wieder Trondheim (jetzt mit norw. 2. Silbe) nennt.

Das Land, das einstmals den Namen Trondheim trug, heißt *Trøndelagen*. Das heißt soviel wie das »Rechtsgebiet der Trønder« und ist jetzt verwaltungsmäßig aufgeteilt in die Regierungsbezirke (fylker) Nord- und Sør-Trøndelag.

Der Name Nidaros aber ist lebendig geblieben in Verbindung mit der Domkirche und dem Sitz des Bistums Nidaros.

Gegründet soll Trondheim 997 von dem Wikingerkönig Olav Tryggvason, d. i. Olav I. (reg. 955–1000), sein, nachdem der Ort, schön gelegen an den Ufern des Flusses *Nidelva*, von Berggipfeln umgeben und offen zu dem breiten Trondheimsfjord, schon vorher eine Wikingersiedlung war, und dort auch durch das *Øreting* die norwegischen Könige gewählt worden waren.

Von der Gründung berichtet Snorri Sturluson in seinen »Heimskringla«: »König Olav fuhr nun mit seinem Heer an die Mündung des Nid. Dort ließ er am Ufer des Nid Häuser errichten, und er bestimmte, daß dort ein Handelsplatz entstehen sollte. Er gab den Leuten dort Stätten, daß sie sich Häuser bauen konnten, einen Königssitz aber ließ er oberhalb des Skipakrok (Mündung des Nid) bauen. Er ließ im Herbst dorthin alle Vorräte bringen, die er zum Winteraufenthalt nötig hatte, und es waren dort immer eine Menge Menschen um ihn.«

Auch ist überliefert worden, daß Olav dort eine Kirche bauen ließ.

Wie in Bergen, so war auch in Trondheim das Feuer ein häufiger Feind dieser Stadt. Ihr jetziges Gepräge bekam sie nach einem der vielen Brände durch den Plan des Generals J. C. Cicignon (1681), der davon ausging, der Brandgefahr durch bauliche Maßnahmen Einhalt zu gebieten. So entwickelte er ein quadratähnliches Muster, das bis auf den heutigen Tag das Stadtinnere prägt und durch zwei breite Straßenzüge besonders charakteristisch ist: die *Munkegata*, die in einer Linie von der Domkirche in Richtung Munkholmen führt, einer Insel 2 km nördlich der Stadt im Fjord gelegen, die ihren Namen nach dem früheren, im 12. Jahrhundert gegründeten Benediktinerkloster Nidarholm erhalten hatte, und die *Kongensgate*, die zur Munkegata senkrecht, vorbei an der Liebfrauenkirche (Vår Frue Kirke) verläuft. Ihr Schnittpunkt wurde zu dem großen Markt – *Torget* – auf dem sich jetzt die Säule des Stadtgründers mit Sonnenuhrfunktion erhebt. So bekam das Ganze auch ein großzügigeres Gepräge. Im 18. und 19. Jahrhundert setzte eine starke Bautätigkeit ein, verbunden mit einer Periode des Wohlstands.

In Trondheim sind besonders deutlich die Hauptperioden in der Geschichte

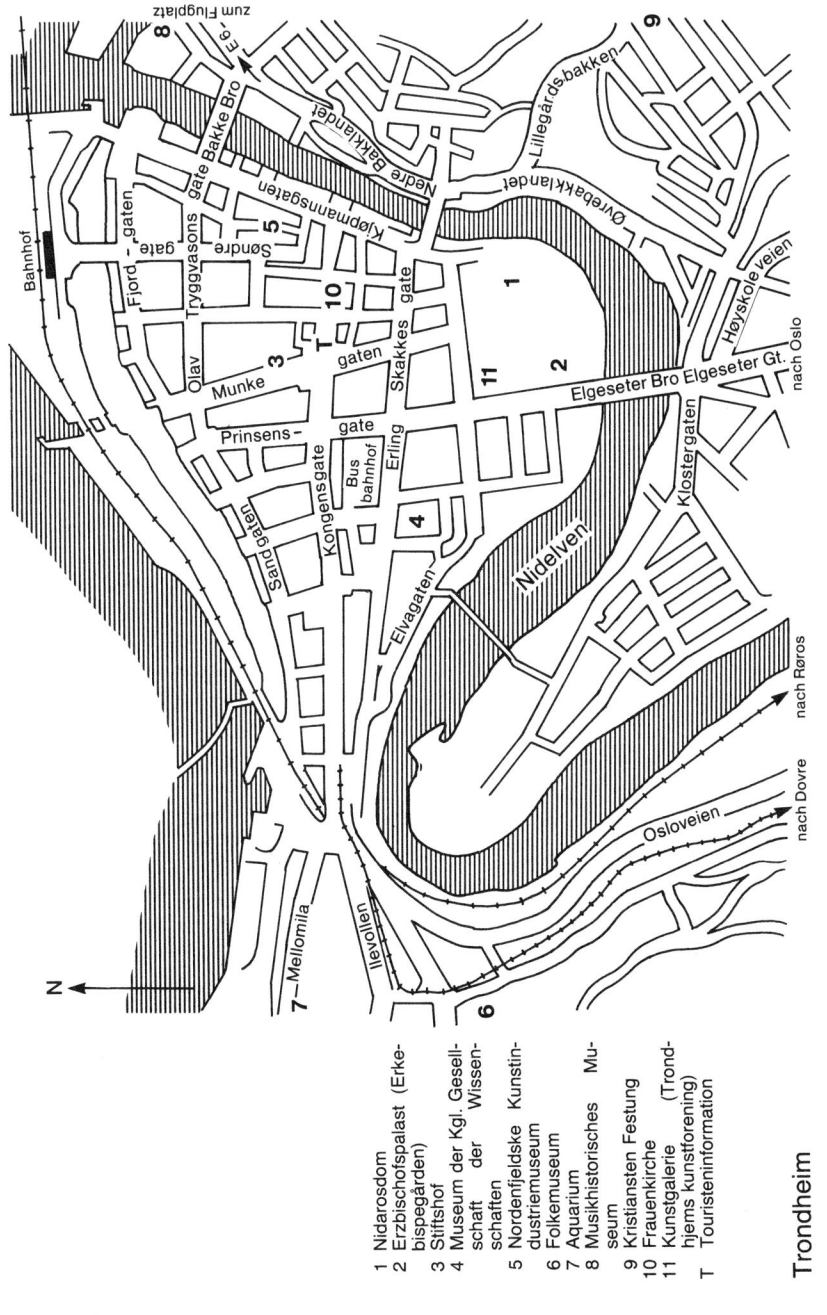

Trondheim

1 Nidarosdom
2 Erzbischofspalast (Erkebispegården)
3 Stiftshof
4 Museum der Kgl. Gesell-
  schaft der Wissen-
  schaften
5 Nordenfjeldske Kunstin-
  dustriemuseum
6 Folkemuseum
7 Aquarium
8 Musikhistorisches Mu-
  seum
9 Kristiansten Festung
10 Frauenkirche
11 Kunstgalerie (Trond-
   hjems kunstforening)
T Touristeninformation

der Stadt zu erkennen. Die erste große Wachstumsperiode setzte in der Stadt, die bis Anfang des 13. Jahrhunderts die wichtigste Residenz der norwegischen Könige war, nach dem Tod des heiligen Olaf (1030) ein. Trondheim wurde nicht nur zum berühmtesten Wallfahrtsort des Nordens, sondern gleichzeitig zur größten und reichsten Stadt des Landes. Nicht weniger als neun Kirchen – außer dem Nidarosdom – entstanden hier und dazu noch fünf Klöster. 1152 wurde die Stadt zudem Sitz des Erzbischofs, dem sieben Bistümer unterstanden und dessen Einfluß bis nach Island, Grönland und den Färöern reichte. Damit war Trondheim auch zum kulturellen Mittelpunkt Norwegens geworden. Mit der Reformation war Trondheims Wachstum vorerst beendet. Man setzte den Erzbischof ab, der Schrein des hl. Olaf kam nach Dänemark und wurde vermutlich zerstört. Weitere Krisen folgten. Verschiedene schwedische Überfälle schadeten der Stadt stark. Doch sie wuchs weiter. Um 1800 war ihre Einwohnerzahl größer als die von Oslo.

Die Entfaltung des wirtschaftlichen Lebens und die Erschließung neuer Verkehrsverbindungen förderten auch das kulturelle Leben. Trondheim bekam schon zu Beginn des 19. Jahrhunderts ein Theater, und auch die älteste Zeitung Norwegens und die älteste Schule des Landes befinden sich in dieser Stadt. 1980 konnte die *Kathedralschule* ihr 950. Jubiläum feiern. Eine bedeutende kulturelle Bereicherung stellt die Universität dar, die sich zusammensetzt u. a. aus der Norwegischen Lehrerhochschule, der Norwegischen Technischen Hochschule, 1870 als »Trondheims Tekniske Læreanstalt« gegründet und 1910 in Hochschule umbenannt, dem Strombau- und Hafenlaboratorium, dem Schiffstechnischen Forschungsinstitut und anderen wissenschaftlichen Einrichtungen.

Diese Forschungsstätten haben bewirkt, daß ein Teil der neuen Ölindustrie mit Trondheim verknüpft wurde, was der Stadt, da dies noch entwicklungsfähig ist, neue wirtschaftliche Perspektiven eröffnet. Von weiteren Kultureinrichtungen sind die der Musik und Bildenden Künste zu nennen, hervorragend repräsentiert durch das *Musikhistorische Museum, Trondheims Kunstverein* und *Trøndelags Kunstgalerie*. Sie machen zusammen mit den architektonischen Kostbarkeiten dieser Stadt und weiteren Stätten der Kultur, Trondheim zu einem permanenten Anziehungspunkt für alle Norwegen-Besucher.

Aquarium

Biologische Station. Bynesveien 46.
Geöffnet: ca. 1. Juni–31. Aug. 10–16 (montags geschlossen).

Byneset Kirche

Mittelalterl. Steinkirche mit Altarschrein aus d. 17. Jh. und Kanzel aus gleicher Zeit.
In der Regel werktags im Sommer geöffnet.

Erzbischöfliches Palais

Norwegisch: *Erkebispegården*. Hinter der Domkirche. Ältestes Profangebäude des Nordens (Osthaus). Erbaut von Erzbischof Eystein 1160–1180. Befestigte Residenz der norwegischen Erzbischöfe bis zur Reformationszeit. Nach der Reformation Residenz der Lehnsherrn. Später vom Militär benutzt als Depot, Magazin und Rüstkammer. Die Anlage besteht aus zwei Gebäuden im gotischen Stil, verbunden durch einen Torbau. Im Westflügel befindet sich die Rüstkammer (Det nordenfjeldske hærmuseum, Forsvarsmuseum). Dort Waffen und Ausrüstungsgegenstände vom 16. bis 20. Jh. Fahnen- und Gedächtnishalle, darin u. a. 10 alte tröndersche Fahnen. Ferner befindet sich dort das Heimatfrontmuseum mit Waffen und Ausrüstungsgegenständen, die während der deutschen Besetzung von den Widerstandskämpfern in Trøndelag benutzt wurden.
Geöffnet: *Erzbischöfliches Palais:* 16. Juni–15. Aug. 10–15, sonnabends u. sonntags 10–14. *Rüstkammer:* Juni–Aug. werktags 9–16, sonnabends 9–14, sonntags 10–14. *Heimatfrontmuseum:* 1. Juni–31. Aug. werktags 9–15, sonnabends 9–14, sonntags 10–14.

Kristiansten Festning

Erbaut 1675 bis 1684 von General Cicignon. Wurde 1718 von dem schwedischen General Karl Gustav Armfeldt (1666–1736) belagert, als er im Sept. 1718 mit 6000 Mann nach dem nördlichen Norwegen zur Eroberung Trondheims geschickt wurde. Der General König Carls XII. mußte den Rückzug antreten über die Tydalsfjelle, wo der größte Teil seines Heeres durch Kälte und Hunger zugrunde ging und der General mit nur wenigen Offizieren und Soldaten dem eigenen Verderben entgehen konnte. 1816 wurde die Festung geschleift.
Führungen: 1. Juni–31. Aug. 16–18. Eintritt.

Lade Kirche

Mittelalterkirche von ca. 1200. Altartafel vom 17. Jh. Alabasterreliefs aus dem Mittelalter. Der alte Herrensitz Lade (Hauptgebäude von Beginn des 18. Jh.)

war einmal Sitz der Ladejarle. Dort war auch die Residenz des ersten norwegischen Königs Harald Hárfagre. Heute Sozialschule.

Landwirtschaftliches Center auf Tunga

Das größte seiner Art in Europa. Errichtet von den Landwirtschaftlichen Organisationen in Trøndelag. Staatl. Technische Schule für Nahrungsmittel.

Leir-Fälle

Norwegisch: Leirfossene. Sie stürzen in die Nidelva mit einem Gefälle von 33 und 28 m. Auf der Höhe östlich der alte Großhof Leira, der General G. F. v. Krogh gehörte. Sein Sohn baute dort das Kupferwalzwerk und die Chromfabrik für das Kupfer und Chromerz aus Røros.

Munkholmen

Insel im Trondheimsfjord, wo das Nidarholm-Kloster bis zu seinem Brand 1531 stand. Die Reste wurden in der Festung Munkholm verbaut, die auch Staatsgefängnis war. Dort saß u. a. bis zu seinem Tod der dänische Staatsmann Peder Griffenfeld (1635–1699), der deutscher Herkunft war und den man aus politischen Gründen wegen Verrats und Bestechung zum Tode und Verlust von »Ehre und Gut« verurteilt hatte. Auf der Richtstätte wurde er zu lebenslanger Haft begnadigt und kam, nachdem er vier Jahre im Kastell von Kopenhagen gesessen hatte, nach Munkholm (1680–1698). Wenige Monate vor seinem Tod durfte er wegen seines geschwächten Gesundheitszustandes in Trondheim Wohnung nehmen.
Geöffnet: Juni–Ende Aug. stündlich 10–18. Motorbootverbindung von Ravnkloa, unten an der Munkegata. Führungen 10–18. Eintritt. Auf der Insel befindet sich eine Cafeteria.

Musikhistorisches Museum

Im alten Herrenhof Ringve gelegen, besitzt eine seltene Sammlung von Instrumenten in zeithistorisch korrekten Milieus. Im Sommer häufige Konzerte, in der Regel mit historischen Instrumenten (Ringve Kammerensemble). 1980 wurde dort ein Botanischer Garten eröffnet.
Regelmäßige Führungen mit Demonstrationen vom 20. Mai–1. Nov. 2–6 mal täglich. Eintritt.

Nidarosdom

Auch Trondheimer Dom genannt. Gewaltigstes Bauwerk des Mittelalters im
Norden. 102 m lang und 50 m breit. Repräsentativstes Architekturdenkmal
der Gotik in ganz Skandinavien. Die ältesten Teile – Querschiff und Sakristei –
im romanischen Stil aus dem 12. Jahrhundert. Chor und Langschiff durchgehend gotisch. Kreuzförmiger Grundplan. Chor wird durch *Oktogon* abgeschlossen. Mächtiger und vieldiskutierter Zentralturm, figurenreiche Westfassade. Soll über dem Grab des hl. Olaf errichtet worden und als Bau um 1320
abgeschlossen worden sein. Einst stand auf dem Hochaltar der Schrein des
hl. Olaf. Nach seinem Raub und der Rückführung eines inneren Schreins weiß
heute niemand, wo er bestattet ist. Vermutlich ruhen seine Gebeine aber in der
Nähe des heutigen Hochaltars (s. darüber wie auch zur Geschichte des Doms
das Kapitel »Nidarosdom« im kunsthistorischen Teil des Werks). Eine der
größten Pilgerkirchen Europas in katholischer Zeit. Mehrmals zerstört und
durch Plünderungen verheert. 1869 begannen die Restaurierungsarbeiten.
Drei Königinnen und sieben Könige wurden dort gekrönt. König Olav V.
erhielt in der Kathedrale, als er König wurde, den Segen. Die norwegische
Verfassung von 1814 bestimmt den Nidarosdom als Norwegens Krönungskirche. Die meisten Erzbischöfe des Landes liegen im Dom begraben, ebenfalls
10 Könige. Schmaler Aufgang zum Turm mit 172 Stufen. Gute Aussicht.
Öffnungszeiten: 1.–14. Mai werktags, 10–14, sonntags 13.30–15. 15. Mai–
14. Juni werktags 9.30–15, sonnabends 9.30–14, sonntags 13.30–16. 15. Juni–
31. Aug. werktags 9.30–17,30, sonnabends 9.30–14, sonntags 13.30–15.
15. Sept.–30. April, werktags 12–14, sonntags 13.30–15. Orgelmusik ca.
17. Juni bis 20. Aug. werktags 12.15. Eintritt.

Nordenfjeldske Kunstgewerbemuseum

Norwegisch: Nordenfjeldske kunstindustrimuseum, Munkegata 5. Sammlungen von altem und neuerem Kunsthandwerk: Möbel, Textilien, Silber,
Glas, Keramik und Porzellan vom 17. Jh. bis in unsere Tage. Große Abteilung
für modernes Kunsthandwerk, sowie 13 Bildteppiche v. Hannah Ryggen.
Bibliothek.
Geöffnet: tägl. 12–15. Im Sommerhalbjahr tägl. 10–16 (sonnabends 10–15),
sonntags 12–16. Eintritt.

Die kgl. Norwegische Gesellschaft der Wissenschaften

Universität in Trondheim, Erling Skakkesgt. 47. Vogel-Diorama mit Tonband
(12.30; 13.30; 14.30). Ausstellungen: Zoologie (Stein-, Bronze-, Eisenzeit und

Mittelalter), Kirchenkunst, Mineralogie, samische und eskimoische Sammlungen. Wechselnde Kurzzeitausstellungen.
Geöffnet: 12–15; Juni–August 11–15 (sonntags 12–15). Eintritt.

Ravnkloa

Betriebsamer Fischmarkt der Stadt. Von dort Motorboote nach Munkholmen.

Rüstkammer

S. Erzbischöfliches Palais

Seefahrtsmuseum

Fjordgt. 61. Das Museum wurde in dem alten, unter Denkmalschutz stehenden Gefängnis (Slaveriet) eingerichtet.
Geöffnet: 15. Juni–31. Aug. 10–15. 1. Sept.–14. Juni, sonntags 12–15. Eintritt.

Stiftsgården

Munkegata 23 (Nähe des Markts). Erbaut 1774–1778 im Auftrag der Geheimrätin *Cecilia Christine de Schøller*, Witwe des Etatsrats Stie Tonsberg Schøller. Architekt war vermutlich der Schwiegersohn der Bauherrin, General *G. F. v. Krogh*. Aber auch *J. Berlin* wird als Architekt genannt. Stuckarbeiten und Tapeten von *Johann C. C. Michaelsen* aus Rendsburg, der auch in mehreren Räumen die Tapetenfelder mit Architekturmalereien (u. a. Motive aus Venedig und London) dekoriert hat. Das Palais, das im Rokokostil erbaut wurde und einer der größten Holzbauten in Skandinavien ist, hat eine Fassade zur Munkegata, die eine Breite von 13 m und eine Länge von 58 m hat. Sie besitzt 19 Fensterachsen. Die auffallend großen Fenster haben teils geschwungene, teils in Aediculaform gebildete Übergiebelungen. Sie sind paarweise verschieden und durch Pilaster getrennt, wodurch ein eindrucksvoller architektonischer Rhythmus entsteht. Die Mitte der Fassade wird durch einen Dreiecksgiebel eindrucksvoll markiert, unter dem sich die Fenster des Mittelraums befinden, des einzigen, der quer durch das Haus geht. Darunter ist das übergiebelte Portal, zu dem eine Treppe mit prachtvollem Schmiedeeisengeländer führt, das die Initialen der Frau Schøller mit Grafenkrone trägt. Daraus mag hervorgehen, daß das Geländer von einem Künstler in Kopenhagen entworfen wurde, der Frau Schøller in gutem Glauben wegen ihres dortigen Umgangskreises für eine Gräfin hielt. Zwei niedrigere Seitenflügel gehen vom Hauptgebäude aus und begrenzen den inneren Teil der Anlage. Die bebaute Fläche beträgt 1452 m². In zwei Etagen befinden sich ca. 70 Zimmer. Vorbild

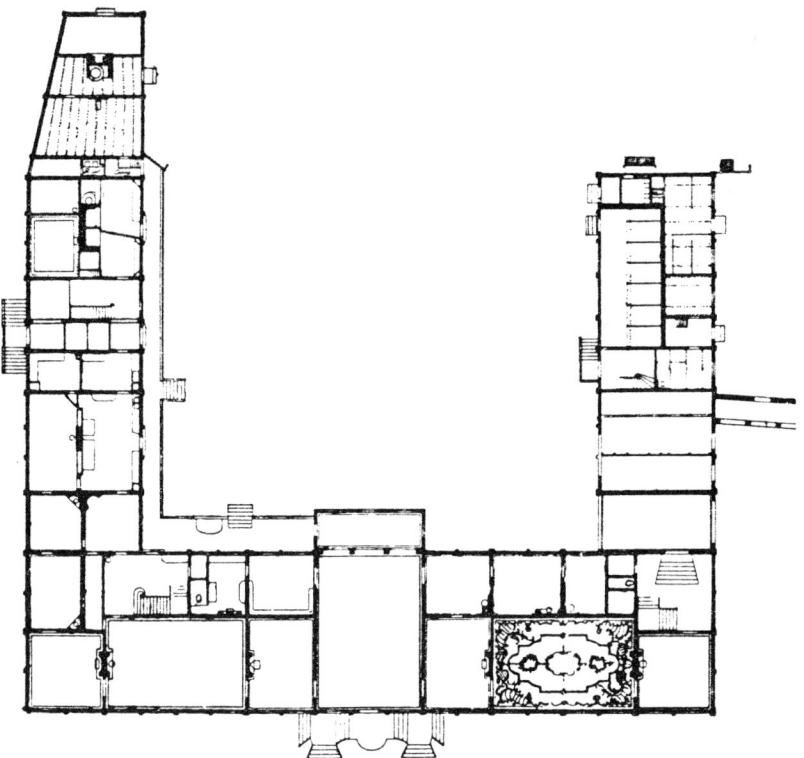

Grundriß des Stiftshofes (Stiftsgården) von Trondheim (nach: Norges Kunsthistorie, I-VII. Oslo 1981–83).

für das Palais sind Entwürfe von Louis le Vaux (Vaux-le-Vicomte-Plan) die via Dänemark vermittelt wurden und die für Ludwigs XIV. Minister Fouquet bestimmt waren. Aber wie so oft in der Geschichte der norwegischen Architektur wurde das steinerne Material des Vorbildes in das für Norwegen typische Baumaterial, das Holz, übertragen. Der deutsche Geologe Christian Leopold v. Buch (1774–1853) schrieb in seinem Norwegen-Buch (1810), daß Krogh nicht die »völlige Freiheit« beim Bau des Palais hatte, was bezeichnend ist für das Vorbild eines Steinbaus, das in Holz überführt werden sollte. 1800 wurde das Palais an den Staat als Wohnung für den Stiftsamtmann verkauft. Seit 1815 Wohnung und Residenz des Königs bei einem Aufenthalt in Trondheim. Das Palais kann vom 1. Juni–15. Sept. in der Zeit von 11–14 besichtigt werden.

Trøndelag Folkemuseum, Sverresborg

Freilichtmuseum mit Beispielen der Baukultur in Trondheim und Trøndelag.
Es wurden Häuser in Milieus wiederhergestellt, die die Wohnkultur dieser
Stadt und die Landschaft deutlich machen sollen, von den Bergen bis zur
Küste, von den Erdhütten der Lappen bis zum Bauernhaus, dem Stadthaus
und der Stabkirche. Auf dem Gebiet des Museums befinden sich auch die
Ruinen der Burg des Königs Sverri, Sion, aus den 80er Jahren des 12. Jahrhunderts, Norwegens erster großer Burganlage nach europäischem Muster. Die
Ausstellung des Museums zeigt Exponate der Volkskunst aus Trøndelag. Das
alte Wirtshaus »Tavern« ist zum Restaurant für die Besucher eingerichtet. Es
stammt aus dem Jahr 1739. Vom Burgplateau gute Aussicht über den Fjord
und die Umgebung.
Geöffnet: 15. Juni–31. Aug. 10–15. Busverbindungen von der Dronningens-
gate zum Wullumsgården. Eintritt.

Trondheims Kunstverein

Norwegisch: Trondhjems kunstforening. Bispegt. 7, gleich neben dem Dom.
Gegründet 1845. Guter Überblick über die norwegische Malerei, besonders
des 19. Jahrhunderts und speziell der von Trøndelag. Besonderer Edvard-
Munch-Saal mit 24 graphischen Arbeiten. Unter den Bildhauerarbeiten eine
Büste von Henrik Ibsen, die von Gustav Vigeland stammt. In den Räumen des
Kunstvereins sind auch exzellente Werke ausländischer Künstler vertreten.
Geöffnet in der Touristensaison 10–15 und 18–20. Sonnabends 10–15, sonn-
tags 10–16. Eintritt.

Vår Frue Kirke

Liebfrauenkirche, am Markt. Reste der alten gotischen Mariakirche. Verlängert nach Westen im 17. Jahrhundert und mit einem Turm versehen, der 1739
gebaut wurde. Der barocke Altar stammt aus der Domkirche.
Geöffnet: Juni–Aug. werktags 10–14.

Weitere Sehenswürdigkeiten

Neben diesen sehenswerten Einrichtungen und Bauwerken lohnt sich ein
Blick auf eine Reihe anderer Bauten. Bei einem Spaziergang durch die Stadt
fällt einem die *Hospitalkirche* auf, die 1705 gebaut wurde und noch schöne
Holzpartien hat. Einen besonders eindrucksvollen Anblick bieten die alten
Lagerhäuser und *Anlegestellen* an der Nidelva zwischen der *Bybrua* und der

Bakke Bru. Die Bybrua, die alte Stadtbrücke, ist ein malerisches Holzbau-
werk, eine Zugbrücke im neugotischen Stil. Früher war dort die einzige
Zugangsmöglichkeit zur Stadt. Die Bauern, die vom Lande kamen und auf
dem Markt ihre Waren feilbieten wollten, mußten dort ihren Obolus entrich-
ten. Vom Markt (Torget), wo auf hoher Säule der Stadtgründer Olav Tryggvason steht, ein Denkmal und Sonnenuhr, das seit 1923 existiert, zugleich – bei
schönem Wetter – die Zeit anzeigt, sind es nur wenige Schritte zum alten
Hornemansgård und der *Schwanenapotheke*. Diese beiden Gebäude gehörten
einmal zu den markantesten Holzbauten der Stadt, haben aber starke Verände-
rungen über sich ergehen lassen müssen. Im *Hornemansgård*, Kongensgate 7 C, Eingang vom Marktplatz, befindet sich eine Galerie, die von Trøndelags bildenden Künstlern betrieben wird und den Namen führt »Galleri
Horneman/Trøndelag Kunstnersentrum« (geöffnet: Die.–Frei. 11–15, Do.
auch 18–20, sonnabends und sonntags 12–15). Dort können auch Kunstwerke
gekauft werden. Weitere Einkaufsmöglichkeiten für Kunstwerke, Antiquitä-
ten und Münzen ist das *Tordenskjold Armoury* in der Nedre Enkeltskillings-
veita 2. Dieser Laden ist in einem sehr repräsentativen, alten Holzhaus von
1842 untergebracht, das typisch ist für den alten Häuserbau in den schmalen
Straßen. Will man in Trondhjems og Strindens Sparebank, Kongensgt. 4, Geld
wechseln, sollte man nicht versäumen, dort in der Kelleretage die Ruinen der
sogenannten *Gregoriuskirche* zu besichtigen, die 1971 bis 1975 bei Ausgrabungen zutage gefördert wurden. Die Kirche wurde im 12. Jahrhundert gebaut,
und ihre Reste sind nur während der Öffnungszeit dieser Bank zu sehen.

Ausflüge von Trondheim

Hat man sich in Trondheim für mehrere Tage eingerichtet, kann man auch von
dort bequem zu weiter entfernt liegenden Orten fahren, die mit der Geschichte
der Stadt Trondheim und der Landschaft Trøndelag verbunden sind.
Selbstverständlich reizt es, den Spuren des heiligen Olaf zu folgen. Dazu ist ein
Besuch von Stiklestad unumgänglich. Das ist der Ort, der mit Olafs Tod (1030)
verbunden ist, und an dem noch heute manches an ihn erinnert.
Der beste Weg dorthin ist die E 6, die eine Zeitlang dem Trondheimsfjord
folgt, durch kleine Industriesiedlungen, durch Ranheim mit Zellulose- und
Baumaterialfabriken und dann schließlich unter dem Zivil- und Militärflugha-
fen von Værnes wieder emporführt. Rechts von der E 6 liegt die *Kirche von
Værnes*, die zu Beginn des 12. Jahrhunderts gebaut wurde, und einen Abstecher schon wegen ihrer eindrucksvollen Proportionen wert ist. Vorbei an

schönen Küstenstreifen kommt man zu dem Industrieort Åsen, weiter nach Skogn und Levanger, bis man nach ca. 96 km Fahrt Verdalsøra erreicht, eine kleine Stadt, die in einer äußerst fruchtbaren Landschaft liegt.

Jetzt geht die Fahrt auf der Reichsstraße 757 weiter, und man ist nach 4 km in östlicher Richtung in *Stiklestad*.

An diesem Ort wurde am 29. Juli 1030 König Olaf in einer Schlacht von Bauern der Gegend getötet und wandelte sich nach seinem Tod zum wundertätigen Heiligen.

Jedes Jahr gedenkt man dieses Ereignisses mit der Aufführung des »Spelet om Heilag Olav«, bei dem 300 Darsteller mitwirken und bis zu 5000 Zuschauer Platz haben in dem schönen Freilichttheater.

Diese sogenannten Olsokspil finden immer im Sommer gegen Ende Juli statt.

Aus Anlaß der 950. Wiederkehr des Tages der Schlacht wurde 1980 eine Medaille geprägt. Auf der höchsten Erhebung des Freilichttheaters steht Dyre Vaas *Reiterstatue des heiligen Olaf*. Am 29. Juli wird jedes Jahr in der dortigen katholischen Kapelle sowie in der *Stiklestad-Kirche* eine Messe gelesen. Die Stiklestad-Kirche wurde 100 Jahre nach Olafs Tod auf dem Schlachtfeld errichtet und 1930 nach Plänen von Professor Jakob Holmgren restauriert. Sie trägt an der Längswand des Schiffes mittelalterliches Dekor. Ferner befinden sich im Chor Fresken von Alf Rolfsen. Von Juni bis August finden dort – gegen Eintrittsgeld – Führungen statt. Auch gibt es bei der Kirche Vorführungen mit Dias vom »Spiel vom heiligen Olaf«. Der Saga zufolge wurde Olafs Leiche in der Nacht nach der Schlacht in einem Schuppen versteckt. Wo er gestanden haben soll, wurde eine *Olafssäule* errichtet. In Snorris »Olafs saga« (Heimskringla) wird von einem Stein berichtet, der im Altar der Stiklestad Kirche eingemauert war, so daß ihn dort kranke Pilger berühren konnten. Beim norwegischen Reichsantiquar befindet sich jetzt ein Stein aus Stiklestad, der nach Expertenmeinung jener alte Stein sein soll.

Ist man früh genug aus Trondheim abgefahren, ist man am Abend wieder zurück. Kam man jedoch zu den Festspielen, empfiehlt sich eine Übernachtung am Ort oder im benachbarten Verdalsøra.

Zurückgekommen nach Trondheim, kann man am nächsten Tag wieder nach Oslo reisen. Diesmal empfiehlt es sich jedoch, die Røros-Bahn zu nehmen, die bei Støren abzweigt und den Vorteil bietet, die Fahrt in der alten Bergstadt **Røros** zu unterbrechen. Allerdings sollte man sich dort rechtzeitig eine Unterkunft bestellen; denn in den Sommermonaten wird diese Stadt, die sich auf der »World Heritage List« (WHL) der UNESCO befindet, stark besucht.

Ca. 3300 Einwohner zählt die Stadt heute, deren Namen wohl von dem Fluß *Røa* (vom Fisch *røye* oder *rør* = Bergforelle) kommt und somit »Mündung des Flusses Røa« (*Os* = Mündung) bedeutet.

Die Stadt verdankt ihr Entstehen den Kupfergruben vor über 300 Jahren und wurde weit bekannt durch die Romane von Johan Falkberget. Røros ist die am besten erhaltene der alten norwegischen Bergwerksstädte und wird als die einzige Hochfjellstadt des Landes bezeichnet. Sie hat ein wechselvolles Schicksal hinter sich. Sie wurde u. a. in den Jahren 1678, 1679 und 1718 erobert und abgebrannt von den Schweden. 1644 wurde die erste Kupfergrube in Betrieb genommen und damit der Grundstein für die Stadt gelegt. Die erste große Grube befand sich in *Storvola*. Aus diesem Namen machten die deutschen dort arbeitenden Bergleute »Storwarts«. 1708 wurde die »Neue Storwartz-Grube« entdeckt, die als die reichste angesehen wurde. Um sie herum waren einige andere in Betrieb: »Gamle Storwartz«, »Hestkletten«, »Christianus Quintus«, Nyberget Nye« und »Gamle Solskinnsgruve« und die »Olavs gruve«. Sie alle liegen 8 km nordöstlich von Røros, während die sogenannten Nordgruben ca. 15 km westnordwest von Røros liegen. Dort wurde die »Arvedalsgrube« 1657 erschlossen, die sich in der »Kongens gruve« fortsetzt, die 1734 in Betrieb genommen wurde. 2 km nördlich dieser Grube liegt die Grube »Christianus Sextus«. Nach ihr hat Johan Falkberget seine große Trilogie genannt, die in der deutschen Übersetzung den Titel »Im Zeichen des Hammers« trägt. Diese Grube wurde 1723 erschlossen. Die Røros-Kupferwerke waren mit einzelnen Unterbrechungen bis 1920 in Betrieb. Aber mit Hilfe von staatlichen Zuschüssen konnte der Betrieb wieder so einigermaßen weitergeführt werden, bis 1935 die Erschließung der »Olavs-Grube« zu einer Besserung führte. Auch nach dem Zweiten Weltkrieg ging der Betrieb gut. Aufgrund technischer Verbesserungen konnte eine Belegschaft von 100 Arbeitern das Vielfache von dem produzieren, was um die Jahrhundertwende eine Belegschaft von 700 Mann schaffte. Da die Kupferpreise hoch waren, lohnte sich auch der Sommerbetrieb. Aber die Kupferpreise fielen, und die Betriebsverhältnisse wurden immer schwieriger, so daß die Røros Kupferwerkgesellschaft 1977 in Konkurs ging, nach 333 Jahren Arbeit in den Bergwerken. Die 67 Arbeiter und Angestellten wurden entlassen. Sie mußten sich in der langsam nachgewachsenen Industrie neue Beschäftigung suchen. Heutzutage ist Røros eine moderne Industriestadt. Die Holzverarbeitungsindustrie ist führend, aber es gibt auch Metall-, Maschinen- und Glasindustrie. Wichtig für die Stadt aber ist auch das Dienstleistungsgewerbe. So beschäftigt beispielsweise das größte Hotel der Stadt mehr Leute als das Røros Kupferwerk in den siebziger Jahren; denn der Tourismus ist in dieser Stadt stark entwickelt. Aus ihm bezieht die Kommune ein Drittel ihrer Bruttoeinnahmen. Auch die Landwirtschaft ist in diesem Distrikt – trotz einer Höhenlage von ca. 600 m – gut entwickelt. Jedes Jahr werden um Røros herum ca. 55 ha neues Land bearbeitet. In der Viehwirtschaft hat es ebenfalls eine Umstellung gegeben; denn das dort früher heimische schwarz-weiße Rind wurde allmählich von den rotbunten Kühen abgelöst, eine norwegische Rasse, die sich dort in den Bergen wohlfühlte.

Das erste Stadtbild war geprägt von kleinen, flachen Häusern. Von ihnen bekommt man einen guten Eindruck, wenn man sich die Hütten ansieht, die noch heute im Schatten der Schlackenhalden stehen.

Weiter unten in der Stadt stehen die Häuser der »besseren Leute«, größer und vornehmer als die Hütten der Arbeiter. Dort wohnten die Beamten, die Direktoren, Offiziere, die Schreiber, alle in gehörigem Abstand zur Schmelzhütte und den Arbeitern. Nicht wenige von diesen Leuten waren aus Deutschland gekommen, wovon immer noch eine Reihe von Familiennamen zeugt wie beispielsweise Prytz, Prøsch, Rambraut und andere. Als Røros noch von den Gruben lebte, war der Erzplatz vor der Schmelzhütte der Verkehrsmittelpunkt des Ortes. Dort trafen sich die Erzfuhrleute, wurden ihre Fuhren auf der Erzwaage gewogen, dort schlug die Hüttenglocke Anfang und Ende der Schichten, war der Schmied ganz dicht in der Nähe, wurden die Nachrichten ausgetauscht. Wie bei allen diesen alten Städten gibt es auch hier besonders Sehenswertes.

Aasen-Hof

Mitten in der Stadt gelegen, ist er der älteste Gebäudekomplex von allen erhaltenen Häusern und befindet sich in der 11. Generation in Familienbesitz. Den Platz, auf dem dieser Hof gebaut wurde, rodete zu Beginn des 17. Jahrhunderts Hans Olsen Aasen, der als erster das Erzvorkommen im Storwartzfeld entdeckte (1644). Im Haus befindet sich eine reichhaltige Sammlung von Gegenständen, die seit Generationen im Besitz der Familie sind. Besichtigungen können nur nach Absprache mit dem Touristenamt durchgeführt werden.

Johan-Falkberget-Haus Ratvolden

Der weit über die Grenzen Norwegens hinaus bekannte Dichter Johan Falkberget, der Røros in der Literatur verewigte, hatte 22 km nördlich der Stadt, in Rugldalen, sein Haus, das den Namen »Ratvolden« trägt und heute der Öffentlichkeit zugänglich ist. Es liegt an der Straße nach Trondheim. Allerdings muß man in eine 1,5 km lange Nebenstraße einbiegen, die von kleineren Bussen und PKWs befahrbar ist, um das Haus zu erreichen. Geöffnet: 1. Juli–1. Sept. täglich 12–17. Eintritt.

Møllmannsdalen Gård

Ca. 7 km von Røros entfernt mit über 200 Jahre alten restaurierten Häusern.

Olavsgrube

Norwegisch: Olavsgruva. Wurde als nationales Bergwerksmuseum im Mai 1979 von Staatsminister Odvar Nordli eröffnet. Bis zu diesem Tag wurden 1,3 Mio. Kronen in die Anlage investiert. Bei einer Führung geht man 500 m in die Grube hinein, bis man 50 m unter der Erdoberfläche ist. Dort unten herrscht das ganze Jahr hindurch eine Temperatur von +5° C, so daß man warm angezogen sein muß, aber mit normalem Schuhzeug auskommt. Zuerst kommt man durch eine alte Grube mit dem Namen Nyberget, die 1650 in Betrieb genommen wurde. Dieser Teil ist mit Licht- und Toneffekten ausgestattet, so daß man den Eindruck hat, daß dort ständig gearbeitet wird. Von Nyberget kommt man dann in die Olavsgrube. Dort wurde von 1936 bis 1972 gearbeitet, und die meisten Maschinen sind immer noch intakt. In der Grube befindet sich jetzt eine Konzerthalle. Dort werden in der Sommersaison Konzerte, Theater und folkloristische Veranstaltungen abgehalten. Zur Grube gehört auch ein neues Museums- und Ankunftsgebäude, wo sich eine große Ausstellung mit Exponaten usw. zur Tätigkeit der Bergleute befindet, die hier gearbeitet haben. Die Ausstellung umfaßt die Zeit von 1644 bis in unsere Tage. In der unteren Etage befindet sich der Einstieg zur Grube, Garderoben und sanitäre Anlagen. Diese ganze Anlage wurde entwickelt und wird betrieben von dem »Verein der Freunde der Olavsgrube« (Foreningen Olavsgruvas Venner). Die Olavsgrube liegt ca. 13 km östlich von Røros. Man fährt auf der Reichsstraße 31, Richtung Brekken. 6 km von Røros steht ein Schild: »Olavsgruva 6 km«. In der Sommersaison eigene Postabstempelung bei der Olavsgrube (Sonderstempel).

Busverbindung vom Touristenbüro, vorbei an »Røros Turisthotell«. Diese Busverbindung nur in der Hauptsaison 20. Juni–15. Aug. 12.30. In dieser Zeit Führungen stündlich 10–18. Sonst: 1. Mai–14. Mai / 20. Sept.–17. Okt. täglich 18 Uhr. 15. Mai–19. Juni / 16. Aug.–19. Sept. 12 u. 18 Uhr. Eintritt.

Røros Kirche

Im Volksmund genannt »Bergstadens Ziir«. Das Wahrzeichen der Stadt erhebt sich, am Turm versehen mit den Bergmannszeichen Hammer und Schlegel, über dem Hochplateau von Røros. Die Kirche wurde 1784 in großer achteckiger Form gebaut. Sie war der einzige Steinbau im alten Røros. Im Inneren eine Barockorgel, Porträts von Hans Olsen Aasen, von verschiedenen Bergwerksdirektoren und Pastoren, geschlossene und offene Galerien, Königsloge mit Samtdraperien. 1962 restauriert. Die Terrassen vor der Kirche wurden zum Vorfahren des Baumaterials benutzt. Holzbrücken zwischen den Terrassen und der Kirchenmauer.

Geöffnet: 1. Juni–31. Aug. montags–freitags 10–17. Führungen: 11, 12, 18.
1. Sept.–31. Mai donnerstags 12–13, sonnabends 10–13. Orgelkonzerte
24. Juni–12. Aug. dienstags u. donnerstags 19. Eintritt.

Sammlungen des Kupferwerks

Norwegisch: Kobberverkets Samlinger. Befinden sich in Hyttstuggu am
Malmplass (Erzplatz). Dort sieht man die historische Sammlung der ehemali-
gen Kupfergrube. Hyttstuggu war seinerzeit das Verwaltungsgebäude der
Grube. In der Sammlung befinden sich u. a. Gegenstände des Bergkorps wie
Fahnen, Waffen, Skier, Schneereifen (truger), alte Grubenwerkzeuge, Gru-
benlampen und alte Modelle der Brücken, Pumpen und Blasebälger.
Geöffnet: Mai–Sept. tägl. 14.30–16. Juni–Aug. tägl. 10–17. Juli 10–20. Ein-
tritt.
In der Kjerkgata liegt ein sehr intimes und originales Gasthaus, das vermutlich
1857 gebaut, später restauriert wurde und den Namen *Råmmgården* trägt. Im
Juli finden die sogenannten *Bergmannstage* statt.

Mit der Sørlandsbahn nach der Stadt Stavanger

Von den berühmten norwegischen Eisenbahnen ist die *Sørlandsbahn* (Sør-
landsbanen) die dritte im Bunde. Sie verbindet Oslo mit Stavanger und berührt
dabei eine Reihe sehenswerter Städte und großartiger Landschaften. Ihr
Ausgangspunkt ist der Osloer Westbahnhof (Vestbanestasjonen) dicht am
Rathausplatz und den Hafenanlagen, von wo sie täglich am frühen Morgen
abfährt.
Auf der langen Reise hält der Zug zum erstenmal in **Drammen**, einer Stadt von
49 669 Einwohnern und Sitz der Verwaltung des Regierungsbezirks Buskerud.
Drammen ist heute eine wichtige Industrie- und Hafenstadt, zusammenge-
setzt 1811 aus den Städten Strømsø und Bragernes. Die Stadt hat den größten
Importhafen für Autos. Die heutige Industrie hat ihren Schwerpunkt in der
Eisen- und Metallbranche. Schon im 16. Jahrhundert bildet sich dort ein
Gemeinwesen, das der Drammenselva, die die beiden ursprünglichen Städte
trennt, Leben und Wirtschaft verdankt. So ist vermutlich auch der Namen der
Stadt auf den Fluß zurückzuführen; denn er ist wohl entstanden aus dem
altnord. *drofn*, einer Bezeichnung für den Fluß und zusammenhängend mit
einer alten Form für »aufrühren«, »trüben«. Aufgerührt wurde der Fluß schon
in alter Zeit tüchtig; denn bereits seit dem 14. Jahrhundert wurden dort die

Hölzer von den Flößern zur Verschiffung durchgeflößt. Die große Touristenattraktion in Drammen ist die Spirale, eine 9 m breite Tunnelstraße, die in
6 Spiralen zum Gipfel (Spiraltoppen) führt, nach einer Fahrt im Wagen oder
Bus von 1650 m. Oben auf *Bragernesåsen* hat man in 220 m Höhe eine
großartige Aussicht auf Stadt und Umgebung. Einen kulturellen Überblick
aber bekommt man am besten in Drammens Museum, untergebracht in dem
alten Patrizierhaus (ca. 1770) *Marienlyst* in der Konnerudgt. 7. Da sieht man
Exponate der unterschiedlichsten Stilrichtungen und den Einfluß aus verschiedenen Ländern. Die dortigen Exponate weisen die Stilarten der Renaissance,
des Barock und Régence, des Rokoko und Empire auf. Vom 15. bis 17. Jahrhundert sind Einflüsse aus Holland und Deutschland erkennbar, später aus
England und schließlich aus Dänemark. Eine kirchliche Abteilung birgt
Ausstattungsstücke aus dem Bezirk Buskerud, die sich dort in den Kirchen
befanden, ferner gibt es Produkte der Fayence-Manufaktur von Drammen
(1760–1780) und Arbeiten der Glasschneider, Kannegießer und Silberschmiede der Stadt. Auch Bilder der dort tätig gewesenen Maler wie Frederik und
Peter Petersen, Mathias Stoltenberg und Peter Aadnes sind zu sehen. Im
Obergeschoß ist die Bauernkultur durch bemalte Möbel mit Rosenornamentik
vertreten. In einem zweiten Gebäude trifft man auf Stuben mit Einrichtungen
in Régence, Empire und Biedermeier. Die Holzhäuser, die zu dem Hauptgebäude gehören, enthalten verschiedene Sammlungen, die im Zusammenhang
mit der Landwirtschaft, Fischerei und Jagd dieses Gebietes stehen und sich
durch eine außergewöhnlich schöne Reihe von gußeisernen Ofenplatten aus-
zeichnen. Sie wurden übrigens bis in den norddeutschen Raum exportiert.
Dabei sei auf das Eisenwerk *Hassel* verwiesen, das in Skotselv flußaufwärts an
der Drammenselv ein eigenes Museum besitzt. Beachtenswert sind auch die
Malereien im Hauptbau der fünf Häuser des Hallingdal-Hofes im Drammen-
museum. Sie stammen von den Rosenmalern Niels Bæra und Embrik Sata.
Während der Hauptbau aus der ersten Hälfte des 19. Jahrhunderts stammt, ist
die »Loftstue« aus dem Jahr 1775 und wurde von Kristen Aanstad ausgemalt.
Eine Badestube aus dem Jahr 1770, in der man auch Korn trocknete, gehört zu
den Seltenheiten norwegischer Museen. Zu Drammens Museum gehört auch
der *Austad-Herrenhof*, Styrmoes vei 33, der 1808 bis 1813 errichtet wurde. Er
wurde 1965 restauriert. Zu ihm gehört ein schöner Park. Von Drammens
Kirchen ist die *Strømsø Kirche* die älteste. Sie stammt aus dem Jahr 1667 und
wurde ca. 1840 im Empire-Stil umgebaut, während die *Bragernes Kirche* 1871
im neugotischen Stil erbaut wurde.
Von Drammen biegt die Sørlandsbahn bei *Skollenborg* wieder nach Norden
ab, und bald kann man über der hügeligen Landschaft die Gipfel des *Skrimfjell*
sehen.
Kongsberg (20 512 Einw.) ist eine der berühmtesten Städte im Süden Norwe-

Stollen in einer Silbergrube in Kongsberg. Nach einer Zeichnung von A. Schneider um 1870.

gens, weit bekannt durch ihre Silbergruben und die dortige Münze, in der noch heute Norwegens Hartgeld geprägt wird, dazu die norwegischen Gedenkmünzen und Medaillen, die alle mit dem staatlichen norwegischen Münzzeichen, dem Symbol des Bergmanns, dem mit dem Schlegel gekreuzten Hammer versehen sind.

Kongsberg wurde ein Jahr nach dem ersten Silberfund, der 1623 geschah, als freie Bergstadt von König Christian IV. gegründet. Im Königsbrief vom 2. Mai 1624 ordnete er den Namen der Stadt an. In ihr sollten die Menschen wohnen, die mit dem neuen Unternehmen, von dem sich der König außerordentlich viel versprach, in Verbindung standen. König Christian hatte auf die Nachricht von den Silberfunden, die im Juli 1623 zwei Kinder in Sandsværs hochgelegenen Fjellgebieten nahe dem jetzigen Kongsberg gemacht hatten, die Stelle selbst besichtigt. Darauf war er nach Oslo gereist und hatte von der Festung Akershus aus die Anordnungen getroffen, die zur Errichtung des neuen Bergwerks nötig waren und in denen er bestimmte, daß auf dem Fluß *Lågen*, der durch das jetzige Kongsberg fließt, ein Prahm gebaut werden sollte, an der Stelle, wo die Leute wohnen würden. Das Bergwerksgesetz von 1539 mißachtend, dem zufolge der Entdecker Rechte an der Ausbeutung hatte, setzte er sich selbst in den Besitz des neuen Unternehmens: »Kraft der Hohheit und des Rechts, das Gott des Allmächtigen gnädigster Segen Uns und der Krone nach dem Gesetz zukommen läßt.« Norwegen sollte seines Reiches Schatzkammer werden, aus der er die Mittel schöpfen würde, um seinen politischen Zielen im Deutschland des 30jährigen Krieges Geltung zu verschaffen.

Neue Silberfunde erforderten neue und erfahrene Bergleute, die sich der König von dem Herzog von Braunschweig erbat. Schon im September 1624 trafen in Kongsberg ca. 30 Bergleute aus dem Harz ein, die sofort an die Arbeit gingen. Immer mehr Deutsche kamen nach Kongsberg. Die meisten Berghauptleute waren deutsch. Wohl der berühmteste von ihnen war der Oberberghauptmann Joachim Andreas Stukenbrock, der spätere Baumeister der berühmten *Kongsberger Kirche*. In dieser Zeit blühte das Fördern des Silbers besonders stark. Bis zu 80 Gruben waren in den besten Zeiten in Betrieb, von denen die »Königsgrube«, die dort entstand, wo das erste Silber gefunden worden war, wohl den bekanntesten Namen hatte. Viele Gruben hatten deutsche Namen wie »Gabe-Gottes-Grube«, »Reichentrost-Grube«, »Beständige-Liebe-Grube«, »Gottes Hylfe in der Noth« u. a. Besondere Verdienste um den Betrieb, vornehmlich durch die Schaffung eines einzigartigen Wassertreibsystems, erwarb sich der deutsche Oberberghauptmann Heinrich Schlanbusch, der allerdings ein selbstherrlicher Mann war, dessen Arbeit auch starker Kritik unterzogen wurde. Das Silber, das man dort zu Tage brachte, war von einer Qualität, die kaum woanders in der Welt übertroffen wurde. So fand man dort

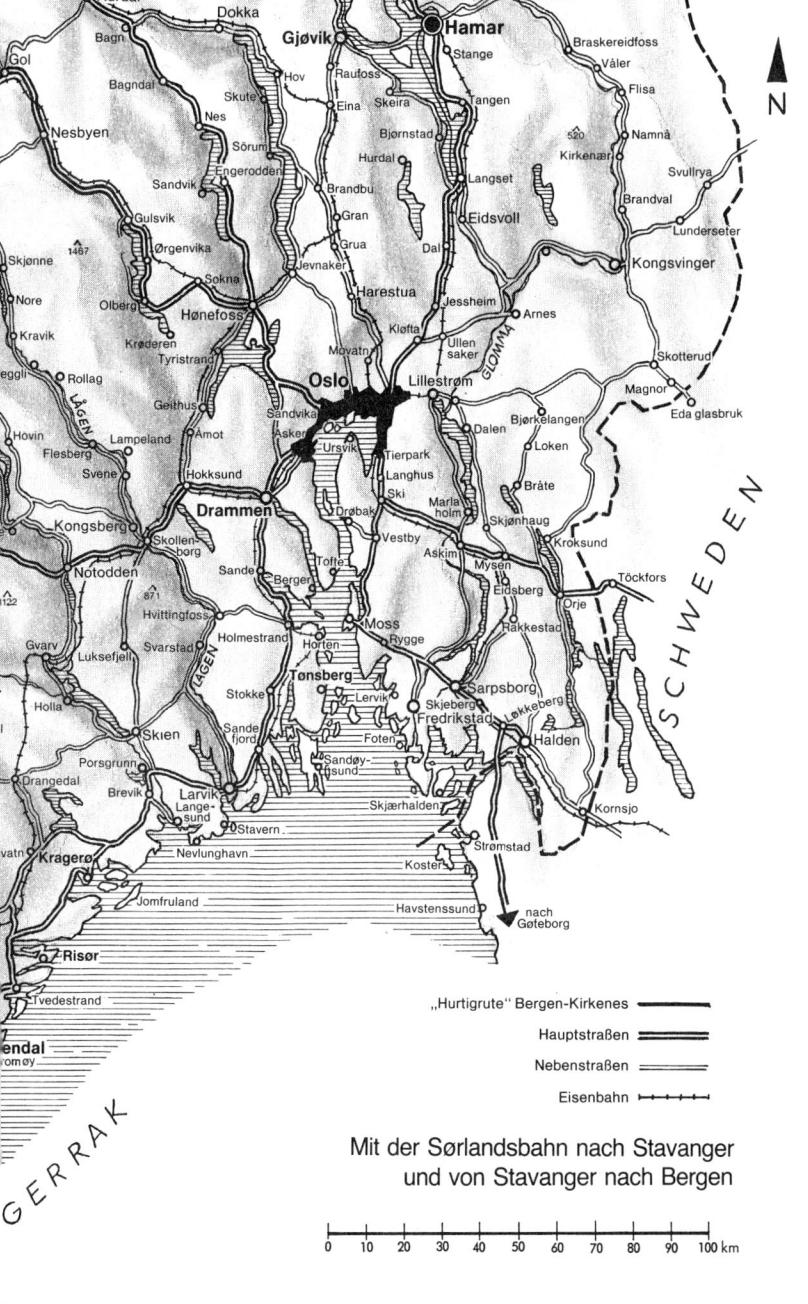

Mit der Sørlandsbahn nach Stavanger
und von Stavanger nach Bergen

„Hurtigrute" Bergen–Kirkenes
Hauptstraßen
Nebenstraßen
Eisenbahn

0 10 20 30 40 50 60 70 80 90 100 km

beispielsweise reine Silberklumpen, die bis zu 300 Kilo Gewicht hatten. In neuerer Zeit lösten modernere Produktionsmethoden die alten ab, gleichzeitig wurden die sozialen Verhältnisse der Grubenarbeiter verbessert. Kongsberg, die Stadt, die den Silberfunden ihr Entstehen verdankte, wurde zum kulturellen und wirtschaftlichen Mittelpunkt des Gebietes. Schon 1757 wurde dort das Bergseminar gegründet, eine der ältesten technischen Lehranstalten der Welt, heute weitergeführt in Norwegens Technischer Hochschule. Je mehr man in die modernen Zeiten kam, desto häufiger machten sich Defizite im Kongsberger Betrieb bemerkbar. Nach einer kurzen Hochkonjunktur um 1850 wurden die Betriebsresultate immer schlechter und 1957 wurde zum letztenmal Silber aus Kongsberg geliefert.

Die *Königliche Münze* hatte ihren Betrieb 1686 aufgenommen, eine ideale Stätte, wo das Silber, das man zum Prägen der Münzen benötigte, gleichsam vor der Tür lag. Diese enge Verbindung mit dem Silberbergwerk erkennt man noch heute an dem norwegischen Münzzeichen, der alten Bergmannsmarke.

Das *Bergwerksmuseum* in Kongsberg hat eine eigene Abteilung für die Kgl. Münze eingerichtet, in der man einen guten Überblick über die Geschichte der Münzprägungen bekommt. Da sieht man alle Gerätschaften, die zum Prägen der Speziestaler nötig waren, die große Schwingpresse, in der oben und unten die Stempel sitzen, so daß gleichzeitig Avers und Revers geprägt wurden. In einer Ecke sieht man den Arbeitsraum eines Münzengraveurs. Das ist die Werkstatt des berühmten Ivar Throndsen (1853–1932), dessen Medaillensammlung man in einer nahen Vitrine bewundern kann, während in einer anderen der Werdegang einer Münze (an Hand einer Medaille) von der Zeichnung bis zum fertigen Stempel zu sehen ist. Auch eine Sammlung

Avers   Revers

Silbermedaille zum 350. Gründungsjubiläum von Kongsberg. Medailleur: Øivind Hansen.

norwegischer und ausländischer Münzen und Medaillen ist in dieser Abteilung des Bergwerksmuseums zu besichtigen, das ansonsten einen hervorragenden Überblick – mittels einer Fülle von Exponaten – über die Geschichte des Silberbergwerks bietet.

Geöffnet: 10. Mai–1. September werktags 10–17.30, sonntags 12–16. Eintritt.

In der gleichen Zeit des Jahres ist auch die Besichtigung der *Kongsberg-Kirche* möglich, und zwar werktags von 10–16, samstags 10–13, sonntags nach dem Gottesdienst 10–13. Ferner ist ein Besuch im ganzen Jahr während der Bürozeit des Pfarrers, 10–11.30 Uhr, möglich.

Will man die alten Gruben sehen, muß man 7 km aus Kongsberg hinausfahren, um nach Saggrenda zu kommen. Dort kann man *Kongens Gruve* (Königsgrube) mit einer kleinen Bahn befahren. Neben der Grube »Gottes Hylfe in der Noth« ist die Königsgrube die größte des Werkes, deren Grund 1000 m unter Tage liegt (450 m unter dem Meer). 2300 m fährt der Zug in den Felsen hinein bis zu einer Anlage, die 342 m unter der Erdoberfläche liegt. Dort sieht man u. a. die *Fahrkunst*, den ersten Fahrstuhl, der die Arbeiter in und aus der Grube brachte. Farkunsten, wie dieses Beförderungsmittel norwegisch heißt, wurde 1878 in Betrieb genommen und ist ständig fahrtüchtig. In seiner Glanzzeit beschäftigte das Werk bis zu 4000 Mann in ca. 80 Gruben. Die Spitzenproduktion betrug 1771 8,5 t Silber. In den 20er Jahren des 20. Jahrhunderts wurde die Produktion zeitweise auf 10 bis 12 t gesteigert. Insgesamt produzierte das Werk ca. 1300 t Silber.

Die Königsgrube kann besichtigt werden vom 10. Mai bis zum 31. Mai und 15. August bis zum 1. September. In dieser Zeit fährt täglich ein Zug um 13 Uhr in das Bergwerk. Vom 1. Juni bis 15. August gehen von montags bis freitags um 9.30, 12.30 und 15.00 Uhr Züge ins Bergwerk, samstags um 11.00 und 13.00 und sonntags ebenfalls um 11.00 und 13.00 Uhr. Im Zusammenhang mit Bergwerksbesichtigungen dürfte auch ein Besuch der Felsenwand »Krone-ne i Havet« mit den Kronen und Initialen aller Könige, die das Bergwerk besucht haben, von Interesse sein, ebenfalls eine Besichtigung der großen Wasseranlage auf *Knutefjellet*, die Schlanbusch konstruiert und Stukenbrock hatte ausbauen lassen. Die Anlage umfaßt ca. 30 Teiche, die durch Rinnen verbunden sind. Das Wasser trieb eine Reihe von Wasserrädern und Schotterwerken an verschiedenen Stellen des Grubengebietes an. Diese Anlage ist immer noch in Betrieb und versorgt Kongsberg mit Wasser. In der Stadt selbst lohnt sich ein Blick auf das alte Bergseminar neben der Kirche, das 1783 gebaut wurde. Es ist ein zweistöckiges Holzgebäude und wurde von dem Bergmedicus J. H. Becker errichtet.

Obwohl Kongsbergs große Zeit in der Vergangenheit liegt – in der zweiten Hälfte des 18. Jahrhunderts war sie nach Bergen Norwegens zweitgrößte

Stadt –, hat sich dort nach der Stillegung der Gruben neue Industrie entwik-
kelt. Bereits 1814 war dort die *Kongsberg-Waffenfabrik* gegründet worden,
die nun großen Auftrieb erhielt und heutzutage ca. 4600 Leute beschäftigt.
Damit hat die Stadt wieder dieselbe industrielle Expansion erreicht wie durch
das Silberbergwerk im 18. Jahrhundert. Allerdings ist jetzt in der alten Waf-
fenfabrik die Hauptproduktion im zivilen Sektor zu suchen. Sägewerke,
Holzfabriken und Möbelindustrie runden zusammen mit landwirtschaftlichen
Anlagen wie Kornsilos, Mühlen und Lager das Bild dieser vitalen Stadt ab.
Hinzu kommen noch verschiedene Fachschulen, der militärische Standort
sowie die großartigen Möglichkeiten für Touristen, die zu einem nicht gerin-
gen Teil zur wirtschaftlichen Belebung beitragen. Auch als Wintersportort
steht Kongsberg an führender Stelle. Dort war einmal das Weltzentrum für das
Skispringen, heute befindet sich bei der Stadt eins der größten Slalomzentren
in ganz Skandinavien.

Nachdem die Sørlandsbahn Kongsberg verlassen hat, klettert sie über eine
Hügelkette mit dem kleinen Ort Meheia als Mittelpunkt, durchfährt einen
1745 m langen Tunnel durch das Hjerpetjernhovet und weiter durch die
großartige Landschaft von Telemarken. Die Reise verläuft hoch oben am
Hang, von wo man Aussicht auf die Berge Gausta im Nordwesten und Himing
und Lifjell in westsüdwestlicher Richtung hat. An schönen Siedlungen in
Telemarken vorbei erreicht die Bahn nun den Regierungsbezirk Aust-Agder
und überquert auf hohen Brücken die Flüsse Trollelva und Gjerstadelva.
Während dieser ganzen Fahrt berührt der Zug niemals die Küste. Die Strecke
wurde ein gutes Stück im Land verlegt und führt durch bergige Waldgebiete
mit Flüssen und Seen über Moore und durch verstreut liegende Ortschaften.
Allerdings kann man den Wasserfall Herefoss sehen und auch den Herefoss-
fjord und ist dann bald am Oggevatn, einem 15 km langen See, in dessen Gebiet
ein beliebter Wintersportort für die Einwohner von Kristiansand liegt.

Kristiansand, das heute 60 754 Einwohner hat und zu beiden Seiten der Otra-
Mündung in den Stadtfjord liegt, ist geprägt von der strengen Renaissance-
Quadratur Christians IV., der die Stadt 1641 als militärischen Standort in
Verbindung mit der Festungsanlage auf *Flekkerøy* gründete und sie Christians
Sand nannte. In den ersten Jahrhunderten nach ihrer Gründung war der
wirtschaftliche Aufschwung trotz verschiedener Privilegien bescheiden. Dann
kamen die Segelschiffahrt und der Schiffsbau hinzu, die der Stadt einen
gewissen Aufschwung gaben, bis sie dann im 20. Jahrhundert durch die
beachtliche Entfaltung der Industrie einen guten Platz im norwegischen
Wirtschaftsleben bekam. Immer noch ist der Schiffbau ein nennenswerter
Industriezweig dieser Stadt, ferner die Konservenindustrie und die elektroche-
mischen Aluminium- und Nickelfabriken. Kristiansand ist Verwaltungssitz
des Regierungsbezirks Vest-Agder, außerdem Sitz eines Bischofs und Marine-

stützpunkt. In der Literatur ist Kristiansand vor allem als Geburtsort des großen Romantikers *Henrik Wergeland* (1808–1845) berühmt geworden. Aber auch »greifbare« Sehenswürdigkeiten weist Kristiansand auf, so beispielsweise die alte *Oddernes Kirche* aus dem frühen Mittelalter, die im 17. Jahrhundert verlängert wurde. Damals zog auch das Barock in das Innere der Kirche wie in manche anderen Gotteshäusern Südnorwegens. Davon zeugen heute noch die Kanzel und die Altartafel. Auf dem Friedhof steht ein fünf Meter hoher *Runenstein*, dessen Inschrift in Übersetzung heißt: Eyvin, Patenkind Olafs des Heiligen, errichtete diesen Stein für seine Vorfahren. Auch eine *Domkirche* gibt es dort. Nachdem die alte abbrannte, errichtete man in den Jahren 1882 bis 1895 eine neue im neugotischen Stil und konnte aus der alten Kirche noch die spätbarocken holzgeschnitzten Evangelisten in dem Neubau aufstellen. Das große Altargemälde »Christus in Emmaus« malte Eilif Peterssen 1886.

Während die erstgenannte Kirche täglich von 9.00 bis 16.00 Uhr geöffnet ist, ist der Dom von 9.00 bis 14.00 Uhr zu besichtigen.

Zu den weiteren Sehenswürdigkeiten gehört das *Vest-Agder Fylkesmuseum*, das man gegen Eintrittsgeld im Sommer (ca. 20. Juni–20. August) von 11.00–19.00 und sonntags von 12.00 bis 19.00 Uhr besuchen kann. Es ist eins der größten und interessantesten Freilichtmuseen, die es in Norwegen gibt und liegt am Rande der Stadt. Man muß in Richtung Oddernes fahren, um es zu erreichen. Die 28 Gebäude, die man dort antrifft, sind in vier Sektionen eingeteilt, so daß man sie in ihrem richtigen Milieu sehen kann: *Vest-Agder-Tunet* (7 alte Gebäude), *Setesdalstun* (10 alte Gebäude), u. a. mit einer Herdstube vom Ende des 17. Jahrhunderts, *Bygaden* (Stadtstraße) mit 11 alten Häusern aus Kristiansand, von denen mehrere mit Mobiliar von ca. 1800 bis 1900 eingerichtet sind. Weiter gibt es in dieser Straße alte Werkstätten, Tabaksspinnereien, Kaufläden und eine Seefahrtsabteilung. Schließlich findet man dort ein *Ausstellungsgbäude* mit Spezialsammlungen der Stadt- und Landkultur von ca. 1650 bis 1750, darunter eine Menge Keramik und auch kirchliches Inventar. Dicht am Ausstellungsgebäude sieht man eine Erdhütte, die von den norwegischen Widerstandskämpfern in der Zeit von 1942 bis 1945 benutzt wurde.

Aus den 80er Jahren des 17. Jahrhunderts stammt das *Fort Christiansholm*, das von der Østre Strandgate schnell zu erreichen ist. In ihm werden im Sommer Ausstellungen von Kunst, Kunstgewerbe und anderen kulturellen Dingen gezeigt. Das *Pulverhaus* (Krutthuset) auf *Langmannsholmen* mit einer Skulpturensammlung von Arne Vigeland ist bei einem Besuch der Stadt ebenso reizvoll wie eine Fahrt mit der *Veteranenbahn* (Setesdalsbanen), die von Juni bis August (11.30, 13.30, 14.50 und im Juli auch samstags 13.10 u. 14.50 Uhr) bei Grovane auf einer 5 km langen Strecke durch ein schönes Gebiet mit

Brücke, Tunnel und Lawinenüberbauung veranstaltet wird. Immer lohnend ist ein Bummel am Hafen, wo besonders der Bereich des *Fischereihafens* fasziniert. Die Hafenstadt Kristiansand pulsiert auch sonst vor lauter Leben, besonders durch die ständigen Schiffsverbindungen mit Hirtshals und Hanstholm in Dänemark und Newcastle, Harwich und Amsterdam.

Einen großartigen Blick auf die Schären hat man von den Aussichtspunkten im Naturpark *Baneheia*, nordwestlich der Innenstadt gelegen. Auch im *Ravnedalen Park*, wo man über eine Treppe auf die Ravneheia kommt, vermittelt der Blick auf Stadt, Meer und Inselwelt unvergeßliche Eindrücke. Wer da oben Lust bekommt, das alles »dort unten« zu erleben, kann vom Hafen aus *Seeausflüge* machen, über die man genaue Auskunft im Touristenbüro der Stadt erhält. Kristiansand besucht man am besten im Hochsommer. Es ist Norwegens sonnenreichste Stadt, und man hat verschiedene Badegelegenheiten, so u. a. bei dem großen *Campingplatz Hamresanden*, 11 km östlich vom Zentrum an der Reichsstraße 39 gelegen. Dort stehen 21 Hütten, man bekommt Essen und findet auch einen Spielplatz für Kinder.

Bei einem mehrtägigen Aufenthalt in Kristiansand kann man leicht einen Ausflug nach Nørholm und Grimstad machen. Beide Orte spielen eine bedeutende Rolle in der Geschichte der norwegischen Literatur.

Fährt man nicht im eigenen oder einem gemieteten Wagen, dann kommt man bequem mit dem Bus über die E 18 dorthin. **Nørholm** ist der frühere Besitz von *Knut Hamsun*, ein weißes Herrenhaus. Ein Stück dahinter liegt die kleine Dichterhütte, in der Hamsun, der diesen Besitz 1918 erwarb, seine Werke schrieb. Dort hat Hamsun glückliche Zeiten erlebt, dort aber widerfuhr ihm auch all das Entsetzliche, nachdem er in tragischer Weise in die politischen Geschehnisse der Okkupation des Landes durch die Hitler-Truppen verwickelt war. Heute ist sein Haus Museum, das Besuchern vom 1. Juli bis zum 15. August täglich offensteht.

Sechs Kilometer weiter erreicht man **Grimstad**. Die Stadt hat heute 13 661 Einwohner. Ihr Name ist mit *Henrik Ibsen* verbunden, der dort Lehrling in einer Apotheke war. Im Städtischen Museum (Grimstad bymuseum) findet man u. a. diese Apotheke und auch seine Stube wieder, in der er wohnte und sein erstes Drama »Catilina« schrieb, jenes »Aufrührerdrama«, das wie Schillers »Räuber« das Motto »in tyrannos« tragen könnte.

Geöffnet: 1. Juni–1. September täglich 10.00–15.00.

Auch der *Reimanngården*, 1750 erbaut, in den 50er Jahren unseres Jahrhunderts abgerissen und im Zentrum der Stadt wieder neu errichtet, hat seine Beziehungen zu Ibsen. Alte Möbel und in der 2. Etage ca. 600 Bände der »Bibliothek der Lesegesellschaft« finden sich dort, die von dem jungen Ibsen fleißig benutzt wurden.

Drei km östlich von Grimstad steht die *Fjære-Kirche*, die um 1150 erbaut wurde, Altartafel und Kanzel aber zur Barockzeit bekam. Auf ihrem Kirchhof befindet sich ein Bautastein für *Terje Vigen*. Damit kommt Henrik Ibsen wieder ins Bild; denn er inspirierte ihn zu dem Gedicht über Terje Vigen. Es handelt von jenem Mann, der während der englischen Kontinentalblockade nach Jütland mit seinem Boot unterwegs war, um von dort Lebensmittel zu holen, die seine Familie vor dem Hungertod retten sollten. Er wurde jedoch von einem englischen Kriegsschiff aufgebracht und kehrte erst 1814 in die Heimat zurück, wo seine Familie inzwischen gestorben war. Als Terje Vigen später Schiffbrüchige rettete, fand er unter ihnen den englischen Kapitän, der ihn seinerzeit gefangengenommen hatte. Doch er nahm keine Rache, sondern verzieh, der Bergpredigt gedenkend, dem früheren Feind.

Grimstad ist eine moderne Stadt geworden, die über eine nicht allzu kleine Handelsflotte verfügt und deren Bewohner zu einem beachtlichen Teil mit der Seefahrt verbunden sind. Wichtige Industriezweige sind Konservenfabrikationen (Obst und Gemüse), sowie Schiffsreparaturwerkstätten und mechanische Industrie.

Zurückgekehrt nach Kristiansand, kann die Reise nach Stavanger weitergehen. Dabei kreuzt der Zug mehrere Nord-Süd-Täler: Mandalen, Audnedalen, Lyngdalen, Østre und Vestre Kvinesdal, Sirdalen u. a. Westlich von Audnedal fährt er durch den 8,5 km langen Hægebostadtunnel, anschließend durch den über 9 km langen Kvinesheitunnel. Nachdem der Zug den 6 km langen Gylandtunnel durchquert hat und einen weiteren drei Kilometer langen Tunnel, hat man das Gebiet von Norwegens längsten Tunneln hinter sich und fährt in *Dalane* ein, eine nackte Gebirgslandschaft, von der der Pfarrer Peder Claussøn Friis einmal sagte, sie wäre »von Gottes Zorn geschaffen«.

Bald erreicht die Bahn die Stadt **Egersund**, von der schon die Saga berichtet. *Olaf der Heilige* und *Knut der Große* waren dort, und seit Jahrhunderten haben vor der Stadt Fischer ihren Fang aus der See geholt. Sehenswert ist die alte *Egersund-Kirche*, erbaut in der ersten Hälfte des 17. Jahrhunderts und im 18. Jahrhundert zur Kreuzkirche umgebaut, in der die alte Altartafel von 1607 Aufstellung fand. Auch das *Dalane Folkemuseum*, 3 km von der Stadt entfernt, wo u. a. Beamten- und Bauerninternieurs aus dem 18. und 19. Jahrhundert zu sehen sind, hat sich einen Namen gemacht.

Nach Egersund beginnt der letzte Abschnitt der Reise. Der Zug fährt nun durch *Jæren*, eine Landschaft, der im Westen das weite Meer und zum Lande hin die eigenwillig gestalteten Berge einen besonderen Reiz geben. Die größeren Orte an der Strecke lassen die Tüchtigkeit der Bewohner des *Rogalands* erkennen, wo es eine Reihe wichtiger Industriebetriebe gibt. Am Fjord entlang fährt die Bahn Stavanger entgegen.

Stavanger

Wer heute im Norden von Stavanger spricht, denkt wohl in erster Linie an das Öl. In der Tat ist Stavanger die Stadt Norwegens geworden, die in den letzten Jahrzehnten eine völlige Umstellung ihrer wirtschaftlichen Struktur aufgrund der Ölfunde und deren Ausbeutung erfahren hat. Die vor der Stadt liegenden Ölfelder wie *Ekofisk* und *Frigg* haben ihren Nachschubhafen für Materialien, Verpflegung und Arbeitskräfte in Stavanger, wo sich selbstverständlich auch die Werkstätten und Werften für Reparaturen und Neubauten und vor allem die weit verzweigte Administration befinden. Da die norwegischen Ölaktivitäten weitgehend von ausländischen Konzernen durchflochten sind, waren beispielsweise von den 1982 in der Stadt lebenden 6500 Ausländern ca. 4000 mit der Ölindustrie verbunden. Aber der progressive Charakter des neuen Wirtschaftszweiges hat auch eine Reihe von Problemen im Gefolge, über die manche Norweger nicht glücklich sind und die gewisse Ähnlichkeit haben mit denen, die es einmal in den amerikanischen Goldgräberstädten gab.

Stavanger aber ist keine aus dem Boden gestampfte Siedlung. Die Stadt ist gewachsen aus ältesten Zeiten und hat ihr eigenes Gesicht bekommen, geprägt durch die Entwicklung ihrer materiellen und geistigen Kultur.

Das ganze Gebiet ist sehr geschichtsträchtig; denn von hier ging die Bildung des Norwegischen Reiches aus, nachdem Harald Hárfagre (Harald Haarschön) in der Schlacht am *Hafrsfjord* (Bocksfjord) im Gebiet südwestlich von Stavanger im Jahr 872 (so die alten Überlieferungen) die Kleinkönige schlug und damit die Voraussetzungen zur Einigung des Landes unter seiner Führung schuf – ein Analogon zu den Einigungskämpfen Karls des Großen ein knappes Jahrhundert vorher. »Nach dieser Schlacht fand König Harald keinen Widerstand mehr in Norwegen. Denn seine stärksten Gegner waren alle gefallen, andere flohen aber außer Landes, und das war eine recht große Anzahl ... In jener unruhigen Zeit, als König Harald sich Norwegens bemächtigte, wurden fremde Länder entdeckt und besiedelt: die Färöer und Island. Auch fand damals eine reiche Auswanderung nach den Shetlandsinseln statt, und viele vornehme Männer aus Norwegen wurden landflüchtig vor König Harald und fuhren im Westmeer als Wikinger. Sie blieben im Winter auf den Orkaden oder den Hebriden, im Sommer aber heerten sie immer in Norwegen und taten dem Lande großen Schaden. Es gab aber auch viele unter den Vornehmen, die sich in König Haralds Gewalt begaben und seine Untertanen wurden und bei ihm im Lande blieben.« So beschreibt Snorri Sturluson in seiner berühmten »Heimskringla« die Folgen dieser Schlacht, die am Anfang der Reichswerdung Norwegens steht. Olaf der Heilige, ein direkter Nachkomme Haralds, versuchte das inzwischen wieder auseinandergebrochene Reich erneut zu einen

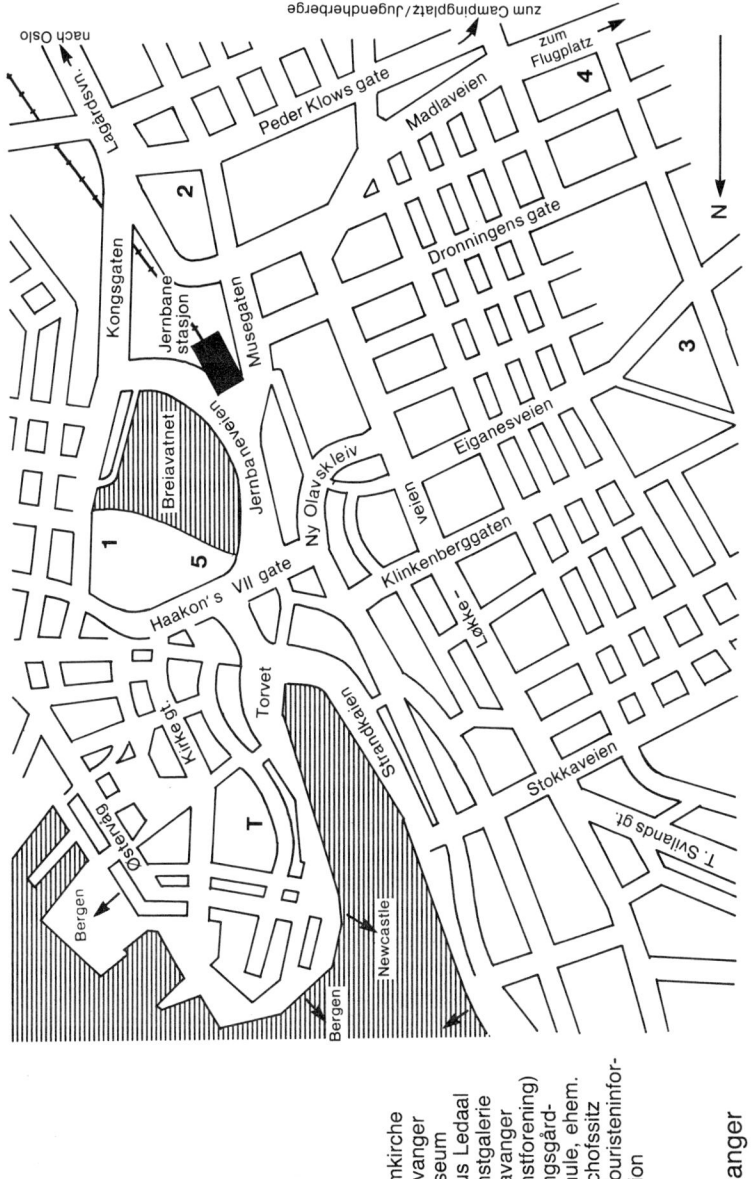

1 Domkirche
2 Stavanger Museum
3 Haus Ledaal
4 Kunstgalerie (Stavanger Kunstforening)
5 Kongsgård-Schule, ehem. Bischofssitz
T = Touristeninformation

Stavanger

und fand dabei den Tod. Obwohl in der Schlacht besiegt, wurde sein Gedanke nach seinem Tod Wirklichkeit, und so gilt auch er – nach Harald – als Schöpfer des Norwegischen Reiches.

Stavangers alter Mittelpunkt ist die *Domkirche*. Baubeginn ist 1125 (vielleicht schon früher). Bauherr war der Bischof Reinald von Winchester, der diesen Bau teilweise durch Gaben von Sigurd Jorsalfar ermöglichte. Errichtet im anglo-normannischen Stil und geweiht dem Schutzpatron der Stadt, dem heiligen Svithun, stellt sie neben dem Nidarosdom Norwegens besten Kirchenbau des Mittelalters dar. Die Kirche, die einen markanten Westturm bekam, wurde zu einer dreischiffigen Basilika mit Arkaden, die von schweren Rundsäulen getragen werden. Daß die Fenster über den Säulen angebracht sind und nicht über den Scheiteln der Bögen, hat die Kirche mit dem Dom von Hamar gemein. Diese Bauart findet sich übrigens auch in Jütland und Norddeutschland.

Nach dem Brand von 1272 baute Bischof Arne (1277–1303) einen neuen und größeren Prachtchor im gotischen Stil mit hohen Kreuzgewölben, spitzbogigen Fenstern an den Längswänden und der geraden Ostwand und errichtete das große Westportal. Der Westturm mußte einem großen Westfenster weichen, dafür wurden dem Chor flankierende Türme angefügt. Diese Türme der Ostfassade wurden als Sakristei und Kapitelhaus benutzt und bekamen 1746 ihre pyramidenförmigen Hauben.

In der Zeit des Barock erhielt die Kirche ihr reiches Interieur, geprägt vor allem durch die große Kanzel und die fünf schweren Epitaphe, geschnitzt und gemalt von Anders Smith zwischen 1658 und 1678. 1867 begann die schon lange fällige Restaurierung des Doms unter Leitung des Architekten C. F. v. d. Lippe, wobei auch ein großer Teil des nachreformatorischen Inventars entfernt wurde. 1922 bekam der Dom ein *Glockenspiel* als Geschenk des Konsuls Sigval Bergesen und 1924 *Leuchtkronen*, die von Emanuel Vigeland entworfen waren.

Eine neue Restaurierung wurde 1942 durch den Architekten Eyvind Moestue abgeschlossen und gleichzeitig eine neue Orgel installiert. Die Glasmalereien des Mittelfensters stammen von Victor Smith.

Besichtigung: 15. Mai – 15. September 9.00–21.00, sonntags 10.30–18.00. Den Rest des Jahres 9.00–14.00, jedoch nicht sonntags.

Nachdem der Dom gebaut worden war, wuchsen um ihn die Häuser der Bürger von Stavanger, ein Name, der auf das altnordische Wort »Stafangr«, einen Fjordnamen, zurückgeht. Er setzt sich zusammen aus *stafr* = *Stab* und altnord. *angr* = Fjord. Somit könnte der Name »Fjord mit dem geraden Lauf« bedeuten. 1245 bekam Stavanger Kaufstadtrechte. 1684 wurde der Bischofssitz nach Kristiansand verlegt, und zwei Jahre später bekam Kristiansand auch Stavangers Kaufstadtrechte, die jedoch 1690 zurückgegeben wurden. Gegen

Ende des 18. Jahrhunderts erlebte die Stadt einen kräftigen Aufschwung. Stavanger wurde Seefahrtsstadt, der Handel wuchs, der Heringsfang brachte guten Gewinn, und von 1873 an entfaltete sich eine gutgehende Konservenindustrie, die neben dem Schiffsbau entscheidend für die wirtschaftliche Entwicklung der Stadt wurde. Als sich dort die Ölförderung etabliert hatte, kam auch das norwegische Öldirektorat in die Stadt.

Heutzutage ist Stavanger mit seinen 89 969 Einwohnern Norwegens viertgrößte Stadt, die Verwaltungshauptstadt des Regierungsbezirks Rogaland, ferner Bischofssitz und Standort einer Reihe von verschiedenen Schulen. In der Literatur aber wurde sie in Verbindung mit Alexander Kielland berühmt. Seine Familie wohnte in dem Herrenhaus *Ledaal* am Eiganesveien, das um 1800 erbaut wurde und in Kiellands Romanen als »Sandsgaard« beschrieben wird. Heute ist dieses Gebäude Königswohnung, Herrenhofmuseum und Repräsentationshaus der Stadt.

Geöffnet: 1. Juni–31. August 11.00–13.00; sonntags 11.00–14.00. Sonst sonntags 11.00–14.00 (außer Dezember und Januar). Eintritt.

Stavanger bietet dem Besucher aber noch mehr Sehenswertes.

Aussichtspunkte

Valberg-Turm ist der alte Brandturm auf dem höchsten Punkt des alten Stadtteils. Aussicht über den Hafen und den Boknfjord. Richtungsanzeiger. Weitere Aussichtspunkte: *Byhaugen* (Stokkavatnet) Aussicht auf die Ryfylkefjellene. Richtungsanzeiger. *Vålandshaugen* (Mosvatnet) mit dem Aussichtsturm *Vålandspibå. Bjergstedparken*, größte Parkanlage der Stadt, Aussicht über den Hafen vom höchsten Punkt des Parkes. *Ullandhaug*, direkt außerhalb der Stadtgrenze mit Aussicht auf Jæren und den Hafrsfjord, wo 872 die Schlacht zwischen Harald I. und den Kleinkönigen stattfand.

Breidablikk

Gegenüber dem Herrenhaus Ledaal. Erbaut 1881 ursprüngliche Interieurs. Stilvermischt gebaut, gleichzeitig Gotik, Rokoko, Klassizismus und Barock. Schöner Garten mit seltenen Bäumen.

Geöffnet für Besucher.

Gamle Stavanger

Altes Stavanger. An der Strandseite zwischen Øvre und Nedre Strandgate sind ca. 170 alte Wohnhäuser für die Zukunft gesichert. Kleine, weißgestrichene Holzhäuser, Kopfsteinpflaster und Gaslaternen.

Hermetikkmuseum

N. Strandgt. 80 (Gamle Stavanger). Zeigt die Entwicklung der Konservenindustrie. Besuch kann arrangiert werden durch das Touristenbüro.

Kielland-Statue

Skulptur Alexander Kiellands mit Mantel und Zylinder von Magnus Vigrestad. Steht auf dem Markt nahe dem ältesten und modernsten Bauwerk der Stadt, dem Dom (Westgiebel) und der Sparkasse.

Kongsgård Skole

An der Domkirche. Ursprünglich Bischofshof. Später Residenz des Lehnsherrn und Amtmannshof. Jetzt Kathedralschule. Holzgebäude, das auf den Mauern des Bischofshofs steht. 1758 errichtet und 1853 umgebaut. Am nördlichen Ende der Schule die *Bischofskapelle*, gleichzeitig erbaut und im selben Stil wie der Chor des Doms 1926 restauriert.

Stavanger Kunstforening

Stavanger Kunstverein. Madlav. 33. Feste Galerie mit repräsentativer Auswahl der Werke des Malers Lars Hertervig.
Geöffnet montags–freitags 9–14 und 18–20. Samstags 12–15, sonntags 12–17. Eintritt.

Stavanger Museum

Muségt. 16. Archäologische, kulturhistorische und naturhistorische Sammlungen. U. a. der bekannte Vistefund mit dem ältesten Menschenskelett, das in Norwegen gefunden wurde. Modell des alten Völkerwanderungshofs von Lyngaland in Time. In der Ornithologischen Abteilung: Jærens reiches Vogelleben. Stilhistorische Stadtabteilung. Kirchen-, Trachten-, Bauern- und Etnographische Abteilungen. Im selben Gebäude befindet sich das *Stavanger Seefahrtsmuseum*.
Geöffnet: 1. Juni–31. Aug. sonntags–freitags 10–14. Sonst sonntags 10–14. Samstags geschlossen. Eintritt.

Ullandhauggarden

Anlage aus der Zeit der Völkerwanderung. An Ort und Stelle rekonstruiert nach archäologischen Ausgrabungen. Vier Häuser, eingehegter Hofplatz mit

2 Brunnen u. a. m. Ferner Grabhügel aus der Bronze- und Eisenzeit. Südlich der Stadt mit Bus zu erreichen.

Utstein Kloster

Besterhaltenes Kloster im Land. Augustinerkloster, St. Laurentius geweiht. Vermutlich in der 2. Hälfte des 13. Jh. erbaut. 1965 zu Ende restauriert. Die Kirche hat schöne Portale und Fenster. Der Chor wird noch hin und wieder zu Gottesdiensten benutzt. Reste des Kreuzganges im Klosterhof. Interieur vom 17. und 18. Jh. Fähre nach Askje 50 Minuten, anschließend Bus.

Vestlandsche Schulmuseum

Storgt. 27. Älteres und neueres Schulinventar, Unterrichtsmittel, pädagogische Bibliothek.
In den Schulferien geschlossen. Sonst mittwochs geöffnet 10–12, freitags 11–14. Eventuell auch Besuch außerhalb dieser Zeiten möglich. Anfrage beim Touristenbüro.

Vistehålå

Höhle, in der der Vistefund gemacht wurde (1907): Skelette, Horn- und Knochengeräte. Der erste sichere Beweis für die Besiedlung von Jæren in der Steinzeit. Direkt am Viste Hotel, 8 km von Stavanger.
In der Touristensaison können vom Strandkai Fahrten auf dem *Lysefjord* gemacht werden, ferner Fjord- und Schärentouren mit den Schnellbooten und Autofähren von *Det Stavangerske Dampskibsselskab*. In der Zeit vom 15. Juni bis zum 15. August sind dreimal in der Woche Anglertouren auf dem Fjord möglich. Auch kann man in der Stadt Motorboote mieten auf Tages- oder Wochenbasis. Auskünfte beim Touristenbüro. Zur See sind von Stavanger auch Fahrten zu weiter entfernt liegenden Orten möglich. So gibt es u. a. eine Verbindung mit Tragflächenbooten nach Bergen.

Von Stavanger nach Bergen

Mit dem Wagen erreicht man Bergen von Stavanger über Haugesund (309 km) oder über Sand-Odda (263 km).
Fährt man über Haugesund, geht es zuerst auf der Reichsstraße 14 nach

Randaberg (11 km) und von dort mit der Fähre (70 Min.) an den vielen kleinen
Inseln bei Kvitsøy vorbei nach *Skudeneshavn* (2500 Einwohner), einem
idyllischen Ort mit vielen weißgestrichenen Schifferhäusern. In *Åkrehamn*
(25 km) gibt es einen ausgezeichneten Badestrand, der einen Kilometer lang ist.
In der 3500 Einwohner zählenden Stadt halten sich auch während der Fische-
reisaison viele Fischer auf, ferner lohnt sich ein Blick auf die Åkra-Kirche aus
dem Jahr 1820.

Kopervik (4500 Einw.) folgt, wo sich eine der größten Lotsenstationen des
Landes befindet, und anschließend **Haugesund** (50 km). Die Stadt hat jetzt
27 500 Einwohner. In ihr dominieren Seefahrt und Fischerei. Seit 1866 hat sie
die Kaufstadtrechte. In der zweiten Hälfte des Juli findet dort ein großes
Nordseefestival und ein Seeangelwettbewerb statt. Die größte Sehenswürdigkeit ist der Haraldshügel, norwegisch *Haraldshaugen* genannt, wo Harald I.
beigesetzt sein soll.

Snorri Sturluson schreibt über den Tod Harald Hárfagres in seiner *Heimskringla* folgendes:

»König Harald starb in seinem Bett in Stavanger, und er wurde zu Hauge am
Karmsund im Hügel beigesetzt. Am Haugesund (nördl. Teil des Karmsundes,
d. Verf.) steht eine Kirche, und gerade nordwestlich von dem Kirchhof dort ist
der Grabhügel König Harald Schönhaars. Westlich von der Kirche liegt der
Grabstein Haralds, der über seinem Grab im Hügel lag, und dieser Stein ist
dreizehn und einhalb Fuß lang und fast zwei Ellen breit. Mitten im Hügel war
das Grab König Haralds. Ein Stein war gesetzt zu seinen Häupten, ein anderer
an seinen Füßen, darüber aber war eine flache Steinplatte gelegt. Außen herum
aber waren unten auf beiden Seiten eine Reihe Steine aufgestellt. Die genannten
Steine, die damals in dem Hügel waren, stehen noch jetzt auf dem Kirch-
hofe.«

1872 hat man dort, wo der König vermutlich sein Grab hatte, einen 17 m hohen
Granitobelisk errichtet, umgeben von 29 kleineren Säulen, eine von jedem der
Bezirke (fylke), die Harald zu einem Reich zusammenfügte. Das *Steinkreuz*
auf dem Krosshaugen ganz in der Nähe stammt vom Jahr 1000. Eine andere
alte Sehenswürdigkeit ist die *Avaldsneskirche* auf einer Anhöhe zum Karmsund hin. Sie wurde als königliche Kapelle von Hákon Hákonsson gleich nach
1250 erbaut und 1919 bis 1929 restauriert. Um sie zu besichtigen, muß man
sich im dicht neben der Kirche liegenden Pfarrhaus melden. Im *Rathaus*, das
die Stadt von dem Schiffsreeder Knut Knutsen geschenkt bekam, befindet sich
das *Haugesund-Museum* mit einer Stadtabteilung, Seefahrts- und Fischereiabteilung, Folklore- und Porträtsammlung sowie einer Böttcherwerkstatt.
Während das Rathaus mit seiner sehenswerten Ausschmückung des Treppen-
aufgangs und anderer Besonderheiten Besuchern während der Bürozeit offen
steht, ist das Museum werktags von 10.30–14 geöffnet.

In der *Haugesund Billedgalleri* gibt es wechselnde Ausstellungen, die dem Kunstfreund jeden Tag im Sommer zugänglich sind. Die Galerie liegt nicht weit von der *Skåre-Kirche*. In unmittelbarer Nähe der *Erlöserkirche* befindet sich die *Volksbücherei*, die einen Besuch wert ist.

Eines der größten vorgeschichtlichen Gräberfelder liegt auf dem Höhenzug *Rehaugene*. Es stammt aus der Bronzezeit. Dort sind jetzt wieder sechs große Grabhügel von ursprünglich neun zu sehen. Zwischen den beiden nördlichsten steht ein Bautastein. Auch von Haugesund kann man Seefahrten und Hafenrundfahrten unternehmen. Will man von dieser lebhaften Seestadt schnell zurück nach Stavanger oder weiter nach Bergen, legt man diese Strecken mit Schnellbooten zurück.

Zwei der schönsten Strecken von Haugesund nach Bergen, entlang an Fjorden, Seen und Felswänden beginnen auf dem Skjoldeveien. Die zweite Route hat den Vorteil gegenüber der direkten Nordstrecke Tittelsnes-Leirvik-Jektevik-Flatråker-Våge-Halhjem-Os-Bergen, einer Reise durch einen großartigen Teil der westnorwegischen Inselwelt, daß man dort nur drei straßenverbindende Fähren benötigt. Gegenüber einer Fahrt über *Odda* (erste Route) bietet sie sich an, weil sie wesentlich kürzer ist.

1. Vom Skjoldeveien fährt man zur E 76, genießt einen prachtvollen Ausblick von Bellevue auf Haugesund, die Insel Karmøy und das Meer und erreicht dann Førdesfjord, nachdem man 10 km zurückgelegt hat. Immer eindrucksvoller zeigt sich nun die Landschaft mit ihren Bergen und Fjorden. *Grinde* ist erreicht, wo Zeugnisse vorgeschichtlicher Zeit – 7 Bauta-Steine bei Stemnestaden, vermutlich ältere Eisenzeit – nicht weit entfernt sind. Nach 30 km kommt man nach Skjold und anschließend nach Knapphus, von wo man auf der Reichsstraße 46 südöstlich nach Ropeid (52 km) durch schöne Ferienorte wie Sandeid, Vikedal und Hogganvik fahren kann.

Nach Bergen geht es auf der E 76 weiter nach Ølensvåg. 20 Kilometer nördlich davon kann man am Ende der Halbinsel Felszeichnungen sehen, Schiffe, Hände, Beine, außerdem fünf Grabhügel, die aus der Bronzezeit stammen. Hier biegt die E 76 nach Osten ab und führt längs des Ølenfjords, der einen Nebenarm des Hardangerfjords bildet.

In Ølen (49 km) zweigt die Reichsstraße 514 rechts nach Sandeid ab, während die E 76 ins Landesinnere führt und nach 12 Kilometern die Stadt Etne erreicht. Dort ist Industrie angesiedelt, aber Etne ist auch ein viel besuchter Ferienort. An der rechten Seite der Straße liegt die Gjerde-Kirche, die 1675 erbaut wurde, allerdings älteres Inventar hat. In Håland kann man nach links abbiegen. Die E 76, die weiter über Kyrping und Fjæra führt, zweigt bei Skarde in westliche Richtung ab, und die Fahrt nach Bergen wird auf der Reichsstraße 47 über Odda fortgesetzt, wobei sie durch zahlreiche Tunnel und über einige Brücken führt.

2. Die Zweite Route, bei der man in Håland links abbiegt, führt zunächst nach Skånevik, von wo eine Fähre nach Utåker abgeht, die für die Überfahrt ca. 25 Minuten benötigt. Dann geht es weiter auf der Reichsstraße 13 über Husnes nach Uskedal, wo man in dem unter Denkmalsschutz stehenden Gasthof Kapteinsgården Rast machen kann und später vom Aussichtspunkt Vågen eine großartige Aussicht auf den Gygrastolen und den Melderskin (1427 m) hat. In *Rosendal* (134 km) angekommen, sollte man einen Blick auf das Herrenhaus werfen, das 1670 im Stil der Renaissance von Ludwig Rosenkrantz erbaut wurde und von dessen Nachkommen 1929 der Universität in Oslo geschenkt wurde. Wegen der schönen Barockinnenausstattung wurde das Haus, das in einem Park liegt, in ein Museum für Raumkunst umgebaut. In Rosendal befindet sich ferner eine Schiffswerft, auf der u. a. Roald Amundsens Schiff »Gjøa« gebaut wurde.

Während der Fahrt folgt man zunächst dem links liegenden *Hardangerfjord* und sieht auf der rechten Seite den riesigen Gletscher Folgefonno. Dicht hinter Rosendal liegt *Kvinnherad* mit einer gotischen Kirche und der Begräbnisstätte der alten Besitzer von Rosendal. Auch alte Grabhügel wurden in dieser Gegend gefunden, die man jetzt in Løfallstrand verläßt, um mit der Fähre über den Hardangerfjord nach Gjermundshamn zu fahren. Eine Überfahrt, die bis zu 50 Minuten dauern kann. Darauf geht es auf der neuen und breiten Reichsstraße 13 am Ufer des Hardangerfjords weiter. Man sieht rechts die Insel Varaldsøy, kommt nach Mundheim (154 km), muß dort nach links abbiegen, um auf der Reichsstraße 13 zu bleiben, verläßt diese Straße dann schließlich in Eikelandsosen (172 km) nach links, um auf der Reichsstraße 551 nach Fusa zu kommen, von wo man mit einer Fähre in 20 Minuten in Hatvik ist. Auf der Reichsstraße 552 erreicht man bald Os und ist schließlich nach 30 Kilometern auf der Reichsstraße 14 und der E 68 in Bergen.

Mit der Hurtigrute von Bergen nach Kirkenes

Es gibt viele erlebnisreiche Strecken durch Norwegen. Keine von ihnen aber hat wohl einen solchen einzigartigen Reiz wie die Schiffsreise von Bergen nach Kirkenes und zurück, die unter dem Namen *Hurtigruten* in der Welt des internationalen Reiseverkehrs einen besonders hohen Stellenwert hat. Und wie sollte es auch anders sein; denn auf dieser Schiffsreise legt man 2500 Seemeilen, das sind 4630 Kilometer, in 11 Tagen zurück. Das Motorschiff läuft verschiedene Häfen an, in denen man an Land gehen kann, es fährt durch die Schärenwelt, vorbei an vielen Inseln, durch enge Fahrrinnen, dann wieder einmal für kurze Zeit aufs offene Meer, durch Fjorde, umgeben von majestätischen Bergen und Gletschern. Im Sommer werden aus Nächten Tage, die Farben des Himmels sind unbeschreiblich, das Geschrei der Seevögel verstummt nicht.

70 Häfen werden angelaufen, manche mit internationalem Schiffsverkehr, andere mit einer einzigen Kaianlage. Läuft das Schiff einen Hafen nachts an, wird er auf der Rückfahrt am Tag angelaufen. Von verschiedenen Häfen werden zu besonders interessanten Sehenswürdigkeiten Landausflüge gemacht. Ist ein Hafen sehr klein, und gibt es in der Nähe nichts Sehenswertes, kann man trotzdem an Land gehen, sich zwischen die Menschen mischen und sehen und staunen über das lebhafte Treiben. Denn ist der Hafen auch noch so klein, Menschen sind immer da. Das Schiff, das ihn anläuft, ist nämlich gleichzeitig Postschiff und Verkehrsmittel für die örtliche Bevölkerung. Deshalb macht es nichts aus, ob es morgens, mittags oder um Mitternacht den Hafen anläuft. Das Schiff ist für die Menschen – besonders in den kleinen Orten – ein Stück Lebensader. Hat es festgemacht, hängt der Postmeister den roten Briefkasten der Königlichen Post an die Gangway, der Ladebaum beginnt seine Arbeit, hievt Bedarfsgüter des täglichen Lebens ans Land, Passagiere verlassen das Schiff, andere gehen an Bord. Am Tag sind es oft Kinder, die zum nächsten größeren Ort zur Schule gehen, Männer und Frauen, die zu einem Arbeitsplatz müssen, Kranke, die mit dem Schiff am besten zur Behandlung kommen, bei einem Arzt im nächsten Ort oder in einem Krankenhaus. Die Schiffe der Hurtigrute sind keine Kreuzfahrtschiffe. Man kann auf ihnen weder übermäßigen Komfort noch Unterhaltungsprogramme erwarten. Es ist ein *Postdampferdienst*, schon äußerlich erkennbar an der Flagge der Kgl. Post, die das Schiff führt. Er wird von vier bekannten Reedereien mit insgesamt 12 Schiffen durchgeführt.

Angefangen hat diese Einrichtung 1893. Seit diesem Jahr fahren die Schiffe im Sommer und im Winter, Tag und Nacht. Legt man sie alle zusammen und errechnet die Kilometerzahl, die diese Schiffe im Zeitraum eines Jahres zurücklegen, so kommt man auf 1,5 Mio. Kilometer. Das entspricht 36 Reisen um den Erdball.

Die Schiffe von Hurtigruten sind Kombischiffe, die eigens für diese Fahrten konstruiert wurden. Sie haben alle zwischen 2100 BRT und 2750 BRT und nur einfache, kleine Kabinen. Einige wenige Schiffe haben Kabinen mit Dusche und WC. Bei den Kirkenes-Rundreisen wird eine bestimmte Anzahl solcher 1. Klasse-Kabinen für Rundreisegäste aus aller Welt freigehalten, sind aber oft über Monate im voraus ausgebucht. Die Atmosphäre an Bord ist ungezwungen. Langes Kleid und dunkler Gesellschaftsanzug – wie man das von großen Kreuzfahrtreisen kennt – sind hier nicht angebracht. Es gibt an Bord typisch norwegische Verpflegung, die reichhaltig und wohlschmeckend ist und dazu abwechslungsreich.

Man sollte sich rechtzeitig in einem Reisebüro Tickets bestellen – am besten mehrere Monate vor der geplanten Reise. Die Anlegestelle der »Hurtigruten« in Bergen (Festningskaien) liegt fast direkt unterhalb der Festung Bergenhus.

1. Tag. Das Schiff läuft abends aus und nimmt Kurs Nordwest durch den *Hjeltefjord*, von wo die Wikinger einst nach Westen steuerten, zu einem Land, das sie Hjaltland nannten, der alte nordische Name der Shetland-Inseln. Das Schiff hat sich an diesem 1. Tag ständig durch das Inselmeer bewegt, hat in den ganz frühen Stunden Florø (Flora) angelaufen, hat dann den Hornelen passiert, der fast senkrecht aus dem Wasser steigt und ist in den Morgenstunden in Måløy angekommen.

2. Tag. Måløy ist das Zentrum eines großen Fischereigebiets. Während der Fangsaison wimmelt es im Hafen von Fischerbooten nur so. Am 27. Dezember 1941 griffen alliierte Streitkräfte die Stadt an, wobei heftige Straßenkämpfe ausbrachen und viel zerstört wurde. Nach dem Krieg wurden sie im modernen Stil neu errichtet. Auch die Fischereiindustrie wurde erweitert, so daß Måløy einen führenden Platz unter den norwegischen Exporthäfen für frische Fische einnehmen konnte. Eine 1224 m lange Brücke wurde 1974 in Gebrauch genommen. Sie verbindet die Stadt mit dem Festland.

Durch den Ulvesund fährt das Schiff hinaus in das Sildegapet mit Kurs auf Stad. Im Osten sieht man auf der Höhe des Leuchtturms von Skongenes die Insel Selje drinnen am Stadland. Dorthin floh die schöne irische Königstochter Sunniva, wie die Sage erzählt, vor ihrem heidnischen Freier und nahm Aufenthalt in einer Höhle. Als Hákon Jarl von den Leuten auf dem Festland aufmerksam gemacht wurde, daß da drüben Fremde seien, stürzte bei seinem Versuch, sie zu fangen ein Stein vor den Eingang der Höhle, in der Sunniva mit ihrem Gefolge umkam. Später sah man Zeichen und ein Leuchten über der Insel, worauf Olav Tryggvason dort eine Kirche bauen ließ. Sunniva wurde zur Schutzheiligen des Westlandes. Auch Ruinen eines Benediktinerklosters findet man noch auf der Insel. Bevor man *Kjerringa*, den 496 m hohen äußersten Punkt des Stadlandes umrundet, kann man bei klarem Wetter draußen im Sildegapet im Südosten den *Ålfotgletscher* (Ålfotbreen) sehen. Hier gibt es keine schützenden Schären mehr, und das Meer bei Stad wird als eine der gefährlichsten Strecken der Küste angesehen. Man rechnet es auch nicht mehr zur Nordsee. Das Norwegische Meer (Norskehavet) hat nun begonnen. Hat man Glück, kann man von Deck des Schiffes die Heringsflotte in Aktion sehen. Die übliche Fahrrinne nach Ålesund geht durch das Inselmeer von Flavær und den engen Røyrasund. Links sieht man die Fischereisiedlung Eggesbønes und rechts die große Heringsölfabrik von Moldtustranda. Danach erkennt man den Ort Ulsteinsvik. Bei der Einfahrt in den Breisund sieht man im Westen *Runde*, Norwegens südlichsten Vogelfelsen, wo fast eine halbe Million Seevögel nisten, 32 bekannte Arten. Die Möwen dominieren mit

300 000, es folgen mit 40 000 die Seepapageien, aber es gibt auch seltenere Arten wie Baßtölpel und Eissturmvögel.

Ålesund liegt auf drei Inseln und hat seinen Namen nach dem engen Sund erhalten, der zwischen ihnen, Nørøy und Aspøy, hindurchgeht. Die Stadt, die heute ca. 35 000 Einwohner hat, ist jung. Sie feierte 1948 ihr 100jähriges Jubiläum. 1904 brannte sie ab, wobei 700–800 Häuser zerstört und ca. 10 000 Menschen obdachlos wurden. Die Stadt wurde in nur drei Jahren neu aufgebaut, zum großen Teil im Jugendstil. Mit dazu beigetragen haben Spenden des ehemaligen deutschen Kaisers Wilhelm II., der ein begeisterter Norwegen-Fahrer war. Zum Dank errichtete man ihm im Park einen Gedenkstein. Die Stadt ist eng mit der Fischerei verbunden, und Ålsunds Trawler fischen auf allen nördlichen Meeren. Auch die Fischindustrie spielt hier neben der Möbelindustrie, der Trikotagen- und Konfektionsindustrie, der mechanischen Industrie, dem Schiffsbau und dem Export von Käse und Butter eine bedeutende Rolle im Wirtschaftsleben der Stadt.

Vom »Stadtfelsen« *Aksla*, 189 m über den Straßen der Stadt, hat man eine großartige Aussicht, die der vom berühmten Fløien in Bergen mindestens ebenbürtig ist. Häufig wird ein Ausflug mit einem Fahrzeug auf diesen Aussichtsfels veranstaltet, unter dem im Park eine Statue von Gange Rolf steht, ein Geschenk der Stadt Rouen. Vermutlich soll es sich dabei um Rollo handeln, der 911 die Normandie als Lehen erhielt, aber auch von den Dänen – wahrscheinlich mit größerem Recht – als einer ihrer Wikinger-Vorfahren in Anspruch genommen wird.

Zwischen Godøy und Valderøy taucht westlich von Ålesund *Giske* auf, einstmals Sitz des berühmten Giske-Geschlechts, von dem Tora mit Harald Hardráde verheiratet wurde. Sie hatten zwei Söhne, Magnus und Olav Kyrre, die beide Könige wurden. Das Giske-Geschlecht besaß einmal mehr als 200 Höfe in Norwegen. Aber ihre mächtige Stellung im Lande begründete sich auch auf Handel und Fischerei. Die Kirche auf der Insel Giske, heute in hellem Marmor, war einmal Hauskapelle des mächtigen Geschlechts.

Auch in der nächsten Stadt, die angelaufen wird, **Molde**, kann man an Land gehen. Die Stadt hat ein großartiges Panorama: 87 schneebedeckte Berggipfel, die Molde zu einer hochkarätigen Touristenstadt gemacht haben. Heute leben dort ca. 20 000 Menschen. Der Handel spielt die größte Rolle, an Industrie ist die Konfektion gut vertreten, ihr folgen Lichtarmaturen- und Möbelindustrie. Einen besonderen Namen hat sich Molde als Rosenstadt gemacht, in der noch Arten blühen, die sonst weiter im Süden ihre Grenze haben. Im Krieg wurde Molde durch deutsche Fliegerangriffe (1940) stark zerstört. Ca. 200 Gebäude brannten und 800 Menschen wurden obdachlos. Molde ist mit der Literatur verbunden: Alexander Kielland war dort Amtmann (Landrat), Henrik Ibsen dichtete in seinem Boot, wenn er am Fannestrand entlang fuhr und Bjørnstjer-

ne Bjørnson ging dort nicht nur zur Schule, sondern holte sich auch den Stoff
für verschiedene seiner Werke aus dieser Stadt.

Die größte Sehenswürdigkeit ist die Aussicht auf die *Romsdalsfjellene.* Man
kann sie am besten genießen, wenn man sich, während das Schiff am Kai liegt,
einen Wagen nimmt und hinauf nach Varden (407 m ü. d. M.) fährt. Das
dauert nur hin und zurück eine halbe Stunde. Von Molde kann man auch ein
Stück der Strecke, die nun weiter durch die Hustadvika mit Kurs auf Kristiansund geht, über Land zurücklegen. Solche Bus-Exkursionen werden vom
Schiff aus organisiert.

Währenddessen fährt das Schiff durch den Julsund zwischen Bjørnsund (links)
und Bud (rechts) auf das offene Meer.

In **Bud** versammelten sich 1533 der norwegische Reichsrat und Repräsentanten der Bürger und Bauern auf Gebot des letzten norwegischen Erzbischofs
Olav Engelbrektsson zu einer Königswahl. Das war ein letzter Versuch, die
Selbständigkeit des Landes gegenüber den Dänen zu behaupten. Hustadvika
ist ein gefährliches Stück See. Der Gürtel von Riffen und Inseln ist 3 km breit,
und das Schiff muß oft dicht an der Brandung vorbeisteuern. Dort an der Küste
liegt auch *Hustad,* das Hustadir der Saga, der Königshof, wo 1122 König
Øystein starb.

Kristiansund breitet sich auf drei Inseln – Kirkelandet, Innlandet und Nord-
landet – aus, die untereinander durch Brücken verbunden sind. Hat man an der
Exkursion über Land teilgenommen, endet der Tag mit einem Abendessen im
Hotel in Kristiansund. 1692 ließ sich dort der Niederländer Jappe Ippes, der
»Vater des Klippfischs«, in Lille-Fosen nieder, und bereits ein Jahr später ging
die erste Fracht der neuen Ware ins Ausland. 1742 bekam Lille-Fosen Kaufstadtrechte und wurde zu Kristiansund. Kaufleute aus England und Schottland
ließen sich dort nieder, und immer mehr Schiffe fuhren mit Trockenfisch, der
beliebten Fastenspeise, in den Mittelmeerraum. 1940 wurde die Stadt, die
heute 19 000 Einwohner hat, bombardiert. 724 Häuser brannten ab.

Die Stadt ist immer noch stark mit dem Fischfang und der Fischindustrie
verbunden. Die Schiffswerften haben sich dort neben anderen Industriezwei-
gen wie Konservenindustrie, Textil- und Konfektionsindustrie, Seife- und
Kosmetikindustrie u. a. gut entwickelt. Aber Kristiansund hat auch andere
Sehenswürdigkeiten als Trawler, Kutter und Fischladungen.

Das Schnellschiff fährt unter der 36 m hohen und 430 m langen Sørsundsbru
hindurch. Auch die kühne, moderne Architektur der *neuen Kirche* und das
moderne Rathaus sind sehenswert. Auf Innlandet steht heute noch eins der
wenigen Patrizierhäuser, die das Bombardement von 1940 überstanden, der
Lossiusgården. Er wurde gegen Ende des 18. Jahrhunderts gebaut.

3. Tag. Auf der Fahrt nach Trondheim sieht man backbord den *Leuchtturm
von Grip*, der über viele hundert Holme und Schären leuchtet, die alle

merkwürdige Namen wie Teufel, Mörder, Pastor u. a. haben. Um die hundert Menschen lebten früher in ihren Häuschen, die um die 400 Jahre alte Kirche standen, auf Grip. Erst 1974 zogen die letzten Bewohner dieser Insel, die mehrmals vom Meer überspült wurde, nach Kristiansund. Ebenfalls backbord taucht die Insel Smøla aus dem Meer auf. Sie ist flach, ihr höchster Punkt liegt bei nur 68 m ü. d. M. Im Süden liegen Tustna und Stabben, deren Gipfel 892 m und 902 m zum Himmel aufragen. Das Land an der Fahrrinne entlang ist nämlich vor Urzeiten geborsten, und die Inseln im Westen sanken um fast 1000 m.

Nun taucht *Hitra* auf, mit ihren 565 km² Norwegens siebtgrößte Insel und die größte südlich von Vesterålen. Die Insel ist niedrig und sumpfig und fast unbewohnt im Inneren. Lediglich einige betriebsame Fischersiedlungen liegen an ihrer Küste. Sehenswert sind die Hirschrudel und eine von einem Fischer aus Dolmen errichtete Miniaturstadt.

Zu beiden Seiten der Mündung des Trondheimsfjords liegt die Festung *Agdenes*, in den Jahren 1895–1900 als Sperrfestung angelegt. Der Kommandant hat seine Wohnung auf der Ostseite des Fjords, in Hasselvika. Die Festung war 1940 nur wenig geschützt. Daher konnten die deutschen Seestreitkräfte »Admiral Hipper« und zwei Zerstörer sie nach kurzem Gefecht niederkämpfen.

Direkt westlich des Agdenes-Leuchtturms befinden sich die Reste einer Mole und Kirche, die König Øystein Magnusson (ca. 1088–1123) bauen ließ. Der Ort hieß früher Hamm. Dort gingen viele Nidaros-Pilger bereits an Land, weil die Strömung im Trondheimsfjord sehr stark ist. In Trondheim kann man an Land gehen, jedoch erst bei der Rückfahrt findet eine Besichtigung des Nidarosdoms statt. Die Reise geht mittags weiter nach Norden. Das Schiff fährt an Munkholmen und etwas später links an Thamshavn und dem Ausfuhrhafen für die Kupferkiesgruben des Løkken-Werks vorbei. Der Fjord wird jetzt schmaler. Rechts sieht man Stadsbygd. Auf derselben Seite liegt der große Hof *Reinskloster* in Rissa, bekannt als »Lindegård« in den Romanen von Johan Bojer. Reinskloster wurde 1226 von Herzog Skule errichtet. Sigrid Undset hat in ihrem Roman »Kristin Lavransdatter« das Leben der dortigen Nonnen geschildert. Der Roman spielt in der ersten Hälfte des 14. Jahrhunderts. Ein paar hundert Jahre später war Frau Inger zu Austråt Vorsteherin des Klosters, eine mächtige Frau, die ihre Intrigen gegen die Großen von der *Austråtburg* betrieb, der sich das Schiff jetzt nähert. Die jetzige Burg stammt aus dem 17. Jahrhundert und gehört dem Staat. Das Waldgebiet bei Austråt steht unter Naturschutz. Dort wachsen die nördlichsten Eichen der Welt, 500 bis 600 Jahre alte Bäume, die von dänischen Burgherren gepflanzt sein sollen. Mitten im Wald liegt eine Festungsanlage mit Kanonen der »Gneisenau«.

In dem engen und gewundenen *Stokksund,* den das Schiff durchläuft, soll Kaiser Wilhelm II. auf einer seiner Nordlandfahrten mit der »Hohenzollern«

fast dem Lotsen das Steuer aus der Hand gerissen haben. Aber der Lotse Nordhus, der Kaiserlotse, wie man ihn später nannte, antwortete seelenruhig: »Hier hilft es nicht, Kaiser zu sein, hier bin ich der Lotse.« Eine goldene Uhr mit des Kaisers Namen soll später der Lohn für die gute Steuerkunst des Norwegers gewesen sein.

Das Schiff steuert hinaus auf *Folda*, die dritte der sechs kurzen Meeresstrekken. An der Küste liegt das Äußere Namtal, *Ytre Namdalen*, ein Küstenstrich, den Olav Duun und Magnhild Haalke in ihren Romanen geschildert haben. Im Schutz der Inselgruppe Gjæslingan geht es auf Vikna zu, ein Gewimmel von großen und kleinen Inseln. Zwischen Vikna und dem Festland öffnet sich der Nærøysund. Mitten im Sund wird abends *Rørvik* angelaufen, eine Ortschaft von 2000 Einwohnern. Hier, wo in der engen Passage das Tor zur Nordlandroute sich auftut, wurden seit altersher viele Geschichten von Riesen und Trollen erzählt.

Das Schiff kommt an der Insel *Leka* vorbei, wo man bald einen Felsen sieht, der aus der reichen Sagenwelt dieser Gegend stammt: die versteinerte schöne Lekamøy, die ihrem Verfolger entrinnen wollte und bei der aufgehenden Sonne – wie die anderen – zu Stein wurde. Auf der Insel sind auch vorgeschichtliche Funde von größerer Bedeutung gemacht worden. Die Fahrt geht in den Lekafjord. Vor der Grenze zwischen Trøndelag und Nordland erhebt sich auf der rechten Seite das Heilhorn. Ist das Wetter klar, kann man eventuell auch den Torghatten sehen; noch weiter entfernt befinden sich die Sieben Schwestern. Das Schiff läuft je nach Wetterlage in den *Bindalsfjord* ein. In dieser Gegend sind die Leute wegen ihres Bauholzes und ihrer Tüchtigkeit beim Bau kleiner Boote sowie für den beachtlichen Lachsfang berühmt.

Brønnøysund mit seinen ca. 3500 Einwohnern ist der nächste Ort, in dem das Schiff festmacht. Bei der Stadt wurden Kalksteinhöhlen und Wohnplätze aus der Steinzeit gefunden. Die Ortschaft besitzt ein wenig mechanische Industrie, Fischveredlungsanlagen und ist das Zentrum für Handel und Verkehr dieses Gebietes. Fährt man vom Kai 10 Minuten mit dem Auto, kann man in einem Felsen deutlich das Profil von Roald Amundsen sehen. »A wonderful monument carved by nature's handwork of one of Norway's heroes, a bold and courageous explorer in whose steps we meekly follow«, schrieb der Polarforscher Sir Herbert Wilkins 1928 in dem lokalen Jahrbuch des dortigen Touristenvereins. Brønnøysund wird zwar nachts angelaufen, aber im Sommer ist es auf diesen Breitengraden hell, so daß viele Passagiere Tag und Nacht die Route verfolgen. *Tjøtta* nähert sich, wo in der Sagazeit Harek von Tjøtta wohnte, ein großer Häuptling, der dabei war, als der heilige Olaf erschlagen wurde. Dort liegt auch ein großes Gut, das 1929 vom Staat zum Zweck der Schafzucht gekauft wurde. Ein Stein mit dem Sowjetstern gemahnt an die 8000 sowjetischen Gefangenen, die in Nordnorwegen umkamen und hier ruhen. Ein

Wrack in der See taucht auf. Der Frachter aus dem letzten Krieg wurde von den Alliierten versenkt, die nicht wußten, daß sich an Bord sowjetische Gefangene befanden.

Auf der Südspitze der Insel Alsten liegt *Alstahaug*. Der Gedenkstein, den man vom Schiff sehen kann, ist zu Ehren des Dichters und Pastors Petter Dass errichtet worden, der hier von 1689 bis zu seinem Tod 1707 wohnte und über seine Gemeindekinder wie ein Häuptling herrschte. Die »Nordlands Trompete«, sein großes Dichtwerk, verband ihn für immer mit diesem Land und seinen Menschen. Die Kirche von Alstahaug stammt aus dem 12. Jahrhundert.

Das Schnellschiff kommt an den *Sieben Schwestern* (De syv søstre) vorbei. Die Schwestern, von denen »Botnkrona« 1106 km hoch und der nördlichste und höchste Felsen ist, sind von sechs kleinen Gletschern gebildet worden, die zwischen ihnen lagen und den Boden aushöhlten.

Sehr früh am Morgen macht das Schnellschiff in **Sandnessjøen** fest. Die Stadt hat 5000 Einwohner, eine Schiffswerft und Kleinindustrie. Auf der Nordspitze der Insel Alsten gelegen, war hier seit altersher ein Handelsort, dem die Hurtigroute zu neuem, pulsierendem Leben verholfen hat. Hier war in der Sagazeit der Sitz des Häuptlings Torolv Kveldulvsson, der die Finnensteuer für Harald Hárfagre eintrieb. Da der König aber meinte, der Häuptling wäre zu selbstherrlich, fuhr er eines Tages zu ihm, brannte seinen Hof nieder und tötete ihn. Der Hof Sandnes war später die Residenz des Vorstehers der Gemeinde für mehrere hundert Jahre. 600 Jahre stand in Sandnes die Kirche, bis sie 1767 nach Sandnessjøen gebracht wurde.

4. Tag. Frühmorgens überquert der Schnelldampfer den nördlichen Polarkreis. Backbord werden Hestmannøy (Insel des Reiters) und die Insel Rødøyløven passiert, steuerbord erscheint der Svartisen-Gletscher, der mit seinen 500 km² Norwegens zweitgrößter Gletscher ist. Höchster Punkt dieses Gletschers ist Snøtind (1590 m), der weiter im Land liegt. Das Schnellschiff passiert auch die Schieferinsel Grønøy.

Nördlich davon liegt *Meløy*. Die Insel gehörte im 16. Jahrhundert der dänischen Familie Benkestok und war der Mittelpunkt für ihren mächtigen Landbesitz. Zwar starb im 18. Jahrhundert die männliche Linie aus, aber in den Adern vieler reicher Familien des Nordlandes fließt noch ihr Blut, besonders im folgenden Ort, *Ørnes*, dem alten Handelsplatz von 1795, wo Nachkommen dieser Familie bis heute großen Besitz haben. Ørnes hat Straßenverbindung mit der weiter im Land liegenden Industriestadt Glomfjord, in der Norsk Hydro Ammoniak, Kalksalpeter, Salpetersäure, schweres Wasser u. a. produziert. In Ørnes ist jetzt die Fischindustrie zuhause. Das Hauptgebäude, ein altes Bauwerk, brannte während des letzten Krieges ab, aber die anderen alten Häuser haben ihr Gepräge von 1805 bewahrt. Der Ort liegt unter dem 851 m hohen Berg Spilderhesten.

Backbord taucht bei der Weiterfahrt Støtt auf, einer der verlassenen Orte dieser Strecke, von denen es hier eine ganze Reihe gibt. Es sind dies Ortschaften, die die Schiffe der Hurtigroute nicht anlaufen können und die sich deshalb kaum entwickeln konnten. Das gefürchtete Vorgebirge Kunna tritt jetzt ins Bild. Hier verläuft die Grenzscheide zwischen Helgeland und Salten, und für die offenen Nordlandboote war es immer schwer und gefahrvoll, sie zu passieren. Während backbord die spitzzackige Fugløya erscheint, kann man steuerbord die Kirche von Gildeskål sehen, die aus dem Mittelalter stammt und jetzt restauriert ist. Auf dem Weg nach Våg auf Sandhornøy liegt der *Blixgården.* Man sieht von Bord den Gedenkstein für den Dichter Elias Blix (1836–1902), der Theologe war, Kirchenlieder dichtete und dessen Übersetzung des Neuen Testaments Bedeutung für die Entwicklung des Nynorsk als Schriftsprache bekam. Sein Vaterlandslied »Å eg veit meg eit land« (Oh, ich kenne ein Land) war lange im norwegischen Volk lebendig.

Das Schiff fährt in den Saltfjord. Südlich davon, auf dem Festland, sieht man die prächtigen Børvasstindene (1180 m). Zwischen dem Saltfjord und dem Skjærstadfjord liegt weiter im Land nach Osten der Saltstraum, der dort einen 3 km langen und 150 m breiten Sund bildet und gefährlicher sein soll als der in die Literatur als »Malstrom« eingegangene Moskenesstraum in den Lofoten (Edgar Allan Poe, Jules Verne u. a.).

Gegen Mittag legt das Schiff in **Bodø** an. Bodø ist die Hauptstadt des Nordlands und zählt heute 32 560 Einwohner. Der Berg *Rønvik* bietet einen eindrucksvollen Rundblick. Die Stadt bekam 1816 Kaufstadtrechte und erhielt großen wirtschaftlichen Aufschwung während der Heringsfischerei in den 60er und 70er Jahren des 19. Jahrhunderts. Nach den deutschen Bombenangriffen vom 27. Mai 1940 brannten 420 von den 760 Häusern der Stadt ab, und 3600 Menschen wurden obdachlos. Die wiederaufgebaute Stadt wurde schöner als die alte. Die *Domkirche* ist eine moderne, dreischiffige Basilika mit freistehendem Turm. Sie wurde entworfen von den Architekten Blakstad und Munthe-Kaas und 1956 eingeweiht. Sehenswert ist auch das *Nordland fylkesmuseum*, das kulturhistorische Sammlungen, eine Fischereiabteilung und vor dem Haus einen Zehnruderer (fembøring) besitzt.

3 km von der Stadt entfernt liegt die aus dem Mittelalter stammende Steinkirche von Bodin. Sie wurde um 1200 erbaut und besitzt eine Altartafel in reichem Barock von 1670.

Nach dem Verlassen von Bodø kreuzt das Schiff etwa 3½ Stunden den Vestfjord. Vom Skomvær Leuchtturm im Südwesten bis nach Tjeldsund im Nordosten mißt diese Bucht 200 km. Bei rauher See ist die Strecke nicht immer ein Vergnügen, bei gutem Wetter jedoch vermittelt sie ein großes Erlebnis. Drei Stunden dauert diese Fahrt. Man sieht nach achtern die Berge bis hin nach Sulitjelma, ein Blick auf Landegode erinnert an alte Sagen, weit hinten im Westen liegt Røst, ein Gewimmel von Inseln und grasbedeckten Holmen, wo man die größten Vogelkolonien der Welt findet, mehr als vier Millionen. Der Vogelfelsen auf Værøy hat wohl 1,5 Mio. Seevögel, von denen mindestens 1 Million Seepapageien sind. Nördlich von Værøy liegt die Insel Mosken. Zwischen ihr und Lofotodden verläuft der unheimliche Malstrom *Moskenesstraumen*. Wissenswert ist, daß 10 km nördlich von Landegode, direkt im Osten, der alte Handelsplatz auf Kjerringøy liegt, Knut Hamsuns Sirilund, der jetzt Museum ist.

Schon von weitem ist nun die mächtige *Lofotenwand* mit ihren zackigen Zinnen zu sehen, die sich über 100 km hinstreckt, von Lofotodden an der äußersten Stelle Moskenesøys bis zum Raftsund. In Stamsund, dem Zentrum der Lofotenfischerei, unmittelbar am Fuß der Lofotenwand gelegen, erfolgt ein kurzer Zwischenstop.

Danach kommt der Schnelldampfer an **Kabelvåg** vorbei, der ältesten Fischersiedlung in den Lofoten. 1120 befahl König Øystein, in Kabelvåg Fischerbaracken zu bauen, später erließ Håkon Håkonsson eine Verordnung, der zufolge sich der Handel der Bewohner des Nordlandes in Kabelvåg abwickeln sollte. Kabelvåg gehört zur Gemeinde Vågan (die Kommune hat ca. 10 000 Einwohner), wo der Grönlandapostel Hans Egede Pastor war und seine Frau, Gertrud Rask, heiratete. Vågan besitzt die 1200 Sitzplätze fassende »Lofotenkathedrale« – so von Bischof E. Berggrav getauft –, die größte Holzkirche nördlich von Trondheim (Kreuzkirche) und 1898 erbaut. In ihr befinden sich einige Porträts von Pastoren, von denen eins Hans Egede darstellt. Kann man an einer Busfahrt Stamsund-Svolvær teilnehmen, sollte man versuchen, den Ort, von dem Hans Egede aufbrach, um nach Grönland zu reisen, zu besichtigen. In Kabelvåg (1200 Einwohner), in älterer Zeit die größte Fischersiedlung der Lofoten, gibt es das *Lofotaquarium*, in dem man die Fische und Seetiere des Vestfjords sehen kann. Ein kleines Museum im selben Gebäude zeigt die Geschichte der Lofotfischerei.

Am späten Abend legt der Schnelldampfer in **Svolvær** an, dem Verwaltungszentrum der Lofoten. Der Ort existiert seit dem Mittelalter und hat jetzt ca. 4000 Einwohner, deren Zahl sich während der Fischsaison im Winter oft mehr als verdoppelt. Mit seinem weit verzweigten und tiefen Hafen hat Svolvær jetzt die Rolle von Kabelvåg übernommen. Auf den seichten Küstenbänken direkt vor der Lofotwand wird Dorsch gefischt, und zwar von Januar bis Ende April. Der Fischfang kulminiert meist im März. Noch vor 20 bis 30 Jahren nahmen 20 bis 30 000 Mann mit 4 bis 5000 Booten daran teil. Jetzt sind es ca. 10 000 Mann mit 2 bis 3000 Booten.

Die Lofoten haben schon immer Künstler angezogen. Christian Krohg war von der Größe der Landschaft überwältigt. Maler wie Werenskiold, Kittelsen, Revold und Rolfsen haben in den Fischersiedlungen großartige Motive gefunden. Aus Svolvær stammt Gunnar Berg (1863–1893), der erst Handelsausbildung bekam, dann auf der Akademie in Düsseldorf ausgebildet wurde. Eines seiner bekanntesten Bilder hängt im Rathaus der Stadt. Sein Grab wurde in einen Fels auf *Svinøya* eingesprengt, wo auch Svolværs Künstlerhaus liegt, in dem norwegische und schwedische Maler wohnen, in letzter Zeit auch solche aus anderen Ländern. Besonders stark aber haben sich die Schriftsteller den Lofoten gewidmet. Allen voran Johan Bojer (1872–1959), fast mehr im Ausland als in seiner Heimat bekannt. Er hat mit seinem Roman »Den siste viking« (Der letzte Wiking, 1921; deutsch: Die Lofotfischer, 1923) eine handlungsreiche und realistische Schilderung aus dem früheren Leben der Lofotfischer gegeben. Über den Fischfang in der modernen Zeit auf den Lofoten schrieb u. a. Andreas Markusson (1893–1952) in seiner erfrischenden und soliden Trilogie (1933–1935), die später in zwei Bänden unter dem Titel »Fiskere« (Fischer) erschien, ferner Edvard Welle-Strand.

Während des Zweiten Weltkrieges fanden Kommando-Unternehmungen der Alliierten auf dem Lofoten statt, um den Erzverkehr von Narvik und die deutsche Verbindung zur Murmanskfront zu stören. Amerikas Eintritt in den Krieg veranlaßte jedoch die 25 Schiffe der Invasoren, den Rückzug anzutreten.

Nachdem der Schnelldampfer in Svolvær abgelegt hat, kann man 600 m über dem Friedhof der Stadt im Fjell die »Svolværgeita« (Svolværgeiß) sehen, eine geologische Merkwürdigkeit im Gebirge.

5. Tag. Frühmorgens macht der Schnelldampfer für etwa 1½ Stunden in **Harstad** fest. Die Stadt liegt in schöner Umgebung auf der Nordostseite von Hinnøya, Norwegens größter Insel. Auch diese Stadt, die heute 21 610 Einwohner hat, blühte wirtschaftlich im 19. Jahrhundert durch die reichen Heringsjahre auf. Industrie kam hinzu, vor allem Werkstattindustrie mit Schiffswerft, Fisch- und Fleischveredlungsbetriebe. Auch militärisch hat die Stadt eine gewisse Bedeutung; denn dort liegen Heeres- und Marinestäbe, und in letzter Zeit ist auch eine Brigade dorthin verlegt worden. Harstads größte Attraktion ist die *Trondenes-Kirche* in unmittelbarer Nähe der Stadtgrenze. Der Sage zufolge soll König Eystein im 12. Jahrhundert eine Kirche auf Trondenes gebaut haben, die aus Holz gewesen sein muß. Die jetzige ist eine Steinkirche, erbaut um 1250, und hatte mit ihren 2,5 m dicken Mauern vermutlich die Funktion einer Festungskirche, worauf die Reste zweier zur See gerichteten Wachtürme und auch die Kirchhofsmauer hindeuten, die an manchen Stellen 5 m hoch ist. Im Inneren der Kirche befinden sich drei aus dem Spätmittelalter erhaltene Altäre, von denen sich der Hauptaltar durch besondere Schönheit auszeichnet. Auch das Taufbecken stammt aus dem Mittelalter. In jener Zeit war die Kirche von Trondenes die nördlichste Steinkirche Norwegens und eine der wichtigsten im Lande. In dieser Kirche wurde der »Grönlandapostel« Hans Egede getauft, der am 31. 1. 1686 in Harstad als Sohn eines in Dänemark geborenen »Sorenskrivers« (eine Art Landrichter«) und einer Norwegerin, Tochter seines Vorgängers im Amt, geboren war. Ein anderer bekannter und ebenfalls dort geborener Norweger war der letzte Erzbischof Olav Engelbrektsson. Im 11. Jahrhundert wohnte Sigurd Hund, Bruder von Tore Hund, auf Trondenes. Er war mit der Tochter von Erling Skjalgson verheiratet. Die Trondenes-Kirche liegt 3 km vom Stadtzentrum entfernt und kann während des Aufenthalts schnell erreicht werden.

Westlich der Kirche liegt das Gewässer *Laugen*, in dem der Überlieferung zufolge die ersten Christen in Nordnorwegen getauft sein sollen. Direkt in der Stadt steht die *Neue Kirche*, deren eigenartige Architektur von Jan Inge Hovig stammt, während die Glasmalereien Jardar Lunde und die Altarmalerei Axel Revold ausführten.

Von Harstad nimmt der Schnelldampfer im Vågsfjord Kurs auf Nord, und man sieht, bevor das Schiff den Solbergfjord erreicht, links *Bjarkøy*. Dort wohnte in der Sagazeit um 1000 Tore Hund, der das gewaltige Vermögen des Bjarkøy-Geschlechts durch den Handel mit den Lappen (Samen) und Kareliern und durch Plünderungen begründete. Anfangs war Tore Hund Olafs des Heiligen Lehnsmann, wurde aber sein erbitterter Gegner, als dieser seinen Neffen Asbjørn Selsbane tötete. So wurde Tore Hund Führer der Opposition gegen Olaf und soll – Snorri Sturluson zufolge – unter den Männern gewesen sein, die Olaf töteten. Auch Erling Vidkunsson gehörte dem Barkøy-Geschlecht an und wurde auf der Insel geboren. Zu Beginn des 14. Jahrhunderts war er Norwegens großer Politiker und während der Kindheit von Magnus Erlingsson Reichsstatthalter. Als man 1952 auf Bjarkøy Ausgrabungen machte, legte man einen alten Wohnplatz mit 16 großen und einigen kleinen Häusern frei.

Bjarkøy ist für seine Eiderdaunen bekannt, die dort von den Eidergänsen, für die man Nistgelegenheiten auf der Insel baut, gewonnen werden.

Das Schnellschiff passiert die Insel *Senja*, Norwegens zweitgrößte Insel mit großen Höfen und kahlen Fischersiedlungen an der Küste, vor denen die besten Fischbänke des Landes liegen, und Finnsnes am Gisund. Es wird mit der Insel Senja durch die Gisundbru, eine 1120 m lange Pfeilerbrücke, verbunden. An der schmalsten Stelle des Gisunds liegt der alte Handelsplatz *Gibostad* mit heute ca. 400 Einwohnern und einer Landwirtschaftsschule. Am Gisund soll der berühmte Wikinger Ottar gewohnt haben. Manche meinen allerdings, daß er auf Tussøy westlich von Kvaløy, wo verschiedene frühgeschichtliche Funde gemacht wurden, seinen Wohnsitz hatte. Wie dem auch sei, das ganze Gebiet gehörte zum alten Hålogaland, dem jetzigen Nordlands Fylke. Hier war Ottar jedenfalls zuhause. Er hat in der zweiten Hälfte des

9. Jahrhunderts gelebt und wurde berühmt durch einen Bericht, den er später König Alfred von England gab, in dessen Dienste er trat. Diesem Bericht zufolge soll Ottar eine Reise gemacht haben, die ihn am Nordkap vorbei nach Kola und ins Weiße Meer führte. Das Land, das er unterwegs sah, soll von Lappen bewohnt gewesen sein, die Fischer, Vogelfänger und Jäger waren. Außerdem trieb Ottar von den Lappen Steuern ein, die seinen Reichtum erheblich vergrößerten. Sie bestanden in Fellen, Vogelfedern, Walroßzähnen und Schiffsseilen, gefertigt aus Wal- und Seehundhaut. Durch diesen Bericht wurde eine Fülle von Einzelheiten über die Lebensweise der Lappen zur Wikingerzeit und ihre Beziehungen zu den Norwegern im Norden des Landes bekannt. König Alfred fand diesen Bericht so interessant, daß er ihn in der von ihm übersetzten Weltgeschichte des Orosius aufnahm, die sich in Alfreds eigenhändiger Handschrift im Britischen Museum befindet. Das Unternehmen Ottars wird auch als seine Bjarmelandsfahrt bezeichnet, dem mittelalterlich-norwegischen Namen für Gegenden um die Mündung der Dwina ins Weiße Meer. Ottars Bericht wird um 890 datiert.

Die Fahrt geht über den Sund *Malangen*. Dort war einmal Norwegens Nordgrenze, und die vorher an der rechten Seite des Gisunds passierte Kirche von Lenvik war Norwegens nördlichste Kirche, bis Hákon Hákonsson die Kirche auf Tromsøya bauen ließ (1250). Der Schnelldampfer durchfährt den Rystraum, eine wilde Strömung, die eine Geschwindigkeit bis zu 8 Knoten erreichen kann. Überhaupt wird die Natur jetzt wilder. Östlich vom Balsfjord ragt das 1299 m hohe Tverbotnfjell gen Himmel, südlich des Fjords Svartnestind mit 1261 m und auf der Westseite Slettind mit 1117 m.

Mitten in der Fahrrinne liegt die Insel Tromsøya mit der Stadt **Tromsø**. Sie hat 45 850 Einwohner, ist die Hauptstadt des Regierungsbezirks Troms und besitzt Norwegens größtes Stadtareal (2400 km²). Die meisten Einwohner leben im Stadtkern auf Tromsøya, das mit Kvaløya durch die 1220 m lange Sandnessundbru und mit dem Festland durch die Tromsøbru (1036 m) verbunden ist. Der Tromsøsund, über den sich diese Brücke spannt, ist eine der verkehrsreichsten Wasserstraßen im Norden. Der Stadtkern mit seinen alten Holzhäusern und das bunte Leben in den Straßen, in denen Fischer, Seeleute, Einheimische und Touristen anzutreffen sind, ist für die Gäste der Stadt immer ein großer Anziehungspunkt. Vom 21. Mai bis zum 23. Juli scheint dort die Mitternachtssonne. Obwohl bereits um 1250 Hákon Hákonsson die Kirche bauen ließ, entwickelte sich der Handel erst nennenswert, nachdem Nordnorwegen nicht mehr unter der Handelsvorherrschaft Bergens und Trondheims stand. 1794 bekam Tromsø Stadtrechte (Kaufstadt). Schon damals war die Bedeutung der südlicheren Städte durch den Tauschhandel mit Rußland und die Herbergsbewilligungen, ausgestellt von mehreren Handelsorten in Troms, geschwächt. Aber Tromsø blühte erst richtig durch die starke Zunahme des

Verkehrs im Tromsøsund und durch das Befahren des Eismeers auf, das 1820 begann. Danach gewannen Fischexport und Schiffahrt immer mehr an Bedeutung für die Stadt.

Auch von Kriegshandlungen wurde Tromsø nicht verschont. 1812 fand ein Gefecht im Tromsøsund zwischen Barkassen einer englischen Fregatte und zwei kleinen norwegischen Marineschaluppen statt. 1940 war Tromsø für kurze Zeit Regierungssitz des freien Norwegen. Dort hatten sich König und Regierung niedergelassen, bis sie am 7. Juni 1940 außer Landes gehen mußten. Am 12. November 1944 versenkten englische Flugzeuge das deutsche Schlachtschiff »Admiral Tirpitz« bei Kvaløy, nachdem die Bewegungen des Schlachtschiffes über längere Zeit von norwegischen Widerstandskämpfern ausgekundschaftet worden waren.

In der Geschichte der Arktis erwarb sich Tromsø einen Namen als Ausfallstor in das Eismeer. Elling Carlsen (1819–1900) war der erste Eismeerschiffer, der von Tromsø aus Spitzbergen (Svalbard) umfuhr. Er fand hinter Novaja Semlja 1871 Willem Barents ca. 300 Jahre altes Winterquartier und brachte Gebrauchsgegenstände von der verunglückten Expedition mit nach Hause. Carlsen war Eislotse der österreichischen Tegetthoff-Expedition, die 1873 das Franz-Josefs-Land entdeckte. Verbunden ist Tromsøs Name auch mit Nansen, Andree und Roald Amundsen. Amundsen passierte die Stadt mit der »Gjøa« und »Maud«, und von Tromsø startete er seine letzte Reise mit dem französischen Flugzeug »Latham« am 18. Juni 1928, als er Umberto Nobile zur Hilfe eilen wollte. *Amundsens Statue* steht in einer Parkanlage am Kai.

Den Zusammenhang mit der Polarforschung erkennt man in dieser Stadt an verschiedenen Institutionen wie dem *Nordlichtobservatorium* und dem *Tromsøer Museum*, das wertvolle Sammlungen aus Nordnorwegen und der Arktis besitzt. Hierzu gehört die 1972 gegründete *Universität*, die nördlichste der Welt, die ca. 1500 Studierende zählt. Gelehrt und ausgebildet werden dort vor allem Mediziner. Aber man kann auch philologische Fächer, gesellschaftswissenschaftliche und Fächer, die mit der Fischerei zu tun haben, studieren. Das Museum hat eine meeresbiologische Station mit Aquarium, das die Passagiere während ihres Aufenthalts in der Stadt besuchen können. Eine andere Exkursion, ebenfalls von der »Hurtigroute« organisierte, geht über die einen guten Kilometer lange Tromsøbru zum Fjellift, der zum Restaurant auf *Storsteinen*, 420 m ü. d. M., führt, von wo man eine großartige Aussicht über Stadt und Land, über Sunde und Fjorde hat.

Nimmt man an keiner dieser Exkursionen teil, kann man auf eigene Faust die Kirchen von Tromsø besichtigen. Die moderne, 1965 eingeweihte *Tromsdalen kirke*, auch »Eismeerkathedrale« genannt, wurde entworfen von Jan Inge Hovig und mit einer der größten Glasmalereien in Europa versehen. 23 m hoch und 140 m², ausgeführt von Victor Sparre, ist das Motiv dieser übergroßen

Glasmalerei Christi Wiederkunft. Die Kirche ist täglich von 10 bis 12 und 16
bis 17 Uhr zu besichtigen. Sie liegt an der Tromsøbru. Hundert Jahre älter ist
die *Tromsø domkirke*, 1861 gebaut, und mit ihren 750 Sitzplätzen eine der
größten Holzkirchen des Landes. Wesentlich älter ist die *Elverhøy kirke*, auch
Landskirken genannt, eine Kreuzkirche mit einer mittelalterlichen Madonna
und einer barocken Altarwand. Sie kann man nach Absprache mit dem
Kirchendiener besichtigen. Tromsø hat auch einige von Norwegens Dichtern
beherbergt. Jonas Lie verlebte seine Kindheit in der Stadt, Cora Sandel lebte
dort, Matti Aikió, der das Leben der Lappen schilderte, besuchte das dortige
Seminar, und auch Bernt Lie und Lars Hansen waren echte »Tromsø-gutter«,
»Tromsø-Burschen«.

Nachdem das Schiff in Tromsø abgelegt hat, wird der Passagier von dem
1238 m hohen Berg Tromsdalstind auf dem Festland fasziniert, und er kann
noch einen Blick auf die »Eismeerkathedrale« werfen. Im Schutz der Inseln
Kvaløy, Ringvassøy, Reinøy und Karlsøy, wo einer der ersten Abgeordneten
der Arbeiterpartei im Storting (1903), der Pastor Dr. Alfred Eriksen, wohnte,
ein vielumstrittener Mann, geht die Fahrt weiter, und bald sieht man im Osten
die Lyngenfjellene, die von erfahrenen Bergsteigern zu den gefährlichen Felsen
gerechnet werden. Auf der Höhe von Lyngstua verlief Mitte des 13. Jahrhunderts die Reichsgrenze. Im Süden bietet sich der unvergeßliche Anblick des
Lyngenfjords, und im Norden steigt Fugløy aus dem Meer, wo Tausende von
Seevögeln nisten.

6. Tag. Frühmorgens fährt das Schnellschiff durch den Rolvsøysund mit
Kurs auf Havøysund, einem Ort mit ca. 17 700 Einwohnern und Zentrum
der Kommune **Måsøy**, wo die Fischerei im Eismeer zuhause ist. Hat das
Schiff gute Zeit und ist das Wetter günstig, fährt es westlich um die Insel
Hjelmsøy zum Nordkap. Die übliche Route führt allerdings durch den
Magerøysund nach Honningsvåg. Fährt man um Hjelmsøy, kommt man an
der Nordspitze an dem bekannten Vogelfelsen *Hjelmsøystauren* vorbei, wo
die Seevögel vom Frühling bis zum Herbst nisten. Nordwestlich von Ingøy
sieht man auf Fruholmen einen der stärksten Leuchttürme der ganzen norwegischen Küste. Der Name dieses Holms soll von einer vornehmen dänischen Dame stammen, die vor ca. 300 Jahren auf diese kleine Insel verbannt
wurde. Das Schiff fährt an der Insel *Måsøy* vorbei, die von Backbord her
auftaucht. Dort war Ludwig Philipp von Orleans 1795 Gast des Kaufmanns
Buch während seiner Nordkapreise. Der spätere französische Bürgerkönig
hatte aus Angst vor Attentaten den äußersten Norden aufgesucht und war
damit gleichzeitig zu einem der ersten Nordkaptouristen geworden. Ludwig
Philipp hat sich immer gern an seine Nordlandreise erinnert; als der norwegische Maler Balke sich 1846–1847 in Paris aufhielt, bekam er über 30 Aufträge
von Ludwig Philipp und mußte ihn u. a. auf dem Nordkap mit dem Eismeer

als Hintergrund malen. Auf Måsøy wurde 1802 der Kirchenliederdichter M. B. Landstad geboren.

Der Magerøysund ist so eng, daß dort jedes Jahr im Frühling die Rentiere hinüberschwimmen, um auf Magerøya zu weiden. Auf dieser Insel liegt **Honningsvåg** mit seinen über 4000 Einwohnern, Vest-Finnmarks größte Fischerstadt. Dort legt der Schnelldampfer an.

Als sich Hitlers Truppen 1944 von der Murmansk-Front zurückzogen, wurde der Ort wie die anderen in Finnmarken völlig zerstört. Nur die Kirche blieb stehen. Nach dem Krieg wurde er neu aufgebaut, und es entwickelte sich eine beachtliche Fischindustrie. Von dort hat man nun die Möglichkeit, an einer Bustour zum *Nordkap* teilzunehmen, das von Honningsvåg 33 km entfernt ist. Die Fahrt geht durch eine arktische Landschaft, wo an der Straße oft Rentierherden auftauchen, die den Karasjoksamen gehören. Obwohl Magerøya tatsächlich die »Magere Insel« heißt, finden die 3000 Rentiere in dem Gebiet genügend Nahrung. Auf dem 307 m hohen Nordkapplateau steht das *Oscar-Denkmal* als Erinnerung an König Oscars II. Besuch im Jahr 1873. Dieses Jahr bedeutet eine Zäsur bezüglich des Besuchs von Fremden. Denn nur wenige Jahre nach dem Besuch des Königs fuhren die Touristenschiffe regelmäßig zum Nordkap, wo die Mitternachtssonne vom 14. Mai bis zum 1. August scheint.

Auf dem Plateau befindet sich auch eine Halle, vor der eine Büste von Ludwig Philipp von Orleans steht. In der Halle selbst werden Nordkap-Briefmarken verkauft und gestempelt. Seinen Namen hat dieses weltberühmte Kap von dem englischen Seefahrer Richard Chancellor. Er trieb, als er 1553 den Versuch unternahm, die Nordostpassage zu finden, an der norwegischen Küste entlang und nannte dieses mächtige Vorgebirge »North Cape«.

Wenn auch die Engländer den Seeweg nach Ostindien nicht entdeckten, riefen sie doch einen lebhaften Handel mit der Murmanskküste ins Leben, durch den sich die Stadt Archangelsk rasch entwickelte. Um diese nördlichen Fahrwasser stritten sich jahrelang England und Dänemark-Norwegen, bis England 1583 nachgab und die Muscovy Company sich bereit erklärte, jährlich eine gewisse Summe für die Fahrt ihrer Schiffe ins Weiße Meer zu zahlen. Das »Mare clausum« war an dieser Stelle gegen Geld geöffnet worden, und die Engländer hatten für die Freiheit der See ihren Tribut zahlen müssen. 1599 segelte König Christian IV. mit einer kleinen Flotte zum Nordkap, um dort gegenüber England und Schweden seine Rechte zu demonstrieren.

Aber das Nordkap sollte noch einmal in spektakulärer Form mit England in Verbindung gebracht werden, als in diesem Gebiet 1943 das deutsche Schlachtschiff »Scharnhorst« von den Briten versenkt wurde und der siegreiche Kommandeur der britischen Verbände den Titel »Lord Frazer of North Cape« verliehen bekam.

Das Schnellschiff fährt auf dem Porsangerfjord, in dem nach Süden hin die Insel *Store Tamsøy* liegt, Norwegens reichste Eier- und Dauneninsel. Auch die dort wachsenden »molter«, die Berghimbeeren, sind berühmt. Von ihnen wurden im 19. Jahrhundert jährlich ca. 6 Tonnen geerntet. Zusammen mit den Eiderdaunen war das für den Amtmann des dortigen Gebiets ein gutes Geschäft. Jedoch wurde seit 1880 eine jährliche Pachtsumme dafür verlangt.

Zwischen dem Porsangerfjord und dem Laksefjord, wo das Schiff vorbeikommt, erhebt sich das Vorgebirge *Sværholtklubben*, ebenfalls einer der größten Vogelfelsen Norwegens. Er ist hauptsächlich von kleinen Möwen bevölkert. Früher wurden dort jährlich bis zu 10 000 Eier gesammelt. Dort liegt auch die dem Wetter stark ausgesetzte Siedlung Sværholt.

Sämtliche Schiffe der Schnellroute laufen **Kjøllefjord** an. Bei der Einfahrt in den Kjøllefjord sieht man *Finnkjerka*, einen Seefelsen, der 1955 zum erstenmal bestiegen wurde. Ein weiterer Seefelsen namens *Kapellet*, der in der Nähe aufragt, hat ebenfalls die Kletterer nicht gerade angelockt. Auf Galgeneset befindet sich ein Leuchtfeuer. Der Name der Landzunge stammt aus der Zeit, als Finnmarken als Verweisungsland für Verbrecher bestimmt wurde. 1681 bekamen die Bürger von Bergen das ganze Finnmarken zur Pacht, und bald danach, als das Dänische Gesetz von Christian V. erlassen wurde (1683), schickte man Leute, die zu Kerker verurteilt waren, in dieses Gebiet, damit sie sich in der Fischerei nützlich machten. Der nördlichste Punkt auf der Halbinsel, Nordkyn, ist auch der nördlichste des europäischen Festlandes. Er liegt 71° 8' nördlich vom Äquator.

Bei Nordkyn erreicht das Schnellschiff das Austhavet, die letzte und längste der offenen Meeresstrecken, **Mehamn** wird angelaufen, eines der neueren Fischerdörfer in Finnmarken, wo 1903 die Walstation von 1500 Fischern angegriffen wurde, weil man ihren Forderungen nach Schonung des Wals nicht nachgekommen war. Die Fischer glaubten nämlich, daß die Wale die Lodden, eine kleine Fischart und bevorzugte Nahrung der Dorsche, an die Küste trieben. Ein Jahr später wurde der Wal unter Schutz gestellt, aber zu spät, denn er war fast ausgerottet. Die Fischer aber waren davon überzeugt, daß ihre reichen Dorschfänge in den Jahren 1904 und 1905 der nun eingeführten Schonung der Wale zu verdanken sei.

Das Leuchtfeuer von Kamøy wird passiert, wo die eigenartige Felsformation des *Bispen* sichtbar wird, den die Einbildung für einen Bischof auf der Kanzel halten kann. Wenn Gamvik nicht angelaufen wird, fährt das Schnellschiff an der Mündung des Tanafjords vorbei nach Berlevåg. Dort ragt – westlich von Berlevåg – das kegelförmige Tanahorn mit seinen 269 m zum Himmel, den Lappen in alter Zeit als Opferstätte heilig und den Seefahrern als Orientierungszeichen vertraut. Erst 1975 bekam Berlevåg Molen für einen sicheren Hafen. Bis dahin mußte das Ausbooten und Beladen des Schiffs auf offener See vorgenommen werden, was für Passagiere, die dort an Bord wollten, oft höchst gefährlich war.

7. Tag. Das Schnellschiff hat **Kirkenes** erreicht. Die Stadt, die nahe der Mündung der Pasvikelva liegt und ca. 5000 Einwohner hat, ist in ihrer Geschichte eng mit der A/S Syd-Varanger verbunden, Norwegens größtem Bergwerksunternehmen, das 1906 gegründet wurde. 11 km von Kirkenes entfernt liegen die Magnetitgruben dieses Unternehmens am Bjørnevatn. Am 25. Oktober 1944 wurde Kirkenes von sowjetischen Truppen eingenommen, nachdem Einheiten der Wehrmacht den größten Teil der Stadt und der Fabrikanlagen zerstört hatten. Während um Kirkenes gekämpft wurde, suchten Tausende von Norwegern in den Gruben für Wochen Schutz. Allein 10 Kinder kamen dort zur Welt.

Nach dem Krieg wurde die Stadt neu aufgebaut. Der Staat wurde Hauptaktionär der Gesellschaft, die Stadt bekam ein neues Zweigwerk, und die Gruben wurden modernisiert. Jetzt werden jährlich 5 Mio. Tonnen Erz gefördert, und 1250 Menschen arbeiten für die A/S Syd-Varanger, die zu einem der Schlüsselbetriebe im norwegischen Wirtschaftsleben geworden ist. An der Kontrolle dieses Gebiets sind die Sowjets stark interessiert. Zu ihrer nahen Grenze bestehen für die Passagiere des Schnellschiffs Ausflugmöglichkeiten. Vor dem letzten Krieg ging der Verkehr ungehindert über die Pasvikelva nach Finnland. Nachdem aber das Petsamo-Gebiet unter sowjetische Herrschaft kam, ist das vorbei. Von der Brücke über die Pasvikelva kann man bei Elvenes über den Eisernen Vorhang nach Boris Gleb sehen. Wie überall in solchen Gebieten ist dort das Fotografieren und das Benutzen von Feldstechern verboten. Das Pasviktal, auch die Speisekammer von Kirkenes genannt, wurde ursprünglich von Süden her durch finnische Einwanderer kolonisiert. Dann ließen sich in den 70er Jahren des 19. Jahrhunderts Bauern aus Gudbrandsdalen und Østerdalen dort nieder. Aber erst in diesem Jahrhundert und im Zusammenhang mit dem Straßenbau wurde das Gebiet in großem Stil kolonisiert.

Vadsø, das entweder auf der Hin-, meistens jedoch auf der Rückfahrt angelaufen wird, hat ca. 6000 Einwohner, ist das Verwaltungszentrum von Finnmarken und Sitz der Rundfunkstation (Finnmark Kringkasting). Die alte Fischersiedlung lag auf Vadsøya. 1710 aber wurde die Kirche aufs Festland verlegt und man baute nun um die Kirche herum an. Schon gegen Ende des 18. Jahrhunderts wird das Handelshaus Esbensen als eines der führenden in Finnmarken genannt. Aber erst 1833 erhielt Vadsø Stadtrechte. Eine Zeitlang waren die Kvänen – Menschen finnischer Herkunft – dominierend in der Stadt. Heutzutage hat sich das zu Gunsten der norwegischen Bevölkerung geändert. Eine besondere Sehenswürdigkeit ist der *Ankermast*, der von Amundsens Luftschiff »Norge« 1926 und von Nobiles »Italia« 1928 gebraucht wurde.

Nach Vadsø läuft das Schnellschiff auf seiner Rückreise *Vardø* an, die am östlichsten gelegene Stadt West-Europas. Die Stadt war schon sehr früh eine bedeutende Fischersiedlung. 1307 weihte Erzbischof Jørund die erste Kirche ein. Ungefähr zur selben Zeit legte Håkon V. die Festung »Vardøhus« an, beides im Kampf gegen den russischen Einfluß in Finnmarken. Vardøhus wurde später nach Søndre Våg verlegt und »Vardøhus Schloß« genannt. 1789 bekam Vardø Stadtrechte und entwickelte sich im 19. Jahrhundert zu Norwegens größter Fischersiedlung, die vor dem Ersten Weltkrieg lebhafte Handelsverbindungen mit Nord-Rußland hatte (Pomorhandel). Während des Zweiten Weltkrieges war die Stadt mehreren sowjetischen Fliegerangriffen ausgesetzt, wobei ⅔ beschädigt oder zerstört wurden. Vardø gehört heute zu den wichtigsten Orten der norwegischen Fischerei und Fischindustrie. An Sehenswürdigkeiten gibt es dort die *Vardøhus-Festung*, 1737 gebaut mit achteckiger Sternenschanze und vielem anderen Festungswerk. Sie wurde 1792 außer Dienst gestellt, im Hinblick auf russische Interessen später wieder in Betrieb genommen. Jetzt ist dort eine Marinestation, die Festung aber ist für Touristen zugänglich. Von der ursprünglichen, von Håkon V. gebauten Festung ist nur noch ein Balken übrig. Auf ihn schrieb 1599 Christian IV. seinen Namen. Oscar II. tat das 1873, Haakon VII. 1905 und Olav V. 1959. Diesen Balken kann man im Vardøhus-Museum sehen, das auf dem Festungsgelände liegt. Vom Vardøhus-Schloß sind nur Ruinen übrig. Die neue, von dem Architekten Eyvind Moestue gebaute und von J. von der Lippe ausgeschmückte Kirche kann man beim Landgang besichtigen.

Das Schnellschiff nimmt Kurs auf Båtsfjord. Vorbei geht es an Norwegens größter und ödester Halbinsel, der Varangerhalvøy. Sie ist an manchen Stellen fast zur Wüste verwittert, besitzt aber auch moosbewachsene Flächen, auf denen die Rentiere der Nessebysamen weiden. Dieses Gebiet ist für Jäger und Sportangler geradezu ideal. Jäger treffen dort Wölfe, Füchse, Schneehühner und anderes für den hohen Norden charakteristisches Wild, während Sportangler in den reichen Gewässern, den Seen und Flüssen viele Arten von Fischen vorfinden.

Zwischen Vardø und Båtsfjord passiert das Schiff den Syltefjord, an dessen Nordseite der *Syltefjordstauran*, einer der großen Vogelfelsen Norwegens, zu sehen ist. Dort soll der Alkkönig seinen einzigen europäischen Brutplatz haben.

Das Schnellschiff erreicht *Båtsfjord*, einen Ort, der zu den alten Fischersiedlungen gehört, im letzten Krieg wenig gelitten hat, und seitdem die Hurtigrute dort anläuft, sich zu einer bedeutenden Fischereiortschaft in Nordnorwegen entwickelt hat.

8. Tag. Das Schnellschiff legt in **Hammerfest** an, der nördlichsten Stadt der Welt (70° 39' 48"). Die Stadt, die heute 7500 Einwohner hat, wurde nach dem Krieg völlig neu aufgebaut; denn im Oktober 1944 wurde sie zwangsgeräumt und abgebrannt, als die Hitler-Truppen sie aufgeben mußten. Von allen Gebäuden blieb nur die *Grabkapelle* stehen, die sich heute neben der hochmodernen Kirche befindet. Die *neue Kirche*, die mit ihrer Dreiecksform an die Trockengerüste für Stockfische erinnert, besitzt kein Altarbild. Dafür aber schließt den Chor ein riesiges Fenster mit leuchtend roter Glasmalerei ab, das ebenfalls die Form eines Dreiecks hat, und dessen Seiten 8 m lang sind. Die katholische *St. Michaels-Kirche*, wurde 1958 vorwiegend von deutschen Freiwilligen erbaut. Eine weitere Sehenswürdigkeit ist die *Meridiansäule*, die auf Fuglenes steht. Sie wurde zur Erinnerung an die geodätischen Meßarbeiten, die Russen, Schweden und Norweger in der ersten Hälfte des 19. Jahrhunderts hier gemeinsam durchführten, um Größe und Gestalt der Erde genauer festzustellen, aufgestellt und mit einer bronzenen Erdkugel versehen. Vom 17. Mai bis zum 28. Juli hat diese nördlichste Stadt der Welt durchgehend Tageshelle. Dafür aber herrscht auch zwischen dem 21. November und 23. Januar ununterbrochen Dunkelheit. Wegen dieser »langen Nacht« bekam Hammerfest als erste Stadt Norwegens bereits 1891 ein Kraftwerk. Da Hammerfest den besten Winterhafen von Finnmarken hatte, war dort schon seit Jahrhunderten ein vielbesuchter Handelsplatz. Aber erst 1789 bekam der Ort Stadtrechte im Zusammenhang mit der Freigabe des Handels. Bereits 1795 war von Hammerfest die erste Überwinterungsexpedition nach Spitzbergen (Svalbard) gestartet, die der Konsul Buch ausgerüstet hatte. Das trug wesentlich zur Weiterentwicklung der Stadt bei.

Während der Napoleonischen Kriege war Finnmarken von Lieferungen aus dem Süden abgeschnitten. Deshalb war damals die Kornzufuhr aus Rußland von größter Bedeutung. Um diese zu unterbinden, schickte England Kriegsschiffe nach Finnmarken, und 1809 bombardierten die englischen Briggs »Snake« und »Fancy« Hammerfest. Doch die Bürger der Stadt verstanden sich mit ihren kleinen Kanonen von Fuglenes und Batteribakken gut zu wehren.

Nachdem die Nordkap-Fahrt immer beliebter geworden war, hatte Hammerfest eine gute Einnahmequelle durch den Tourismus. Nicht weniger als 15 bis 20 000 Touristen besuchten im Rahmen solcher Fahrten bereits vor dem Zweiten Weltkrieg jährlich die Stadt. Hammerfest hat heute einen der größten Fischereihäfen der Küste, und die Fischindustrie spielt deshalb auch die größte Rolle. Der größte Fischindustriebetrieb ist die Fischveredlungsanlage FINDUS mit ca. 1000 Beschäftigten an Land und an Bord der betriebseigenen Trawlerflotte. Tiefgefrorene Fischfilets sind die Hauptprodukte dieser Firma. In Hammerfest ist auch der Sitz der »Finnmark Fylkesrederi og Ruteselskap«, die mit lokalen Schiffen und Bussen Norwegens größten Regierungsbezirk bedient, der gleichzeitig eines der schwierigsten Verkehrsgebiete Europas darstellt. Wer etwas mehr über die Geschichte von Hammerfest und ihrer

Tradition als Eismeer- und Fängerstadt wissen möchte, sollte, wenn es die Zeit erlaubt, die Sammlungen des *Eisbärklubs* im Rathaus aufsuchen.

Westlich von Hammerfest liegt die Insel **Sørøya**. Auf dieser viertgrößten Insel Norwegens spielten sich während des Krieges dramatische Ereignisse ab. Dort hatten sich ca. 1000 Menschen, die die Zwangsevakuierung der Deutschen nicht mitmachen wollten, in Höhlen versteckt. Doch ihre Lage spitzte sich immer mehr zu. Schließlich gelang es 200 von ihnen, nach Båtsfjord zu kommen, wo die Hitler-Truppen bereits unterlegen waren, während die restlichen Menschen von den Zerstörern eines Murmansk-Konvois im Januar 1945 nach Glasgow gebracht wurden. Beim Verlassen des Hafens von Hammerfest hatten die Passagiere noch einmal Gelegenheit, einen Blick auf den Berg »Salen« zu werden, an dessen Fuß Hammerfest liegt. Die Stadt scheint fest an diesen Berg geschmiedet zu sein. Darauf deutet wohl auch ihr Name, der sich zusammensetzt aus altnord. *hamar* = Berggipfel und altnord. *festr* = Tau.

Das Schnellschiff fährt den Sørøysund nach Süden hinunter. Backbord liegt die Insel Seiland mit dem Nordmannsjøkel (1775 m) und dem Seilandsjøkel (981 m). Anschließend wird die Insel Stjernøya sichtbar, wo Nephelinsyenit für die Prozellanfabrikation gebrochen wird. Sørøya, Seiland und Stjernøya werden von den Kautokeinolappen als Sommerweiden für ihre Rentierherden benutzt.

Die meisten Schiffe der Hurtigroute laufen **Øksfjord** an. Dort wird seit 1818 Handel getrieben. Die Heringsfänge im Fjord vor der Ortschaft haben ihr die Existenz gesichert, indem sie Rohstoff für die Heringsölfabrik »Njord« lieferten. Jetzt verarbeitet die Fabrik hauptsächlich Lodden. Der Gletscher auf der anderen Seite des Fjords ist der Øksfjordjøkul (1166 m). Aus Øksfjord stammte das Mädchen Philippa Schwensen, dessen Geschichte den Stoff abgab für den großen Bestseller »Thelma« oder »Die norwegische Prinzessin« der Schriftstellerin Marie Corelli.

Die fünfte der offenen Meeresstrecken – Lopphavet – hat ihren Namen nach der kleinen Insel *Loppa* (Floh). Sie wurde um 1860 von englischen Jägern besucht, von denen ein Mr. White gern die Jagdrechte pachten wollte. Der Anwalt in Tromsø, der nicht ganz sattelfest im Englischen war, verkaufte sie ihm einfach für 2000 Speziestaler! Die Insel hatte noch mehrere englische Besitzer, bis sie 1890 in norwegische Hände kam.

Auch **Skjervøy** wird von den meisten Schnelldampfern angelaufen, ein Ort, der sehr günstig an der Fahrrinne zwischen Troms und Finnmarken liegt und daher als Handelsplatz alte Tradition besitzt. Aber dort haben schon viel früher Menschen gelebt, wie Funde beweisen, die dort eine Siedlung aus der Steinzeit vermuten lassen. Auch einen »König« hat dieser Ort gehabt. Im 17. Jahrhundert lebte dort Christen Michelsen Heggelund, ein hartgesottener

Kaufmann, der sich die Kollekten der Kirchgänger aneignete, womit er die Schulden des Pastors reduzieren wollte. Den »Skjervøykönig« nannte man ihn wegen seiner selbstherrlichen Methoden, die Petter Dass anregten, ihn in einem seiner Gedichte aufzunehmen. Skjervøy spielt auch in der Geschichte der Polarforschung eine Rolle. Dorthin wurden 1930 die sterblichen Überreste der schwedischen Polarforscher Andrée und Strindberg gebracht. Dorthin kam auch an einem frühen Augustmorgen des Jahres 1896 Otto Sverdrup mit der »Fram« nach seiner Fahrt über das Polarmeer. Skjervøy ist heute die größte Fischereiortschaft von Nord-Troms mit mehreren Fischverarbeitungsbetrieben.

9. Tag. Das Schnellschiff macht morgens in *Harstad* fest. Von diesem Hafen aus startet die große Überlandtour nach **Sortland**, einer Stadt von 7900 Einwohnern, die das Verkehrszentrum von Vesterålen ist. Der Abstecher schließt einen Besuch der *Trondenes-Kirche* ein und führt durch grandiose Landschaften, vorbei an hohen Bergen und malerischen Fischersiedlungen. Sortland ist aus der Saga bekannt als die Heimat von Karle und Gunnstein, den beiden Brüdern, die bei Tore Hunds Bjarmelandfahrt dabei waren.

Während der Überlandtour setzt das Schnellschiff seine Reise durch die Inselwelt von Vesterålen (ålen = Meer) und den Lofoten fort. Vesterålen besteht aus den Inseln Andøy, Langøy, Hadseløy und Teilen von Austvågøy und Hinnøy. Zwischen Andøy und Hinnøy verläuft die enge *Risøyrenna*, ein Kanal von 4,5 km, der 1922 fertig wurde. Früher fuhren die Schiffe der Hurtigroute durch den Tjeldsund. Durch die neue Verbindung begann für Vesterålen eine neue Ära. Aber auch die Vesterålsbruene, die Vesterålsbrücken, die Vesterålen mit dem Festland verbinden – läuteten ein neues Zeitalter ein. Bei Risøyhamn fährt das Schiff unter der 750 m langen *Andøybru* hindurch. Vor Sortland sieht man im Hognfjord die 425 m lange *Kvalsaukbru*. Beide Brücken wurden 1974 in Dienst gestellt. Eine weitere Brücke ist die 962 m lange *Sortlandsbru*, unter der das Schiff bei Sortland hindurchfährt. Diese Brücke wurde 1975 dem Verkehr übergeben. Die größte von all diesen Vesterålsbrücken ist die *Hadselbru* zwischen Langøya und Stokmarknes. Sie hat eine Länge von 1020 m und wurde 1978 für den Verkehr freigegeben. Von Sortland, wo man noch einen Blick auf den *Sortland-Hof* wirft, ein altes Handelshaus, das sich seit 1781 im Besitz der Familie Ellingsen befindet und heute ein Reisebüro und die Touristeninformation behaust, geht die Fahrt auf dem Schnellschiff weiter nach Süden durch den Sortlandssund nach Stokmarknes, wobei man eine herrliche Aussicht auf Hinnøy, Norwegens größte Insel und den weißen Møysalen mit 1266 m Höhe hat.

Stokmarknes mit seinen über 3000 Einwohnern ist seit 1776 ein vielbesuchter Handelsplatz. Von 1851 bis 1939 hatte der Ort seinen jährlichen Markt, wo auch Gaukler ihre Zelte aufschlugen und die dort zusammengekommenen

Menschen an den langen Sommerabenden mit ihren Späßen und Kunststücken unterhielten. Am besten ist Stokmarknes bekannt als Sitz von »Vesteraalens Dampskibsselskab«, die von Richard With, dem »Vater der Hurtigroute«, 1881 gegründet wurde. Als Stortingsmann hatte Richard With den maßgeblichsten Anteil am Bau der Risøyrenna. Auch an der Gründung von »Den Norske Amerikalinjen« war er beteiligt. Ein besonderes Erlebnis ist die Fahrt durch den *Raftsund*. So heißt die schmale Fahrrinne zwischen Vesterålen und den Lofoten. Bevor das Schiff so weit gekommen ist, kann man im Hadselfjord die Nordseite der Lofoten bewundern. Über den anderen Gipfeln ragt die Higravstind mit ihren 1161 m als höchster Berg der Lofoten empor. Wenn genügend Zeit vorhanden ist, wird vom Raftsund ein Abstecher in den *Trollfjord* gemacht. Das ist ein ungewöhnlich wilder Fjordarm, der nicht leicht zu befahren ist. Vom Ende des Fjords führt ein Pfad hinauf zum Trollvatn, 167 m ü. d. M. gelegen, wo mitten im Sommer Eisschollen treiben. Südlich des Fjords sieht man die 1000 m hohen Trollgipfel in die Wolken ragen. Es kann vorkommen, daß sich der Lofotendorsch in den Trollfjord verirrt. In solchen Fällen haben die Fischer das Eis mit Dynamit gesprengt und dadurch große Fänge gemacht. In seinem Roman »Den siste viking« (dt. Die Lofotfischer) hat Johan Bojer die sogenannte Trollfjordschlacht des Jahres 1880 geschildert, bei der es um einen Zusammenstoß zwischen Bootsfischern und Dampferfischern ging, da letztere einen großen Schwarm Fische mit ihren Netzen im Fjord abgesperrt hatten. Nach dem Verlassen des Raftsundes tauchen im Südosten die Hamarøyberge mit ihren gezackten Gipfeln auf, das Schnellschiff aber macht nun in Svolvær und anschließend im Stamsund fest.

10. Tag. Steuerbord sieht man Lurøy, im Besitz des norwegischen Zweiges der schottischen Familie Dundas, aus der Petter Dass' Vater stammte. Zwischen Lurøy und Tomma im Westen erhebt sich der hutförmige Kegel des Lovunden, Wohnplatz für Tausende von Seepapageien. Weiter nach Westen ist bei klarem Wetter die Inselgruppe Træna zu sehen, die aus 400 Inseln und Schären besteht. Der eigenartige Trænstaven ist 331 m hoch. In *Kirkhelleren* auf Sanda, einer der Inseln dieser Gruppe, wurden Funde aus der Steinzeit, der Eisenzeit und der großen Pestzeit gemacht, die eine 5000jährige Besiedlung dieser Inseln bezeugen. Einige Schiffe der Hurtigroute laufen Nesna auf der Landspitze zwischen dem Sjona- und Ranafjord an.

Auf der südlichen Spitze der kleinen Insel zwischen Hugla und Dønna liegt Kopardal, einer der Handelsplätze an der alten Fahrrinne, Steuerbord **Dønna** mit dem 838 m hohen Dønmannen im Süden der Insel. Einer der wenigen Herrenhöfe in Nordnorwegen liegt im Norden der Insel, *Dønnes hovedgård*. Seine Geschichte reicht bis in die Saga-Zeit zurück. Von der Mitte des 18. Jahrhunderts bis 1911 war Dønnes der Mittelpunkt der Coldevinschen Güter. Der letzte Gutsherr aus dieser Familie pflanzte den schönen Wald auf

Dønna an. Ihre Grabkapelle haben die Coldevins in der Kirche auf Dønna, eine Steinkirche aus dem 13. Jahrhundert. Der ungefähr in der Mitte der Insel gelegene Ort Bjørn war im 19. Jahrhundert der zweitgrößte Marktplatz von ganz Nordnorwegen.

Das Schnellschiff überquert morgens wieder den Polarkreis und macht in Sandnessjøen Station. Bei der Weiterfahrt verdienen zunächst die Sieben Schwestern größte Aufmerksamkeit. Alstahaug taucht wieder auf mit dem bereits erwähnten Gedenkstein für Petter Dass und Tjøtta sowie Brønnøysund.

Nach Brønnøysund macht das Schnellschiff oft einen Abstecher westlich um den Torghatten, damit die Passagiere das Loch, das der Sage zufolge der *Hestemann* (Reiter) mit einem Pfeil geschossen hat, deutlicher sehen können. Natürlich hat die Wissenschaft eine andere Erklärung für das 160 m lange, 25 bis 35 m hohe und 12 bis 15 m breite Loch: Als nämlich in Urzeiten das Land 110 bis 120 m tiefer lag, sprengten Brandung und Frost das Riesenloch in den Stein. Die Bewohner der Gegend wußten aus alten Zeiten zu berichten, daß ein voll getakeltes Küstenboot durch dieses Loch hindurchfahren konnte.

11. Tag. Das Schnellschiff ist wieder in *Trondheim*. Dort findet die Besichtigung des Nidarosdoms statt. Der nächste Hafen ist *Kristiansund*. Am Abend legt das Schnellschiff in Molde an.

Nachdem es Molde verlassen hat, fährt es über Ålesund und Torvik nach Måløy und von dort weiter nach Florø. Dort macht es fest.

12. Tag. Florø ist die einzige Stadt in Sogn und Fjordanes. Sie wurde nach Zusammenlegung verschiedener Distrikte Mitte der 60er Jahre eine Art Großstadt mit einem Areal von 667 km². Trotzdem gibt es nur 9000 Einwohner, von denen ca. 5000 im Stadtkern wohnen, der den Namen Florø trägt. Die Großkommune heißt Flora nach dem Hof, wo 1860 das Städtchen gegründet wurde. Ursprünglich sollte die Heringsfischerei die wirtschaftliche Grundlage der Stadt bilden, aber ihre Bewohner trauten diesem Erwerbszweig nicht sehr und entwickelten andere Möglichkeiten. Von ihnen ist die Ankerløkken-Werft am bekanntesten.

Südlich von Florø fährt das Schnellschiff zwischen Askrova steuerbord und *Svanøy* auf der anderen Seite weiter. Wegen ihrer üppigen Vegetation wird Svanøy auch »Perle des Sunnfjords« genannt. Das gute Wachstum – dort werden Christdornbäume 15 bis 16 m hoch, Kiefern haben einen Umfang von 4 m – liegt an dem stark kalkhaltigen Boden. Den Namen bekam die Insel nach dem Bischof Hans Svane, der den dortigen Hof von 1662 bis 1665 besaß. Dem Gut gehörten damals ⅔ des gesamten Bodens im Gebiet des Sunnfjords. 1804 kaufte der berühmte Prediger Hans Nielsen Hauge Svanøy für einen Glaubensgenossen aus Hallingdal. Hans Nielsen Hauge war 1809 selbst auf der Insel, um dort die Salzsiederei vorzubereiten. Svanøy ist heute eine wissenschaftliche Stiftung, deren Aufgabe es ist, die Naturgrundlage in den westländischen Küstengebieten zu erhalten und zu nutzen. Das Herrenhaus wurde restauriert und dient als Studiencenter. Schaut man nach Nordwesten, erkennt man die Kinneklova, eine eigentümliche Gebirgskluft, die den Schiffen als Seezeichen dient. Die Gebirgskluft liegt auf der Insel Kinn, auf der sich auch eine romanische Steinkirche aus dem Mittelalter befindet. Sie ist eine der ältesten des Vestlands mit einem einzigartigen und gut bewahrten Interieur.

Der *Alden* (481 m) oder »Das norwegische Pferd«, auch »Der norwegische Löwe« oder »Blåmannen« (Neger) genannt, liegt im Südwesten an der Sunnfjordfahrrinne. Außerhalb des Alden liegt Værlandet und noch weiter draußen verstreut im Meer die 350 Inseln des Buelandets. In diesem Inselmeer hatten es die deutschen Okkupanten nicht leicht, feindliche Bewegungen zu beobachten, so daß dort oft ungehindert Waffen und Kommandotrupps aus England an Land gebracht wurden. Als die Deutschen sich über diese Bewegung klar wurden, machten sie die Häuser auf Buelandet dem Erdboden gleich und nahmen Rache an der Zivilbevölkerung. Zwischen Stad und Bergen waren während der Besatzungszeit auch norwegische Tropedoboote in Aktion. Eins von ihnen, das kleine MTB 345, wurde 1943 von den Deutschen entdeckt und bei Aspøy, steuerbord südlich des Buefjords, beschossen. Nach kurzem Kampf wurde die norwegische Mannschaft übermannt, die Überlebenden, sieben Männer, nach Bergen geführt und dort am 30. Juli 1943 erschossen. Das brachte dem deutschen Oberbefehlshaber von Norwegen, Generaloberst Nikolaus von Falkenhorst, 1946 das Todesurteil eines britischen Militärgerichts ein, das aber später zu 20 Jahren Zwangsarbeit umgewandelt wurde.

Am Nachmittag fährt das Schnellschiff durch den Steinsund zwischen Rånoy und Husøy und nimmt Kurs auf den Sund Sognesjøen, den Eingang zum *Sognefjord*, der bei Rutletangen beginnt. Von dort bis Skjolden sind es 170 km. Dies ist nicht nur Norwegens längster Fjord, sondern auch sein tiefster mit 1308 m. Dem Fjord dient Sognesjøen als eine Art Schwelle, die nur 100 bis 200 m Tiefe besitzt, wodurch nur das warme Oberflächenwasser in den Fjord eindringen kann. Der Küsten- und Einfahrtsleuchtturm Holmengrå bildet die Nordgrenze von Øygarden. Mit diesem Namen werden die vielen flachen und baumlosen Inseln westlich der Fahrrinne nach Bergen bezeichnet. Auf der Höhe von Holmengrå passiert das Schiff die Grenze zwischen Sogn und Fjordane und Hordaland. Im Osten liegt Vardetangen, der westlichste Punkt des norwegischen Festlands (4° 56' 58") auf der Nordspitze der Lindåshalvøy. Gleich östlich von Vardetangen befindet sich die größte Raffinerie des Nordens mit einer jährlichen Produktion von ca. 4 Mio. Tonnen Ölprodukten.

Die meisten Schnellschiffe fahren durch den Herdlafjord nach Bergen und müssen dann durch »Det naue«. Der Name kommt vom holländischen »Het nauwe«, was soviel wie »das Enge« bedeutet. Die Kirche von Herdla wird zum erstenmal 1146 genannt. 1655 wurde sie von Seeleuten einer englischen Flotte geplündert, 1861 abgerissen, wiederaufgebaut, und während der Besatzungszeit von den Deutschen wieder abgerissen, weil sie einem Flugfeldhafen im Wege stand. Während des ganzen Krieges waren die Inselbewohner evakuiert. Auf der anderen Seite von Herdla befindet sich der Hjeltefjord. Er bekam seinen Namen nach dem Hjaltland, der alten Bezeichnung für die Shetlandinseln. Zwischen Holsnøy und Askøy liegt die Einfahrt nach Berge. Links sieht man die Industriestadt *Salhus*. An der Küste gibt es mehrere »Selahus«, Orte, die im Mittelalter kraft königlicher Verfügung verpflichtet waren, Reisende zu beherbergen. Salhus war die letzte Herberge vor Bergen. Backbord liegt *Askøy*, Bergens Gemüsegarten und die große Sommersiedlung der Bürger von Bergen. Das Stadtbild erscheint vor dem Bug: Bergen ist erreicht, Endstation einer der großartigsten Küstenreisen, die es in der modernen Touristik überhaupt gibt. Hurtigruten vertieft die Bekanntschaft mit diesen Land in eindrucksvoller Weise.

Spitzbergen – Svalbard

Der arktische Archipel Spitzbergen – die offizielle norwegische Bezeichnung ist *Svalbard* – liegt zwischen 74° und 81° nördlicher Breite und 10° und 36° östlicher Länge. Die Inselgruppe besteht aus vier großen und einer Reihe kleinerer Inseln, die zusammen etwa 63 000 km² ausmachen. Spitzbergen (bis 1969 Westspitzbergen genannt) ist die größte Insel des Archipels (39 043 km²). Der Abstand zwischen der Südspitze Spitzbergens und Norwegen beträgt 355 sm (657 km). Die Inseln weisen eine Gebirgslandschaft mit vielen Fjorden und Tälern auf. Aber es gibt auch große Ebenen. Ca. 60% des Archipels sind von Gletschern bedeckt. die höchsten Berggipfel, Newtontoppen und Perriertoppen (beide 1717 m), liegen im nordöstlichen Teil von Spitzbergen. Fußwanderungen werden stark von Gletschern begrenzt, die direkt ins Meer führen, von großen Gletscherflüssen und langen Fjorden. Auf Svalbard leben ca. 3300 Personen, 1200 Norweger und 2100 Russen.

Geschichte

Als im 16. Jahrhundert die Holländer unter Willem Barents (1550–1597) als »Oberlotsen« mit zwei Schiffen auf der Suche nach dem nordöstlichen Seeweg nach China waren, kamen sie am 9. Juni 1596 zu einer Insel im Nordmeer, auf der sie an Land gingen und einen Eisbären erlegten. Sie nannten das Eiland

Spitzbergen

daraufhin *Bäreninsel*. Am 17. Juni 1596 gelangten sie zu einer anderen Insel, der sie wegen der an einer Stelle steil emporragenden, schneebedeckten und spitzen Berge den Namen *Spitzbergen* gaben. Dieser Name taucht allerdings nicht gleich auf Karten auf; denn auf einer Karte des Holländers Cornelius Claesz erscheint zwei Jahre nach dieser Entdeckung die Bezeichnung »Het

Die Stabkirche von Borgund ▷

nieuwe Land« (Das neue Land, 1598). Da Barents meinte, auf einen Küstenab-
schnitt Grönlands gestoßen zu sein, proklamierten die Generalstaaten der
Niederlande »das neue Land« nicht sofort als holländisches Territorium, da
damals die dänisch-norwegischen Könige als Inhaber der Souveränität über
Grönland galten. In der folgenden Zeit kam es zu verschiedenen Auseinandersetzungen zwischen Engländern und Holländern um die Rechte des Walfangs,
der nun dort von verschiedenen Nationen mit aller Macht betrieben wurde.
Am 10. Januar 1618 verkündete der dänisch-norwegische König Christian IV.
zum wiederholten Mal seinen Souveränitätsanspruch auf Spitzbergen und
bezeichnete sich in einem Schreiben an den englischen König Jakob I. als
Erbherren über den ganzen »Nördlichen Länderkreis«.
Daß das Nordmeer die den nordischen Völkern angestammte Domäne war,
stand außer Zweifel. Schon in der isländischen Landnámabók gibt es eine
Bemerkung, die auf eine frühe Entdeckung Spitzbergens durch die Wikinger
schließen läßt: »... und von Langanes im nördlichen Island sind es vier Tage
Seefahrt bis Svalbard ...«, heißt es da. Die Konzeption der isländischen
Landnámabók geht geht vermutlich auf die erste Hälfte des 12. Jahrhunderts
zurück. Daß wir über die frühgeschichtliche Entdeckung Spitzbergens nicht
so genaue Nachrichten wie über die Entdeckung Grönlands besitzen, liegt
zweifellos an der Tatsache, daß Spitzbergen nie von den Wikingern besiedelt
wurde. Der Name Svalbard bedeutet: das Land der kalten Küsten.
Nach dem Souveränitätsanspruch des dänisch-norwegischen Königs zahlten
ihm einzelne Gesellschaften Abgaben. Als der Wal dort oben aber so gut wie
ausgerottet war, wurde der Souveränitätsanspruch nicht mehr aufrecht erhalten, und der Archipel wurde wieder Niemandsland. Zwar kamen Anfang des
18. Jahrhunderts russische Pelztierjäger zu den Inseln, aber sie verschwanden
um 1820 wieder. Damals hatte schon der norwegische Seehundsfang begonnen, der bis Ende des 19. Jahrhunderts anhielt. Als zu Beginn des 20. Jahrhunderts Berichte über ein Kohlenvorkommen auf Spitzbergen bekannt wurden,
kam es zu neuen Streitigkeiten zwischen den interessierten Nationen, denen
nur ein Souveränitätsvertrag ein Ende bereiten konnte. Er kam 1920 zustande
und sicherte Norwegen die Souveränität zu, die das Königreich am 14. August
1925 übernahm. Bisher sind 41 Staaten diesem Vertrag beigetreten. Er sichert
Norwegen »völlige und absolute Souveränität über Svalbard« zu, verpflichtet
das Königreich allerdings auch, Bürgern der Signatarstaaten gleiche Behandlung bei wirtschaftlichen Unternehmungen zukommen zu lassen und keinerlei
militärische Anlagen auf dem Archipel zu bauen. Auch darf der Archipel dem
Vertrag zufolge nicht in Kriegshandlungen einbezogen werden. Trotzdem
besetzten im Zweiten Weltkrieg deutsche Einheiten die Inseln (Deutschland
war seit 1925 Signatarstaat), und es kam zu kleineren Kriegshandlungen,
wobei 1943 die Grubenstädte beschossen und zerstört wurden.

◁ *Achtersteven des Osebergschiffes. Wikingerschiffshalle auf Bygdøy*

Wirtschaft

Kohleabbau, Jagd und Fischfang sind die Hauptwirtschaftszweige des Archipels. Der Kohleabbau, an dem sich früher auch Schweden beteiligte, wird jetzt nur noch von norwegischen und sowjetrussischen Gesellschaften betrieben. *Barentsburg* und *Pyramiden* sind die beiden russischen Bergwerkssiedlungen mit zusammen etwa 2000 Einwohnern. Die gemeinsame Jahresproduktion liegt bei 400 000 t. Norwegen hat in den letzten Jahren nur im Gebiet von *Longyearbyen* (ca. 1100 Einwohner) Kohle abgebaut. Die vielversprechendsten Kohlevorkommen finden sich auf dem *Sveafeld*, wo die jährlichen Förderungen ca. 400 000 t ergaben.

Robben- und Walfänge werden dort immer noch durchgeführt. Seehund- und Eisbärjagd gibt es nicht mehr, nachdem der Eisbär totale Schonzeit hat. Fischfang wird besonders um die Bäreninsel (Dorsch, Heilbutt u. a.) und in den östlichen Fanggebieten vor Svalbard betrieben, wo man im Sommer große Mengen von »Lodden« (mallotus villosus) findet.

Flora und Fauna

In dem arktisch extremen Klima gibt es etwa 170 natürlich vorkommende Pflanzenarten und einige, die durch die Menschen dort verbreitet wurden. Bäume und größere Sträucher gibt es nicht. Im östlichen Gebiet ist der Pflanzenwuchs spärlicher als im westlichen, der von einem nach Norden fließenden Arm des Golfstroms erwärmt wird.

Nur drei Tierarten haben auf dem Archipel ihren natürlichen Ursprung: Eisbären, Rentiere und Polarfüchse. Als Norwegen 1925 die Souveränität übernahm, waren die Rentiere fast ausgerottet. Sie wurden sofort unter Naturschutz gestellt, so daß von einigen hundert Tieren der Bestand seit 1925 auf gut 10 000 Tiere anwuchs. Diese Rentiere gehören einer anderen Rasse an als die in Norwegen. Sie sind kleiner, kurzbeinig und langhaarig. Polarfüchse sind überall zu finden, besonders jedoch bei den Vogelfelsen. Die total geschonten Eisbären sind am häufigsten im Osten und Nordosten anzutreffen. Sie bewegen sich nicht in einem großen Umkreis. Man weiß aber nicht, ob sie eine eigene Rasse bilden oder einem größeren Stamm auf den naheliegenden russischen Inseln angehören. Ihre Zahl wird auf 1500 bis 2000 geschätzt. Aus Ostgrönland führte man auch Moschusochsen ein. Nach anfänglichem Erfolg verringerte sich ihre Zahl jedoch wieder, und heute sind diese Tiere fast ausgestorben. Auch Hasen aus Finnmark und Polarhasen aus Ostgrönland wurden nach Svalbard gebracht. Aber auch dieser Versuch hatte keinen Erfolg. Im Meer sind Ringrobben und Seehunde vertreten. Die Zahl der Walrosse hat erst wieder zugenommen, seitdem sie unter Naturschutz stehen. Nachdem in den dortigen Gewässern der Grönlandwal ausgerottet wurde, gibt es nur noch kleinere Walarten, von denen der Weißwal der augenfälligste ist. Das Vogelleben ist im Sommer sehr intensiv, aber im Winter findet man nur Schneehühner. Im ganzen gehören 109 Vogelarten zu Svalbards Fauna. An Zugvögel gibt es eine Reihe von Möwenarten, Alken, Entenvögel, Gänse und Sturm- und Sumpfvögel. Die größten Vogelfelsen liegen auf der Bäreninsel und an der Westküste von Spitzbergen. In den Flüssen und Gewässern auf Svalbard gibt es nur eine einzige Fischart, den Saibling (Salvelinus alpinus). Er kommt am häufigsten auf der Bäreninsel vor. Das Meer aber ist reich an verschiedenen Fischarten wie Dorschen, Lodden, Schellfischen, Schwarzen Heilbutten und dem Rotbarsch. Auch Garnelen gibt es reichlich.

Geologie

Svalbard ist ein sich über die Meeresoberfläche erhebender Teil des Festlandsockels in der Barentssee. Im Laufe der geologischen Perioden seit der präkambrischen Zeit war das Land häufig vom Meer bedeckt und einer fast ununterbrochenen Sedimentation, in den kurzen Perioden, in denen es sich über den Meeresspiegel erhob, der Erosionen ausgesetzt. Die sedimentären Schichten auf Svalbard sind reich an Fossilien. Sie ermöglichen es, die Entwicklungsgeschichte der Erde in größeren Zusammenhängen zu verfolgen, als es in den meisten anderen Gebieten der Welt der Fall ist.

Mineralvorkommen

Kohlevorkommen bildeten sich auf Svalbard in mehreren geologischen Perioden: im Devon (Bäreninsel), im Karbon und in der Kreide- und Tertiärzeit (Spitzbergen). Die Gruben im Longyear- und Adventtal, in Barentsburg und Ny-Ålesund basieren auf dem Vorkommen der Tertiärzeit, das sich auf Svalbard als besonders gut ausnutzbar erweist. In anderen Gebieten der Welt bestehen im allgemeinen Kohlevorkommen aus dieser geologischen Periode aus Braunkohle. Auf Svalbard hingegen findet man Glanzkohle von hohem Brennstoffwert. Auch die Vorkommen auf dem bereits erwähnten Sveafeld wurden ebenfalls in dieser Periode gebildet. Zwar hat man auch in den Gebirgsarten von Svalbard andere Mineralien gefunden wie Phosphat, Asbest, Eisenerz, Bleiglanz, Zinkblende und Kupferkies, aber ihre Mengen sind zu klein, um eine lohnende Ausbeute zu garantieren. Auch Kalkstein, Dolomit oder Anhydrid kommen vor, können aber wegen der hohen Betriebs- und Transportkosten nicht ausgenutzt werden. Seit 1960 hat man in einigen Gebieten Svalbards Untersuchungen über Erdöl- und Gasvorkommen durchgeführt. Man hat bei den seit 1965 begonnenen Tiefenbohrungen allerdings keine lohnenden Gasvorkommen feststellen können.

Klima

Svalbard hat ein milderes Klima, als man aufgrund seiner arktischen Lage vermuten könnte. Das hängt mit zwei Armen des Golfstroms zusammen, von denen der eine in nördlicher Richtung an der Westküste Spitzbergens entlangfließt und auch im Winter im Meereseis eine Bucht offen hält, und der andere in die Barentssee fließt. Diese Arme des Golfstroms verursachen zusammen mit den großen Zyklonaktivitäten dieses mildere Klima. Die Durchschnittstemperaturen an der Westküste Spitzbergens liegen in den kältesten Monaten, Februar und März, allgemein zwischen −8° und −16° C. Temperaturen unter −16° C kommen relativ selten vor. Am wärmsten ist es im Juli, wo Temperaturen zwischen +1° und +10° C herrschen. Die Durchschnittstemperatur an der Westküste liegt bei +5° C. In der Periode 1946 bis 1975 war die höchste Temperatur +17° C. Sie wurde bei Isfjord Radio gemessen. Im Tiefland liegt die Niederschlagsmenge im Durchschnitt bei 400 mm im Jahr.

Im Landesinneren hat das Klima mehr Kontinentalcharakter. In Longyearbyen ist es im Durchschnitt im Winter 2 bis 3° kälter und im Sommer 1 bis 2° wärmer als an der Küste. In der Periode 1957 bis 1975 wurden +18° C als höchste und −40° C als niedrigste Temperatur gemessen.

Eis

Im Gebiet von Svalbard gibt es drei Haupttypen von Eis in den Fjorden und Meeren:

1) Eisberge, die durch Kalben von Gletschern in Fjorden und Küstengebieten entstehen.
2) Wintereis. Es bildet sich auf den Fjorden und im Meer, wird selten mehr als 1,5 m dick und löst sich meist in den Monaten Mai und Juni wieder auf.
3) Mehrjähriges Eis. Es treibt von Nordosten auf Svalbard zu und erreicht in der kalten Jahreszeit manchmal die Bäreninsel, bevor es sich auflöst. Im Spätsommer geht das Eis meistens in Höhe von Edgeøya, manchmal so weit nördlich wie 82° Breite, in Auflösung. Es kommt vor, daß dieses Eis in ungünstigen Jahren die Navigation bei Hopen und auf der Spitzbergenbank fast den ganzen Sommer hindurch verhindert. Relativ häufig wird das Treibeis von der Ostseite Svalbards von nach Norden fließenden Strömungen zwischen dem Südkap (Sørkapp) und der Bäreninsel erfaßt. Dadurch wird die Navigation an der Westküste Spitzbergens bis zur Nordspitze von Nordaustlandet behindert. Eisbildungen nördlich von Svalbard treiben mit der Ostgrönlandströmung durch die Framstraße nach Süden.

Naturschutzgebiete

1932 wurden zwei besondere Pflanzenschutzgebiete gebildet. Das eine im Norden und Osten des Dicksonfjords und des Sassenfjords, das andere zwischen dem Colestal und dem Adventtal.

Durch Königliche Resolution von 1971 werden Eingriffe in die Natur auf Svalbard geregelt. Es wird bestimmt, daß mögliche Folgen auf die Naturverhältnisse untersucht werden müssen, bevor Grubenbetriebe, Erdölbohrungen oder andere industrielle Unternehmungen begonnen werden.

1973 wurden 15 Vogelreservate (an der Westküste von Spitzbergen), drei Nationalparks (Südspitzbergen, Forlandet und Nordwestspitzbergen) und zwei Naturreservate (Nordost-Svalbard und Südost-Svalbard) gebildet. Die unter Naturschutz stehenden Gebiete umfassen 27 000 km² oder 44 Prozent der gesamten Bodenfläche Svalbards. Sie sollen Flora und Faun des Archipels wirksam schützen. Die Naturschutzbestimmungen enthalten ein allgemeines Verbot für technische Eingriffe jeder Art, Verschmutzung, motorisierten Verkehr und Jagd. Für die örtliche Bevölkerung gelten Ausnahmeregelungen bezüglich des motorisierten Verkehrs.

Als Norwegen 1925 die Souveränität übernahm, traten die Vorschriften für Jagd und Naturschutz in Kraft, die mehrmals geändert wurden. 1978 wurden durch Königliche Resolution neue Vorschriften über Jagd und Binnenfischerei auf Svalbard und Jan Mayen erlassen. Sie besagen, daß alle Wild- und Fischarten, für die keine besonderen Jagd- und Fischzeiten angegeben sind, unter Naturschutz stehen. Mit Ausnahme von Polarfüchsen, Seehunden und Ringrobben, die gejagt werden dürfen, stehen alle Säugetiere unter Naturschutz. Insgesamt neun Vogelarten, darunter Schneehühner, sind nicht geschützt. Der Fang von Lachsen und Saiblingen ist zu bestimmten Zeiten gestattet.

Auf der Bäreninsel stehen Polarfüchse und Schneehühner unter Naturschutz. Im Rahmen des Gesetzes über Norwegens Wirtschaftszone von 1976 wurde ein Jahr später eine Fischereischutzzone von 200 sm um Svalbard gebildet, um die lebenden Meeresressourcen zu bewahren und Fischerei und Fänge zu regulieren.

Forschung

Die ersten Kartierungen der Küstengewässer wurden kurz nach der Entdekkung durch Barents von Walfängern vorgenommen. Die wissenschaftlichen Untersuchungen im 19. Jahrhundert führten in erster Linie schwedische Forscher durch. Systematische Erforschung und Kartierung Svalbards von norwegischer Seite begann mit den beiden von Gunnar Isachsen geleitete Expedi-

tionen 1906 und 1907, die der Fürst von Monaco finanzierte. Diese Arbeit
führte Adolf Hoel weiter, der fast jedes Jahr Expeditionen auf Svalbard
durchführte. Das dann gegründete Expeditionsbüro erhielt 1928 den Status
eines staatlichen Zentralinstituts für die Erforschung der Inselgruppe unter
dem Namen »Norwegische Svalbard- und Eismeerforschung«. 1948 wurde es
umgebildet und erhielt den Namen »Norwegisches Polarinstitut« (Norsk
Polarinstitutt). Diese Institution entsendet jedes Jahr Expeditionen in einer
Stärke von 50 Personen. Sie haben in Svalbard die Aufgabe, Kartierungen auf
See und an Land vorzunehmen und geologische, geophysische und biologische
Untersuchungen durchzuführen. Das Institut, das eine ganzjährige wissenschaftliche Station in Ny-Ålesund hat, gibt regelmäßig seine Schriften und
Mitteilungen (Skrifter und Meddelser) sowie See- und Landkarten, Jahrbücher
und Polarhandbücher heraus. Dank dieses norwegischen Instituts, das hohes
internationales Ansehen genießt, ist Svalbard heute eins der am besten er-
forschten Polargebiete der Welt.

Verwaltung

Das Verwaltungszentrum für Svalbard befindet sich in Longyearbyen, einem
Ort, der seinen Namen nach dem Amerikaner John Longyear erhielt, der
zwischen 1904 und 1916 die dortigen Minen ausbeutete. An der Spitze der
Verwaltung steht der Sysselmann, der der Polarabteilung des Justizministe-
riums unterstellt ist. Sein Amtsbereich umfaßt die Aufgaben als Regierungspräsident, Polizeipräsident und Notarius Publicus. Svalbard untersteht der
norwegischen Zivil- und Strafgesetzgebung. Andere Gesetze haben nur dann
Gültigkeit, wenn besondere Bestimmungen darüber getroffen wurden. Longyearbyen hat eine Grund- und Jugendschule, das kleine Svalbard-Museum,
das 1981 eröffnet wurde, und eine Kirche. Der Pastor der Kirche ist für die
kirchlichen Dienstleistungen im ganzen Gebiet von Svalbard verantwortlich.

Verkehr und Tourismus

Die Hauptverkehrsverbindung zwischen Svalbard und dem norwegischen
Festland bestreitet seit 1975 die SAS mit Flügen von Tromsø nach Longyearbyen. Die in früheren Jahren von Juni bis August nach Svalbard fahrende
Hurtigroute hat diesen Verkehr eingestellt. Der interne Verkehr ist wenig
ausgebaut. Die Russen haben in der Nähe von Barentsburg Landeanlagen für
Hubschrauber gebaut und benutzen große Hubschrauber für die Strecken
zwischen ihren Niederlassungen und dem Lufthafen von Svalbard. In Longyearbyen verfügt der Sysselmann über einen Hubschrauber für Inspektions-
und Rettungsflüge. Periodenweise können in Longyearbyen Kleinflugzeuge

für Flüge nach Ny-Ålesund, wo ein nur 800 m langes Rollfeld vorhanden ist, und nach Svea mit einem noch kürzeren Rollfeld, gemietet werden. In Longyearbyen ist »Svalbard Radio« die Hauptstation für Fernmeldeverbindungen. Es gibt dort auch eine lokale Radio- und Fernsehstation.

Wegen des Mangels an Hotels ist der Individualtourismus nach Svalbard so gut wie unmöglich. Jedoch werden regelmäßig Kreuzfahrten dorthin gemacht. Reiseunternehmer bieten auch Gruppenfahrten nach Svalbard an. Reist man mit einer solchen Gruppe, muß man beachten, daß das Wetter dort sehr schnell umschlagen kann. Deshalb sind bei Touren und kleinen Expeditionen wetterfeste Kleidung mitzunehmen, festes Schuhwerk, Notproviant, Karten, Kompaß und Signallampen, kurz alles das, was bei schwierigen Terrainverhältnissen und unberechenbarem Wetter nötig ist. Das Wetter kann auch längere Zeit hindurch Rettungsaktionen verhindern.

Kampiert man im Zelt oder in einer Hütte, ist besondere Vorsicht vor Eisbären geboten. Man darf den Bären niemals an sich locken, Fressen für ihn auslegen oder ihn vom Boot oder aus dem Hüttenfenster oder der Zeltöffnung zu füttern versuchen. Der Bär greift ohne Warnung an. Abfall muß man mehr als 100 m von der Hüttentür oder Zeltöffnung in gerade Linie plazieren, um vor Überraschungsbesuchen gesichert zu sein. Muß man in Notwehr auf ihn schießen, darf man nie auf den Kopf zielen. Der Schuß verfehlt meist sein Ziel wegen der ständigen Bewegung des Kopfes. Immer nur auf Schulterpartie und Brust schießen. Der erlegte Bär muß sofort dem Sysselmann gemeldet werden. Schädel und Fell dort abliefern! Telefon des Kontors des Sysselmanns: 1-730 / 1-731. Wachtelefon von sonnabends 12.00 Uhr bis montags 8.30 Uhr: 444. Turm des Svalbard Lufthafens: 0–40.

Weitere Routen in Norwegen

Schiffstour Bergen-Flåm

Von Bergen aus empfiehlt sich eine Schiffstour nach Flåm.
An jedem Sommermorgen kann man von Bergen mit einem Schiff um 8 Uhr abfahren, ist in *Balestrand* um 11.50 und in *Flåm* um 13.45 Uhr. Um 15.15 Uhr kann man Flåm wieder verlassen und um 21 Uhr in Bergen sein. Eine tagesfüllende, ein wenig schnelle Reise, geeignet für Touristen, die ihrem Bergen-Aufenthalt nur noch einen Tag anhängen können. Das Schiff nimmt 170 Passagiere auf. In dem Billettpreis, der nicht niedrig ist, ist eine Mahlzeit eingeschlossen. Die Tour zerfällt in drei Abschnitte: zu Beginn fährt man durch die reizvollen, engen Passagen des Schärengürtels und der Strömungen nördlich von Bergen, von denen der Alværstraum besonders beachtenswert ist. Dann folgt die ein wenig eintönige Fahrt über den äußeren Sognefjord, die man getrost im Speisesaal verbringen kann. Während dieser Zeit läuft das Schiff Lavik an. Dort gehen Reisende, die nach Sunnfjord und Nordfjord wollen, an Land. Schließlich kommt der dritte und wohl erlebnisreichste Abschnitt dieser Fjordreise, bei der das Schiff in den mittleren und inneren Teil von *Sogn* einfährt.
Man erreicht Balestrand, den vielbesuchten Touristenort des Sognefjords, der auf einer fruchtbaren Landzunge an der Einfahrt zum Fjærlandsfjord umgeben von mächtigen Bergen liegt. Von Balestrand gibt es eine tägliche Schiffsverbindung nach Fjærland, einem idyllischen und autofreien Ort zwischen Fjord und Gletscher. Der Jostedalsbre schickt zwei seiner Gletscherarme, den Bøya- und Suphellebre, herunter nach Fjærland.
Nach Balestrand macht das Schiff in **Leikanger** fest. Der Ort ist ein Mittelpunkt für den Obstanbau dieser Gegend. Es gibt dort nicht weniger als 60 000 Obstbäume. Aufgrund eines günstigen Klimas wachsen auch Aprikosen, Pfirsiche und Walnüsse. Ein Mammutbaum aus der Sierra Nevada mißt 25 bis 26 m und ist über 100 Jahre alt. Die »Skrivareiki« ist ungefähr genau so groß, aber dieser Eichbaum soll 1000 Jahre alt sein. Der *Balderstein* ist mit seinen 8 m einer der höchsten Bautasteine des Landes. Die *Leikanger kirke* wurde um 1250 errichtet, aber mehrmals umgebaut. Heute bietet sie das Bild einer Kirche des 17. Jahrhunderts. Altartafel und Kanzel sind von 1605. Ein Teil des

Inventars befindet sich in verschiedenen Museen. Am Pfarrhof stehen 10 seltene Baumarten. Die Kirche ist den ganzen Tag über geöffnet. Der *Leikanger Pfarrhof* (das alte Gebäude steht im Folkemuseum) hat einen Garten mit einem 200 Jahre alten Lebensmittelspeicher (stabbur), Gesindeunterkunft und Kochhaus.

400 m westlich der Kirche (auf der Südseite der Straße) findet man den *Baldershage* (Balders Garten), der jetzt Obstgarten ist und eine der größten Stechplamen besitzt. Der Baldershage ist aus der »Fridtjofs saga« bekannt, die von dem schwedischen Romantiker Esaias Tegnér (1782–1846) in freier Dichtung zu seinem auch in Deutschland überaus stark verbreiteten Epos der »Frithiofs Saga« gestaltet wurde, der Goethe einst höchstes Lob zollte. Fridtjof beging den Frevel, daß er den heiligen Hain des Gottes Balder (Baldur) betrat, um dort seine geliebte, jedoch mit einem anderen Mann verheiratete Ingeborg zu besuchen. Fridtjof mußte den Frevel büßen. Doch Ingeborgs alter und edler Mann überließ dem jungen Fridtjof auf dem Sterbebett Frau und Reich.

Von Leikanger hat man eine gute Aussicht auf Feios und das Rambera Fjell und kann viele interessante Ausflüge in das umliegende Gebiet machen.

Das Schiff verläßt die Stadt und fährt in den großartigen Aurlandsfjord, womit wohl der spannendste Teil dieser Reise beginnt.

Flåm ist die Endstation der berühmten »Flåm-Bahn«. Selbstverständlich kann man von hier mit ihr nach Myrdal (Bergen-Bahn) und von dort nach Bergen zurückfahren. Das wäre eine großartige Kombination dieser Tour. Wer aber mit demselben Schiff von Flåm zurück nach Bergen will oder muß, hat immerhin noch Zeit für eine Spaziertour im Flåmsdal.

Die *Flåm kirke* stammt aus dem 17. Jahrhundert (ca. 1660). Zu ihr hat der Kirchendiener den Schlüssel. Ein *Bautastein* steht im Hain von Fretheim. In der Umgebung von Flåm ist wohl der Flåmsstrom (Flåmsvassdraget) am sehenswertesten, der mit seiner 44 km Länge von einer 1500 m ü. d. M. liegenden Höhe zum Fjord herunterfließt. Er hat wilde und idyllische Passagen und war schon immer fischreich, man wird dort verschiedene Anglerplätze finden.

In einigen Jahren wird Flåm eine neue Aufgabe als Durchgangsort der E 68 (Bergen-Oslo) bekommen. Die Arbeit an dem Tunnel Flåm-Undredal begann im Herbst 1980. Es wird 5 km lang sein und soll nicht vor 1987 fertig werden.

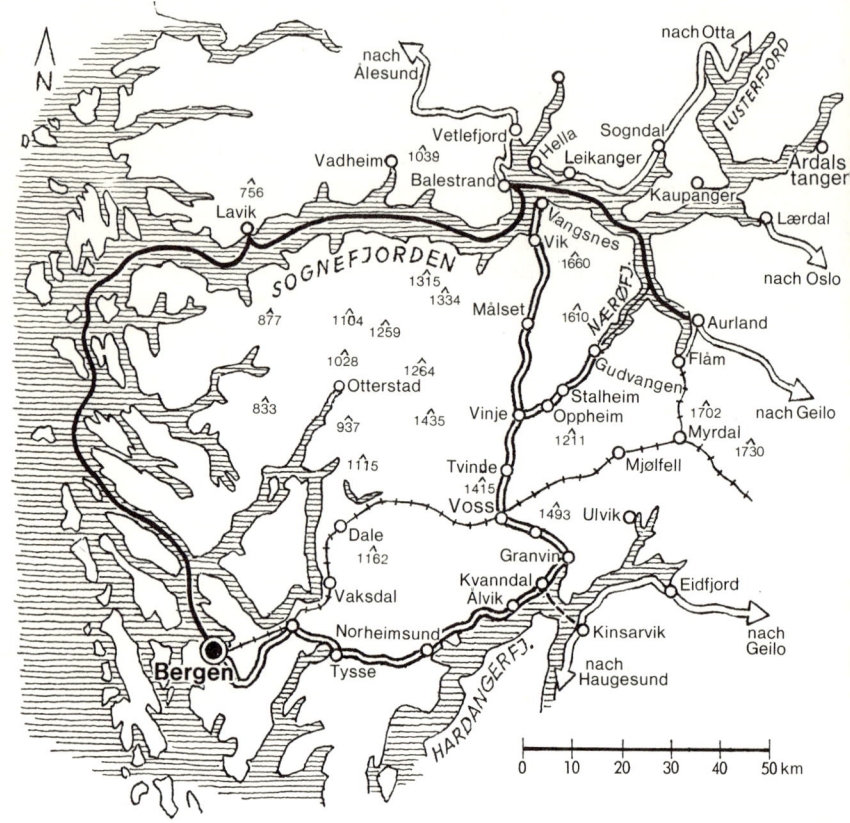

Bergen-Voss-Balestrand und Variationen

Von Bergen kann man nach Balestrand auf verschiedene Weise reisen.
Hier werden die üblichen Straßen beschrieben, die Autofahrer via Hardanger
und Voss nach Gudvangen und Vangsnes benutzen. Will man die Tour
variieren, kann man die Reichsstraße 13 von Trengereid via Dale nach Voss
wählen.

Von Kvanndal fährt man am Granvinfjord entlang nach Granvin, der Endstation der Hardangerbahn. Längs der E 68 kommt man zur *Granvin kirke* (18. Jh.) und zum Granvin Campingplatz.

Empfohlen wird ein Abstecher auf der Reichsstraße 572 über das Fjell. Man kommt am Espelandsdalen Campingplatz vorbei und nach **Ulvik**. Ulvik, in schöner Umgebung gelegen, ist der größte Touristenort in Hardanger. Er verfügt über eine Reihe von Hotels und besitzt eine Kirche von 1858. In Hjeltnes, nicht weit von Ulvik, liegt die Staatliche Gärtnerschule. In Osa, 9 km von Ulvik, befindet sich der Wasserfall Røykjafossen. Von Bruravik nach Brimnes geht eine Auto-Fähre (10 Min.).

Auf der E 68 kommt man am Seim Campingplatz vorbei und fährt auf kurvenreicher Straße hinauf nach Skjervet, um den schönen Wasserfall *Skjervefossen* zu sehen.

Weiter vorbei am Denmo Gästeheim und Flatlandsmo Campingplatz (Hütten) erreicht man jetzt **Voss** (ca. 6000 Einwohner). Die Stadt an der Bergen-Bahn ist ein großer Touristenort, dessen Zentrum 1940 zerstört, später modern wiederaufgebaut wurde. Vossevangen ist der größte Wintersportort im Vestland. Voss hat mechanische Industrie, Holz- und Trikotagenmanufaktur, Sägewerks- und andere Holzbetriebe, Beton- und Steinindustrie, Käserei- und Fleischindustrie. An Schulen verfügt Voss u. a. über eine Volkshochschule und eine Landwirtschaftliche Schule. Nonnen des Franziskanerordens von der Xavier Kongregation haben in der St. Olafs-Kapelle ihr Meditationscenter. Fast mitten im Ort liegt eine der ältesten Kirchen des Landes, die *St. Michaelskirche*. Sie wurde in den Jahren 1271 bis 1277 gebaut an einer Stelle, an der 1023 der heilige Olaf eine Holzkirche hatte bauen lassen. Der achteckige Turm besteht aus riesigen Holzbalken und wird mit Holznägeln zusammengehalten, während die Kirche selbst ein Steinbau ist, dessen bis zu 1,5 m starke Wände aus Schiefer gemauert sind. Das überaus stimmungsvolle Innere wird beherrscht von dem Altar, den der Bergener Rubensschüler Elias Fiigenschoug bemalt hat. Die Altartafel mit dem Vorstück stammt aus dem Spätmittelalter. Beachtenswert ist der eigenartige Aufgang zur Kanzel und die holländische Leuchtkrone im Chor aus dem Jahr 1614. Östlich der Kirche steht das *Olafskreuz* zur Erinnerung an die Christianisierung der Vossinger im Jahr 1023. In dem vor dem Krieg abgerissenen alten Pfarrhaus war Ludwig Holberg Hauslehrer.

Die Michaelskirche ist im Sommer von 9–19 Uhr geöffnet.

Zur Erinnerung an den Maler Knud Bergslien (1827–1908), den Bildhauer Brynjulf Bergslien (1830–1898) und deren Neffen und Maler Nils Bergslien (1853–1928) wurde der *Bergslienstein* errichtet. Von Nils Bergslien befindet sich an der Tinghuswand ein reitender Brautzug in Bronze (in Holz auf dem Mølstertun).

Das *Folkemuseum* von Voss (Voss folkemuseum) ist ein besonders gut erhaltenes Freilichtmuseum auf dem Mølstertun. Die Häuser, die dort stehen sind in den letzten 400 Jahren gebaut. Einen Kilometer westlich der Stadt liegt Norwegens vermutlich ältester profaner Holzbau, das *Finneloftet*, das zu einem mittelalterlichen Adelsgut gehörte. Auch das *Nesheimtun* ist ein Freilichtmuseum und gehört zum Voss folkemuseum. Es liegt an der Ostseite des *Lønavatn*, ca. 10 km nördlich vom Stadtzentrum und besteht aus 13 alten Häusern, von denen das älteste 1688 gebaut wurde. Das *Magnus Dagestadmuseum* »Rosereiret«, 1 km vom Stadtzentrum entfernt, zeigt Möbel, Holzschnitzereien, Malereien und Zeichnungen im norwegischen Stil. Alle diese Museen sind im Sommer zugänglich. Will man eine schöne Aussicht über Vossvangen und die Berge genießen, muß man mit der 1080 m langen Seilbahn zur Endstation Hangursnolten in 660 m Höhe ü. d. M. fahren (4 Min.). Man findet dort oben auch ein Restaurant.

Von Hangursnolten gibt es einen 500 m langen Sessellift zum Hangurstoppen (810 m ü. d. M.). Andre Skilifte sind in diesem Gebiet der Bavallsheisen (Sessellift von Bavallen zum Hangurstoppen, 1500 m lang, Höhenunterschied 500 m), der Slettafjellheisen und der Tråstølheisen, im ganzen 2 Skiaufzüge, 3 Sessellifts und die Gondelbahn. Während der Touristensaison ist die Hangursbahn den ganzen Tag in Betrieb.

Fährt man von Voss weiter auf der E 68, kommt man längs des Lønavatn am Tvinnofossen vorbei, passiert den Tvinde Campingplatz und den Taulen Campingplatz und kommt nach **Vinje**. Die Kirche stammt aus dem Jahr 1868. Man findet dort auch einen Gedenkstein für den Haugianer Elling Eielsen Sundve, der der erste norwegische Pastor in den USA gewesen sein soll. Von Vinje führen zwei Routen nach Balestrand. Man folgt zuerst der Route über das Vikafjell. Sie geht ins Myrkdal, vorbei am Myrkdalen Campingplatz mit Hütten, Booten und Anglermöglichkeiten und anderen Übernachtungsmöglichkeiten (Myrkdalen u. Skjervheim Fjellhütten und Helgatun Jugendheim) und in Kurven hinauf zum Vikafjell, wo man den höchsten Punkt mit 986 m ü. d. M. an der Bezirksgrenze passiert. Die Reichsstraße 13 setzt sich fort nach Storehaug, von wo man eine gute Aussicht über das Ovridsdal hat, und geht dann in Kurven hinunter nach Svingen (Aussicht über Viksbygda und den Sognefjord) und Vik. **Vik**, eine gastliche Stadt mit ca. 1300 Einwohnern, bietet seit 1670 Bewirtungsmöglichkeiten. Von Vik kommt man auf einer Seitenstraße zu der berühmten *Hopperstad Stabkirche* von 1150. Wohl das interessanteste an dieser Stabkirche ist der gotische Altarbaldachin mit geschnitzten Köpfen und Dekorationen. Die Malereien unter dem Gewölbe stellen Jesu Kindheit dar. Dachreiter und Umgang wurden während der Restaurierung wiederaufgebaut, die in den 80er Jahren des 19. Jahrhunderts der Architekt Blix vornahm. Beachtenswert bei dieser Kirche ist auch, daß man hier bereits, bevor die Andreaskreuze zur Verschwertung eingesetzt wurden, Elemente des Steinbaus nachahmte, indem man Würfelkapitelle anfertigte.

Geöffnet 16. Mai–15. September 10–18. Eintritt.

Auffallend ist, daß gar nicht weit von dieser Holzkirche eine zweite Kirche – aus Stein – steht: die *Hove Kirche*. Sie besitzt nicht nur Apsis und Chor, sondern auch einen Turm, dessen enges Portal mit englisch-normannischer Zickzackornamentik und schlanken, kleinen Ecksäulen geziert ist. Der ursprüngliche Steinbau stammt aus dem Ende des 12. Jahrhunderts und ist vermutlich der älteste Steinbau in Sogn. In den 80er Jahren des 19. Jahrhunderts wurde die Kirche von dem Architekten Blix gekauft und restauriert. Er ist auch dort bestattet. Jedes Jahr werden dort »Olsokgottesdienste« zu Ehren des heiligen Olaf abgehalten, der am »Olsoktag«, dem 29. Juli starb.

Geöffnet: 20. Juni–20. August 10–16. Eintritt.

Noch eine dritte Kirche soll in der Nähe gestanden haben, ist aber verschwunden. Die Erklärung für das dichte Nebeneinander einiger Kirchen dürfte wohl darin liegen, daß die Stabkirche früher in privatem Besitz war und nur für die Mitglieder der Familie zugänglich, während die anderen Bewohner der Gegend in die Pfarrkirche zum Gottesdienst gingen.

Zurück zur Reichsstraße 13, auf der man nach **Vangsnes** kommt. Dort sieht man oberhalb des Hafens eine Kolossalstatue. Der 12 m hohe Bronzeheld ist der sagenhafte Fridtjof, der hier zu Hause gewesen sein soll. Er steht auf einem 14,5 m hohen Granitsockel. Die Statue stammt von dem deutschen Bildhauer Max Unger, der sie für Kaiser Wilhelm II. schuf, welcher sie wiederum 1913 den Norwegern schenkte. Wilhelm II. half nicht nur bei Katastrophen, sondern stiftete auch jedesmal, wenn er in Trondheim war, Geld für den Wiederaufbau des Nidarosdoms. Er ließ es sich bei solchen Besuchen nie nehmen, in der Kirche sich die von Rikard Nordraak komponierte Nationalhymne »Ja, vi elsker dette landet ...« auf der Orgel vorspielen zu lassen. Die in fast 25 Jahren durchgeführten »Nordlandreisen« des letzten deutschen Kaisers trugen dazu bei, daß der deutsche Tourismus nach Norwegen bis 1914 stark anstieg und zuletzt den englischen übertraf. Jedoch war diesen steten Bemühungen des Kaisers kein bleibender politischer Erfolg beschieden. Trotzdem bewahrt man in Norwegen noch heute durch eine Reihe von Erinnerungsstätten sein Andenken. Das bedarf im Hinblick auf die Zeit der Hitler-Okkupation des Landes besonderer Beachtung.

In Vangsnes erinnert noch mehr an Fridtjof. So der »Fridtjovs haug« in der Südostecke des Parks bei der Statue und der »Ingeborgs haug« auf der Ostseite des Parks. Dem Besucher des Ortes stehen eine Reihe von Übernachtungsmöglichkeiten zur Verfügung. So die »Vangsnes Pension«, die »Fridtjovs Herberge«, der »Vangsnes Campingplatz« und die Jugendherberge. Auf die andere Seite des Fjords fahren verschiedene Fähren: die Autofähren nach Hella (15 Min.), nach Dragsvik (20 Min.) und Balestrand (direkt 20 Min.) Meistens nimmt man die Fähre nach Dragsvik und fährt um den Fjord (9 km) nach Balestrand.

Nicht weniger interessant als die Tour über Vikafjellet ist die alternative Route Vinje-Gudvangen-Balestrand. Von Vinje fährt man zuerst auf der E 68 nach **Oppheim**, einem Sommer- und Wintersportort für Touristen und Skifahrer mit Sessellift zum Bergshovden, mit einer Länge von 717 m (Höhenunterschied 270 m). Dort gibt es ein *Freilichtmuseum* mit 300 Jahre alten merkwürdigen »Reihenhäusern« (ältester Teil von 1665) und der *Upheim Kirche* von 1860.

Dann geht es weiter längs des Oppheimsvatn via Hagatun Campingplatz nach **Stalheim**, den Ort, der durch das berühmte Gemälde von J. C. C. Dahl »Ausblick von Stalheim« in die Kunstgeschichte des Nordens eingegangen ist. Auch hier hielt sich Wilhelm II. gern auf. Er traf sich nicht nur mit dem norwegischen König, sondern bewunderte auch die Ausläufer des Sognefjords, was die Touristen heutzutage bequem von den Sesseln einer Hotelhalle tun können. In einer 550 m tiefen Schlucht bildet der Stalheimfoss einen 126 m lotrechten Fall. Oben auf dem Stalheimskleivi steht der *Sivlestein* zur Erinnerung an den Dichter Per Sivle (1857–1904), dessen größte Prosaarbeit der Roman »Streik« ist, der in der norwegischen Literatur besondere Bedeutung hat, weil er zum erstenmal die Arbeiterklasse »von unten«, d. h. mit den Augen der Streikenden schildert.

Sehenswert ist auch das *Stalheim Museum* mit seinen über 20 Gebäuden und 2000 Exponaten.

Die E 68 führt mit 13 Kurven nun hinunter und kommt am Sivlefoss vorbei. Direkt über diesem Wasserfall liegen die Sivlegårdene, wo Per Sivle als Junge wohnte. Stalheimskleivene ist Sommerstraße, seit 1980 führt eine Ganzjahresstraße durch zwei Tunnel (zusammen 2,2 km). Der Sivletunnel ist 1160 m lang.

Die Route folgt nun der Nærøyelva, vorbei am Gudvangen Campingplatz zu dem kleinen Strandort Gudvangen am Ende des Nærøyfjords. Über Lærdal-Gudvangen ging die Postroute zwischen Christiania und Bergen. Dort standen vor der Zeit des Autos manchmal 500 Wagen und warteten auf eine Überfahrt, wenn ein Schiff in den Fjord kam. Über den Fluß geht eine Brücke. Nach Ramsøy führt ein Weg. Dort hat man die beste Aussicht am Fjordende. Direkt oberhalb liegt der Kjelsfoss, auch »Brautschleier« (Brudesløret) genannt. In der Nähe von *Ramsøy* soll der Wikingerhäuptling Karl (oder Kalv) begraben sein. Die Autofähre nach Aurland braucht 1½ Stunden, nach Kaupanger 2 Stunden und nach Revsnes (Lærdal) 2¼ Stunden. Den Nærøyfjord genießt man am besten von Bord der Fähre. Er ist einer der wildesten und schönsten

Fjordarme, die es in Norwegen gibt. Umgeben von ca. 1200 m hohen Bergen und nur 500 m an der schmalsten Stelle breit, sieht man die prachtvollsten Wasserfälle in den Fjord stürzen. Die Fähre hat Verbindung mit dem Schiff nach Balestrand. Autotouristen fahren mit der Fähre nach Kaupanger und setzen die Reise dann auf der Reichsstraße 5 fort.

Otta-Lom-Balestrand

Touristen, die zu den Fjorden des Vestlands wollen, werden diese Route wohl immer in Erinnerung behalten. Sie ist eine der schönsten in ganz Norwegen. Der Weg führt durch *Vågå* und *Lom*, wo man Höfe sieht, die aus den berühmten norwegischen Volksmärchen stammen könnten. Es geht durch das

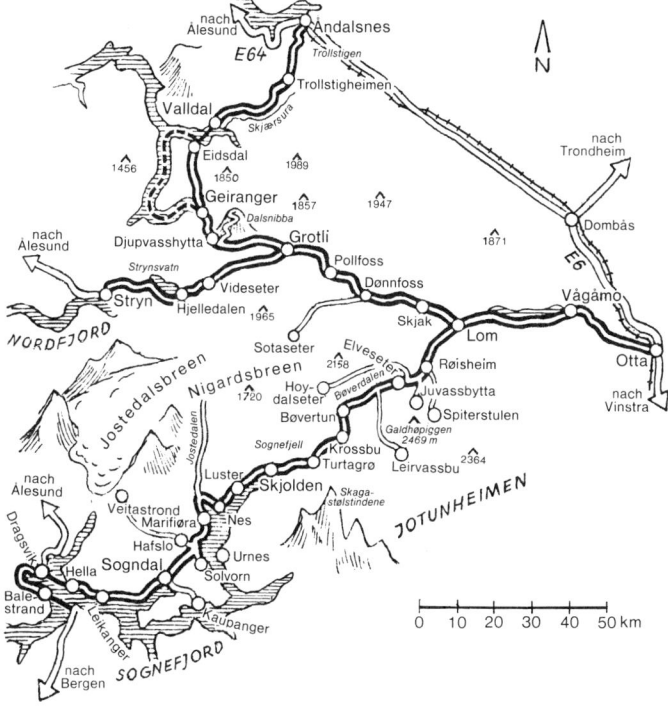

malerische Bøverdal, hinein nach Jotunheimen und über Nordeuropas höchsten Gebirgsübergang (1440 m ü. d. M.). Dann fährt man auf einer faszinierenden, kurvenreichen Straße hinunter zum Sognefjord und an ihm entlang mit großartigem Ausblick auf Balestrand.

Jetzt folgt man der Reichsstraße 15 am *Øyhusviken Campingplatz*, an *Lalm* mit Talksteinbruch und dem Großhof Tolstad vorbei nach *Vågåmo* (ca. 1100 Einw.). Dort ist u. a. Möbel- und Holzindustrie zuhause. Vom Ortsrand führt ein 1835 m langer Skiaufzug zum Gipfel des Berges *Jetta*, von 650 m ü. d. M. bis ungefähr 1000 m ü. d. M.

Die *Vågå kirke* war ursprünglich eine Stabkirche, St. Peter geweiht und 1130 zum erstenmal erwähnt. 1625 wurde sie von *Werner Olsen* zur Kreuzkirche umgebaut und später die hölzerne Sakristei und der Glockenstuhl hinzugefügt.

Von der alten Stabkirche stammen die geschnitzten Portale und die dekorierten Wandplanken. Taufstein und das große Kruzifix sind aus dem Mittelalter, die mit Schnitzwerk versehene Kanzel von 1630, die Akanthusdekoration der Altartafel von 1674. Der Sage zufolge soll der heilige Olaf diesen Kirchenbau initiiert haben, indem er einem Bauern Wald und Ländereien versprochen habe, wenn dieser eine christliche Kirche bauen lasse.

Geöffnet: im Sommer 9–16. Kirchliche Handlungen beachten.

Gegenüber der Kirche steht ein Gedenkstein für den Dichter Edvard Storm (1749–1794), Pfarrerssohn und hier aufgewachsen, der als einer der ersten norwegischen Dichter im Dialekt schrieb (Døleviser im Gudbrandsdals-Dialekt). Auch der Lokalhistoriker Ivar Kleiven ist hier in Stein verewigt. Er lebte von 1854 bis 1934, und seine Bücher sind wohl die wichtigsten, die über norwegische Bauernkultur geschrieben wurden. Die »Riesenpforte« (Jutulporten), ca. 25 m hoch, mit Einkerbungen in den Schieferlagen, im Prestberg nördlich der Kirche, ist mit der Welt der norwegischen Volksmärchen verbunden. *Bygdetunet Jutulheimen*, das Freilichtmuseum des Ortes, verfügt über mehrere alte Häuser aus Vågå. Ein weiteres Heimatmuseum ist der 2 km vom Ort entfernt liegende *Håkenstad gård*, dessen Hauptgebäude 1981 abbrannte. Die meisten dort stehenden Häuser stammen aus dem 18. Jahrhundert; sie sind für Besucher nicht zugänglich. *Ole Håkenstad* war Stortingsmann (1814–1842) und ein Freund von Henrik Wergeland, der ein kleines Buch über den Politiker und Großbauern schrieb.

Eine andere schöne Anlage ist *Valbjør* am *Øvrevei* auf der Nordseite des *Vågåmo*, ca. 4 km von Vågåmo entfernt, der erste Versuchshof des Landes für Ziegen. Dort stehen zwei alte Wohnhäuser und drei Vorratshäuser (stabbur). Am Øvrevei (Kvarberg) und Nedrevei (Helle) findet man noch andere schöne alte Häuser. Viele Künstler haben sich von Vågå angezogen gefühlt. *Erik Werenskiold* ging 1894 dorthin, um norwegische Volksmärchen zu illustrie-

Männerkopf am Osebergwagen. Ca. 800. Universitetets Oldsaksamling ▷

Til Sövnen osk 795

For Prædiken 723

Efter Prædiken 805

Til Beslutning 791

ren. Im selben Sommer sammelte sich eine ganze Künstlerkolonie um den großen Maler dieser Landschaft, *Kristen Holbø.*

Bei der Weiterfahrt kommt man längs des Vågåvatn nach Randen, wo man auf der Reichsstraße 51 nach Bygdin und Fagernes gelangen kann.

Auf der Reichsstraße 15 fährt man nach *Garmo.* Direkt an der Bushaltestelle liegen Garmogårdene und *Garmotræet* mit *Hamsunstuggu,* wo *Knut Hamsun* (1859–1952) geboren wurde. Dort sind noch Gebrauchsgegenstände und Möbel seiner Eltern zu sehen (Täglich während der Touristensaison geöffnet, Eintritt). Der Gedenkstein wurde zum 100. Geburtstag des Dichters am 4. August 1959 errichtet.

Die alte Stabkirche von Garmo steht heute im *Maihaugen-Museum* von Lillehammer. Die jetzige Kirche ist ca. 100 Jahre alt.

Der nächste sehr bekannte Ort dieser Route ist *Lom* (700 Einw., 2700 in d. Kommune). Lom ist ein aufstrebender Touristenort mit etwas Möbelindustrie, Mühle, Post, Bank, Arzt, Autowerkstatt und einigen Schulen.

Loms größte Berühmtheit aber basiert auf seiner *Stabkirche* (Lom stavkirke). Sie wurde 1240 zum erstenmal erwähnt, ist aber wesentlich älter. Geweiht wurde sie der Jungfrau Maria, Johannes dem Täufer und dem heiligen Olaf. Im Innenraum tragen 20 gleichgroße Säulen eine große Rundbogenempore. Die Zwischenräume sind durch gekreuzte Balken abgestützt. Im 17. Jahrhundert wurde die Kirche nach Westen verlängert und zur Kreuzkirche erweitert. 1933 ist sie restauriert worden. Kanzel und Chorbogen stammen aus dem 18. Jahrhundert und sind mit Akanthusblättern dekoriert. Weitere Malereien stammen aus derselben Zeit. Dach und Giebel sind mit Holzschindeln bedeckt und ihre Enden schmücken Drachenköpfe. Das Portal des Nordflügels verfügt über Pfeiler und Archivolten, die mit Ranken- und Tierornamentik verziert sind. Stilelemente dieser Kirche sind verwandt mit denen der Kirchen in Sogn.

Besichtigung: 15. Juni – 15. August, nicht während kirchlicher Handlungen. Kein Eintritt.

Zwischen Schule und Kirche steht ein Denkmal für Olav Aukrust (1883–1929), einem großen nationalen Dichter dieses Gebiets. Es wurde von Dyre Vaa geschaffen. Ein anderer Dichter hat hier sein Grab gefunden: Tor Jonsson (1916–51). Er war der Sprecher der kleinen Leute, der Häusler und der Armen dieser ländlichen Bevölkerung. Sehenswert ist noch das *Lom bygdemuseum* mit Glømsdalstuggu von 1761 und St. Olavstuggu, wo, der Sage zufolge der heilige Olaf übernachtet haben soll. Im Museum gibt es auch eine Aukrustsammlung. Beim Museum befindet sich *Storstabburet,* das das Kornmagazin dieser Gegend war. Das *Fossheim turisthotell* stellt ein Stück Kulturgeschichte dar. Es besitzt alte Bauten, u. a. Gaukstadstuggu von 1648, mit Rosen bemalte Schränke, Holzschnitzereien und eine geologische Sammlung. Weitere Über-

◁ *Interieur der Stabkirche von Rødven*

nachtungs- und Wohnmöglichkeiten bieten außer dem *Fossheim turisthotel und motell*, die *Fossbergom turiststasjon, Upphov overnatting* und verschiedene Campingplätze mit einer Reihe von Hütten (Lom camping, Nordal camping, Fossberg camping).

Von Lom fährt man weiter ins Bøverdalen und folgt der Bøvra vorbei am *Sulheim Gård og Camping* zum *Røisheim Hotell* mit seinen malerischen Bauten. Eine Schrankenstraße (bomvei) führt nach *Spiterstulen* (12 km) (Tagesausflug nach dem Svellnosbre).

Die Reichsstraße 55 setzt sich fort zum Zentrum des Vøverdals, *Galdesand*. Die Bøverdalen Jugendherberge (Bøverdalen UH) ist vom 20. Juni bis zum 10. September geöffnet. Dort befindet sich auch der *Galdesand Campingplatz*. Die *Bøverdal kirke* stammt aus dem Jahr 1864. Eine beschrankte Straße (bomvei) führt in starken Steigungen via *Raubergstulen* mit Campingplatz und Hütten zur *Juvasshytta* (15 km). Ein Tagesausflug zum Galdhøpiggen, Norwegens höchstem Berg (2469 m) kann empfohlen werden – 3 Stunden hinauf und 2 hinunter.

Die Reichsstraße 55 führt jetzt ins Leirdalen, passiert Elvester, einen alten Großhof, der zum Touristenhotel umgebaut wurde (Fjellro Turistheim) und steigt an zum Leirvassbudelet. Beschrankte Straße (bomvei) nach Leirvassbu (Jotunheimen Fjellstue). Weiter nach vorn zweigt eine Nebenstraße nach Høydalseter (8 km) ab.

Weiter geht es zu bekannten Touristenorten im Breiseterdalen wie Bøvertun und Krossbu und steigt steil hinauf zum Sognefjell und dem höchsten Punkt der Straße mit 1440 m ü.d.M. direkt an der Bezirksgrenze (fylkesgrensen) und Sognefjellshytta. Weiter über das Sognefjell mit großartiger Aussicht auf Gletscher und Zinnen nach *Hervassdammen*, wo man die Steinhütte sehen kann, in der 1862 Henrik Ibsen übernachtete. Drei Tage und drei Nächte lang lag er dort, zusammen mit dem Bergführer Sølfest Saue, während einer Wanderung über das Sognefjell aufgrund schlechten Wetters fest. Die Hütte – Steinbua (Hervassbu) –, die als Übernachtungsstätte an der alten Straße erbaut worden war, wurde später restauriert. Aber schon andere Dichter und Schriftsteller sind hier vor Ibsen gewandert; so Ludvig Holberg als Junge, nachdem er seinen Onkel, der Pastor in Fron war, besucht hatte. Auch Henrik Wergeland war 1832 hier gewesen, und zehn Jahre später (1842) wanderte P. Chr. Asbjørnsen durch diese großartige Landschaft.

Die Straße fällt jetzt gradweise ab; bevor man das Turtagrø Hotell erreicht, kann man vom Oscarshaugen die schöne Aussicht genießen.

Das Turtagrø Hotell ist ein Hochgebirgshotel. Dort befindet sich auch das Zentrum für den alpinen Klettersport in den Skagastølstindene (Kletterschule). Store Skagastølstind ist mit ihren 2405 m Norwegens dritthöchster Gipfel. Er wurde 1876 zum erstenmal von dem englischen Alpinisten Wm. C.

Slingsby bestiegen. Unter Store Skagastølstind liegt eine nicht bewirtschaftete Baude (Unterkunftshütte) des D. N. T. (Schlüssel im Turtagrø). Nach Øvre Årdal führt eine private Autostraße durch Berdalen, Langedalen und Fardalen. Im Hotel kann man Angelscheine erwerben. Die Tour führt nun durch ihren schönsten Teil auf einer kurvenvollen Strecke, dem Slyngvei, mit prachtvoller Aussicht hinunter nach Fortun. 1883 wurde die alte Stabkirche abgerissen und in Fantoft bei Bergen wieder aufgebaut. Auf einer schlechten Straße nach Bjørk, kommt man nach 1 km zum Fortun kraftverk. Die Station liegt 200 m im Fjell. Den größten Teil der erzeugten Kraft liefert man an das Aluminium-Werk in Årdal.

In Fortsetzung der Route kommt man am Vassbakken Campingplatz vorbei und erreicht den Strandort *Skjolden* im Inneren des Gebiets des Sognefjords. Der Ort liegt in einer schönen Wasser- und Berglandschaft, und man kann von dort in die Berge wandern, Boot fahren, segeln und Lachse fangen. Das Skjolden Hotell bietet dort Unterkunft. Die Skjolden UH (Jugendherberge) ist vom 1. Juni bis zum 1. September geöffnet.

Längs des Lusterfjords erreicht man **Luster**, von wo man auf einer kurvenreichen Straße und auch mit einer Drahtseilbahn zum ehemaligen Sanatorium (ca. 500 m ü.d.M.) kommt, das jetzt Pflegeheim für geisteskranke Menschen ist. Luster mit ca. 200 Einwohnern ist dank seines milden Klimas Luftkurort. Sehenswert ist dort die *Dale kirke*, eine mittelalterliche Steinkirche im gotischen Stil mit einem schönen Westportal. Im Chor und im Schiff wurden unter den 1600 entstandenen Fresken mit Bibelszenen ältere Malereien aus dem 13. Jahrhundert entdeckt. Das Kruzifix der Kirche stammt aus dem Mittelalter, die Kanzel und einige Epitaphe datieren in das 17. Jahrhundert, die Altartafel ist von 1708.

Auf den Weg nach Gaupne (ca. 600 Einwohner, Zentrum der Großkommune Luster), einem Ort mit einer alten Kirche aus Holz mit gut bewahrtem Renaissanceinterieur (Mitte d. 17. Jahrhunderts) und einem Portal der alten Stabkirche sowie farbfrohen Blumenranken, gemalt von Nils Maler, kommt man bei **Flahamar** vorbei. Der *Flahamar gård* ist ein unter Denkmalschutz stehender alter Beamtenhof, auf dem Ludvig Holberg Hauslehrer bei dem Oberst von Krogh war.

In *Nes,* das man bald nach Flahamar erreicht, hat man eine gute Aussicht auf den Lusterfjord. Direkt über dem Fjord sieht man den Feigumfoss mit seinem 218 m senkrechten Fall. Dieser Wasserfall ist der vierthöchste in Norwegen. Am innersten Teil des Fjords sieht man Skjolden, am äußersten *Urnes*, wo die berühmte Stabkirche steht. Um zu ihr zu gelangen, kann man bequem eine kurze, direkte Schiffsverbindung von dem Badeort Solvorn am Lusterfjord hinter Gaupe an einer kleinen nach links abbiegenden Nebenstraße benutzen. Will man längere Zeit dort bleiben, findet man gute Unterkuft in Walakers

Hotell og Motell, von wo Motorbootfahrten über den Fjord nach Urnes vermittelt werden.

Aber es gibt auch einen anderen Weg nach Urnes: eine Bezirksstraße, die von Skjolden abbiegt, wobei man dann den Fjord zur rechten Hand hat. Diese Bezirksstraße führt nach Kroken und wurde 1982/83 nach Urnes verlängert. Benutzt man sie, sollte man auf jeden Fall zuerst in Kroken Rast machen. Im *Krokedal* hat man nämlich 1705 Gold, zusammen mit Kupferresten, gefunden. Da alle edlen Metalle dem König gehörten, wurde das private Fördern verboten. Die Gruben »Gabe Gottes Grube« und »Königsgrube« wurden 1723 stillgelegt, da die dortige Arbeit in 1300 m Höhe ü.d.M. zu schwierig wurde. Die Geschichte des alten Großhofs Kroken kann bis ungefähr 1300 zurückverfolgt werden, als dort der Ritter Alf wohnte. Von ca. 1450 bis 1635 war der Hof ein privater Almhof und im Besitz der Familien Kruckow und Theiste. Der letzte Adlige reiste von Kroken in den 40er Jahren des 18. Jahrhunderts mit seiner Familie nach Dänemark. Von 1764 bis 1884 gehörte Kroken dem Munthe-Geschlecht (K. Munthe). Zur Zeit von Kaptein Gerhard Munthe (1795 – 1876) war Kroken ein kleines Kulturzentrum. Munthe selbst war Historiker und Topograph, der viele Maler der Romantik um sich versammelte. So besuchten Kroken u. a. J. Flintoe, J. C. Dahl, T. Fearnley, J. Frick und A. Tidemand. Auch ausländische Maler kamen dorthin, und Kroken hatte sogar Königsbesuch. Nachdem die Familie Munthe Kroken verkauft hatte, wurde der Hof (das große Hauptgebäude) u. a. Hausfrauenschule. Heutzutage steht er leer und ist dem Verfall überliefert. Von Kroken kommt man rasch auf die neugebaute Straße und ist in kurzer Zeit in Urnes.

Die **Urnes stavkirke** ist Norwegens älteste Stabkirche. Ihre jetzige Form stammt aus dem frühen 12. Jahrhundert mit Teilen, die vermutlich in der Mitte des 11. Jahrhunderts entstanden. Das frühere Portal, das zu den ältesten Teilen gehört, ist wegen seiner Ornamentik berühmt und stellt das Hauptstück einer eigenen Stilgruppe in der norwegischen Kunstgeschichte dar, die als *Urnesstil* bezeichnet wird.

Über die Entstehung dieses Stils, einer Ornamentik aus ausgeschnittenen Ranken und sich verbeißenden Tieren, die an die geschnitzten Formen des Oseberg-Fundes aus der Mitte des 9. Jahrhunderts erinnern und sicherlich in dessen Tradition stehen, ist viel diskutiert worden. Bereits 1904 hatte B. Salin solche Formen als wikingische analysiert. Aber vermutlich sind die alten Wikinger-Künstler bei ihren meerweiten Fahrten durch fremde Kunstarten angeregt worden. In karolingischen, besonders aber in anglo-irischen Miniaturen kann man ähnliche Muster finden. Der Wiener Kunsthistoriker Josef Strzygowski (1862–1941) hat die norwegischen Stabkirchen (und auch ihre Ornamentik) im Zusammenhang mit slavischen und asiatischen Kultbauten gesehen und sprach von einer nord-euroasiatischen Kunstform, die er der mittelmeerischen gegenüberstellte. Nun sind zwar einige norwegische Wikinger weit in den russischen Raum vorgedrungen, und die *Waräger*, schwedische Wikinger, bildeten eine Zeitlang die Leibgarde in Byzanz. Der letzte schwedische Wikingerzug in den gewaltigen Ostraum fand vermutlich um die Mitte des 11. Jahrhunderts statt, so daß zeitlich gesehen Einflüsse möglich waren. Die Frage ist nur, wie die nordischen, mit dem Bau und Ausschmücken der Stabkirchen beschäftigten Männer die künstlerischen Vorlagen erhalten haben. Überliefert ist darüber nichts.

Die Kirche von Urnes ist ein schlichter Holzbau und besitzt keinen Umgang (svalgang). Der Chor wurde 1601 verlängert und der Dachreiter 1704 gebaut. Hohe Masten und die freistehenden Andreaskreuze gibt es in der Kirche nicht. Die Stützen sind Holzsäulen mit geschnitzten Würfelkapitellen, auf denen man verschiedenartige Tiere sieht, darunter auch einen Kentaur. Auf dem Altar stehen zwei Leuchter. Sie besitzen Emailleeinlagen, die auf die französische Stadt Limoges deuten. Eine Kreuzigungsgruppe über dem Chor gehört in das 13. Jahrhundert. Aus ungefähr derselben Zeit stammt auch wohl ein eiserner Leuchter mit sieben Lichtern, der die Form eines Wikingerschiffs besitzt. Einst konnte man in dieser Kirche auch eine der frühesten norwegischen Madonnenfiguren sehen. Sie stammt aus der Mitte des 12. Jahrhunderts und ist in sitzender Stellung dargestellt. Heute befindet sich diese berühmte Holzskulptur, die in strenger Symmetrie geschnitzt wurde, im Historischen Museum zu Bergen. Die Stabkirche von Urnes ist aber nicht nur wegen ihres hohen kunsthistorischen Werts berühmt, auch ihre prachtvolle Lage in der Schönheit und Abgeschiedenheit einer großartigen norwegischen Landschaft haben ihr weit über Norwegens Grenzen großes Ansehen verschafft. Von Mai bis September kann man die Kirche besichtigen. Außerhalb dieser Zeiten wendet man sich an einen in der Nähe wohnenden Aufseher (Eintritt).

Ist man zur Urnes Stabkirche von Solvorn über das Wasser gekommen, fährt man auf die Reichsstraße 55 zurück und erreicht dann **Sogndal** (ca. 3700 Einwohner, Sogndal Kommune 5500 Einwohner), einen schön gelegenen Ort am Ufer des Sogndalfjords mit etwas Industrie (Holzwaren, Saftfabrikation, Sägewerk), einer Pädagogischen Hochschule, einer Volkshochschule und anderen Schulen. Sogndal lebt zum Teil von Lachsfischerei, vor allem aber vom Fremdenverkehr. Aber auch der Handel spielt eine wichtige Rolle. Die Stadt hat noch einige alte Bauten. Man findet dort auch einen Runenstein (1,9 m hoch) von ungefähr 1100. Es gibt in dieser Gegend viele Grabhügel. Von hier stammt auch der *Eggjumstein*, der sich jetzt in Bergen (Universität) befindet.

Ein Abstecher von Sogndal führt auf der Reichsstraße 5 über die Halbinsel zwischen dem Sogndalsfjord und dem Ardalsfjord nach **Kaupanger**, dem wichtigen Verkehrsknotenpunkt. Dort ist vor allem die *Kaupanger stavkirke*

sehenswert. Die Stabkirche, eine der schönsten in Norwegen, wurde um 1180 gebaut, 1862 umgebaut und später restauriert. Damit erhielt sie ihr Aussehen von ca. 1600, so daß sie nun wie ein Renaissancebau wirkt. Das meiste des alten Inventars wurde in die Kirche zurückgebracht. Ausgrabungen unter ihr brachten Reste von zwei älteren Kirchen zum Vorschein, von denen die ältesten auf einen Bau hinweisen, der um 1000 entstanden sein mußte.
Besichtigung: 1. Juni – 20. August 9. 30–14 – 16. 30–18. 30. Eintritt.
Sehenswert ist auch das *Sogne Folkemuseum* mit Gebäuden aus dem 18. und Jahrhundert.
Zurück nach Sogndal geht es auf der Reichsstraße 5 nun am Sogndalsfjord linker Hand, weiter nach Stedje und Fardal, wo man im Fardalen den schönen Fardalsfoss bewundern kann, und kommt dann nach Nornes.
Gegenüber diesem Ort liegt **Fimreite,** wo 1184 König Sverri über König Magnus Erlingsson siegte. J. C. Dahls Gemälde »Winter in Sogn«, das sich jetzt in der Nationalgalerie in Oslo befindet, hat sein Motiv von hier. Der Bautastein auf dem Gemälde ist einer der sieben, die alle verschwunden sind. Die Skizze, die die Vorlage für das Gemälde bildete, ist im August gemacht, so daß der »Winter« im Dresdener Atelier entstanden sein muß.
Auch der nächste Ort, an dem man Rast machen sollte, ist mit der Kunst verbunden: **Slinde**. Dort malten J. C. Dahl und Thomas Fearnley die berühmte »Slinde-Birke«, die auch Welhaven besungen hat. Der Baum, der heilig gewesen sein soll, stand dort bis 1874 auf einem Hügel. Fearnleys Bild wurde übrigens Briefmarkenmotiv der norwegischen Post. In der Gegend wurden auch mehrere Funde aus der Älteren und Jüngeren Eisenzeit gemacht.
Die nächste Station ist **Hermansverk**. Dort gibt es viele Obstgärten, und der Ort selbst ist auch auf die Herstellung von Obstkonserven spezialisiert. »Niøs« heißt der staatliche Versuchshof für den Anbau von Obstbäumen. Er ist der nördlichste dieser Art in Europa, und auf ihm macht man Versuche mit 1000 bis zu 1100 Obstarten. Beim Jugendhaus zweigt der *Kleppavei* ab, der sich in starken Windungen 5 km hinauf in die Berge schlängelt und von dem man eine prachtvolle Aussicht über den Fjord hat. Eine noch schönere Aussicht hat man, wenn man ca. 15 Minuten vom Parkplatz am Ende der Straße weiter spaziert. Bei Hermansverk, das nach dem Kaufmann Herman Brun (40er Jahre d. 19. Jh.) benannt wurde, überqueren zwei der längsten Hochspannungsleitungen der Welt den Fjord. Die eine Leitung führt von Fatlaviken mit einer Länge von 4,9 km und einer tiefsten Höhe von 60 m über den Sognefjord. Der Mast auf der Nordseite steht 780 m, der auf der Südseite (Ramnaberget) 480 m ü.d.M. Die neuere Leitung vom Ramnaberget nach Fimreiteåsen ist ca. 4500 m lang und bildet einen Teil der Vestlandske kraftsambands stamlinje, die an das Landesnetz angeschlossen ist.
Auf der Reichsstraße 5 fährt man von Hermansverk weiter nach Leikanger,

wobei man durch *Nybø* kommt, wo unterhalb der Straße ein 5 m hoher
Bautastein steht und man auch ein offenes Grab aus der Älteren Eisenzeit
findet.

Von Leikanger fährt man am alten Gemeindevorsteherhof *Supphamar* vorbei,
wo an einem Weihnachtstag Norwegens berühmtester Großdieb, Gjest Baardsen, arrestiert war, der bei der Weihnachtsfeier entfliehen und in der Nacht bis
Måren bei Høyanger kam. Die Stube, in der Gjest im Arrest saß, ist noch zu
sehen. 1845 wurde er freigelassen und reiste im Land umher, um seine
Autobiographie, die er während seiner Haft geschrieben hatte, zu verkaufen.
Sie vermittelt ein anschauliches Bild über die Mißstände des damaligen Straf-
vollzugs.

Der Kvinnefoss auf der rechten Seite der Straße wird sichtbar, und man kommt
nach Hella, einem kleinen Ferienort mit Pension und Cafeteria. Von dort fährt
die Autofähre in 10 Minuten nach Dragsvik. Sie passiert bei ihrer Überfahrt
Veganeset. Dort war in alten Zeiten die Richtstätte für Verbrecher und Hexen.
Die Köpfe der Enthaupteten steckte man auf Stangen westlich des jetzigen
Leuchtfeuers als Warnung und zur Abschreckung der Vorbeifahrenden. Die
Körper wurden im Wald auf der Landzunge begraben. Auch *Dragsvik* ist ein
beliebter Ferienort, wo man am Parkplatz Steinhügel alter Gräber findet. Eine
Pension, eine Cafeteria und der Campingplatz (Veganeset camping) mit sieben
Hütten, Bootsverleih, Bademöglichkeiten und Kiosk bieten dem Gast Aufent-
haltsmöglichkeiten. Die Fähre, die von Hella kommt, ist nicht die einzige
Verbindung über den Fjord. Auch von Dragsvik nach Vangsnes geht mehr-
mals am Tag ein Schiff (20 Min.).

Von Dragsvik fährt man um den Esefjord herum und erreicht **Balestrand**,
Endstation dieser Tour. In diesem größten Touristenort in Sogn gibt es die
Belehaugene, zwei Grabhügel von ca. 800 n. Chr., wo alte Funde gemacht
wurden. Auf dem einen steht die *Belestatue*, ein Geschenk Kaiser Wilhelms II.
aus dem Jahr 1913, auf dem anderen ein Bautastein, der 1886 errichtet wurde.
Ein Gedenkstein für den viermaligen Schützenkönig Lars Hallvard Ese wurde
von der Landbevölkerung in der Parkanlage an der Reichsstraße 13 aufgestellt.

Auf dieser Straße kommt man, fährt man direkt nach Süden, nach *Askelund*,
wo man einen unter Denkmalsschutz stehenden Gemeindevorsteherhof aus der
Mitte des 18. Jahrhunderts antrifft, der jetzt Volkshochschule ist und danach,
zwischen Askelund und Flesje zu *Professor Dahls Villa*. Erbaut im Drachen-
kopfstil war sie jahrelang Wohnsitz des Malers Hans Dahl (1849–1937), dessen
nationalromantische Bilder großen Eindruck auf viele Touristen, u. a. auf
Kaiser Wilhelm II., machten.

Balestrand, das gute Übernachtungs- und Aufenthaltsmöglichkeiten in verschiedenen Pensionen und Hotels sowie in einer Jugendherberge und auf

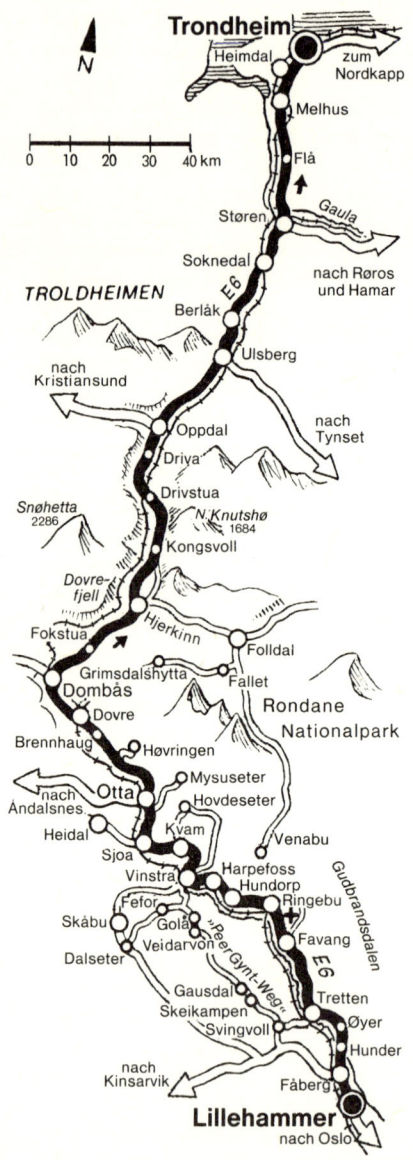

einem Campingplatz (Sjøtun camping) bietet, ist der ideale Ausgangspunkt für Ausflüge in die Umgebung. Besonders die Tour nach *Fjærland* ist empfehlenswert. Man nimmt die Fähre dorthin und benutzt das eigene Auto oder den Bus zu den Gletschern Supphelle- und Bøyumbreene (ca. 6 Stunden hin und zurück). Fjærland ist auch Ausgangspunkt für Wanderungen in den Gletschern. Ein Pfad führt zur Flatbrehytta (Selbstbedienung) 1000 m ü. d. M., die am Jostedalsbre liegt. Man muß sich an einen Gletscherführer wenden, der auch Gletscherkurse abhält. Fjærland hat ca. 400 Einwohner. Einzige Industrie ist eine kleine Schuhfabrik. 1987 soll dort eine Verbesserung der Straßenverhältnisse eintreten durch einen 6,4 km langen Tunnel nach Skei in Jølster (Reichsstraße 625). Übernachten kann man in Fjærland im Mundal hotell und im Fjærland pensjonat.

Lillehammer-Trondheim mit Peer Gynt-Weg

Eine Variante der Strecke Lillehammer-Trondheim ist die Fahrt über den Peer Gynt-Weg.

Dort soll zum Teil der Schauplatz der alten Sage gewesen sein, nämlich das Gebirgsland zwischen Jotunheimen, Rondane und Dovrefjell.

Will man den Peer Gynt-Weg benutzen, der ursprünglich auch die Straße der Hotels (Hotelveien) genannt werden sollte, weil sich dort mehrere bekannte Hochfjell-Hotels befinden, so muß man von der E6 bei *Fåberg* abzweigen. Das ist ein kleiner Ort mit einer Kreuzkirche aus Holz, die 1727 gebaut und 1956 restauriert wurde, wobei sie wieder ihren alten Stil erhielt. In der Kirche befinden sich eine alte Altartafel und ein Taufbecken. Nahe der Kirche kann man einen Runenstein sehen.

Im nächsten Ort, der kleinen Stadt **Follebu** (ca. 1400 Einwohner) steht eine Kirche aus dem Mittelalter. Zu ihr führt ein 2 km langer Seitenweg. Die *Follebu kirke* ist eine gotische Steinkirche, eine Langkirche, deren Altartafel und Kanzel reichen Akanthusschmuck tragen. Um sie zu besichtigen, wendet man sich am besten an den Kirchendiener. Follebu selbst besitzt ein Sanatorium für Lungenkranke und das Rote-Kreuz-Krankenhaus. Das Gebäude Kornhaus von 1892, errichtet und entworfen im Drachenstil von dem Architekten Holm-Munthe, war 1982 ein Streitobjekt zwischen Kommune und dem Reichsantiquar. Letzterer wollte es unter Denkmalschutz stellen, die Kommune wollte das Gebäude abreißen.

Den nächsten Aufenthalt macht man gern in *Aulestad*. Das ist der große Hof von Bjørnstjerne Bjørnson in Østre Gausdal, den sich der Dichter 1874 kaufte, um dort in Ruhe und Frieden arbeiten zu können. Dann aber wollte er auch den Hof als Mittelpunkt für einen Hochschulkreis einrichten und schließlich wollte er dort selbst als »Odelsbonde«, als Erbhofbauer unter der Bevölkerung leben. Bjørnson tat viel, um den uralten Hof auszubauen und ihn zu einem Musterbetrieb zu machen. Nach seinem Tod wurde das Hauptgebäude mit Hilfe einer Volkssammlung gekauft und später zum Nationalbesitz erklärt. Aulestad ist nun Museum, in dem das meiste genau so steht wie damals, als der Dichter hier lebte und viele seiner Werke schrieb.

Geöffnet: Mai u. September: 11–14.30; Juni u. August: 10–15.30; Juli: 10–17.30. Eintritt.

Aulestad hat auch als kulturhistorisches Anwesen insofern große Bedeutung, als man daran erkennen kann, wie um die Jahrhundertwende ein Großhof aussah. Der landwirtschaftliche Betrieb ist immer noch im Besitz der Familie Bjørnson. Der Theologe und Volkshochschulmann Christopher Bruun (1839–1920), bekannt auch durch seine »Folkelige Grundtanker« (Volksnahe Grundgedanken, 1878) und die Briefe aus dem dänisch-preußisch-österreichischen Krieg von 1864 (Soldat for sanning og rett. Brev fra den dansktyske krigen. 1864. Utg. av Vegard Sletten, 1964), verlegte seine Volkshochschule 1871 nach Gausdal. Sein bekanntes »Vonheim« (restauriert) wurde 1875 direkt bei Aulestad gebaut. In der Bildenden Kunst ist Aulestad bekannt durch das berühmte Bildnis von Bjørnstjerne Bjørnson, das Erik Werenskiold 1900 malte und auf dem er den Dichter mit stolz erhobenem Haupt auf der Veranda seines Hauses sitzend darstellte. Dieses Motiv kehrte 1982 auf einer Briefmarke (1,75 kr.) wieder, die das norwegische Postwesen aus Anlaß von Bjørnsons 150. Geburtstag in einer Auflage von 6 Mio. Stück (Offset) herausgab.

Nach Follebu erreicht man über Avlund Segalstad bru (ca. 1200 Einwohner), das Verwaltungszentrum der Gausdal Kommune (6700 Einwohner), in dem es Industrie (Möbel- u. Maschinenfabrikation, Käserei, Sägemühle) gibt. Von dort fährt man nach rechts auf die Reichsstraße 254 nach Singvoll (Bezirksstraße und gebührenpflichtige Straße – bomvei – nach Brynsbakken und Reichsstraße 256 nach Vinstra). Einen Teil der Straße nennt man *Peer Gynt-Weg* (Peer Gyntveien). Er ist großenteils geschottert und zeitweise schmal und hüglig. Die maximale Steigung ist 10%, der höchste Punkt befindet sich mit 1053 m ü.d.M. bei Rauhøgda. Die Strecke bietet hervorragende Aussichtspunkte, die einen guten Blick auf die wechselvolle, grandiose Landschaft erlauben, mit ihren Wäldern und weiten Öden, mit ihren Bergen im Westen, zum Skaget und Strohøpiggen, und dem Gebirgszug von Rondane im Norden. Hinter Segelstad bru kann man in Østre Gausdal haltmachen. Dort steht eine Steinkirche aus dem Mittelalter, deren Kanzel aus dem 18. Jahrhundert reichen, geschnitzten Akanthusschmuck trägt. Das Taufbecken stammt aus dem Mittelalter, die Epitaphe aus dem 17. Jahrhundert. In der Nähe der Kirche befindet sich der größte Pfarrhof des Landes, Riddervold genannt, mit 34 (unbenutzten) Räumen. Einst gehörten zu diesem Hof 230 ha Land (»Innmark«), 17 Kleinbauern (husmenn) hatten dort Arbeitspflicht. »Åndsreppen« an der Myra-Schule ist durch den Schriftsteller Inge Krokann (1893–1962), den Maler Hallvard Blekastad (1883–1966) und den Komponisten Sparre Olsen (geb. 1903), die dort gewohnt haben, bekannt. Vorbei am Bauker Turistheim geht es nun weiter zum Svingvoll Campingplatz (9 Hütten, Kiosk, Angeln) und von dort auf einer Bezirksstraße zum Hochfjellzentrum. Hier beginnt der Peer Gynt-Weg (gebührenpflichtig). Große Strecken sind unbewohnt, nur gesäumt von den schneebedeckten Berggipfel. Die Straße führt an einer Reihe Hochfjellhotels unterschiedlicher Kategorien vorbei. Außerdem bietet sie viele schöne Plätze in der freien Natur, wo man rasten und mitgenommene Verpflegung verzehren kann. Die meisten Unterkünfte haben sowohl im Sommer wie im Winter Saison, jedoch ist die Straße zwischen den Gausdal- und Wadahl-Hochfjellhotels in der Zeit vom 1. November bis 1. Juni gesperrt. Ein kleiner Autenhalt auf der höchsten Stelle der Straße, der Rauhøgda, bleibt unvergeßlich.

In Golå, wo man einen schönen Rundblick auf Jotunheimen, *Rondane* und die Ringebufjellene hat, liegt das Golå Høyfjellshotell. Von Vollsdammen zweigt nach links eine Straße nach Fefor-Dalseter ab (höchster Punkt 1025 m), wo Scott und Trygve Gran vor ihren Südpolexpeditionen trainiert haben und die BBC ihren Südpolfilm drehte. Von Vollsdammen geht es weiter nördlich hinunter nach Vinstra.

Vorher aber sollte man noch in **Sødorp** Station machen und die dortige Kirche und den alten Friedhof besuchen. Auf ihm steht nämlich ein eigenartig geformter Stein mit der Aufschrift: »Per Gynt. Per Olson Hågå. 1732–1785.« Man steht hier vor dem sogenannten Peer Gynt-Grab, und der Mann, dem die Inschrift gilt, war der Bauer Peder Olsen Hage auf dem Nordgarden Hågå. Ibsen selbst, dem 1862 ein Dichterstipendium abgelehnt worden war, hatte später ein kleines Reisestipendium erhalten, das ihm eine Sommertour durch das Gudbrandsdal ermöglichte. Mit Hilfe des Stipendiums sollte er in den ländlichen Gebieten alte Volkssagen sammeln. Viel Glück hatte er damit nicht, doch der Zufall wollte es, daß man ihn auf den Nordgarden Hågå in Sødorp in Fron aufmerksam machte, wo seinerzeit Peer Gynt wohnte. Als er später seinem Verleger die ersten drei Akte von »Peer Gynt« schickt, schreibt er in einem Brief u. a.: »Falls es Sie interessieren sollte, so ist der Held eine wirkliche Person, die im Gudbrandsdal gegen Ende des vergangenen Jahrhunderts gelebt hat und von dem die Leute da oben noch zu erzählen wissen, allerdings nicht viel mehr als schon bei Asbjørnsen in seinen Norwegischen Huldrenmärchen und Volkssagen (Hochfjellbilder. Rentierjagd in Ronderne) zu lesen steht. Das sind nicht viele Zeilen, aber desto größere Freiheit ist also für mich übriggeblieben.«

Die *Sødorp kirke* ist eine gezimmerte Kreuzkirche von 1752, die vor 1910 in Brandvol stand. Sie hat reiches Schnitzwerk an Altartafel und Kanzel, das von dem »Blumenmeister von Ringebu«, Kristen Listad (1726–1802) stammt und in den 60er Jahren des 18. Jahrhunderts angefertigt wurde.

Ist man in den ersten Augusttagen in dieser Gegend, kann man Glück haben und in der jetzt folgenden Stadt **Vinstra** (ca. 2500 Einwohner) das alljährlich um diese Zeit dort stattfindende Peer-Gynt-Fest erleben. Hier pflegt man das Andenken an Norwegens berühmten Sagenhelden noch sehr. So ist beispielsweise das dortige Touristenbüro in einem kleinen Haus des Peer Gynt-Hofes untergebracht. Diesen Hof kann man von Vinstra schnell erreichen. Fährt man auf dem Peer Gynt setervei aus dem Ort in Richtung Osten, ist man nach 2,5 km dort. Der Hof ist mit seinen 18 alten Häusern in Privatbesitz. Ein Haus des Hofes steht in Vinstra, ein anderes im Freilichtmuseum Maihaugen (De Sandvigske samlinger). Die Literaturforschung hat herausgefunden, daß der im 18. Jahrhundert auf dem Hof lebende Peder Olsen Hage vermutlich nicht Ibsens Vorbild für die Titelfigur seines weltberühmten Schauspiels war, sondern Peder Lauritson (gest. 1665), ebenfalls Bauer auf Hågå. Der Name ist möglicherweise abgeleitet vom Namen des Adligen Jonn Gynnthe, der sich zwischen 1557 und 1558 in Fron niederließ und auch auf dem Hof Hågå gelebt haben soll. Ibsen wollte wohl ursprünglich seinen Landsleuten mit diesem dramatischen Gedicht einen Spiegel vors Gesicht halten, ihren Hang zum Träumen, zur Trägheit kritisieren. Aber je weiter Ibsens Arbeit an diesem

Werk fortschritt, je mehr wurden die ursprünglichen Grenzen gesprengt, und
es entstand eine allgemeinmenschliche Dichtung, ein »nordischer Faust«,
dessen Aktualität keine zeitlichen Grenzen gesetzt sind, der »das Herzstück in
Ibsens Schaffen« geblieben ist, wie das Norwegische Biographische Lexikon es
einmal formulierte (1934).

Von Vinstra fährt man auf der E6 nach **Kvam** (10 km). Im Gudbrandsdal fand
1940 eine entscheidende Begegnung zwischen der 15. britischen Brigade und
deutschen Einheiten statt. Da die alte Kirche während des Kampfes abbrannte,
baute man 1952 eine neue. Es ist eine von Magnus Poulsson entworfene
Kreuzkirche aus Holz, die eine 400 Jahre alte Bibel besitzt. Ein Gedächtnis-
hain ist den dort gefallenen Briten geweiht. Eine nach rechts abzweigende
Straße führt zum Berghotel Rondablikk (14 km). Sie ist zuerst öffentlich, dann
gebührenpflichtig.

Auf der E6 fährt man am Botten Campingplatz und Sjoa Campingplatz vorbei
und kommt nach **Kringen**. Dieser Ort wurde bekannt, weil dort am 26. August 1612 schottische Söldnertruppen unter dem Oberstleutnant Ramsay, der
im schwedischen Dienst stand (Kalmarkrieg), von einem norwegischen Bau-
ernheer vernichtet wurden. Die Schlacht fand am Kringen-Paß statt. Heute
erinnert daran ein Gedenkstein, fälschlicherweise »Sinclairstøtten« genannt,
nach dem schottischen Adligen George Sinclair, an den in Kyam noch einige
Namen erinnern, der aber im August 1612 nicht der Befehlshaber der schottischen Söldner war. Die »Schlacht am Kringen Paß« wurde übrigens in
norwegischen Volksliedern verherrlicht, und Edvard Storms »Sinklars Vise«
(»Herr Sinklar zog übers salz'ge Meer«) wurde fast zu einer Art norwegischer
Nationalhymne.

400 m südlich von Otta zweigt rechts der Rondanevei nach Mysuseter (13 km)
ab (Ramphamn 900 m ü.d.M., Aussicht auf Rondane). Bei Mysuseter gibt es
einen Skiaufzug und Slalomgelände. Übernachten kann man dort u. a. im
Rondane høyfjellshotell und im Mysuseter høyfjellspensjonat. Von Mysuseter
führt eine Straße nach dem Furusjø (4 km, gebührenpflichtig). Nordöstlich
von Mysuseter verläuft die Grenze des Rondane Nationalparks (572 km^2), der
den zentralen Teil von Rondane umfaßt. Die Übernachtungshütten Peer
Gynthytta und Rondvassbu liegen innerhalb der Grenzen des Nationalparks,
während die Bjørnhollia gleich vor der Grenze des Parks liegt.

In **Otta**, einem Industrieort mit ca. 2500 Einwohnern, kann man ohne
Angelschein angeln. Das Touristenbüro, das für das Nord-Gudbrandsdal
zuständig ist, hat das ganze Jahr über geöffnet. Es stellt Touren zusammen für
den Distrikt und auch außerhalb und verleiht Fahrräder. Otta wurde 1940 total
zerbombt.

Die E6 führt weiter nach **Nord-Sel**, wo die Höfe »Romundgard« und »Laurgard« aus Sigrid Undsets Roman «Kristin Lavranstochter« liegen. Auf dem

»Romundgard« steht noch die *Sinclairstuggu*, wo Sinclair, der Überlieferung zufolge, seine letzte Nacht verbrachte. Der Hof war Sitz von Christopher Bruuns erster Volkshochschule (1867–1870). Hier stand bis 1742 die Sel-Kirche. Den Romundgard mit seinen alten Häusern sieht man von der Straßenabzweigung direkt über dem Fluß liegen. Der »Laurgard« mit seinem Wohnhaus im schweizer Stil, liegt ca. 200 m nördlich der Kirche, deren Altartafel und Chorbogen mit König Christians VII. Monogramm von 1788 stammen.

Von Rosten, von wo eine Bezirksstraße nach Høvringen (8 km) abzweigt, steigt die E6 bergan und erreicht Brennhaug. Der »Haugen gård« an der Haugen bro ist ebenfalls aus Sigrid Undsets Roman »Kristin Lavranstochter« bekannt. Zwischen Brennhaug und Dovre sieht man im Süden den Berg Jetta (1618 m) mit seinem Fernsehmast und der Telekommunikationsanlage. Zum Sender führt die dritthöchste Touristenstraße von Vågåmo.

Höher klettert die E6, hinauf zur Ortschaft **Dovre** (ca. 400 Einwohner). Dort befindet sich das Verwaltungszentrum der Dovre Kommune (3250 Einwohner). In dem Ort gibt es Möbelfabrikation, eine Käserei, Schieferindustrie und eine weiterführende Schule. Die *Dovre kirke* ist eine gezimmerte Kreuzkirche, die außen mit Schieferplatten verkleidet ist. Sie wurde 1740 unter dem Namen *Zions kirke* eingeweiht. Sie besitzt einen Taufstein aus dem Mittelalter, eine geschnitzte Portalplanke von der alten Stabkirche, einen Altar aus dem Jahr 1686 und eine Kanzel von 1736.

Geöffnet: Im Sommer 8–16.

Im 18. und 19. Jahrhundert waren Dovre und das Dovrefjell Mittelpunkt nationaler Demonstrationen. Das erreichte einen Höhepunkt, als 1814 die Eidsvollversammlung sich gegen die schwedischen Drohungen mit »Einig und treu, bis Dovre fällt!« (Enige og tro til Dovre falder) erhob. Auch an Ibsens Szene in der Halle des Dovre-Alten im »Peer Gynt« sei hier erinnert, in der es allerdings ganz anders als patriotisch zugeht.

Schon König Eystein (1103–1125), von dem Snorri Sturluson schreibt, daß er »manch nützliche Einrichtung im Reiche getroffen«, hat gleichsam den Fremdenverkehr in Gang gebracht, indem er Fjellhütten bauen ließ. Heute kann man in dieser Gegend Unterkunft finden im Dovre motell, in der Toftemo turiststasjon, im Jetta kro (Cafeteria) und dem Toftemo Campingplatz.

Von Dovre führt eine Bezirksstraße nach Jøndalen, wo sich geologische Felder befinden, die an die Eiszeit erinnern (Jetthjellen und Toftehjellen).

Von der Kirche in Dovre verläuft eine Bezirksstraße an Tofte vorbei nach Dombås. Man sollte sie für diese Strecke benutzen, statt weiter auf der E6 zu fahren. Man hat von dieser Straße nicht nur eine großartige Aussicht auf die Landschaft, sondern kommt auch an *Tofte* vorbei, dem alten Königshof. Dort verlief auch der *Alte Königsweg* quer über den Hofplatz. Von Harald Hárfagre

bis Carl Johan waren fast alle norwegischen Könige Gäste auf Tofte. Die
Kårstua, das älteste Gebäude des Hofes, stammt vermutlich aus dem Jahr
1683. Das Wohnhaus nach Südosten hin – erbaut 1783 – hat die bekannte
»Stolpestua«, die von dem Heimatkünstler Pål Veggum dekoriert wurde. Der
Hof, der mit Unterstützung des Reichsantiquars restauriert wurde, befindet
sich seit 1688 in Familienbesitz (1982 war Erling Landheim Besitzer). Er war
weit über des Landes Grenzen bekannt. So sieht man ihn u. a. auf einem
Kupferstich von 1813 in »Voyages dans le Nord de l'Europe« von Lamotte.
Eigenartig ist das Turmhaus des Hofes, das mit seiner Uhr gleichsam den Hof
beherrscht. Und auch der hohe Schornstein hinter dem Turm ist imponierend.
Im Anschluß an das Turmhaus liegt das langgezogene Gebäude, das Vorratsräu-
me enthält. In ihm führt eine Treppe in das erste Stockwerk, wo zum Hof hin
eine Galerie die Hausfront auflockert. In den dahinterliegenden Räumen
befindet sich ein richtiges kleines Museum mit Erinnerungsstücken von den
späteren Königsreisen bis zu unseren Tagen. Natürlich ist ein solcher Platz
umwittert von alten Geschichten und Sagen. So soll, wie Snorri Sturluson in
seiner Heimskringla berichtet, König Harald Hárfagre (ca. 900–940) einmal auf
Tofte gewesen sein, wo er einen Lappen namens Svasi kennenlernte, der dort in
der Nähe des Hofes in einer Erdhütte wohnte. Es war gerade Weihnachtszeit,
und als König Harald beim Julschmaus saß, kam Svasi zum Hof und wollte den
König herausbitten. Nach anfänglichem Zögern folgte der König dieser Bitte,
kam zu dem Lappen vor die Tür, der ihn zu seiner Hütte führte. Dort trat dem
König Snefrid, des Lappen Tochter entgegen und reichte ihm einen Becher voll
Met. Der König war wie verzaubert durch den Anblick des schönen Mädchens.
Es war, als ob ein Feuer durch seinen ganzen Körper lief, und er wollte sofort
– noch in dieser Nacht – mit ihr schlafen. Aber Svasi erklärte dem hohen
Gast, das dulde er nur, wenn er sich sofort mit seiner Tochter verlobe und sie
dann heirate. Der König willigte ein, ehelichte sie später und zeugte mit ihr vier
Söhne.
Die Szene, in der sich Harald so spontan in die schöne Snefrid verliebt und so
unverblümt seine Begierde zu erkennen gibt, ist auf einem Gemälde dargestellt, das sich auf dem Tofte-Hof befindet.
Auf Tofte verweilten nicht nur Könige, bevor sie über das gefährliche Dovrefjell mußten, sondern auch Krieger und Pilger, die nach Nidaros wollten,
Händler und andere Leute. Allen bot der Hof, von dessen ältesten Bestandtei-
len allerdings nichts geblieben ist, Herberge. Lange Zeit hindurch war dort
auch die Poststation.
Zu erwähnen ist auch *Toftemo*, das einmal seinen Platz unter dem Königshof
hatte. Es wurde restauriert und steht heute unter Denkmalschutz. Man sieht
dort eine fast unveränderte Hofanlage mit 12 Häusern aus der ersten Hälfte des
19. Jahrhunderts.

Verläßt man den Hof und fährt auf der Straße weiter gen Norden, kommt man bald nach Lindsøgarden. Dort zweigt von der Bezirksstraße der *Alte Königsweg* (Gamle Kongeveien) als Wanderweg über Hardbakken nach Fokstua nach rechts ab. Der Alte Königsweg ist mit schönen Wegweisern versehen (Kronen in Blau u. Gelb). Eine Wanderung auf diesem Weg ist ein unvergeßliches Ereignis. Die reiche Fjellflora, die großartigen Ausblicke auf das Dovretal, wo sich der Lågen wie eine Schlange windet zwischen kleinen Birkenwäldern und grünen Feldern mit dem grandiosen Gebirgspanorama nach Vågå und Jotunheimen hin, werden zum einmaligen Erlebnis. Nachdem die Baumgrenze passiert ist, kommt man etwa sieben Kilometer nördlich von Tofte zum steilsten Teil des Weges bis hinauf zu 1200 m Höhe. Vom Gipfel des Hardbakken erlebt man gleichsam die Krönung aller bisher genossenen Rundblicke. Es ist eine grandiose Aussicht die man von dort auf die weiten Gebirgsstrecken des Dovrefjells hat, mit ihren Mooren und Gewässern, mit ihren Bächen und den mit Birken bewachsenen Halden. Im Hintergrund bekommt man den ersten Schimmer der Gipfelwelt des Dovrefjells mit den charakteristischen Profilen der Snøhetta und der Svånåtindane.

An dieser Stelle soll einer alten Sage zufolge einmal eine Schlacht stattgefunden haben. Interessante Funde, die man auf dem Hardbakken machte, könnten auch dafür sprechen.

Die alte Straße fällt nun gleichmäßig nach **Fokstua** hin ab. 3 km nördlich des Gipfels kreuzt der Weg den Hundyrju-Fluß, wo man auf Reste von Brückenpfeilern stößt. Die alte Fjellstue – Fokkstua Fjellstue – , von der man noch Reste gefunden hat, war die erste der alten »Sælehuse« (etwa Barmherzigkeitshäuser) auf dem Weg über das Dovrefjell. Diese Bergunterkünfte wurden so genannt, weil es damals ein Gebot der Barmherzigkeit war, für die Reisenden in der Ödmark solche Hütten zu bauen. König Eystein Magnusson ließ die ersten »Sælehuse« vor mehr als 800 Jahren im Dovrefjell errichten. Vermutlich sind alle Fjellhütten im Dovrefjell im Lauf der Zeiten abgebrannt oder abgerissen und wieder aufgebaut worden. Das letztemal wurden die Fjellhütten im Dovrefjell systematisch während des Krieges mit Schweden im Großen Nordischen Krieg (1700–1721) abgebrannt, um die schwedischen Truppen am Vormarsch über das Dovrefjell zu hindern. Bei diesen Aktionen brannte auch die alte Fokstua Fjellstue. Die neue liegt 1 km davon entfernt. Im Bereich von Fokstua liegt auch das *Fokstumyra*, ein Moorgebiet, das wegen seines reichen Vogellebens bekannt ist. Man trifft dort Sumpf- und Wasservögel im reichen Maß an. Dort befindet man sich in Norwegens erstem Nationalpark. Fokstua wurde 1923 unter Naturschutz gestellt. In der Zeit vom 25. April bis 8. Juli ist dort jegliches Herumstreifen untersagt. Nur auf dem markierten Weg darf man wandern. Man kann von dort Kraniche, Moorhabichte, Birkenfinken, Gelbbachstelzen und viele andere Vogelarten beobachten. 1969 wurde der

Naturschutz erweitert und 785 ha durch königliche Resolution zum Naturreservat gemacht.

Genaue Auskünfte über diesen einmaligen Wanderweg erhält man im Dovre motell.

Fährt man von Tofte auf der Bezirksstraße, die parallel zur E6 (rechts) verläuft in Richtung Dombås weiter, kommt man am Bjørkhoel Campingplatz vorbei. Dort landeten im April 1940 deutsche Fallschirmtruppen, und die alten Häuser wurden als Unterkünfte für norwegische Kriegsgefangene benutzt.

Bei Hagevollen sieht man Terrassen, die Lehmablagerungen aus der letzten Eiszeit sind. Zwei weitere Campingplätze sind der Faksfall Campingplatz und der Lie Campingplatz.

Dann erreicht man **Dombås** (ca. 1200 Einwohner), Stationsstadt und Verkehrsknotenpunkt. Dombås wurde während der Kämpfe 1940 mehrmals bombardiert. Es gibt mehrere Schulen. Der Norwegische Sportverband (Norges Idrettsforbund) unterhält dort ein Trainings- und Kursuszentrum (Dombåshaugen), und es gibt auch eine Fjellschule (Dombås fjellskole). Von der Jugendherberge (Dombås UH) aus kann ein Skiaufzug zur Skoghø benutzt werden.

Verläßt man Dombås und fährt auf der E6 weiter, erreicht man nach kurzer Zeit die Station Fokstua an einer Abzweigung links und macht einen kleinen Abstecher zur Dovre-gubbens hall (links von der E6), wo man essen kann und ein kleines Museum vorfindet.

Die E6 führt weiter nach **Hjerkinn**. Die Fjellhütte (Reste der alten sieht man westlich der Veslhjerkinnhø) wurde zum erstenmal in der »Sverris saga« erwähnt, wurde aber vermutlich vor König Eysteins Zeit errichtet. Lange Zeit hindurch war Hjerkinn Poststation. Die Fjellstue gehörte dem Staat. Hjerkinnholen, östlich von Hjerkinn gelegen, ist ein 105 ha großes Naturreservat mit Nadelholzwald. Sehenswert ist die *Eysteinkirke*, die zur Erinnerung an König Eystein Magnusson gebaut wurde. Die Kirche wurde entworfen von Magnus Poulsson und 1969 eingeweiht. Mathias Fjerdingen schuf die Altartafel, Torvald Moseid die Eysteinfigur über dem Eingang. Die Kirche ist im Sommer für Besucher geöffnet.

Eine Art Denkmal für den Königsweg über das Dovrefjell, den 41 regierende norwegische Könige bereisten, ist der ca. 900 Jahre alte Wurzelstock, der ca. 7 m^3 mißt. Daneben steht ein altes Trockenhaus für Korn. Ein wenig oberhalb der Fjellhütte findet man den »Vinjestein«. Er soll an die Reise des norwegischen Dichters Aasmund O. Vinje (1818–1870) nach Trondheim zur Krönung von König Carl XV. im Jahr 1860 erinnern. Dort hat man auch einen ausgezeichneten Ausgangspunkt für Wanderungen im Dovre Nationalpark und Rondane Nationalpark.

Weiter auf der E6 kommt man nördlich von Hjerkinn zum höchsten Punkt der

Route, der 1026 m ü.d.M. liegt. Schaut man von dort nach Westen, sieht man wieder die Snøhetta und Svånåtindane, jeweils 2268 m und 2215 m ü.d.M. hoch. Die Snøhetta wurde zum erstenmal von dem Bergamtsassesor und späteren Professor Jens Esmark 1798 bestiegen. Dort lebt ein Stamm von Wildrenen, der 3200 Tiere zählt, zukünftig aber auf 2000 reduziert werden soll.

Nun führt die E6 weiter in das Gebiet des Dovrefjell Nationalparks, und man kommt zur Kongsvold fjellstue. Das ist die »jüngste« der Fjellhütten im Dovrefjell. Ihr letzter Besitzer, Per Holaker, vermachte sie dem Staat. Die Fjellstue ist wissenschaftliche Forschungsstation für Botanik und Zoologie mit Schwerpunkt auf Fisch- und Wildforschung. Sie muß aber weiter als »Fjellhütte« betrieben werden. Zu ihrer Anlage gehören insgesamt 29 Gebäude.

Kommt man zum Kongsvold kro, wird man dort viele alte Gegenstände antreffen. Man kann sie in einem Museum besichtigen, das sich gut mit dem Gasthof ergänzt. »Fjellhagen«, ein schöner Fjellgarten, wurde für die Norwegische Staatsbahn (NSB) von Thekla Resvoll angelegt. Das Knutshø-Gebiet bei Kongsvoll bezeichnet man als die Wiege der norwegischen Pflanzengeographie. Dort gibt es seltene Pflanzen, von denen die Botaniker glauben, daß sie die letzte Eiszeit überlebt haben. Dieses Gebiet steht unter Naturschutz. Schon 1911 hat man die Pflanzen im Bereich der Fjellhütten (Fokstua, Hjerkinn, Kongsvoll und Drivstua) unter Naturschutz gestellt. Das Landschaftsgebiet von Kongsvoll umfaßt insgesamt 2200 ha.

1974 hat man ein Gebiet von ca. 265 km² zum Dovrefjell Nationalpark erklärt. Gleichzeitig wurden Landschaftsschutzgebiete, Drivdalen, Kongsvoll und Hjerkinn geschaffen. Der Nationalpark umfaßt zwei Gebiete: eins westlich und eins östlich vom Drivdal. Die Landschaftsschutzgebiete verbinden die beiden Teile zu einem zusammenhängenden, geschützten Gebiet von ca. 422 km², das zu beiden Seiten der E6 liegt. Das Kongsvollgebiet umfaßt auch die Anlagen der Kongsvold fjellstue.

Einer der wichtigsten Gründe für die Einrichtung dieses Nationalparks ist das Vorkommen einer reichen und seltenen Fjellflora. Was die Fauna betrifft, so sind besonders zu nennen die Wildrene und Moschusochsen (meist westlich von Hjerkinn). Letztere stammen von 16 Kälbern aus Grönland, die um 1950 bei Kongsvoll ausgesetzt wurden. Nördlich von Kongsvoll, rechts von der E6 kommt man auf den Vårstigen (Frühlingsweg), der einen Teil des Alten Königswegs bildet. Schon 1182 wird er erwähnt. Diese Pilgerstraße hatte wegen der Gefährlichkeit des Terrains im Mittelalter einen schrecklichen Ruf.

1700 wurde der »Frühlingsweg« befahrbar gemacht, blieb aber trotzdem gefährlich. Jedoch trotzte König Frederik IV. 1704 den Gefahren in einer Karriole, und König Christian VI. fuhr 1733 in einer Karosse darüber hin. Im

Frühling, wenn das Wasser in den Flüssen anstieg, war es nämlich unmöglich, im Tal zu fahren. So entstand der »Frühlingsweg« und erhielt seinen Namen. Heute ist er ein idyllischer Wanderweg mit schönen Aussichtspunkten.
Der Weg hat starke Steigungen und ist an der schmalsten Stelle nur 2.20 m breit.

Die E6 führt weiter über Drivstua mit malerischen Gebäuden, über die Bahnstation Engan, wo hoch überm Tal der Oppdalsschiefer gebrochen wird, das Magalaup (kurzer Abstecher von der E6), durch das die Driva rauscht, den Magalaupet Campingplatz (nach der Umlegung der E6 liegt Magalaupet an der alten Straße) und Rise, wo ein größeres Gräberfeld aus der Älteren Eisenzeit gefunden wurde.

Vom Smegården Campingplatz und dem Granmo Campingplatz kommt man rasch nach Oppdal (ca. 3500 Einwohner).

Oppdal ist ein bekannter Touristenort mit Industrie (Oppdalsschiefer, Holzindustrie u. a.), Schulen usw. Die Stadt besitzt ferner 5 Skiaufzüge und andere Einrichtungen für den Skisport.

Die *Oppdals kirke* ist eine gezimmerte Kreuzkirche von 1651, deren Altartafel und Kanzel von 1669 stammen. Von 1758 ist die Holzurne. Die Kirche hat ferner alte Malereien und Reliefschmuck im Westchor. Für Besichtigungen wendet man sich an den Kirchendiener.

Das *Oppdal bygdemuseum* (Freilichtmuseum) besteht aus 20 alten Häusern, von denen mehrere aus dem 17. Jahrhundert stammen. Es besitzt ferner 1800 Exponate, darunter viel Schnitzwerk. (Über den Besuch informiert das Touristenkontor. Eintritt).

3 km westlich des Stadtzentrums findet man die *Gravhaugene på Vang*, eines der größten Gräberfelder im Lande mit fast 1000 großen und kleinen Gräbern aus der Jüngeren Eisenzeit. Die Hügel wurden im 19. Jahrhundert geplündert.

Weiter über die E6 erreicht man *Ulsberg* und trifft dort auf die Strecke nach Trondheim.

Trondheim-Bodø (752 km)

Diese Route folgt der E6 bis Fauske und setzt sich auf der Reichsstraße 80 nach Bodø fort. Im großen und ganzen verläuft die Straße parallel zur Nordlandsbanen. Unterwegs erlebt man den Trondheimsfjord, Namdalens Waldsiedlungen, Vefsndalen und den Ranafjord, die Hochebenen des Saltfjells, bei einem Abstecher den Saltstraum und die Nordlandküste bei Bodø.

Hat man Trondheim verlassen, fährt man auf der E6 an dem Badeort Vikhamar mit Motel und Campingplätzen vorbei nach Hell, wo die Meråkerbahn nach Schweden abzweigt.

Es gibt dort Felszeichnungen aus der Steinzeit.

Man fährt unter der Rollbahn des Trondheimer Flugplatzes nach **Stjørdalshalsen** (ca. 8500 Einw.). Die Stadt hat Industrie, verfügt über verschiedene Schulen und besitzt eine Kirche aus dem frühen Mittelalter, die *Værnes kirke*. Sie hat ein offenes Dachgestühl, an dem die Balkenenden als phantastische Tier- und Menschenköpfe ausgeschnitzt sind.

Die mittelalterliche Dachkonstruktion wurde während der Restaurierung (1963) abgedeckt. Kanzel und Altartafel der Kirche stammen vom beginnenden 17. Jahrhundert, das prachtvolle Kirchengestühl – Værnesstolen – von 1685.

Norwegens älteste Olafstatue von ca. 1200 kam aus Værnes.

Besichtigung: 24. Juni – 4. August 11–18. Sonntags 13–18.

Neben der Kirche befindet sich das Heimatmuseum (Stjørdal bygdemuseum) mit kulturhistorischen Sammlungen und Mineralien. Im Garten des Pfarrhofs besitzt das Museum einen vollständig eingerichteten Handwerkerhof aus Stjørdalshalsen (3 Gebäude, ca. 1900).

Geöffnet: sonntags 12.30–14.30.

Man kommt an Hegra vorbei, von wo eine Seitenstraße zur Hegra-Festung und zu den Felszeichnungen (Bronzezeit) bei Lerfald abzweigt. Wenn man weiter auf der E75 fährt, kann man auf dem Gudå Campingplatz Angelscheine zum Fangen von Lachsen erhalten. Man kommt nun zur Meråker fjellbane (100 m ü.d.M.), einem 1500 m langen Sessellift, der auf eine Höhe von 650 m beim Kirkebyfjellet führt, während der Skiaufzug eine Strecke von 800 m zurücklegt.

Die *Meråker kirke* bekam 1981 eine großartige Barockaltartafel zurück, die nach einer Auktion im Jahr 1874 im Nordiska Museet in Stockholm gelandet war. Der Überlieferung zufolge soll es einen Glöckner und Silberschmied gegeben haben, der John Fundtaunet hieß und eine heimliche Silbergrube besaß. Als er 1820 starb, nahm er das Geheimnis mit ins Grab. Angeblich soll die Grube im Klukenfjell gelegen haben. In den 70er Jahren des 19. Jahrhunderts starteten Engländer eine Bleiglanzgrube (Galenit) in Kluken, von der man noch die Reste im Fjell sehen kann.

Meråker ist eine alte Bergmannssiedlung mit einer Reihe stillgelegter Kupfergruben. In der Nähe des Bahnhofs befindet sich das kleine *Meråker bygdemuseum*. Außer zwei alten Häusern auf ihrem ursprünglichen Platz und weiteren dorthin verlagerten Gebäuden besitzt das Museum ca. 800 Exponate, darunter Gegenstände, die von Fundtaunet angefertigt wurden.

Besichtigung: man wendet sich an den Wachtmeister.

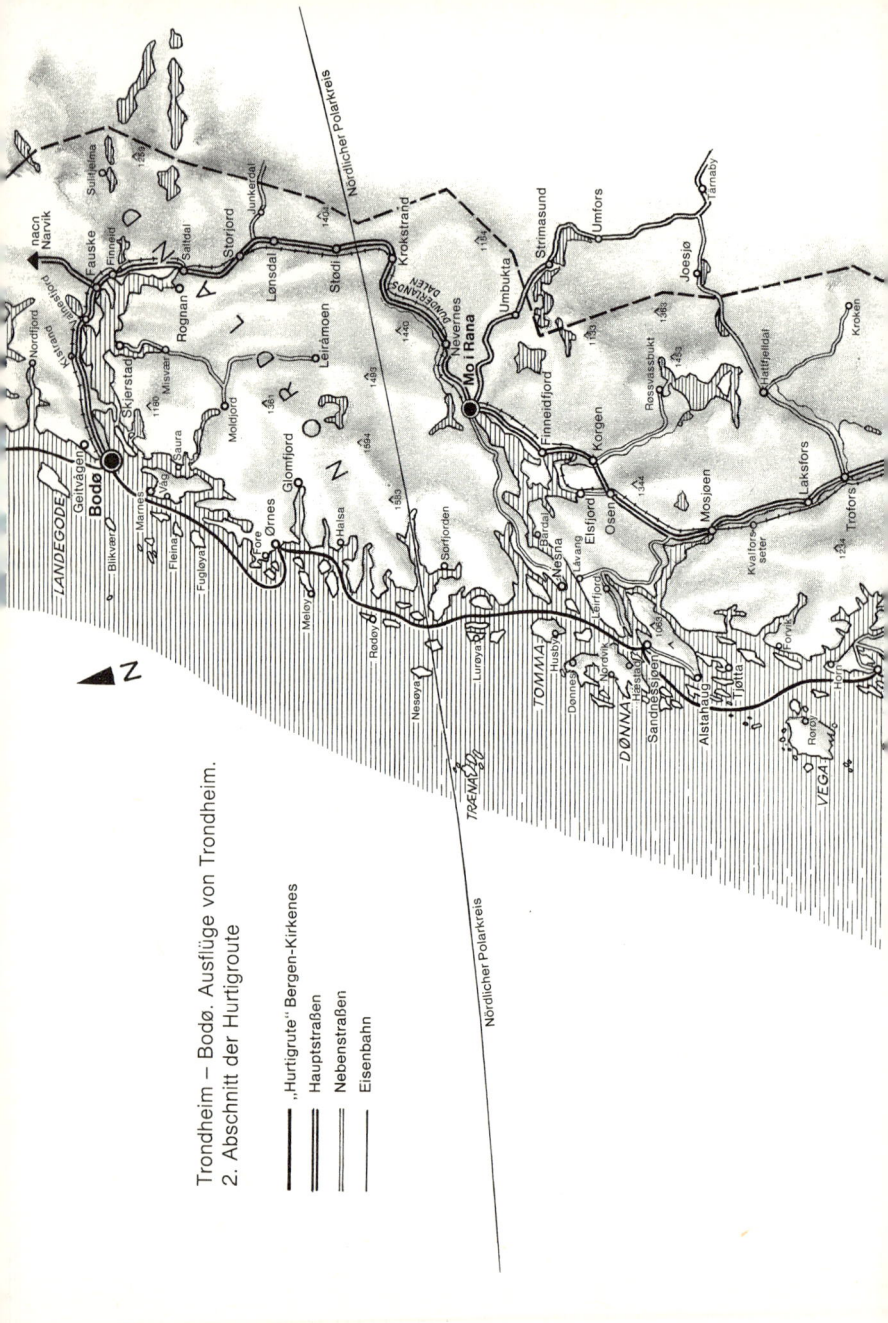

Trondheim – Bodø. Ausflüge von Trondheim.
2. Abschnitt der Hurtigroute

„Hurtigrute" Bergen–Kirkenes
Hauptstraßen
Nebenstraßen
Eisenbahn

Fährt man weiter in Richtung Grenze, kommt man am Brenna Campingplatz und am Granheim Campingplatz mit jeweils 9 und 3 Hütten vorbei. Der in der Nähe liegende Turidfoss ist vom Meråker-Schmelzwerk ausgebaut, das in Kopperå (links abzweigende Straße) liegt und Silicium-Ferrolegierungen produziert.

In **Teveldal** (rechts von der E75) mit dem *Teveltunet turistgård* führt ein Weg zum *Brautschleier* (Brudesløret). Am leichtesten erreicht man diesen Wasserfall in zwei Minuten auf einem Wanderweg von der schwedischen Seite der Grenze. Der höchste Punkt dieser Strecke auf norwegischer Seite hat eine Höhe von 523 m ü.d.M.

3,5 km von der Grenze – auf der schwedischen Seite – liegt die Zollstation Storlien, die von Schweden und Norwegern gemeinsam geführt wird.

Die E6 führt weiter durch landwirtschaftliche Gebiete. Ist man bis Tiller gekommen, kann man auf einer links abzweigenden Straße nach *Steinviksholm* gelangen, wo sich bedeutende Reste einer Burg befinden, die Norwegens letzter Erzbischof Olav Engelbrektsson um 1525 baute. Das war eine Vierkantburg mit zwei mächtigen Ecktürmen. In ihr verschanzte sich der Bischof mit dem Olafsschrein als die Reformation eingeführt wurde. Nachdem er 1537 aus dem Land geflohen war, ergab sich die Burg und wurde Lehnsherrenresidenz. 1564 wurde sie von den Schweden erobert, im selben Jahr wieder eingenommen, 1575 geschleift und 1960 restauriert. Bei Niedrigwasser kann man trocknen Fusses zur Burg kommen, sonst bekommt man ein Boot vom Aufseher (Eintritt). Steinviksholm kann man von der E6 zwischen Tiller und Langstein sehen.

Bei Langstein lag im Oktober 1942 das deutsche Schlachtschiff »Tirpitz«, das dort vergeblich angegriffen wurde.

Man kommt nun am Fættenfjord-Campingplatz vorbei und erreicht *Åsen* (ca. 250 Einwohner), wo sich neben der Holzindustrie auch eine bekannte Orgelbauwerkstatt befindet und von wo die Reichsstraße 753 zur alten Thingstätte *Logtun* auf Frosta (23 km) abzweigt. Nicht weit davon steht eine Kirche aus dem Mittelalter.

Man fährt auf der E6 weiter und kommt am Gullberget-Campingplatz vorbei, ferner bei *Holtesmoen* mit dem großen Felszeichnungen-Feld (ca. 1500 Jahre v. Chr.), wo man zahlreiche Tierbilder und Jagdmagie studieren kann. Nachdem die E6 zwischen Ronglan und Skogn umgeleitet wurde, liegt das Feld an der frühen E6. Man muß also auf der alten Straße fahren, um das Feld zu sehen.

Der folgende Ort Skogn (ca. 1200 Einwohner) besitzt Norwegens größte Zeitungspapierfabrik, die jährlich 400 000 t Papier produziert und die meisten norwegischen Zeitungen beliefert. 90% der Produktion gehen jedoch in den Export.

Bei Korsbakken zweigt links eine Nebenstraße zur **Alstadhaug kirke** (500 m) ab. Es ist eine Steinkirche, die um 1250 gebaut wurde, einen Chor aus der Zeit der jüngeren Gotik hat und einzigartige Kalkmalereien aus dem Mittelalter besitzt. Altartafel und Kanzel stammen aus dem 17. Jahrhundert. Die Kirche ist im Sommer geöffnet. Auf dem Kirchhof sieht man nach Norden hin einen der größten Grabhügel (50 m im Durchmesser, 6 m hoch). Aufgrund von Funden im Hügel datiert man seinen Ursprung auf ca. 600 n. Chr. Der Tradition zufolge soll dort ein Häuptling namens Ølvir beigesetzt worden sein, so daß Alstadhaugs ursprünglicher Name »Ølvishaugre« gewesen sein kann. Von dem Kirchenhügel hat man eine großartige Aussicht. »Ammestua« (erbaut um 1600 und unter Denkmalschutz) ist das älteste zweistöckige Holzhaus in Nord-Trøndelag und wurde als Warteraum für die Mütter vor der Taufe verwendet (daher der Name). »Ammestua« verfügt heute über Sammlungen des Skogn-Heimatmuseums.

Bevor man nach Levanger kommt, kann man noch einen Blick auf den *Mo gård* werfen. Das herrschaftliche Hauptgebäude (unter Denkmalsschutz) stammt von 1831.

Levanger (ca. 6000 Einwohner), Zentrum der Großkommune Levanger (16 000 Einwohner) seit 1962, seit 1836 mit Stadtrechten versehen, wurde bereits 1473 als Marktplatz erwähnt. Die Stadt besitzt mehrere Schulen und etwas Industrie. 1 km östlich von Levanger findet man *Geite gård* mit dem Grabfeld aus der Eisenzeit mit 37 Hügelgräbern. Von dieser Nekropole, gelegen auf der Geithøyde, hat man eine gute Aussicht über Fjord und Land. Für die norwegische Archäologie ist dies ein klassisches Arbeitsfeld, auf dem man schon vor fast hundert Jahren reiche Funde an Schmuck und anderen Gegenstände aus dem 3. und 4. Jahrhundert gemacht hat. 8 km östlich der Stadt liegen die *Munkeby klosterruiner*, die 1968 restauriert wurden. In Okkenhaug – bei der Okkenhaug-Kapelle – findet man Felszeichnungen und Hügelgräber. Von dort stammte der Komponist Paul Okkenhaug, der die Musik zum Olafsspiel schrieb.

In Graven führt rechts die Reichsstraße 72 durch das Verdal zur schwedischen Grenze (57 km) und ins Jämtland.

Man ist jetzt in Verdalsøra (ca. 7000 Einwohner), von wo man auf der Reichsstraße 757 nach nur 5 km den berühmten Ort Stiklestad erreicht, wo 1030 Olaf der Heilige im Kampf fiel.

Die E6 folgt nun dem Ufer des Fjords und führt nach *Salberg*, wo die Salberg kirke, eine kleine Holzkirche aus dem 17. Jahrhundert, steht. Dort zweigt links die Reichsstraße 755 nach Inderøy mit der Sakshaug kirke von 1154 ab.

Die E6 führt durch Sparbu, von wo eine Bezirksstraße nach Osten abzweigt und nach Oksvold (ca. 3 km) geht. Auf einer Reihe von Höhenzügen in Steirsmarka mit Ausläufern zu den Höfen Oksvold, Tanemn und Dalum

findet man eines der größten *Gräberfelder* in nördlicher Richtung mit Rund-
hügeln, Langhügeln, sternförmigen Hügeln, einer rechteckigen Steinsetzung
und drei Bautasteinen. Der größte Teil des Feldes ist von Wald und Gesträuch
überwachsen.

Die E6 erreicht die **Mære kirke** (12. Jahrh.). Es handelt sich hier um eine
Steinkirche mit mittelalterlichem Dachstuhl, an dem die Balkenenden als
groteske Tierköpfe geschnitzt sind. Auch das Kruzifix und das Chorgestühl
stammen aus dem Mittelalter, während die Altartafel und die Kanzel im
17. Jahrhundert entstanden. Funde, die man dort während der letzten Restaurierung gemacht hat, deuten darauf hin, daß die Kirche auf einem alten
vorchristlichen Tempelplatz errichtet wurde. Wegen einer Besichtigung wendet man sich an den Mære gård oder an den Kirchendiener.

Bei Vist zweigt links die Reichsstraße 761 ab, die zu der **Hustad kirke** führt,
der kleinsten und wohl ältesten aller Mittelalterkirchen in Nord-Trøndelag.
Die Kirche, die restauriert ist, besitzt eine handbetriebene Orgel, Kerzen an
allen Bänken, eine mit Schnitzereien versehene Kanzel und Altartafel. Die
Kirchenplanken, die vermutlich aus dem 17. Jahrhundert stammen, sind völlig
erhalten geblieben. Über dem Westportal befindet sich ein schöner kleeblatt-
förmiger Bogen. Das Interieur ist vom 17. Jahrhundert geprägt. Wegen einer
Besichtigung wendet man sich an den Øvre Hustad gård.

Auf der E6 fährt man nach **Steinkjer**. Die Stadt (20 508 Einwohner) besitzt
mehrere Hotels und an Sehenswürdigkeiten das *Steinkjer Museum*, die *Steinkjer Kirche*, die *Steinkjer Kapelle* und *Tingvoll*.

Die Kirche, die 1965 geweiht wurde, hat Olav Platou entworfen. Das große
Bronzekruzifix stammt von Sivert Donali. Um dieses Kruzifix herum sieht
man die Glasmalereien und Wanddekorationen von Jacob Weidemann. Sehenswert sind auch das Mosaik des Taufbeckens von Inger Kvarving, der
Wandteppich von Kåre Jonsborg und das Kanzeltuch vom selben Künstler. In
der Touristeninformation kann man sich für Führungen anmelden.

Mit der Kapelle ist ein Krematorium verbunden, entworfen von dem Architekten Semmelmann und berühmt geworden in der Geschichte der modernen
norwegischen Architektur. Die Dekorationen im Gewölbe sind von Henrik
Sørensen, die Rückwand dekorierte Kristoffer Leirdal, das Kruzifix im Chor
schuf Oscar Lynum. Das Museum auf Flathaugen besitzt 6 alte Häuser und
3000 Exponate und ist in der Touristensaison geöffnet (Eintritt). Auf Tingvoll
ist von früheren Gräbern nur noch eine Steinsetzung geblieben, die dafür aber
die größte im Lande ist und mit ihren 38 aufgestellten Steinen über eine Länge
von 35 m verfügt.

Die ganze Gegend ist reich an Felszeichnungen. So findet man in *Bardal*
(11 km westlich) Zeichnungen aus der Steinzeit (Elche, Rentiere, Menschen),
aber auch aus der Bronzezeit sind Zeichnungen mit Darstellungen von Schif-

fen mit Besatzung, Pferden und der Sonne zu sehen. Ein interessantes frühge-
schichtliches Gebiet befindet sich beim Hof *Helge* am Byafoss, wo es zwei
große (Helgeshaugen u. Ormshaugen) und mehrere kleinere Hügel gibt,
ferner 3 Bautasteine (zwei davon ca. 4 m hoch), einen Steinkreis mit 8 Blök-
ken und einen Steinwall, der wohl mit diesen Gräbern aus der Eisenzeit
zusammenhängt. Eine großartige Aussicht kann man vom Moränenrücken
bei Eggehvammen genießen, von wo man nach dem Großhof *Gjævran* sieht.
Dort befinden sich Reste einer alten Landburg aus der Zeit der Völkerwanderung. Von diesen Burgen hat man in der Steinkjer Kommune neun regi-
striert.
Von Steinkjer zweigt nach Osten die Reichsstraße 762 ab, die nach 4 km am
Großhof *Vibe* vorbeiführt, dessen Hauptgebäude im Rokokostil und
Louis XVI.-Stil (vermutlich 1776) gebaut wurde.
Nach 7 km erreicht man *Ogndal* mit der Skei kirke (1664). Ebenfalls nach
rechts zweigt die Reichsstraße 763 ab. Sie führt an der Ostseite des Snåsavatn
entlang, ist teilweise neu, teilweise ausgebessert. Landschaftsmäßig bietet die
Ostseite genau soviel wie die Westseite, kulturhistorisch jedoch mehr.
Die Route führt durch die Ortschaften Stod und Snåsa, wo man vom Aus-
sichtspunkt Gusthaugen (2 km nördlich von Binde und 200 m westlich der
Straße) einen großartigen Blick in die Ferne hat. Dann kommt man zu einer der
berühmtesten Felszeichnungen des Nordens überhaupt: zum *Rentier von
Bøla*. Diese Zeichnung ist 6000 Jahre alt und an einer Felswand in voller Größe
und mit sicherer naturalistischer Hand angebracht. Man findet sie zwischen
den Bahnhöfen Valøy, und Vikran, 200 m rechts der Straße und durch ein
Hinweisschild »Reinen, ved Bøla« leicht auffindbar.
Von Steinkjer fährt man auf der E6 weiter zu dem alten Häuptlingssitz *Egge*,
der einst Kalv Arnesson gehörte und wo sich auch die Egge kirke befindet.
Es folgt **Kvam** mit dem alten Haupthof, wo sich der Schriftsteller Johan Bojer
(Die Lofotfischer) seine Frau, die Tochter des Obersten Lange, holte. Eine
Nebenstraße führt zum Großhof *Gjævran*, der im Mittelalter zum *Rein-
Klostergut* gehörte, in den letzten hundert Jahren aber im Besitz der Familie
Qvam und das Heim des Stortingsmannes, Amtmanns und Staatsministers
Anton Qvam (1834–1904) war. Seine Frau Frederikke Marie Qvam (1843–
1938) war ebenfalls äußerst aktiv, besonders in der neu aufgekommenen
Frauenbewegung. Beide liegen an der Egge-Kirche begraben, die früher im
Besitz des Gjævran Hofes war und nach einem Brand 1765 wieder neu
aufgebaut wurde.
Ist man auf der E6 nach Asp gekommen, kann man dort links auf die
Reichsstraße 17 einbiegen und über Namsos (68 km) und Grong (114 km)
einen Umweg nach Mosjøen machen, von wo man weiter nach Fauske und
Bodø gelangt.

Für diesen Umweg braucht man einen Tag mehr, weil man sieben Fährverbindungen benutzen muß. Dafür aber bietet dieser Umweg großartigere Landschaftserlebnisse als die Hauptroute. Die Fahrt durch die Region Namdal mit den von schnee- und eisbedeckten Bergen eingerahmten blauen Fjorden wird man so leicht nicht vergessen.

Bevor man Namsos (11 769 Einwohner) erreicht, kommt man an verschiedenen Ortschaften vorbei und fährt hinter Veldemelen um den Beistadsund herum und weiter nach Fossli.

Ab Sjøåsen geht es am Ostufer des Lygnen entlang, man kommt nach Bangsund, überquert die 900 m lange Namsenbru und ist in **Namsos**. Die Stadt, die an der Mündung des Flusses Namsen liegt, wurde in ihrem Kern nach dem Zweiten Weltkrieg neu aufgebaut. Bereits 1872 und 1897 durch Brände total zerstört, wurde der Ort im April 1940, nachdem dort alliierte Einheiten gelandet waren, von den Hitler-Truppen systematisch bombardiert. Die dortige Bevölkerung lebt von Fischfang und Fischverarbeitung, von Holzexport und Textilindustrie. Sehenswert sind der *Bjørumsklompen*, ein 115 m hoher Stadtberg mit schöner Aussicht, das *Namdalsmuseum* an der Einfahrt zum Stadtkern mit Häusern, Booten, Geräten, Gebrauchsgegenständen aus den Namdalssiedlungen. Ferner gibt es dort eine Samen(Lappen)-Abteilung. Die *neue Kirche* in Namsos ist einschiffig, besitzt einen Glockenturm und wurde 1960 errichtet.

Hält man sich in der Stadt länger auf, kann man Ausflüge in die Umgebung machen, in das Namdal, auf die Inseln und zu den Fjorden. Einen schönen Blick auf die Stadt hat man vom *Spillumfjell*, vor der Namsenbru.

Verläßt man Namsos auf der Reichsstraße 17, folgt man dem Lauf des Namsen und kommt nach 88 km nach **Ranemsletta**, wo die *Ranem kirke* steht, die aus dem 13. Jahrhundert stammt und einen Marmorsockel besitzt. Eine alte Sage prophezeit, daß sie an einem Buß- und Bettag, wenn sie voller Menschen ist, in den Fluß fallen wird. Um 1760 wurden am Fluß Faschinen angebracht, um die Kirche zu schützen. Vom Interieur zeichnet sich besonders die Altartafel aus, die von 1678 stammt.

Die folgende Ortschaft *Skogmo* wird besonders von Anglern geschätzt. 1969 fing dort ein Kopenhagener Sportangler einen 31 kg schweren Lachs.

Man fährt auf der Reichsstraße 17 weiter und kommt in Flått an das äußerste Ende des Øyevatn. Die Straße führt am Ostufer des Sees weiter nach Kongsmo, wo Eisenkies (Pyrit) auf Schiffe verladen wurde, das man mit einer Seilbahn von den Skorovas gruver (45 km im Osten) nach Kongsmo schaffte. Man fährt nun am südwestlichen Ufer des Indre Folda entlang, an dessen Ende Foldereid liegt. Gleich danach hat man das Nordlandskors erreicht, von wo links die Reichsstraße 770 abzweigt, auf der man über Fähren und Inseln nach Garstad kommt.

Ist man auf der Reichsstraße 17 in Årsandøy angelangt, nimmt man die Fähre nach Møllebogen (25 Min.) und überquert einen der vielen Arme des Bindalsfjords. Bei Kjella geht die Reichsstraße 802 nach Bogen und von dort die Reichsstraße 771 nach Gutvik ab.

Auf der Reichsstraße 17 aber fährt man weiter nach Holm und nimmt dort die Fähre über den Bindalsfjord nach Vendesund. Über Vik fährt man auf der Reichsstraße 17 durch eine großartige Küstenlandschaft nach Berg, wo ein Denkmal für Paul Knutsen steht, der 1914 an den Expeditionen von Otto Sverdrup und Roald Amundsen teilnahm und 1919 in Sibirien starb. Die Tour führt nach *Brønnøysund*, einer Hafenstadt mit viel Leben, in deren Umgebung viele vorgeschichtliche Funde gemacht wurden, und wo man auch unterirdische Grotten entdeckte.

Ist man in Horn angekommen, nimmt man wieder die Fähre, um nach Anndalsvågen zu kommen. Die Überfahrt dauert 20 Minuten. Jetzt fährt man nahe der Küste nach Forvik und kommt nach einer einstündigen Überfahrt mit der Fähre in der Ortschaft Tjøtta an, wo um 915 der Skalde Eyvindr Skáldaspillir geboren wurde. Über die Orte Alstahaug und Sandnessjøen erreicht man mit der Fähre nach Leinesodden (8 Min.), umrundet den Leirfjord, kommt auf die Reichsstraße 810 und steuert direkt Mosjøen an.

Setzt man die Tour von Asp an weiter auf der E6 fort, kommt man bei Sem an den Snåsavatn und fährt am Westufer weiter bis zum Herrenhaus *Five*, das seit 200 Jahren im Besitz der Familie Five ist, aus der der bekannte Stortingsmann und mehrfache Landwirtschaftsminister Håkon Five (1880–1940) hervorging. In Vegset zweigt rechts die Reichsstraße 763 ab, führt an *Roaldsteinen* vorbei, einer alten Landburg, zum Snåsa Zentrum und schließlich nach Steinkjer.

Snåsa selbst hat ca. 820 Einwohner (2600 Einwohner in der Kommune). Dort befinden sich Marmor- und Schieferbrüche, mit Export nach ganz Europa. Von der dort angesiedelten Industrie ist vor allem die Hüttenfabrikation zu nennen. Es gibt auch eine Schule für Samen(Lappen) und ein Internat für Samenkinder von *Saltfjell* im Norden bis Elgå im Süden. 1979 wurde ein samisches Kulturgebäude errichtet mit Kursuszentrum für die südsamische Bevölkerung. Ferner gibt es eine samische Bibliothek und eine permanente Ausstellung mit ca. 300 südsamischen Exponaten, darunter eine zusammenlegbare Orgel, die der Samenprediger Torkil Jonasen auf dem Rücken trug, und einen Skistock mit einer daran befestigten Kelle, die sowohl als Trinkgefäß als auch als Schneeschaufel benutzt werden konnte. Die Organisation »Saemien Sitje« leitet diese Institution. In dem Kulturgebäude haben auch der südsamische Konsulent für Heimarbeit sowie der Rentierzuchtagronom (früher Lappenvogt) ihre Kontore. In Norwegen gibt es 6 solcher Ämter.

Chor und Sakristei der *Snåsa kirke* stammen aus dem Mittelalter, das Langschiff von 1870, Altartafel und Kanzel aus dem 17. Jahrhundert. Besichtigungserlaubnis im Pfarrhof.

Sognestua neben der Kirche ist vermutlich eines der ältesten Häuser in Nordre-Trøndelag, erbaut im 16.–17. Jahrhundert. Der *Vinje Pfarrhof* ist ein dreiflügliges Holzgebäude aus den 70er Jahren des 18. Jahrhunderts. Einer der Flügel wurde um 1740 gebaut. Hier gründete Bernt Julius Muus das St. Olafs-College, Minnesota. Sein Onkel Ole Rynning war der erste, der von Nord-Trøndelag nach Amerika reiste (1837). 1838 erschien sein Informationsbuch »Amerikaboka«. Ein Gedenkstein an der Kirche erinnert an die ersten Amerika-Fahrer dieses Gebiets. Die 24 Räume in dem großen Pfarrhof, der 1981 restauriert wurde, sollen früher Schauplatz nächtlichen Spuks gewesen sein.

Bergsåsen (bergige Landschaft) am Snåsa Bahnhof und der *Finsåsskogen* beim Jørstad Bahnhof sind wegen ihrer Flora bekannt und stehen unter Naturschutz. Die Beschreibungen der seltenen Flora – es gibt dort u. a. 15 bis 16 Arten von Orchideen – gehen zurück bis auf den Bischof Johan E. Gunnerus im Jahr 1769. An frühgeschichtlichen Überbleibseln gibt es Reste einer Olafskirche bei *Megård*, einen Bautastein in der *Nagelhusmark* und ein Frauengrab bei der Forstschule von Finsås.

Diese Schule und die Schieferbrüche in *Finnkjerringfjell* sind einen Besuch wert.

Fährt man auf der Hauptstrecke weiter, kommt man bald zum Heia Krug und Gasthof, dem Ausgangspunkt erlebnisreicher Fjellwanderungen.

Bei Formofoss befindet sich ein ca. 1100 m langer Skilift, der zum Geitfjell führt. Ferner gibt es dort Skipisten für Slalomläufer und markierte Stellen für Tourenläufer. Am Fuß des Skilifts liegt der Bjørgan kro mit dem Bjørgan Campingplatz. Die Straße zum Sender auf dem Geitfjell ist für den allgemeinen Verkehr gesperrt. Der Wasserfall Formofoss (Sandøla) ist 30,5 m hoch. Ihn durchschwimmt der Lachs in einer Tunneltreppe, deren Bau ca. 10 Jahre dauerte. Zum Wasserfall geht man auf einem ca. 100 m langen Pfad hinunter.

Der nächste Ort ist Grong, wo gern die Lachsfischer Station machen; denn es gibt im Namsen eine Reihe der besten Lachsreviere. *Grong*, in deren Kommune ca. 2700 Einwohner leben, ist aber auch Ausgangspunkt für einen Besuch des Nationalparks Gressåmoen. Bemerkenswert ist ein Fund, den man in Grong auf dem Hof Veiem 1976 machte und der ein Steingrab mit männlichen Skeletteilen und kompletter Waffenausrüstung von ca. 500 n. Chr. zu Tage förderte. Unter dem Grabhügel fand man einige Gruben mit Holzkohle und Steinen, deren Analyse zeigte, daß dort bereits 200 bis 300 Jahre v. Chr. Menschen gewohnt haben.

Auf der Weiterfahrt kommt man am Bunesset Campingplatz vorbei. Er liegt am Namsen, auf dem man oft Angler in ihren Booten sieht, da der Fluß außerordentlich fischreich ist.

Der nächste Ort, **Gartland**, zeichnet sich durch eine interessante Kirche aus, die *Gløshaug kirke*. Sie trägt die Jahreszahl 1689. Die Stützpfeiler vor dem Chor sollen von einer alten Stabkirche stammen, die abgerissen wurde. Abgerissen sollte auch diese Kirche werden, doch ein Engländer namens Merthyn Guest kaufte sie 1837 für 350 Speziestaler. In älteren Zeiten wurde in dieser Kirche die sogenannte Finnmesse zelebriert, ein Brauch, der aus der Zeit stammte, als die Pfarrer von Overhalla und Snåsa einmal im Jahr eine »Missionsreise« in die Grenzgebiete von Namsskogan und Røyrvik machen mußten, um bei den Samen die Messe und kirchliche Handlungen abzuhalten. Um diese »Missionsreisen« leichter zu machen, wurde es den Samen auferlegt, einmal im Jahr in die Kirche von Gløshaug zu kommen. Gleichzeitig fand sich dort auch der Vogt ein, der die Steuern und Abgaben einzog.

Die Kirche wird nicht als Gemeindekirche benutzt, aber alljährlich findet dort ein Olsok-Gottesdienst statt.

Bald nach Gartland kommt man nach *Fiskumfoss*, wo der Obere Fiskum-Wasserfall eine Fallhöhe von 6,5 m hat, während der Untere Fiskum-Wasserfall 32,6 m in die Tiefe stürzt. Zu beiden Fällen gehören Kraftwerke, die vom Nord-Trøndelag-E-Werk gebaut wurden.

Auf dem nächsten Abschnitt der Route befinden sich zwei Campingplätze: 1 km südlich der Harran kirke liegt der Harran Campingplatz, dann folgt der Haugen Campingplatz.

Das Aunfoss-E-Werk bezieht seine Kraft vom Aunfoss, dem Brattfoss und Breidfoss. Auch diese Wasserfälle wurden vom Nord-Trøndelag-E-Werk ausgebaut. Man kommt zur Grøndal-Brücke und sieht auf dem linken Flußufer den Bahnhof Lassemoen der Nordlandbahn. Rechts zweigt die Reichsstraße 764 zum Tunnsjø ab. Über diese Route führte früher die Taubanen, die Schwefelkieskonzentrat von den Skorovas gruver nach Kongsmo in Indre Folda transportierte. Die Bahn ist jetzt stillgelegt. Bei der nun folgenden Tunnsjøelv bru zweigt eine Nebenstraße zum Tunnsjødal-Kraftwerk ab, das mit einer Maximalleistung von 145 000 kW eines der größten Kraftwerke im Norden ist. Das Werk kann – außer sonnabends und sonntags – besichtigt werden.

Über Brekkvasselv mit guten Übernachtungsmöglichkeiten (Sentrum gjæstgiveri, Trones kro og motell) kommt man nach Namsskogan, wo Lachsangler gern ihr Quartier aufschlagen (Namsskogan gjestgiveri u. a.). Rechts zweigt eine Straße nach Røyrvik ab, an der sich eine Käserei befindet, die für ihren Ziegenkäse berühmt ist.

Bei Smalåsen steht der letzte Hof in Nord-Trøndelag. Die E6 führt jetzt in den Regierungsbezirk Nordland, wo man bald den Ort Majavatn erreicht, der am *Store Majavatn*, dem Großen Majasee, liegt. Dort fanden während des Zweiten Weltkrieges Zusammenstöße zwischen Widerstandskämpfern und

den deutschen Okkupanten statt, die schwere Repressalien deutscherseits zur
Folge hatten. Am anderen Seeufer gibt es eine Siedlung seßhaft gewordener
Samen, die Rentiere züchten; auch eine Samenkirche ist neben der Straße zu
sehen. Beim Bahnhof befindet sich ein Denkmal für die 24 erschossenen
Freiheitskämpfer, die nach den Zusammenstößen zum Tode verurteilt wur-
den. Übernachtungsmöglichkeiten u. a. im Majastua vertshus und auf dem
Majavatn Campingplatz.

Nun passiert man den höchsten Punkt des Fjellübergangs mit 375 m ü.d.M.
und fährt hinunter ins schöne Svenningdal. Bei Båfjellmo überquert man die
Brücke nach Trofors über die Vefsna. Übernachtungsmöglichkeiten im Vegset
kro og motell.

Die *Grane kirke*, die man bei der Weiterfahrt auf der E6 erreicht, stammt aus
dem Jahr 1860. Auch dort steht ein Gedenkstein für 10 Freiheitskämpfer, die
1942 erschossen wurden.

Nun erreicht man Laksfors. Der *Laksfoss* unter den 16 m hohen Wassermas-
sen bildet ein berühmtes Lachsrevier. Das Laksfors House war früher der
Standort englischer Lachsangler, die die Wände in der Kaminstube und im
Speisesaal mit genauen Bildern von dort gefangenen Großlachsen mit genauen
Größen-, Gewichts- und Geschlechtsangaben sowie Angaben über die Angler
schmückten.

Es folgt **Mosjøen** (ca. 10 000 Einwohner). Die Stadt, die in der Vefsn Kommune (13 230 Einwohner) des Nordland-Regierungsbezirks (Nordland fylke) liegt,
bildete sich beiderseits der Mündung des Flusses Skjerva in den Vefsnfjord.
Der südliche Teil wird von freundlichen Holzbauten geprägt, der nördliche
von Industrieanlagen, die vor allem Aluminium herstellen. Aber es gibt auch
Webereibetriebe.

Die *Dolstad kirke*, eine achteckige Kirche – ist die älteste dieser Art in
Nordnorwegen – 1734 von N. P. Beck aus Trondheim erbaut. Sie besitzt Reste
von altem Dekor aus den 30er Jahren des 18. Jahrhunderts, u. a. 12
um die Kanzel plazierte Apostelbilder. Das Innere wurde 1976 restauriert,
Dach und Wände in ihren früheren Zustand überführt.

Geöffnet: Täglich 1. Juni – 31. August 8–16.

Ein Freilichtmuseum, die *Vefsn bygdesamling*, mit 12 alten Häusern und ca.
5000 Exponaten befindet sich neben der Kirche.

Geöffnet: Juni – September montags – freitags 9–17, sonntags 11–19 (Eintritt).

Die *Øyfjellgrotte* bei Mosjøen hat sich aus Kalksteinablagerungen im Øyfjell
gebildet. Die Grotte besitzt einen unterirdischen Fluß, einen kleinen See und
einen 3 m hohen Wasserfall. Um die Grotte zu besuchen, muß man Beleuch-
tung, Taue, Gummistiefel und Überziehsachen mitbringen. Man sollte sie nur
in kleinen Gruppen betreten.

Vom Haravollen auf dem Dolstadåsen hat man eine schöne Aussicht auf das

Vefsndal im Süden, den Vefsnfjord im Norden und über Mosjøen zum Øyfjell im Westen. Für Sportangler gibt es gute Möglichkeiten (Auskünfte im Touristenkontor). Auch über Fjordtouren bekommt man im Touristenkontor Auskünfte.

Von Mosjøen fährt man auf der E6 weiter über Hatten nach Korgen, wo sich während des Zweiten Weltkrieges ein Gefangenenlager für Jugoslaven befand, von denen 400 im Lager umkamen. Daran erinnert ein Mahnmal 1 km südlich der *Korgen kirke* auf einem Begräbnisplatz. Die Kirche selbst stammt von 1863 und besitzt mehrere Arbeiten von Andreas Nilskog, dem Holzschnitzer von Drevja. Der Korgen Campingplatz gehört zu den besten dieser Gegend. An der Straße sieht man hier und da Gedenktafeln, die berichten, daß diese Straße teilweise von russischen und jugoslavischen Kriegsgefangenen gebaut wurde.

Nachdem man in Bjerka mit dem Bjerka Campingplatz angekommen ist, fährt man wieder durch die Fjordlandschaft und nach *Finneidfjord* mit einer Kaviarfabrik, Säge- und Hobelwerken. Dort fanden nach deutschen Landungen am 9. und 10. April 1940 heftige Kämpfe statt.

Von Finneidfjord kommt man auf der Reichsstraße 808 nach *Hemnesberget* (Abzweigung nach links). 1940 wurden dort 300 Briten zur Verteidigung der Stadt abgesetzt. Die Stadt wurde jedoch von den Deutschen in einem Handstreich von See aus eingenommen und zerstört. Später wurde sie modern wieder aufgebaut.

Zurückgekommen auf die E6, fährt man nun dicht am Rana-Fjord entlang, sieht in der Ferne den mächtigen Svartisen-Gletscher und kommt nach **Mo i Rana** (ca. 10 000 Einwohner), einem Ort, der sich in den letzten Jahrzehnten stark entwickelt hat. Früher tauschten dort die »Waldleute« aus Schweden mit den norwegischen Küstenbewohnern ihre Waren aus. Dann bekam die Familie Meyer Handelsrechte, und 1860 kaufte sie den Ort. Ungefähr in der Mitte des 19. Jahrhunderts begann bei Mo der Grubenbetrieb, dem 1901 bis 1908 das Fördern von Erz im Dunderlandsdal folgte. 1946 beschloß das Storting die Errichtung eines Eisenwerks in Mo, dessen Produktion seit 1955 anstieg. Die Rana-Gruben im Dunderlandsdal liefern Roherz an das Aufbereitungswerk in Mo, das wiederum solches an das Roheisenwerk liefert. Ca. 70% der Produktion werden in mehr als 20 Länder exportiert. Sonst wird im Mofjell Zink, Blei und Schwefelkies gefördert, Kalkstein bei Storforshei und Talk in Altermark. Das Norsk Koksverk liegt ebenfalls in Mo.

An Sehenswürdigkeiten gibt es das *Rana Museum* mit Hans A. Meyers Sammlungen im Zentrum von Mo. Abteilungen für Landkultur, Kunsthandwerk, Bergwerk und Geologie sowie eine Samen-Abteilung machen dieses Museum besonders interessant. Ferner sieht man permanente Ausstellungen von Kunst der Reichsgalerie und des Munch-Museums.

Geöffnet: im Sommer 10–18 (Eintritt).

9 km davon entfernt findet man das *Freilichtmuseum Stenneset* (an der
Reichsstraße 805), bestehend aus einem restaurierten Pfarrhof und einer
kleinen Hofanlage. Sonntags, dienstags und donnerstags ist das Museum
nachmittags geöffnet (Eintritt). Auch der *Mo kirke* von 1832 kann man einen
Besuch abstatten. 1860 wurde sie nach Westen erweitert und 1956 restauriert.
In der Kapelle hinter dem Chor befindet sich eine Altartafel von 1786, in der
Kirche selbst ein von Balle Lund gemaltes Altarbild aus dem Jahr 1860. Die
Kirche ist im Sommer geöffnet.

Eine Besichtigung von *AS Norsk jernverk* wird durch das Touristenkontor in
Mo vermittelt, aber man kann sich auch während der Touristensaison an den
Pförtner wenden.

Das Werk besteht aus drei Abteilungen, dem Roheisenwerk mit den größten
elektrischen Schmelzöfen der Welt für Roheisen und einer Jahresproduktion
von ca. 600 000 t, dem Stahlwerk mit einer Jahreskapazität von ca. 650 000 t
und den Walzwerken mit dem größten, über 600 m langen Gebäude der
Anlage. Das Werk hat insgesamt 4600 Arbeiter und Angestellte, davon
arbeiten 885 an anderen Orten.

Ausflüge von Mo kann man nach dem *Svartisen*, Norwegens zweitgrößtem
Gletscher machen (Information und Beratung im Touristenkontor) und zu
den *Grotten in Rana*, von denen man bereits ca. 120 kartiert hat. Ein Teil dieser
Grotten besitzt Tropfsteinformationen, unterirdische Seen und kleine Wasserfälle. Die bekannteste ist die *Grønligrotte*, in der während der Touristensaison
täglich Führungen stattfinden. Von Mo kommt man dorthin mit dem Auto (23
km und 800 m zu Fuß). Führer zu anderen Grotten in Rana vermittelt das
Touristenkontor.

Der nächste Ort an der E6 ist *Storforshei*, eine Bergwerkssiedlung mit 1000
Einwohnern. Die Rana-Gruben wurden 1961 mit AS Norsk jernverk zusam-
mengelegt. Der Betrieb geht im Tagebau vor sich. Zum Transport werden in
diesem Bergwerk Europas größte Fahrzeuge mit einem Totalgewicht von 245 t
verwandt. Sie befördern Lasten von 17o t.

Weiter nach Norden wird die Landschaft immer eindrucksvoller. Bäume
weichen Sträuchern. Der Polarkreis rückt näher. Am Eingang des Dunder-
land-Tals liegt Neverness. Man kommt dann an den Bahnhöfen Ørtfjell,
Dunderland, Storvollen, Hjartåsen und Krokstrand vorbei, in dessen
Nähe sich der 10 m hohe Silfoss befindet, der sich in den Fluß Randalselva
ergießt.

Der Krokstrand Campingplatz ist für Angler interessant. Bei **Randalsvoll** lag
ein Hof, von dem man heute nur noch einen Wall und einen Stein mit der
Inschrift »Randalsvollen 1. aug. 1943« sieht. Dort trifft man auch auf den
Fjellübergang zu den stillgelegten *Nasa Silbergruben* in Schweden. Während
des Krieges mit Schweden zog im August 1659 der Lehnsherr in Nordland,

Preben von Ahnen, mit 121 norwegischen Bauern von Saltdalen nach Nasa und zerstörte Gruben und Hütten.

Nachdem man die Baumgrenze (Stokka elv, 586 m ü.d.M.) passiert hat, nähert man sich dem Saltfjell und fährt bei 650 m ü.d.M. über den Polarkreis, der von einer Steinsäule mit Kugel markiert wird. Im nahen Café kann man Polarzertifikate erwerben. Die Post ist dort vom 1. Juni bis zum 31. August geöffnet.

Nördlich von *Stødi*, wo östlich der Straße (ca. 300 m) 3 unter Denkmalschutz stehende Opfersteine der Samen zu sehen sind und ein – bis *Semska* reichendes – Naturreservat (seit 1976) beginnt, führt die Straße durch das lange und öde *Lønsdal*.

Nachdem man Sørelva und das in einer fischreichen Gegend liegende Lønsdal mit dem Polarsirkelen høyfjellshotell hinter sich gelassen hat, dem einzigen Hochfjellhotel dieses Landesteils, kommt man nach Hestbrinken und kann von dort auf der Reichsstraße 77 einen Abstecher nach Osten ins Junkerdal machen, das wegen seiner wilden und besonderen Flora berühmt ist. Die Pflanzen in Junkerdalsura kamen bereits 1928 unter Naturschutz. 1955 wurde das unter Naturschutz stehende Gebiet bis zur Grenze erweitert und umfaßt nun ein Areal von 440 km². Dort dominieren arktische Pflanzenarten, aber man findet in diesem Gebiet auch wärmebedürftige Tieflandpflanzen, wie z. B. Frauenschuh, die man sonst nicht so weit im Norden und so hoch antrifft. Jedoch haben die Botaniker immer das größte Interesse an der *Carex scirpoides* aus der Familie der Halbgräser. Sie wächst sonst nur noch in Grönland, Kanada und Nordostasien. Das Junkerdal soll seinen Namen nach dem letzten Lehnsherrn und ersten Amtmann des Nordlands, Preben von Ahnen, erhalten haben, der im Volksmund »der Junker« genannt wurde und den erwähnten Kriegszug gegen Schweden unternahm.

Die »Fjellstua« wurde ursprünglich für den Verkehr auf der alten »Zwischenreichsroute« gebaut (1861). Dicht daneben steht die Methusalem-Kiefer, deren Alter unbekannt ist, von der man aber behauptet, sie stamme aus der Zeit Harald Hárfagres. An der Grenze steht ein Stein mit den Namenszügen von König Olav und König Carl Gustav.

Auf der E6 kommt man nach Storjord, von wo links eine Nebenstraße nach Kjemåga abgeht. Dort befindet sich eine staatliche Baumschule.

Über Bleiknesmo und Røkland erreicht man Rognan (ca. 2100 Einwohner), einen Ort mit ein wenig Industrie, Bootsbau und Fremdenverkehr.

Hinter Rognan kommt man bei Botn auf eine rechts abzweigende Nebenstraße, auf der man nach einem Kilometer einen großen Friedhof erreicht, auf dem 2732 deutsche Soldaten und 1657 jugoslavische Kriegsgefangene ruhen.

Die E6 führt am Ostufer des *Saltdalsfjords* durch eine schöne Landschaft, in der man mehrere Kilometer hoch über dem Fjord fährt.

In Straumnakken begegnet man seltsamen Moränengebilden. Von Finneid, wo

sich die Kaianlagen der A/S Sulitjelma Gruben befinden und das dort gewon-
nene Kupfererz verschifft wird, kann man rechts über eine Nebenstraße
(Reichsstraße 830) nach 36 km nach Sulitjelma erreichen. Die Straße führt
durch zerstreute Siedlungen und vorbei an Wasserfällen. Im Sjønstådal sieht
man den Sjønstå gård mit 20 Häusern verschiedenen Alters, von denen einige
von großem kulturhistorischem Wert sind.

Sulitjelma hat ca. 1800 Einwohner. 5 Monate lang liegt die Temperatur unter
Null °C. Sie schwankt von -— 6,9 bis 14,7 Grad im Juli (Durchschnitt + 3,1°).
Die Gruben, die seit den 80er Jahren des 19. Jahrhunderts in Betrieb sind,
beschäftigen ca. 465 Betriebsangehörige. Entdeckt wurde das Erz von dem
Samen Mons Petter, nach dem man später eine Straße genannt hat. In
»Sulitjelma stein og metall« (ca. 30 Angestellte) werden Schmuck- und Ge-
schenkartikel produziert, die auf dem Rohstoff aus den Gruben basieren.
Das *Sulitjelma Grubenmuseum* ist im Sommer von 11–15 geöffnet (Eintritt).
Vor dem Museum stehen Reste der ersten elektrischen Schmelzhütte der Welt,
die restauriert werden sollen.

Eine gebührenpflichtige Straße führt nach *Lomivatn*, eine weitere nach Jakobsbakken und Balvatn (Ausgangspunkt für Fjellwanderungen zum Saltdalen und Saltfjell. Der Touristenverband hat in dem Gebiet 4 Hütten). In dem
kleinen früheren Grubenort Jakobsbakken betreibt Misjonssambandet (Verband der Institutionen der Inneren Mission) Norwegens größtes Fjellcenter
für Jugendliche. Ferner gibt es dort eine Fjellschule mit Internat, und es
werden Wohnungen der Grubenarbeiter vermietet.

Auf der E6 geht es direkt nach **Fauske** (4000 Einwohner). Die Stadt wurde
nach der Bombardierung von 1940 wieder neu aufgebaut. Dort befindet sich
der Ausgangspunkt für die Nord-Norge-Busse nach Kirkenes, da in Fauske
die Nordlandbahn endet. Die Stadt besitzt berühmte Marmorbrüche (De
ankerske marmorbrudd bei *Løvgavlen*), aus denen auch Steine beim Bau des
Gebäudes der Vereinigten Nationen in New York verwendet wurden. An
sonstiger Industrie findet man Holzwarenfabrikation, Werkzeugherstellung,
eine Anlage zum Reifen von Bananen u. a. Das *Fauske bygdetun* (Haakon
Utheims-Sammlungen) ist ein Freilichtmuseum mit alten Häusern, der ältesten Herdstube, die vermutlich aus dem Mittelalter stammt, Booten und ca.
1300 Exponaten.

Man verläßt die E6 und fährt auf der Reichsstraße 80 den Skjerstadfjord und
Saltfjord entlang nach Bodø. Bei Kistrand, wo sich auf dem Møllebakken ein
Ferienheim für Taube befindet, steht nur wenige Meter von der Straße (aber
schwer zu sehen) die berühmte *Kistrandfuru*, eine mächtige Föhre, die unter
Naturschutz gestellt wurde. Weiter auf der Reichsstraße kommt man zu einem
Schild mit der Aufschrift »Helleristning«, und man kann östlich der Vågan
Fährstelle – 350 m von der Straße – eine prachtvolle, einen Elch darstellende

4000 Jahre alte Felszeichnung sehen. Der Pfad hinauf ist schlecht markiert.
Man sollte wegen des sumpfigen Geländes Gummistiefel anziehen.
Von Vågan kann man mit der Fähre nach **Skjerstad** übersetzen, wo vor dem
Pfarrhof drei romanische Grabkreuze aus Stein von ca. 1200 stehen. Eine Tafel
berichtet über sie. Die neue *Skjerstad kirke* wurde von Arnstein Arneberg
entworfen und ist sonnabends und sonntags an den Nachmittagen geöffnet.
Von Skjerstad fährt man auf der Reichsstraße 812 via Misvær durch ein Gebiet
mit alten Bauten; wo man guten Ziegenkäse bekommt und im Hansgård
Gasthof Übernachtungsmöglichkeiten hat. Über Reinhornheia (630 m
ü.d.M.) gelangt man ins Beiardal mit Grotten, Wasserfällen, Lachs- u. Forel-
lenfischerei und dem Frantzens Gasthof.
Wieder auf der Reichsstraße 80 erreicht man bei Løding die Reichsstraße 813
(13 km) und kommt zum Saltstraumen. Von Hopen, das einen guten Hafen für
kleinere Schiffe hat, sieht man die neue Brücke über den Saltstraumen. Weiter
auf der Reichsstraße 80 fährt man nach Bertnes. Nach unten zum Fjord
befindet sich ein Bautastein auf einem Hügelgrab. Dort wurden die ältesten
Funde bez. der norwegischen Einwanderer in Nordnorwegen gemacht. Sie
sind auf 200 n. Chr. datiert worden. Kurz vor Bodø besichtigt man noch die
Kirche von *Bodin*, die links der Straße liegt.
Nach ca. 3 km erreicht man das Ziel der Route, die Stadt **Bodø**. Das *Nordland
fylkesmuseum* wurde 1888 mit den Sammlungen eines Fischereiinspektors
eröffnet, die dieser der Stadt vermacht hatte.
Es besteht aus verschiedenen Abteilungen:

1. Fischereiabteilung

Sie zeigt die Entwicklung des Fischfangs von vorgeschichtlicher Zeit bis zur
Gegenwart. Harpunen aus der Steinzeit, Gallionsfiguren, Schiffsmodelle u. a.
Besonderer Wert wird auf den Herings- und Kabeljaufang bei den Lofoten
gelegt.

2. Naturgeschichtliche Abteilung

Ausgrabungsfunde aus der Steinzeit, der Knossnakultur (7000–4000 v. Chr.),
der Nøstvetkultur (4000 bis 25 000 v. Chr.), Reproduktionen von Felszeichnungen aus der Umgebung mit Motiven der Jagd (nicht Fischfang).

3. Wikingerabteilung

Dort ist der Schatz von Rønvik zu sehen, der 1919 gefunden wurde. Er besteht
aus angelsächsischen und arabischen Münzen.

4. Historische Abteilung

Darstellungen zur Geschichte von Bodø. Ferner eine Sammlung mit Erinnerungsstücken an den Venezianer Pietro Querini, der 1431 bis 1432 eine Reise von Kreta nach Flandern machte, vom Kurs abkam und auf einer Insel bei *Røst* strandete, wo er sich mit seiner Besatzung drei Monate aufhielt.

5. Münzabteilung

Rubel und Kopeken von Pelzhändlern aus Archangelsk zur Zeit Katharina II. Außerdem Münzen, die man in den Kirchen von Herøy, Dønnes, Bodin und Steigen fand.

6. Folkloristische Abteilung

Innenausstattungen von Fischerhäusern, das Haus eines Photographen, Trachten, Webwaren, Haushaltsgeräte und Holzschnitzereien. Zum Fylkesmuseum gehört auch das *Freilichtmuseum von Bodøsjøen* am Saltenfjord (4 km). Dort sieht man Fischerhäuser, Läden und Boote. Bemerkenswert ist im Bereich von Bodø *Det Gamle Handelssted*, eine einst wichtige Handelsstation mit 12 alten Wohnhäusern in *Kjerringøy* an der Küstenstraße (Reichsstraße) 834. Die 12 alten Häuser sind mit Inventar erhalten (Regelmäßige Führungen in der Sommersaison, Café und Übernachtungsmöglichkeiten am Ort). Geöffnet: täglich 9–15, sonnabends 10–15, sonntags 12–15.

Fauske – Tromsø (504 km)

Diese Strecke gehört zu den schönsten Abschnitten der E6 in Norwegen. Man fährt durch eine tief einschneidende Fjordlandschaft zwischen Fauske und Narvik, in der man eine besonders großartige und eigenwillige Natur antrifft. Verläßt man Fauske, erreicht man bald Vargåsen, wo man links in die Reichsstraße 81 nach Røsvik einbiegen kann. Von dort setzt man nach Nordfold über, fährt auf der Reichsstraße 81 weiter nach Bogøy und von dort – wiederum mit einer Fähre – nach Svolvær. Damit ist man auf den Lofoten. In neuerer Zeit wurden mehrere Fährverbindungen eingestellt. Sie sind durch moderne Brücken ersetzt worden, die dem Autotouristen Zeit ersparen. Will man die Lofoten systematisch von der Hauptroute aus besichtigen, wählt man am besten Narvik als Ausgangspunkt. Dann fährt man nach Bjerkvik nördlich von Narvik, biegt von dort links in die Reichsstraße 19 ein, passiert die Orte Bogen und Evenskjer und kommt über die 1005 m lange Tjeldsund bru auf die Insel Hinnøya, womit man in der Inselwelt der Lofoten angelangt ist.

Die Fortsetzung der Hauptroute verläuft von Vargåsen aus über die 179 m lange Trengsel bru über den Nordfjord (längste Brücke auf der Strecke Varghiet-Sommarset). Von dort kommt man auf einer nach rechts abzweigenden Straße via Nordfjord nach Lakshola. Ausgangspunkt eines längs Laksåga führenden Wanderpfades zur Ragohytta im *Rago Nationalpark*. Dieser Nationalpark ist mit seinen 170 km² großem Areal Norwegens 9. Nationalpark und hängt mit den beiden schwedischen Nationalparks Sarek und Stora Sjöfallet zusammen, wodurch er an Bedeutung gewinnt. Der Rago Nationalpark bietet dem Besucher eine unberührte nordländische Fjellnatur mit eigenartigem Tierleben und mehreren Wasserfällen. Dort gibt es auch hervorragende Möglichkeiten für Angler.

Wieder zurück zur E6, fährt man durch den 2723 m langen Kalvik Tunnel, den längsten der 10 Tunnel zwischen Vargåsen und Sommarset, von wo man in 15 Minuten mit der Fähre nach Bonnåsjøen übersetzt. In der Hauptsaison muß man dort mit längeren Wartezeiten rechnen. Die Straße führt in ein enges Tal, erreicht den höchsten Punkt auf dem Abschnitt zwischen Leirfjord und Mørsvikfjord (144 m ü.d.M.), und klettert bei Tennvatn auf 390 m ü.d.M. Dann folgt die Aussicht über das Sagvassdal mit seinen sieben Seen. Der *Kråkmo gård* liegt unter dem 924 m hohen Berg Kråkmotinden (2 Stunden Aufstieg, gute Aussicht). Dort schrieb Knut Hamsun seinen Roman »Die Stadt Segelfoss« und begann seinen später mit dem Nobelpreis gekrönten Roman »Segen der Erde«.

Am Rand des Sandnesvatn liegt Fjelltun. Im dortigen See soll ein Wassertroll hausen, der zum erstenmal vor ca. 50 Jahren gesehen worden sein soll und sich auch in den letzten Jahren bemerkbar gemacht hat. Ein Augenzeuge beschrieb seine minutenlangen Beobachtungen und meinte, es sähe aus, als ob sich dort mehrere Thunfische im Wasser tummelten.

In Tømmernes führt eine kurze Nebenstraße zu *Felszeichnungen* an einer Felswand an der Brücke über den Fluß Sagelva. Die drei Bilder, die 4–5000 Jahre alt sein sollen (manche meinen, 8000 Jahre) stellen u. a. zwei meisterhaft gezeichnete Rentiere dar. Bis zur obersten Figur sind es von der Brücke 35 m.

Die E6 geht weiter längs des Sagfjords nach Innhavet. Auf *Reinli* findet jedes Jahr ein Samen-Lager statt, wo man Rentierfelle und von den Samen angefertigte Gebrauchsgegenstände und Souvenirs erwerben kann.

Von Ulsvåg besteht die Möglichkeit, auf der Reichsstraße 81 über Hamarøy nach Skutvik zu fahren, von wo eine Autofähre nach Svolvær fährt.

An dieser Straße liegt der Ort **Hamsund** (ca. 17 km von Ulsvåg entfernt). Dort steht der Hof, auf dem Knut Hamsun seine Kindheit verbrachte. Der Hof liegt

auf einer 700 m breiten Landenge zwischen der Hamsundbucht im Norden
und der Lilandsbucht im Süden. Die Buchten teilen Hamarøy fast in zwei
Teile. An der Straße steht Hamsuns Büste, und auf dem Hof befinden sich eine
Reihe Andenken an den Dichter. 1862 kam Hamsuns Vater Per Pedersen mit
seiner Frau und den Kindern von Lom hierher. Der jüngste Sohn Knut war
damals knapp 3 Jahre alt. Später nahm er den Namen Hamsun an.

Die wilde und großartige Natur des Nordlands hatte schon als Kind einen
großen Eindruck auf Hamsun gemacht, so daß sich manches von diesen früh
erlebten Natureindrücken in seinen Werken widerspiegelt.

Zurück zur E6 geht es von Ulsvåg am Tysfjord Turistsenter (Hütten, Boote)
vorbei zur Boghøgda-Straßenkreuzung, wo die Reichsstraße 814 nach *Leiknes*
(3 km) abzweigt. Man trifft dort sehr gute Felszeichnungen aus der Steinzeit
an. Vom Fährhafen Bognes hat man eine günstige einstündige Verbindung
nach den Lofoten.

Hinter Bognes setzt die Fähre in 30 Minuten nach Skarberget am anderen Ufer
des Tysfjords über. Weiter führt die E6 nach Skjellesvikskaret zwischen einigen
der merkwürdigsten Berge Norwegens und hinunter zu den drei Efjordbrük-
ken, von denen man über die Kjerringstraumen bru über eine starke Strömung
nach Ballangen gelangt, wo man Unterkunft finden kann im Solheim Gasthof
und auf dem Ballangen Campingplatz, 3 km östlich des Zentrums. Hinter
Ballangen gibt es eine besonders sehenswerte Brücke: die *Skjomen bru*. Sie ist
709 m lang und führt die E6 über den gletscherumkränzten Skjomenfjord. Von
Grindjord zweigt rechts eine Straße ab, die am Skjomen entlang und via
Elvegård das Skjomdal hinauf nach Fjellbu und auf einer Straßenabzweigung in Elvegård nach Skjombotn führt. In den beiden letzteren Orten gibt es
Übernachtungsmöglichkeiten. Dieser Abstecher ist zu empfehlen, weil er
großartige Landschaftserlebnisse bietet.

Auf der E6 fährt man nach **Ankenes**. Der Ort wurde 1974 mit Narvik
verbunden. Fast die Hälfte der Häuser des Ortes wurden 1940 zerstört. Die
Ankenes kirke ist eine achteckige Kirche von 1840. Das Ankenes Skicenter
besitzt einen Skilift (255/1064 m). Man hat dort eine prachtvolle Aussicht über
den Hafen von Narvik mit den Erzschiffen auf der Reede, und dem *Fagernesfjell*
(1270 m), der *Rombakstøtta* (1243 m) und der *Beisfjordstøtta* im Hintergrund.
Kurz vor Narvik kommt man nördlich der 375 m langen Beisfjordbrücke nach
Fagernes, von wo rechts eine Bezirksstraße nach *Beisfjord* abzweigt. Dort war
während des Zweiten Weltkrieges ein berüchtigtes Gefangenenlager für serbi-
sche Kriegsgefangene, von denen 1500 ermordet wurden. Auf dem Gräber-
platz befindet sich ein Gedenkstein. Interessant ist der *Beisfjordgubben*, ein
Steingebilde, das einem Troll gleicht.

Narvik ist erreicht, die berühmte Erzstadt mit ca. 20 000 Einwohnern, die eine
außergewöhnlich schöne Lage hat: auf einer Landzunge zwischen dem Beis-

fjord und dem Rombaksfjord. Die Stadt ist in zwei Teile geteilt: Oscarsborg mit dem Geschäftsviertel auf der Ostseite und Frydenlund mit seinen Wohnhäusern auf der Westseite des Eisenbahngebiets mit den großen Anlagen der Erzgesellschaft. Ursprünglich war der Ort eine kleine unscheinbare Fischersiedlung. Erst als 1883 eine britisch-schwedische Gesellschaft die Konzession zum Bau einer Bahn bekam, um Erz aus dem schwedischen Kiruna und Gällivare in einen eisfreien Hafen zu schaffen, da der nächstgelegene schwedische Hafen Luleå im nördlichen Bottnischen Meerbusen die Hälfte des Jahres vereist war, begann der Aufschwung. Die Norwegische Staatsbahn übernahm den Bau der Ofotbahn, die 1902 eröffnet wurde, im selben Jahr, als der Ort, der 1887 den Namen Victoriahavn bekommen hatte, unter dem ihm 1899 gegebenen Namen Narvik (nach einem Hof) Stadtrechte bekam.

Am 9. April 1940 griff ein deutsches Expeditionskorps unter General Dietl die Stadt an. Die Panzerschiffe »Norge« und »Eidsvoll« wurden versenkt und die Stadt eingenommen. Am 10. und 13. April gingen britische Flotteneinheiten zum Angriff über und setzten die deutschen Flotteneinheiten außer Gefecht. Am 28. Mai wurde Narvik zurückerobert und die deutschen Truppen in die Gegend von Bjørnfjell zurückgeworfen. Doch allzu lange konnten die Alliierten aufgrund der rasch fortschreitenden Entwicklung der Kriegsereignisse ihre Truppen und Seestreitkräfte nicht entbehren. Sie wurden in die eigenen Länder zurückbefohlen. In einer Juninacht 1940 zogen sie sich von Narvik zurück und überließen die Stadt wieder den Deutschen. Während der Kämpfe wurden die Anlagen der NSB und der Erzgesellschaft zerstört und 900 Wohnhäuser beschädigt oder völlig in Ruinen verwandelt.

Die ökonomische Basis der Stadt ist die Verschiffung von Erz aus den Gruben in Nordschweden. Die Loussavaara-Kiirunavaara A/B ist Narviks größter Arbeitgeber. Durch sie haben ca. 650 Menschen in der Stadt Arbeit. Nach Oslo ist Narvik der am stärksten frequentierte Hafen Norwegens. Aber auch die Kongsberg-Waffenfabrik hat dort eine Niederlassung. Ferner liegen in Narvik verschiedene Truppeneinheiten. In der Kongensgt. 66 befindet sich das *Narvik turistkontor*. Es ist im Sommer von 8 bis 21 Uhr geöffnet und gibt Touristen alle gewünschen Auskünfte.

An Sehenswürdigkeiten hat die Stadt vor allem die *Erzkaianlagen*. Sie sind die größte Erzverladungsanlage der Welt. Die vollautomatische Anlage kann Schiffe bis zu 350000 t bis zu einer Jahreskapazität von 28 Mio. t beladen. Bisher war das größte Schiff, das durch diese Anlage Ladung aufnahm, ca. 200000 t groß. Führungen vom 1. Juni bis 31. August um 13.30 Uhr.

Bei einer Fahrt in der Ofotbahn (Ofotbanen) kann man eine prachtvolle Aussicht über den Rombaksfjord genießen. Die Bahn fährt hoch über dem Fjord in schwindelnder Höhe. Die Tour zur Touristenstation *Bjørnfjell* an der Grenze dauert ca. 45 Minuten.

13 Minuten braucht die Gondelbahn zur Spitzenstation des Fagernesfjells, 700 m ü.d.M. Die großartige Aussicht, die man von dem dortigen Restaurant hat, ist nach Meinung vieler Touristen die größte Attraktion, die Narvik zu bieten hat.

1925 wurde die *Narvik kirke*, entworfen von Olaf Nordhagen und im Inneren ausgeschmückt von Domenico Erdman, eingeweiht. Die Altartafel malte Eilif Petersen. Von 10 bis 16 Uhr kann man sie besichtigen.

Die Friedenskapelle (Fredskapellet) wurde 1957 eingeweiht. Entworfen wurde sie von Jan Inge Hovig. Die Altartafel stammt von Axel Revold, die Ausschmückung im Seitenflügel von Arne Linder Olsen, die Reliefs im Glockenturm schuf Finn Eriksen. Eintritt von 10 bis 16 Uhr.

Neben der Kapelle befindet sich ein Soldatenfriedhof, auf dem norwegische, deutsche, englische, französische und polnische Soldaten beigesetzt wurden.

Das *Kriegsmuseum* zeigt die Kriegsgeschichte der Stadt, hauptsächlich den Frühling 1940.

Geöffnet: Mitte Juni – ca. 1. September täglich 10–22, sonntags 13–17, sonst: tägl. 10–15, sonntags 13–15. Eintritt.

Im Parkgebiet von *Brennholtet* ist eine Felszeichnung zu sehen: ein Elch in fast voller Lebensgröße, naturalistisch ausgeführt und jetzt ausgemalt, ca. 4000 Jahre alt.

Von Narvik werden täglich *Lofotentouren* nach Svolvær veranstaltet, bei denen man am nächsten Morgen zurückkommt. Auskünfte erteilt die »Ofotens dampskibsselskap« Havngt. 2.

Man fährt auf der E6 weiter über die Rombaksbru (765 m), vorbei am Storsletta Campingplatz und nach Bjerkvik, wo links die Reichsstraße 19 nach Vesterålen und den Lofoten abzweigt. Über viele Schleifen geht es hinauf zum Ofoteidet (330 m ü.d.M.).

Man fährt an der Øse Turiststasjon vorbei und nach Storfossen, wo links eine Straße nach **Gratangsbotn** abzweigt. Dort findet man in einem kleinen Museum die *Eilivsøn-Thraningsammlungen* mit alten Booten, Netzen und anderen Fischereigeräten. Glanzstück der Sammlung ist ein alter Zehnruderer mit Namen »Sølvtoskillingen« von ca. 1840.

Die E6 führt weiter vorbei an der Gratangen Turiststasjon (Cafeteria, Aussicht über Gratangen) nach Bukkemyra (428 m ü.d.M.) und der Lapphaugen Turiststasjon, die von wilden Bergen umgeben ist. Jetzt passiert man Jordbrua, eine natürliche Brücke, da der Fluß Spandselva sich selbst einen Tunnel im Kalkberg gegraben hat, und kommt nach Fossbakken, wo links die Reichsstraße 84 nach Sjøvegan und Sørreisa abzweigt.

Über Kolbanskaret führt die E6 weiter ins schöne Salangsdal, vorbei am Lundamo bygdetun, jetzt Bardu bygdetun, mit alten Häusern. In der Toftakerstua hat das Troms forsvarsmuseum (Verteidigungsmuseum) eine Ausstellung. Beide Museen sind im Sommer geöffnet.

Über den Kobbryggen, eine 168 m hohe Paßhöhe zwischen Salangsdalen und Bardudalen mit Aussicht über das Bardudal zum Berg Istindan (1490 m) im Nordosten hin, kommt man nun nach **Bardu** oder *Setermoen* (ca. 2600 Einwohner), dem Standort der Brigade in Nordnorwegen und einiger Verwaltungsabteilungen des Heeres und der Heimwehr. In Setermoen gibt es eine achteckige, gezimmerte Kirche von 1829, die *Bardu kirke*. Sie ist eine Kopie der Kirche von *Tynset*, woher eine Reihe von Bewohnern dieses Ortes stammen. Den Schlüssel zur Kirche bekommt man im Pfarrhof.

Fährt man weiter auf der E6, kann man bei Elverum rechts in die Reichsstraße 87 einbiegen, wo man zum Målselvfoss kommt (600 m lang, Lachs, Angelscheinpflicht). Der Målselvfossen Campingplatz verfügt über Hütten, Restaurant, Angelmöglichkeiten.

Die E6 führt nach *Bardufoss*, jetzt **Andselv** genannt, wo ca. 3000 Menschen wohnen, die sich über mehrere kleine Ortschaften verteilen. Andselv hat einen wichtigen Militärflugplatz und einen Zivilflugplatz für den Verkehr zwischen Oslo, Tromsø und Kirkenes, der mit dem Militärflugplatz verbunden ist. Dort liegt auch eine Helikopterabteilung, die für Rettungs- und Suchdienste eingesetzt wird. Ein Gedenkstein ist für Axel Heiberg (1848–1932) errichtet von der Troms skogselskap (Troms Waldgesellschaft). Heiberg gründete die Norwegische Waldgesellschaft.

Eine Bezirksstraße führt über Bardufossen zur Reichsstraße 87. Die Straße kommt am *Bygdetunet Fossmostua* vorbei, wo man ein Wohnhaus von 1824, eine Schmiede, ein »stabbur« (auf Pfosten ruhender Lebensmittelspeicher), Schule und Viehstall sehen kann.

Die E6 verläuft weiter über die Målselv bru, die das Ende des Målselvfjords überspannt, und kommt nach Olsborg, wo links die Reichsstraße 854 nach Målsnes am schönen Malangenfjord abbiegt.

Heia liegt in einem großartigen Fjellgebiet und ist von den weißen Gipfeln der Berge Fiskelaustind (1077 m) und Blåtind (1380 m) umgeben. Der Ort liegt am Ende des Takvatn. Bei Sommerlyst, wo man in einem Café am Südende des Sagelvvatn Rast machen kann, gibt es ein Moorgebiet, das unter Naturschutz steht, das Sagelvvatn naturreservat mit einer interessanten Flora und Fauna, besonders Sumpfvögel und Enten seltener Art gibt es dort.

Man kommt nach **Storsteinnes**. In diesem Gebiet des Balsfjords wohnen ca. 650 Menschen (7000 Einwohner zählt die Kommune). An Industrie gibt es Holzwarenfabrikation, Betonwarenfabrik, Tischlerei, Käserei; in Heimarbeit werden Kleidung und Waren aus Ziegenleder hergestellt. Die Käserei von Storsteinnes wird »der Welt größte Ziegenmilchkäserei« genannt. Das ist nicht

ganz bewiesen, aber auf jeden Fall ist die dortige Käserei der größte Ziegenkä-
seproduzent im Lande und einer der wenigen, der außer dem bräunlichen
norwegischen Geitost auch weißen Ziegenkäse herstellt. Im Jahr werden 2,5
Mio. Ziegenmilch eingewogen.

In der Nähe der *Balsfjord kirke* von 1856 (ca. 10 km von Storsteinnes) gibt es
auf 3 Feldern Felszeichnungen von Rentieren, Elchen, Booten, Menschen,
Fischen u. a. Das relativ frühe Feld *Gråbergan* (ca. 20 Figuren) und das sehr
späte *Bukkehammeren* (7 Figuren) befinden sich innerhalb der Fluren des
Pfarrhofs, während das dritte innerhalb der Inmark des Grundstücks Kirkely
in der Nähe der Kirche liegt. Die 2500–4500 Jahre alten Figuren sind ausgemalt. Übernachten kann man im Øwres pensjonat. Die Gegend bietet gute
Möglichkeiten für Sportangler.

Bald nach Storsteinnes, am Fuß verschneiter Berge, liegt der Ort Nordkjosbotn. Dort endet die E6. Man fährt auf der E 78 weiter, nachdem man am
Bjørnebo Campingplatz vorbeigekommen ist. Längs des Balsfjords, der sich
an Schönheit mit dem Lyngenfjord messen kann, geht die Fahrt weiter durch
das Lavangsdal, zum samischen Opferplatz *Sarasteinen* und zur Kreuzung bei
Fagernes. Rechts zweigt die Reichsstraße 91 zum Fährort Breivikeidet ab, von
wo man in 30 Minuten über den Ullsfjord nach Svensby kommt.

Von dort geht es weiter nach **Lyngseidet**. Der Ort wurde 1789 Handelsniederlassung (Handelshaus Giæver). Es gibt ein Gestüt für das »Lynghest« (Lyng-
pferd), eine lokale ponyähnliche Pferderasse. *Lyngen kirke* ist eine Kreuzkirche aus Holz von 1775. Die Altartafel stammt von einem unbekannten
Künstler. Während des Krieges wurde die Kirche von der Besatzungmacht als
Stall verwendet. Später wurde sie restauriert und ist jetzt sehenswert. Die
Lyngenhalvøy ist ein beliebtes Gebiet für Bergsteiger. Übernachten kann man
im Lyngseidet motell og camping. Auch allgemeine Fjelltouristen finden ein
großartiges und unberührtes Gelände vor.

Auf der E78 kommt man jetzt nach **Tromsdalen**. Der Ort ist ein Stadtteil von
Tromsø. Sehenswert ist dort die *Tromsdalen kirke*. Es gibt zwei Campingplätze, Elvestrand Campingplatz und Skittenelv Campingplatz. Letzter liegt
an einer nach rechts bei Tromsdalen abzweigenden Straße, die nach Oldervik
führt.

Nach Tromsø (s. S. 262 ff.) fährt man über die 1036 m lange und auf 84 Säulen
ruhende Brücke *Tromsøbru*, die eine Durchfahrtshöhe von 38 m hat und 1960
für einen Achsendruck von 10 t gebaut wurde.

Die Strömung unter der Brücke kann bis zu 4 Knoten Geschwindigkeit
erreichen.

Narvik-Vesterålen-Lofoten (395 km)

Als Autotourist erreicht man die Lofoten am besten von Narvik aus.
Man verläßt Narvik auf der E6, nimmt die Reichsstraße 19 und fährt über die
Tjelsund bru hinüber nach Hinnøya und weiter auf der Reichsstraße 19 nach
Kåringen. Dort zweigt die Reichsstraße 823 nach **Lødingen** ab, einem Ort von
ca. 2000 Einwohnern, vor dem sich der Ofotfjord mit dem Vestfjord begegnet
und wo eine der größten Lotsenstationen Norwegens liegt. Dort werden
jährlich über 6000 Schiffe betreut, hauptsächlich Trawler und Murmansk-
Fahrer. Die Station verfügt über 35 Lotsen. Hinter dem roten Lotsengebäude
steht ein Denkmal für die umgekommenen Fischer von Lødingen. Die *Lødingen kirke* ist eine gezimmerte Kreuzkirche von 1756, die in den 80er Jahren des
19. Jahrhunderts stark umgebaut wurde. Will man sie besichtigen, wendet
man sich am besten an den Pfarrhof.
Die Reichsstraße 19 steigt jetzt an nach Kåringsvatna (höchster Punkt der
Straße 200 m ü.d.M.) und fällt nach Åsestua wieder ab, wo man das sehr
populäre Sportanglerrevier *Kanstadstraumen* (Köhler und Dorsche) antrifft.
Dort wird vom Ufer und vom Boot gefischt. Längs des Kanstadfjords und des
Gullesfjords kommt man nach Langvassbukt, wohin die Reichsstraße 850 von
Harstad führt.
Über eine Landenge fährt man nach **Sigerfjord** (600 Einwohner). In einer
neueren Kapelle steht eine wertvolle Figur des heiligen Olaf aus dem 15. Jahr-
hundert (Schlüssel in der Lehrerwohnung: Kreuzung Hovedvei/Kirkevei).
Die Figur stammt aus einer alten Kirche, die früher dort stand.
Über die Sortlandsbru kommt man nach Sortland (7900 Einwohner). Von der
Reichsstraße 820 kann man – ca. 20 km westlich von Sortland – einen der
schönsten Berge Norwegens mit dem Namen Reka (607 m) sehen. Nicht weit
von Sortland in nördlicher Richtung liegt der viel besuchte Ausflugsort
Ramnflauget, von dem man die Mitternachtssonne vom 23. Mai bis zum
23. Juli besonders gut sehen kann.
Die Reichsstraße 19 führt weiter über die breite Strandfläche von Langøya mit
Blick auf den Berg Møysalen (1266 m) und Hinnøyas schöne Berge nach
Kleiva mit der Nordland-Landwirtschaftsschule, die eine der modernsten des
Landes ist. Dort kann man das seltene Lyngspferd sehen (im Havnegang an der
Schule). Der Stokmarknes lufthavn (Flugplatz, hatte 1980 55 000 Passagiere
und lag an zweiter Stelle der kurzbahnigen Flugplätze des Landes) bei Skagen
wird passiert. Es folgt die 1020 m lange Hadselbru, die 1978 eröffnet wurde,
nach Stokmarknes.
Von Stokmarknes kommt man auf der Reichsstraße 19 rasch zur *Hadsel kirke*.
Das ist eine gezimmerte Kreuzkirche von 1824 und sicherlich das vierte

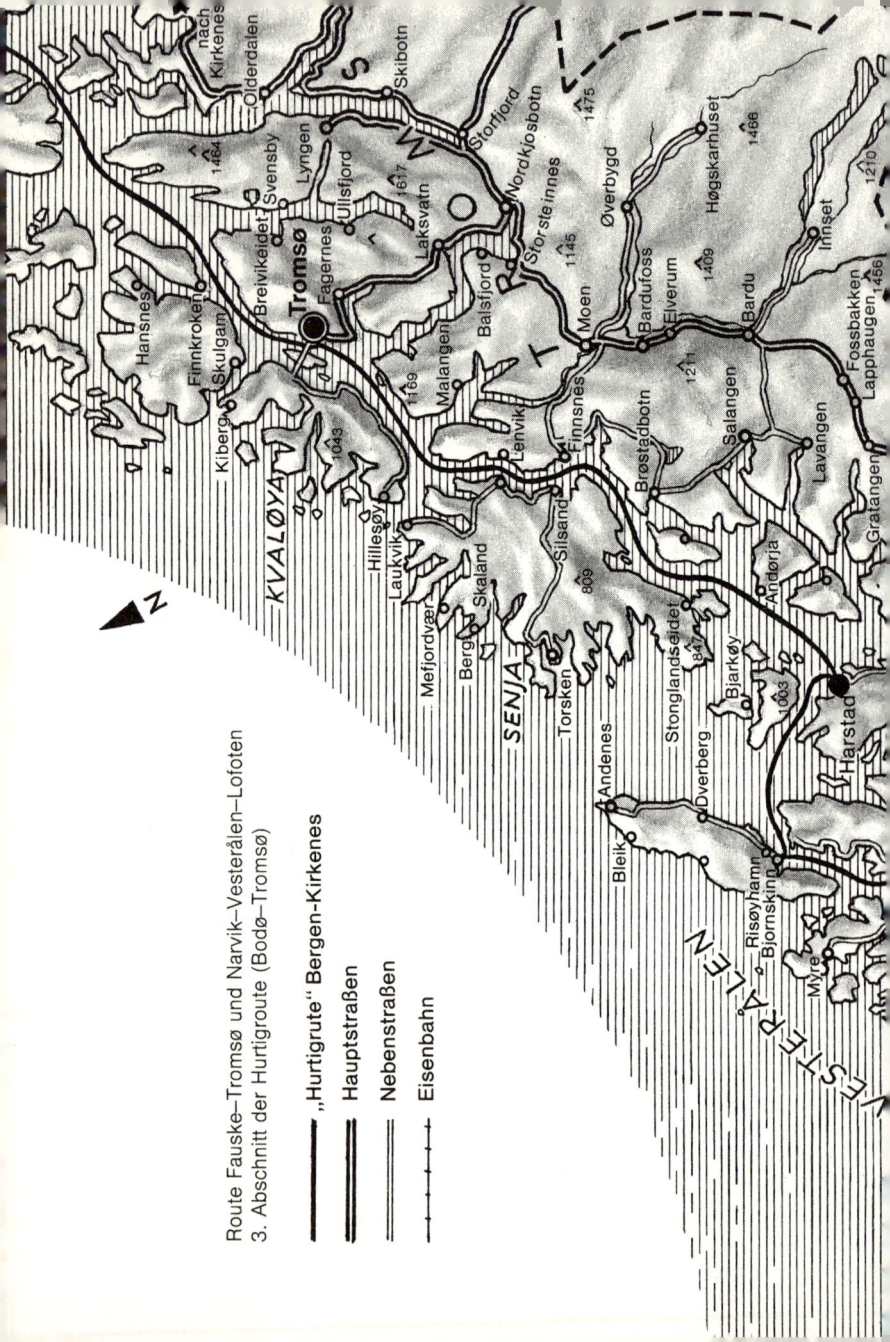

Route Fauske–Tromsø und Narvik–Vesterålen–Lofoten
3. Abschnitt der Hurtigroute (Bodø–Tromsø)

— „Hurtigrute" Bergen–Kirkenes

▮ Hauptstraßen

▯ Nebenstraßen

┼ Eisenbahn

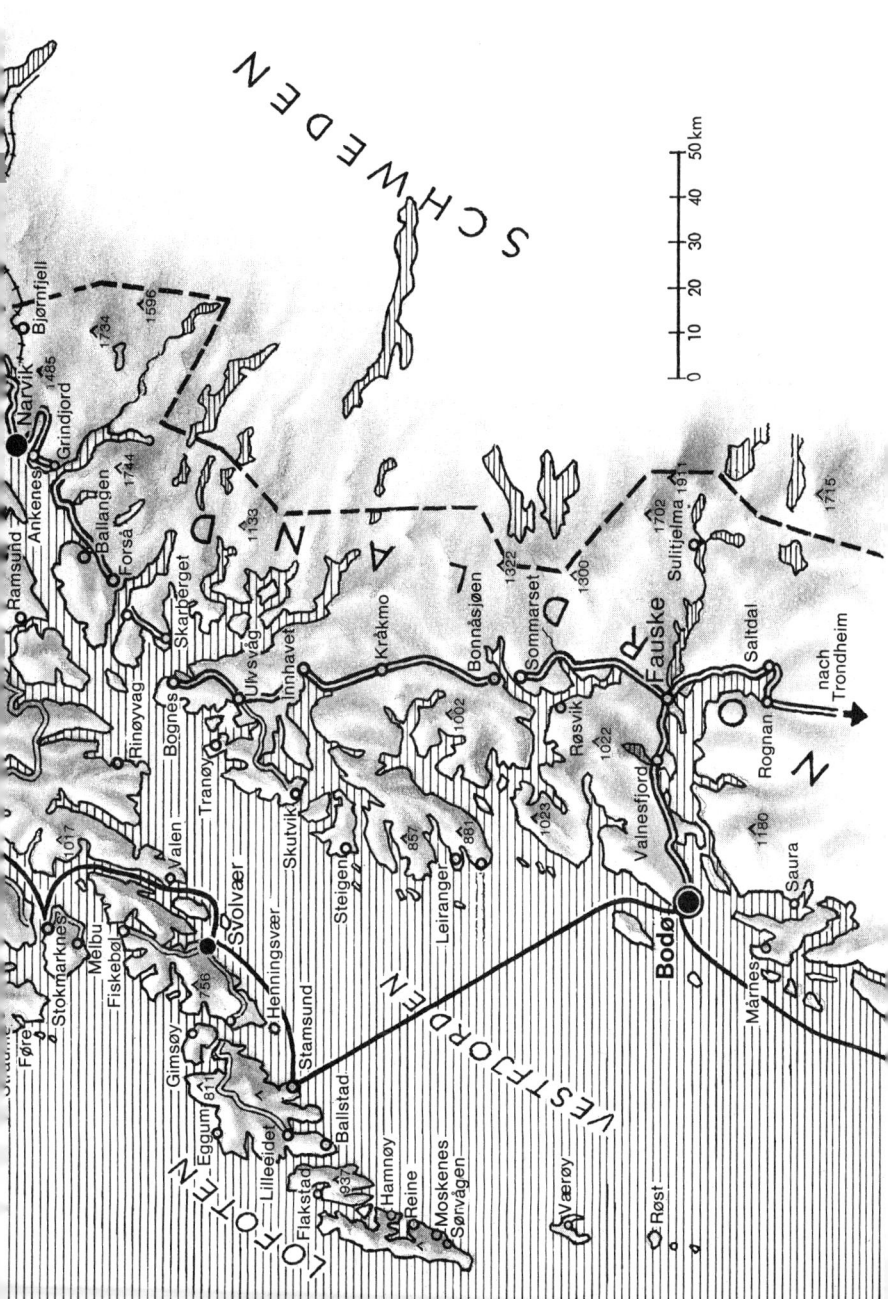

Gotteshaus an dieser Stelle. Die Altartafel wurde um 1500 geschaffen. Darüber befindet sich die Kanzel mit Skulpturen des heiligen Olaf und der vier Evangelisten. Die Leuchtkrone der Kirche stammt vom Anfang des 13. Jahrhunderts. Das Gemälde »Der leidende Erlöser« schenkte Christian IV. 1625 der Kirche.

Der Skipsnausthaug (Bootsschuppenhügel) ist 35 m hoch und einer der größten in Nordnorwegen. Möglicherweise besteht ein Zusammenhang zwischen ihm und einem alten Häuptlingssitz an dieser Stelle.

Man kommt nun nach **Melbu** (ca. 2500 Einwohner), einem Fischereihafen mit Trawler-Flotte, wo das *Vesterålens bygdemuseum* sehenswert ist. Es besitzt beachtliche Sammlungen von Trachten aus dem 18. Jahrhundert. Der *Melbu hovedgård* in der Maren Fredriksens Allé, der wegen seiner Größe und Pracht für diese Gegend ungewöhnlich ist, umfaßt drei bewahrte Gebäude und Reste einer Gartenanlage im romantischen Stil. Im Hauptgebäude dieses alten Handelshofes, das aus den 30er Jahren des 19. Jahrhunderts stammt, befinden sich u. a. drei Wandmalereien des bekannten Lofotenmalers Gunnar Berg (1863–1893).

Von Melbu nimmt man die Fähre nach Fiskebøl und fährt an wilden Fjordarmen entlang mit Aussicht auf die erhabene Berglandschaft. Bei Sildpollen geht rechts eine Nebenstraße zum Sandsletta Campingplatz.

Vorbei am Svolvær lufthavn bei Helle kommt man in die größte Fischereistadt der Lofoten, nach Svolvær.

Die Reichsstraße 19 führt weiter nach Kabelvåg mit Übernachtungsmöglichkeiten im Kabelvåg Hospits und auf dem Sandvika Campingplatz und Hüttencenter. In der Volkshochschule befindet sich ein Schwimmbassin.

Weiter auf der Reichsstraße 19, kommt man durch den Rørviktunnel (700 m lang). Die Straße durch das Rørvikskar erreicht 150 m ü.d.M. Von dort hat man gute Aussicht nach Vestvågøy im Westen mit der Stamsund Kirche. Nach Osten hin sieht man Ørsnes und Kabelvåg, Hølla (Fischereigebiet zwischen Skrova und Kabelvåg), im Hintergrund die Fischersiedlung Skrova und die Inseln Store Molla und Lille Molla. Von Rørvik kann man nach Rørvikstrand kommen, einem populären Ausflugsort an warmen Tagen, wo es Bademöglichkeiten gibt.

Auf der von der Reichsstraße 19 links abzweigenden Reichsstraße 816 fährt man nach Festvåg und von dort auf einer der neuen Brücken nach Henningsvær, der typischsten Fischersiedlung der Lofoten.

In Lyngvær hat man die Möglichkeit, auf der 1981 fertiggestellten Brücke nach Smorten zu kommen. Die Reichsstraße 815 – eine Alternativroute um Stamsund herum nach Leknes – ist schmal, aber sehr interessant. Ist man auf dieser Straße (815) nach Skifjord gekommen, gelangt man auf der Reichsstraße 817 nach Stamsund. Der Ort ist mit seinen knapp 2000 Einwohnern die größte

Fischersiedlung der West-Lofoten. Die Reichsstraße 815 führt von Skifjord aus am Storfjord Campingplatz mit Hütten vorbei und durch das Hageskar (Hagstua Turiststasjon) nach Fygle mit dem Vestvågøy museum, der Hol kirke, rest. 1806 und Bootsschuppenruinen aus dem Mittelalter auf Holsneset.

Die Reichsstraße 19 folgt der Nordseite von Vestvågøy vorbei an Haugen, Borge mit Abstecher zur Fischersiedlung Eggum nach **Leknes**, dem Zentrum für Vestvågøys landwirtschaftliche Siedlungen. Der Leknes lufthavn ist dem lokalen Flugnetz angeschlossen. Modern und von internationalem Standart ist die Sportanlage. Es gibt ausgegrabene Reste einer Hofanlage aus der Zeit der Völkerwanderung um 500 neben dem Jugendhaus.

Von Haug geht die Reichsstraße 818 nach **Gravdal**, einem Ort mit ca. 1000 Einwohnern, Holzwarenfabrik, Fischereifachschule, Zentralkrankenhaus für die Lofoten. Die dortige *Buksnes kirke* wurde 1905 im »Stabkirchenstil« gebaut.

Am Ende dieses Abstechers liegt die pittoreske Fischersiedlung **Ballstad** (ca. 700 Einwohner) unter dem 466 m hohen *Ballstadfjell*. Auf dem höchsten Punkt der Insel steht das Denkmal für die Gefallenen des Zweiten Weltkrieges. Seit 1862 hat hier die Familie Jentoft ihren Besitz gehabt. Das Haupthaus ist vermutlich 150 Jahre alt.

Fährt man auf der Reichsstraße 818 zurück, kann man bei Gravdal vielleicht noch einen Blick auf Knut Pettersens Fischerbaracken werfen, die auf einem Campingplatz in origineller Weise aufgebaut und zu vermieten sind. Allerdings kann man auch solche Fischerbaracken mitsamt Booten in der Fischersiedlung Kræmervika (A/S landhandel, Alfred Hansens rorbucamping) in Ballstad mieten.

Auf der Rückfahrt kommt man nach Lilleeidet, von wo man die Fähre nach Napp (20 Min.) nimmt und an der *Flakstad kirke* von 1783 vorbeikommt. Es ist eine gezimmerte Kreuzkirche, die 1938 restauriert wurde. Die Altartafel stammt von 1765, die Kanzel von 1766. Sie wurden von dem Kirchenmaler Gotfred Ezechiel aus Bergen künstlerisch gestaltet. Wegen einer Besichtigung wendet man sich an den Gemeindepfarrer gleich nebenan.

Es folgt Ramberg (ca. 300 Einwohner) mit dem Ramberg-Gasthof und dem Hvitstrand hyttesenter und Camping. Auch hier kann man Fischerbaracken mit Booten mieten (Rorbu- og båtutleie). Hat man die Kåkern bru erreicht, sieht man eine imponierende 160 m lange Hängebrücke, die Flakstadøy mit Moskenesøy verbindet. Von dort zweigt eine Nebenstraße zur Fischersiedlung Sund mit dem Sund fiskerimuseum ab.

Die Reichsstraße 19 verläuft weiter nach Mølnarodden, einer Fischersiedlung und einer weiteren Fischersiedlung namens Hamnøy. In beiden Orten kann man Fischerbaracken und Boote mieten.

Über die neue Brücke kommt man nach **Reine**, das in unglaublich wilder

Umgebung liegt. Der Ort hat ca. 650 Einwohner und ist das Verwaltungszentrum der Moskenes Kommune (1700 Einwohner). Die Umgebung von Reine ist eine Fjellandschaft, in der die Gletscher die eigenartigsten Landschaftsgebilde geformt haben. Viele Maler haben sich von ihnen stark inspirieren lassen. So hat u. a. Otto Sinding sich das Motiv zu seinem Bild »Reine auf den Lofoten« von dort geholt. Auch Bergsteiger haben immer wieder diese Gegend aufgesucht. Seit 1743 ist der Ort Handelsniederlassung, die von der Sverdrup-Familie geprägt wurde. Hartvig Sverdrup baute 1891 eine kleine Kirche, die später von der Kommune übernommen wurde. Nebenan hat die Familie Sverdrup auch ihren Friedhof. Dort befindet sich ein Kupferrelief von Herman Bendixen (aus Kvalvik), das den Fischern gewidmet ist, die in den letzten hundert Jahren ihr Leben auf dem Lofotmeer verloren.

Dreimal täglich gehen von Reine Boote zu den straßenlosen Ortschaften längs des Reinefjords. Eine Tour mit diesen Booten ist ein Erlebnis. Empfohlen werden auch Wanderungen nach dem Sandstrand von **Bunes** auf der anderen Seite von Reine. Der Ort wurde 1941 von den deutschen Okkupanten niedergebrannt, nachdem dort ein britisch-norwegisches Kommandounternehmen an Land gegangen war. Beim Wiederaufbau erhielt Reine mehrere moderne Bauten.

Der letzte Teil der Lofotenstraße führt an *Moskenes* mit einer gezimmerten Kreuzkirche von 1865 vorbei, ferner an *Sørvågen* (ca. 900 Einwohner), wo 1908 eine der ersten Funkstationen die Kommunikation mit Schiffen auf See per Funktelegramm aufnahm.

Sørvågen ist ein lebendiger Ort, in dem besonders im Sommer geschäftiges Treiben herrscht.

Als nächstes gelangt man nach Tind, wo man Nykene weit draußen im Meer schimmern sieht. Der Maler Theodor Kittelsen hat bereits 1890–1891 Nykene, Værøy und Røst in seiner großen Lofoten-Serie geschildert.

Die alte Fischersiedlung Å steht teilweise unter Denkmalsschutz. Der Ort hat ca. 400 Einwohner. Eine Seltenheit in Å, seit 1843 im Besitz der Familie Ellingsen, ist eine Trankocherei (nicht mehr in Betrieb), die aus dem Jahr 1850 stammt.

Nordkjosbotn-Kirkenes (896 km)

Bei Nordkjosbotn wird die E6 zur Reichsstraße 6. Und dort beginnt die große Reise nach Kirkenes.

Nachdem Øvergård erreicht ist, wo die Reichsstraße 87 nach Elverum abzweigt, kommt man nach Oteren (Lyngskroa Motell) und fährt von dort auf der Reichsstraße 868 nach Lyngseidet.

Die Fähre braucht 35 Minuten von dort nach Olderdalen.

Als sich 1944 die deutschen Truppen von Finnmark und Nord-Troms zurückzogen, wurde die Bevölkerung zwangsevakuiert und das Land von Tana bis
Lyngen verwüstet.

Die Route folgt der Reichsstraße 6, die hier mit der E78 zusammenfällt. Von
Kitdal bru kann man einen Abstecher ins schöne Signaldal machen. Das Tal
hat eine überraschend üppige Vegetation und ist von mächtigen Bergen
umgeben: Polvartind (1275 m), Mannfjell (1533 m), Parastind (1424 m) und
die Doppelpyramide Otertind (1360 m), ein arktisches Matterhorn, zum
erstenmal bestiegen von den Deutschen Endell und Martin (1911). Die deutschen Bergsteiger errichteten auch eine Steinwarte auf dem Berg Polvartind.
Das Signaldal – der Name kommt von dem samischen Wort »ciegnal«, das
»tief« bedeutet – wurde in den Jahren ca. 1820 bis 1860 von Trøndern,
Gudbrandsdalern und Østerdalern bevölkert. Wenn man die Berge Otertind
und Parastind in die richtige Perspektive bekommen will, fährt man bis zur
Brücke bei Signalnes durch das Tal (14 km von der Kitdal bru entfernt). Eine
markierte Touristenroute führt durch das Parasdal nach Treriksrøysa, dem
Dreiländereck. Reicher Fischbestand (Lachs, Seeforelle usw.) im Fluß (Angelschein).

Bei Olderbakken Broen Pensjonat zweigt die E78 nach Finnland ab. Es ist die
alte Handelsstraße zwischen Nord-Finnland und Schweden und Skibotn. Sie
passiert den 25 m hohen Wasserfall Rovijokfossen und führt nach Helligskogen mit der Helligskogen UH. Den höchsten Punkt der Straße erreicht man
direkt vor der finnischen Grenze (550 m am Galgojavrre). Die Samen, die dort
Souvernirs verkaufen, sind norwegische aus Galgo. Das Samenlager vor dem
höchsten Straßenpunkt am Galgojavrre wird im Sommer von Samen bewohnt,
die in Skibotn ansässig sind.

Die finnisch-norwegische Zollstation *Kilpisjärvi* befindet sich 4 km hinter der
Grenze. Die Rentierzäune längs der Grenze wurden aufgestellt, um die
Rentierherden der beiden Länder auseinanderzuhalten. Sie erstrecken sich von
Treriksrøysa bis Tana, ca. 300 km lang.

Man folgt der Reichsstraße 6 zu dem alten Handelsplatz **Skibotn**, wo noch
einer der alten Marktläden steht. Skibotn war der natürliche Markt für Nord-
Schweden und Nord-Finnland. Der Markt, der 1840 offizielle Erlaubnis als
Handelsplatz bekam, hatte drei große Verkaufszeiten im Jahr: im November
war dort der Markt der Fjellsamen, im Januar Zwischenmarkt und im März
»Naßmarkt«. Die Fjellsamen tauschten Fische, Kolonialwaren, Branntwein
und Tabak bei den Händlern gegen Felle, Rentierfleisch, Eisen, landwirtschaftliche Produkte von Tornedalen u. a. ein. Das Skibotndal und Skibotn
waren auch das Einfallstor für einen großen Teil der Finnen (Kwänen), die im
Lauf des 18. und 19. Jahrhunderts dort einwanderten und sich in Nord-
Norwegen niederließen.

Nordkjosbotn–Kirkenes-Tour und letzter Abschnitt der
Hurtigroute (Tromsø–Kirkenes)

"Hurtigrute" Bergen-Kirkenes
Hauptstraßen
Nebenstraßen

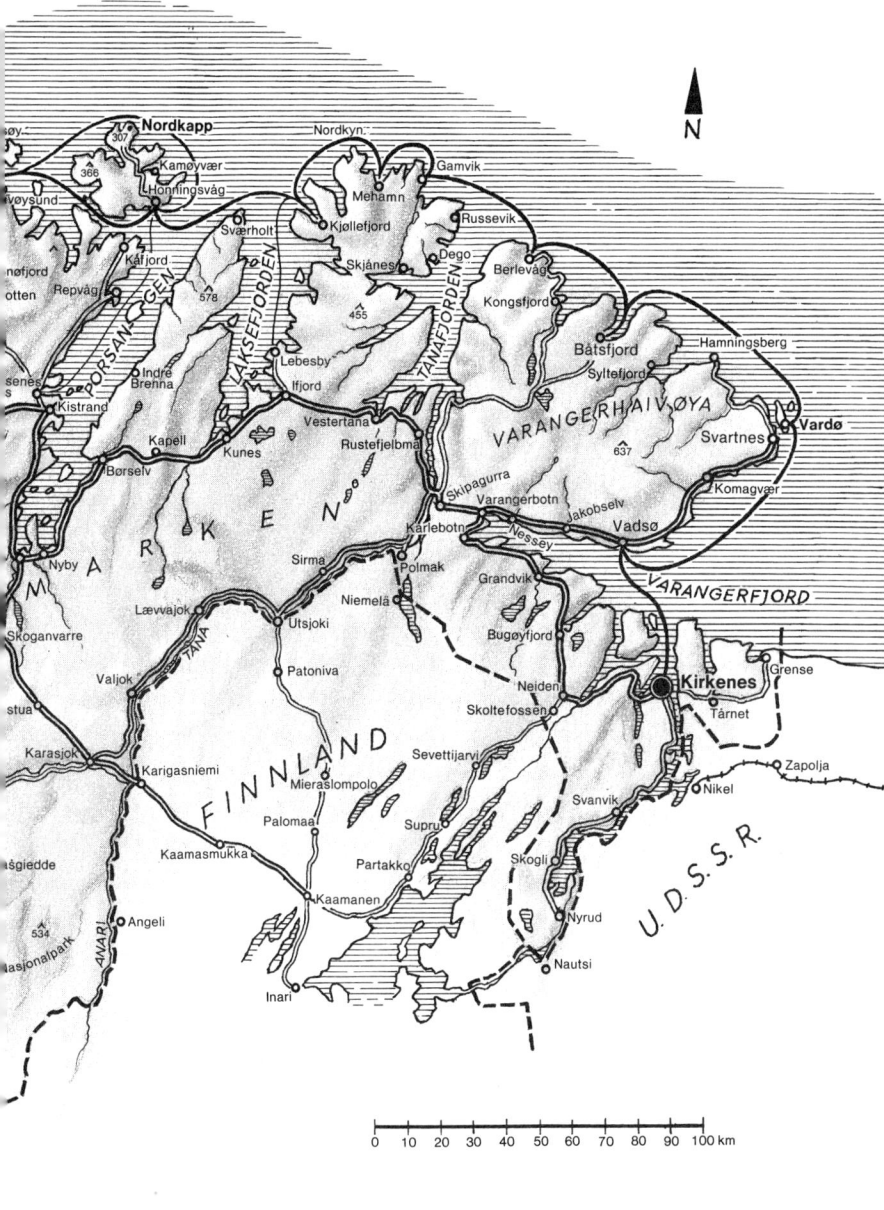

Die *Skibotn bedehuskapell* ist eine Kapelle, die der lutherisch-lästadianischen Gemeinde gehört. Sie steht im Mittelpunkt der alljährlichen großen Treffen, die um das alte Herbstmarktsdatum (12. November) und jedes zweite Jahr zum Johannestag abgehalten werden und zu denen über 2000 Menschen zu kommen pflegen. Der schwedische Pastor Lars Levi Laestadius (1800–1861) war auch für die herumwandernden Samen Pastor und kam oft an die norwegische Küste. Er war ein tüchtiger Botaniker und registrierte auf diesen Reisen viele Pflanzen zum Nutzen der Wissenschaft.

Von Skibotn läuft die Reichsstraße 6 an der Ostseite des Storfjords (ein Teil des Lyngenfjords) mit herrlicher Aussicht auf die Berge der Lyngenhalvøy nach Olderdalen mit dem Olderdalen Campingplatz. Weiter auf der Reichsstraße 6 erreicht man Djupvik, von wo eine kurze Nebenstraße links nach Spåkenes abzweigt. Dort beherrschte eine große deutsche Befestigungsanlage die Einfahrt in den Lyngenfjord. Von dem dortigen Plateau hat man eine großartige Aussicht über den Fjord und die Lyngsalpen. Ganz weit draußen in der Fjordmündung sieht man die Nord-Fugløy, die einen der größten Vogelfelsen des Landes hat mit über 300 000 Paaren von Papageientauchern. Dort draußen kann man auch Seeadler sehen.

Weiter auf der Reichsstraße 6 fährt man am Rotsundelv Campingplatz vorbei nach Langslett, von wo die Reichsstraße 866 zur Fischersiedlung **Skjervøy**, einem alten Handelsplatz mit heute ca. 2300 Einwohnern (3700 in der Kommune) abbiegt. Die *Skjervøy kirke* von 1728 mit ihrer Altartafel von 1662 ist die älteste Holzkirche des Bistums.

Die Straße führt über die Paßhöhe (227 m ü.d.M.) zwischen Lyngen und Nordreisa und nach Sørkjosen mit Hafen und Fischerflotte. Der Sørkjosen lufthavn ist ein Flugplatz des lokalen Flugnetzes.

Es folgt **Storslett** (ca. 1000 Einwohner, die Nordreisa Kommune hat 4600 Einwohner) mit verschiedenen Verwaltungseinrichtungen und Schulen. Die *Nordreisa kirke* stammt aus dem Jahr 1856.

Von Storslett zweigt die Reichsstraße 865 nach Biltro (43 km) ab. Man fährt durch das schöne Reisadal, das einen fast südländischen Charakter hat und kann sich in Bilto ein Flußboot mieten und durch landschaftlich großartige Strecken zum Mollesfossen fahren, einem der höchsten Wasserfälle des Landes (269 m hoher senkrechter Fall).

Die Route geht weiter am Straumfjord, passiert den Sandnes Campingplatz und den Fosselv-Lagerplatz. Weiter nach Norden kommt man zum Wahlmanns-Campingplatz. Von Mettevoll zweigt rechts eine Nebenstraße (nicht regelmäßig ausgebessert) zu den stillgelegten Vaddas-Gruben (15 km) ab. Der höchste Punkte der Straße liegt im Kvænangsfjellet mit einer Höhe von 402 m ü.d.M. Dort befindet sich auch der Gildetun Gasthof. Die Aussicht über den Fjord nach dem Øksfjordjøkul ist einen kurzen Aufenthalt wert. Im Fjell liegt das Lager der *Kautokeinosamen* mit Erdhütten vor dem Hintergrund einer wilden Fjellandschaft, eine der besonderen Sehenswürdigkeiten dieser Route.

Von Karvik am Kvænangsfjord führt eine 2 km lange Nebenstraße nach Sørstraumen, einem beliebten Revier für Angler. Dort wurde 1980 die Sørstraumen bro fertiggestellt. Sie ist 300 m lang und verkürzt die Strecke um 33 km. Fährt man aber doch um den Kvænangsbotn herum, dann lohnt sich ein Blick auf den Wasserfall Røykfossen bei Navitfoss. In Kvænangsbotn befindet sich ein Kraftwerk. Will man die Straße ins Fjell benutzen, muß man besondere Erlaubnis haben. Sie führt teilweise durch Tunnel in eine Höhe von 700 m und erschließt Hochebenen mit vielen Fischgewässern. Wanderer können auf einer Fjellroute nach Kautokeino gelangen. Nach Kvænangsbotn kommt man zum Bjørkenes Campingplatz und in den Ort Kjækan, von wo ein guter Pfad für Fjellwanderer über das Fjell längs der Telegrafenleitung nach Mattisdalen in Alta führt.

Ist man über die Sørstraumen bro gefahren, kommt man auf der Ostseite nach Sekkemo, von dort nach Badderen, dem früheren Verschiffungshafen für das Erz der stillgelegten Gruben in Badderdalen, erreicht auf Baddereidet den höchsten Punkt der Strecke mit 270 m ü.d.M., passiert das Burfjorddal und ist in Burfjord mit herrlicher Aussicht auf die Berge Kvænangstindan. Die Store Kvænangstind (1175 m) wurde 1914 zum erstenmal von den Brüdern Lysholm bestiegen.

Alteidet ist ein alter Handelsplatz , nach dem Zweiten Weltkrieg nicht wieder aufgebaut. Von Alteidet führt eine Bezirksstraße über das Fjell zum Jøkelfjord (13 km). Vom Jøkelfjord (Slettnes) kann man ein Motorboot mieten oder dem Pfad längs des Fjordes zum Øksfjordjøkul folgen, Norwegens einzigen Gletscher, der noch immer im Fjord kalbt. Bei Alteidet beginnt der Bezirk Finnmark. Man folgt dem Langfjord nach Toften, wo man Reste großer deutschen Befestigungsanlagen zur Verteidigung des Altafjords sieht. Von den Befestigungsanlagen bis hinunter zum Kai ziehen sich eine Reihe Terrassen, alte Strandlinien, die von einem früher höheren Hafenniveau zeugen. Dort wurden auch 4 Wohnplätze der Steinzeit gefunden (3000–9000 Jahre alt).

Auf der Insel *Årøya* befinden sich Reste des Altenhus Schlosses und ein Blockhaus, das Christian IV. 1609 zur Verteidigung gegen die Schweden bauen ließ.

Von Toften gelangt man nach Stjernøya, wo Nephelinsyenit gebrochen wird. Außer diesen norwegischen Brüchen gibt es nur noch einen in der UdSSR und einen in Kanada.

Auf der Straße längs des Altafjords kommt man zuerst nach Talvik, einem früheren Handelsplatz, von wo man den Lachs aus dem Fluß Altaelva exportierte, anschließend nach **Kåfjord**. Als das dortige Kupferwerk von 1826 bis

1878 in Betrieb war, hatte der Ort genau so viele Einwohner wie Hammerfest. Vom Ende der 80er Jahre des vergangenen Jahrhunderts bis 1909 wurden die Gruben von der A/S Sulitjelma betrieben. Von Kåfjord führt ein kleiner Pfad nach Lille Haldde, einem Berg von 904 m Höhe. Dort kann man die Ruinen eines Nordlichtobservatoriums sehen, das von 1913 bis 1926 existierte. Das erste dortige Observatorium betrieb von 1899 bis 1900 Professor K. Birkeland. Die *Kåfjord kirke* wurde 1837 von der englischen Grubengesellschaft gebaut. Architekt war der Obersteiger Stephen Henry Thomas und Vorbild war eine englische Dorfkirche. Die Kirche wurde 1969 restauriert und auf ihr ursprüngliches Aussehen gebracht.

Im Mattisfoss hat man eine große Lachstreppe (450 m lang und 45 m hoch) gebaut. In Hjemmeluft befinden sich mehrere Wohnplätze aus der Jüngeren Steinzeit (ca. 3000 bis 4000 Jahre alt). Ebenfalls ausgegraben wurde dort ein großer samischer Silberschatz von ca. 1600.

Bei **Apanes** wurde eines der größten Felder mit Felszeichnungen entdeckt, die jemals in Nordeuropa aufgefunden wurden (Zugang durch das Wohngebiet). Bisher hat man ca. 2000 Figuren freigelegt, die ca. 5000 Jahre alt sind. Die Zeichnungen befinden sich auf verschiedenen Terrainniveaus und stellen Boote, Personen und Tiere, darunter auch Bären dar.

Die Stadt **Alta** hat heute zusammen mit den Orten Bossekop, Bukta, Elvebakken und Midtbakken ca. 9000 Einwohner (13 200 in der Kommune), Bossekop ist ein alter Handelsplatz, wo die traditionellen Märkte der Samen im Dezember und März abgehalten wurden. Alta wurde einmal »Finnmarks Italia« genannt. Kaum irgendwo anders wurde das Getreide so weit im Norden reif. Heute hat die Stadt viele ungewöhnlich schöne Gärten aufzuweisen. Die Haupterwerbsquelle der Bewohner von Alta ist der Abbau von Schiefer. Dieser Erwerbszweig bewirkte, daß sich die Einwohnerzahl durch Zuzug in den letzten Jahren vervielfachte. Wichtig ist auch der Abbau von Nephelinsyenit in den Gruben auf der Insel Stjernøya vor Alta. 230 000 t Rohmaterial gehen jährlich in ein Aufbereitungswerk und werden dann in der Glas- und Keramikindustrie verarbeitet. Daneben gibt es noch eine Reihe anderer Industriezweige (Betonwaren, Holzwaren, Sägewerksindustrie, Meierei, Handelsgärtnerei). Außerdem wächst die Einnahmequelle aus landwirtschaftlichen Produkten und der Lachsfischerei. Der alte *Altagård* war von 1740 bis 1814 Sitz des Amtmanns, dann hatte dort die katholische Mission in Finnmark ihre Verwaltung, bis er schließlich für andere Zwecke gebraucht wurde. Die *Alta kirke* von 1850 in Bossekop wurde während des deutschen Rückzuges nicht zerstört. Auffallend ist in Alta die große, sieben Tonnen schwere Schieferskulptur, die der finnische Bildhauer Raimo Utriainen schuf. Alta hat auch einen Flugplatz.

Zwischen Bukta und Bossekop (Komsafjellet) wurden in den 20er Jahren dieses Jahrhunderts Ausgrabungen gemacht, wobei festgestellt wurde, daß dort in der Steinzeit – vor 5000–9000 Jahren – Menschen gewohnt haben. Die *Komsakultur* kennt man inzwischen von 250 verschiedenen Stellen zwischen Kvænangen und dem Weißen Meer.

Von Alta geht die Reichsstraße 93 über die Finnmarksvidda zur finnischen Grenze. Die Straße führt durch das dramatische Trangdal zur Suolovuobme fjellstue und über die Ödmark zur Samensiedlung **Masi**. Dort wurde 1965 die Kapelle eingeweiht. Die erste Kapelle wurde bereits im 17. Jahrhundert gebaut, die nächste 1721. Die Kapelle, die die deutschen Okkupanten 1944 abbrannten, war 1931 von Bischof Eivind Berggrav eingeweiht worden. Die erste Kapelle diente auch der Expansion des Staates. In jener Zeit gehörte beispielsweise Kautokeino zu Schweden. Masi ist ferner für seine reiche und interessante Flora bekannt.

Die Reichsstraße 93 folgt dem Fluß Kautokeinoelva. Man erreicht die berühmte Samenstadt **Kautokeino** (ca. 2000 Einwohner). Sie ist das Zentrum von Norwegens größtem und am dünnsten bevölkerten Kreis, der 2850 Einwohner hat. ⅓ der Bevölkerung der Kommune lebt von Rentierzucht. Im ganzen gibt es dort 60 000 Rentiere. Im Frühling folgen die Samen, die hier Nomaden sind, ihren Herden zu den Sommerweiden, die sich von der Porsangerhalvøy im Osten bis zum Ullsfjord im Westen erstrecken. Die wirtschaftliche Grundlage dieser Bevölkerung ist außer der Rentierzucht Landwirtschaft, Jagd, Fang, Heimarbeit. Die geschlachteten Rentiere werden zum großen Teil zerlegt und eingefroren. Bekannt sind die dortigen Samen auch für ihre Silberschmiedearbeiten. Längs der Straßen werden die Gegenstände der samischen Heimarbeit zum Verkauf angeboten. Zu Ostern finden dort große Veranstaltungen statt, bei denen u. a. *Rentierrennen* veranstaltet werden. An ihnen nehmen 100–150 Tiere teil. Bei dieser Gelegenheit werden oft Hochzeiten und Taufen gefeiert.

Vom Nordischen Ministerrat wurde in Kautokeino das *Nordische Samische Institut* (Nordisk samisk institutt) eingerichtet, das sich mit samischen Fragen, Problemen usw. beschäftigt. Der norwegische Schriftsteller Olav Nordraa (geb. 1919) hat Novellen und Romane aus Finnmark geschrieben. Als sein bestes Buch gilt der Roman »Rød høst« (Roter Herbst, 1970). Das Werk behandelt den Aufstand der Samen in Kautokeino im Jahr 1852.

Unter den dortigen Schulen gibt es eine Samen-Schule für berufliche Fortbildung und Heimarbeit. Erwähnt werden muß *Juhls sølvsmie* (samische Sammlungen und Kunsthandwerk), die auch an den Sonntagen im Sommer geöffnet ist.

Kautokeino hat eine Durchschnittstemperatur von − 2°. Der Februar ist mit − 14,4° am kältesten, die Durchschnittstemperatur im Juli beträgt + 13,4°C.

Von Kautokeino führt die Reichsstraße 92 nach den *Bidjovagge-Gruben*, wo alljährlich eine Kupferkonzentratproduktion von 15 000 t stattfand, die über

Alta verschifft wurden. Die Gruben, die ca. 120 Leute beschäftigten, wurden 1975 stillgelegt.

In Richtung finnische Grenze kommt man nach *Siebe*, wo man samische Holzarbeiten und Gegenstände aus Horn erhält. Hier wächst die giftige Doldenpflanze *Cicuta virosa*, die sonst in Nordnorwegen unbekannt ist. Die Straße führt weiter zur Aiddejavrre fjellstue. Die gemeinsame finnisch-norwegische Zollstation an der Grenze ist Kivilompolo.

Die Reichsstraße 6 verläßt den Altafjord und steigt hinauf zur Finnmarksvidda auf Sennaland. Längs der Straße sieht man mehrere Samenlager, aber nur selten Rentiere. Der höchste Punkt dieser Strecke liegt 385 m ü. d. M. Die Kapelle der Samenmission wurde 1962 für die Fjellsamen eingeweiht. In der Nähe liegen zwei Samenlager der Fjellsamen aus Kautokeino. Man folgt dem Fluß Repparfjordelva nach Skaidi. Dort haben viele Familien aus Hammerfest ihre Hütten. Im Fluß Repparfjordelva kann man Lachse angeln (am besten im Juli, Inf.im Turisthotell. Angelscheine).

Von Skaidi zweigt die Reichsstraße 94 nach Hammerfest ab. Sie führt an dem ehemaligen Kupferwerk Repparfjord und an Leirbukt entlang, wo man einen losen Steinblock mit Felszeichnungen sieht: ein Boot und 3 Elche, ca. 2500 Jahre alt. Sie verläuft über Norwegens längste Hängebrücke, die 741,5 m lange Kvalsundbru. Die Brücke wurde 1977 für den Verkehr freigegeben. Bis 1990 wird eine Brückenabgabe erhoben. Bald nach der Brücke passiert man *Akkanjarg-stabba* oder auch *Stallo* genannt, einen samischen Opferstein aus vorchristlicher Zeit.

Kurz vor Hammerfest erreicht man Rypefjord (ca. 1200 Einwohner) mit einem guten Naturhafen. Jansvatnet ist das Freiluftbad mit Naturpark für die Bevölkerung von Hammerfest.

Von Olderfjord führt die Reichsstraße 95 zum Nordkap. Die Nordkapstraße folgt dem gewaltigen Porsangerfjord nach Kåfjord, von wo eine Fähre nach Honningsvåg übersetzt, das auf der Insel Magerøya liegt. Die Straße über Magerøya verläuft durch ein wildes, ödes z. T. dramatisches Terrain und vorbei an mehreren Fjordarmen. Magerøy ist, zusammen mit Nordkynhalvøya und Teilen der Varangerhalvøya, der einzige Teil Norwegens, wo Landschaft und Pflanzenwuchs eine echte arktische Prägung haben. Längs der Nordkapstraße sieht man starke Verwitterungen der Felsen, eine typisch arktische Erscheinung. Es tauchen oft Rentiere auf.

Bald nach Nordmannset auf Magerøya kommt man zum Nordkapp Campingplatz und Jugendherberge. Bei dem Skarsvågkryss kann man rechts nach Skarsvåg (3 km) abbiegen. Der Fischerort hat 225 Einwohner und ist Norwegens nördlichste bewohnte Stätte, die bedeutende Fischindustrie hat. Wieder auf der Reichstraße 95 kommt man nach Tufjordutsikten, wo die Nordkapstraße einen Bogen hin zum Tufjord macht und man einen schönen Ausblick auf den Fjord und die alte Fischersiedlung hat, die ihre große Zeit im Spätmittelalter hatte.

Von Olderfjord geht die Route auf der Reichsstraße 6 nun nach Süden längs des Porsangen zum Stabburselv Campingplatz an der Brücke. Der *Stabbursdalen nasjonalpark* bedeckt ein Areal von 97 km². Er soll einen Teil der nördlichsten Föhrenbewaldung der Erde und der nahe der Küste gelegenen Finnmarkslandschaft für die Zukunft bewahren.

Lakselv (ca. 2500 Einwohner) ist das Verwaltungszentrum für Porsanger (4600 Einwohner). Der heutige zivile Flughafen *Lakselv flyplass* (2800 m lange Piste), spielte während des Zweiten Weltkrieges für die deutsche Besatzungsmacht eine große Rolle. Ein Schild weist darauf hin, daß dies der nördlichste Flugplatz ist, den die SAS bedient.

Von Lakselv zweigt die Reichsstraße 96 nach **Karasjok** ab, der »Hauptstadt der Samen«. Sie hat ca. 1400 Einwohner. Die Karasjok Kommune hat 2600 Einwohner und ein enorm großes Areal von 5452,5 km². Die NRK-Station (Rundfunk) in Karasjok strahlt Nachrichten in samischer Sprache aus. In diesem Gebiet gibt es 30 000 Rentiere, die sich im Sommer in ihrer Mehrzahl auf Magerøya, am Porsanger- und Laksefjord aufhalten. Landwirtschaft, Forstwirtschaft, Rentierzucht, Jagd und Fischerei sowie Handel mit Fleisch und Fellen sind die Grundlagen des dortigen Lebens. Ferner gibt es verschiedene Schulen für die Samen und die beachtlichen Ausstellungen unter dem Namen *De samiske samlinger*, die vor allem eine permanente Ausstellung zum Leben der Finnmark-Samen zum Inhalt haben. In einer kleineren Halle wird samisches Kulturleben außerhalb dieses Bezirks gezeigt. Die Freiluftanlage umfaßt u. a. das Flußsamenhaus aus Tanadalen und einen Rensamenwohnplatz. Ein Seesamenwohnplatz ist geplant. Auf dem Gelände findet man außerdem Reste einer Fanganlage für Wildrene mit ca. 100 Fallgruben.

Karasjok gamle kirke wurde 1807 gebaut. Sie ist die älteste Kirche in der Finnmark und wurde im Zweiten Weltkrieg nicht zerstört. Eine neue Kirche wurde zu Ostern 1974 eingeweiht. Die *Karasjok bibliotek* hat die größte Spezialsammlung von Literatur mit samischer Thematik. Die samisch-ethnographische Abteilung enthält 4000 Bände. Angelscheine für die Lachsflüsse erhält man im Bürgermeisteramt.

Von Karasjok führt die Reichsstraße 92 weiter nach **Kautokeino**.

Besucher des Landes, die sich besonders für die Samen und ihre Kultur interessieren, sollten auf jeden Fall diese beiden Orte mit den dazu gehörenden Gebieten aufsuchen.

Auf der Reichsstraße 6 fährt man von Lakselv an der Ostseite des Porsangen weiter nach Børselv, wo die Bevölkerung meist finnisch spricht. Mehrere der Ortschaften längs des Porsangen wurden im 18. Jahrhundert von Finnland aus bevölkert. Dort gibt es das nördlichste Exemplar einer Kiefer und das Halbgras *Scirpus pumilus*, das in Norwegen auch in Kvænangen und Nordreisa in Troms vorkommt, im übrigen Europa nur in den Alpen und Karpathen. Längs des Flusses Børselva geht es zum höchsten Punkt des Børselvfjells (190 m ü. d. M.), vorbei an der Samenkapelle und dem Fluß Storelva zum Laksefjord. An der Straßenkreuzung von Ifjord (Nilsens Gasthof und Campingplatz) zweigt links die Reichsstraße 888 ab und geht via Lebesby nach Kalak, von wo eine Fähre zur Nordkynhalvøya geht. Auf der Insel führt die Fortsetzung der Reichsstraße 888 zu den Fischersiedlungen Kjøllefjord, Mehamn (Flugplatz) und Gamvik.

Die Reichsstraße 6 klettert im Verlauf der Route zum Ifjord-Gasthof und der Samenkapelle und zum höchsten Punkt des Ifjordfjells (370 m ü. d.M.) hinauf. Die Samenkapelle ist von der Samenmission gebaut worden und wurde 1968 eingeweiht. Dort befinden sich auch ein Sammelplatz für Rentiere und einige Hütten, die Karasjoksamen gehören.

Die *Tana kirke* wurde von Esben Poulsson entworfen und 1964 eingeweiht. Sie hat einen 26 m hohen, freistehenden Glockenstuhl, ein mit Alta-Schiefer gedecktes Dach und eine von Terje Grøstad gemalte Altartafel. Mit einer Personenfähre kann man übersetzen nach Harrelv. Die dortige Bezirksstraße nach Langnes passiert Bonakas, Standort des Varanger Bataillons und Sitz der nördlichsten Landwirtschaftlichen Schule der Welt, der »Finnmark landbruksskole«. Die Reichsstraße 6 führt zur *Tana bro*, die Norwegens mit 310 km drittlängsten Fluß Tana überspannt. Die 180 m lange Brücke ist die Nachfolgerin einer ersten, 1944 von deutschen Truppen gesprengten. Der neue bei der Brücke gelegene Ort Tana bro ist das Verwaltungszentrum der Tana Kommune mit Rathaus. Der Tana bro Campingplatz bietet Gelegenheit für Informationen über die Lachsfischerei und die notwendigen Angelscheine. In dem Ort gibt es auch eine Silberschmiede in einem alten, restaurierten Blockhaus aus Finnland. Westlich der Brücke führt die Reichsstraße 92 nach Karasjok, östlich die Reichsstraße 890 nach Berlevåg. Diese Straße, die auch die Eismeerstraße (Ishavsveien) genannt wird, führt bei Austertana und dem Leirpollskogen Campingplatz vorbei und steigt hinauf zur Fjellvidda (292 m ü. d. M.) und Gednjehøgda. Dort zweigt die Reichsstraße 891 zur Fischersiedlung Båtsfjord ab. Die Eismeerstraße hat somit eine großartige Strecke durch eine vom Meer geformte, zauberhaft wirkende Landschaft bis hin nach Berlevåg.

Über die Reichsstraße 6 erreicht man Skipagurra, den Knotenpunkt für Handel und Verkehr im Tanadal, von wo die Reichsstraße 895 zur *Polmak kirke* (16 km) abzweigt.

Ca. 5 km südlich von Skipagurra passiert man den Berg Gollevarre (258 m). Dort ist die Landenge zwischen Tana und Karlebotnmyrene durch eine Reihe Fallgruben für Wildrene gesperrt. Das ist die zweitgrößte Anlage dieser Art –

im ganzen 530 Rengruben – die man kennt. Auf dem Gollevarre befinden sich ein Opferplatz, Fleischkeller und Reste eines Lagers mit Erdhütten. Dort wohnten bis 1700 die Karlebotnsamen in den Sommermonaten. Die Rengruben sind viel älter. Sie stammen vermutlich aus dem Mittelalter.

Polmak ist eine Samensiedlung, zu der 6000 Rentiere gehören. Dort befinden sich eine Post und eine Zollstation. Die Kirche wurde 1853 gebaut und ist eine der ältesten in Finnmark. Angeln kann man in der Tana, wofür man einen Angelschein im Polmak Gasthof bekommt. Bootstouren auf dem Tana-Fluß und dem Polmakvatn vermittelt man auf dem Campingplatz.

Die Reichsstraße 895 fährt zur Grenze bei Nuorgam (19 km von Skipagurra entfernt) und von dort weiter nach Finnland. Auf der finnischen Seite von Nuorgam haben sich viele Geschäfte etabliert. Aber auch auf der norwegischen Seite wird viel gehandelt. Dort kaufen Finnen Waren ein, die für sie günstig sind.

Von Skipagurra fährt man auf der Reichsstraße 6 weiter nach *Seidafjellet*, wo, dem Ortsnamen zufolge (sieide = Opferplatz, Opferstein) ein alter samischer Opferplatz gewesen sein muß. An der alten Verkehrsstraße, ein paar Kilometer weiter, steht die »Oscarsvarde«, eine aus Steinen errichtete Warte, die am 7. Juli 1873 von König Oscar II. und seinem Gefolge errichtet wurde. Über die schmale Landenge ziehen im Frühling und Herbst die zahmen Rentiere zur und von der Sommerweide auf der Varangerhalvøy. Früher gab es hier Wildrene.

In *Varangerbotn* gibt es ein privates Museum, die Abr. Mikkelsens samlinger mit einer Reihe Kuriositäten dieser Gegend. Die Reichsstraße 98, die dort abzweigt, führt nach Vadsø und Vardø.

Die weitere Route verläuft nun an der Südseite des Varangerfjords und führt zur Karlebotnhøgda und nach Karlebotn mit dem Karlebotn Campingplatz. In dem Ort befindet sich eine staatliche Internatsschule. Früher war er der zentrale Handelsplatz für Ost-Finnmark mit Markt, Gerichtsstube, Aresthaus, Logierhaus für die Obrigkeit usw.

In den Jahren von 1935 bis 1958 nahm man bei Karlebotn große Ausgrabungen auf den verschiedenen und sehr deutlich erkennbaren Strandterrassen vor und entdeckte Wohnplätze mitsamt Geräten aus der Steinzeit.

In *Advik* hat man im Gesträuch gegenüber der Straße eine alte Siedlung aus der Steinzeit (ca. 2500 Jahre alt) ausgegraben. Auch in *Grasbakken* und *Nyelv* sind die Archäologen mit Ausgrabungen aus der Steinzeit fündig geworden.

Von Brandsletta mit einem schönen System von Strandterrassen zweigt eine Bezirksstraße nach **Bugøynes** ab. Das ist die einzige Fischersiedlung, die während der Kriegshandlungen in Finnmark im letzten Krieg nicht zerstört wurde, so daß sich dort noch eine Reihe alter Häuser findet. Ein großer Teil der 425 Köpfe zählenden Bevölkerung ist finnischsprachig und stammt von der

großen Einwanderungswelle um 1850. Ab und zu finden finnische Theater-
gastspiele statt. Neben der Fischerei wird dort Bootsbau betrieben.

Über den höchsten Punkt der Strecke – Hauksjøen (165 m ü. d. M.) – längs des
Varangerfjords, kommt man nach *Bugøyfjord*, wo in älterer Zeit Markt für
Samen, Finnen und Norweger war. Der samische Künstler John Savio (1902–
1938) wuchs hier auf. Sieben seiner Holzschnitte befinden sich in Norwegens
Nationalgalerie.

1826 wurden die norwegisch-russischen Distrikte geteilt: Norwegen behielt
ganz Neiden, Pasvik wurde nach der jetzigen Grenze geteilt.

In **Neiden** hatten die griechisch-katholischen *Skoltesamen* (so genannt nach
dem Skoltefoss bei Neiden), die ersten Einwohner der Gegend, ihren Sommer-
platz. Die *St. Georgskapell* ist die einzige griechisch-katholische Kirche in
Norwegen. Die Kirche ist ganz klein, sehr alt und wurde vom heiligen Trifon
errichtet, einem Mönch, der im 16. Jahrhundert unter den Samen Missionsar-
beit betrieb. Die Ikonen und Malereien sind vom Feuer beschädigt. Die
Neiden-Kapelle (1902) wurde im Stabkirchenstil erbaut und zeichnet sich
durch eine seltene Farbenpracht aus. Bei ihrer Restaurierung (1977) fand man
ca. 20 verschiedene Farben.

Unterhalb der Straße an der Westseite der Flußmündung sieht man eine
größere Gruppe von Hausruinen aus der Jüngeren Steinzeit. Auch ein Denkmal für die sowjetischen Soldaten, die von 1941 bis 1945 in Norwegen ihr
Leben verloren, befindet sich dort.

Der *Høybuktmoen Flugplatz* wurde während der deutschen Besatzungszeit
zur Unterstürzung der Operationen gegen Murmansk gebaut und ist heute die
Endstation der Luftlinie Oslo-Kirkenes. In Høybuktmoen ist auch Militär der
Garnison von Sør-Varanger stationiert. Das besondere Kennzeichen der
Grenzsoldaten ist eine gold-schwarze Fangschnur. Die Garnison in Sør-
Varanger wurde 1921 eingerichtet.

Über den Langfjordstrøm führt die Straumen bro. Der Langfjord ist einer der
für Sør-Varanger typischen Nord-Süd-Fjorde, die mit Spaltenbildungen im
Fjellmassiv zusammenhängen.

Hat man **Kirkenes** erreicht, kann man sich im *Kirkenes turistkontor*,
Parkvn. 1, alle nötigen Informationen holen. Dort erfährt man auch über
Ausflugsmöglichkeiten an die sowjetische Grenze (s. auch S. 267).

III. Teil

Praktische Reisehinweise

Anreise mit der Bahn

Wer den Schienenweg wählt, muß streckenweise das Schiff benutzen. Wenn man aus dem Gebiet der Bundesrepublik Deutschland kommt, fährt der nach Oslo gehende Zug auf eins der dänischen oder deutschen Fährschiffe, die zwischen Putgarden und Rødbyhavn verkehren (Vogelfluglinie, ca. 1 Stunde Überfahrt) und rollt später noch einmal in Helsingør auf ein Fährschiff der Dänischen Staatsbahnen (DSB), das für die Überfahrt zum schwedischen Helsingborg nur ca. 20 Minuten benötigt. Von dort fährt dann die Bahn nur über Landstrecken.

Kommt man aus dem Gebiet der DDR, dauert die Überfahrt der Fähre Warnemünde-Gedser ca. 2 Stunden.

Internationale Züge von Hamburg nach Oslo legen die Strecke in 16 Stunden zurück.

Anreise mit dem Auto

Fährschiffe, die Motorfahrzeuge aufnehmen (Pkws und größere Typen) fahren dieselben Strecken wie die Eisenbahnfähren und sind mit diesen identisch. Mit Ausnahme der direkten Wasserverbindungen Kiel–Oslo und Kopenhagen–Oslo. Täglich fahren im Sommer (sonst bis zu 6 mal wöchentlich) Großraumfähren der norwegischen Jahre-Linie um 13.00 Uhr vom Oslo-Kai in Kiel ab und sind am nächsten Morgen um 8.00 Uhr in der norwegischen Hauptstadt.

Wer eine Norwegen-Reise mit einem kurzen Besuch in Dänemark verbinden will, fährt am besten mit den Großraumfähren der weltweit bekannten dänischen Reederei DFDS (Det Forenede Dampskibs Selskab) um 17.00 Uhr (täglich) von Kopenhagen ab und ist am nächsten Morgen um 8.00 Uhr in Oslo.

Auch vom dänischen Jütland verkehren regelmäßig große Fährschiffe nach Süd-Norwegen.

Anreise mit dem Flugzeug

Am schnellsten erreicht man Norwegen mit dem Flugzeug. Zwischen der Bundesrepublik Deutschland und Oslo bestehen mehrere direkte Flugverbindungen täglich. Sie werden von der SAS und der Deutschen Lufthansa von den Flughäfen Hamburg, Düsseldorf, Frankfurt, Stuttgart und München durchgeführt. Will man nach Kristiansand, Stavanger oder Bergen direkt fliegen, sollte man von Kopenhagen die von dort zu diesen Städten fliegenden Maschinen nehmen. Benutzt man für einen Flug nach Oslo nicht die oben genannten deutschen Flughäfen, erreicht man Oslo von den übrigen deutschen Flughäfen mit Anschlußflügen.
Wählt man für den Hin- und Rückflug einen Samstag oder Sonntag, ist mit Verbilligung des Flugpreises zu rechnen (Wochenend-Tarife).
Der innernorwegische Flugverkehr wird von der SAS zusammen mit den Fluggesellschaften Widerøe und Braathens durchgeführt. Durch ihn kommt man auf schnellstem Wege zu vielen Städten und Ortschaften im langgestreckten Norwegen.

Autofahren in Norwegen

Am Heck des Fahrzeugs muß das Nationalitätskennzeichen angebracht sein. Neben dem Reisepaß oder Personalausweis (bei Aufenthalt bis zu 3 Monaten) müssen Führerschein und Fahrzeugschein mitgeführt werden. In den Städten ist das Rauchen für den Autofahrer verboten. In Norwegen herrscht Rechtsverkehr. Rechts hat Vorfahrt, abgesehen von einer Reihe von Hauptstraßen, auf denen das Vorfahrtsrecht ausgeschildert ist. Besonders in Oslo ist Vorsicht geboten! Die Straßenschilder sind – bis auf einige beschriftete (s. Sprachführer) – international.
In den norwegischen Städten sind die Parkvorschriften sehr streng. Es ist nicht gestattet, auf Hauptstraßen, in Kurven, oder auf unübersichtlichen Strecken zu parken. Unvorschriftsmäßiges Parken zieht Geldstrafen und Abschleppen des Pkw nach sich. Höchstgeschwindigkeit außerhalb geschlossener Ortschaften 80 km/h, auf Autobahnen 90 km/h. Für Kfz über 3,5 t außerorts auf allen Straßen 80 km/h. Pkw mit gebremstem Anhänger 80 km/h, sonst 60 km/h. Straßenbahnen haben immer Vorfahrt. Promillegrenze 0,5.
Wohnanhänger über 2,30 m Breite (maximal 2,50 m) dürfen nur von Fahrzeugen gleicher oder größerer Breite gezogen werden. Höchstzulässige Gesamtlänge für Gespanne 12,40 m. Übernachten in Motorcaravans oder Wohnanhängern ist auf öffentlichen Straßen verboten, auf Parkplätzen ist die Erlaubnis der Polizei einzuholen.
Bis Ende Mai sind Verkehrsbehinderungen (Umleitungen) aufgrund der lang anhaltenden winterlichen Witterungsbedingungen möglich. Auf einigen wich-

tigen Straßen fahren vom 20. Juni bis zum 25. August Straßenwachtfahrzeuge des Automobilclubs NAF (Norges Automobil-Forbund, Oslo 1, Storgaten 2–6, Tel. 02/42 94 00). Die Alarmzentrale des NAF in Oslo ist Tag und Nacht besetzt: Tel. 02/33 70 80.

Die Pannenhilfe durch die Straßenwacht des NAF ist für ADAC-Mitglieder kostenlos. In vielen Pannenfällen werden jedoch vom NAF Vertragswerkstätten gegen feste Gebühren vermittelt.

Auf den Europa-Straßen 6, 18, 68, 75 und 76 sowie auf den Reichsstraßen 3, 6, 7, 13, 17, 29, 51, 52, 73, 614, 724 und 764 gibt es Notruf-Telefone der Automobilclubs. Neben dem NAF gibt es noch den KNA (Kongelig Norsk Automobilklub), Oslo 1, Parkveien 68, Tel. 02/56 26 90. Geschäftsstellen des einen oder anderen Clubs befinden sich u. a. in Bergen, Drammen, Fredrikstad, Haugesund, Kristiansand S., Larvik, Moss, Porsgrunn, Skien, Stavanger, Steinkjer, Tromsø, Trondheim.

In Oslo ist der Polizeinotruf 11 00 11, der der Unfallrettung 20 10 90. In anderen Bezirken gelten unterschiedliche Telefonnummern.

Touristen, die Norwegen mit ihrem Wagen bereisen, wird empfohlen, alle polizeilichen Vorschriften bez. Geschwindigkeit, Promillegrenze usw. peinlichst zu beachten, da widrigenfalls hohe Geldstrafen und manchmal sogar Landesverweisung drohen.

Busreisen

Auf den ca. 80 000 km Straßen verkehren meist Busse hohen Standards. Sie stellen auf vielen kurzen und langen Strecken die Verbindung her und fahren dabei auch Anlegestellen von Fähren, Flugplätzen und Bahnstationen an. Schnellbusse bewältigen auf verschiedenen Routen den Überlandverkehr wie beispielsweise die *Haukeliroute* von Bø (Telemark) nach Haugesund, die quer durch Norwegen in 8½ Stunden führt. Zu diesen Verkehrsmitteln gehören auch die *Nordnorwegen-Busse* die ab Fauske nördlich des Polarkreises die Funktion der Eisenbahn übernehmen (Hauptstrecke bis Kirkenes 1 300 km in 4 Tagen. Nebenlinien von der Hauptstrecke).

Norgwegens Staatsbahnen (NSB)

Norwegens Staatsbahnen (Norges Statsbaner – NSB) bestreiten ein Streckennetz, das sich von Oslo strahlenförmig ausbreitet. Die bedeutendsten norwegischen Bahnen sind – außer den bereits beschriebenen, der *Bergen-Bahn,* der *Dovre-Bahn* und der *Sørlandsbahn* – die *Rauma-Bahn* (Ableger der Dovre-Bahn), die *Valdres-Bahn* (sie endet im »Sackbahnhof« Fagernes. Busverbindung zum Sognefjord) und die *Numedal-Bahn* (Endstation im Nume-

dal. Nach Geilo über das Gebirge mit Bus). Die Fernbahnen der NSB weisen
den höchsten Standard auf und sind wohl mit die besten der Welt. Für
bestimmte Personengruppen (Kinder, Pensionäre, Rentner u. ä. Personen-
kreise) gewähren die NSB Rabatt.

Reisezeit

Norwegen ist ein äußerst langgestrecktes Land, in dem es große klimatische
Unterschiede gibt. Allgemein kann gesagt werden, daß man in Norwegen die
Zeit von Anfang Juni bis Ende August als Touristensaison bezeichnet. In
diesen Monaten sind auch alle Bergstraßen befahrbar. In Lappland ist der Juli
der wärmste Monat. Daher sollte man mit einer Reise in dieses nördliche
Gebiet nicht vor Mitte Juni beginnen. Man kann dann bis in den September
dort bleiben. Im September sind allerdings nicht immer alle touristischen
Voraussetzungen gegeben; denn die Öffnungs- und Besichtigungszeiten für
Museen sind fast durchweg auf die Hauptsaison, also Anfang Juni bis Ende
August, fixiert (s. auch Reiseführerteil). Einige Ausnahmen gibt es in großen
Städten. Den Süden Norwegens, vornehmlich die Hauptstadt Oslo, kann man
das ganze Jahr hindurch besuchen, muß aber damit rechnen, daß es im Winter
zu starkem Schneefall kommen kann. Für den Wintersport wählt man für den
südlichen Landesteil die Monate Januar bis Mitte März, und für die Hochge-
birgsgegenden die Zeit ab Mitte Februar bis Anfang Mai.

Kleidung

Die unterschiedlichen klimatischen Verhältnisse erfordern auch unterschiedliche Kleidung. Will man in den Norden des Landes, ins Fjell oder Hochfjell,
sind Strickjacken, Pullover, wollene Socken oder Strümpfe, Windjacke oder
Anorak sowie festes Schuhzeug zu empfehlen. Für den Süden reicht die zu
Hause übliche Kleidung. Das gilt besonders für den Sommer. Im Winter kann
es auch dort allerdings sehr kalt sein.
Bei mehrtägigen Schiffsreisen (Hurtigroute) ist keine Gesellschaftskleidung
erforderlich. Man würde damit nur aus dem Rahmen fallen.
Für Wanderungen ins Fjell und Hochfjell muß man natürlich mit entsprechen-
dem Schuhwerk und Kleidung ausgestattet sein. Touristen, die in Norwegen
Angelurlaub machen wollen, nehmen sich zweckmäßig Gummistiefel und
entsprechende Oberkleidung mit.

Zoll- und Devisenbestimmungen

Der Reisebedarf für den persönlichen Gebrauch darf zollfrei eingeführt werden. Ferner sind zollfrei: 1 Liter Wein, 2 Liter Bier und 0,75 Liter Spirituosen

Tal von Gudvangen ▷

(maximal 60°) oder 2 Liter Wein und 2 Liter Bier ab 20. Lebensjahr, 200 Zigaretten oder andere Tabakwaren bis 250 g ab 16. Lebensjahr. Geschenke (Lebensmittel nur als Konserven) im Wert bis zu 1100 nkr. 3 Jagdgewehre mit 500 Patronen dürfen mitgenommen werden, wenn norwegische Jagdeinladung vorliegt und Waffenbesitzkarte. Sonst ist Einfuhrgenehmigung erforderlich. Bei Sprechfunkgeräten muß nur für die Benutzung eine Genehmigung beantragt werden. Die Genehmigung ist einzuholen bei der norwegischen Generaldirektion für Telekommunikation. Postboks 6701. St. Olavspl. Oslo 1. Die Geräte müssen bei der Einreise deklariert werden. Mitgeführte Hunde und Katzen bedürfen einer Einfuhrgenehmigung und müssen 4 Monate in Quarantäne!

Die Höhe eingeführter Devisen und deutscher Zahlungsmittel unterliegt keiner Beschränkung. Aber während man bei der Einreise so viele norwegische Kronen, wie man hat, einführen darf, ist die Ausfuhr norwegischer Kronen auf 2000 nkr. beschränkt.

Souvenirs

Wie in vielen anderen Ländern gibt es auch in Norwegen unter den landsläufigen Souvenirartikeln manches, das in die Nähe des Kitschs gehört. Doch kann man in Norwegen relativ mehr gediegene Souvenirartikel als in anderen Ländern erwerben, was mit der großen Tradition der Volkskunst zusammenhängt. Dazu gehören vor allem handgewebte Teppiche aus Wolle oder buntfarbigen Flicken sowie handgestrickte Norweger-Pullover und -Handschuhe, die alle die traditionellen Muster tragen, welche der alten Volkskunst entstammen. Billig sind diese Web- und Strickarbeiten allerdings nicht. Das gilt auch für die typischen Töpfer-, Glas- und Emaillearbeiten, die oft von höchster Qualität sind. Auch wertvolles Porzellan hat Norwegen anzubieten, das aus der berühmten Manufaktur von Porsgrunn stammt und bei Sammlern einen guten Ruf genießt. Ist man an Briefmarken interessiert, lohnt sich ein Weg zur Philatelie der norwegischen Post, wo man immer die neuesten Briefmarken – selbstverständlich zum Nominalwert – erhält. Die norwegischen Briefmarken sind von guter Qualität und weisen viele Motive aus dem norwegischen Kulturleben und der norwegischen Landschaft auf. Die Adresse: Postens Filatelitjeneste, Kirkegt. 20, Oslo 1. Hier kann der Briefmarkenfreund billige Souvenirs erwerben. Das gilt auch für eine Reihe norwegischer Gedenkmünzen (Silberprägungen), von denen einige hervorragendes Design aufweisen wie beispielsweise das 200 kr.-Stück von 1980, das anläßlich des 35. Jahrestages der Befreiung Norwegens vom Hitler-Faschismus erschien, auf dem Avers den norwegischen Löwen trägt und auf dem Revers Schloß und Festung Akershus. Auch die zum 25. Regierungsjubiläum König Olavs V. erschienene

◁ *Die Kirche von Røros im Winter*

100 kr. Münze (1982) muß wegen ihrer hervorragenden Gestaltung in diesem Zusammenhang genannt werden. Bevor man solche Münzen beim Händler zu erwerben sucht, sollte man, ist man in Oslo, es bei der Skillemynt-Banken versuchen, wo man auch neuere und neue Gedenkmünzen zum Nominalwert erhalten kann.

Adresse: Spare Skillemynt-Banken. Tordenskioldsgate 6. Oslo 1.

Da vom Silber die Rede war, sei noch auf norwegische Silberarbeiten – Schmuck und Gebrauchsgegenstände – verwiesen, die ebenso wie die Zinnarbeiten weit über Norwegens Grenzen bekannt sind. Oft bekommt man in einschlägigen Geschäften, aber auch in den Vorhallen verschiedener Museen wertvolle Nachbildungen von altem Schmuck aus der Wikingerzeit oder aus späteren Epochen. Da die Wikinger in der Werbung für den Fremdenverkehr keine unbedeutende Rolle spielen, werden in verschiedenen Geschäften auch kleine Wikingerschiffe aus patiniertem Metall und geschnitzte Wikingerfiguren angeboten, die manchmal künstlerischen Reiz haben.

Medizinische Betreuung

Zwischen der Bundesrepublik Deutschland und dem Königreich Norwegen besteht kein Sozialversicherungsabkommen. Man sollte deshalb vor einem Aufenthalt in Norwegen eine spezielle Reisekrankenversicherung abschließen. Über die Modalitäten bei einem Krankheitsfall geben die Versicherungsträger Auskunft. Grundsätzlich muß gesagt werden, daß im Ausland bei Unfall oder Krankheit meist viel höhere Pflege- und Behandlungskosten als in Deutschland anfallen. Will man in Oslo oder in einer der größeren Städte einen deutschsprechenden Arzt konsultieren, wendet man sich am besten an die deutsche Botschaft (österreichische, schweizerische), bezw. an die Konsulate (s. »Diplomatische Vertretungen«).

Schnelle ärztliche Hilfe in Oslo

Legevakt: Storgt. 40, Tag und Nacht. Tlf.: 20 10 30
Røde kors legevakt: Fr. Stangsgt. 11/13, 8–19 Uhr (nicht sonntags). Tlf.: 44 39 80.
Legevakt Øst: Aker sykehus, Trondheimsvn. 235. Geöffnet montags bis freitags 8–16 Uhr, samstags 8–14 Uhr. Tlf.: 22 50 50.
In anderen Städten ist unter »legevakt« im Telefonbuch nachzusehen.

Schnelle zahnärztliche Hilfe in Oslo

Oslo kommunale tannlegevakt, Tøyens senter, Kolstadgt. 18. Geöffnet 20–23 Uhr. Sonntags 11–14 Uhr. Tlf.: 67 48 46.
In anderen Städten ist unter »tannlegevakt« im Telefonbuch nachzusehen.

Fremdenverkehrsämter

In Oslo erteilt das Amt des Touristenverbandes alle Auskünfte über das gesamte Land. Spezielle Auskünfte über Oslo erhält man am besten in der Touristeninformation im Rathaus. Auch der norwegische Automobil Verband (NAF) unterhält ein Touristen- und Reisebüro.
Adressen: Den Norske Turistforening, Stortingsgt. 28 Oslo 1.
Oslo turistinformasjonkontor, Rådhuset (Hafenseite). Tef.: 42 71 70.
NAF turist- og reisebyrå. Storgt. 2–4 Tef.: 33 70 80.
In Deutschland: Norwegisches Fremdenverkehrsamt, Hermannstr. 32, 2000 Hamburg 1, Tel.: 0 40/32 76 51.

Hotels, Gasthöfe, Hütten, Campingplätze, Jugendherbergen

Hotels sind in Norwegen Unterkünfte für gehobene Ansprüche. Daher dürfen die Bezeichnung »Hotel« (hotell) nur Betriebe führen, die bestimmte Mindestforderungen erfüllen. *Berghotels* (fjellhoteller) müssen über 700 m hoch liegen und soliden Komfort bieten. Sie sind oft im Folklorestil eingerichtet. *Touristenhotels* (turisthoteller) sind billiger als Berghotels und stehen meist in tieferen Lagen (oft an Fjorden, Seen und Tälern). Am preiswertesten wohnt man in *Gasthöfen* (gjæstgiverier), *Pensionen* (pensjoner) und privaten Unterkünften (husrom).
Eine spezielle nordische Art des Wohnens im Urlaub ist das Mieten von *Hütten* (hytter), die in oft landschaftlich reizvollen Gegenden liegen. Will man am Meer unterkommen, um dort vielleicht zu angeln, mietet man sich am besten in den sogenannten *robuer* ein. Das sind Fischerbaracken, die in der Fangzeit (Winter) von Fischern bewohnt werden, oft elektrisches Licht haben und etwas anderen Komfort. Auch an *Campingplätzen* gibt es ein reiches Angebot. Viele dieser Plätze haben Hütten, die man mieten kann.
Zelten darf man in Norwegen bis zu drei Tagen. Dann muß man weiterziehen und sich einen neuen Platz suchen. Schließlich sei auf die *Jugendherbergen* verwiesen. Sie sind gekennzeichnet durch die Buchstaben UH (ungdomsherberge), haben keine Altersgrenze und eine grundsätzliche Aufenthaltsdauer von drei Tagen. Längerer Aufenthalt muß vom Herbergsvater genehmigt werden. In viele Jugendherbergen sind Familienräume eingerichtet, in denen

Eltern mit ihren Kindern zusammen schlafen. Essen kann man sich in den meisten Jugendherbergen selbst zubereiten. Aber es gibt auch bewirtschaftete Jugendherbergen. Zutritt zu diesen Jugendherbergen haben alle Mitglieder nationaler Jugendherbergsverbände; ist man kein Mitglied, kann man sich am Ort als internationales Mitglied des Norwegischen Jugendherbergsvereins (NUH) einschreiben lassen.

Eine Übersicht über einige Hotels in den größeren Städten, sowie über Unterkünfte an den in diesem Buch beschriebenen Routen sind am Ende der »Praktischen Reisehinweise« aufgeführt.

Die Mahlzeiten

In den Hotels beginnt man zwischen 8 und 10 Uhr mit einem großen Frühstück *(frokost)*, das meistens aus kalten Fleischgerichten, Fischen, Salaten, Käse, Marmelade, verschiedenen Brotsorten, Butter, Haferbrei, Cornflakes und anderen Sachen besteht. Dazu trinkt man Milch, Kaffee oder Tee nach Belieben. Das Mittagessen (middag), die Hauptmahlzeit des Tages, wird in kleineren Hotels und Pensionen zwischen 14 und 16 Uhr eingenommen. Es besteht meist aus Suppe, einem warmen Gericht und einem Nachtisch. In den Touristen- und Berghotels nimmt man zu dieser Zeit den Lunch ein, wobei das kalte Büffet (koltbord), das man morgens beim Frühstück vorfindet, durch neue – oft kleine, warme – Gerichte ergänzt wird. In kleineren Hotels und Pensionen besteht das Abendbrot aus kaltem Aufschnitt oder einem oder mehreren warmen Gerichten. In großen Hotels wird die Hauptmahlzeit am Abend eingenommen. Sie besteht meist aus drei bis vier Gängen.

Getränke. In größeren Städten und in den Touristen- und Berghotels besitzen die Hotels meist unbeschränktes Schankrecht. Spirituosen werden wochentags jedoch erst von 15 Uhr an serviert (in den Touristen- und Berghotels ab 13 Uhr). Kaufen kann man alkoholische Getränke in den Verkaufsstellen des staatlichen Weinmonopols, die es in allen größeren Städten gibt. Jedoch sind die Preise für alle alkoholischen Getränke sehr hoch.

Spezialitäten. An norwegischen Spezialitäten, die man in Restaurants und Hotels serviert bekommen kann, sind vor allem die verschiedenen Fischgerichte zu nennen. Sie können im Sommer aus Lachs, See- und Bachforellen, Hummer und Garnelen bestehen. Als besondere Spezialität ist der geräucherte Lachs (röked laks) sowie Walfleisch anzusehen, und von den Wildarten Schneehuhn in Rahmsoße und Rentierbraten.

Freizeitgestaltung

Viele Touristenhotels und ähnliche Unterkünfte haben in ihrem Service ein Programm für Freizeitgestaltung aufgenommen. Dazu gehört vor allem die *Sportfischerei,* die *Jagd* (Elche, Rentiere, Hirsche, Rehe, Hasen, verschiedene Vogelarten), das *Wandern* (deutlich markierte Wege von Hütte zu Hütte, Gletscherwanderungen nur mit Führer!) sowie der *Bootssport;* besonders geeignet ist die norwegische Südküste von Oslo bis Mandal, da sie im Schutz der Schären liegt; dort gibt es auch gute Möglichkeiten für Kajaksport, der auch auf den Fjorden im Westen betrieben wird. Dabei sich stets an einer Uferseite halten! Das *Reiten* ist in Norwegen ebenfalls beliebt. Eine Reihe von Hotels hat beispielsweise eigene Reitpferde (Ål, Beitostølen, Bøverdalen, Dovre, Espedalen, Fagernes, Geilo, Gol, Grindaheim, Hovden, Kvinnesdal, Lillehammer, Morgedal, Rauland, Rjukan, Tynset, Ørsta und Vinstra). Andere Freizeitmöglichkeiten findet man im *Radfahren, Baden* und im *Golfsport.* Gute Golfplätze gibt es bei Oslo, Bergen, Kristiansand, Sandefjord, Sarpsborg, Stavanger und Trondheim. In Trondheim befindet sich der nördlichste Golfplatz Norwegens, der ein »Mitternachtsgolf-Diplom« ausstellt. Die meisten großen Hotels haben für ihre Gäste auch *Tennisplätze.*
Für den *Wintersport* holt man sich am besten aktuelle Informationen von Fremdenverkehrsämtern.

Öffnungszeiten der Geschäfte

Gewöhnlich sind in Norwegen die Läden von 9 bis 17 Uhr geöffnet (im Sommer von 9 bis 16 Uhr). Samstags ist um 13 Uhr Ladenschlußzeit. Bankschalter sind von 9 bis 15 Uhr geöffnet.

Feiertage

Grundsätzlich sind in allen nordischen Staaten die kirchlichen Hauptfeste Feiertage. Aber in Norwegen ist auch der Gründonnerstag (skjærtorsdag) Feiertag. Weltliche Feiertage sind der 1. Mai, der Weltfeiertag der Arbeit, und der Verfassungstag am 17. Mai.

Festliche Veranstaltungen

Ende Mai: *Fredrikstad.* Oldtidsmarsjen. Man wandert auf der Reichsstraße 110 nach Skjeberg zu alten Felszeichnungen und Steingräbern.

Ende Mai/Anfang Juni: *Bergen*. Musikfestspiele in der Grieghalle und in Troldhaugen. Im Mittelpunkt stehen Edvard Griegs Werke.

Juni: *Harstad* (nordwestlich von Narvik). Neuntägige Mittsommer-Festspiele mit Konzerten, Ausstellungen, Theater, Kindertheater und vielem anderen.

Juli: *Harstad*. Internationales Seefisch-Festival.

Juli: *Kongsberg*. Jazz-Festival.

Juli: *Stiklestad* (nördlich von Trondheim). »Das Spiel vom heiligen Olaf«. Historisches Freilicht-Schauspiel.

Anfang August: *Stavanger*. Internationales Seeangel-Festival.

Anfang August: *Haugesund* (südlich von Bergen). Angler-Fest.

Anfang August: *Vinstra* (Gudbrandsdalen). 1. Augustwoche Peer-Gynt-Fest, bei dem es um Ibsens Peer Gynt und sein Vorbild, den Bergbauern Peder Olsen, Haga, geht.

August: *Oslo*. Maridal-Spiele. Historische Theaterspiele in der Kirchenruine von Maridalen.

Kleiner Norwegischer Sprachführer

Im Norwegischen herrscht – mit Ausnahme von Namen – wie in allen nordischen Sprachen die Kleinschreibung.

In der Orthographie weist die norwegische Sprache einige Besonderheiten auf. Es sind dies die Buchstaben

æ (Æ) = ä (Ä)
ø (Ø) = ö (Ö)
å (Å) = offen ausgesprochener O-Laut (wie Nord).

Sie stehen am Ende des norwegischen Alphabets.

Die Aussprache der übrigen Vokale ist folgende:

a wie a	*o* wie o aber auch oft wie u
e wie e	*u* wie ü
i wie i	

Bei den Konsonanten gibt es eine Reihe von Besonderheiten, von denen hier einige Beispiele aufgeführt werden:

d stumm vor *s*, nach *n* und *l* und als Endkonsonant nach *r* und *l*	*gj* wie ja
	h stumm vor *j* und *v*
g vor *i* und *y* wie j, sonst wie g	*k* vor *i* und *y* wie ch in mich

kj wie ch in mich, nach Vokalen wie i,   *sj* wie sch
      sonst wie j   *skj* wie sch
s   stimmlos wie Baß   *tj* wie tch
sk vor *i* und *y* wie sch   *v*   wie w

Zahlen

1	en	9	ni	17	sytten	60	seksti
2	to	10	ti	18	atten	70	sytti
3	tre	11	elleve	19	nitten	80	åtti
4	fire	12	tolv	20	tjue	90	nitti
5	fem	13	tretten	25	tjuefem	100	hundre
6	seks	14	fjorten	30	tretti	150	hundreog femti
7	svy	15	femten	40	førti	200	to hundre
8	åtte	16	seksten	50	femti	1000	tusen
						2000	to tusen

Ordnungszahlen

erster	første	siebter	sjuende
zweiter	andre	achter	åttende
dritter	tredje	neunter	niende
vierter	fjerde	zehnter	tiende
fünfter	femte	hundertster	hundrede
sechster	sjette	tausendster	tusende

Geld

Münze   mynt, pengestykke
Geldschein pengeseddel
Wo kann ich Geld wechseln?
Hvor kan jeg veksle penger?
Wechseln Sie mir dies bitte in norwegische Kronen.
Vil De veksle dette i norske kroner?

Wochentage, Monate und Jahreszeiten

Montag	mandag	Juni	juni
Dienstag	tirsdag	Juli	juli
Mittwoch	onsdag	August	august
Donnerstag	torsdag	September	september
Freitag	fredag	Oktober	oktober
Samstag	lørdag	November	november
Sonntag	søndag	Dezember	desember
Januar	januar	Frühling	vår
Frebruar	februar	Sommer	sommer
März	mars	Herbst	høst
April	april	Winter	vinter
Mai	mai		

Woche	uke	Neujahr	nyår, nyttår
Werktag	hverdag, ukedag	Ostern	påske
Feiertag	helligdag	Pfingsten	pins(e)
		Weihnachten	jul

Das Norwegische hat – wie das Deutsche – drei Geschlechter. Dabei wird der bestimmte Artikel dem Wort angehängt. Er heißt für das männliche Geschlecht *-en*, das weibliche *-a* und das sächliche *-et,* wobei das *t* nicht ausgesprochen wird. Der unbestimmte Artikel wird vorangestellt. Er heißt für das männliche *und* weibliche Geschlecht en, für das sächliche *et,* wobei diesmal das *t* ausgesprochen wird.

mann	Mann		
mannen	der Mann	en mann	ein Mann
dør	Tür	en dør	eine Tür
døra	die Tür	et hus	ein Haus
hus	Haus		
huset	das Haus		

Die Mehrzahl bildet man im Norwegischen durch Endungen. Und zwar *-er* für die unbestimmte Form und *-ene* für die bestimmte Form. Daneben gibt es unregelmäßige Mehrzahlformen. Ist das Hauptwort mit einem Eigenschafts-, Zahl- oder Mittelwort verbunden, haben wir im Norwegischen den *Adjektivsartikel,* der einen zweiten bestimmten Artikel bildet (*den, det* und in der Mehrzahl *de*). Beispiel: den gode mannen = der gute Mann; den åpne døra = die offene Tür; det store huset = das große Haus; de kunstige blomstene = die künstlichen Blumen.

Gebräuchliche Redewendungen

Guten Tag	god dag	ja	ja
Guten Abend	god aften	nein	nei
Auf Wiedersehen	farvel, adjø, på gjensyn	Entschuldigung	unnskyld
		bitte	vær så snill
heute	i dag	danke	takk
gestern	i går	vielen Dank	mange takk
Morgen, der	morgen, i morgen = morgen	Sprechen Sie deutsch?	taler De tysk?
Vormittag	formiddag	Ich verstehe nicht	jeg forstår ikke
Aufgepaßt	pass på! forsiktig! pass opp!		

Im Auto unterwegs

Welches ist der kürzeste Weg nach ...?
Hva er den korteste veien til ...?
Wieviele Kilometer sind es bis ...?
Hvor mange kilometer er det til ...?
Wie komme ich zur Domkirche (zum
Markt, zum Rathaus, zum Schloß ...)?
*Hvordan kommer jeg til domkirken (tor-
get, rådhuset, slottet)?*

Wo ist die nächste Tankstelle?
Hvor er nærmeste bensinstasjon?
Ich möchte 15 Liter.
Jeg ville gjerne ha 15 liter.
Zeigen Sie mir das bitte auf der Karte.
Vil De vise meg det på kartet?
Wie komme ich zur Autobahn?
Hvordan kommer jeg til motorveien?

Hinweise

Bilverksted	Autoreparatur-werkstatt	*Parkerings-Plass*	Parkplatz
Enveiskjøring	Einbahnstraße	*Rasfare*	Lawinengefahr
Blindgate	Sackgasse	*Rett fram*	Gerade aus
Forbudt	Verboten	*Skiløype*	Schiwanderweg kreuzt
Forbikjørsel forbudt	Nicht überholen	*Stengt*	Geschlossen
Gjennomkjørsel for-budt	Gesperrt	*Svake Veikanter*	Weiche Banketten
Innkjørsel	Einfahrt	*Til Høyre*	Rechts
Kjør forsiktig	Vorsicht	*Til Venstre*	Links
Kjør sakte	Langsam fahren	*Turvei*	Wanderweg
Livsfare	Lebensgefahr	*Utkjørsel*	Ausfahrt
Parkering forbudt	Parkverbot	*Åpen*	Geöffnet

Hotel, Pension

Kennen Sie ein gutes Hotel?
Vet De om et godt hotell?
Wo ist eine gute Pension?
Hvor er et godt pensjonat?
Haben Sie ein freies Zimmer?
Har De et ledig værelse?
Was kostet ein Zimmer mit Vollpension
(Frühstück)?

*Hva koster et værelse med full pensjon
(frokost)?*
Kann ich das Zimmer ansehen?
Kan jeg få se på rommet?
Ich bleibe eine Nacht (... Tage, ... Wo-
chen).
Jeg blir en natt (... dager, ... uker).
Wann gibt es Frühstück?
Når er det frokost?

Reisen mit der Eisenbahn

Wie komme ich zum Bahnhof?
Hvordan kommer jeg til stasjonen?
Einmal (zweimal) erster (zweiter) Klasse
nach ...
*En enkeltbillett (to billetter) første (annen)
klasse til ...*

Eine Rückfahrkarte – *en returbillett.*
Wielange ist die Karte gültig?
Hvor lenge gjelder billetten?
Wo muß ich umsteigen?
Hvor skal jeg bytte?

Hält der Zug in ...?
Stanser toget i ...?
Hat der Zug einen Speisewagen (einen Schlafwagen, einen Kurswagen nach ...)?
Er det spisevogn (sovevogn, gjennomgangsvogn til ...) i toget?

Verzeihung, ist dieser Platz besetzt?
Unnskyld, er denne plassen opptatt?
Dies ist mein Platz.
Dette er min plass.

Schiffsverkehr

Wie komme ich zum Hafen?
Hvordan kommer jeg til havnen?

Wo fährt die Fähre (Schiff) nach ... ab?
Hvor går ferjen (båten) til ...?

Flugverkehr

Wann muß ich auf dem Flugplatz sein?
Når må jeg være på flyplassen?

Ist die Maschine verspätet?
Er flyet forsinket?

Post, Telegraf, Telefon

Wie komme ich zum (nächsten) Postamt?
Hvordan kommer jeg til (nærmaste) postkontoret?
Ich brauche Briefmarken für diesen Brief.
Får jeg frimerker til dette brev, takk.

Ich möchte ein Telegramm (mit Rückantwort) aufgeben.
Jeg ville gjerne sende et telegram (med betalt svar).
Ich möchte ein Gespräch nach ... anmelden (mit Voranmeldung).
Jeg ville gjerne bestille en samtale til ... (med tilsigelse).

Einzelne postalische Ausdrücke und Wörter

Absender	(av-) sender, -en, -e	Porto	porto, -en
Adresse	adresse, -n	Postamt	postkontor, -et
Ausweis	legitimasjon, -en	Postanweisung	postanvisning, -en
Brief	brev, et, -	Postkarte	brevkort, -et, -
Briefmarke	frimerke, -t	Schalter	luke, -a
Briefwaage	brevvekt, -a	Telefonbuch	telefonkatalog, -en
Drucksache	trykksak, -en	Telefonnummer	telefonnummer, -et
Eilboten	med ilbud, eskpress	Telefonzelle	telefonkiosk, -en
Einschreiben	et rekommandert brev (pakke)	telegrafisch	telegrafisk
Luftpost	luftpost	Telegramm	telegram, -met
Nachsendeantrag	beskjed om ettersendelse	Telegrammformular	telegramblankett, -en
Ortsgespräch	lokalsamtale, -n	Unterschrift	underskrift, -en
Paket	pakke, -n	Zahlkarte	postgiroblankett, -en
Paketannahme	luke for pakkepost		

Postlagernd = poste restante

Ärztliche Hilfe	*Arzt = lege*
Apotheke	apotek
Augenarzt	øyenlege
Chirurg	kirurg
Erste Hilfe	førstehjelp
Frauenarzt	kvinnelege

Hals-, Nasen- und Ohrenarzt	øre-, nese- og hals-spesialist
Internist	indremedisiner
Kinderarzt	barnelege
Unfallstation	legevakt
Zahnarzt	tannlege

Diplomatische und konsularische Vertretungen der Bundesrepublik Deutschland in Norwegen

Die Bundesrepublik Deutschland unterhält eine Botschaft in Oslo und eine Reihe von Konsulaten im Lande, die von norwegischen Staatsbürgern in ihrer Eigenschaft als von der Bundesrepublik Deutschland ernannte Honorarkonsulen geleitet werden. Die nachfolgende Liste entspricht dem Stand vom November 1984.

Oslo
Botschaft der Bundesrepublik Deutschland. Oscarsgate 45. Oslo 2. Fernsprecher: 7 11 73.
Amtsbezirk: Norwegen.

Ålesund
Helge Hagenäs, Honorarkonsul.
Tollbugate 6. N–6000 Ålesund.
Postboks 438. N–6001 Ålesund.
Fernsprecher: (00 47 71) 2 40 78 (privat 4 10 13).
Amtsbezirk: Der südlich des Romsdalfjordes gelegene Teil des Møre und Romsdal Fylke.

Bergen
Atle Bjørkum, Honorarkonsul.
Olav Kyrresgate 11. N–5000 Bergen.
Postboks 179. N–5001 Bergen.
Fernsprecher: (0 04 75) 31 82 90 (privat: 31 25 38).
Amtsbezirk: Fylke Hordaland mit Ausnahme des südlich des Bømlafjords und des Akrafjords gelegenen Teils sowie Fylke Sogn und Fjordane.

Bodø
Carl Johan Jackhelin, Honorarkonsul.
Sjøgaten 19. N–8000 Bodø.
Postboks 394. N–8001 Bodø.
Fernsprecher: (00 47 81) 2 00 31 (privat: 2 20 71).
Amtsbezirk: Der südlich des Sørfolda-Fjords gelegene Teil des Nordland Fylke.

Drammen
Peter Wessel, Honorarkonsul.
Tollbugaten 105. N–3000 Drammen.
Postboks 1196. N–3001 Drammen.
Fernsprecher: (0 04 73) 81 97 80 (privat: 89 00 35)
Amtsbezirk: Fylke Buskerud.

Harstad
Erling Utvåg, Honorarkonsul.
Viking Nordic Hotel. Fjordgt. 2. N–9401 Harstad.
Postboks 491. N–9401 Harstad.
Fernsprecher: (00 47 82) 6 40 80 (privat: 6 14 72)
Amtsbezirk: Insel Hinnøy sowie die Inselgruppen Lofoten und Vesterålen.

Haugesund
Sigurd Haavik jun., Honorarkonsul.
Salhusvn. 86. N–5500 Haugesund.
Postboks 263. N–5501 Haugesund.
Fernsprecher: (o0 47 47) 2 35 88 (privat: 2 52 17)
Amtsbezirk: Nördlicher Teil des Rogaland Fylke zuzüglich eines unmittelbar daran anschließenden Teils des Hordaland Fylke einschließlich der Südküste des Bømlafjords und des Aakra-Fjords.

Kirkenes
Erling M. Saue, Honorarkonsul.
Dr. Wesselsgate 8. N–9900 Kirkenes.
Postboks 10. N–9901 Kirkenes.
Fernsprecher (00 47 85) 9 12 44 (privat: 9 12 45).
Amtsbezirk: Fylke Finnmark.

Kristiansand S.
Odd Birger Nygaard, Honorarkonsul.
Ægirsveien 3. N–4600 Kristiansand S.
Fernsprecher: (00 47 42) 9 23 40 (privat: 9 23 43).
Amtsbezirk: Fylke Vest-Agder und Aust-Agder.

Kristiansund N.
Halfdan Loennechen Backer, Honorarkonsul.
Strandgatan 78. N–6500 Kristiansund N.
Fernsprecher: (00 47 73) 7 11 11 (privat: 7 47 85)
Amtsbezirk: Der nördlich des Romsdalfjordes gelegene Teil des Møre und Romsdal Fylke.

Narvik
Arthur Arntzen, Honorarkonsul.
Fagernesveien 3. N–8500 Narvik.
Postboks 345. N–8501 Narvik.
Fernsprecher: (00 47 82) 4 56 30 (privat: 4 29 82)
Amtsbezirk: Fylke Nordland nördlich des Sørfoldafjords mit Ausnahme der Inselgruppen der Lofoten und Vesterålen sowie des zum Fylke Nordland gehörigen Teils der Insel Hinnøy.

Sandefjord
Jørgen Jahre jun., Honorarkonsul.
Søbergtorget 4. N–3200 Sandefjord.
Postboks 271. N–3201 Sandefjord.
Fernsprecher: (00 47 34) 6 23 90 (privat: 7 55 77, 7 54 88)
Amtsbezirk: Städte Larvik, Sandefjord, Tønsberg.

Sarpsborg
Johnny Gundersen, Honorarkonsul.
Knut Bryhnsvei. N–1700 Sarpsborg.
Postboks 147. N–1701 Sarpsborg.
Fernsprecher: (00 47 31) 6 43 33 (privat: 00 47 32/2 21 54)
Amtsbezirk: Fylke Østfold.

Skien
Erik Tanche Nilssen jun., Honorarkonsul.
Hagebyveien 26, Graatenmoen. N–3700 Skien.
Postboks 1298. N–3701 Skien.
Fernsprecher (00 47 35) 9 54 66 (privat: 2 51 61)
Amtsbezirk: Fylke Telemark.

Stavanger
Tore Helliesen, Honorarkonsul.
Kongsgt. 10, Handelens Hus. N–4000 Stavanger.
Fernsprecher: (0 04 74) 52 25 94 (privat: 52 61 86)
Amtsbezirk: Südlicher und mittlerer Teil des Rogaland Fylke, insbesondere die Hafenstädte Egersund und Stavanger.

Tromsø
Thor Giæver, Honorarkonsul.
Kaigaten 2. N–9000 Tromsø.
Postboks 61. N–9001 Tromsø.
Fernsprecher: (00 47 83) 8 75 75 (privat: 8 51 63)
Amtsbezirk: Fylke Troms mit Ausnahme des zu Troms gehörigen Teils der Insel Hinnøy.

Trondheim
Ivar Dyrkoren, Honorarkonsul.
Strandveien 98. N–7000 Trondheim.
Postboks 1008. N–7001 Trondheim.
Fernsprecher: (0 04 77) 52 96 44 (privat: 52 17 67)
Amtsbezirk: Fylke Sør-Trøndelag.

Die bei den Fernsprecherangaben in Klammern gesetzten Ziffern sind die Vorwahlnummern aus der Bundesrepublik Deutschland und Berlin (West).
Bei allen hier angeführten Konsulaten ist die übergeordnete Auslandsvertretung die Botschaft der Bundesrepublik Deutschland in Oslo.

Österreichische Vertretung in Norwegen:
Oslo, Haakon VII's gate 5.

Schweizerische Vertretung in Norwegen:
Oslo, Drammensveien 6.

Hotels und andere Unterkünfte in großen Städten

Oslo

Ambassadeur Hotell. Camilla Collets vei 15. Tel. (02) 44 18 55. 50 Betten.
Anker Sommerhotell. Storgt. 55. Tel. (02) 11 40 05. 500 Betten.
Ansgar Hotell. Møllergaten 26. Tel. (02) 20 47 35. 80 Betten.
Astoria Hotell. Akersgaten 21. Tel. (02) 33 67 00. 179 Betten.
Bibelskolen Sommerhotel. Staffeldtsgt. 4. Tel. (02) 20 53 30. 122 Betten.
Bondeheimen Hotell. Rosenkrantzgt. 8. Tel. (02) 33 16 90. 88 Betten.
Bristol Hotell. Kristian 4's gt. 7. Tel. (02) 41 58 40. 220 Betten.
Carlton Rica Hotel. Parkveien 78. Tel. (02) 56 30 90. 92 Betten.
Continental Hotel. Stortingsgt. 24/26. Tel. (02) 41 90 60. 270 Betten.
Det nye City Hotell. Skippergaten 19. Tel. (02) 41 36 10. 110 Betten.
Fjellhaug Sommerhotell. Sinsenveien 15. Tel. (02) 37 70 90. 190 Betten. 100 m ü. d. M.
Forbundshotellet. Holbergs pl. 1. Tel. (02) 20 88 55. 137 Betten.
Fønix Hotel. Dronningensgt. 19. Tel. (02) 42 59 57. 94 Betten.
Gabelshus Hotel. Gabelsgt. 16. Tel. (02) 56 25 90. 90 Betten.
Grand Hotel. Karl Johansgt. 31. Tel. (02) 33 48 70. 525 Betten.
Hall Hotell-Pensjon. Fritznersgt. 21. Tel. (02) 56 44 80. 57 Betten.
Haraldsheim UH. Haraldsheimvn. 4. Tel. (02) 21 39 90. 270 Betten. 70 m ü. d. M.
Holmenkollen Park Hotell. Kongeveien 26. Tel. (02) 14 60 90. 400 Betten. 400 m ü. d. M.

IMI Hotel. Staffeldtsgt. 4. Tel. (02) 20 53 30. 106 Betten.
KFUK-Hjemmet. Neuberggt. 3 b. Tel. (02) 44 17 87. 35 Betten.
KNA Hotellet. Parkveien 68. Tel. (02) 56 26 90. 226 Betten.
Linne Hotell. Statsråd Mathiesens vei 12. Tel. (02) 64 22 22. 120 Betten.
Majorstuen Hotell. Bogstadvn. 34. Tel. (02) 69 34 95. 74 Betten.
Midtstuen Hotell. Ankervn. 6. Tel. (02) 14 32 90. 130 Betten. 250 m ü. d. M.
Norrøna Hotell. Grensen 19. Tel. (02) 33 60 85. 61 Betten.
Norum Hotel. Bygdøy Allé 53. Tel. (02) 44 79 90. 90 Betten.
Nye Helsfyr Hotell. Strømsveien 108. Tel. (02) 67 23 80. 225 Betten.
Panorama Sommerhotel. Sognsveien 218. Tel. (02) 23 05 86. 770 Betten. 160 m ü. d. M.
Ritz Hotell. Fr. Stangsgt. 3. Tel. (02) 44 39 60. 75 Betten.
Saga Hotell. Eilert Sundtsgate 39. Tel. (02) 55 04 85. 65 Betten.
Savoy Hotell. Universitetsgt. 11. Tel. (02) 20 26 55. 100 Betten.
Scandinavia Hotel. Holbergs gate 30. Tel. (02) 11 30 00. 967 Betten.
Standard Hotell. Pilestredet 27. Tel. (02) 20 35 55. 72 Betten.
Smestad Hotell. Sørkedalsvn. 93. Tel. (02) 14 64 90. 50 Betten. 100 m ü. d. M.
Stefanhotellet. Rosenkrantz gt. 1. Tel. (02) 33 62 90. 200 Betten.
Vettakollen Hotell. Huldrevn. 14. Tel. (02) 14 55 90. 60 Betten.
Viking Hotel. Biskop Gunnetusgt. 3. Tel. (02) 33 64 70. 470 Betten.
Voksenåsen Hotell. Ullveien 4. Tel. (02) 14 30 90. 122 Betten. 500 m ü. d. M.
White House Bed and Breakfast. Pr. Harbitzgt. 18. Tel. (02) 44 19 60. 54 Betten.

Jugendherbergen

Oslo UH. Haraldsheim. 270 Betten. 2. Januar bis 20. Dezember. Haraldsheimv. 4. Tel. (02) 21 83 59.
Oslo UH. Bjerke. Zu erreichen mit der Bjerke-Bahn. Neu erbautes Studentenheim mit Dreibetträumen. 150 Betten. Tel. (02) 22 97 79. Während des Sommers geöffnet.

Von Oslo nach Kongsberg

Ble Fjellstue, Jondalen. Tel. (03) 76 44 03. 35 Betten. 710 m ü. d. M.
Fulsebakke Pensjonat. Tel. (03) 76 41 10. 30 Betten. 350 m ü. d. M.
Gamle Kongsberg Kro. Tel. (03) 73 16 33. 8 Betten. 160 m ü. d. M.
Grand Hotel. Tel. (03) 73 20 29. 166 Betten. 160 m ü. d. M.
Gyldenløve Hotell. Tel. (03) 73 17 44. 90 Betten. 150 m ü. d. M.
Knutehytta. Tel. (03) 73 12 83. 50 Betten. 730 m ü. d. M.
Kongsberg Ungdomsherberge. Tel. (03) 73 20 24. 100 Betten. 164 m ü. d. M. Ganzjährig geöffnet.
Meheia Turisthytte. 3610 Meheia. Tel. (03) 76 49 23. 20 Betten. 360 m ü. d. M.
Norge Hotel. Tel. (03) 73 13 34. 19 Betten. 162 m ü. d. M.

Campingplätze

Lågdalsmuseet Campingplatz. Am alten Drammensvei. 500 m von der E 76 und dem Zentrum. Tel. (03) 73 22 28. Oder 73 34 68. 6 Hütten. Idyllische Zeltplätze zwischen den alten Gebäuden des Museums.

Skavanger Campingplatz. An der Reichsstraße 8. Ca. 1,5 km nördlich des Zentrums. Tel. (03) 73 20 31. 10 Hütten.

Bergen

Augustin Hotel. C. Sundtgt. 24. Tel. (05) 23 00 25. 65 Betten.U
Bergen Apartment. Håkonsgt. 2. Tel. (05) 21 72 90. 72 Betten.
Esso Motor Hotell. Koksflaten 2. 5065 Blomsterdal. Tel. (05) 22 71 50. 317 Betten.
Fantoft Sommerhotell. 5036 Fantoft. Tel. (05) 28 29 10. 668 Betten.
Gjestehuset Rica. Vestre Torrgt. 20 A. Tel. (05) 21 96 66. 36 Betten.
Hordaheimen Hotell. C. Sundtsgt. 18. Tel. (05) 23 23 20. 64 Betten.
Neptun Hotell. Walckendorffsgt. 8. Tel. (05) 23 20 15. 190 Betten.
Norge Hotell. Ole Bulls pl. 4. Tel. (05) 23 30 00. 498 Betten.
Orion Royal Hotel. Bradbenken 3. Tel. (05) 31 80 80. 240 Betten.
Park Pension. Harald Hårfagresgt. 35. Tel. (05) 23 04 86. 56 Betten.
Rosenkrantz Hotel. Rosenkrantzgt. 7. Tel. (05) 31 50 00. 155 Betten.
SAS Royal Hotel. Bryggen. Tel. (05) 31 80 00. 470 Betten.
Slottsgården Rica Hotell. Sandbrogt. 3. 5015 Dreggem Tel. (05) 31 61 55.
Strand Hotel. Strandkaien 2–4. Tel. (05) 31 08 15. 120 Betten.
Terminus Hotel. Kong Oscarsgt. 71. Tel. (05) 31 16 55. 220 Betten.
Toms Hotel. C. Sundtsgt. 52. Tel. (05) 23 23 35. 78 Betten.

Jugendherbergen

Bergen UH. Montana. Ravneberget. Tel. (05) 29 29 00. 250 Betten. 25. Mai bis 30. September.

Trondheim

Ambassadeur Hotel. Elvegt. 18. Tel. (075) 2 71 34. 85 Betten.
Astoria Hotell. Nordregt. 24. Tel. (075) 2 85 50. 103 Betten.
Britannia Hotell. Dronningens gate 5. Tel. (075) 3 00 40. 180 Betten.
Dronningen Bed & Breakfast. Dronningensgt. 26. Tel. (075) 2 16 96. 53 Betten.
Eigeseter Bed & Breakfast. Formodsgt. 3. Tel. (075) 6 98 73. 37 Betten.
Gildevangen Hotell. Søndregate 22 b. Tel. (075) 2 83 40. 71 Betten.
IMI Misjonshotell. Kongensgt. 26. Tel. (O75) 2 83 48. 100 Betten.
Neptun Hotel & Cafe. Ths. Angells gt. 12 b. Tel. (075) 2 06 51. 65 Betten.
Norrøna Misjonshospits. Ths. Angellsgt. 20. Tel. (075) 3 20 20. 35 Betten.
Nye Sentrum Hotell. Cicignonsplass. Tel. (075) 2 05 24. 56 Betten.
Phoenix Hotell. Munkegt. 26. Tel. (075) 2 83 80. 95 Betten.
Prinsen Hotell. Kongens gt. 30. Tel. (075) 3 06 50. 110 Betten.

Madonna von Urnes. Ca. 1200. Historisk Museum Bergen ▷

Singsaker Sommerhotell. Rogersgt. 1. Tel. (075) 2 00 92. 200 Betten. 50 m ü. d. M.
Trondheim Ungdomsherberge. Weidemannsvei 41. Tel. (075) 3 04 90. 200 Betten.
Trønderheimen Hotell. Kongensgt. 15. Tel. (075) 2 70 30. 77 Betten.

Jugendherbergen

Trondheim UH. Weidemannsv. 41. Tel. (075) 3 04 90. 200 Betten. Ganzjährig geöffnet.
Geschlossen 10 bis 16 Uhr.

Von Trondheim nach Røros

Botnlia feriehytter. Tel. (074) 1 31 18. 700 m ü. d. M.
Ertzscheidergården. Tel. (074) 1 11 94.
Fjellheimen Turiststasjon. Tel. (074) 1 14 68. 36 Betten. 660 m ü. d. M.
Henningsgården Turiststasjon. 7470 Brekkebygd. Tel. (074) 1 31 46. 70 Betten. 700 m
ü. d. M.
Rørosheimen. Tel. (074) 1 12 87. 53 Betten. 630 m ü. d.M.
Røros Turisthotell. Tel. (074) 1 10 11. 209 Betten. 650 m ü. d. M.
Henry Strickert Utleiehytter. 7470 Brekkebygd. 25 Betten. 700 m ü. d. M.
Vauldalen Turiststasjon. 7470 Brekkebygd. Tel. (074) 1 31 00. 124 Betten. 860 m
ü. d. M.

Jugendherbergen

Røros UH. Tel. (074) 1 10 89. 120 Betten. 15. Mai bis 15. September.

Campingplatz

Håneset Campingplatz. Tel. (074) 1 13 72. 3 km südlich von Røros. 8 Hütten. Motel (10
Zimmer).

Stavanger

Alstor Hotell. Tel. (04) 52 70 20. 140 Betten.
City Hospits. Tel. (04) 52 04 37. 36 Betten.
Esso Motor Hotel. Tel. (04) 52 65 00. 270 Betten 40 m ü. d. M.
Fjelltun Gjesteheim. Tel. (04) 58 50 46. 116 Betten.
Havly. Tel. (04) 52 31 14. 46 Betten. 15 m ü. d. M.
K.N.A. Hotellet. Lagardsveien 61. Tel. (04) 52 85 00. 210 Betten. 15 m ü. d. M.
Rogalandsheimen Gjestgiveri. Tel. (04) 52 01. 20 Betten.
SAS Royal Atlantic Hotel. Tel. (04) 52 75 20. 253 Betten.
St. Svithun Hotel. Klubbgt. 3. Tel. (04) 53 30 20. 100 Betten.
Victoria Hotel. Skansegaten 1. Tel. (04) 52 05 26. 180 Betten.

◁ *Trollstigen. Die Fjellstraße mit 11 Schleifen wurde 1936 fertiggestellt*

Jugendherbergen

Stavanger UH. Mosvangen. Tjensvold 1 B. Tel. (04) 53 29 76. Ganzjährig geöffnet.
Geschlossen von 10 bis 16 Uhr.

Stavanger (Umgebung)

Sola Strand Hotel. 4050 Sola. Tel. (04) 65 02 22. 115 Betten.
Stavanger Sommerhotell. 4040 Madia. Tel. (04) 55 70 00. 162 Betten.
Viste Strand Hotel. 4070 Randaberg. Tel. (04) 59 70 22. 100 Betten.

Unterkünfte an den verschiedenen Routen in der Reihenfolge der besuchten Orte und Landschaften

Schiffstour Bergen-Flåm

Flåm Campingplatz. 14 Hütten. Kiosk, Badestrand, Bootsverleih, Angelscheine für die Flåmselv (Lachs und Seeforellen).

Bergen-Voss-Balestrand und Variationen

Granvin Campingplatz. Hütten, Bademöglichkeiten, Bootsverleih und Angelsport.
Einen Angelschein erhält man im Büro des Campingplatzes.

Voss

Bavallstova. Tel. (055) 1 18 73. 30 Betten. 300 m ü. d. M.
Fleischer's Moteller. Tel. (055) 1 11 55. 80 Betten. 57 m ü. d. M.
Jarl Hotel, Maeland. Tel. (055) 1 19 33. 130 Betten. 53 m ü. d. M.
Kringsjå Pensjonat. Tel. (055) 1 16 27. 40 Betten. 75 m ü. d. M.
Park Hotel. Tel. (055) 1 13 22. 76 Betten. 56 m ü. d. M.
Vang Pensjonat. Tel. (055) 1 21 45. 45 Betten. 50 m ü. d. M.
Vatletun. Tel. (055) 1 16 44. 120 Betten. 60 m ü. d. M.
Voss Motel. Tel. (055) 1 20 06. 50 Betten. 60 m ü. d. M.
Voss Pensjonat. Tel. (055) 1 13 00.
Voss Turistheim. Tel. (055) 1 15 13. 100 Betten. 60 m ü. d. M.
Voss Ungdomsherberge. Tel. (055) 1 20 17. 200 Betten. 56 m ü. d. M.
Vangsnes Jugendherberge. Geöffnet vom 1. Juni bis 15. September.

Balestrand

Balestrand Pensjonat. Tel. (056) 9 11 38. 74 Betten.
Balestrand Jugendherberge. Tel. (056) 9 13 78. 86 Betten.

Dragsvik Pensjonat. Tel. (056) 9 12 93. 65 Betten. 40 m ü. d. M.
Kringsjå Hotell. Tel. (056) 9 13 03. 50 Betten.
Kvikne's Hotel. Tel. (056) 9 11 01. 372 Betten.
Midtnes Pensjonat. Tel. (056) 9 11 33. 70 Betten.

Stalheim

Stalheim Hotel. Tel. (055) 2 21 22. 221 Betten. 374 m ü. d. M.

Otta-Lom-Balestrand

Otta

Brekkeseter. 2679 Høvringen. Tel. (062) 3 37 11. 65 Betten. 1000 m ü. d. M.
Høvringen Høgfjellshotell. 2679 Høvringen. Tel. (062) 3 37 22. 100 Betten. 950 m ü. d. M.
Müllerhotell OTTA. Tel. (062) 3 00 33. 185 Betten. 276 m ü. d. M.
Maehlum Gard Pensjonat. Tel. (062) 3 02 93. 40 Betten. 300 m ü. d. M.
Rapham Høyfjellshotell. Tel. (062) 3 02 66. 99 Betten. 1000 m ü. d. M.
Smuksjøseter. 2679 Høvringen. Tel. (062) 3 37 19. 35 Betten. 1130 m ü. d. M.
Øigardseter Fjellstue. 2679 Høvringen. Tel. (062) 3 37 13. 100 Betten. 930 m ü. d. M.

Lom

Brimi Fjellstugu & Apartm. 2685 Garmo. Tel. (062) 3 98 12. 50 Betten. 880 m ü. d. M.
Nordal Turistheim-Motell. Tel. (062) 1 10 10. 60 Betten. 38 m ü. d. M.

Lillehammer-Trondheim mit Peer Gynt-Weg

Skeikampen Høifjellshotell. 2622 Gausa. Tel. (062) 2 85 05. 113 Betten. 800 m ü. d. M.
Badstø Gjestgiveri. Tel. (062) 7 63 21. 40 Betten. 196 m ü. d. M.
Gausdal Høifjellshotell. 2622 Gausa. Tel. (062) 2 85 00. 250 Betten. 800 m ü. d. M.
Glomstad Gård og Pensjonat. Tel. (062) 7 62 57. 49 Betten. 500 m ü. d. M.
Optun Gård og Pensjonat. (062) 7 61 85. 30 Betten. 650 m ü. d. M.

Vinstra

Amundsens Gjestgiveri. Tel. 45. 36 Betten. 246 m ü. d. M.
Fefor Høifjellshotell. 2640 Vinstra. Tel. 35. 200 Betten. 930 m ü. d. M.
Golå Høifjellshotell. 2645 Harpefoss. Tel. (062) 9 81 09. 66 Betten. 930 m ü. d. M.
Kampesæter Fjellstue. 2643 Skabu. Tel. (062) 9 55 25, 90 Betten. 870 m ü. d. M.

Storhøliseter. 2643 Skabu. Tel. mobil 4 50 27. 48 Betten. 1000 m ü. d. M.
Sødorp Giestgivergård. Tel. 18 37. 75 Betten. 250 m ü. d. M.
Wadahl Høgfjellshotell. 2645 Harpefoss. Tel. (062) 170 Betten. 933 m ü. d. M.

Kvam-Otta

Botten Campingplatz
Sjoa Campingplatz. 6 Hütten, Angel- und Bademöglichkeiten.
Dovre s. Dombås

Dombås

Dombås Motell. Tel. (062) 4 14 92. 40 Betten. 660 m ü. d. M.
Dombås Ungdomsherberge. Tel. (062) 4 10 45. 85 Betten. 700 m ü. d. M.
Dovrefjell Hotell. Tel. (062) 4 10 05. 165 Betten. 660 m ü. d. M.
Dovre Motell. 26 62 Dovre. Tel. (062) 4 02 00. 112 Betten. 480 m ü. d. M.
Hageseter Turisthytte. Tel. (062) 4 11 83. 60 Betten.
Hjelleseter. Tel. (062) 4 12 76. 36 Betten. 950 m ü. d. M.
Sagtun, Leikarnes. 2662 Dovre. Tel. (062) 4 02 87. 6 Betten.
Sletten Motell. 2662 Dovre. Tel. (062) 4 00 95. 36 Betten. 480 m ü. d. M.
Solglytt Misjonsheim. Tel. (062) 4 14 92. 20 Betten. 650 m ü. d. M.
Toftemo Turiststasjon. 2662 Dovre. Tel. (062) 4 00 45. 115 Betten. 480 m ü. d. M.

Campingplätze bei Dombås

Bjørkhoel Campingplatz. 23 Hütten.
Faksfall Campingplatz. 27 Hütten.
Lie Campingplatz. 13 Hütten.

Oppdal

Driva Kro og Hytter. Tel. (074) 2 41 58. 24 Betten. 600 m ü. d. M.
Fagerhaug Inn Motell. Tel. (074) 2 36 46. 60 Betten. 550 m ü. d. M.
Nor Turisthotell. Tel. (074) 2 16 04. 108 Betten. 550 m ü. d. M.
Oppdal Motell. Tel. (074) 2 13 52. 83 Betten. 630 m ü. d. M.
Oppdal Ride og Fritidssenter. Tel. (074) 2 14 32. 45 Betten.
Oppdal Turisthotell & Appartment. Tel. (074) 2 11 31. 160 Betten. 542 m ü. d. M.
Turistheimen. Tel. (074) 2 13 30. 49 Betten. 500 m ü. d. M.

Campingplätze bei Oppdal

Smegården Campingplatz. 13 Hütten.
Granmo Campingplatz. 16 Hütten.
Ulsberg Motell und Camping. 16 Hütten.

Trondheim-Bodø

Langstein-Åsen

Fættenfjord Campingplatz. 11 Hütten.
Frosta Campingplatz (Abzweigung Logtun).
Gullberget Campingplatz. 23 Hütten.

Steinkjer

Grand Hotell. Tel. (077) 6 11 80. 180 Betten.
Kaffistova. Tel. (077) 6 10 90. 40 Betten.
Tingvold Gjestegård. Tel. (077) 6 26 19. 80 Betten.
Guldbergaunet Campingplatz. Am Idrettsparken. 13 Hütten.

Namsos

Grand Hotell Bondeheimen. Tel. (077) 7 31 55. 77 Betten.
Namsen Kro og Motell. 7820 Spillum. Tel. (077) 7 61 00. 60 Betten.
Ottesen Pensjonat. Tel. (077) 7 20 84. 13 Betten.
Namsos Campingplatz. An Reichsstraße 17. ca. 1,5 km nordöstlich der Namsenbru. 32
Hütten.

Kvam

Rondablikk Touristcenter. Tel. (062) 8 11 00 no. 49 12. 150 Betten. 1000 m ü. d. M.
Kvam Campingplatz. 26 Hütten.

Gartland

Harran Campingplatz. 13 Hütten.
Haugen Campingplatz. 9 Hütten.

Mosjøen

Fru Haugans Hotell. Tel. (087) 7 04 77. 120 Betten.
Lyngengården Hotell. Tel. (087) 7 06 22. 50 Betten.
Sandvik Folkehøgskole. Tel. (087) 8 78 43. 80 Betten. 60 m ü. d. M.
Stenhaugs Gjestgiveri. Tel. (087) 7 11 55. 46 Betten.
Mjåvatn Campingplatz. An der E 6 ca. 23 km nördlich von Mosjøen. 10 Hütten.
Ømmervatn Campingplatz. 700 m von der E 6, ca. 25 km nördlich von Mosjøen.
Vefsn UH in Sandvik folkehøgskole. 20 km von Mosjøen. 36 Betten. Geöffnet von
1. Juni bis 10. August.

Krokstrand

Krokstrand Campingplatz. 12 Hütten.

Junkerdal

Graddis Fjellstue. 8254 Rusåga. Tel. (081) 9 43 41. 28 Betten. 432 m ü. d. M.
Junkerdal Turistsenter. 8254 Rusagå. Tel. (081) 9 43 46.

Rognan

Fredheim Folkehøgskole. Tel. (081) 9 03 55. 124 Betten. 50 m ü. d. M.
Spørckheimen. Tel. (081) 9 00 11. 54 Betten.
Rognan Campingplatz. 12 Hütten.

Fauske-Tromsø

Fauske

Fauske Hotell. Tel. (081) 4 38 02. 140 Betten.
Fauske Ungdomsherberge. Tel. (081) 4 38 22. 144 Betten.
Lundhøgda Campingplatz. 34 Hütten.

Kråkmo

Kråkmo UH (Jugendherberge).
Kråkmo Campingplatz. 2 Hütten.

Reinli

Innhavet Gjestgiveri.
Symra Pensjonat.

Ballangen

Solheim Gjestgiveri.
Ballangen Campingplatz. An der E 6. 3 km ostwärts vom Zentrum. 32 Hütten.
Schwimmhalle in Ballangen.

Narvik

Breidablikk Gjestgiveri. Tel. (082) 4 14 18. 48 Betten.
Grand Royal Hotel. Tel. (082) 4 15 00. 110 Betten.
Nordkalotten Ungdomsherberge. Tel. (082) 4 25 98. 110 Betten. 656 m ü. d. M.

Nordstjernen. Tel. (082) 4 41 20. 50 Betten.
Victoria Royal Hotel. Tel. (082) 4 15 84. 78 Betten.
Storsletta Campingplatz. An der E 6. Ca. 29 km nördlich von Narvik. 4 Hütten.

Setermoen (Bardu)

Bardu Gjesgiveri. Tel. (089) 8 11 33. 50 Betten.
Bardufoss Hotell. 9210 Andselv. Tel. (089) 3 34 88. 80 Betten.
Målselvkroa Gjestehus. Tel. (089) 3 34 03. 11 Betten.

Moen-Heia

Takelv Campingplatz. 26 Hütten.

Nordkjosbotn

Bjørnebo Campingplatz. 10 Hütten.

Tromsø

Grand Nordic Hotel. Tel. (083) 8 55 00. 280 Betten.
Prestvann Turistheim. Tel. (083) 8 64 86. 140 Betten. 100 m ü. d. M.
Saga Hotell. Tel. (083) 8 11 80. 100 Betten.
SAS Royal Hotel. Tel. (083) 8 36 06. 373 Betten.
Tromsdal Gjestgiveri. Tel. (083) 3 59 44. 9020 Tromsdalen. 67 Betten.
Tromsø Hotell. Tel. (083) 8 75 20. 72 Betten.
Tromsø Ungdomsherberge. Tel. (083) 8 57 35. 64 Betten.
Trygstad Gjesteheim. Tel. (083) 8 03 74. 10 Betten.
Elvestrand Campingplatz. 20 Hütten.
Skittenelv Campingplatz. An einer nach rechts bei Tromsdalen abzweigenden Straße, die nach Oldervik führt. 10 Hütten.

Narvik-Vesterålen-Lofoten

Sortland

Sortland Nordic Hotel. Tel. (088) 2 18 33. 120 Betten.
Sortland Campingplatz. 7 Hütten.

Svolvær

Bondeheimen. Tel. (088) 7 09 55. 8 Betten.
Havly. Tel. (088) 7 03 44. 75 Betten.
Knutmarka Hyttegrend. Tel. (088) 7 06 70. 60 Betten. 30 m ü. d. M.

Lofoten Nordic Hotel. Tel. (088) 7 12 00. 93 Betten.
Vita-Nova Motell. Tel. (088) 7 08 70. 80 Betten.
Svolvær UH. 150 Betten. 1. Juni bis 20. August.

Kabelvåg

Kabelvåg Hospits. Tel. 40 08.
Sandvika Campingplatz und Hüttencenter. 12 Hütten.

Stamsund

Havly Stamsund. Tel. (088) 8 92 06. 23 Betten.
SAS Lofoten Hotel. Tel. (088) 8 93 00. 56 Betten.
Stamsund UH. 1. Mai bis 30. September.

Ramberg

Ramberg Kafé og Gjestgiveri. Tel. (088) 9 31 40. 48 Betten.
Hvitstrand hyttesenter og camping. Tel. (088) 9 31 40. 10 Hütten.
Rorbu- og båtutleie: Joh. Ludv. Johansens landhandel. Ramberg. Tel. (088) 9 32 25.

Reine

Havly Reine. Tel. (088) 9 21 97. 18 Betten.
Rorbuer. 15 Fischerbaracken. Vermietung: Handelshuset A/S.

Nordkjosbotn-Kirkenes

Helligskogen

Helligskogen UH. 15. Juni bis 15. August. 40 Betten. Tel. 10 b.

Skibotn

Broen Pensjonat. Tel. 17. 29 Betten.
Skibotn Campingplatz. 10 Hütten.
Skibotn Motell. Tel. 1. 46 Betten.

Rotsundelv

Rotsundelv Campingplatz. 10 Hütten.

Skjervøy

Skjervøy Nordic Hotel. Tel. (083) 6 10 00. 46 Betten.

Storslett

Lyngs Pensjonat. Tel. 49. 10 Betten.
Reisatun Gjestestue. Tel. Storslett 2 99. 40 Betten.
Storslett Campingplatz. 10 Hütten.

Straumfjord

Fosselv Lagerplatz. Verschiedene Hütten.
Sandnes Campingplatz. 10 Hütten.
Straumfjord Gjestestue.
Wahlmanns Campingplatz. 8 Hütten.

Alteidet

Alteidet Campingplatz. 20 Hütten.

Alta

Alta Gjestestue. Tel. (084) 3 53 36. 25 Betten.
Alta Hotell (SAS). Tel. (084) 3 53 11. 210 Betten.
Alta Overnatting. Tel. (084) 3 52 91. 20 Betten.
Alta Ungdomsherberge. Tel. (084) 3 44 09.
Øytun Folkehøyskole. Tel. (084) 3 55 77. 116 Betten.

Kautokeino

Conovoappi Fjellstue. Tel. 54 B.
Kautokeino Fjellstue. Fjellstue. Tel. 86.
Kautokeino Turisthotell. Tel. (084) 5 62 05. 130 Betten. 300 m ü. d. M. (SAS-Hotel).
Kautokeino Ungdomsherberge. Tel. 16. 29 Betten. 250 m ü. d. M. 1. Juni bis 1. Oktober.
Kautokeino Campingplatz. 28 Hütten.

Hammerfest

Brassica. Tel. (084) 1 18 22. 30 Betten.
Finnmarksbo Gjestehus. Tel. (084) 1 16 22.
Grand Rica Hotel. Tel. (084) 1 13 33. 120 Betten.
Hammerfest Ungdomsherberge. Tel. (084) 1 22 47. 10. 6.–31. 8.

Nordmannset

Nordkapp Campingplatz und Jugendherberge. 11 Hütten.

Porsangen

Stabburselv Campingplatz. 7 Hütten.

Lakselv

Banak Hotell. Tel. (084) 6 13 77. 70 Betten.
Lakselv Gjestgiveri. Tel. (084) 6 10 66. 49 Betten.
Lakselv Ungdomsherberge, Karalaks UH. 24 Betten. 1. Juli bis 15. August.
Solstad Pensjonat.
Lakselv Campingplatz. 2 km vom Ort.

Tana bro

Tana bro Campingplatz. 15 Hütten.

Skipagurra

Skipagurra Campingplatz. 18 Hütten.

Polmak

Grensen Campingplatz.

Karlebotn

Karlebotn Campingplatz. 4 Hütten.

Kirkenes

Kirkenes Gjestgiveri. Tel. (085) 9 13 82.
Kirkenes Rica Turisthotell. Tel. (085) 9 14 91. 127 Betten. 50 m ü. d. M.
Sollia-Gjestgiveri. Tel. (085) 9 08 20. 16 Betten.
Stenbys Overnatting. Tel. (085) 9 11 62.
Kirkenes Campingplatz. An der Reichsstraße 6. Ca. 7 km westlich des Zentrums. Tel.
(085) 9 80 28. 18 Hütten.

Verzeichnis aller Informationskontore für Touristen in Norwegen

Alta: Tel. 0 84/3 50 41
Alvdal: Tel. 0 63/5 71 00 ext. 21 01
Andenes: Tel. 0 88/4 12 22
Hotell Andrikken
Andselv: Tel. 0 89/3 34 00
Espenes Reisebyrå
Arendal: Tel. 0 41/2 21 93
Aurland: Tel. 0 56/3 31 00 ext. 3 13
Balestrand: Tel. 0 56/9 12 55
Begnadalen: Tel. 0 67/4 37 02
Beitostølen: Tel. 0 61/5 36 96
Bergen: Tel. 05/21 14 87
Torvalmenningen
Bodø: Tel. 0 81/2 12 40
Storgt. 16
Brevik: Tel. 0 35/71–1 66 Korvetten
Brønnøysund: Tel. 0 86/2 02 00
Bø: Tel. 0 36/6 04 00 Telemarksbanken
Dokka: Tel. 0 61/1 11 00 ext. 1 54
Dombås: Tel. 0 62/4 14 44
Drammen: Tel. 03/83 40 94 Kirkegt. 5
Elverum: Tel. 0 64/1 01 11
Engerdal: Tel. 0 64/7 59 00 ext. 62
Fagernes: Tel. 0 61/9 00 ext 15 38
Fauske: Tel. 0 81/4 33 03
Flekkefjord: Tel. 0 43/2 27 88
Flesberg: Tel. 03/76 21 00 ext. 2 30
Florø: Tel. 0 57/ 4 20 10
Flåm: Tel. 0 56/3 31 00 ext. Flåm 1 06
Foldereid: Tel. 0 77/9 40 00 ext. 81 39
Folldal: Tel. 2 68 (15/6–15/8)
Fredrikstad: Tel. 0 32/2 03 30
Førde: Tel. 0 57/2 22 50
Gausdal/Aulestad: Tel. 0 62/2 03 26
Geilo: Tel. 0 67/8 50 41
Geiranger: Tel. 0 71/6 30 07
Gjøvik: Tel. 0 61/7 16 88
Gol: Tel. 0 67/7 48 40
Grimstad: Tel. 0 41/4 08 21
Grong: Tel. 0 77/3 13 66 Mediå
Halden: Tel. 0 31/8 24 87 Tollboden
Hamar: Tel. 0 65/2 12 17

Hammerfest: Tel. 0 84/1 21 85
Harstad: Tel. 0 82/6 32 35
Hattfjelldal: Tel. 2 b
Haugesund: Tel. 0 47/2 61 80
Hemsedal: Tel. 0 67/7 81 56
Honningsvåg: Tel. 0 84/7 28 94
Horten: Tel. 0 33/4 41 11 Torggt. 6 a
Hovden: Tel. 0 43/3 96 30 Hovdetun
Hønefoss: Tel. 0 67/2 33 30
Karasjok: Tel. 0 84/6 65 25 Von Kroghs
Sølvsmie
Kinsarvik: Tel. 0 54/6 31 12
Kirkenes: Tel. 0 85/9 22 94
Kongsberg: Tel. 03/73 15 26
Kongsvinger: Tel. 0 66/1 52 10
Kragerø: Tel. 0 36/8 23 30
Kristiansand: Tel. 0 42/2 60 65
Gyldenløvesgt. 31
Kristiansund: Tel. 0 73/7 21 56
Larvik: Tel. 0 34/8 26 23 Storgt. 32
Leknes: Tel. 0 88/8 04 11 Gjestigiveriet
Levanger: Tel. Nord Kro
Lillehammer: Tel. 0 62/5 10 98
Storgt. 56
Lillesand: Tel. 0 42/7 10 41 Essostasjonen
Loen: Tel. 0 57/7 76 77
Lom: Tel. 0 62/1 12 86
Lundamo: Tel. Bardu Bygdetun
Mandal: Tel. 0 43/6 20 63
Melbu: Tel. 0 88/5 71 06
Meråker: Tel. 0 76/9 83 80 Husfliden
Mo i Rana: Tel. 0 87/5 04 21
Molde: Tel. 0 72/5 20 60
Morokulien: Tel. 0 66/3 72 59
Mosjøen: Tel. 0 87/7 16 39
Moss: Tel. 0 32/5 54 51
Narvik: Tel. 0 82/4 33 09
Namsos: Tel. 0 77/7 25 58
Nesbyen: Tel. 0 67/7 12 49
Nesna: Tel. 0 86/5 62 90
Nissedal: Tel. 0 36/4 71 14
Norheimsund: Tel. 0 55/5 18 77

Notodden: Tel. 0 36/1 02 40
Odda: Tel. 0 54/4 12 97
Olden: Tel. 0 57/7 31 05
Oppdal: Tel. 0 74/2 17 60 Torvet
Orkanger: Tel. 0 74/8 02 89
Os i Østerdalen: Tel. 0 63/8 11 00 ext. 797
Oslo: Tel. 02/42 71 70. Rådhuset/Town Hall. Accom: Oslo S
Otta: Tel. 0 62/3 02 44 and 3 03 65
Porsgrunn: Tel. 0 35/5 10 96
Ramberg: Tel. 0 88/9 31 50 Gjestgiveriet
Rena: Tel. 0 64/8 59 00 ext. 1 15
Rendalen: Tel. 49 25 Øiseth Motel
Ringebu: Tel. 0 62/8 67 00 ext. 20 04
Rjukan: Tel. 0 36/9 12 90
Rosendal: Tel. 0 54/8 13 28
Runde: Tel. 0 71/8 70 72
Røros: Tel. 0 74/1 11 65
Sandane: Tel. 0 57/6 60 00 ext. 489
Sandefjord: Tel. 0 34/6 53 00 Torvet
Sarpsborg: Tel. 0 31/5 48 55
Selbu: Tel. 0 76/6 71 11
Selje: Tel. 0 57/5 61 07 Selje Hotel
Skien: Tel. 0 35/2 58 44 Rådhusgt. 2
Skånevik: Tel. 0 47/6 82 00 ext. 1 55
Sogndal: Tel. 0 56/7 11 61
Sortland: Tel. 0 88/2 14 22
Stamsund: Tel. 0 88/8 93 94
Stavanger: Tel. 0 45/2 84 37
Steinkjer:
Stjørdal: Tel. 0 76/9 43 85
Stokmarknes: Tel. 0 88/5 16 33
Stord: Tel. 0 54/1 02 33

Stor Elvdal: Tel. 0 63/2 09 00
Stryn: Tel. 0 57/7 15 26
Sunndalsøra: Tel. 0 73/9 25 52
Svinesund: Tel. 0 31/9 51 52
Tolga: Tel. 0 63/6 61 00 ext. 39
Tromsø: Tel. 0 83/8 47 76 Kaiskur 1
Trondheim: Tel. 0 75/2 72 01
0 75/2 58 90 Torget Kongensgt. 7
Trysil: Tel. 0 64/7 09 00 ext. 56
Tydal: Tel. 0 76/6 54 52, Ås
Tynset: Tel. 0 63/6 11 00 ext. 29
Tønsberg: Tel. 0 33/1 62 39
Ulvik: Tel. 0 55/2 63 60
Valle: Tel. 0 43/3 71 00 ext. 96
Vardø: Tel. 0 85/8 76 52 Reisebyrået
Verdal: Tel. 0 76/7 88 00, Verdal Hotel
Vik i Sogn: Tel. 0 56/9 52 03 ext. 239
Vikersund: Tel. 03/78 72 16, Shellstasjonen
Vinstra: Tel. 0 62/8 11 00 ext. 3 29
Volda: Tel. 0 71/7 61 01
Kristiansens Kiosk
Voss: Tel. 0 55/1 17 15
Ørje: Tel. 02/89 22 72, no. 317
Ørsta: Tel. 0 71/6 61 00
Øystese: Tel. 0 55/5 50 11
Ål: Tel. 0 67/8 10 60
Ålesund: Tel. 0 71/2 12 02
Rasmus Rønnebergsgt. 15 b
Åmot: Tel. 02/85 42 07, Modumstua
Åndalsnes: Tel. 0 72/2 16 22
Årdal: Tel. 0 56/6 30 11 ext. 2 48

Literatur- und Quellenverzeichnis

(Die in deutscher Sprache angeführten Titel sind deutsch geschriebene oder übersetzte Werke oder Aufsätze. Die norwegischen Titel geben norwegischsprachige Bücher oder Abhandlungen wieder.)

Asbjørnsen, Peter Christian u. Jørgen Moe: Norwegische Märchen. Aus dem Norwegischen von Friedrich Bresemann. Nördlingen 1985.

Aubert, Andreas: Die Nordische Landschaftsmalerei und Johan Christian Dahl. Aus dem Norw. übertragen v. Ilse Meyer-Lüne. Berlin 1947.

Barüske, Heinz (Hrsg.): Skandinavische Volksmärchen. Frankfurt M. 1972. (Lizenzausgabe: München 1976).

Barüske, Heinz: Die nordischen Literaturen. I. Berlin 1974.

Barüske, Heinz: Die Wikinger und ihre Erben. Berlin 1981.

Barüske, Heinz (Hrsg.): Hans Egede. Die Heiden im Eis. Als Forscher und Missionar in Grönland. 1721–1736. Stuttgart 1986.

Berendsohn, Walter A.: Knut Hamsun. Das unbändige Ich und die menschliche Gemeinschaft. München 1929.

Beyer, Harald og Edvard: Norsk Litteraturhistorie. Oslo 1978.

Bien, Horst: Hernik Ibsens Realismus. Zur Genesis und Methode des klassischen kritisch-realistischen Dramas. Berlin (DDR) 1970.

Brandt, Willy: Norwegens Freiheitskampf 1940–45. Hamburg 1948.

Bull, Francis: Henrik Ibsens Peer Gynt. Oslo 1947.

Dahl, Hans Fredrik u. a.: Den norske nasjonalsosialismen. Nasjonal Samling 1933–1945 i tekst og bilder. Oslo 1982.

Dahl, J. C. C.: Denkmale einer sehr ausgebildeten Holzbaukunst. Dresden 1836–37.

Dahl, Willy: Nytt norsk forfatterleksikon. Oslo 1971.

Dietrichson, Lorentz: De Norske Stavkirker. I–II. Kristiania 1891–1892.

Dietrichson, Lorentz: Svundne Tider. Af en Forfatters Ungdomserindringer. I–IV. Kristiania 1896–1917.

Egeland, Erik: Kai Fjell. Oslo 1977.

Glässer, Ewald: Norwegen. (Wissenschaftliche Länderkunde, Bd 14). Darmstadt 1978.

Groth, Helge: Deutschland und Norwegen. Kultur und Politik. In: »Ausblick«, Jg. 5, 1954, Heft 4.

Günther, Hermann: Neue Heimat in Norwegen. Geschichte der deutschen Einwanderung vom Mittelalter bis zur Gegenwart. 1961.

Hamsun, Knut: Psychologie und Dichtung. Vorträge und Aufsätze zur Literaturkritik. Mit einem Vorwort von Tore Hamsun. Übersetzung aus dem Norwegischen und Nachwort von Anni Carlsson. Stuttgart 1964.

Hamsun, Tore: Mein Vater. Leipzig 1940.

Hansen, Thorkild: Der Prozeß Hamsun. Hamburg 1979.

Hauglid, Roar: Norwegische Stabkirchen. Oslo 1970.

Holberg, Ludvig: Vaerker i tolv bind. Udgivet med indledninger og kommentarer af F. J. Billeskov Jansen. I–XII. København 1969–71.

Holberg, Ludvig: Nachricht aus meinem Leben. Bibliothek des 18. Jahrhunderts. München 1982.

Johnson, Pål Espolin: Hurtigruta. Oslo 1980.

Kjellberg, Reidar: Et halvt århundre Norsk Folkemuseum. 1894–1944. Oslo 1945.

Moen, Kristian: Kongsberg Sølvverk 1623–1957. 3. opplag. Sølvverkmuseets venner. Kongsberg 1978.

NAF VEIBOK 1982. Utgitt av Norges Automobil-Forbund. Oslo 1982.

Norge, dette er I–III. Redaksjon: Johan T. Ruud u. a. Oslo 1963–64.

Norge sett fra luften (hrsg. v.) Per Voksø, Børre Aas, Gunnar Ramsli. Oslo 1980.

Norges Historie 1–15. Oslo 1976–80.

Norges Kunsthistorie I–VII. Oslo 1981–83.

Norsk Kunstnerleksikon Hrsg. v. Leif Østby u. a. 1 ff.; Bd. 1 Oslo 1982. Bd. 2 Oslo 1983.

Norwegen Bilder aus den Stabkirchen. Mit einem Vorwort von Roar Hauglid. Einführung von Louis Grodecki. Veröffentlicht von der New York Graphic Society in Übereinkunft mit der UNESCO. Paris 1955.

Olafs saga hins helga Die »Legendarische Saga« über Olaf den Heiligen. Hrsg. u. übersetzt v. Anne Heinrichs, Hartmut Röhn u. a. Heidelberg 1982. (Germanische Bibliothek: Reihe 4, Texte).

Paulsen, Åshild: Magnus Berg. Elfenbensskjærer. In: Norsk Kunstnerleksikon, Bd 1, S. 184–187. Oslo 1982.

Rossel, Sven Hakon: Skandinavische Literatur 1870–1970. Stuttgart 1973.

Schmitt, Peter F.: Widerstand zwischen den Zeilen? Faschistische Okkupation und Presselenkung in Norwegen, 1940–1945. Köln 1985.

Simonnæs, Per: Norsk Kunst i Bilder. I–II. Oslo 1978/79.

Sjøvold Thorleif: Der Oseberg-Fund. Und die anderen Wikingerschiffsfunde. Universitetets Oldsaksamling. Oslo 1971.

Stang, Nic.: Edvard Munch. Übersetzt von Gertrud Brock-Utne. Oslo 1971.

Stang, Ragna: Gustav Vigeland. Der Künstler und sein Werk. Übersetzt von Gertrud Brock-Utne. Oslo 1967.

Suul, Torgeir: Der Dom zu Nidaros. Die Großskulptur der Westfassade. Dt. Übersetzung Ole M. Selberg. Trondheim 1982.

Thule Altnordische Dichtung und Prosa. 1–24. 3. Aufl. Düsseldorf–Köln 1972 ff.

Undset, Sigrid: Nordische Heilige. Deutsch von Alexander Baldus. [Die norwegische Originalausgabe erschien 1937 unter dem Titel »Norske Helgener«.] Köln 1964.

Welle-Strand, Erling: 2 500 mil med hurtigruten. Bergen 1981. (10. Aufl.).

Ortsregister

Bei den norwegischen Ortsnamen ist der Buchstabe Å (å) wie A (a) behandelt worden und der Buchstabe Æ (æ) wie Ae (ae). Das norw. Ø (ø) wurde wie O (o) behandelt.

Å 344
Advik 355
Agdenes (Festung) 255
Akershus (Schloß und Festung) 43, 49, 90f., 179ff.
Åkrehamn 248
Ål 70, 89
Ålesund 4, 26, 252, 253ff., 273
Alstahaug 257, 273, 323
Alstadhaug 319
Alta 350f.
Alteidet 349
Andselv 337
Ankenes 334
Anndalsvågen 323
Apanes 350
Archangelsk 265
Årdal 299
Årsandøy 323
Åsen 226, 318
Åsgårdstrand 125, 127
Askelund 303
Asp 321
Aulestad 305
Aurland 292
Austertana 354
Austråt 255
Avaldsnes 85, 248

Badderen 349
Båfjellmo 326
Balestrand 286, 292, 294, 303
Ballangen 334
Ballstad 343
Bardu 337
Barentsburg 280
Båtsfjord 268, 270, 354
Bavallen 290
Berg 323
Bergen 21, 26, 37, 38, 39, 40f., 76, 84, 85, 99, 101, 147, 172, 198ff., 286
Berlevåg 266, 354
Bertnes 331

Bilto 348
Bjerkvik 332, 336
Bjørk 299
Bjørn 273
Bjørnstad 57
Bjørnsund 254
Bleiknesmo 299
Bodin 258, 331
Bodø 21, 22, 258f., 314, 330, 331f.
Bogen 333
Bognes 334
Bogøy 332
Bohuslän 39
Bonakas 354
Bonnåsjøen 333
Borgund 63, 64, 65
Børselv 353
Bossekop 35
Botn 329
Bøverdalen 298
Bøvertun 298
Brandsletta 355
Brennhaug 309
Breivikeidet 338
Brimnes 289
Brønnøysund 256, 273, 323
Brückenberg 63
Bruravik 289
Brynsbakken 306
Bud 254
Bugøynes 355
Bugøyfjord 356
Bukta 350
Bunes 344
Bygdin 297

Christiania s. Oslo

Dombås 214, 309, 312
Dønna 272
Dovre 19, 309f.
Dragsvik 292, 303
Drammen 18, 230f.

Drivstua 314
Drøbak 18
Dunderland 328

Egersund 241
Eggesbønes 252
Eggum 343
Eidsborg 94
Eidsvoll 45, 211f.
Eikelandsosen 250
Elevebakken 350
Elevegård 334
Elverum 337, 344
Engan 314
Etne 249
Evenskjer 333

Fåberg 305
Fagernes 297, 334
Fantoft 63, 204, 299
Fardal 302
Fauske 330f., 332
Festvåg 342
Fimreite 302
Finneid 329
Finneidfjord 327
Finsås 324
Finse 198
Fiskebøl 342
Fjæra 249
Fjære 240
Fjærland 286, 304
Fjelltun 333
Flahamar 299
Flakstad 343
Flåm 198, 286, 287
Flatt 322
Flesje 303
Florø 252, 273
Fokstua 214, 311f.
Follebu 305
Førdefjord 249
Fortun 299
Fredrikstad 91

Fusa 250
Fygle 343

Galdesand 298
Gamvik 266
Garmo 63, 297
Garstad 322
Gartland 325
Gausdal 316
Gibostad 261
Gildeskål 258
Giske 253
Gjerde 249
Glomfjord 257
Gløshaug 325
Gol 63, 66, 67, 68, 69, 71, 94
Golå 306
Grane 326
Granvin 289
Grasbakken 355
Gratangen 336
Gratangsbotn 336
Graven 319
Gravdal 343
Grimstad 242f.
Grini 49
Grindjord 334
Grong 321, 324
Gudvangen 292
Gutvik 323

Hadsel 339
Håland 249
Halden 18
Hamar 74, 211
Hamarøy 333
Hammerfest 13, 22, 268ff.,
  352
Hamnøy 343
Hamsund 333
Harrelv 354
Harstad 260, 277, 339
Hasselvika 255
Hatvik 250
Haugesund 26, 247, 248
Havøysund 264
Hedal 72
Heggen 60
Hegra 315
Heidal 102
Hella 292, 303
Helligskogen 345
Hemnesberget 327
Henningsvær 342
Herdla 274
Hermansverk 302
Hestbrinken 329
Hjartåsen 328

Hjemmeluft 350
Hjerkinn 214, 312
Høybuktmoen 356
Høvringen 309
Hogganvik 249
Hokksund 99
Holm 323
Holtesmoen 318
Honningsvåg 272, 273, 356
Hopen 331
Hopperstad 290
Horn 323
Horten 18
Hove 291
Hurum 71
Husnes 250
Hustad 254, 320

Ifjord 354

Jakobsbakken 330

Kabelvåg 259, 342
Kåfjord 349, 352
Kalak 354
Kalmar 43
Karasjok 353f.
Kåringen 339
Karlebotn 355
Kaupanger 292, 301
Kautokeino 349, 351f., 352,
  353
Kilpisjärvi 345
Kirkenes 267f., 356
Kirkhelleren 272
Kistrand 330
Kivilompolo 352
Kjækan 349
Kjella 323
Kjøllefjord 274, 354
Kleiva 339
Knapphus 249
Kongsberg 44, 95f., 100, 104,
  106, 231ff.
Kongsmo 322
Kongsvoll 313
Kopardal 272
Kopervik 248
Kopperå 318
Kors 102
Kræmervika 343
Kringen 308
Kristiania s. Oslo
Kristiansand 238ff.
Kristiansund 254, 273
Kroken 300
Krokedal 300
Krokstrand 328

Krossbu 298
Kvænangsbotn 349
Kvam 308
Kvanndal 289
Kvinnherad 250
Kyrping 253

Lakselv 353
Lakshola 333
Lalm 294
Langnes 354
Langstein 318
Larvik 18
Lassemoen 325
Lebesby 354
Leikanger 286f., 302
Leiknes 334
Leinesodden 323
Leknes 342, 343
Lenvik 262
Lesja 102
Levanger 226, 319
Lilleeidet 343
Lille-Fosen 254
Lillehammer 48, 63, 214
Lindsøgarden 311
Løding 331
Lødingen 339
Logtun 318
Lom 94, 158, 293, 297f.
Lomen 73, 74
Longyearbyen 22, 280, 282,
  284
Lübeck 40, 41
Luster 299
Lyngen 348
Lyngseidet 338, 344
Lyngvær 342

Mære 320
Maløy 273
Målsnes 337
Masi 351
Måsøy 264
Megård 324
Mehamn 274, 354
Meheia 238
Melbu 342
Meløy 252
Meraker 315
Mettevoll 348
Minnesund 211
Misvær 331
Mo i Rana 337f.
Molde 253f., 273
Møllebogen 323
Mosjøen 323, 326
Moskenes 344

Moss 45
Mundheim 250
Munkholmen 220, 255
Myrdal 198, 287

Namsos, 321, 322 f.
Namssogan 325
Narvik 334 ff.
Neiden 356
Nes 299
Nesna 272
Nevernes 328
Nore 94
Nordkjosbotn 338, 344
Nordmannset 352
Nordreisa 348
Nornes 302
Nord-Sel 308
Nøstetangen 106
Nuorgam 355
Ny-Ålesund 281, 284
Nyby 303
Nyelv 355

Odda 249
Oddernes 239
Ogndal 321
Okkenhaug 319
Øksfjord 270
Oksvoll 319
Olderbakken 345
Olderdalen 345
Olderfjord 352
Oldervik 338
Ølen 249
Ølensvag 249
Olsborg 337
Oppdal 314 f.
Oppheim 292
Ørnes 257
Ørtfjell 328
Os 250
Osa 289
Oseberg 58 f.
Oslo 13, 21, 22, 42, 43, 44, 53,
    60, 68, 74, 91, 99, 100, 102,
    111, 112, 117, 119, 120,
    123, 125, 128, 130, 131,
    135, 136, 140, 158, 159,
    173, 174 ff., 198, 357, 358,
    359, 363, 364, 365, 373
Oteren 344
Otta 214, 308
Øvergård 344

Polmak 355
Porsanger 353
Pyramiden 280

Ramberg 343
Ramsøy 292
Randaberg 248
Randalsvoll 328
Randen 297
Ranemsletta 322
Reine 343, 344
Revsnes 292
Risøyhamn 271
Rissa 255
Rognan 329
Røkland 329
Røldal 93
Ronglan 318
Ropeid 249
Røros 44, 95, 164, 220, 226 f.
Rørvik 256, 343
Rosendal 250
Rosten 309
Rostock 42
Røsvik 332
Røyrvik 325
Rypefjord 352

Salberg 319
Salhus 275
Sandeid 249
Sandnes 257
Sandnessjøen 257, 273, 323
Sakshaug 84, 319
Seidafjellet 355
Selje 74
Sekkemo 349
Sem 323
Semska 329
Siebe 352
Sigerfjord 339
Signalnes 345
Sildpollen 342
Singvoll 306
Sjøåsen 322
Sjøvegan 336
Skagen 345
Skaidi 352
Skånevik 254
Skarberget 334
Skarde 249
Skarsvåg 352
Skei 304
Skibotn 345 f.
Skifjord 324
Skipagurra 354, 355
Skjåk 102
Skjeberg 102
Skjellevikskaret 334
Skjerstad 331
Skjervet 289
Skjervøy 270, 348

Skjold 249
Skjolden 299
Skjombotn 334
Skogmo 322
Skogn 226, 318
Skolden 274
Skrova 342
Skutvik 333
Slettnes 349
Slinde 302
Smalåsen 325
Smorten 342
Snåsa 321, 323 f.
Sødorp 307 f.
Sogndal 301 f.
Solvorn 299 f.
Sommarset 333
Sommerlyst 337
Sørkjosen 348
Sørreisa 336
Sortland 271, 339
Sørstraumen 349
Sørvågen 344
Stad 252, 274
Stadsbygd 255
Stalheim 113, 292
Stallo 352
Stamsund 272, 342
Stavanger 74, 85, 242 ff.
Stedje 302
Steinkjer 321, 323
Steinviksholm 318
Stiklestad 34, 84, 225, 226 ff.,
    319
Stjørdalshalsen 315
Stod 321
Stødi 329
Stokmarknes 271, 272, 339
Storehaug 290
Storforshei 328
Storlien 318
Storslett 348
Storsteinnes 337, 338
Storvollen 328
Støtt 258
Sulitjelma 330 f.
Sund 343
Sværholt 266
Svensby 338
Svolvær 259, 274, 332, 333,
    336, 342

Tana 345, 354
Talvik 349
Tana bro 354
Teveldal 318
Thamshavn 255
Tiller 318

398 **Ortsregister**

Tind 344
Tjøtta 256, 273, 323
Tofte 309
Toften 349
Tømmernes 333
Torpo 65, 89
Torvik 273
Treriksrøysa 345
Trofors 326
Troms 26, 52, 57
Tromsdalen 338
Tromsø 21, 22, 262 ff., 338
Trondenes 85, 260
Trondheim 21, 22, 24, 30, 34, 35, 46, 48, 77 f., 91, 94, 100 f., 102, 108, 130, 134, 211, 215 ff., 221 f., 273, 291, 310, 315

Tufjord 352

Udval 94
Ulsberg 314
Ulsteins Vik 252
Ulsvåg 333, 334
Ulsvik 289
Urnes 60 f., 94, 95, 299, 300 f.
Uskedal 250
Utåker 250

Værnes 225, 315
Vadsø 267, 355
Våg 258
Vågå 91, 293, 294, 311
Vågåmo 294, 319
Vågan 259, 331
Valøy 321

Vang 119
Vangsnes 291 f., 303
Varangerbotn 355
Vardø 21, 267, 355
Vargåsen 332, 333
Veganeset 303
Vendesund 323
Verdalsøra 226, 319
Vik 290, 323
Vikedal 249
Vikhammer 315
Vikna 256
Vikran 321
Vinje 75, 290, 292
Vinstra 306, 307
Vollsdammen 306
Voss 85, 289 f.
Vossevangen 289

Personenregister

Bei den norwegischen Personennamen ist der Buchstabe Å (å) wie A (a) behandelt worden und der Buchstabe Æ (æ) wie Ae (ae). Das norwegische Ø (ø) wurde wie O (o) behandelt. Die altnordischen Namensformen wurden meist in die heutige norwegische Schreibweise transkribiert, dabei wurde aber bei Namen mit dem o-Laut der Buchstabe á (Hardráde) verwendet. Die altnord. Namensform für Olaf wurde in die neunorw. Form *Olav* transkribiert. Eine Ausnahme wurde nur bei Olaf dem Heiligen gemacht. Sie dient der Hervorhebung des norwegischen Schutzpatrons.

Aadnes, Peter 105, 231
Aanstad, Kristen 231
Aasen, Ivar 29, 151
Áthelred, König 31
Ahnen, Preben von 329
Aikió, Matti 264
Albrecht v. Mecklenburg 43
Alfred d. Große 26, 262
Alv, Ritter 300
Amundsen, Roald 11, 181, 185, 186, 187, 190, 191, 250, 256
Ancher, M. 120
Andersen, H. C. 154
Andersen Nordmand, Peter 102
Andree, schwed. Polarforscher 263, 271
Anker, Carsten Tank 211
Anker, Christian 100
Anker, Peder 181
Arbien, Magnus Gustav 104
Archer, Collin 186
Armauer Hansen, Gerhard 207
Armfeldt, Karl Gustav 219
Arne, Bischof 244
Arneberg, Arnstein 90, 136, 192, 331
Asbjørnsen, Peter Christen 11, 114, 142, 151, 298
Aspaas, Sven 95
Astrid, Königin 32
Astrid, norw. Prinzessin 55
Audunssøn, Olav 165
Aukrust, Olav 297
Aulie, Reidar 194

Baardsen, Gjest 303
Backer, Harriet 122

Backer, Lars 136
Bæra, Nils 105, 231
Balder, nord. Gott 287
Balke, Peder 114, 264
Barbarossa 211
Barents, Willem 263, 275
Bech, Hendrich 96, 104
Beck, N. P. 326
Becker, J. H. 237
Bendixen, Herman 344
Benkestok 257
Berg, Gunnar 240, 260
Berg, Magnus Eliassøn 11, 102 ff., 188
Berg, Paal 49
Bergesen, Sigvat 244
Berggrav, Eivind 259, 351
Bergslien, Brynjulf 130, 289
Bergslien, Knut 289
Bergslien, Nils 289
Bergsveinsson Klukstad, Jakob 102
Berlin, Johan, Baumeister 100, 222
Berlin, Johan Daniel 171
Berlin, Johan Henrich 171
Bertouch, Georg von 171
Beyer, Absalon Pedersen 138, 142
Billeskov Jansen, F. J., dän. Literaturhistoriker 146
Birkeland, K. 350
Bissen, C. G. V. 131
Bjerke, A. H. 184
Bjerregaard, H. A. 171
Bjørneboe, Jens 167
Bjørnson, Bjørnestjerne 16, 113, 114, 130, 133, 147, 153, 154 ff., 253, 305, 316
Blakstad 258

Blekastad, Hallvard 306
Blix, Elias 258
Blix, Peter 86, 290, 291
Blumenthal, Mathias 105
Börjeson, John 206
Bojer, Johan 162, 255, 260, 272, 321
Borgen, Johan 167
Borgfelt, Asbjørn 120
Børting, Ole 100
Bortsen, Per 56
Bouillon, Gottfried von 37
Brage Boddason, altnord. Dichter 139
Brandes, Georg 120, 159, 156
Breakspeare, Nicholas 211
Bredal, Niels Krog 147
Breivik, Ragna 206
Broby-Johansen, R. 57
Brun, Herman 302
Brustad, Bjarne 173
Bruun, Christopher 305, 309
Bryn, Finn 136
Buch, Kaufmann 264, 269
Buch, Christian Leopold von 223
Bull, Henrik 136
Bull, Georg 86
Bull, Ole 130, 171 f., 172, 207
Byström, Johan Niklas 108

Cappelen, August 117
Carignano, Giovanni da 14
Carl, Prinz von Dänemark 46
Carl XII. 90
Carl IV. Johan (Bernadotte) 45, 108, 130, 179, 310
Carl XV. 312
Carl XVI. Gustav 329
Carlsen, Elling 263

Chancellor, Richard 265
Chateauneuf, Alexis de 135, 182
Christian II. 89
Christian III. 44, 89, 142
Christian IV. 44, 90, 96, 138, 174, 179, 233, 238, 265, 268, 279, 342, 349
Christian V. 76, 102, 183, 266
Christian VI. 90
Christian VII. 309
Christie, E. C. B. 81, 86
Cicignon, J. C. 91, 216, 219
Claesz, Cornelius 276
Claussøn Friis, Peder 143
Coldevin, Gutsbesitzer 272
Colett Vogt, Nils 162
Collett, Camilla 152
Coning, Jacob 101
Corelli, Marie 270

Dahl, Hans 303
Dahl, J. C. C. 61, 63, 85, 109, 113 f., 292, 300, 302
Danielssen, Daniel Cornelius 207
Dardel, Nils von 189
Dass, Petter 144, 257, 271, 272, 273
Deckert, Siri 189
Deichman, Carl 182
Diderich, Johan (von Dram) 96
Dietrich von Bern 140
Dietrichson, Lorentz 74, 103, 132, 152
Donali, Sivert 320
Dundas, schott. Familie 272
Duun, Olav 163 f., 240

Ecchienus, Caspar 171
Eckersberg, Johan Fredrik 117
Eckhoff, Tias 137
Egede, Hans 156, 206, 259, 261
Egedius, Halfdan 127
Egge, Klaus 173
Eggen, Arne 173
Eikvar, Jon 137
Eirik Magnusson, s. Erik Magnusson
Eliassen, C. 184
Ellingsen, Familie 271
Elster, Kristian 156
Endell, Bergsteiger 345
Engebretsen, Svein-Erik 137
Engelbrektsson, Olav, Erzbischof 254, 261, 318

Engelbretsdatter, Dorothe 143
Erdman, Dominico 336
Erik Magnusson 43, 85
Erik von Pommern 43
Eriksen, Alfred 264
Eriksen, Finn 336
Eriksen, Sigurd Alf 137
Eriksønn, Jørgen, Bischof 93
Erland, Bischof von Kirkjuböur 84
Erling Skjalgson 261
Erling Vidkunsson 261
Erlingsson, Magnus 261
Escholt, Mikkel Pedersøn 143
Ese, Lars Hallvard 303
Esmark, Jens 313
Espeland, Ottar 211
Ewald, Johannes 151
Eystein Erlandsson 79, 219
Eystein I. Magnusson 37, 260, 309, 311, 312
Eyvindre Skáldaspillir s. Øyvind Skaldaspiller
Ezechiel, Gotfred 343

Falkberget, Johan 95, 163, 164 f., 227, 228
Falkenhorst, Nikolaus von, 274
Fasting, Claus 147
Fearnley, Thomas 114, 300, 302
Fiigenschoug, Elias 289
Five, Hakon 323
Fjell, Kai 129 f.
Ferdingen, Mathias 312
Fladager, Ole 109
Flagstad, Kirsten 173
Flintoe, Johannes 109, 300
Fougner, Gunnar 137, 188
Frazer, Lord of North Cape 265
Frederik II. 93
Frederik IV. 313
Frederik, VI. 45, 312
Frederik VIII. 45
Fredriksen, Stinus 81, 131
Freithoff, Johan Henrik 171
Frick, J. 300
Fridtjof, Saga-Held 287, 291
Friedrich, Caspar David 113
Friedrich Wilhelm IV. 63
Friis, Peder Claussøn 241
Frimann, Claus 147
Fundtaunet, John 315

Gade, N. W. 172

Gange, Rolf s. Rolf Gange
Garborg, Arne 157 f.
Gauguin, Pola 125, 127
de Gaulles 54
Gerhardsen, Einar 53, 55
Glittenberg, Hans 105
Gloger, Gottfried Heinrich 96
Göthe, Eric Gustaf 107
Gran, Trygve 306
Granberg, Jonas 102
Greve, Ulrike 194
Grieg, Edvard 37, 170, 172 ff., 209
Grieg, Nordal 52, 166
Griffenfeld, Peder 220
Grimdalen, Anne 194
Grimeland, Joseph 131, 194
Grimkjell, Bischof 35
Grimm, Brüder 151
Grosch, Christian Heinrich 111 f., 135
Grosch, Heinrich August 112
Grøstad, Terje 354
Gude, Hans 117 f.
Guest, Merthyn 325
Guiscard, Robert 37
Gulbranssen, Tryge 24, 163 f.
Gulbransson, Olaf 127
Gunhildsgard, Truge 105
Gunnarssøn, Hallvard 143
Gunnerus, Johan E. 324
Gunnstein, Sagagestalt 271
Gyldenløve, Ulrik Frederik 102
Gynt, Peer 311 f., 309
Gynnthe, Jonn 307

Haalke, Magnhild 256
Hadrian IV. 211
Hage, Peder Olsen 307
Hagerup, Nina 172
Hakenstad, Ole 294
Hákon d. Gute 139
Hákon Jarl 30
Haakon Magnus, norw. Prinz 55
Hákon IV. Hákonson 38 f., 85, 140, 200, 203, 248, 259, 262
Hákon V. Magnusson 43, 89, 179, 199, 268
Hákon VI. 43
Haakon VII. 12, 16, 43, 46, 50, 53, 55, 85, 179, 268
Hall, Pauline 173
Halling, Else 194
Hallvard der Heilige 36, 131, 179, 194

Hamsun, Knut 11, 122, 133, 152, 158 ff., 162, 240
Hanno, A. F. W. von 135
Hansen, C. F. 111, 112
Hansen, Frida 121
Hansen, Lars 264
Hansen, Øivind 137, 234
Hanssøn, Lauritz 91, 142
Hanssøn Litle, Peder 89
Hansson, Ola 105
Harald I. (Blauzahn) 30, 245, 248
Harald Hárfagre 30, 37, 109, 220, 242 f., 248 f., 257, 309, 310, 329
Harald III. Sigurdsson Hardráde 35, 77, 139, 174, 194, 253
Harald, norw. Kronprinz 55
Haraldsen, Sonja, norw. Kronprinzessin 55
Hardeknud 35
Harek von Tjøtta 256, 273
Harsdorff, C. F. 111
Hauge, Hans Nielsen 44, 190, 273
Haukeland, Arne 84
Haukeland, Arnold 192
Hegermann, General 110
Heggelund, Christen Michelsen 270
Heiberg, Axel 337
Heiberg, Gunnar 162
Heiberg, Jean 127
Heinrich III. 85
Heinrichs, Anne 31
Heltzen, Michael 96
Hendtzschel, Gottfried 93 f.
Henie, Sonja 192
Hertervig, Lars 117, 246
Heyerdahl, Thor 187
Heyerdal, Hans 120
Hitler, Adolf 50, 52
Hjort, Rechtsanwalt 50
Hjorth, Agnes 194
Hoel, Adolf 284
Hoel, Sigurd 166
Hoffnagel, Peter 106
Høgberg, Karl 194
Holberg, Ludvig 11, 104, 144 ff., 199, 206 f., 289, 298, 299
Holbø, Kirsten 297
Holm, Hans Henrik 168
Holm-Munthe, Architekt 305
Holmgren, Jakob 226
Hosenfelder, H. C. F. 105
Hovig, Jan Inge 261, 263, 336

Hurum, Per 120

Ibsen, Henrik 11, 125, 130, 133, 152 ff., 170, 190, 240, 241, 253, 298, 307, 309
Ingebjørg Eriksdatter (dän. Prinzessin) 40
Ingebjørg Hákonsdatter 43, 89
Ingeborg (Fridtjofs Saga) 287
Inger (Äbtissin d. Klosters Austrât) 255
Ippes, Jappe 254
Irgens, Kjell 203
Isaachsen, Olaf 118
Isachsen, Gunnar 283
Isabella, schott. Prinzessin 85

Jæger, Hans 158 f.
Jakob I. engl. König 279
Jansson, Rune 189
Jensen, C. A. 118
Johansen, David Monroe 173
Jonasen, Torkil 323
Jonsborg, Kare 320
Jonsson, Tor 297
Jørund, Erzbischof 268
Josephson, E. 189
Juel, Jens 189
Jutrem, Arne Jon 137

Kalv Arnesson 321
Kamphausen, Alfred 135
Karl (Kalv), Wikinger 292
Karl d. Große 140
Karl XII. s. Carl XII.
Karle, Begleiter v. Tore Hund 271
Karsten, Ludvig 172
Kieler, Laura 162
Kielland, Alexander 156, 245, 246, 253
Kielland, Gabriel 173
Kielland, Kitty 121, 123
Kinck, Hans E. 161 f.
Kittelsen, Theodor 122, 259, 344
Kjerulf, Halfdan 172
Kleiven, Ivar 294
Klinger, Max 120
Knut d. Große 34, 35, 241
Knutsen, Paul 323
Köhler, H. G. 106
Kolberg, Kåre 173
Krag, Vilhelm 122, 162
Krohg, Christian 119 f., 123, 127, 158, 259
Krogh, G. F. von 100, 220, 222, 299

Krohg, Per 127, 128, 184, 197
Krokann, Inge 306
Krøyer, P. 120
Kruckow, Familie 300
Kühneman, Henrik 102
Kvarving, Inger 320

Laestadius, Lars Levi 348
Lamotte, Kupferstecher 310
Landstad, M. B. 151, 265
Langlet, Emil Victor 135, 192
Lauritson, Peder 307
Lein, Grete 137
Leirdal, Kristoffer 84, 320
Lie, Bent 264
Lie, Emil 131
Lie, Jonas 164 f., 264
Limberg 156
Linde, Max (Dr.) 125
Lindeman, Ludvig M. 171
Lindeman, Ole Andreas 171
Lindgaard, Jacob 105
Ling, P. H. 109
Linstow, H. D. F. 111
Lippe, C. F. v. d. 244
Lippe, J. v. d. 268
Listad, Kristen 307
Lofthus, Arne 207
Longyear, John 284
Lorentzen, C. A. 118
Ludwig Philipp v. Orleans 264, 265
Lund, Balle 328
Lunde, Jardar 261
Luraas, Thomas 105
Lynge, John 55
Lynum, Oscar 320
Lysholm, Brüder, Bergsteiger 349

Märtha, norw. Prinzessin 55, 179
Märtha Louise, norw. Prinzessin 55
Magnus I., der Gute 35, 179
Magnus II. Haraldsson 253
Magnus III., Berrføtt (Berrlegg) 36
Maler, Nils 94
Margreta, schott. Prinzessin 85
Margrete v. Dänemark I. 43
Markusson, Andreas 260
Martin, Bergsteiger 345
Maschius, J. 81
Matisse, Henri 127
Maud, norw. Königin 46, 179, 180, 188

Mevasstaul, Knut 105
Meyer, Familie 327
Michaelsen, Johan C. C. 101, 222
Michelsen, Chr. 205
Michelsen, Hans 111 f., 130
Middelthun, Julius 109
Midelfart, Willi 194
Moe, Jørgen 11, 114, 142, 151
Moestue, Eyvind 244, 268
Mohr, Hugo Louis 183
Møinichen, Thomas H. 119
Möller, J. 149
Møller Ibsen, Lars 171
Monaco, Fürst von 284
Moseid, Torvald 312
Müller, Johan Georg 109, 113
Munch, Andreas 151
Munch, Edvard 11, 123 ff., 127, 128, 188, 189, 192, 194
Munch, Eggert 105
Munch, Jacob 110
Munch, Peter Andreas 123, 151, 155
Munthe, Gerhard 86, 121 f.
Munthe, Gerhard, Kaptein 300
Munthe, General 214
Munthe-Kaas 258
Muus, Bernt Julius 324
Mykle, Agnar 167
Myklebust, Einar 137, 188

Nansen, Fridtjof 11, 47, 185, 190, 191, 263
Nebelong, Johan Henrik 135, 136, 190
Nedreaas, Torborg 167
Nesch, Rolf 128
Nesenius, Johann 171
Nielsen, Erling 169
Nikolas, Bischof v. Oslo 38, 184
Nilskog, Andreas 327
Nilssøn, Jens 143
Nobel, Alfred 197
Nobile, Umberto 191, 263, 267
Nordahl, Brun Johan 147
Nordhagen, Olaf 81, 336
Nordhus, Kaiserlotse 256
Nordraa, Olav 351
Nordraak, Rikard 172, 291
Notke, Bernt 76
Nowgorod, Großfürst von 39
Nygaardsvold 53
Nyhuus, Haakon 182

Obstfelder, Sigbjørn 162
Oehlenschläger, Adam 154
Oellsen, Søffren 207
Okkenhaug, Paul 319
Olav I. Tryggvason 30 f., 34, 81, 109, 216, 225, 252
Olaf II., der Heilige 15, 30, 77, 79, 80, 109, 139, 140, 215, 226 ff., 241, 242, 261, 289, 291, 294, 297, 339, 342
Olav III. Kyrre (d. Friedliche) 35, 77, 253
Olav IV. 43
Olav V. 15, 55, 221, 268, 329
Olafsson Vinje, Aasmund 152
Olavsen, Olav 100
Olsen Aasen, Hans 228, 229
Olsen, Arne Lindner 336
Olsen, Sparre 173, 306
Olsen, Tinius 96
Olsen, Werner 91, 294
Ølvir, Häuptlin 319
Omvik, Mons 137
Onstad, Niels 192
Oscar I. 15, 190
Oscar II. 46, 265, 268, 355
Østby, Leif 64, 127, 136
Ottar aus Halogaland 26, 261 f.
Øverland, Arnulf 166
Øystein Magnusson 254, 255, 259
Øystein, Erzbischof 140
Øyvind Skaldaspiller 139, 323

Pasche, Dirich 208
Paschen, Hans van 90
Paulsen, Ashild 103
Paulsson, Magnus 308, 312
Pedersen, Per (Hamsuns Vater) 334
Pederssøn, Gjeble 142
Petersen, Frederik 109, 231
Petersen, Peter 231
Peterssen, Eilif 120, 239, 336
Petter, Mons 330
Pettersen, Sverre 137
Platou, Olav 320
Poe, Edgar Allen 258
Poulsen, Espen 354
Poulsson, Magnus 136, 194, 308
Prytz, Jacob 137
Prytz Korsmo, Grete 137
Przybyszewski, Stanislaw 133

Querini, Pietro 332
Quisling, Vidkun 47, 48, 49, 50, 53, 91, 180

Qvam, Anton 321
Qvam, Frederikke Marie 321

Ragnhild, norw. Prinzessin 55
Ramsay, engl. Offizier 308
Rantzau, Brede 96
Rask, Gertrud 206, 259
Rawert, Jørgen Henrik 17
Redern, Gräfin von 63
Reichborn, Johan J. 203
Reinald von Winchester 76, 244
Reinhardt, Max 125
Revold, Axel 127, 128, 194, 197, 204, 259, 261, 336
Resvoll, Thekla 313
Reynes, Henry of 40
Röhn, Hartmut 31
Rói, Bischof 38
Roger, Fürst 36
Rolf, Gange 253
Rolfsen, Alf 128, 194, 226, 259
Rollo s. Rolf, Gange
Rosenkrantz, Erik 88
Rosenkrantz, Ludvig 250
Ruge, General 48
Rygg, Kjetil 105
Ryggen, Hannah 221

Sabina, Vilhelm v. 40
Sæbjørnsson, Anders 142
Sæverud, Harald 173
Sagen, Lyder 85, 138
Salin, B. 300
Sandel, Cora 264
Sandemose, Aksel 167
Sata, Embrik 105, 231
Sata, Herbrand 105
Saue, Sølfest, Bergführer 298
Savio, John 356
Saxe, Michael 143
Schavenius, J. N. 102
Schiøll, Nicolai 131, 194
Schirmer, Adolf 135
Schirmer, Heinrich Ernst 81, 135, 189
Schirmer, Herman 136
Schinkel, Karl Friedrich 111, 112, 190
Schlanbusch, Heinrich 233, 237
Schlemmer, Oskar 128
Schøller, Cecilia Christine de 222
Schøller, Stie Tonsberg 222
Scott, Polarforscher 306
Scott, Gabriel 162
Sehested, Hannibal 90

Selsbane, Asbjørn 261
Semmelmann, Architekt 320
Shetelig, Haakon 58
Sigurd I. Jorsalfarer 37, 38, 74, 121, 244
Sigurd Fáfnisbani 141
Sigurd Hund 261
Sigurd Syr 31
Simpson, W. Douglas 40, 85
Sinclair, George 308, 309
Sinding, Christian 172
Sinding, Otto 344
Sinding, Stephan 130, 207
Sinding-Larsen, H. 90
Sivertsen, Lars 183
Sivle, Per 292
Skam, Erik 157
Skeibrok, Mathias 131
Skinnerland, Knut 108
Skovgaard, Joachim 189
Skovgaard, Niels 189
Skram, Amalie 156
Skredsvig, Christian 122
Skule Jarl 39, 257
Slingsby Wm. C. 299
Smith, Anders 244
Smith, Victor 244
Snefrid, Lappenmädchen 310
Snorri Sturluson 30, 140, 143, 174, 216, 224, 242, 248, 261, 309, 310
Sohlberg, Harald 127
Sørensen, Henrik 127, 128, 194, 320
Sørensen, Jørgen 120
Sparre, Victor 263
Steen, Sverre 16
Steenwinckel, Hans von 90
Steffens, Henrich 154
Steinmeyer, G. F., Orgelbau 84
Stockfleth, Thomas Rosing de 147
Stoltenberg, Mathias 118, 231
Storm, Edvard 147, 294, 308
Storstein, Aage 194
Størsson, Mats 142
Strindberg, Polarforscher 271
Strøm, Halfdan 121
Strzygowski, Josef 300
Stubberud, Tore 163

Stukenbrock, Joachim Andreas 95, 233, 237
Sund-Hansen, Carl 118
Sundve, Elling Eielsen 290
Sunniva, Heilige 36, 252
Sturla Tórdarson 140
Svane, Hans 280
Svasi (Lappe) 310
Svendsen, Johan 172
Sverdrup, Hartvig 344
Sverdrup, Otto 186, 271, 323
Sverri Sigurdsson 38, 79, 109, 203, 302

Thaaning, Niels 99
Tau, Max 27
Tegetthoff 263
Tegnér, Esaias 287
Terboven, Joseph 48, 50, 53
Thaulow, Frits 121
Theiste, Familie 300
Theoderich d. Große 140
Thiis, Helge 81
Thiis, Jens 125
Thomas, Stephen Henry 350
Thomesen, Hans 142
Thorlak, Bischof v. Skálholt 84
Thorvaldsen, Bertel 106, 107, 108, 110
Thrane, Waldemar 171
Throndsen, Ivar 236
Thyberg, Henrik 112
Tjodolv von Kvie 139
Tjotta, Harek von 256, 273
Tora, Gattin von H. Hardráde 253
Torbjørn Hornklove 139
Tordenskiold 101
Tore Hund 34, 118, 261, 271
Torolv Kveldulvsson 257
Trifon, Heiliger 356
Tunmarck E. G. 99
Tvedt, Jens 162

Ulaga, Primoz 185
Undset, Sigrid 163, 165 ff., 180, 185, 255, 308, 309
Unger, Max 291
Utriainen, Raimo 350
Utsond, Gunnar 184

Vaa, Dyre 131, 194, 226, 297
Valen, Fartein 173
Vaux, Louis le 223
Veggum, Pål 310
Verne, Jules 258
Vibe, Johan 146
Vigeland, Arne 239
Vigeland, Emanuel 137, 183, 193, 197, 244
Vigeland, Gustav 124, 131 ff., 193, 197, 203
Vigeland, Tone 137
Vigen, Terje 241
Vigrestad, Magnus 246
Vik, Ingebrigt 130
Vinje, Aasmund O., 312
Vinter, Villas 106
Visdal, Jo 211

Walcker, E. F. (Orgelbau) 183
Waldemar IV. Atterdag 43
Walkendorf, Kristoffer 88
Weidemann, Jacob 320
Welhaven, Johan Sebastian 109, 114, 149, 151 f., 154, 302
Welle-Strand, Edvard 260
Werenskiold, Dagfin 183, 194
Werenskiold, Erik 120, 259, 294, 305
Wergeland, Henrik Arnold 11, 86, 148 ff., 154, 211, 239, 294, 298
Wergeland, Oscar 211
Werner, Anton von 124
Wessel, Johan Herman 146
Wiberg, Johan Karen 206
Wiedewelt, Joh. 106
Wiggers, de 182
Wildenvey, Herman 166
Wilhelm II., dt. Kaiser 253, 255, 291, 292, 303
Wilkins, Sir Herbert 256
Willumsen, J. F. 189
Winckelmann, Johann Joachim 106
Winge, Sigurd 128
With, Richard 272
Worm, Ole 143

Zeitlitz, Jens 147
Zorn, Anders 189